Handels- und Gesellschaftsrecht

Handels- und Gesellschaftsrecht

sowie Grundzüge des Wertpapier-, Steuer- und Bilanzrechts

von

Dipl.-jur. Stefan Jasmer
Dr. jur. Melanie Ramm
Dr. jur. Markus Stöterau

3. Auflage 2005

Jasmer, Stefan; Ramm, Melanie; Stöterau, Markus: Handels-, Gesellschafts- und Wertpapierrecht sowie Grundzüge der Rechnungslegung und des Steuerrechts
3. Auflage – Grasberg bei Bremen 2005
ISBN 3-934053-79-3; Preis 18,50 EUR

Autoren: Stefan Jasmer / Melanie Ramm/ Markus Stöterau c/o Verlag Dr. Rolf Schmidt GmbH

Druck: Pinkvoss GmbH, 30519 Hannover

Verlag: Dr. Rolf Schmidt GmbH, Wörpedorfer Ring 40, 28879 Grasberg bei Bremen
Tel. (04208) 895 299; Fax (04208) 895 308; www.verlag-rolf-schmidt.de
E-Mail: verlagrs@t-online.de

Für Verbraucher erfolgt der deutschlandweite Bezug über den Verlag versandkostenfrei.

Vorwort

Die Vorbereitung auf das Erste Juristische Staatsexamen wird dadurch erschwert, dass es kaum eine Möglichkeit gibt, sich angesichts eines sehr umfangreichen Literaturangebots effektiv auf die hier behandelten Themenkomplexe vorzubereiten. Ausbildungsliteratur, in der die Gebiete des Handels- und Gesellschaftsrechts sowie die Grundzüge des Wertpapier-, Steuer- und Bilanzrechts in einem Werk zusammenhängend dargestellt werden, war bislang kaum erhältlich. Sowohl diejenigen, die einen Einstieg in die Thematik suchen, wie auch diejenigen, die zur Prüfungsvorbereitung den relevanten Stoff nochmals aufbereiten wollen, sind Zielgruppe dieses Buches.

Dieses Lernbuch stellt den prüfungsrelevanten Stoff der hier behandelten Rechtsgebiete kompakt dar. Das Buch ist dabei für das Schwerpunktstudium „Wirtschaftsrecht" konzipiert und aus unserer Examensvorbereitung entstanden. Wir wollen den Studierenden angesichts der umfangreichen Literatur zu den hier dargestellten Themenkomplexen die Möglichkeit bieten, sich angemessen auf die Prüfung vorzubereiten und das im Studium Gelernte zielorientiert und effektiv zu wiederholen. Aus diesem Grund haben wir ein Lernbuch erstellt, das alle relevanten Themengebiete des Schwerpunktbereichs „Wirtschaftsrecht" umfasst. Hiermit wird dem Einsteiger die Chance geboten, sich qualifiziert für den Schwerpunktbereich zu entscheiden und diesen mit Hilfe des Buches zu erarbeiten.

Allen anderen Studierenden sei dieses Buch empfohlen, um die Grundzüge des Handels- und Gesellschaftsrechts für die regulären Klausuren und die mündliche Prüfung zu erlernen. Auch zur konkreten Prüfungsvorbereitung soll dieses Lernbuch eine Hilfestellung sein. Dabei sind Hinweise zur Fallbearbeitung, Beispielsfälle sowie ausführliche Falllösungen hilfreich. Insbesondere von den Kapiteln zum Handels- und Gesellschaftsrecht können auch alle Wirtschaftswissenschaftler profitieren.

Mit der auf diesem Lernbuch basierenden Vorbereitung wurden von uns durchweg überdurchschnittliche Ergebnisse im Prädikatsbereich erzielt. Wir hoffen, dass wir mit diesem kompakten Lernbuch eine Hilfestellung zur Erschließung dieser komplexen Rechtsmaterie leisten können.

In diesem Werk haben wir die jeweils aktuellen Auflagen der Standardwerke der Ausbildungsliteratur sowie die neue Rechtsprechung bis Mitte August 2005 verarbeitet. Die grundlegende Konzeption der ersten Auflage haben wir fortgeführt.

Bei der Bearbeitung der dritten Auflage haben wir im Wesentlichen aktuelle Literatur und Rechtsprechung eingearbeitet. Ergänzungen im Handelsrecht wurden hauptsächlich vorgenommen bei den Ausführungen zum guten Glauben an die Vertretungsmacht und zur Mängelrüge im Handelsverkehr. Bei den Grundzügen zum Bilanzrecht wurden wesentliche Besonderheiten des Jahresabschlusses nach den International Accounting Standards (IAS) berücksichtigt. Im Gesellschaftsrecht wurde die Gesellschaftsform der GmbH grundlegend überarbeitet. Hinzuweisen ist insbesondere auf die geplante Erleichterung bei GmbH-Gründungen, die Kapitalerbringung (Stichwort „freie Verfügbarkeit") und die Haftung der Geschäftsführer nach § 64 Abs. 2 GmbHG. Die Darstellung zur oHG wurde um ein Fallbeispiel ergänzt.

Hamburg, Frankfurt am Main, im August 2005

Stefan Jasmer
Melanie Ramm
Markus Stöterau

Inhaltsübersicht

Inhaltsverzeichnis

Abkürzungsverzeichnis

a. a. O.	am angegebenen Ort
a. A.	anderer Ansicht
a. F.	alte Fassung
a. M.	am Main
ABl. EG	Amtsblatt der Europäischen Gemeinschaft
ABl.	Amtsblatt
Abs.	Absatz
Abschn.	Abschnitt
AcP	civilistische Praxis
AG	Die Aktiengesellschaft, Aktiengesellschaft
AGB	Allgemeine Geschäftsbedingungen
AktG	Aktiengesetz
Anh.	Anhang
Anm.	Anmerkung
AO	Abgabenordnung
Art.	Artikel
AT	Allgemeiner Teil
Aufl.	Auflage
BAGE	Entscheidungen des Bundesarbeitsgerichts, Amtliche Sammlung (Band und Seite)
BAnz.	Bundesanzeiger
BayObLG	Bayerisches Oberstes Landesgericht
BB	Betriebs-Berater
Bd.	Band
Bearb.	Bearbeiter
Begr.	Begründung
BFH	Bundesfinanzhof
BGB	Bürgerliches Gesetzbuch
BGBl.	Bundesgesetzblatt
BGH	Bundesgerichtshof
BGHZ	Entscheidungen des Bundesgerichtshofs in Zivilsachen, Amtliche Sammlung (Band und Seite)
BR-Drs.	Bundesrats-Drucksache
BSG	Bundessozialgericht
Bsp.	Beispiel
BT-Drs.	Bundestags-Drucksache
BVerfGE	Entscheidungen des Bundesverfassungsgerichts, Amtliche Sammlung (Band und Seite)
bzw.	beziehungsweise
cif	costs, insurance, freight
com	commercial, Top-Level Domain kommerzieller Anbieter
DB	Der Betrieb
ders.	derselbe
Diss.	Dissertation
DStR	Deutsches Steuerrecht
e.V.	eingetragener Verein
ebd.	ebenda
EG	Europäische Gemeinschaft
EGBGB	Einführungsgesetz zum Bürgerlichen Gesetzbuche
Einf.	Einführung

Einl.	Einleitung
EL	Ergänzungslieferung
endg.	endgültige Fassung (Teil des Aktenzeichens von EU-Dokumenten)
EuGH	Europäischer Gerichtshof
EuZW	Europäische Zeitschrift für Wirtschaftsrecht
EWG	Europäische Wirtschaftsgemeinschaft
EWiR	Entscheidungen zum Wirtschaftsrecht
f., ff.	folgend(e)
Fn.	Fußnote
fob	free on board
FS	Festschrift
gem.	gemäß
GG	Grundgesetz
ggf.	gegebenenfalls
GmbH	Gesellschaft mit beschränkter Haftung
GmbHR	Rundschau für GmbH
GWB	Wettbewerbsbeschränkungsgesetz
h.M.	herrschende Meinung
HGB	Handelsgesetzbuch
HinterlO	Hinterlegungsordnung
HRR	Höchstrichterliche Rechtsprechung
Hrsg.	Herausgeber
hrsgg.	herausgegeben
HS	Handelsrechtliche Entscheidungen, hrsg. von Stanzl / Friedel / Steiner (Österreich)
i.d.R.	in der Regel
i.S.	im Sinne
i.V.m.	in Verbindung mit
Incoterms	international commercial terms
IPR	Internationales Privatrecht
Jura	Juristische Ausbildung
JuS	Juristische Schulung
JZ	Juristenzeitung
KG	Kommanditgesellschaft
lfd. Nr.	laufende Nummer
LG	Landgericht
Lief.	Lieferung
LM	Entscheidungen des Bundesgerichtshofs im Nachschlagewerk des Bundesgerichtshofs von Lindenmaier/Möhring
m. w. N.	mit weiteren Nachweisen
MDR	Monatsschrift für Deutsches Recht
n.F.	neue Fassung
NJW	Neue Juristische Wochenschrift
NJW-RR	Neue Juristische Wochenschrift - Rechtsprechungs-Report
Nr.	Nummer
NZG	Neue Zeitschrift für Gesellschaftsrecht
OGH	Oberster Gerichtshof (Österreich)

OLG	Oberlandesgericht
OLG-NL	OLG-Rechtsprechung Neue Länder
POS	point-of-sale
RegE	Regierungsentwurf
RFHE	Entscheidungen des Reichsfinanzhofs
RGBl.	Reichsgesetzblatt
RGZ	Entscheidungen des Reichsgerichts in Zivilsachen, Amtliche Sammlung (Band und Seite)
Rn.	Randnummer
ROHGE	Entscheidungen des Reichs-Oberhandelsgerichts (Band und Seite)
Rsp.	Rechtsprechung
s. o.	siehe oben
s., S.	siehe, Seite
SchG / ScheckG	Scheckgesetz
sog.	sogenannte
str.	strittig
u. a.	unter anderem
u. s. w.	und so weiter
u.	und
v.	vom, von, vor
Var.	Variante
VersR	Versicherungsrecht
vgl.	vergleiche
Vorb.	Vorbemerkung
WG	Wechselgesetz
WM	Wertpapier-Mitteilungen
WRP	Wettbewerb in Recht und Praxis
www	world wide web
z. T.	zum Teil
z.B.	zum Beispiel
ZGR	Zeitschrift für Unternehmens- und Gesellschaftsrecht
ZHR	Zeitschrift für das gesamte Handels- und Wirtschaftsrecht
ZIP	Zeitschrift für Wirtschaftsrecht
zit.	zitiert

Verzeichnis der ausbildungsrelevanten aktuellen Literatur

Adams, Michael: Die Usurpation von Aktionärsbefugnissen mittels Ringverflechtung in der „Deutschland AG", AG 1994, 148 ff.

Altmeppen, Holger: Deliktshaftung in der Personengesellschaft, NJW 2003, 1553 ff.

ders.: Schutz vor „europäischen Kapitalgesellschaften", NJW 2004, 97 ff.

Assmann, Heinz-Dieter / Schneider, Uwe: Wertpapierhandelsgesetz, Kommentar, 3. Aufl. 2003

Baumann, Horst: Rechtsnatur und Haftungsverfassung der Gesellschaft bürgerlichen Rechts im Spannungsfeld zwischen Grundrechtsgewährleistung und Zivilrechtsdogmatik, JZ 2001, 895 ff.

Baumann, Wolfgang: Die Einmann-Personengesellschaft, BB 1998, 225 ff.

Baumbach, Adolf / Hopt, Klaus: Handelsgesetzbuch, 30. Auflage 2000; 31. Auflage 2003

Baumbach, Adolf / Hefermehl, Wolfgang: Wechselgesetz und Scheckgesetz, 22. Aufl. 2001

Baumbach, Adolf / Hueck, Alfred: GmbH-Gesetz, Kommentar, 18. Aufl. 2005

Baumbach, Adolf / Lauterbach, Wolfgang / Albers, Jan / Hartmann, Peter: Zivilprozessordnung, 63. Auflage 2005

Beck'scher Bilanzkommentar: Beck'scher Bilanzkommentar, Handels- und Steuerrecht - §§238 bis 339 HGB -, 5. Auflage 2003

Bergemann, Andreas: Die BGB-Gesellschaft als persönlich haftender Gesellschafter in oHG und KG, ZIP 2003, 2231 ff.

Beuthien, Volker: Die Vorgesellschaft im Privatrechtssystem (Teil II), ZIP 1996, 360 ff.

Binz, Mark / Sorg, Martin: Bilanzierungskompetenz bei der Personengesellschaft – Zugleich Besprechung des BGH-Urteils vom 29.03.1995 II ZR 263/94 in: DB 1996, 969ff.

Birk, Dieter: Steuerrecht, 7. Aufl. 2004

Brox, Hans: Handelsrecht und Wertpapierrecht, 17. Auflage 2004

Bülow, Peter: Handelsrecht, 4. Auflage 2001.

ders.: Heidelberger Kommentar zum Wechselgesetz / Scheckgesetz und zu den Allgemeinen Geschäftsbedingungen, 3. Aufl. 2000.

Bülow, Peter; Arzt, Markus: Neues Handelsrecht, in: JuS 1998, S. 680 ff.

Bydlinski, Peter: Zentrale Änderungen des HGB durch das Handelsrechtsreformgesetz, ZIP 1998, S. 1169 ff.

Canaris, Claus-Wilhelm: Der Wechselbereicherungsanspruch in: WM 1977, 34ff.

ders.: Handelsrecht, 23. Auflage 2000.

Clausen, Ulrike: Verbundene Unternehmen im Bilanz- und Gesellschaftsrecht, 1992

Decher, Christian E.: Konzernhaftung im Lichte des Bremer Vulkan, ZinsO 2002, 113 ff.

Deckert, Martina: Das kaufmännische und berufliche Bestätigungsschreiben, JuS 1998, S. 121 ff.

Derleder, Peter: die Aufgabe der monistischen Struktur der Gesellschaft bürgerlichen Rechts durch Verleihung der Rechtsfähigkeit, BB 2001, 2485 ff.

Deutler, Karl F.: Änderungen des GmbH-Gesetzes und anderer handelsrechtlicher Vorschriften durch die GmbH-Novelle, GmbHR 1980

Dreher, Meinrad: Der neue Handelsstand, in: Die Reform des Handelsstandes und der Personengesellschaften, 1999.

Drygala, Timm: Abschied vom qualifiziert faktischen Konzern - oder Konzernrecht für alle?, GmbHR 2003, 729 ff.

Manfred Eibelshäuser: Wirtschaftliche Betrachtungsweise im Steuerrecht – Herkunft und Bedeutung, DStR 2002, 1426ff.

Ehrhardt-Rauch, Andrea / Rauch, Steffen Gregor: Ist der Schutz von Bankkunden nach § 30a AO auch künftig noch haltbar? in: DStR 2002, 57ff.

Einsele, Dorothee: Wertpapierrecht als Schuldrecht, 1995

Eisenhardt, Ulrich: Gesellschaftsrecht, 11. Aufl. 2003

Emmerich, Volker / Habersack, Mathias: Aktienkonzernrecht, Kommentar zu den §§ 15-22 und §§ 291-328 AktG, 1998

dies.: Aktien- und GmbH-Konzernrecht, 4. Aufl. 2005

Emmerich, Volker / Sonnenschein, Jürgen / Habersack, Mathias: Konzernrecht, 7. Aufl. 2001

Erman, Walter: Handkommentar zum Bürgerlichen Gesetzbuch, hrsg. von Harm Peter Westermann, Bd. I, 11. Aufl. 2004

Fezer, Karl-Heinz: Handelsrecht, Fälle und Lösungen, 2. Aufl. 2001

ders.: Liberalisierung und Europäisierung des Firmenrechts, ZHR 161 (1997), 52 – 66

Flume, Werner: Die juristische Person, Allgemeiner Teil des Bürgerlichen Rechts, Bd. 1, Teil 2, 1983

ders.: Die Personengesellschaft, Allgemeiner Teil des Bürgerlichen Rechts, Bd. 1, Teil 1, 1977

ders.: Die Rechtsprechung zur Haftung der Gesellschafter der Vor-GmbH und die Problematik der Rechtsfortbildung, DB 1998, 45 ff.

Förster, Jutta: Die Verbrauchsteuern: Geschichte, Systematik, finanzverfassungsrechtliche Vorgaben, 1989

Forsthoff, Ulrich: Abschied von der Sitztheorie in: BB 2002, 318ff.

Gadow, W. / Heinichen, E. (Begr.)**:** Großkommentar zum AktG, 10. Lieferung: §§ 15-22, 4. Aufl. 1999

Geißler, Markus: Der aktienrechtliche Auskunftsanspruch im Grenzbereich des Missbrauchs, NZG 2001, 539 ff.

Geßler, Ernst / Hefermehl, Wolfgang / Eckardt, Ulrich / Kropff, Bruno: Kommentar zum AktG, Bd. I, §§ 1-75, 1984; Bd. II, §§ 76-147, 1974; Bd. IV, §§ 319-358a, 1991

Geßler, Ernst: Die GmbH-Novelle, BB 1980, 1385 ff.

Gierke, Julius von; Sandrock, Otto: Handels- und Wirtschaftsrecht, Band 1, 9. Auflage 1975

Glanegger, Peter: Heidelberger Kommentar zum Handelsgesetzbuch, 6. Aufl. 2002

Goette, Wulf: Aktuelle Rechtsprechung zur GmbH – Kapitalschutz und Organhaftung, DStR 2003, 887 ff.

Großkommentar HGB: HGB Staub Großkommentar, 4. Aufl. 1983 ff.

Grunewald, Barbara: Auskunftserteilung und Haftung des Vorstandes im bürgerlichrechtlichen Verein, ZIP 1989, 962 ff.

dies.: Gesellschaftsrecht, 6. Aufl. 2005

Habersack, Mathias: Die Anerkennung der Rechts- und Parteifähigkeit der GbR und der akzessorischen Gesellschafterhaftung durch den BGH, BB 2001, 477 ff.

ders.: Die Haftungsverfassung der Gesellschaft bürgerlichen Rechts, JuS 1993, 1 ff.

Habetha, Joachim W.: Verdeckte Sacheinlage, endgültige freie Verfügung, Drittzurechnung und „Heilung" nach fehlgeschlagenen Bareinzahlungen im GmbH-Recht, ZGR 1998, 305 ff.

Hachenburg, Max / Ulmer, Peter (Hrsg.)**:** GmbH-Großkommentar, 8. Auflage 1998

Hadding, Walther: Zur Rechtsfähigkeit und Parteifähigkiet der (Außen-)Gesellschaft bürgerlichen Rechts sowie zur Haftung ihrer Gesellschafter für Gesellschaftsverbindlichkeiten, ZGR 2001, 712 ff.

Häde, Ulrich: Finanzausgleich, Die Verteilung der Aufgaben, Ausgaben und Einnahmen im Recht der Bundesrepublik Deutschland und der Europäischen Union, 1996

Haller, Heinz: Die Steuern: Grundlage eines rationalen Systems öffentlicher Abgaben, 3. Auflage 1981

Hammen, Horst: Zur Begründung von organschaftlichen Rechten Dritter im Gesellschaftsvertrag einer GmbH, WM 1994, 765 ff.

Hansen, Herbert: Der GmbH-Bestand stieg auf 770.000 Gesellschaften an, GmbHR 1997, 204 ff.

ders.: Die GmbH als weiterhin umsatzstärkste Unternehmergruppe, GmbHR 1999, 24 ff.

ders.: Fast die Hälfte der steuerpflichtigen Umsätze entfallen auf GmbH u. GmbH & Co. KG, GmbHR 2001, 286 ff.

Hasso, Gerhard: Actio pro Socio, JuS 1980, 32 ff.

Heidinger, Andreas / Meyding, Bernhard: Der Gläubigerschutz bei der „wirtschaftlichen Neugründung" von Kapitalgesellschaften, NZG 2003, 1129 ff.

Hettlage, Manfred: Die AG als Aktionär – Ein vermögenspolitischer Beitrag zur steuerlichen Konsolidierung des Aktienwesens, AG 1981, 92 ff.

Heymann, Ernst (Begr.)**:** Kommentar zum Handelsgesetzbuch, Bd. 2, zweites Buch, §§ 105-237, 2. Auflage 1996

Hirte, Heribert: Die Entwicklung des Unternehmens- und Gesellschaftsrechts in Deutschland in den Jahren 2000 bis 2002 (3. Teil), in: NJW 2003, 1285 ff.

Hoffmann, Jochen: Das GmbH-Konzernrecht nach dem „Bremer Vulkan" – Urteil, NZG 2002, 68 ff.

Hoffmann-Becking, Michael (Hrsg.)**:** Münchner Handbuch des Gesellschaftsrechts, Bd. 4, Aktiengesellschaft, 2. Auflage 1999

Hofmann, Paul: Handelsrecht, 11. Auflage 2002

Hommelhoff, Peter: Die Konzernleitungspflicht – Zentrale Aspekte eines Konzernverfassungsrechts, 1982

ders.: Die qualifizierte faktische Unternehmensverbindung: ihre Tatbestandsmerkmale nach dem Tbb-Urteil und deren rechtsdogmatisches Fundament, ZGR 1994, 395 ff.

Hübschmann, Walter / Hepp, Ernst / Spitaler, Armin: Kommentar zur Abgabenordnung und zur Finanzgerichtsordnung, Bd. I, 10 Auflage 1995, Stand: 10/1999

Hueck, Alfred / Windbichler, Christine: Gesellschaftsrecht, 20. Auflage 2003

Hueck, Alfred / Canaris, Claus-Wilhelm: Recht der Wertpapiere, 12. Auflage 1986

Hüffer, Uwe: Aktiengesetz – Kommentar, 6. Auflage 2004

Isensee, Josef / Kirchhof, Paul: Handbuch des Staatsrechts der Bundesrepublik Deutschland, Bd. IV, Finanzverfassung – Bundesstaatliche Ordnung, 1990

Jauernig, Othmar: BGB, Bürgerliches Gesetzbuch, von Christian Berger, Arndt Teichmann, Heinz-Peter Mansel, Astrid Stadler, Rolf Stürner, Othmar Jauernig (Herausgeber), 11. Auflage 2004

Joussen, Peter: Der Auskunftsanspruch des Aktionärs, AG 2000, 241 ff.

- **ders.:** Der Sorgfaltsmaßstab des § 43 Abs. 1 GmbHG, GmbHR 2005, 441 ff.

Jungmann, Carsten: Auswirkungen der neuen Basler Eigenkapitalvereinbarung („Basel II") auf die Vertragsgestaltung festverzinslicher Kredite – Neuverhandlungsklauseln als mit § 609a BGB zu vereinbarendes Instrument zur Absicherung gegen Bonitätsänderungen des Kreditnehmers in: WM 2001, 1401 ff.

Kirchhof, Paul: Die Finanzierung des Leistungsstaates – Die verfassungsrechtlichen Grenzen staatlicher Abgabenhoheit in: Jura 1983, 505 ff.

Kleindiek, Detlef: Strukturvielfalt im Personengesellschafts-Konzern: Rechtsformspezifische und rechtsformübergreifende Aspekte des Konzernrechts, 1991

Knauth, Klaus-Wilhelm: Ermittlung des Hauptzwecks bei eingetragenen Vereinen, JZ 1978, 339 ff.

Koller, Ingo / Roth, Wulf-Henning / Morck, Winfried: Kommentar zum Handelsgesetzbuch, 5. Auflage 2005

Köndgen, Johannes: Die Entwicklung des privaten Bankrechts in den Jahren 1999 – 2003, NJW 2004, 1288 ff.

Kornblum, Udo: Aktuelle bundesweite Rechtstatsachen zum Unternehmens- und Gesellschaftsrecht, GmbHR 2003, 1157 ff.

Kraft, Alfons / Kreutz, Peter: Gesellschaftsrecht, 11. Auflage 2000

Krieger, Gerd: Zur Heilung verdeckter Sacheinlagen in der GmbH – Bespr. der Entscheidung BGH ZIP 1996, 668, ZGR 1996, 674 ff.

Kropff, Bruno / Semler, Johannes (Hrsg.)**:** Münchner Kommentar zum Aktiengesetz, Bd. 1, §§ 1-53, 2000

Kropff, Bruno: Zur Konzernleitungspflicht, ZGR 1984, 113 ff.

Kropholler, Jan: Internationales Privatrecht, 5. Auflage 2004

Kübler, Friedrich: Gesellschaftsrecht, 5. Auflage 1998

Kümpel, Siegfried: Bank- und Kapitalmarktrecht, 3. Auflage 2004

Küssner, Martin: Die Abgrenzung der Kompetenzen des Bundes und der Länder im Bereich der Steuergesetzgebung sowie der Begriff der Gleichartigkeit von Steuern, 1992

Larenz, Karl: Lehrbuch des Schuldrechts, Band I, Allgemeiner Teil, 14. Auflage 1987

Löffler, Joachim: Die abhängige Personengesellschaft – Beherrschender Einfluss und Konzernherrschaft bei Personengesellschaften, 1988

Lutter, Marcus / Hommelhoff, Peter: GmbH-Gesetz Kommentar, 16. Auflage 2004

Luttermann, Claus: Kurzkommentar zu KG, Beschl. V. 15.02.2001 – 2 W 3288/00 (LG Berlin), EWIR 2001, 351 ff.

Mayer, Otto: Systematischen Handbuch der deutschen Rechtswissenschaften, Deutsches Verwaltungsrecht I, 1895

Medicus, Dieter: Bürgerliches Recht, 20. Auflage 2004

ders.: Schuldrecht I, Allgemeiner Teil, 16. Auflage 2005

Meilicke, Wienand / Graf v. Westphalen, Friedrich / Hoffmann, Jürgen / Lenz, Tobias: Kommentar zum Partnerschaftsgesellschaftsgesetz, 1995

Michalski, Lutz (Hrsg.)**:** Kommentar zum Gesetz betreffend die Gesellschaften mit beschränkter Haftung, Bd. I, §§ 1-34, Bd. II §§ 35-64, 2002

ders.: OHG-Recht, Kommentar zum Recht der offenen Handelsgesellschaften, 2000

Müller, Stefan / Wulf, Inge: Jahresabschlusspolitik nach HGB, IAS und US-GAAP, 2001, 2206 ff.

Müller, Welf /Hense, Burkhard (Hrsg.)**:** Handbuch der GmbH, 3. Auflage 2002

Muth, Johannes: Übertragbarkeit und Pfändbarkeit des Kapitalentnahmeanspruchs von Personengesellschaftern in: DB 1986, 1761 ff.

Neumark, Fritz: Grundsätze gerechter und ökonomisch rationaler Steuerpolitik, 1970

ders.: Handbuch der Finanzwissenschaft II, 3. Auflage 1980

Palandt, Otto: Kommentar zum Bürgerlichen Gesetzbuch, 64. Auflage 2005

Peifer, Karl-Nikolaus: Rechtsfähigkeit und Rechtssubjektivität der Gesamthand – die GbR als oHG?, NZG 2001, 296 ff.

Petersen, Jens: Der gute Glaube an die Vertretungsmacht im Handelsrecht, JURA 2004, 247 ff.

Popitz, Johannes: Kommentar zum Umsatzsteuergesetz vom 26. Juli 1918, 1918

Raiser, Ludwig: Das Rektapapier in: ZHR 101 (1935), 13 ff.

Ramm, Melanie: Die Position des Aufsichtsrats des herrschenden Unternehmens im mehrstufigen Konzern, 2002

Rebmann, Kurt / Säcker, Franz Jürgen / Rixecker, Roland (Hrsg.)**:** Münchner Kommentar zum Bürgerlichen Gesetzbuch, Bd. 1, §§ 1-240, 4. Aufl. 2001; Bd. 5, Schuldrecht Besonderer Teil III, 4. Auflage 2004

Reding, Kurt / Müller, Walter: Einführung in die Allgemeine Steuerlehre, 1999

Rehbinder, Eckard: Gesellschaftsrechtliche Probleme mehrstufiger Unternehmensverbindungen, ZGR 1977, 581 ff.

Reuter, Dieter: Ansätze eines Konzernrechts der Personengesellschaften in der höchstrichterlichen Rechtsprechung, AG 1986, 130 ff.

ders.: Informationsrechte in Unternehmen und Betrieb, (Rezensionsabhandlung), ZHR 1980 (144), 493 ff.

ders.: Privatrechtliche Schranken der Perpetuierung von Unternehmen: Ein Beitrag zum Problem der Gestaltungsfreiheit im Recht der Unternehmensformen, 1973

RGRK: Das Bürgerliche Gesetzbuch mit besonderer Berücksichtigung der Rechtsprechung des Reichsgerichts und des Bundesgerichtshofes, Kommentar, Bd. II, 4. Teil 12. Auflage 1978

Richardi, Reinhard: Wertpapierrecht, 1987

Rittner, Fritz: Gesellschaftsrecht und Unternehmenskonzentration – Zu den Vorschlägen der Monopolkommission, ZGR 1990, 203 ff.

Römermann, Volker: Neues im Recht der Partnerschaftsgesellschaft, NZG 1998, 675 ff.

Rowedder, Heinz (Begr.) **/ Schmidt-Leithoff** (Hrsg.)**:** Gesetz betreffend die Gesellschaften mit beschränkter Haftung – Kommentar, 4. Auflage 2002

Sack, Rolf: Zur Rechtsnatur der sog. Steuerabschreibungs-Kommanditgesellschaften in: DB 1974, 1657 ff.

Schack, Haimo: BGB Allgemeiner Teil, 10. Auflage 2004

Schäfer, Carsten: Offene Fragen der Haftung des BGB-Gesellschafters, ZIP 2003, 1225 ff.

Scharlach, Heiko / Hoffmann, Uwe: Die Partnerschaftsgesellschaft – auf Umwegen zum Erfolg, WM 2000, 2082 ff.

Schelle, Klaus: Vermögenssteuer: Ein Störfaktor im Steuersystem, 1990

Schilken, Eberhard: Abstrakter und konkreter Vertrauensschutz im Rahmen des § 15 HGB, AcP 187 (1987), S. 1 ff.

Schlegelberger, Franz (Begr.)**:** Handelsgesetzbuch, Kommentar von Ernst Geßler, Wolfgang Hefermehl, Wolfgang Hildebrandt, Georg Schröder, 5. Auflage 1973 ff.

Schlüter, Andreas: Modellfall für ein europäisches Gesellschaftsrecht?, EuZW 2002, 590 ff.

Schmidt, Christian R. / Bierly, Jennifer: Gesellschaft bürgerlichen Rechts als Gesellschafterin einer Personengesellschaft, NJW 2004, 1210 ff.

Schmidt, Karsten (Hrsg.)**:** Münchner Kommentar zum Handelsgesetzbuch, 1996 ff.

ders.: Die BGB-Außengesellschaft : Rechts- und Parteifähigkeit in: NJW 2001, 993 ff.

ders.: Die Handels-Personengesellschaft in Liquidation – Ein neues Bild des Liquidationsrechts der Gesamthandsgesellschaften in: ZHR 153 (1989), 270ff.

ders.: Die Vertragsparteien bei der stillen Beteiligung, DB 1976, 1705 ff.

ders.: Fünf Jahre „neues Handelsrecht" in: JZ 1993, 585 ff.

ders.: Gesellschaftsrecht, 4. Auflage 2002

ders.: Grundzüge der GmbH-Novelle, NJW 1980, 1769 ff.

ders.: Handelsrecht, 5. Auflage 1999

ders.: Zur Haftungsverfassung der Vor-GmbH – Bemerkungen zum Urteil des BGH v. 27.01.1997, ZIP 1997, 679 ff.

Schmidt, Kurt: Die Steuerprogression, 1970

Schmidt, Rolf: Allgemeines Verwaltungsrecht, 9. Auflage 2005

Schneider, Uwe H.: Konzernleitung als Rechtsproblem, BB 1981, 249 ff.

Scholz, Franz (Hrsg.)**:** Kommentar zum GmbH Gesetz, Bd. I (§§ 1-44), 9. Aufl., 2000 und Bd. II (§§ 45-87), 9. Auflage 2002

Schubert, Werner (Hrsg.)**:** Entwurf des Reichsministeriums zu einem GmbHG von 1939, ZHR **1985**, Beiheft 58

Schwarz, Bernhard: Kommentar zur Abgabenordnung, Bd. 1, 11. Aufl. 1998, Stand: 11/2002

Semler, Johannes: Leitung und Überwachung der Aktiengesellschaft, 2. Aufl., (Überarbeitung von: „Die Überwachungsaufgabe des Aufsichtsrats"), 1996

Siems, Harald: Der personelle Anwendungsbereich des Handelsrechts nach dem Handelsrechtsreformgesetz, 1999

Smith, Adam: Der Wohlstand der Nationen, Nachdruck 1983

Soergel, Hans Theodor (Begr.)**:** Kommentar zum Bürgerlichen Gesetzbuch; Bd. 1, §§ 1-103, Stuttgart 2000; Bd. 4, §§ 705-853, Schuldrecht III, 11. Auflage 1985

Sonnenschein, Jürgen: Die Eingliederung im mehrstufigen Konzern, BB 1975, 1088 ff.

Staub, Hermann: Großkommentar zum HGB, 4. Auflage 1983 ff. (zit.: *Bearbeiter*: in GroßkommHGB)

Staudinger, Julius v. (Begr.)**:** Kommentar zum Bürgerlichen Gesetzbuch, §§ 652-740, Bd. II, 12. Bearb. 1991, §§ 705-740, Bd. II, 13. Bearb. 2003

Steck, Dieter: Das HGB nach der Schuldrechtsreform, NJW 2002, S. 3201 ff.; ders.: Handelsrecht für Wirtschaftsjuristen, 2002

Thamm, Manfred / Möffert, Franz-Josef: Die Mängelrüge im Handelsverkehr im Lichte jüngster Rechtsprechung, NJW 2004, 2710 ff.

Timm, Wolfram: Hauptversammlungskompetenzen und Aktionärsrechte in der Konzernspitze – zugleich Überlegungen zum Urteil des LG Hamburg vom 01.10.1979, AG 1980, 172 ff.

Timm, Wolfram; Schöne, Torsten: Fälle zum Handels- und Gesellschaftsrecht, 5. Auflage 2003

Tipke, Klaus / Kruse, Heinrich Wilhelm: Abgabenordnung Finanzgerichtsordnung, Kommentar, Bd. I, 16. Aufl. 1996, Stand: 08/2002

Tipke, Klaus / Lang, Joachim: Steuerrecht, 17. Auflage 2002

Tipke, Klaus: Die Steuerrechtsordnung, Bd. 2, 1993

Treber, Jürgen: Der Kaufmann als Rechtsbegriff im Handels- und Verbraucherrecht, AcP 199 (1999), 525 ff.

Tröll, Christine: Der Anspruch auf den Tagessaldo, 2001

Ulmer, Peter: Die höchstrichterlich „enträtselte" Gesellschaft bürgerlichen Rechts, ZIP 2001, 585 ff.

Ulmer, Peter: Gesellschafterbeschlüsse in Personengesellschaften – Zur Bindung der Gesellschafter an ihre Stimmabgabe in: FS für Hubert Niederländer, 1991, 415 ff.

ders.: Gesellschafterhaftung in der Gesellschaft bürgerlichen Rechts: Durchbruch der Akzessorietätstheorie, ZIP 1999, 554 ff.

ders.: Grundstrukturen eines Personengesellschaftskonzernrechts, S. 26-62, in: Probleme des Konzernrechts, Beiheft Nr. 62, 1989 – der Zeitschrift für das gesamte Handels- und Wirtschaftsrecht, Hrsg.: Peter Ulmer, Karsten Schmidt

Walz, Rainer / Fischer, Hardy: Grundlagen des Steuerrechts für Einsteiger, JuS 2003, S. 237 ff.; 341 ff.

Weber, Werner: Die Dienst- und Leistungspflicht der Deutschen, 1943

Weitnauer, Wolfgang: Der Unternehmenskauf nach neuem Kaufrecht, NJW 2002, 2511 ff.

Wendt, Rudolf: Familienbesteuerung und Grundgesetz in: FS für Tipke, 1995, 47 ff.

Werner, Winfried: Rechte und Pflichten des mitbestimmten Aufsichtsrats und seiner Mitglieder, Korreferat, ZGR 1977, 236 ff.

Wertenbruch, Johannes: Die Parteifähigkeit der GbR – die Änderungen für die Gerichts- und Vollstreckungspraxis, NJW 2002, 324 ff.

Westermann, Harm Peter: Erste Folgerungen aus der Anerkennung der Rechtsfähigkeit der BGB-Gesellschaft, NZG 2001, 289 ff.

Wilhelm, Jan: Umgehungsverbote im Recht der Kapitalaufbringung, ZHR 2003, 520 ff.

Witte, Peter: Zollkodex, Kommentar, 3. Auflage 2002

Wolf, Manfred: Sachenrecht, 21. Auflage 2005

Wörlen, Rainer: Handelsrecht mit Gesellschaftsrecht, 6. Auflage 2003

Würdinger, Hans: Aktien- und Konzernrecht – Eine systematische Darstellung, 3. Auflage 1973; Aktienrecht und das Recht der verbundenen Unternehmen - Eine systematische Darstellung, 4. Auflage 1981

Zeitler, Franz-Christoph: Internationale Entwicklungslinien den Bankenaufsicht – Praktische Auswirkungen und rechtliche Funktion der Baseler Eigenkapitalübereinkunft - in: WM 2001, 1397 ff.

Zimmer, Daniel / Eckhold, Thomas: Das Kapitalgesellschaften & Co.-Richtliniengesetz – Neue Rechnungslegungsvorschriften für eine große Zahl von Unternehmen in: NJW 2000, 1361 ff.

Zöllner, Wolfgang (Hrsg.)**:** Kölner Kommentar zum Aktiengesetz, 2. Aufl., Bd. 1, §§ 1-75, Köln 1998; Bd. 6., §§ 291-328, 1987

Zöllner, Wolfgang: Die Zurückdrängung des Verkörperungselements bei den Wertpapieren in: FS für Ludwig Raiser, S. 249 ff., 1974

ders.: Wertpapierrecht, 14. Aufl. 1987

Zschocke, Christian: Europapolitische Mission: Das neue Wertpapiererwerbs- und Übernahmegesetz in: DB 2002, S. 79 ff.

1. Kapitel: Handelsrecht

A. Einführung

I. Definition und Einordnung des Handelsrechts

1 Das Handelsrecht wird allgemein verstanden als das Sonderprivatrecht der Kaufleute.[1] Damit ist das Handelsrecht Teil des Privatrechts.[2] Es hat aufgrund der Klassifizierung als Sonderprivatrecht gegenüber dem allgemeinen Privatrecht, das im Wesentlichen im BGB geregelt ist, einen engeren Anwendungsbereich. Das Handelsrecht enthält gegenüber dem allgemeinen Privatrecht vom Grundsatz her die spezielleren Vorschriften und ist insofern als lex specialis gegenüber dem BGB zu betrachten, Art. 2 Abs. 1 EGHGB.[3] Einige Vorschriften des HGB ergänzen lediglich die BGB-Regelungen. Zum Beispiel werden in den §§ 48 ff. HGB spezifische Voraussetzungen und der exakte Umfang der Vertretungsmacht bei der Prokuraerteilung definiert. Für die grundlegenden Voraussetzungen der Stellvertretung bleibt aber weiterhin das BGB anwendbar (§§ 164 ff. BGB).[4]

2 Der Anwendungsbereich des Handelsrechts bemisst sich nach dem sog. subjektiven System, d. h. der Geltungskreis der handelsrechtlichen Regelungen ist „subjektiv" an den vom HGB erfassten Normadressaten und nicht „objektiv" an dem zu regelnden Gegenstand (wie z.B. das Wertpapierrecht) ausgerichtet.[5] Adressat der Regelungen des Handelsgesetzbuchs (HGB) ist der Kaufmann gem. §§ 1 ff. HGB. Kaufmann ist gem. § 1 Abs. 1 HGB, wer ein Handelsgewerbe betreibt (= Träger eines handelsgewerblichen Unternehmens, was auch Handelsgesellschaften sein können (§ 6 Abs. 1 HGB)).[6] Die Kaufmannseigenschaft ist eine Rechtsfolgenvoraussetzung für die Anwendbarkeit der handelsrechtlichen Vorschriften. Daneben enthält das HGB aber auch objektive Kriterien, die zusätzlich zur Kaufmannseigenschaft erfüllt sein müssen, um die Vorschrift anwenden zu können. Zum Beispiel sind gemäß § 343 HGB Handelsgeschäfte alle Geschäfte eines Kaufmanns (subjektiv), die einen Funktionszusammenhang mit seinem Handelsgewerbe (objektiv) aufweisen.

3 Es ist nicht in jedem Fall erforderlich, dass **alle** an einem Geschäft beteiligten Personen Kaufleute sind. So finden die Vorschriften über die Handelsgeschäfte (§§ 343 ff. HGB) grundsätzlich auch dann Anwendung, wenn das Rechtsgeschäft für nur eine

---

[1] Vgl. *Brox* Rn 1; *Wörlen* Rn 1; *K. Schmidt*, HandelsR, § 1 I 1 und § 3 (S. 47 ff.); ergänzend *Roth* in: Koller/Roth/Morck, Einl. v. § 1 Rn 1: „Sonderrecht für Kaufleute und wirtschaftlich tätige Unternehmen"; kritische Auseinandersetzung bei *K. Schmidt*, HandelsR, § 3 (S. 47 ff.), der das Handelsrecht als Sonderprivatrecht des gewerblichen Unternehmens sieht.

[2] Im HGB sind aufgrund des Sachzusammenhangs aber auch öffentlich-rechtliche Regelungen enthalten (z. B. Handelsregisterrecht, §§ 8 ff. HGB).

[3] Siehe aber auch z. B. § 736 Abs. 2 BGB, der auf die Vorschriften für Personenhandelsgesellschaften (§ 160 HGB) verweist.

[4] Vgl. auch *Bülow*, HR, Einf. 1.

[5] *Roth* in: Koller/Roth/Morck, Einl. v. § 1 Rn 2.

[6] Ausdehnung des Anwendungsbereichs allerdings nach HRefG/TRG **1998** für einzelne Vertragstypen auch auf sog. *Kleingewerbetreibende*, die keine Kaufleute sind, vgl. *Roth* in: Koller/Roth/Morck, Einl. v. § 1 Rn 2.

Vertragspartei ein Handelsgeschäft ist und daher nur eine Vertragspartei Kaufmann ist, § 345 HGB.

4 Das HGB enthält damit Sonderregelungen für privatrechtliche Verhältnisse (Rechtsverhältnisse zwischen mindestens zwei Privatpersonen), an denen nicht ausschließlich gewöhnliche Personen (z.B. Verbraucher), sondern zumindest auch Kaufleute beteiligt sind.

5 **Hinweis für die Fallbearbeitung:**[7] Rechtsfolgenvoraussetzung für die Vorschriften des Handelsrechts ist immer die Kaufmannseigenschaft zumindest eines der Vertragspartner. Diese ist in den §§ 1-6 HGB definiert. Es ist stets zu beachten, dass das bürgerliche Recht die Basis des Handelsrechts darstellt. Das Handelsrecht enthält Ausnahmen[8], Erweiterungen[9] oder Modifizierungen[10] vom bürgerlichen Recht und regelt bestimmte Rechtsverhältnisse spezieller. Falllösungen mit rein handelsrechtlichem Inhalt dürften die absolute Ausnahme sein. Anspruchsgrundlage in der Fallbearbeitung ist i. d. R. immer eine Vorschrift aus den allgemeinen Vorschriften, insbesondere aus dem BGB. Bei einer Falllösung sind daher i. d. R. sowohl handelsrechtliche als auch bürgerlich-rechtliche Normen heranzuziehen. Eine einschlägige handelsrechtliche Norm wird in der Fallbearbeitung i. d. R. erstmals erwähnt, sobald an eine spezielle Rechtsfolge des HGB (beispielsweise in Form einer Ausnahme der zuvor geprüften bürgerlich-rechtlichen Vorschrift) angeknüpft wird. Als Voraussetzung ist dann die Kaufmannseigenschaft der Vertragspartner zu prüfen. Von einer zunächst abstrakten Prüfung der Kaufmannseigenschaft am Anfang der Fallbearbeitung oder von dem Falleinstieg direkt über die Regelungen des Handelsrechts ist dringend abzuraten. Die Kaufmannseigenschaft und damit die Frage, ob ein Beteiligter dem Handelsrecht untersteht, ist somit stets erst im Zusammenhang mit einer konkreten handelsrechtlichen Norm zu prüfen. Das Handelsrecht selbst enthält mit Ausnahme der im zweiten Buch geregelten Gesellschaften nur sehr wenige direkte Anspruchsgrundlagen (insbesondere § 25 HGB (Haftung des Erwerbers eines Handelsgeschäfts), § 28 HGB (Haftung bei Eintritt in das Geschäft eines Einzelkaufmanns) und § 37 Abs. 2 HGB (Unterlassungsanspruch bei unbefugtem Firmengebrauch)).[11] Die Anspruchsgrundlage befindet sich daher zumeist im BGB.[12]

6 Das HGB gliedert sich in fünf Bücher:

- Erstes Buch: Handelsstand (Kaufleute, Handelsregister und -firma, Prokura und Handlungsvollmacht, Handlungsgehilfen und -lehrlinge, Handelsvertreter, Handelsmakler)
- Zweites Buch: Handelsgesellschaften und stille Gesellschaft (Offene Handelsgesellschaft, Kommanditgesellschaft, stille Gesellschaft)
- Drittes Buch: Handelsbücher (Bilanzrecht)
- Viertes Buch: Handelsgeschäfte (Handelskauf, Kommissions-, Fracht-, Speditions- und Lagergeschäft)

[7] Zur Bearbeitung von Handelsrechtsfällen vgl. auch *Brox* Rn 435 ff.
[8] Z. B. § 348 HGB: Vertragsstrafe; § 349 HGB: Keine Einrede der Vorausklage; § 350 HGB: Formfreiheit von Bürgschaft, Schuldversprechen oder Schuldanerkenntnis.
[9] Z. B. §§ 383 ff. HGB: Kommissionsgeschäft, Frachtgeschäft, Speditionsgeschäft, Lagergeschäft.
[10] Z. B. § 377 HGB: Untersuchungs- und Rügeobliegenheit des Käufers beim Handelskauf als beiderseitiges Handelsgeschäft.
[11] Vgl. *Brox* Rn 436.
[12] Vgl. *Canaris*, § 1 Rn 10 ff.

- Fünftes Buch: Seehandel

II. Bedeutung/Charakteristika des Handelsrechts

Die Regelungen des Handelsrechts stellen auf die Bedürfnisse des Handelsverkehrs ab und enthalten daher einige Prinzipien, deren Kenntnis das Verständnis des Handelsrechts z.B. bei Auslegungsfragen erleichtert. **7**

1. Selbstverantwortlichkeit des Kaufmanns

Kaufleute werden vom Gesetzgeber als geschäftserfahrener im Vergleich zu Privatleuten/Verbrauchern qualifiziert. Aufgrund ihrer typischen Geschäftserfahrung sind Kaufleute nicht in gleichem Maße schutzbedürftig.[13] Von ihnen wird daher ein höheres Maß an selbstverantwortlichem Handeln erwartet, gleichzeitig aber auch ein größerer Gestaltungsspielraum eröffnet.[14] Die vor allem im BGB für das Verhältnis zwischen Privatpersonen enthaltenen Rechtsregeln werden deshalb in verschiedener Weise für Kaufleute modifiziert, z.B. kann ein Kaufmann eine Bürgschaft mündlich übernehmen (§ 350 HGB), während die private Bürgschaft der Schriftform bedarf (§ 766 BGB). Dem Kaufmann wird hier unterstellt, dass er mit den Gefahren, die mit einer Bürgschaft verbunden sind, besser vertraut ist als ein Verbraucher und daher der Schutz vor der Abgabe einer übereilten Bürgschaftserklärung nicht erforderlich ist (auch wenn dies in der Praxis nicht zutreffen muss!). **8**

2. Schnelligkeit und Einfachheit des Handelsverkehrs

Im Handelsrecht finden sich einzelne Vorschriften, die einen schnelleren und einfacheren Abschluss von Handelsgeschäften ermöglichen, als dies vom bürgerlichen Recht gewährleistet wird.[15] Diesem Bedürfnis nach einfacher und schneller Abwicklung des Handelsverkehrs dient z.B. der Verzicht auf die Formalie „Schriftform" bei der Bürgschaft, dem Schuldversprechen oder dem Schuldanerkenntnis gem. § 350 HGB.[16] Weitere Regelungen, die auf eine Einfachheit oder schnell geschaffene Rechtsklarheit abzielen, sind z.B. in den §§ 48 ff. HGB (gesetzliche Definition der Vertretungsmacht durch Ausgestaltung von Prokura und Handlungsvollmacht), § 346 HGB (Einbeziehung von Handelsbräuchen), 362 HGB (Schweigen als Willenserklärung) und § 377 HGB (unverzügliche Untersuchungs- und Anzeigeobliegenheit beim Handelskauf) enthalten. **9**

3. Rechtsklarheit, Publizität, Vertrauensschutz/Verkehrsschutz

Die schnelle und einfache Abwicklung des Handelsverkehrs setzt zum Teil auch einen besonderen Vertrauens- oder Verkehrsschutz voraus, der über die Regelungen des bürgerlichen Rechts hinausgeht. Hierunter fallen z.B. die Regelungen der handelsrechtlichen Publizität (§§ 5, 8 ff. HGB, insbesondere Publizität des Handelsregisters gem. § 15 HGB) sowie § 366 HGB, der das Vertrauen des Erwerbers auf die Verfügungsmacht des Veräußerers schützt.[17] **10**

---

[13] *Canaris*, § 1 Rn 17.
[14] Vgl. *Roth* in: Koller/Roth/Morck, Einl. v. § 1 Rn 5.
[15] Vgl. *Brox* Rn 7; *Roth* in: Koller/Roth/Morck, Einl. v. § 1 Rn 6; *K. Schmidt*, HandelsR, § 1 IV 2 ff.
[16] Vgl. im Gegensatz dazu: §§ 766 S. 1; 780 S. 1; 781 S. 1 BGB.
[17] Im Gegensatz dazu bemisst sich der gute Glaube des Erwerbers beim gutgläubigen Erwerb gem. §§ 932 ff. BGB am *Eigentum* des Veräußerers.

11

> **Hinweis für die Fallbearbeitung:** Die dargestellten Prinzipien können in der Fallbearbeitung bei Auslegungsfragen herangezogen werden und damit die Basis einer Argumentation für oder gegen eine bestimmte Auslegung einer Norm darstellen und insofern die Argumentation erleichtern.

III. Rechtsgrundlagen des Handelsrechts

12 Wichtigste Rechtsquellen sind das **Handelsgesetzbuch** und **Nebengesetze** (z.B. Wechselgesetz, Scheckgesetz, Versicherungsvertragsgesetz, Kreditwesengesetz). Außerdem sind das (nicht bedeutungsvolle[18]) **Gewohnheitsrecht** (= vom Rechtsgeltungswillen getragene, ständige Übung[19]) und die (richterrechtliche) **Rechtsfortbildung** zu nennen.[20] Eine weitere, in der Praxis wichtige Rechtsquelle besteht in den **Handelsbräuchen**, die als Verkehrssitte des Handels aufzufassen sind. Die Handelsbräuche, die unter Kaufleuten kraft der Regelung des § 346 HGB Anwendung finden, sind keine Rechtsnormen und insbesondere auch kein Gewohnheitsrecht.[21] Sie sind insbesondere bei der Vertragsauslegung heranzuziehen. Ein Handelsbrauch muss nicht allen Beteiligten bekannt sein, um im Rahmen von § 346 HGB maßgeblich zu sein.[22] Die meisten Handelsbräuche beziehen sich auf den Vertragsschluss, den Vertragsinhalt sowie die Folgen des Vertrags, wobei insbesondere die für die Vertragsauslegung maßgeblichen Klauseln wie beispielsweise die Incoterms[23] (z.B. „ab Werk", „cif", „fob") zu nennen sind.[24] Auch die Bedeutung des Schweigens auf ein kaufmännisches Bestätigungsschreiben muss unter Beachtung eines Handelsbrauchs entschieden werden.[25]

13

> **Hinweis für die Fallbearbeitung:** Auch wenn umstritten ist, ob das kaufmännische Bestätigungsschreiben Handelsbrauch oder Gewohnheitsrecht ist, ist dessen genaue Kenntnis für die Fallbearbeitung unerlässlich. Das kaufmännische Bestätigungsschreiben stellt den in der Klausurenpraxis wichtigsten Anwendungsfall für einen Handelsbrauch oder des Gewohnheitsrecht dar.

14 Schließlich sind auch **Allgemeine Geschäftsbedingungen** eine Rechtsgrundlage im Handelsrecht. Allgemeine Geschäftsbedingungen sind gem. § 305 Abs. 1 S. 1 BGB alle für eine Vielzahl von Verträgen vorformulierten Vertragsbedingungen, die eine Vertragspartei (Verwender) der anderen Vertragspartei bei Abschluss eines Vertrags stellt. Aufgrund der geringeren Schutzbedürftigkeit des Kaufmanns (= „Unternehmer" im Sinne von §§ 305 ff. BGB[26]) finden die §§ 305 Abs. 2 BGB (Einbeziehung von AGB in den Vertrag), 308 und 309 BGB (Klauselverbote) keine Anwendung auf Allgemeine Geschäftsbedingungen, die gegenüber einem Unternehmer verwendet werden. Anwendung findet aber dennoch § 307 BGB (Unwirksamkeit der AGB bei Verstoß gegen Treu und Glauben) sowie die §§ 134, 138 BGB (gesetzliches Verbot bzw. sittenwidriges Rechtsgeschäft/Wucher).

---

[18] *Brox* Rn 12; a. A. *K. Schmidt*, HandelsR, § 1 III 2.
[19] *Roth* in: Koller/Roth/Morck, Einl. v. § 1 Rn 15; *K. Schmidt*, HandelsR, § 1 III 2 (S. 21).
[20] Dazu *K. Schmidt*, HandelsR, § 1 III 2.
[21] *Brox* Rn 13; *K. Schmidt*, HandelsR, § 1 III 3.
[22] BGH BB **1973**, 635; *Hefermehl* in: Schlegelberger, § 346 Rn 31; *Brox* Rn 15.
[23] International commercial terms.
[24] Vgl. *Hefermehl* in: Schlegelberger, § 346 Rn 38 ff, 55 ff.; *Baumbach/Hopt* § 346 Rn 15, 39.
[25] *Brox* Rn 14; a. A. *K. Schmidt*, HandelsR, § 1 III 3 c: Gewohnheitsrecht.
[26] Das BGB verwendet hier einen weiten Unternehmerbegriff, der über den Kaufmannsbegriff des HGB hinausgeht.

IV. Adressaten des Handelsrechts

15 Wie bereits erwähnt, ist primärer Adressat der handelsrechtlichen Vorschriften der **Kaufmann.**[27] Kaufmann im Sinne des HGB ist gem. § 1 Abs. 1 HGB, wer ein Handelsgewerbe betreibt, wobei Handelsgewerbe gem. § 1 Abs. 2 HGB definiert wird als jeder Gewerbebetrieb mit der Ausnahme, dass das Unternehmen nach Art und Umfang keinen in kaufmännischer Weise eingerichteten Geschäftsbetrieb erfordert (materieller Kaufmannsbegriff). Nach einem formellen Kaufmannsbegriff (Kaufmann kraft Rechtsform) finden die in Betreff auf die Kaufleute gegebenen Vorschriften auch auf die **Handelsgesellschaften** Anwendung, § 6 Abs. 1 HGB. Handelsgesellschaften sind alle Gesellschaften, die als Solche in das Handelsregister eingetragen werden.[28] Die bedeutsamsten sind die Aktiengesellschaft (AG, § 3 AktG), die Kommanditgesellschaft auf Aktien (KGaA, § 278 Abs. 3 i. V. m. § 3 AktG) und die Gesellschaft mit beschränkter Haftung (GmbH, 13 Abs. 3 GmbHG). Die Offene Handelsgesellschaft (oHG, § 105 Abs. 1 HGB) und die Kommanditgesellschaft (KG, § 161 Abs. 1 HGB) sowie der Einzelkaufmann (§ 1 Abs. 1 HGB) sind Kaufmann gemäß dem materiellen Kaufmannsbegriff, da dort jeweils der „Betrieb eines Handelsgewerbes" Voraussetzung für diese Rechtsform ist.[29]

16 Weitere Adressaten des HGB können aber auch **Nichtkaufleute** (z.B. Verbraucher) bei den einseitigen Handelsgeschäften gem. § 345 HGB sein. Zudem findet das HGB häufig auch auf **nichtkaufmännische Gewerbetreibende** (= nach Art und Umfang des Unternehmens ist kein in kaufmännischer Weise eingerichteter Geschäftsbetrieb erforderlich, sog. „Kleingewerbetreibende"[30]) Anwendung.[31] Das HGB ist auf die Kleingewerbetreibenden vollständig anwendbar, wenn diese sich ihre Firma gem. § 2 S. 1 HGB in das Handelsregister eintragen lassen. Der Kleingewerbetreibende wird dann zum Kaufmann kraft Eintragung (sog. „Kannkaufmann").[32] Im HGB wird häufig auch der Begriff "Unternehmen" verwendet, z.B. in den Normen über die nichtkaufmännischen Gewerbetreibenden. Damit ist allerdings nur die wirtschaftliche Organisation gemeint, mittels derer der Unternehmer als Träger des Unternehmens am Markt tätig wird. Im Kontext des HGB ist dies der Gewerbebetrieb, so dass beide Begriffe austauschbar sind.[33]

[27] Kritisch *Treber*, AcP 199 (**1999**), 525 ff.; *Roth* in: Koller/Roth/Morck, Einl. v. § 1 Rn 9.
[28] *Roth* in: Koller/Roth/Morck, § 6 Rn 2.
[29] Vgl. für die oHG und KG jedoch §§ 105 Abs. 2, 161 Abs. 2 HGB, wonach eine oHG/KG auch zu kleingewerblichen oder nichtgewerblichen Zwecken gegründet werden kann; vgl. dazu *K. Schmidt*, GesellR, § 46 I 1 c aa.
[30] *Roth* in: Koller/Roth/Morck, Einl. v. § 1 Rn 11.
[31] Vgl. z. B. §§ 84 Abs. 4; 93 Abs. 3; 383 Abs. 2; 407 Abs. 3 Nr. 2; 453 Abs. 3; 467 Abs. 3 HGB.
[32] Siehe dazu *Wörlen* Rn 21 sowie tabellarische Übersicht über alle Kaufmannsarten in Rn 31.
[33] *Roth* in: Koller/Roth/Morck, Einl. v. § 1 Rn 10; vgl. auch *K. Schmidt*, HandelsR, § 4 I 1 b: Unternehmensbegriff ist Komplementärbegriff zum Begriff „Handelsgewerbe" und Kaufmannsbegriff ist Komplementärbegriff zum Unternehmensträger.

B. Der Kaufmann

17 Dem HGB liegt ein materieller (= tätigkeitsbezogener, § 1 HGB) und ein formeller Kaufmannsbegriff (per Gesetzesdefinition, §§ 5, 6 HGB) zugrunde. In § 1 HGB ist der Einzelkaufmann definiert. § 5 HGB enthält als Besonderheit den Kaufmann kraft Eintragung in das Handelsregister. In § 6 HGB werden die Personenvereinigungen als Kaufleute geregelt.

I. Der Einzelkaufmann

18 Der Begriff des Kaufmanns wird im Wesentlichen vom Begriff des Handelsgewerbes geprägt, das der Kaufmann betreibt, § 1 Abs. 1 HGB. Es ist also zu klären, was unter einem **Gewerbe** zu verstehen ist (1.), was es heißt, das Gewerbe zu **betreiben** (2.) und wie der Begriff des **Handelsgewerbes** definiert wird (3.).

1. Gewerbe

19 Bei der ausgeübten Tätigkeit muss es sich um ein Gewerbe handeln. Eine Legaldefinition des Gewerbebegriffs besteht nicht. Nach herrschender Meinung wird unter einem Gewerbe eine äußerlich erkennbare, planmäßige, auf Gewinnerzielung gerichtete, selbstständige und erlaubte Tätigkeit verstanden, die nicht freiberuflicher, künstlerischer oder wissenschaftlicher Natur ist.[34]

a) Offenheit

20 Die Tätigkeit ist offen, wenn sie für Dritte erkennbar nach außen in Erscheinung tritt.

> **Beispiel:** Das jahrelange Spekulieren an der Börse über die Hausbank erfüllt den Tatbestand der Offenheit nicht, soweit diese Tätigkeit nicht an die Öffentlichkeit tritt.[35]

b) Planmäßigkeit

21 Eine planmäßige Tätigkeit liegt vor, wenn sie auf eine gewisse Dauer angelegt ist. Dabei muss sich der Wille des Handelnden von Anfang an auf eine grundsätzlich unbestimmte Vielzahl von Geschäften richten.[36]

> **Beispiel:** Ausreichend ist beispielsweise das Betreiben einer Würstchenbude bei einem Volksfest oder auf einer Messeveranstaltung. Bei Gelegenheitsgeschäften wie dem zeitweisen Verkauf von doppelten Exemplaren einer Briefmarkensammlung fehlt es hingegen an der Absicht, eine unbestimmte Vielzahl von Geschäften regelmäßig zu tätigen.[37]

---

[34] Vgl. *Brox* Rn 20; BGHZ **33**, 321, 324 ff.; **83**, 383, 386; *Roth* in: Koller/Roth/Morck, § 1 Rn 4; *Canaris*, § 2 Rn 2 ff.; weitere Nachweise bei *K. Schmidt*, HandelsR, § 9 IV 2 Fn 4.
[35] ROHG **22**, 303; *Gierke/Sandrock* § 109 S. 3.
[36] *Canaris*, § 2 Rn 6.
[37] Vgl. *Roth* in: Koller/Roth/Morck, § 1 Rn 7.

c) Entgeltlichkeit/Gewinnerzielungsabsicht

22 Der Gewerbebegriff erfordert weiterhin die Entgeltlichkeit der erbrachten Leistung.[38] Umstritten ist, ob auch die Absicht, einen Gewinn zu erzielen, ein Merkmal des Gewerbebegriffs ist.[39] Nach herrschender Meinung ist dies der Fall. Jedenfalls nicht erforderlich ist, ob auch tatsächlich ein Gewinn erwirtschaftet wurde.[40]

23 **Hinweis für die Fallbearbeitung:** Bei privaten Wirtschaftsunternehmen kann die Gewinnerzielungsabsicht vermutet werden. Bei Unternehmen der Öffentlichen Hand hingegen muss die Gewinnerzielungsabsicht im Einzelfall festgestellt werden.[41] Kein Gewerbe betreiben die Unternehmen der öffentlichen Hand, soweit sie hoheitliche Aufgaben wahrnehmen. In der Fallbearbeitung ist daher auch nur in derartigen Problemkonstellationen auf die Gewinnerzielungsabsicht einzugehen.[42]

d) Selbstständigkeit

24 Selbstständig ist gemäß § 84 Abs. 1 S. 2 HGB derjenige, der im Wesentlichen frei seine Tätigkeit gestalten und seine Arbeitszeit bestimmen kann. Bei angestellten Arbeitnehmern oder Beamten ist dieses Merkmal nicht erfüllt, da sie im Wesentlichen weisungsgebunden arbeiten.

e) Legalität

25 Ob die Tätigkeit erlaubt sein muss, ist umstritten.[43] Die öffentlich-rechtliche Erlaubtheit ist nach § 7 HGB jedenfalls keine Voraussetzung. Streitig ist allerdings, ob die abgeschlossenen Rechtsgeschäfte z.B. nicht nach §§ 134, 138 BGB gesetzes- oder sittenwidrig sein dürfen.

> **Beispiel:** Hehlerei- oder Wuchergeschäfte fallen danach nicht unter den Gewerbebegriff.

Es ist allerdings zu bedenken, dass derjenige, der derartige Geschäfte betreibt, gegebenenfalls kraft seines Auftretens als Kaufmann zu seinem Nachteil als **Scheinkaufmann** behandelt werden und insofern keine Vorteile aus seiner verbotenen oder sittenwidrigen Tätigkeit ziehen kann. Ebenso kann sich derjenige, der nicht erlaubte Geschäfte betreibt, auch nicht auf die Rechte eines Kaufmanns berufen.[44]

---

[38] *Canaris*, § 2 Rn 3.
[39] Zum Streitstand vgl. *K. Schmidt*, HandelsR, § 9 IV 2 d (S. 289).
[40] *Fezer*, Fall 1, S. 4.
[41] *Brox* Rn 22; BGHZ **49**, 260.
[42] Vgl. dazu *Fezer*, Fall 1, S. 1 ff. zu BGHZ **95**, 155 ff.: Gewinnerzielungsabsicht bei der ehemaligen Deutschen Bundesbahn bejaht: Es reicht, wenn wirtschaftlicher Erfolg, der den Aufwand übersteigt, angestrebt wird. Zudem könnte die Bundesbahn auch von einem Privatunternehmer betrieben werden, wobei auch nach der Verkehrsanschauung ein Gewerbebetrieb angenommen werden kann, der mit privaten Unternehmen im Wettbewerb steht.
[43] Siehe dazu *Brox* Rn 21 m. w. N.
[44] *Brox* Rn 21.

f) Keine freiberufliche, wissenschaftliche oder künstlerische Tätigkeit

26 Der Gewerbebegriff enthält das negative Tatbestandsmerkmal, dass keine freiberufliche, wissenschaftliche oder künstlerische Tätigkeit vorliegt. Bei diesen Berufen steht nach der Verkehrsanschauung die höchstpersönliche Leistungserbringung und nicht die Erbringung wirtschaftlicher Leistungen mittels einer organisierten Wirtschaftseinheit im Vordergrund.[45] Dabei wird angenommen, dass das Gewinnstreben hinter der Erbringung höherer Dienste zurücksteht.[46] Für einzelne freie Berufe ist gesetzlich geregelt, dass die ausgeübte Tätigkeit kein Gewerbe darstellt.

> **Beispiel:** Rechtsanwälte: § 2 Abs. 2 BRAO; Notare: § 2 S. 3 BNotO; Wirtschaftsprüfer: § 1 Abs. 2 S. 2 WirtschaftsprüferO; Steuerberater: § 32 Abs. 2 S. 2 SteuerberG; Ärzte: § 1 Abs. 2 BundesärzteO; Zahnärzte: § 1 Abs. 4 ZahnheilkundeG; Tierärzte: § 1 Abs. 2 BundestierärzteO.

Weitere freie Berufe wie z.B. Architekten, Kunstmaler, Bildhauer, Schriftsteller gelten kraft einer gefestigten Rechtstradition bzw. Gewohnheitsrecht nicht als Gewerbe.[47] Apotheker hingegen werden allgemein als Gewerbetreibende angesehen.[48]

g) Begriff „Handel"

27 Das betriebene Gewerbe muss nach dem Gesetzeswortlaut des § 1 Abs. 1 HGB ein *Handels*gewerbe sein. Der Begriff des Handels hat allerdings keine eigenständige Bedeutung, da gem. § 1 Abs. 2 HGB unter den Begriff Handelsgewerbe jeder Gewerbebetrieb fällt, soweit das Unternehmen nach Art oder Umfang einen in kaufmännischer Weise eingerichteten Geschäftsbetrieb erfordert. Es kommt daher zunächst lediglich auf das Vorliegen der oben definierten Tatbestandsmerkmale des Gewerbebegriffs an, der Begriff „Handel" ist kein weiteres Tatbestandsmerkmal.[49]

2. Betrieb des Gewerbes

28 Nach § 1 Abs. 1 HGB ist derjenige ein Kaufmann, der ein Handelsgewerbe betreibt. Damit wird ein Zusammenhang hergestellt zwischen dem Handelsgewerbe und demjenigen, in dessen Person die Rechtsfolgen der im Rahmen des Handelsgewerbes abgeschlossenen Rechtsgeschäfte eintreten („Betreibender"). Entscheidend ist in diesem Gefüge, wer im konkreten Fall Betreibender des Handelsgeschäfts ist und auf welche Weise dieser aus den abgeschlossenen Geschäften berechtigt und verpflichtet werden kann.[50]

Für das Vorliegen der Kaufmannseigenschaft kommt es, ähnlich den Grundsätzen über die Stellvertretung, darauf an, in wessen Namen die Geschäfte abgeschlossen werden. Es ist dabei unerheblich, wer das Geschäft im Einzelfall abgeschlossen, also tatsächlich gehandelt hat, für wessen Rechnung das Geschäft getätigt wurde, ob eine bestimmte Berufsausbildung vorliegt oder ob der Betreibende geschäftsfähig ist.[51]

---

[45] Vgl. *Canaris*, § 2 Rn 8 ff.
[46] *Roth* in: Koller/Roth/Morck, § 1 Rn 9; BGHZ **33**, 325; BVerfGE **17**, 239.
[47] *Canaris*, § 2 Rn 8; ggf. analoge Anwendung bestimmter handelsrechtlicher Normen: *K. Schmidt*, HandelsR, § 9 IV 2 a cc (S. 283).
[48] *Canaris*, § 2 Rn 10.
[49] Vgl. *Roth* in: Koller/Roth/Morck, § 1 Rn 2 am Ende: „funktionsloses Tatbestandsmerkmal".
[50] *Brox* Rn 24; vgl. *K. Schmidt*, HandelsR, § 9 IV 2 a aa (S. 281): Kaufmann ist der Unternehmensträger.
[51] Vgl. *Brox* Rn 29 ff.

Beispiel: So wird z.B. der Einzelkaufmann berechtigt und verpflichtet, wenn sein Prokurist für ihn handelt (§§ 48 ff. HGB, § 164 Abs. 1 BGB). Bei Kapitalgesellschaften handeln zwar Vorstand bzw. Geschäftsführer als deren Organe, Kaufmann ist aber die Aktiengesellschaft (§ 3 Abs. 1 AktG) oder die GmbH (§ 13 Abs. 3 GmbHG). Bei den Personenhandelsgesellschaften (oHG, KG) ist die Gesellschaft Kaufmann (§§ 124 Abs. 1, 161 Abs. 2 HGB). Streitig ist aber, ob auch die Gesellschafter Kaufleute sind. Nach herrschender Meinung besitzen die Komplementäre aufgrund der persönlichen Haftung gem. § 128 HGB die Kaufmannseigenschaft.[52] Der Kommissionär handelt gem. § 383 Abs. 1 HGB zwar auf fremde Rechnung, aber in eigenem Namen und kann daher Kaufmann sein.[53] Auch Minderjährige können ein Handelsgewerbe betreiben (vgl. §§ 108 Abs. 1, 112, 1626 ff., 1643 Abs. 1, 1645, 1822 Nr. 3 BGB).

3. Handelsgewerbe

29 In welchen Fällen das betriebene Gewerbe ein Handelsgewerbe im Sinne von § 1 Abs. 1 HGB ist, regelt das HGB in § 1 Abs. 2 HGB als Generalklausel sowie §§ 2, 3 Abs. 2, 3 HGB und § 5 HGB.

Nach § 1 Abs. 2 HGB ist jeder Gewerbetreibende stets und automatisch Kaufmann, solange er nicht ausschließlich ein Kleingewerbetreibender ist, bei dem kein in kaufmännischer Weise eingerichteter Geschäftsbetrieb erforderlich ist (sog. **„Istkaufmann"**). Aus der negativen Formulierung des § 1 Abs. 2 HGB kann geschlossen werden, dass grundsätzlich jeder Gewerbebetrieb ein Handelsgewerbe ist und damit die Kaufmannseigenschaft bei jedem betriebenen Gewerbe vorliegt. Es handelt sich dabei um eine widerlegbare Vermutung, d. h. die Beweislast, dass sein Betrieb kein Handelsgewerbe ist, liegt bei dem Betreibenden.[54] Das ist auch sinnvoll, da die Geschäftspartner in der Regel keinen Einblick in die Erforderlichkeit kaufmännischer Einrichtungen beim Gewerbetreibenden haben. Der Kleingewerbetreibende muss sich im Streitfall daher auf seine fehlende Kaufmannseigenschaft selbst berufen und die Voraussetzungen nachweisen.

30 **Hinweis für die Fallbearbeitung:** Es ist auf die Formulierung des § 1 Abs. 2 HGB zu achten: Keine Voraussetzung ist es, ob ein in kaufmännischer Weise eingerichteter Geschäftsbetrieb auch tatsächlich vorliegt. Es kommt lediglich auf die Erforderlichkeit an.[55] Dabei sind die Gesamtumstände im konkreten Fall zu berücksichtigen. Zu prüfen ist, ob kaufmännische Einrichtungen nach Art **oder** Umfang nicht erforderlich sind. Im Umkehrschluss bedeutet dies, dass das Unternehmen eines Kaufmanns einen nach Art **und** Umfang (beide Merkmale müssen **kumulativ** vorliegen!) eingerichteten Geschäftsbetrieb erfordert.[56]

31 Die Erforderlichkeit der kaufmännischen Einrichtungen kann über die Organisation des Unternehmens identifiziert werden. Wichtigstes Kriterium ist die **Erforderlichkeit einer kaufmännischen Buchführung**, die darüber hinausgehen muss, was steuer-

[52] *Canaris*, § 2 Rn 20 f.; a. A. *K. Schmidt*, HandelsR, § 5 I 1 b; *ders.* in: GesellR, § 46 II 1, wonach Kaufmann nur die Gesellschaft ist.
[53] Die Kaufmannseigenschaft bemisst sich nach den §§ 1-6 HGB, wobei § 383 Abs. 1 HGB den Kommissionär als Gewerbetreibenden einstuft, vgl. Roth in: Koller/Roth/Morck, § 383 Rn 1.
[54] *Roth* in: Koller/Roth/Morck, § 1 Rn 39; *Dreher*, S. 7; vgl. auch Begründung der *Bundesregierung* in: BT-Drs. 13/8444, S. 23.
[55] Vgl. BGH WM **1960**, 935.
[56] *Roth* in: Koller/Roth/Morck, § 1 Rn 44; *K. Schmidt*, HandelsR, § 10 IV 2 a bb (S. 308).

rechtlich zwingend in Form der Einnahmen-Ausgaben-Rechnung erforderlich ist.[57] Im Rahmen einer Gesamtwürdigung sind insbesondere auch die folgenden weiteren Kriterien heranzuziehen: Bilanzierung einschließlich Inventarisierung, Anlage- und Betriebskapital, Umsatz, Beschäftigtenzahl und Art der Beschäftigung, Teilnahme am Wirtschaftsverkehr durch Finanzierung (z.B. Kreditaufnahme, Wechselgeschäfte), Korrespondenz, Firmenführung.[58]

32 Ein **Kleingewerbetreibender** (nach Art oder Umfang ist für das Unternehmen kein in kaufmännischer Weise eingerichteter Geschäftsbetrieb erforderlich) kann dennoch ein Handelsgewerbe betreiben und damit ein Kaufmann sein[59], wenn er seine Firma gem. § 2 S. 1 HGB in das Handelsregister eintragen lässt. Dem Gewerbe treibenden[60] „Nichtkaufmann" wird gem. § 2 S. 2 HGB das Wahlrecht eröffnet, seine Firma in das Handelsregister eintragen zu lassen. Die Gewerbetreibenden, die dieses Wahlrecht nutzen können, werden als **„Kannkaufleute"** bezeichnet.[61]

33 Die Eintragung des Gewerbetreibenden in das Handelsregister gem. § 2 HGB hat eine **konstitutive** Wirkung, d. h. die Kaufmannseigenschaft entsteht erst (rechtsbegründend) mit der Eintragung in das Handelsregister.[62] Demgegenüber ist der sog. „Istkaufmann" gem. § 1 Abs. 1 HGB verpflichtet, seine Firma in das Handelsregister eintragen zu lassen, § 29 HGB. Beim Istkaufmann handelt es sich aber auch ohne eine entsprechende Eintragung um einen Kaufmann, der den Regelungen u. a. des HGB unterworfen ist. Die Eintragung des Istkaufmanns hat daher lediglich **deklaratorischen** (= rechtsbekundenden) Charakter.[63]

Der gem. § 2 S. 1 HGB eingetragene Gewerbetreibende („Unternehmer") kann gem. § 2 S. 3 HGB jederzeit die Löschung aus dem Handelsregister beantragen. Das Registergericht wird die Löschung vornehmen, soweit zwischenzeitlich nicht die Voraussetzungen des § 1 Abs. 2 HGB vorliegen. Das Unternehmen des ehemaligen Kleingewerbetreibenden darf daher mittlerweile nicht einen nach Art und Umfang in kaufmännischer Weise eingerichteten Geschäftsbetrieb erfordern, denn dann würde es sich um einen gem. §§ 1, 29 HGB eintragungspflichtigen Istkaufmann handeln.

34 Die **Land- und Forstwirtschaft** wird in § 3 HGB gesondert geregelt. Gem. § 3 Abs. 1 HGB finden auf land- und forstwirtschaftliche Betriebe die Vorschriften des § 1 HGB keine Anwendung. Selbst wenn daher die Voraussetzungen des § 1 Abs. 2 HGB vorliegen und ein entsprechendes Unternehmen nach Art und Umfang einen in kaufmännischer Weise eingerichteten Geschäftsbetrieb erfordert, ist der Land- oder Forstwirt kein Istkaufmann. Vielmehr wird durch § 3 HGB eine weitere, besondere Form des Kannkaufmanns begründet. Erfordert das land- oder forstwirtschaftliche Unternehmen nach Art und Umfang einen in kaufmännischer Weise eingerichteten Geschäftsbetrieb (entsprechend § 1 Abs. 2 HGB), dann kann vom Unternehmensträger die Eintragung in das Handelsregister gem. § 3 Abs. 2 HGB beantragt werden. Wie beim Istkaufmann kann der Land- oder Forstwirt nicht nach seinem Belieben wieder die Löschung aus

---

[57] *K. Schmidt*, HandelsR, § 10 IV 2 a bb (S. 308); *Bokelmann* in: MünchKommHGB, § 2 Rn 4 u. § 4 Rn 15.
[58] Vgl. BGH BB **1960**, 917; *Roth* in: Koller/Roth/Morck, § 1 Rn 44.
[59] Entgegen dem Wortlaut „gilt" handelt es sich um keine Fiktion, sondern es liegt nach wirksamem Antrag und Eintragung tatsächlich ein Handelsgewerbe vor, siehe *Roth* in: Koller/Roth/Morck, § 2 Rn 4.
[60] Der Betrieb eines Gewerbes ist auch hier Tatbestandsmerkmal!
[61] *Wörlen* Rn 21.
[62] Vgl. *Bülow*, HR, 1. Teil, 2. Abschn. C II 1.
[63] *Wörlen* Rn 21 f.; *Bülow*, HR, 1. Teil, 2. Abschn. B II.

dem Handelsregister beantragen, solange ein in kaufmännischer Weise eingerichteter Geschäftsbetrieb erforderlich ist. Das gilt im Übrigen auch beim Kannkaufmann gem. § 2 HGB.[64] Ist ein entsprechender Geschäftsbetrieb aber nicht erforderlich, wird der Land- oder Forstwirt wie der Kleingewerbetreibende gem. § 2 HGB behandelt und kann die Eintragung damit jederzeit löschen lassen.

35 Streitig ist, ob § 2 HGB bei Kleingewerbe treibenden Land- und Forstwirten unabhängig von § 3 Abs. 2 HGB angewendet werden kann und diese sich damit ohne erforderlichen kaufmännischen Geschäftsbetrieb nach § 2 S. 1 HGB in das Handelsregister eintragen lassen können. Nach herrschender Lehre handelt es sich bei einem Land- oder Forstwirt ohne erforderlichen kaufmännisch eingerichteten Geschäftsbetrieb um einen normalen Kleingewerbetreibenden, der das Wahlrecht des § 2 S. 2 HGB ausüben kann.[65]

II. Der Fiktivkaufmann[66] gem. § 5 HGB

36 In § 5 HGB ist der Kaufmann kraft Eintragung in das Handelsregister geregelt. Nach dieser Vorschrift kann gegenüber demjenigen, der sich auf die Eintragung einer Firma in das Handelsregister beruft, nicht geltend gemacht werden, dass das unter der Firma betriebene Gewerbe kein Handelsgewerbe sei. Tatbestandsvoraussetzungen sind danach die Eintragung einer Firma und das Betreiben eines Gewerbes. Normzweck ist der Verkehrsschutz und die Rechtssicherheit.[67] Mit einem Rechtsscheinschutz[68] hat diese Vorschrift nichts zu tun, sondern sie bewirkt, dass die Eintragung eines Gewerbebetriebs im Handelsregister die Kaufmannseigenschaft des Eingetragenen auch dann sicherstellt, wenn sie zu Unrecht erfolgt ist.[69]

Umstritten ist der Anwendungsbereich des § 5 HGB. Nach einer Ansicht ist die Vorschrift nach der Handelsrechtsreform von 1998 bedeutungslos bzw. weitgehend funktionslos geworden; § 5 HGB habe jedenfalls nach seinem Wortlaut keinen Anwendungsbereich mehr.[70] Eine andere Auffassung sieht zwar einen Funktionsverlust, bei bestimmten Fallgestaltungen sei § 5 HGB aber weiterhin anwendbar.[71]

37 Gemäß der **erstgenannten Auffassung** wäre die Vorschrift von Bedeutung, wenn jeder, der als Kaufmann im Handelsregister eingetragen wäre, auch wenn er keinen Gewerbebetrieb mehr unterhält oder ein ehemals betriebenes Gewerbe zwischenzeitlich aufgegeben hat, zum Kaufmann erklärt werden würde.[72] Nach dem Wortlaut setze § 5 HGB allerdings ein (aktuell) betriebenes Gewerbe voraus („... das unter der Firma betriebene Gewerbe...“). Vor der Handelsrechtsreform von 1998 gab es mit den sog.

---

[64] Vgl. *Canaris*, § 3 Rn 31.

[65] *Canaris*, § 3 Rn 36 mit Verweis auf den Gleichheitssatz; Bydlinski, ZIP **1998**, 1173 f., *K. Schmidt*, JZ **2003**, 588; a. A. *Roth* in: Koller/Roth/Morck, § 3 Rn 1 mit Verweis auf Begründung des Gesetzgebers in BT-Drs. 340/97, S. 33, 34, 49; *Brox* Rn 39.

[66] Begriff geprägt von *Brox* Rn 46 und *Canaris*, § 3 Rn 52; andere Terminologie hingegen bei *K. Schmidt*, HandelsR, § 10 III 1 a (S. 298): keine Fiktion, sondern eingetragener Unternehmensträger ist Kaufmann kraft Eintragung; Begriff des „Scheinkaufmanns“ ist missverständlich, siehe dazu *K. Schmidt*, HandelsR, § 10 III 1 a (S. 298) mit Nachw. in Fn 19.

[67] BGH NJW **1982**, 45.

[68] Siehe dazu 1. Kap. B. III.

[69] *K. Schmidt*, JZ **2003**, 588; *Canaris*, § 3 Rn 51; anders *Hofmann*, S. 33ff.

[70] *K. Schmidt*, HandelsR, § 10 III 1 b (S. 299); *ders.* JZ **2003**, 588 m.w.N. in Fn 44; vgl. *Bülow*, HR, 1. Teil 2. Abschn. F II 1. (S. 25 ff.).

[71] *Roth* in: Koller/Roth/Morck, § 5 Rn 1 m. w. N.

[72] *K. Schmidt*, HandelsR, § 10 III 1 b (S. 299).

Kleingewerbetreibenden (§§ 2 und 4 HGB a. F.) Gewerbetreibende, die auch auf eigenen Antrag nicht in das Handelsregister eingetragen werden durften aber ggf. dennoch eingetragen waren. Seit der Handelsrechtsreform gibt es jedoch keine eintragungsunfähige, sondern nur noch eintragungspflichtige und eintragungsfähige Gewerbetreibende.[73] Insofern habe § 5 HGB nach seinem Wortlaut keinen Anwendungsbereich mehr.[74] Es wird dabei zum Teil die Auffassung vertreten, dass § 5 HGB eine völlig gegenstandslose Norm sei.[75] Eine weitere Auffassung belässt § 5 HGB jedoch im Wege der Rechtsfortbildung (erweiternde bzw. jedenfalls analoge Anwendung) einen verbleibenden Anwendungsbereich in folgenden Fällen[76]:

- Freiberufler: § 5 HGB setze nur voraus, dass das Unternehmen als Handelsgewerbe eingetragen ist, nicht jedoch, dass es auch wirklich gewerblich sei. Da Freiberufler de lege lata nicht eintragungsfähig sind, es aber Fälle gibt, in denen die Zugehörigkeit zu den freien Berufen oder zum Gewerbebegriff zweifelhaft ist (z.B. Wellnessbereich, schöne Künste, Unternehmensberatung), müsse § 5 HGB zum Zwecke der Rechtssicherheit ausgedehnt werden.[77]
- Jede Person: Zum Kaufmann sollte darüber hinaus **jede Person** erklärt werden, solange sie als Inhaber eines Gewerbebetriebs im Handelsregister eingetragen sei. Damit wären z.B. auch die Fälle erfasst, in denen das Unternehmen nachträglich eingestellt, veräußert oder gar nicht erst aufgebaut wurde.[78]

38 **Hinweis für die Fallbearbeitung:** Die erweiternde Auslegung des § 5 HGB wird derzeit lediglich von einem Autor vertreten. In der Fallbearbeitung ist daher besondere Vorsicht geboten. Die Behandlung des § 5 HGB ist in jedem Fall schwierig, insbesondere weil der Gesetzgeber hier nicht sauber gearbeitet hat und die – nach dem Wortlaut überflüssige – Vorschrift besser hätte auf die Handelsrechtsreform abstimmen müssen.[79] Auch die nachfolgend dargestellte zweite Ansicht ist nicht überzeugend. Insofern ist eine eigene, überzeugende Argumentation hier besonders wichtig.

39 Die **zweite Ansicht** sieht noch zwei Fallgestaltungen, die auch nach der HGB-Reform unter den Anwendungsbereich des § 5 HGB fallen sollen[80]:

- Es wird irrtümlich angenommen, dass ein Unternehmen einen in kaufmännischer Weise eingerichteten Geschäftsbetrieb erfordert und daher gem. §§ 29, 1 Abs. 2 HGB als Handelsgewerbe eintragungspflichtig ist. Das Unternehmen wird daraufhin zum Handelsregister angemeldet. Hier wird davon ausgegangen, dass in einer irrtümlichen Anmeldung gem. §§ 29, 1 Abs. 2 HGB nicht zugleich auch eine im Sinne von § 2 S. 1 und 2 HGB erforderliche Willenserklärung enthalten ist und die Voraussetzung für die Kaufmannseigenschaft gem. § 2 HGB als Kannkaufmann nicht erfüllt sind.[81] Gegen diese Auslegung könnte angeführt werden, dass das Registerrecht kein materiellrechtliches Element im Sinne einer Unterscheidung

---

[73] S. o. 1. Kap. B. I. 3. (Land- und Forstwirtschaft).
[74] *K. Schmidt*, JZ **2003**, 588.
[75] *Bydlinski*, ZIP **1998**, 1172.
[76] *K. Schmidt*, JZ **2003**, 589.
[77] Vgl. *K. Schmidt*, JZ **2003**, 589.
[78] *K. Schmidt*, JZ **2003**, 589.
[79] Vgl. *K. Schmidt*, JZ **2003**, 589, *Siems*, S. 111.
[80] *Canaris*, § 3 Rn 49; *Roth* in: Koller/Roth/Morck, § 5 Rn 1.
[81] Vgl. *Canaris*, § 3 Rn 49 Rn 50.

zwischen einer Anmeldung nach § 1, § 2 oder § 3 HGB kennt. Dabei ist ein Unternehmen, das eintragungsfähig ist, in jedem Fall kaufmännisch, wenn es eingetragen ist.[82]

- Das Unternehmen eines zunächst gem. § 1 Abs. 2 HGB eingetragenen Kaufmanns benötigt nunmehr keinen in kaufmännischer Weise eingerichteten Geschäftsbetrieb mehr (Erfordernis ist somit nachträglich weggefallen und Kaufmann wird zum Kleingewerbetreibenden). Hiernach ist der ursprünglich nach §§ 1 Abs. 1, 2, 29 HGB eingetragene Gewerbebetrieb nunmehr zu Unrecht ins Handelsregister eingetragen. Damit wäre eine Löschung durch das Registergericht von Amts wegen vorzunehmen. Diese Löschung könnte der Gewerbetreibende dadurch verhindern, dass er der Löschung widerspricht mit der Folge, dass er dann Kaufmann im Sinne von § 2 HGB wäre. Im Unterlassen der Stellung eines Löschungsantrags im Sinne von § 2 S. 3 HGB könne jedoch nicht gleichzeitig ein Antrag nach § 2 S. 2 HGB gesehen werden, da wiederum keine hierauf gerichtete Willenserklärung des Kleingewerbetreibenden vorliege. Der Kleingewerbetreibende hat damit sein materielles Wahlrecht nicht ausgeübt.[83] Dagegen könnte allerdings der Wortlaut des § 2 S. 1 HGB sprechen, nach dem es lediglich auf die tatsächliche Eintragung im Handelsregister anzukommen scheint.

III. Der Rechtsscheinkaufmann

40 Im Gegensatz zum Fiktivkaufmann gem. § 5 HGB ist nach der Lehre vom Rechtsschein nicht die Eintragung ins Handelsregister Voraussetzung, sondern Anknüpfungspunkt ist das Auftreten eines Nichtkaufmanns im Rechtsverkehr. Verkehrsschutz und Rechtssicherheit sind auch dann erforderlich, wenn sich jemand als Kaufmann geriert, ohne einer zu sein.[84] Nach dem Gedanken der Rechtsscheinhaftung muss sich jemand, der durch ein nach Außen gerichtetes Verhalten den Anschein erweckt, dass er Kaufmann sei, gegenüber einem Dritten, der auf den Schein vertraut, wie ein Kaufmann behandeln lassen.[85]

Folgende Voraussetzungen haben sich herausgebildet:

1. Setzung eines Rechtsscheins

41 Ein Nichtkaufmann muss ausdrücklich oder konkludent den Rechtsschein gesetzt haben, dass er ein Kaufmann sei.

Beispiele[86]**:** Ausdrückliche, wahrheitswidrige Behauptung während der Vertragsverhandlungen, Kaufmann zu sein; Gebrauch einer Firma im Bestellschein, Briefkopf oder Zeitungsanzeigen; übertriebene Angaben über Art und Umfang des betriebenen Gewerbes (z.B. Motorenfabrik statt Reparaturservice in der Garage).

---

[82] *K. Schmidt*, JZ **2003**, 588 m.w.N. und Auseinandersetzung der Gegenauffassung, ebd. Fn 51; *Bülow*, HR, F. II. 1. (S. 25 ff.); *Bydlinski*, ZIP **1998**, 1172.

[83] Vgl. *Roth* in: Koller/Roth/Morck, § 5 Rn 1; *Canaris*, § 3 Rn 54; vgl. Auch Regierungsbegründung zur HGB-Reform in BT-Drs. 13/8444 S. 49; *Bülow/Arzt* JuS **1998**, 680 f.

[84] *Lieb* in: MünchKommHGB, Anh. zu § 15 Rn 82 ff.

[85] *Brox* Rn 55.

[86] Z. T. nach *Brox* Rn 56.

2. Zurechenbarkeit

42 Der gesetzte Rechtsschein muss dem Nichtkaufmann zurechenbar sein. Ein Verschulden wird hier nicht vorausgesetzt.[87] Zurechenbarkeit ist jedenfalls gegeben, wenn der Scheinkaufmann den Rechtsschein selbst positiv gesetzt hat, wobei ein Kennen und Dulden diesem Verhalten gleichzusetzen ist.[88] Wenn der Rechtsschein von einem Dritten gesetzt wurde, kommt es auf ein Verschulden des Scheinkaufmanns insofern an, als er bei pflichtgemäßer Sorgfalt hätte erkennen müssen, dass ein entsprechender Rechtsschein gesetzt wurde und in vorwerfbarer Weise nicht versucht hat, das zu verhindern und den gesetzten Rechtsschein wieder zu beseitigen.[89]

Beispiel: Die Ehefrau eines Hobbybastlers bestellt in dessen Anwesenheit Ersatzteile und erklärt fälschlicherweise, ihr Mann sei Kaufmann und erweckt dadurch den Eindruck, bei der Bastelwerkstatt handele es sich um eine große Kfz-Werkstatt. Der Ehemann stellt das nicht richtig. Ihm ist der gesetzte Rechtsschein daher zurechenbar.

3. Gutgläubigkeit des Geschäftspartners

43 Schutzbedürftig ist nur der im Hinblick auf den gesetzten Rechtsschein gutgläubige Geschäftspartner. Dabei kommt es darauf an, ob dieser den wahren Sachverhalt kannte oder bei pflichtgemäßer Sorgfalt hätte erkennen müssen. Der Dritte ist zumindest dann nicht gutgläubig, wenn er die wahre Rechtslage aufgrund grober Fahrlässigkeit nicht kannte.[90] Eine Nachforschungspflicht besteht lediglich, wenn im Einzelfall besondere Umstände vorliegen wie z.B. bei größerem Geschäftsumfang oder einem besonderen Anlass zum Misstrauen.[91]

4. Kenntnis des Rechtsscheintatbestands

44 Der Geschäftspartner muss den Rechtsscheintatbestand kennen, damit sein Vertrauen als schutzwürdig qualifiziert werden kann. Dazu gehört die Kenntnis der den Rechtsschein begründenden Tatsachen und des dadurch erweckten Rechtsscheins.[92]

5. Kausalität Rechtshandlung - Rechtsschein

45 Die Kenntnis des Rechtsscheintatbestands muss für den Geschäftspartner ursächlich für die von ihm getroffene Disposition gewesen sein. Der Geschäftspartner muss insofern durch den Rechtsschein in seinem Verhalten beeinflusst worden sein.

46 **Hinweis für die Fallbearbeitung:** Ohne besondere Hinweise im Einzelfall ist von der Kausalität auszugehen. Der vom Rechtsschein betroffene Scheinkaufmann muss im Zweifel den Beweis führen, dass sein Geschäftspartner auch bei Kenntnis der wahren Sachlage ebenso gehandelt hätte, es kommt also zu einer Umkehr der Beweislast.[93]

---

[87] BGH NJW **1962**, 2197 f.
[88] *Brox* Rn 57; vgl. *Roth* in: Koller/Roth/Morck, § 15 Rn 53.
[89] Vgl. BGHZ **5**, 116.
[90] *Roth* in: Koller/Roth/Morck, § 15 Rn 55 mit Hinweis auf praktisch wenig bedeutsamen Streit, ob auch leichte Fahrlässigkeit schadet.
[91] *Roth* in: Koller/Roth/Morck, aaO.
[92] *Canaris*, § 6 Rn 75; *Roth* in: Koller/Roth/Morck, § 15 Rn 56.
[93] *Lieb* in: MünchKommHGB § 15 Rn 82; *Canaris*, § 6 Rn 77.

In der **Rechtsfolge** wirkt der hervorgerufene Rechtsschein (immer und nur) zugunsten des darauf vertrauenden Geschäftspartners, nicht jedoch zugunsten des Rechtsscheinkaufmanns. Der Rechtsscheinkaufmann wird – zu seinen Ungunsten – so gestellt, als entspräche die anscheinende Rechtslage der Realität.[94] Allerdings hat der auf den Rechtsschein Vertrauende die Wahl, ob er den Rechtsscheinkaufmann am Rechtsschein festhalten möchte oder nicht.[95] **47**

IV. Kapital- und Personenhandelsgesellschaften als Kaufleute

Die **Kapitalgesellschaften** (AG, KGaA, GmbH) sind als juristische Personen nach der erforderlichen Eintragung der Gesellschaften in das Handelsregister gem. §§ 3, 278 Abs. 3 S. 3 AktG, 13 Abs. 3 GmbHG jeweils in Verbindung mit § 6 Abs. 1 HGB den mit Bezug auf die Kaufleute geltenden Bestimmungen unterworfen. Da die Kapitalgesellschaften per Gesetz entsprechend ihrer Rechtsform als Kaufleute gelten, werden sie als „**Formkaufmann**" bezeichnet. Es kommt nicht darauf an, ob die Kapitalgesellschaften ein Handelsgewerbe oder überhaupt ein Gewerbe betreiben. Ein Formkaufmann ist daher immer und unabhängig von der Größe, d. h. auch wenn die Voraussetzungen des § 1 Abs. 2 HGB nicht vorliegen, Kaufmann, vgl. § 6 Abs. 2 HGB.[96] **48**

Auch den **Personenhandelsgesellschaften** oHG und KG, die keine juristischen Personen sind[97], wird die Kaufmannseigenschaft gem. §§ 105 Abs. 1, 161 Abs. 1 jeweils in Verbindung mit § 6 Abs. 1 HGB zuerkannt. Daneben sind die Personenhandelsgesellschaften auch materiell rechtlich Kaufleute, da sie gem. §§ 105 Abs. 1, 161 Abs. 1 HGB ein Handelsgewerbe betreiben müssen. Damit sind sie auch Kaufleute im Sinne von § 1 Abs. 1 HGB. **49**

Umstritten ist, ob nicht nur die Personenhandelsgesellschaften sondern auch deren persönlich haftende Gesellschafter Kaufleute sind.[98] Nach herrschender Meinung sind die persönlich haftenden Gesellschafter Kaufleute, da sie für das Unternehmen persönlich haften und somit das Risiko tragen, vgl. § 128 HGB.[99] Die teilhaftenden Gesellschafter (Kommanditisten) hingegen sind keine Kaufleute, da sie nicht persönlich gegenüber den Gesellschaftsgläubigern haften, sondern ihre Haftung auf den Betrag ihrer Vermögenseinlage beschränkt ist, vgl. § 161 Abs. 1, 2. HS HGB.

> **Beispielsfall – Gewerbebegriff und Kaufmannseigenschaft:**[100] A und B betreiben eine Heiratsvermittlung (15 Angestellte, EUR 450.000,- Jahresumsatz, umfangreiche kaufmännische Buchführung). Das Institut soll künftig als GmbH & Co. KG geführt werden. Im Handelsregister ist bereits die „A&B-Verwaltungs-GmbH" eingetragen, die persönlich haftender Gesellschafter (Komplementär) der zu gründenden KG sein soll. Das Registergericht lehnt die Eintragung der GmbH & Co. KG ins Handelsregister mit dem Hinweis ab, dass ein Heiratsvermittlungsinstitut grundsätzlich kein Handelsgewerbe betreiben könne und es auch nicht darauf ankomme, dass nach Art oder Umfang ein in kaufmännischer Weise eingerichteter Geschäftsbetrieb erforderlich sei. **50**

---

[94] Vgl. BGH ZIP **1998**, 1224; *Roth* in: Koller/Roth/Morck, § 15 Rn 58.
[95] *Bülow*, HR, 1. Teil, 2. Abschn. F IV 2 e.
[96] Vgl. im Einzelnen *K. Schmidt*, HandelsR, § 10 II.
[97] Vgl. *K. Schmidt*, GesellRecht, § 46 II 1; *Baumbach/Hopt* § 124 Rn 1 (Gesamthand als Rechtssubjekt).
[98] Siehe bereits oben B I 2 sowie *Brox* Rn 45.
[99] Vgl. *Brox* Rn 45; BGHZ **34**, 296; a. A. *Baumbach/Hopt* § 105 Rn 19.
[100] Aus: *Fezer*, Fall 3 (S. 17 ff.), angelehnt an BayObLG NJW **1972**, 1327.

Lösung: Jeder Kaufmann ist nach § 29, 1. HS HGB verpflichtet, u. a. seine Firma zur Eintragung ins Handelsregister anzumelden. Damit korrespondiert auch ein Recht auf Eintragung.[101] Nach § 29 HGB muss die Kaufmannseigenschaft gem. § 1 Abs. 2 HGB bereits vor der Eintragung bestehen (Eintragung somit lediglich deklaratorisch). Damit wäre zunächst zu prüfen, ob beim Heiratsvermittlungsinstitut die Voraussetzungen des § 1 Abs. 2 HGB vorliegen. Wenn die GmbH & Co. KG allerdings bereits Formkaufmann nach § 6 Abs. 2, 1 HGB wäre, käme es darauf nicht an. Die bereits ins Handelsregister eingetragene GmbH ist Formkaufmann gem. §§ 6 Abs. 1, 13 Abs. 3 GmbHG (unabhängig von Art und Umfang des Geschäftsbetriebs, § 6 Abs. 2 HGB). Eine entsprechende Vorschrift besteht für eine KG nicht, möglicherweise strahlt die Formkaufmannseigenschaft der (Komplementär-)GmbH allerdings auf die GmbH & Co. KG aus. Diese Frage ist streitig. [102] Nach einer Ansicht wird die Ausstrahlungswirkung bejaht, wobei insbesondere das Argument angeführt wird, dass der Normzweck des § 13 Abs. 3 GmbHG (einheitliche Unterwerfung unter das Handelsrecht ohne Prüfung im Einzelfall) auch für die GmbH & Co. KG gelten müsse, da ansonsten unterschiedliche Rechtsfolgen trotz gemeinsamen Auftretens aller Gesellschafter im Rahmen der Gesellschaft aufträten.[103] Nach der (vorzugswürdigen) Gegenansicht besteht eine KG kraft Gesetzesdefiniton (§ 161 Abs. 1 HGB) nur, wenn der Zweck auf den Betrieb eines Handelsgewerbes gerichtet ist.[104] Diese Gesetzessystematik dürfe nicht durchbrochen werden, da die GmbH & Co. KG ansonsten der einzige Formkaufmann wäre, der auch ohne Eintragung ins Handelsregister entstehen könne.[105] Die GmbH & Co. KG ist somit kein Formkaufmann und damit kommt es darauf an, ob sie auf den Betrieb eines Gewerbes gerichtet ist. Fraglich ist hier lediglich, ob der Definitionsbestandteil der Erlaubtheit der Tätigkeit gegeben ist.[106] Das könnte deshalb fraglich sein, da der Ehemäklerlohn nach § 656 Abs. 1 BGB nicht einklagbar ist. Allerdings ist die Ehevermittlung als Solche erlaubt und führt zu materiell-rechtlich wirksamen Forderungen auf der Schuldnerseite (Naturalobligation), die lediglich nach § 656 Abs. 1 BGB nicht einklagbar sind. Außerdem ist der Gewerbegriff kein Instrument, um gegebenenfalls moralisch bedenkliche Tätigkeiten zu selektieren.[107] Da das Heiratsvermittlungsinstitut angesichts der Zahl der Angestellten und des Jahresumsatzes einen nach kaufmännischer Weise eingerichteten Geschäftsbetrieb erfordert, liegt ein Gewerbe im Sinne von § 1 HGB vor. Das Registergericht muss die GmbH & Co. KG daher ins Handelsregister eintragen.

[101] *Fezer*, Fall 3 (S. 18) m. w. N.

[102] Darstellung des Streitstands im Einzelnen bei *Fezer*, Fall 3 (S. 19 f.) m. w. N.

[103] Für die Kommanditisten der GmbH & Co. KG: BGB; Komplementär-GmbH: HandelsR.

[104] Exkurs zum Gesellschaftsrecht: Klarstellung bei *K. Schmidt*, GesellRecht, § 53 I 1 b: Entscheidend ist die Unternehmensträgerschaft, nicht ein kaufmännischer gemeinsamer Zweck. Damit eine KG vorliegt, muss das betriebene Unternehmen aber grundsätzlich kaufmännisch sein.

[105] Die Formkaufmannseigenschaft setzt die Eintragung ins Handelsregister voraus, arg. e §§ 41 Abs. 1 S. 1 AktG, 11 Abs. 1 GmbHG, wonach die Gesellschaften vor der Eintragung „als Solche" nicht bestehen.

[106] Streitstand im Einzelnen bei *Fezer*, Fall 3 (S. 20 f.) m. w. N

[107] Die Tätigkeit des Ehemaklers wird heute zudem nicht mehr wie früher als sittenwidrig angesehen, sondern als echte soziale Funktion anerkannt, vgl. *Fezer*, Fall 3 (S. 22) Fn 32.

C. Die Firma und das kaufmännische Unternehmen

I. Grundlagen

51

Das Firmenrecht des HGB ist in erster Linie Namensrecht, im Übrigen handelt es sich um Ordnungsrecht, mittels dessen der Rechtsverkehr z.B. vor Irreführung oder Verwechslung geschützt oder über die Haftungsverhältnisse informiert werden soll.[108]

Für das Handelsrecht ist die Firma lediglich der Name, unter dem der Kaufmann (als natürliche oder juristische Person) seine Geschäfte betreibt und die Unterschrift abgibt (§ 17 Abs. 1 HGB). Der Begriff der Firma hat im Handelsrecht insofern einen anderen Inhalt als in der Umgangssprache, in der man unter Firma in der Regel das Unternehmen eines Kaufmanns an sich versteht. Im handelsrechtlichen Sinn ist die Firma demgegenüber lediglich eine Bezeichnung. Dabei ist zu beachten, dass die Firma keine rechtliche Verselbstständigung darstellt, also nicht selbst Träger von Rechten und Pflichten ist.[109]

Berechtigter und Verpflichteter aus unter der Firma abgeschlossenen Geschäften ist der jeweilige Firmeninhaber als Träger des Unternehmens. Das ist auch dann der Fall, wenn dessen genaue Identität nach Außen nicht bekannt geworden ist.[110] Die Firma kann sich als Geschäfts- bzw. Unternehmensname vom bürgerlichen Namen des Einzelkaufmanns unterscheiden aber auch mit ihm übereinstimmen.

52

Bei der Wahl der Firma gilt seit der Handelsrechtsreform von 1998 das Prinzip der Firmengestaltungsfreiheit.[111] Daher ist mit Ausnahme der ordnungsrechtlichen Einschränkungen der §§ 18 f. HGB eine Vielzahl von Firmenbezeichnungen denkbar, die sich wie folgt gliedern lassen[112]:

- **Personalfirma:** Verwendung des Familiennamens durch natürliche Personen (z.B. Hermann Meier)
- **Sachfirma:** Bezugnahme auf den Geschäftsgegenstand (z.B. Futtermittel AG)
- **Phantasiefirma:** Frei erdachte Bezeichnungen (z.B. Prometheus GmbH)
- **Mischfirma:** Beliebige Kombination der obigen Bezeichnungen (z.B. Hermann Meier Hoch- und Tiefbau, Prometheus Gebäckfabrik GmbH & Co. KG)

53

Hinweis für die Fallbearbeitung: Es ist darauf zu achten, dass die Firma keine rechtliche Verselbstständigung des Unternehmens zu einem eigenständigen Rechtssubjekt ist. Aus dem Verständnis der Firma als Geschäfts- bzw. Unternehmensname des Kaufmanns ergibt sich, dass man eine natürliche Person unter zwei verschiedenen Namen (rechtlicher Name der Privatperson und Firma, die u. U. den identischen Namen führt) verklagen kann. § 17 Abs. 2 HGB zeigt, dass man den Kaufmann nicht nur unter seinem Privatnamen, sondern auch unter seinem im Geschäftsverkehr verwendeten Namen, d. h. seiner Firma verklagen kann. Tritt jemand unter einer

---

[108] *Roth* in: Koller/Roth/Morck, § 17 Rn 4.
[109] *Canaris*, § 10 Rn 1.
[110] *Canaris*, § 10 Rn 2 mit zahlreichen Nachweisen in Fn 1; *K. Schmidt*, HandelsR, § 5 III 1 a (S. 120 f.)
[111] *Roth* in: Koller/Roth/Morck, § 18 Rn 1 und § 18 Rn 1.
[112] Nach *Canaris*, § 10 Rn 5; vgl. auch *Bülow*, HR, 1. Teil, 4. Abschn. B I 1 a aa.

handelsrechtlichen Firma im Prozess auf, so ist Prozesspartei nicht das Unternehmen, sondern der Unternehmensträger.

54 Der Kaufmann ist verpflichtet, seine Firma sowie Änderungen und das Erlöschen in das Handelsregister eintragen und veröffentlichen zu lassen, vgl. §§ 29, 31, 33, 6, 16 ff. HGB.

Von der Firma als Handelsname sind andere Arten von Unternehmensbezeichnungen zu unterscheiden. Die wichtigsten sind:[113]

55
- **Kurzbezeichnungen** (z.B. BMW, IBM, KaDeWe) kennzeichnen entweder als Abkürzung einer Firma den Unternehmensträger bzw. das Unternehmen insgesamt oder als Abkürzung einer Geschäftsbezeichnung ein Geschäftslokal.

56
- **Geschäfts- bzw. Etablissementsbezeichnungen**, die das Unternehmen bzw. das Geschäftslokal, nicht aber den Unternehmensträger benennen (z.B. Altstadt-Apotheke oder Kammerlichtspiele, Hotel zum goldenen Löwen). Betreibt z.B. die „Gaststätten GmbH" u. a. das Hotel „Hotel zum goldenen Löwen", kann lediglich die GmbH, nicht jedoch das Hotel Schuldner aus einem Rechtsgeschäft sein.

57
- **Markenbezeichnungen** (z.B. Aspirin) kennzeichnen einzelne Waren oder Dienstleistungen des Unternehmens. Bei diesen Bezeichnungen ist nicht Firmenrecht, sondern das Markengesetz sowie gegebenenfalls das allgemeine Namensrecht (§ 12 BGB) und das Wettbewerbsrecht (§§ 1 und 3 UWG) einschlägig.

Diese weiteren Arten von Unternehmensbezeichnungen beschränken sich nicht auf Kaufleute, sondern auch Nichtkaufleute können derartige Bezeichnungen führen (z.B. DGB oder ADAC). In Bezug auf Nichtkaufleute ist zu beachten, dass zwar jedes Unternehmen unter einem Namen betrieben wird, allerdings unterliegt lediglich der Name eines **Kaufmanns** den Regelungen über das Firmenrecht gem. §§ 17 ff. HGB.[114]

58 Die Firma muss nach § 18 Abs. 1 HGB zur Kennzeichnung des Kaufmanns geeignet sein und Unterscheidungskraft besitzen. Dabei muss die Bezeichnung für einen durchschnittlichen Verkehrsteilnehmer hinreichend einprägsam sein.[115]

Beispiel: Die Bezeichnung „AAA AAA AAA AB ins Lifesex-TV.de GmbH" besitzt zwar Unterscheidungskraft. Ein unaussprechbarer Name ist aber keine Firma, es fehlt somit an der Kennzeichnungswirkung. Die Firma ist nicht eintragungsfähig.[116] Die Bezeichnung ist zudem rechtsmissbräuchlich, da sie lediglich dazu dient, in allen alphabetischen Verzeichnissen an erster Stelle zu erscheinen.[117]

---

[113] Vgl. dazu *K. Schmidt*, HandelsR, § 12 I 2 (S. 343 ff.); *Roth* in: Koller/Roth/Morck, § 17 Rn 5.
[114] *K. Schmidt*, HandelsR, § 12 I 1 d (S. 340); *Roth* in: Koller/Roth/Morck, § 17 Rn 8.
[115] *Canaris*, § 10 Rn 16.
[116] Vgl. OLG Celle DB **1999**, 40.
[117] *Canaris* a. a. O.

II. Der Schutz der Firma

59 Primäre Firmenschutznorm des Handelsrechts ist die (öffentlich-rechtliche) Vorschrift des § 37 HGB. Die §§ 37 Abs. 1 und Abs. 2 S. 1 HGB gewähren einen formellen Firmenschutz und schützen das öffentliche Interesse an einer korrekten Firmenführung.[118] Wegen des öffentlichen Interesses an einer richtigen und rechtmäßigen Firmenführung sieht § 37 Abs. 1 HGB vor, dass das Registergericht – von Amts wegen – tätig werden muss, wenn jemand eine ihm nicht zustehende Firma gebraucht (unrechtmäßige Firmenführung) und das Registergericht davon Kenntnis erlangt. Das Registergericht greift in diesem Fall zu dem öffentlich-rechtlichen Mittel der Androhung und Festsetzung von Ordnungsgeld und führt ein Firmenmissbrauchsverfahren durch, in dessen Rahmen Allgemeininteressen wahrgenommen werden. Durch den Schutz der Firma und damit des Handelsnamens wird nicht das Unternehmen insgesamt geschützt, sondern nur die Namensführung seines Inhabers, dem Unternehmensträger, im Handelsverkehr.

Dieser Schutz der Firma ist eine Ergänzung bekannter, bürgerlich-rechtlicher Namensschutznormen, die auch für den Firmenschutz anwendbar sind und im Gegensatz zur HGB-Regelung einen subjektiven Rechtsschutz gewähren:[119] § 12 BGB schützt i. V. m. §§ 1004, 823 Abs. 1 BGB das Namensrecht einer jeden Person. Daneben finden für den Handelsverkehr die §§ 5 und 15 Abs. 4 MarkenG Anwendung.

60 Nichtkaufleute genießen zwar nicht den Schutz des § 37 HGB, als Anspruchsgrundlagen stehen aber dennoch §§ 12, 823 Abs. 1 BGB, §§ 5, 15 Abs. 4 MarkenG zur Verfügung.

> **Beispiel 1:** Dem Taxiunternehmer T wird für sein Taxi-Unternehmen die Telefon-Nr. „4711" (= Kurzbezeichnung) zugeteilt, die er in seiner Werbung groß herausstellt. Ein bekannter Parfumhersteller, der die Ziffernfolge als Marke und als Teil seiner Firmenbezeichnung verwendet, verlangt von T, die schlagwortartige Herausstellung der Telefon-Nr. „4711" in seiner Werbung zu unterlassen.
> T ist gemäß §§ 823 Abs. 1, 1004 BGB zur Unterlassung verpflichtet, weil er das absolute Recht des Parfumherstellers an seiner Kennzeichnung verletzt und damit in dessen Recht an seinem Unternehmen eingegriffen hat.[120]

> **Beispiel 2:** Beim „Hotel zum goldenen Ochsen" handelt es sich um einen Kleingewerbe treibenden Nichtkaufmann. Derartige Bezeichnungen können von Kaufleuten und Nichtkaufleuten gleichermaßen verwendet werden. Auf diese reinen Etablissementbezeichnungen findet das Firmenrecht des HGB keine Anwendung. Der Inhaber des Hotels genießt als Nichtkaufmann allerdings über § 5 MarkenG, der Unternehmenskennzeichen als geschäftliche Bezeichnungen schützt, ebenfalls einen gewissen Verkehrsschutz.

61 Die Firma eines Kaufmanns gehört als Persönlichkeitsrecht und Vermögens- bzw. Immaterialgüterrecht[121] zu den sonstigen (absolut geschützten) Rechten im Sinne von § 823 Abs. 1 BGB.[122] Der Firmeninhaber genießt also Schutz gegenüber widerrechtli-

---

[118] Zu § 37 Abs. 2 S. 1 siehe BGHZ **53**, 70.
[119] *K. Schmidt*, HandelsR, § 12 IV 1 (S. 373); *Canaris*, § 10 Rn 82.
[120] Vgl. BGH WRP **1990**, 696 ff.
[121] So die herrschende Lehre, vgl. *Bokelmann* in: MünchKommHGB, § 17 Rn 11; umfassend zur Rechtsnatur der Firma: *Canaris*, § 10 Rn 7 ff.
[122] Vgl. *Teichmann* in: Jauernig, § 823 Rn 13.

chen Eingriffen Dritter in seine geschützte Rechtsstellung. Bei Verletzung seines absolut geschützten Firmenrechts kann der Berechtigte nicht nur gegen den Verletzenden klagen, sondern nach § 37 Abs. 2 HGB auch das Registergericht einschalten: Wer eine ihm nicht zustehende Firma gebraucht, ist von dem Registergericht zur Unterlassung des Gebrauchs der Firma durch Festsetzung von Ordnungsgeld anzuhalten. Das Registergericht nimmt insoweit gewerbepolizeiliche Aufgaben wahr. Seine Einschaltung ist wesentlich billiger und häufig auch effektiver als ein zeit- und kostenaufwendiger Rechtsstreit gegen den Verletzenden.

62 **Hinweis für die Fallbearbeitung:** Der Verletzte, d. h. der richtige Namensträger kann nach § 37 Abs. 2 HGB Unterlassung der Verwendung eines falschen Firmennamens verlangen. Daneben besteht für ihn die Möglichkeit, nach § 12 BGB vorzugehen. Aus § 37 Abs. 2 S. 2 HGB ergibt sich, dass sonstige Schadensersatzansprüche wegen einer Verletzung des Firmenrechts nicht ausgeschlossen werden. In Frage kommen insbesondere die Vorschriften der §§ 1 UWG, 15 MarkenG, 823 Abs. 1 und 2 BGB. Tatbestandsvoraussetzung ist bei diesen Vorschriften, im Gegensatz zu § 37 HGB, jeweils ein **Verschulden** (vgl. z.B. § 15 Abs. 5 MarkenG).

63 Die wirtschaftliche Bedeutung des Firmenrechts ergibt sich aus dem immateriellen Geschäfts- oder Firmenwert, der in der Firma enthalten sein kann. Die Firma – der für einen Geschäftsbetrieb verwendete Name – stellt also auch einen Vermögenswert dar. Als Geschäfts- oder Firmenwert kann der Unterschiedsbetrag, um den die für die Übernahme eines Unternehmens bewirkte Gegenleistung den Wert der einzelnen Vermögensgegenstände des Unternehmens abzüglich der Schulden im Zeitpunkt der Übernahme übersteigt[123], in der Bilanz auf der Aktivseite angesetzt werden (Aktivierung des Geschäfts- oder Firmenwerts bei entgeltlichem Erwerb gem. § 255 Abs. 4 HGB).[124]

Beispiel:[125] Zum Geschäfts- oder Firmenwert gehören z.B. der Kundenstamm, Lieferantenbeziehungen, Mitarbeiterqualifikation, leistungsfähige Organisationsstruktur einschließlich moderner Fertigungsverfahren.

III. Firmenbildung, Firmenführung, Firmenfortführung

64 Das Firmenrecht hat mit der Handelsrechtsreform von 1998 eine weitgreifende Erneuerung erfahren.[126] Nach § 18 HGB kommt es heute bei Einzelkaufleuten wie auch bei Handelsgesellschaften nur darauf an, dass die Firma zur Kennzeichnung des Kaufmanns geeignet ist und Unterscheidungskraft zu anderen Firmen besitzt. Daneben dürfen keine irreführenden Angaben enthalten sein. Nach § 19 HGB sind die Rechtsform andeutende Zusätze erforderlich, welche insbesondere bei der oHG und KG, soweit keine natürlichen Personen als Vollhaftender vorhanden sind[127], die Haftungslage gekennzeichnet wird. Die Haftungsgrundlage ist ein für die angesprochenen Verkehrskreise wesentliches Merkmal[128] und muss dementsprechend aus der Firma deutlich hervorgehen.

---

[123] Firmenwert = (Kaufpreis + übernommene Verbindlichkeiten + weitere Zahlungen an den ehemaligen Inhaber) – (Bilanzsumme + stille Reserven).
[124] Dazu im Einzelnen: *Morck* in: Koller/Roth/Morck, § 255 Rn 13.
[125] Nach *Morck*, a. a. O.
[126] Zum alten Firmenrecht siehe *K. Schmidt*, HandelsR, § 12 III 1 b (S. 362 ff.); *Canaris*, § 10 Rn 11 ff.
[127] Gesellschafter und damit auch Komplementär bei einer Personengesellschaft können statt natürlichen auch juristische Personen sein, vgl. *Koller* in: Koller/Roth/Morck, § 105 Rn 17; *K. Schmidt*, GesellRecht, § 45 I 2 a.
[128] *Roth* in: Koller/Roth/Morck, § 18 Rn 9.

1. Firmenbildung und -führung[129]

Bei der Firmenbildung sind bestimmte Regelungen, die vor allem dem Schutz des Rechtsverkehrs dienen, zu beachten. Es gelten die Grundsätze der Firmenwahrheit, Firmeneinheit, Firmenausschließlichkeit, Firmenöffentlichkeit und Firmenbeständigkeit. **65**

a) Firmenwahrheit

Für die Firmenbildung gilt in erster Linie der Grundsatz der Firmenwahrheit, der in § 18 Abs. 2 S. 1 HGB verankert ist.[130] Danach darf die Firma keine Angaben enthalten, die geeignet sind, über geschäftliche Verhältnisse, die für die angesprochenen Verkehrskreise wesentlich sind, irrezuführen (**Täuschungsverbot**). Die Firma muss also wahr sein. Weiterhin muss die Firma zur Kennzeichnung des Kaufmanns geeignet sein und **Unterscheidungskraft** besitzen (§ 18 Abs. 1 HGB). Unterscheidungskraft ist nach der Definition der Rechtsprechung die hinreichende individuelle Eigenart, die den gewählten Namen als einen Hinweis auf das Unternehmen verstehen lässt und eine Firma für sich genommen von anderen unterscheidbar macht.[131] **66**

Schließlich müssen alle Firmen einschließlich des Einzelkaufmanns entsprechend § 19 HGB einen **Rechtsformzusatz** enthalten. Vergleichbar mit § 19 Abs. 1 HGB müssen auch Kapitalgesellschaften, die von § 19 HGB nicht erfasst werden, entsprechende Zusätze tragen, vgl. §§ 4, 279 AktG, § 4 GmbHG, § 3 GenG. Insbesondere bei den Handelsgesellschaften ist der Ausweis der Haftungsverhältnisse für den Rechtsverkehr bedeutsam. So muss beispielsweise bei der oHG oder KG in der Firma eine Bezeichnung enthalten sein, die die Haftungsbeschränkung deutlich macht, wenn keine natürliche Person persönlich haftender Gesellschafter ist, § 19 Abs. 2 HGB. **67**

> **Beispiel:** Ist Y aus der „X, Y und Z Getränkehandel KG" als einziger persönlich haftender Gesellschafter ausgeschieden, muss das Unternehmen umfirmiert werden. Dazu kann z.B. eine GmbH gegründet werden, so dass die neue Firma „X, Y und Z Getränkehandel GmbH" lauten kann.[132]

b) Firmeneinheit

Nach dem Grundsatz der Firmeneinheit darf ein Kaufmann für sein Unternehmen nur eine einzige Firma führen. Betreibt er mehrere organisatorisch getrennte, selbstständige Unternehmen, so muss er für sie auch mehrere Firmen führen.[133] **68**

c) Firmenausschließlichkeit

Jede neue Firma muss sich gem. § 30 Abs. 1 HGB von allen an demselben Ort oder in derselben Gemeinde bereits bestehenden und in das Handelsregister oder in das Genossenschaftsregister eingetragenen Firmen deutlich unterscheiden. Eine Verwechslungsgefahr soll damit ausgeschlossen werden.[134] Daneben kann es aber aus namens- und wettbewerbsrechtlichen Gründen auch notwendig sein, keine Firma zu führen, die bereits von einem anderen Kaufmann an einem anderen Ort verwendet wird. Vorherige Recherchen über bereits eingetragene Firmen sind zwar teuer, wegen der ungleich **69**

---

[129] Vgl. zu den Grundsätzen der Firmenbildung z. B. *Bülow*, HR, 1. Teil, 4. Abschn. B.
[130] *Wörlen* Rn 33.
[131] BGHZ **130**, 134, 144; BGHZ **130**, 276, 280.
[132] Zu erlaubten und nicht erlaubten Rechtsformzusätzen siehe *Roth* in: Koller/Roth/Morck, § 19 Rn 4.
[133] *Wörlen* Rn 40.
[134] *Brox* Rn 106.

höheren Kosten einer sonst unter Umständen notwendigen Firmenänderung aber dennoch empfehlenswert.

d) Firmenöffentlichkeit

70 Informationen über eine Firma sollen öffentlich zugänglich sein. Jeder Kaufmann ist daher verpflichtet, seine Firma zur Eintragung in das Handelsregister anzumelden, § 29 HGB. Nach Art. 22 EGHGB können die zurzeit des Inkrafttretens des HGB in das Handelsregister eingetragenen Firmen allerdings ohne Anpassung an die heute geltenden Rechtsgrundsätze über die Firmenbildung und -führung unverändert geführt werden. Auch Änderungen sowie das Erlöschen der Firma sind in das Handelsregister einzutragen, § 31 Abs. 1 und 2 HGB.

e) Firmenbeständigkeit

71 Die soeben aufgeführten Grundsätze über die Firmenführung kollidieren teilweise mit dem vom Gesetzgeber anerkannten Interesse an Firmenkontinuität bei einer Firmenfortführung. Der Vermögenswert der bisher verwendeten Firma könnte z.B. durch einen Namenswechsel zerstört oder zumindest gemindert werden. Eine Firma darf daher fortgeführt werden, auch wenn dadurch gegen den Grundsatz der Firmenwahrheit verstoßen wird. Das gilt nach § 21 HGB bei Namensänderungen des Firmeninhabers, wie sie etwa bei einer Eheschließung vorkommen. Die Firma wird dabei zwar unwahr, darf aber dennoch fortgeführt werden. Dies führt dazu, dass die Firma, unter der ein Kaufmann sein Handelsgeschäft betreibt mit seinem Privatnamen nicht mehr übereinstimmt.

> **Beispiel:** Der bekannte Großhändler „Herbert Fassmann e. K." heiratet und nimmt den Nachnamen seiner Frau (Schmidt) an. Trotz einer eventuellen Irreführung kann er seine Firma beibehalten. Der Wert seiner altbekannten Firma bleibt damit erhalten.

72 Nach dem Grundsatz der Firmenbeständigkeit darf eine Firma dann fortgeführt werden, wenn sich der Name des Einzelkaufmanns ändert oder der Unternehmensträger wechselt, §§ 21, 22, 24 HGB. Damit soll der in der Firma enthaltene (immaterielle) Firmenwert erhalten bleiben.[135] Insbesondere bei einem Wechsel des Unternehmensträgers ist darauf zu achten, dass der Firmenzusatz weiterhin wahrheitsgemäß sein muss.

> **Beispiel:** Wenn die Firma „Hamann Getränkeservice e. K." von einer GmbH fortgeführt wird, muss der den Einzelkaufmann kennzeichnende Zusatz entfallen und der Zusatz „GmbH" hinzugefügt werden. Die neue Firmenbezeichnung lautet daher z.B. „Hamann Getränkeservice GmbH".

73 Der Vorrang des Grundsatzes der Firmenbeständigkeit gegenüber dem der Firmenwahrheit[136] gilt auch beim Erwerb eines Handelsgeschäfts und gestattet dem neuen Inhaber die Fortführung des bisherigen Handelsnamens. In diesen Fällen spricht man von einer **derivativen** Firma. Nach § 22 HGB kann beim Erwerb eines Handelsgeschäfts unter Lebenden oder von Todes wegen für das Geschäft die bisherige Firma

---

[135] Vgl. *Brox* Rn 103.

[136] Näher zum systematischen Verhältnis der Prinzipien der Firmenbeständigkeit und -wahrheit *Canaris*, § 11 Rn 22.

fortgeführt werden, wenn der bisherige Geschäftsinhaber oder dessen Erben einwilligen.

74 Aus § 23 HGB ergibt sich, dass man keine Firma - im handelsrechtlichen Sinne - kaufen kann (Verbot der Leerübertragung)[137]. Die Veräußerung allein des Handelsnamens ist unzulässig. Möglich ist allerdings der Erwerb eines Handelsgeschäfts, dessen einziger wesentlicher Wert die Firma, d. h. der Handelsname des Veräußerers ist (sog. Mantelkauf)[138]. § 24 HGB erlaubt eine Firmenfortführung auch bei einem Gesellschafterwechsel.

75 Die Firmenfortführung soll nicht zu einer Irreführung des Handelsverkehrs führen. Zum Beispiel muss eine Einzelfirma, die durch Aufnahme von Gesellschaften in eine GmbH & Co. KG verwandelt wird, den Zusatz GmbH & Co. KG führen. Umgekehrt müssen auch Firmenzusätze fortfallen, die im Laufe der Zeit unrichtig geworden sind. So muss z.B. ein Gemüsehändler, der in seiner Firma noch die Bezeichnung Maschinenfabrik führt, diese Bezeichnung fortlassen.[139] Der Grundsatz der Firmenbeständigkeit wird eingeschränkt durch das Verbot irreführender Zusätze bei derivativen Firmen:[140]

76 **Beispiel**[141]: Ein Wettbewerber verlangt von einer Gesellschaft mit der Firma "Dr. Schulz" deren Führung zu unterlassen, weil Herr Dr. Schulz ausgeschieden ist und die Verwendung seines Namens mit Titel zu einer wettbewerbsrechtlich relevanten Irreführung des Verkehrs führe. Der Inhaber der Firma, ein Herr Dr. Gustav, lehnt das ab, weil auch er berechtigt sei, den Doktortitel zu führen.
Grundsätzlich kann ein Wettbewerber gemäß § 18 Abs. 2, § 37 Abs. 2 HGB, § 3 UWG die Unterlassung der Führung einer unrichtig gewordenen Firma fordern, wenn im Verkehr der Eindruck erweckt wird, dass ein promovierter Akademiker die Gesellschaftsbelange bestimmt, denn die Öffentlichkeit hat besonderes Vertrauen in die intellektuellen Fähigkeiten, den guten Ruf und die Zuverlässigkeit der Träger eines akademischen Titels. Die Verwendung der alten Firma „Dr. Schulz" ist aber nach dem Ausscheiden des Namensträgers und Titelinhabers dann nicht zu beanstanden, wenn irgendein Gesellschafter zur Führung eines Doktortitels berechtigt ist. Eine Irreführung des Verkehrs kann außerdem durch einen Nachfolgezusatz nach dem Ausscheiden des promovierten Firmeninhabers vermieden werden. Aus dem Doktortitel wird damit ein selbstständiger Firmenzusatz.

2. Haftung und Forderungsübergang bei Firmenfortführung

77 Aus dem Grundsatz der Firmenbeständigkeit ergibt sich, dass der neue Inhaber mit der Firma auch die Verpflichtungen des früheren Unternehmensträgers aus dessen Geschäftsbetrieb übernimmt. Aus den §§ 25, 23 HGB ist zu ersehen, dass ein Unternehmen als solches Gegenstand eines Rechtsgeschäfts, wie z.B. einer Veräußerung, sein kann. Bei einem Wechsel des Unternehmensträgers auftretende haftungsrechtliche Fragestellungen werden in den §§ 25[142] bis 28 HGB geregelt.[143]

---

[137] *Roth* in: Koller/Roth/Morck, § 23 Rn 1.
[138] *Roth* in: Koller/Roth/Morck, § 23 Rn 2.
[139] Vgl. zu irreführenden Angaben über die geschäftlichen Verhältnisse *Roth* in: Koller/Roth/Morck, § 18 Rn 8.
[140] *Canaris*, § 11 Rn 27.
[141] Vgl. BGHZ **53**, 65, 67 f.
[142] Näheres zu der Vorschrift bei *Steck*, HandelsR, S. 45 ff.
[143] Eingehende, kritische Auseinandersetzung mit der Dogmatik der §§ 25-28 HGB im Hinblick auf eine unternehmensrechtliche Haftungskontinuität bei *K. Schmidt*, HandelsR, § 8 (S. 211 ff.).

Nach § 25 Abs. 1 S. 1 HGB hat der neue Inhaber bei Fortführung der bisherigen Firma auch für die Verbindlichkeiten des übernommenen Geschäftsbetriebes einzustehen. Die herrschende Lehre sieht in der Vorschrift einen gesetzlichen Schuldbeitritt des Erwerbers mit unbeschränkter persönlicher Haftung.[144]

78 Für die Haftung des Erwerbers ist es nicht erforderlich, dass die Firma und der Geschäftsbetrieb unverändert übernommen werden. Es reicht aus, wenn nur der seinen Schwerpunkt bildende wesentliche Kern des Geschäftsbetriebes und der Firma fortgeführt werden.[145] Die Firma muss eine derart prägende Kraft besitzen, dass der Verkehr sie mit dem Unternehmen gleichsetzt und in dem Verhalten des Erwerbers eine Fortführung der bisherigen Firma sieht.

> **Beispiel:** Die Fortführung eines unter der Bezeichnung „Kfz.-Küpper, Internationale Transporte, Handel mit Kfz.-Teilen und Zubehör aller Art" firmierenden einzelkaufmännischen Unternehmens als „Kfz.-Küpper Transport und Logistik GmbH" löst die Haftung nach § 25 Abs. 1 S. 1 HGB aus.[146] Das die alte Firma nicht unverändert fortgeführt wird, ist unerheblich, sofern der prägende Teil der alten und neuen Firma beibehalten wird. Prägend war hier insbesondere auch der Hinweis auf „Transporte".

Notwendig ist jedoch die Übernahme eines **kaufmännischen Handelsgeschäfts** und nicht nur irgendeines Gewerbebetriebes. Veräußerer und Erwerber müssen Kaufleute sein oder gem. § 5 HGB wie Kaufleute behandelt werden.[147] Neben dem Erwerber haftet allerdings auch noch der frühere Inhaber bis zum Ablauf der fünfjährigen Verjährungsfrist des § 26 HGB[148] für die vor der Veräußerung entstandenen Verbindlichkeiten.

> **Beispiel:** Nach einem von ihm begangenen Wettbewerbsverstoß verpflichtet sich der Einzelkaufmann „Herbert K. e. K." gegenüber dem Verband V für den Fall eines erneuten Wettbewerbsverstoßes zur Zahlung einer Vertragsstrafe. Nachdem er sein Handelsgeschäft auf eine GmbH übertragen hat, fordert V wegen eines erneuten Wettbewerbsverstoßes der unter „Herbert K. GmbH" firmierten GmbH von dieser Zahlung der mit dem früheren Inhaber K vereinbarten Vertragsstrafe.
> Wer ein übernommenes Handelsgeschäft fortführt, schuldet nicht nur Erfüllung der übernommenen Verbindlichkeiten, sondern bei einem Verstoß gegen eine früher übernommene Unterlassungspflicht auch Zahlung der von dem früheren Inhaber übernommenen Vertragsstrafe. Der Schuldbeitritt erfolgt bei **allen** im Betriebe des Geschäfts[149] entstandenen Altverbindlichkeiten. Dazu gehören neben Nachbesserungsansprüchen sowie Darlehens- und Kaufpreisforderungen auch Verbindlichkeiten aus Delikten, Steuerschulden und Vertragsstrafen.[150] Auch die Tatsache, dass sich der Rechtsformzusatz geändert hat, ist unerheblich, es kommt lediglich darauf an, dass die Firma zumindest im Kern übernommen wurde, was hier der Fall ist.

---

[144] *Brox* Rn 127; *Roth* in: Koller/Roth/Morck, § 25 Rn 7.
[145] *Roth* in: Koller/Roth/Morck, § 25 Rn 6.
[146] BGH WM **2004**, 1178 f.
[147] *Canaris*, § 7 Rn 20.
[148] § 26 HGB wurde im Rahmen der Schuldrechtsreform geändert. Während der Gläubiger vorher fällige Ansprüche *gerichtlich* geltend machen musste, genügt nunmehr die rechtzeitige Feststellung von Ansprüchen in einer der in § 197 Abs. 1 Nr. 3 – 5 BGB bezeichneten Art; vgl. auch *Steck*, NJW **2002**, 3201.
[149] Siehe dazu die gesetzliche Vermutung in § 344 Abs. 1 HGB.
[150] *Roth* in: Koller/Roth/Morck, § 25 Rn 7; *Canaris*, § 7 Rn 1 f.

79

Hinweis für die Fallbearbeitung: Bei der Falllösung ist darauf zu achten, dass § 25 HGB keine eigenständige Anspruchsgrundlage ist, sondern lediglich die Haftung auf den Erwerber ausweitet. Erwerber und Veräußerer haften als Gesamtschuldner gem. § 421 BGB. Anspruchsgrundlage sind z.B. bei einer Forderung aus einem Darlehensvertrag die §§ 488 Abs. 1 S. 2 BGB i. V. m. §§ 25 Abs. 1 S. 1 HGB, 421 BGB. Für eine Haftung nach §§ 25 Abs. 1 S. 1 HGB (i. V. m. Erfüllungsanspruch) sind folgende **Voraussetzungen** zu prüfen:

- Erwerb eines Handelsgeschäfts unter Lebenden
- Geschäftsfortführung unter bisheriger Firma (Nachfolgezusätze sind unerheblich; wird die Firma nicht fortgeführt, kommt nur § 25 Abs. 3 HGB in Betracht)
- Verbindlichkeit wurde im Betrieb begründet
- kein Ausschluss nach § 25 Abs. 1 HGB

Es ergeben sich folgende **Rechtsfolgen**:

- Haftung des Erwerbers; diesem können jedoch Gegenrechte zustehen, z.B. gem. § 417 Abs. 1 S. 1 BGB analog (Einwendungen des Übernehmers einer Hypothekenschuld) bzw. §§ 770, 1137 Abs. 1 S. 1, 1211 Abs. 1 BGB, 129 Abs. 2, 3 HGB analog.

Als Haftungsnorm könnte neben § 25 Abs. 1 S. 1 HGB auch § 613a BGB (Rechte und Pflichten bei Betriebsübergang) in Betracht kommen. Außerdem ist ggf. die Abtretungsfiktion des § 25 Abs. 1 S. 1 zu beachten.

Nach § 27 Abs. 1 HGB gelten dieselben Prinzipien für die Haftung des Erben, der die Firma des Erblassers für den geerbten Geschäftsbetrieb fortführt.

80

Bei Unternehmensfortbestand nach Aufnahme eines oder mehrerer persönlich haftender Gesellschafter in das Geschäft eines Einzelkaufmanns haftet gemäß § 28 Abs. 1 HGB „die Gesellschaft" (d. h. es haften die Gesellschafter, §§ 128, 171 ff. HGB[151]) für die im Betriebe des Geschäfts entstandenen Verbindlichkeiten des früheren Geschäftsinhabers. Der Eintritt in das Geschäft des Einzelkaufmanns setzt u. a. die Gründung einer oHG oder KG als Personenhandelsgesellschaft voraus, in die der Einzelkaufmann sein Handelsgeschäft als Einlage einbringt.[152] Auch die Schuldner des Veräußerers können sich gegenüber diesem auf die Firmenfortführung durch den Erwerber berufen und mit befreiender Wirkung an den neuen Inhaber leisten. Nach § 25 Abs. 1 S. 2 HGB „gelten" die im Betrieb begründeten Forderungen als auf den neuen Inhaber übergegangen.

81

Beispiel: Kaufmann K hat sich zur Ruhe gesetzt und seinen Geschäftsbetrieb an einen Nachfolger N veräußert, der die Firma fortführt. Als K einen seiner früheren Abnehmer – den A – auffordert, ihm endlich den seinerzeit gestundeten Kaufpreis für eine vor der Geschäftsveräußerung erfolgte Warenlieferung zu zahlen, beruft sich dieser zu Recht darauf, dass ihm N die Schuld inzwischen erlassen hat.

Es kommt nicht darauf an, ob K und N bei der Veräußerung vereinbart hatten, dass die Forderung nicht auf N übergehen sollte. K kann sich also nur an N halten, wenn dieser gegen die bei der Geschäftsveräußerung getroffene und im Innenverhältnis grundsätzlich wirksame Vereinbarung verstoßen hat. Im Interesse der Verkehrssicherheit hat eine abweichende Vereinbarung über die Haftung des Nachfolgers und über die Geltendmachung der vor der Geschäftsveräußerung entstandenen Forderungen nach § 25 Abs. 2 HGB nur Außenwirkung gegenüber den Gläubigern und Schuldnern des früheren Inhabers, wenn sie in das Handelsregister eingetragen und bekannt ge-

[151] *Roth* in: Koller/Roth/Morck, § 28 Rn 11.

[152] *Brox* Rn 137, 139; *Roth* in: Koller/Roth/Morck, § 28 Rn 1, 3.

macht oder von dem Erwerber oder dem Veräußerer dem Dritten mitgeteilt worden ist.

82 **Beispielsfall – Firmenrecht:**[153] Herbert Meyer ist Mitgesellschafter der ins Handelsregister eingetragenen „Herbert Meyer & Sohn oHG". Am 31.12.2001 ist Herbert Meyer altersbedingt aus der oHG ausgeschieden. Die Gesellschaft wurde aufgelöst. Gemäß Gesellschaftsvertrag wollte Michael Meyer, der Sohn des Herbert, das Geschäft als Einzelkaufmann unter der Firma „Herbert Meyer & Sohn" fortführen. Ist das gestattet?

Lösung: Der Grundsatz der Firmenwahrheit (Funktionen: Unterscheidungskraft und Kennzeichnungswirkung, § 18 Abs. 1 HGB; Erkennbarkeit der Gesellschafterverhältnisse, § 19 Abs. 1 HGB; Offenlegung der Haftungsverhältnisse, § 19 Abs. 1, 2 HGB) könnte beeinträchtigt sein. Zudem darf die Firma gem. § 18 Abs. 2 HGB keine Angaben enthalten, die für die angesprochenen Verkehrskreise wesentlich sind und zur Irreführung geeignet sind. Täuschend könnte hier sein, dass die Firma unter „Herbert Meyer & Sohn" fortgeführt werden soll, obwohl Herbert Meyer mit dem Unternehmen nicht mehr verbunden ist.[154] Demzufolge könnte nach § 19 Abs. 1 Nr. 1 HGB als zulässige Bezeichnung „Michael Meyer e. K." in Frage kommen. Hier könnte allerdings § 22 Abs. 1 HGB anwendbar sein. Voraussetzung ist, dass ein bestehendes kaufmännisches Unternehmen erworben wird und der bisherige Geschäftsinhaber in die Firmenfortführung ausdrücklich einwilligt. Die oHG besaß als ins Handelsregister eingetragenes Unternehmen die Kaufmannseigenschaft. Erwerb ist der Übergang der Unternehmensträgerschaft. Die oHG ist durch das Ausscheiden des Herbert Meyer erloschen, da es keine Einmann-oHG gibt.[155] Im Wege der Gesamtrechtsnachfolge ist das Gesellschaftsvermögen, wie im Gesellschaftsvertrag vorgesehen, auf Michael Meyer übergegangen, wodurch der Unternehmensträger gewechselt hat. Da die Firmenfortführung im Gesellschaftsvertrag vereinbart war, liegt auch eine ausdrückliche Einwilligung des Herbert Meyer als bisheriger Geschäftsinhaber vor. Michael Meyer kann somit die Firma unter der Bezeichnung „Herbert Meyer & Sohn", allerdings gem. § 19 Abs. 1 Nr. 1 HGB um den Zusatz „e. K." ergänzt, fortführen.

IV. Das Unternehmen als Rechtsobjekt

1. Firma - Unternehmer - Unternehmen

83 Die Regelungen des Handelsrechts zur Fortführung des Geschäftsbetriebs eines Kaufmanns und zur Haftung eines neuen Inhabers für die im Geschäftsbetrieb des früheren Inhabers begründeten Verbindlichkeiten (§§ 19 ff. HGB) enthalten einige allgemeine Grundsätze über das Recht des Unternehmers und seines Unternehmens, deren Wirkungen über das kaufmännische Namensrecht hinausreichen. Das HGB selbst hat den Begriffen „Unternehmen" und „Unternehmer" keine festen Konturen gegeben.[156] Vor allem die Vorschriften über das Unternehmen als geschütztes Rechtsgut[157] und über den Unternehmenskauf gelten nicht nur für den Schutz und Verkauf von Handelsge-

---

[153] Verkürzter und abgewandelter Auszug aus: *Fezer*, Fall 5 (S. 34 ff.).
[154] Vgl. *K. Schmidt*, HandelsR, § 12 III 1 b bb: täuschender Firmenkern, wenn z. B. der Eigenname einer mit dem Unternehmen nicht verbundenen Person verwendet wird.
[155] *Koller* in: Koller/Roth/Morck, § 105 Rn 14 mit Verweis auf BayObLG BB **2000**, 1212.
[156] Vgl. *Roth* in: Koller/Roth/Morck, Einl. v. § 1 Rn 10; *K. Schmidt*, HandelsR, § 4 I 2 (S. 65 ff.); Legaldefinition „Unternehmer" in § 14 Abs. 1 BGB: „gewerbliche oder selbstständige berufliche Tätigkeit"; das HGB schränkt den Adressatenkreis - in Ausgrenzung der freiberuflichen Tätigkeiten - allerdings auf gewerbliche Unternehmen ein (vgl. §§ 2 S. 1, 407 Abs. 3 Nr. 2, 453 Abs. 3 S. 1, 467 Abs. 3 S. 1).
[157] Vgl. dazu *Roth* in: Koller/Roth/Morck, § 17 Rn 3; RG **158**, 230; *Fezer* ZHR **1997**, 55.

schäften eines Kaufmanns, sondern für Unternehmen aller Art. Die Grundsätze über den Unternehmensschutz und den Unternehmenskauf haben aber für den Kaufmann ganz besondere Bedeutung.

Das Unternehmen besteht zwar rechtlich nur aus einer Vielzahl von materiellen und immateriellen Werten sowie von Rechtsbeziehungen, die einem Rechtsträger (Rechtssubjekt) zugeordnet sind.[158] Gleichzeitig wird es aber von der Rechtsordnung auch als Einheit behandelt und ist damit mehr als die Summe seiner Bestandteile. Das Unternehmen ist daher in vielfacher Hinsicht ein verselbstständigtes, einheitliches Rechtsobjekt.

84

Hinweis für die Fallbearbeitung: Dabei ist aber immer zu beachten, dass nach dem geltenden Recht niemals das Unternehmen, sondern immer nur der Träger des Unternehmens („Inhaber", z.B. der Einzelkaufmann als natürliche Person, eine GmbH als juristische Person oder die Gesamthand bei einer oHG/KG[159]) Zuordnungssubjekt von Rechten und Pflichten ist.[160] Dabei gilt, dass jedem Unternehmensträger ein Unternehmen und jedem Unternehmen ein Unternehmensträger notwendig zugeordnet ist.[161]

85 Sogar die Rechte und Pflichten des Unternehmers als Inhaber und Träger des Unternehmens lassen sich trotz der damit verbundenen Schwierigkeiten häufig erst aus den gesetzlichen Vorschriften über das Unternehmen erschließen.

86 Gelegentlich verwendet der Gesetzgeber aber auch den Begriff „Unternehmen", wenn gar nicht das einheitliche Rechtsobjekt, sondern tatsächlich lediglich der Unternehmensträger und damit der Unternehmer gemeint ist. Das zeigen die Regelungen über Unternehmensverträge in §§ 291 f. AktG (Beherrschungs-, Gewinnabführungs- und andere Unternehmensverträge), die nicht von den Unternehmen, sondern nur von den Unternehmensträgern, d. h. den Unternehmern, geschlossen werden können.[162]

Zusätzliche Schwierigkeiten ergeben sich daraus, dass es keinen einheitlichen Unternehmensbegriff und damit auch keine allgemeinverbindliche Definition des Unternehmens gibt. Der Unternehmensbegriff ist ein Zweckbegriff, der in den jeweiligen Gesetzen mit ganz unterschiedlichem Inhalt verwendet wird.[163] Der Begriff „Unternehmer" wird im HGB lediglich in den Vorschriften über die Kaufleute (§§ 1 ff. HGB) und über den Handelsvertreter (§§ 84 ff. HGB) verwendet.[164] Die Anbindung in den §§ 84 ff. HGB soll nur verdeutlichen, dass der Vertragspartner des Handelsvertreters nicht Kaufmann sein muss. Die §§ 1 ff. HGB binden den Begriff an den Einzelkaufmann als Träger des Unternehmens an und verdeutlichen, dass nicht nur Kaufleute Unternehmen betreiben können.

---

[158] Vgl. *K. Schmidt*, HandelsR, § 4 IV (S. 78 ff.).
[159] *K. Schmidt* in: MünchKommHGB, § 1 Rn 53; *ders.* in: Schlegelberger, § 105 Rn 13; umfassend zu allen Formen der Unternehmensträgerschaft: *K. Schmidt*, HandelsR, § 5.
[160] *K. Schmidt*, HandelsR, § 4 V (S. 87).
[161] *K. Schmidt*, HandelsR, § 4 IV 2 a (S. 81).
[162] Z. B. § 293 Abs. 1, 2 AktG: Erfordernis der Zustimmung der Hauptversammlung.
[163] Vgl. *Roth* in: Koller/Roth/Morck, Einl. v. § 1 Rn 10.
[164] „Inflationäre" Verwendung hingegen des Unternehmensbegriffs, z. B. in § 1 Abs. 2; § 2 S. 1; § 3 Abs. 2, 3; § 6 Abs. 2; § 13e Abs. 2 S. 2; § 15 Abs. 4 S. 2; § 33 Abs. 2; § 84 Abs. 4; § 93 Abs. 3; § 105 Abs. 2; § 407 Abs. 3 HGB.

87 Im BGB gibt es in § 631 den (Werk-)Unternehmer, in arbeitsrechtlichen Vorschriften wird ebenfalls gelegentlich die Bezeichnung „Unternehmer" gebraucht (§§ 111 f. BetrVG; § 636 RVO).

88 Für den handelsrechtlichen Unternehmensbegriff sind maßgeblich jedenfalls die folgenden Kriterien[165]:

- Gewerbebetrieb
- Inbegriff von Vermögensgegenständen und Rechtsbeziehungen (materiell, immateriell)
- organisatorische Einheit durch Zusammenfassung der Vermögensgegenstände
- zielgerichtet auf einen wirtschaftlichen Zweck

Das Unternehmen ist also eine organisatorische Einheit zur Verfolgung eines wirtschaftlichen Zwecks, die auf einer Verbindung personeller und sachlicher Mittel beruht.[166]

89 **Hinweis für die Fallbearbeitung:** Es bleibt festzuhalten, dass das Unternehmen trotz seiner besonderen Rechtsqualität, die sich bei aller Unschärfe der Regelungen über das Unternehmen feststellen lässt, doch lediglich das einem Rechtssubjekt (dem Unternehmer) zuzuordnende Rechtsobjekt darstellt. Das Unternehmen selbst kann also nicht Träger von Rechten und Pflichten sein. Rechtssubjekt (Anspruchsinhaber bzw. Anspruchsgegner) ist immer der Inhaber des Unternehmens als Träger des Unternehmens.

90 Soweit es sich um ein kaufmännisches Unternehmen handelt, ist der Unternehmer immer zugleich ein Kaufmann.
Das Unternehmen ist zu unterscheiden vom Betrieb. Aus rechtlicher Sicht versteht man unter einem Betrieb eine organisatorische Einheit, mit der ein Unternehmer (einheitliche Leitung) unter Einsatz von Arbeitskräften sowie von materiellen und immateriellen Gütern einen unmittelbaren arbeitstechnischen Zweck verfolgt. Das Unternehmen (setzt sich zusammen aus Sachen, Rechten und sonstigen Beziehungen (z.B. goodwill))[167] ist die Entscheidungszentrale, die vorgibt, welche Aufgaben die nachgeordneten Betriebe zu erfüllen haben. Ein Unternehmen kann mehrere Betriebe umfassen.[168]

2. Das Unternehmen als Schutzobjekt

91 Rechtsschutz für ein Unternehmen kann zwar immer nur der Unternehmensträger in Anspruch nehmen; er genießt ihn aber für sein kaufmännisches Unternehmen als Ganzes und nicht nur für die einzelnen Bestandteile. Das verdeutlicht der deliktische Rechtsschutz des eingerichteten und ausgeübten Gewerbebetriebes.[169]

---

[165] Vgl. *Canaris*, § 3 Rn 7; *K. Schmidt*, HandelsR, § 4 I 2 a (S. 65 ff.).
[166] Ähnlich auch *Roth* in: Koller/Roth/Morck, Einl. v. § 1 Rn 10: „...wirtschaftliche Organisation, mittels derer deren Träger (der Unternehmer) am Markt tätig wird".
[167] Vgl *Creifelds*, S. 1425.
[168] Vgl. *Creifelds*, S. 230.
[169] Dazu im Einzelnen *K. Schmidt*, HandelsR, § 7 V (S. 194 ff.).

Der eingerichtete und ausgeübte Gewerbebetrieb und damit das Unternehmen gehört zu den absolut geschützten „sonstigen Rechten" im Sinne von § 823 Abs. 1 BGB.[170] Der Unternehmer genießt nicht nur Schutz bei Verletzung seines in dem Unternehmen gebundenen Eigentums, sondern auch vor Eingriffen in seine unternehmerische Organisation und Tätigkeit insgesamt.[171]

92

> **Beispiel:**[172] Der Baggerführer des Bauunternehmers S hat aus Unachtsamkeit ein Stromkabel, das zur Fabrik des G führt, durchtrennt. Daraufhin liegt die Fabrik des G einen Tag still. G verlangt von S nach §§ 831, 823 Abs. 1 BGB Schadensersatz wegen eines Eingriffs in seinen eingerichteten und ausgeübten Gewerbebetrieb.
> Der BGH hat einen Schadensersatzanspruch abgelehnt, da es sich nicht um einen betriebsbezogenen Eingriff gehandelt hat, der Voraussetzung sei. Das zerrissene Kabel „hätte genauso gut für die Stromlieferung an andere Abnehmer bestimmt sein können". Diese Begründung könnte zweifelhaft sein, da die Betriebsbezogenheit auch für die anderen, möglicherweise betroffenen Stromkunden vorliegen könnte, wenn diese für ihre Produktion genauso auf die Stromlieferung angewiesen sind.[173] Das Recht des Unternehmers an seinem eingerichteten und ausgeübten Gewerbebetrieb wird somit von der Rechtsprechung nur vor unmittelbaren, betriebsbezogenen Eingriffen geschützt. Der Eingriff muss dabei zielgerichtet sein und darf den geschützten Gewerbebetrieb nicht nur mittelbar betreffen. Die Verletzung des Gewerbebetriebes muss daher der Willensrichtung des Verletzers entsprechen.[174]

93

Der Schutz des Rechts am eingerichteten und ausgeübten Gewerbebetrieb ist nur ein Auffangtatbestand und gegenüber spezielleren Schutzvorschriften nur subsidiär heranzuziehen.[175] In erster Linie ist der Unternehmer durch Spezialvorschriften bei Eingriffen in seine Vermögenswerte geschützt. Das gilt etwa nach § 823 Abs. 1 BGB für Verletzungen, die ihm an seinem Eigentum oder Besitz oder seinem Namen (der Firma) zugefügt werden. Nach § 824 BGB genießt er Schutz bei Kreditgefährdungen durch unwahre Tatsachenmitteilungen. Bei vorsätzlichen sittenwidrigen Schädigungen findet § 826 BGB Anwendung. Die Regelungen der §§ 1, 3, 14 UWG, § 5 MarkenG, § 35 GWB, Art. 85, 86 EWG-Vertrag gewährleisten einen sehr weitgehenden Schutz gegen rechtswidriges Verhalten von Wettbewerbern.[176]

3. Unternehmenserwerb

94

Die §§ 23 ff. HGB tragen der Tatsache Rechnung, dass der Inhaber eines Geschäftsbetriebes aus ganz unterschiedlichen Gründen wechseln kann. Dabei kann es sich um einen erbrechtlichen Vorgang handeln, § 27 HGB. Dann erfolgt der Übergang kraft Gesetzes gem. § 1922 Abs. 1 BGB.

Der Inhaber kann aber auch durch Rechtsgeschäfte unter Lebenden wechseln. Die wichtigsten Fälle sind der Gesellschafterwechsel (§ 24 HGB) und der Erwerb eines Handelsgeschäfts (§ 22 HGB).

---

170 *K. Schmidt*, HandelsR, § 7 V 1 a (S. 194 f.).
171 *Teichmann* in: Jauernig, § 823 Rn 95 ff.
172 Nach BGHZ **29**, 65 ff.; vgl. dazu *Medicus*, BürgR Rn 612.
173 So *Medicus*, BürgR Rn 612.
174 Vgl. auch BGH ZIP **1998**, 1033, 1035: Der betriebsbezogene Eingriff muss „sich nach seiner objektiven Stoßrichtung gegen den betrieblichen Organismus oder die unternehmerische Entscheidungsfreiheit richten".
175 *K. Schmidt*, HandelsR, § 7 V 2 c (4) (S. 199); vgl. auch BGHZ **105**, 347, 350.
176 Siehe eingehend zum privatrechtlichen Unternehmensschutz *K. Schmidt*, HandelsR, § 7 (S. 172 ff.)

95 **Hinweis für die Fallbearbeitung:** Dabei ist das der Übertragung zugrunde liegende Verpflichtungsgeschäft von den zu seiner Erfüllung erforderlichen Verfügungsgeschäften zu unterscheiden (Abstraktionsgrundsatz!).[177]

96 Ein Unternehmen als solches ist zwar einerseits Rechtsobjekt, andererseits aber kein Rechtssubjekt. Das Unternehmen ist seinem Inhaber, dem Träger des Unternehmens zugeordnet. Daraus ergibt sich, dass auch eine Vermögenszuordnung nur über den Unternehmensträger erfolgt.[178] Ein Unternehmen besteht regelmäßig aus einer Vielzahl von Sachen, Rechten und anderen immateriellen Gütern, die nicht insgesamt, sondern nur einzeln übertragen werden können.[179] Das Sacheigentum besteht daher nicht an einem Unternehmen als solchem, sondern nur an den einzelnen, zum Unternehmen gehörenden Sachen.[180]

97 Die Rechtsgrundsätze, nach denen der bisherige Inhaber z.B. Grundstücke, Maschinen, Vorräte, Forderungen, Patente, Warenzeichen, seine Firma, das Fachwissen über Produktionsverfahren und seinen Kundenstamm zu übertragen hat, sind unterschiedlich und hängen von der Art des Vermögensgegenstandes ab.

Beispiel: Bei Grundstücken sind Auflassung und Eintragung nötig, §§ 873 Abs. 1, 925 Abs. 1 BGB. Forderungen müssen entsprechend § 398 BGB abgetreten werden. Fachwissen (z.B. Betriebsgeheimnisse, Know how, Bezugs- und Absatzquellen) ist durch Mitteilung zu übertragen, die Kundschaft z.B. durch Empfehlungsschreiben oder Einführung bei der Kundschaft.[181]

Die Hauptpflicht des Veräußerers besteht in der Übertragung des Unternehmens, die wichtigste Nebenpflicht auch ohne eine besondere Vertragsverpflichtung in der Unterlassung von Wettbewerb, §§ 157, 242 BGB.[182]

a) Unternehmenskauf[183]

98 Die **Verpflichtung** zu all diesen Übertragungen kann in einem einzigen Vertrag übernommen werden, dem häufig ein Inventar zugrunde liegt. Dagegen können die Übertragungen (**Verfügungen**) infolge des sachenrechtlichen Spezialitätsprinzips[184] nicht als Gesamtakt vorgenommen werden.[185] Die Verfügungen sind nach den jeweiligen Regelungen vorzunehmen. So wird die Eigentumsverschaffungspflicht beim Sachkauf nach den §§ 929 ff. BGB (bewegliche Sachen) bzw. §§ 873, 925 BGB (Grundstücke) erfüllt. Bei beweglichen Sachen schuldet der Verkäufer z.B. die Abgabe der Einigungserklärung nach § 929 Satz 1 BGB und die körperliche Übergabe (§ 854 BGB). Die Übertragung, d. h. die Verschaffung des Rechts oder sonstigen Gegenstands, richtet sich insofern nach den für das jeweilige Recht oder sonstigen Gegenstand geltenden Vorschriften. So kann z.B. auch das Recht der Forderungsabtretung gem. §§ 398 ff., 413 BGB zur Anwendung kommen, wonach eine formlose Einigung zwischen Zedent

---

[177] Vgl. z. B. *Wolf* Rn 405 ff.
[178] Vgl. *K. Schmidt*, HandelsR, § 4 IV 1 a (S. 79).
[179] Sachenrechtlicher Spezialitätsgrundsatz, vgl. dazu *Canaris*, § 8 Rn 1; *Wolf* Rn 29.
[180] *Wolf* Rn 29.
[181] Vgl. *Canaris*, § 8 Rn 1.
[182] *Canaris*, § 8 Rn 6, 8.
[183] Siehe zum Unternehmenskauf nach neuen Kaufrecht: *Weitnauer*, NJW **2002**, 2511 ff.
[184] Vgl. *Wolf* Rn 29.
[185] Sachenrechtliches Spezialitätsprinzip, siehe bereits oben 3 sowie *Jauernig* in: Jauernig, v. § 854 Rn 5; *Wolf* Rn 29.

und Zessionar, also ein dinglich wirkender Vertrag, erforderlich und ausreichend ist, soweit nicht ergänzende Vorschriften für einzelne Kaufgegenstände weitere Erfordernisse aufstellen.

99

Hinweis für die Fallbearbeitung: Nach der gefestigten Rechtsprechung des BGH[186] ist ein Unternehmenskauf anzunehmen, wenn nicht nur einzelne Wirtschaftsgüter, sondern ein Inbegriff von Sachen, Rechten und sonstigen Vermögenswerten übertragen werden soll und der Erwerber dadurch in die Lage versetzt wird, das Unternehmen als solches weiterzuführen. Dass in dem Vertrag die verschiedenen Gegenstände namentlich aufgeführt werden, ist ebenso unschädlich wie der Umstand, dass einzelne Güter von der Übertragung ausgeschlossen sein sollen. Ob nach diesen Kriterien ein Unternehmenskauf vorliegt oder nicht, lässt sich nicht abstrakt-formelhaft, sondern nur auf Grund einer wirtschaftlichen Gesamtbetrachtung beurteilen.

100

Verpflichtungsgeschäft und damit Rechtsgrund einer Unternehmensübertragung durch Veräußerung kann zwar auch ein Schenkungs- oder Tauschvertrag sein. Im Allgemeinen wird es sich aber um einen Kaufvertrag handeln. Ein derartiger Kaufvertrag kann als Verpflichtungsgeschäft das Unternehmen als ganzes zum Gegenstand haben.

Der Unternehmenskauf ist vom auch möglichen Kauf der einzelnen Gegenstände, die zum Unternehmen gehören, zu unterscheiden. Beim Unternehmenskauf handelt es sich um den Kauf eines Inbegriffs von Rechts- und Sachgesamtheiten.

Weisen die in einem einzigen Kaufvertrag verkauften Vermögensgegenstände des Unternehmens Sachmängel auf oder besteht ein Rechtsmangel des Unternehmens, finden die allgemeinen Vorschriften in Bezug auf Leistungsstörungen und Mängelgewährleistung Anwendung.[187]

101

Im Rahmen der **Rechtsmängelhaftung** sind dabei die §§ 453 Abs. 1, 2. Var., 435, 437 BGB heranzuziehen.[188] Ein Rechtsmangel liegt vor, soweit der Erwerber die unternehmerische Tätigkeit ganz oder teilweise nicht ausüben kann.[189]

Beispiele: Die Unternehmenstätigkeit muss aufgrund einer Nachbarklage oder eines Drittpatents eingestellt oder eingeschränkt werden, ein existenzielles Recht wie z.B. ein Abbaurecht in einem Bergwerk besteht nicht. **Kein** Rechtsmangel liegt z.B. vor, wenn eine Forderung nicht bestandskräftig ist, die Rohstoffvorräte unter Eigentumsvorbehalt stehen oder der Maschinenpark einer Bank für einen Kredit sicherungsübereignet wurde (in der Geschäftspraxis übliche Vorgänge).

Das Unternehmen wird grundsätzlich nur mit dem vorhandenen Bestand und den vorhandenen Beschränkungen verkauft, ein Irrtum der Parteien schadet nicht.[190] Ansprüche des Käufers können aber dennoch z.B. aus einer Störung der Geschäftsgrundlage gem. § 313 Abs. 1 BGB oder culpa in contrahendo gem. §§ 311 Abs. 2, 280 BGB bestehen.[191]

---

[186] Vgl. BGHZ **65**, 246, 251; BGHZ **138**, 195, 204; BGH WM **1993**, 249; vgl. auch BGH NJW **2002**, 1042.
[187] Vgl. zur Gewährleistungshaftung beim Unternehmenskauf: *Weitnauer*, NJW **2002**, 2512.
[188] Vgl. *Weitnauer*, NJW **2002**, 2512; Das Unternehmen ist dabei als „sonstiger Gegenstand" als anzusehen, *Canaris*, § 8 Rn 16 in Bezug auf die frühere Verweisnorm § 455 BGB a. F.
[189] Vgl. *Lieb* in: MünchKommHGB Anh. § 25 Rn 144 ff.; *Canaris*, § 8 Rn 17.
[190] Vgl. *Canaris*, § 8 Rn 17 ff.
[191] *Weitnauer*, NJW **2002**, 2512

102 Bei Mängeln des zum Unternehmen gehörenden Sachsubstrats ist zu prüfen, ob die §§ 453 Abs. 1, 2. Var., 434, 437 BGB einschlägig sind, die die Fragen der **Sachmängelhaftung** behandeln.

Beispiele: Fehler an den zum Unternehmen gehörenden Maschinen oder hergestellten Produkten sowie Fehlbestände bei Sachen, von denen angenommen wurde, dass sie zum Unternehmen gehören, vgl. § 434 Abs. 3 BGB. Die Rechtsprechung schränkt die Sachmängelhaftung allerdings stark ein, indem sie fordert, dass z.B. „die wirtschaftliche Grundlage des Unternehmens erschüttert wird"[192] und der Fehler dem Unternehmen „ohne Weiteres anhaften"[193] muss. So sind z.B. falsche Bilanzangaben kein Mangel im Sinne von § 434 BGB.[194] In derartigen Fällen sind aber wiederum Ansprüche des Käufers aus einer Störung der Geschäftsgrundlage gem. § 313 Abs. 1 BGB oder culpa in contrahendo gem. §§ 311 Abs. 2, 280 BGB zu prüfen. Ein Rücktrittsanspruch nach §§ 453 Abs. 1, 2. Var., 434, 437 Nr. 2, 440, 323, 326 Abs. 5 BGB ist allerdings grundsätzlich problematisch, weil ein Rücktritt nach Übergang und Fortführung eines Unternehmens praktisch ausgeschlossen und gar nicht mehr durchführbar ist. Bedeutsam sind dann lediglich Ansprüche auf Minderung des Kaufpreises gem. §§ 453 Abs. 1, 2. Var., 434, 437 Nr. 2 BGB.

b) Anteilserwerb

103 Anstelle sämtlicher materieller und immaterieller Vermögenswerte des Unternehmens können auch die Anteile einer Gesellschaft übertragen werden, die Träger des Unternehmens ist.[195] Dann werden nicht die einzelnen Vermögensgegenstände erworben, sondern eine Beteiligung am Unternehmensträger. Eine Übertragung der einzelnen Vermögensgegenstände ist dann nicht erforderlich. Vielmehr wird durch Erwerb von Gesellschaftsanteilen auf der Grundlage eines Rechtskaufs wirtschaftlich dieselbe Wirkung wie bei einem Unternehmenskauf erzielt.

Beispiel: Die Geschäftsanteile an einer GmbH können z.B. nach § 15 Abs. 1 GmbHG veräußert werden. Hierbei handelt es sich um eine spezialgesetzlich geregelte Verfügung über Rechte, vgl. § 413 BGB.[196]

Auch dem Anteilskäufer haftet der Verkäufer für unrichtige Zusicherungen aus Garantie und für schuldhaft falsche Angaben aus Verschulden bei Vertragsverhandlungen.

Der Anteilserwerb ist grundsätzlich ein Rechtskauf[197], so dass der Verkäufer nach § 435 BGB haftet. Ausnahmsweise kann sich indes auch eine Haftung nach § 434 BGB ergeben, wenn es sich bei wirtschaftlicher Betrachtung um den Verkauf des von der Gesellschaft betriebenen Unternehmens handelt. Dies kann durch den Erwerb aller Anteile herbeigeführt werden.[198]

Denkbar ist aber auch der Erwerb einer weit überwiegenden Mehrzahl der Anteile, welcher die Beherrschung des Unternehmens sichert. Dies ist bei der AG beim Erwerb

---

[192] BGH WM **1970**, 819, 821.
[193] BGH WM **1970**, 132, 133.
[194] Vgl. ausführlich *Canaris*, § 8 Rn 22 ff.
[195] Sog. „share deal" im Gegensatz zum sog. „asset deal" (Kauf des Unternehmens vom Unternehmensträger); vgl. *K. Schmidt*, HandelsR, § 6 II 1 c.
[196] Vgl. *K. Schmidt*, GesellRecht, § 35 II 1.
[197] *Canaris*, § 8 Rn 40.
[198] Vgl. zum alten Recht *Canaris*, § 8 Rn 40 f.: Analogie zu den §§ 459 ff. BGB a. F.

von mehr als 90 % der Anteile der Fall, siehe §§ 122, 258 Abs. 2 S. 3 AktG. Bei einer GmbH wäre ein Kauf von 90 % der Anteile erforderlich, § 50 Abs. 1 GmbHG.

D. Die rechtsgeschäftlichen Vertreter des Kaufmanns

I. Rechtsstellung und Rechtswirkungen

1. Die Grundsätze der rechtsgeschäftlichen Vertretungsmacht

104 Die Prokura gem. § 48 HGB und die verschiedenen Formen der Handlungsvollmacht gem. §§ 54 ff. HGB sind Sonderfälle der rechtsgeschäftlichen Vertretungsmacht.

105 **Hinweis für die Fallbearbeitung:** Die allgemeinen Regelungen der §§ 164 bis 179 BGB gelten grundsätzlich weiterhin. Die §§ 48 ff. HGB sind Sonderregelungen zu den allgemeinen Vorschriften und ergänzen diese insofern. Soweit im HGB bestimmte Sachverhalte spezieller geregelt sind, gelten die dortigen, besonderen Vorschriften, andernfalls immer die allgemeinen Regelungen des BGB. So gibt es z.B. für die Vorschriften über die Willensmängel und die Wissenszurechnung des § 166 BGB keine entsprechende Vorschrift im HGB. Daher ist diese Regelung auch in handelsrechtlichen Sachverhalten uneingeschränkt anzuwenden.

106 Die Rechtsgeschäfte von Prokuristen und Handlungsbevollmächtigten wirken für und gegen den Kaufmann, wenn sie von ihnen im Rahmen ihrer Vertretungsmacht im Namen des Kaufmanns vorgenommen worden sind, §§ 48 ff., 54 ff. HGB i. V. m. § 164 Abs. 1 BGB. Auch für das Handelsrecht gilt also der Grundsatz, dass das Vertreterhandeln den Vertretenen dann verpflichtet, wenn

- der Vertreter im Rahmen seiner Vertretungsmacht und
- im Namen des Vertretenen

gehandelt hat. Im HGB ist im Wesentlichen geregelt, ob der Vertreter „innerhalb der ihm zustehenden Vertretungsmacht" (§ 164 Abs. 1 BGB) gehandelt hat, d. h. im HGB ist der Umfang der jeweiligen Vollmacht definiert. [199]

107 Bei jedem Rechtsgeschäft mit einem Stellvertreter ist es für Dritte schwierig, sich über Bestand und Umfang der Vertretungsmacht zu informieren. Das damit verbundene Risiko, ob die Erklärungen des Vertreters auch tatsächlich für und gegen den Vertretenen wirken, wird durch die handelsrechtlichen Vorschriften über Prokura und Handlungsvollmacht wesentlich verringert. Durch die **Eintragung der Prokura in das Handelsregister** (§ 53 Abs. 1 HGB) und durch den **gesetzlich bestimmten Umfang der handelsrechtlichen Vollmachten** wird erreicht, dass sich der Dritte auf die Vertretungsmacht der rechtsgeschäftlichen Vertreter des Kaufmanns sehr weitgehend verlassen kann. Zwar ist stets zu unterscheiden zwischen dem **Innenverhältnis** von Vertretenem und Vertreter einerseits und der Wirkung der Vertretungsmacht nach **Außen** andererseits.[200] Es ist nicht selten, dass der Kaufmann seine von ihm bevollmächtigten Arbeitnehmer verpflichtet, von ihrer Vollmacht gar keinen Gebrauch zu machen. Dritte müssen aber interne Beschränkungen des Umfangs dieser handels-

---

[199] Vgl. *Wörlen* Rn 71.

[200] Vgl. dazu *Schack* Rn 525; *Jauernig* in: Jauernig, § 167 Rn 1; *Roth* in: Koller/Roth/Morck, v. §§ 48-58 Rn 9.

rechtlichen Formen rechtsgeschäftlicher Vertretungsmacht grundsätzlich nicht gegen sich gelten lassen, vgl. § 50 Abs. 1 HGB.

2. Vertragsbeziehungen von Prokuristen und Handlungsbevollmächtigten

108 Prokuristen und Handlungsbevollmächtigte sind zwar meist unselbstständige Hilfspersonen des Kaufmanns, sie müssen es aber nicht sein.

Die Vorschriften über Prokuristen und Handlungsbevollmächtigte regeln nur, dass diese Personen Vertretungsmacht haben. Daraus folgt aber keine Pflicht, als Hilfsperson des Kaufmanns auch tätig zu werden. Prokurist ist also auch keine Berufsbezeichnung wie etwa Buchhalter, sondern lediglich eine gesetzlich umschriebene Vertretungsmacht, die für sich genommen keine Dienstleistungspflicht begründet.[201] Unrichtig wäre damit z.B. die Behauptung, dass ein Prokurist immer Handlungsgehilfe sein muss.

3. Gesetzliche Vertretungsmacht (organschaftliche Vertretung)

109 Von der durch Rechtsgeschäft erteilten Vollmacht ist die gesetzliche Vertretungsmacht zu unterscheiden. Im Bereich des Handelsrechts ist vor allem die organschaftliche Vertretungsmacht der Vorstandsmitglieder einer Aktiengesellschaft (§ 78 Abs. 1 AktG) und der Geschäftsführer einer GmbH (§ 35 Abs. 1 GmbHG) bedeutsam. Sie haben die Stellung von gesetzlichen Vertretern, die sie schon mit ihrer Bestellung zum Vorstandsmitglied bzw. Geschäftsführer und nicht etwa erst durch eine gesonderte Bevollmächtigung erlangen.

Während die Willenserklärungen eines Bevollmächtigten, die er innerhalb der ihm zustehenden Vertretungsmacht im Namen des Vertretenen abgibt, für und gegen diesen wirken (§ 164 Abs. 1 BGB), sind die (eigenen) Willenserklärungen eines organschaftlichen Vertreters zugleich Willenserklärungen der juristischen Person. Organschaftliche Vertreter geben also keine Willenserklärung *für* die juristische Person ab, sondern *als* juristische Person.[202] Davon zu unterscheiden ist die (umstrittene) Frage, ob einem Gesellschaftsorgan zusätzlich auch Prokura erteilt werden kann.[203]

4. Eigenhaftung von Vertretern

110 Ein Vertreter haftet dem Erklärungsempfänger vor allem dann persönlich, wenn er ohne Vertretungsmacht oder unter Überschreitung seiner Vertretungsmacht Rechtsgeschäfte im Namen des Vertretenen abschließt.[204] Das ergibt sich auch für die handelsrechtlichen Vertreter eines Kaufmanns aus den allgemeinen zivilrechtlichen Vertretungsregelungen der §§ 177 bis 179 BGB.

Für den Bereich des Handelsrechts gelten teilweise weiterreichende Regelungen, für die Art. 8 WG und Art. 11 ScheckG beispielhaft sind.

> **Beispiel:** Wer z.B. nach Art. 8 WG auf einem Wechsel seine Unterschrift als Vertreter eines anderen ohne dessen Ermächtigung setzt oder seine Vertretungsbefugnis über-

[201] Vgl. *Wörlen* Rn 71.
[202] Umfassend zur organschaftlichen Vertretung: *K. Schmidt*, GesellRecht, § 10 II.
[203] Nach der herrschenden Lehre ist das nicht der Fall, vgl. *Baumbach/Hopt* § 48 Rn 2; a. A. jedoch *Canaris*, § 14 Rn 6 und *K. Schmidt*, HandelsR, § 16 III 2 c (S. 462).
[204] Vgl. zum sog. „falsus procurator“: *Schack* Rn 474 ff.

schreitet, haftet wechselrechtlich selbst, hat im Gegenzug nach Wechseleinlösung aber auch dieselben Rechte wie der angeblich Vertretene. Im Gegensatz dazu hat der gewöhnliche falsus procurator keine vertraglichen Ansprüche, sondern haftet lediglich wie ein Vertragspartner.[205]

II. Die Prokura, §§ 48 - 53 HGB

1. Inhalt

111 Die Prokura ermöglicht dem Prokuristen, mit Wirkung für und gegen den Kaufmann **alle Arten** von gerichtlichen und außergerichtlichen Geschäften und Rechtshandlungen vorzunehmen, die der Betrieb **eines** Handelsgewerbes mit sich bringt, § 49 Abs. 1 HGB. Eine Ausnahme besteht lediglich bei Veräußerung und Belastung von Grundstücken, § 49 Abs. 2 HGB. Dazu ist ein Prokurist nur ermächtigt, wenn ihm diese Befugnis besonders erteilt worden ist. Die Erteilung und das Erlöschen der Prokura sind gem. § 53 Abs. 1 und 3 HGB zum Handelsregister anzumelden. Die Eintragung hat allerdings nur **deklaratorische Wirkung**.[206] Sie wirkt also nicht rechtsbegründend (konstitutiv), sondern nur rechtsbekundend.

2. Gesetzlicher Umfang

112 Die Vertretungsmacht des Prokuristen erfasst alle im Betrieb **irgendeines** Handelsgewerbes anfallenden Rechtsgeschäfte. Es kommt daher nicht auf das konkret betriebene Handelsgewerbe an.

Beispiel:[207] Der Prokurist kann also auch außergewöhnliche Rechtsgeschäfte vornehmen, wie z.B. Prozesse führen, Vergleiche abschließen oder die Handelsniederlassung (vgl. § 29 HGB) verlegen[208]. Er kann ferner z.B. Forderungen erlassen, Wechselverbindlichkeiten eingehen, Darlehen aufnehmen oder bestimmte Handelsregisteranmeldungen vornehmen[209]. Auch kann z.B. der Prokurist einer Blumengroßhandlung Damenunterwäsche in großem Umfang einkaufen oder mit Kfz-Ersatzteilen handeln, da es derartige Handelsgewerbe gibt, die solche Geschäfte mit sich bringen.

Nicht zur Vertretungsmacht des Prokuristen gehören Geschäfte außerhalb irgendeines Handelsgewerbes, wie insbesondere die Grundlagengeschäfte.

Beispiel:[210] Die Veräußerung, Verpachtung oder Aufgabe des Geschäftsbetriebs, Änderung der Firma, Aufnahme von Gesellschaftern oder die Privatgeschäfte für den Inhaber des Handelsgeschäfts sind z.B. nicht vom Umfang der Prokura abgedeckt.[211]

113 **Hinweis für die Fallbearbeitung:** Zu beachten ist in diesem Zusammenhang auch die Vermutung des § 344 Abs. 1 HGB: Die von einem Kaufmann (oder von seinem Prokuristen für diesen) vorgenommenen Rechtsgeschäfte gelten im Zweifel als zum Betrieb seines Handelsgewerbes gehörig. Diese Vorschrift dient zur Abgrenzung gegenüber der Privatsphäre des Kaufmanns. Soweit der private Charakter des Ge-

---

[205] Vgl. *Schack* Rn 475.
[206] *Roth* in: Koller/Roth/Morck, § 53 Rn 1.
[207] Vgl. *Brox* Rn 165.
[208] BGHZ **116**, 190, 194; *Canaris*, § 14 Rn 14.
[209] Siehe aber unten: Prinzipalgeschäfte!
[210] Vgl. *Canaris*, § 14 Rn 13 ff.
[211] *Canaris*, § 14 Rn 13 f.

schäfts gegenüber dem Dritten nicht deutlich wird und nicht eindeutig feststeht, wird ein betriebszugehöriges Geschäft vermutet.[212]

114 Ausgenommen von der Vertretungsmacht des Prokuristen sind schließlich die sog. **Prinzipalgeschäfte**. Der Prokurist kann also z.B. Anmeldungen zum Handelsregister, die die Grundlagen des eigenen Unternehmens betreffen, nicht anstelle des Kaufmanns wirksam vornehmen (§§ 29, 31 HGB), er kann keine Bilanzen für den Kaufmann unterzeichnen (§ 245 HGB) und er kann auch seinerseits keine Prokura erteilen, § 48 Abs. 1 HGB.[213]

3. Beschränkungen und Erweiterungen

115 Eine Beschränkung des Umfangs der Prokura ist Dritten gegenüber unwirksam, § 50 Abs. 1 HGB. Durch die Vorschriften der §§ 49 und 50 HGB wird der Umfang der Vertretungsmacht eines Prokuristen gesetzlich festgelegt. Der Kaufmann kann sich also nicht darauf berufen, er habe die Prokura nur für gewisse Geschäfte oder gewisse Arten von Geschäften erteilt oder dem Prokuristen ihre Ausübung nur unter gewissen Umständen oder für eine gewisse Zeit oder an einzelnen Orten erlaubt.

116 **Hinweis für die Fallbearbeitung:** Damit weiß der Rechtsverkehr, wie weit die Vertretungsmacht reicht. Steht fest, dass ein Kaufmann Prokura erteilt hat, dann ist es nicht mehr erforderlich, den Umfang dieser Vertretungsmacht noch besonders zu prüfen. Das ist bei anderen Formen rechtsgeschäftlicher Vertretungsmacht mit Rücksicht auf den Wortlaut von § 164 Abs. 1 BGB durchaus ratsam, weil danach die Willenserklärung nur für und gegen den Vertretenen wirkt, wenn der Vertreter sie *innerhalb der ihm zustehenden Vertretungsmacht* abgegeben hat. Wie weit diese Vertretungsmacht im Einzelfall reicht, ist im Zweifel bei allen gesetzlich nicht geregelten Ausgestaltungen der Vertretungsmacht konkret zu ermitteln.

117 Soweit einem Prokuristen eine über den gesetzlichen Umfang der Prokura hinausgehende, zusätzliche Vollmacht erteilt worden ist, finden die allgemeinen BGB-Vorschriften Anwendung. Das gilt etwa für den Prokuristen, der zugleich Generalbevollmächtigter eines Kaufmanns ist. Die **Generalvollmacht** ist eine unbeschränkte Vollmacht und geht daher über den Umfang der Prokura hinaus.[214]

4. Sonderformen

118 Durch eine Willenserklärung des Kaufmanns kann die Prokura gem. § 50 Abs. 1 HGB nicht eingeschränkt werden. Eine Einschränkung der personellen Ausübungsbefugnis des Prokuristen durch den Kaufmann ist allerdings in Form einer rechtsgeschäftlichen Beschränkung der Ausübungsbefugnis dadurch möglich, dass der Prokurist an die Mitwirkung eines anderen Stellvertreters gebunden wird. Zum Teil sind derartige Beschränkungen bereits in den §§ 48 Abs. 2 und 50 Abs. 3 HGB geregelt.

a) Gesamtprokura, § 48 Abs. 2 HGB

119 Die Gesamtprokura gem. § 48 Abs. 2 HGB ist eine Gemeinschaftsprokura, bei der das Zusammenwirken mehrerer Prokuristen erforderlich ist, um den Kaufmann wirksam zu

[212] BGHZ **63**, 35; BGH WM **1976**, 425; *Roth* in: Koller/Roth/Morck, § 345 Rn 2, 4.
[213] Der Prokurist ist auch kein „gesetzlicher Vertreter" des Kaufmanns im Sinne von § 48 Abs. 1, 2. Var. HGB.
[214] Vgl. *Jauernig* in: Jauernig, § 167 Rn 3; BGHZ **36**, 295.

verpflichten. Die Gesamtprokuristen müssen die Prokura grundsätzlich bei allen aktiven Rechtsgeschäften zusammen ausüben, was aber nicht bedeutet, dass alle zur selben Zeit und am selben Ort handeln müssen.[215]

120

Hinweis für die Fallbearbeitung: Im Rahmen der Passivvertretung ist analog §§ 125 Abs. 2 S. 3, Abs. 3 S. 2 HGB, 28 Abs. 2 BGB, 78 Abs. 2 S. 2 AktG, 35 Abs. 2 S. 3 GmbHG beim Zugang von Willenserklärungen die Entgegennahme durch einen Prokuristen ausreichend.[216] Dieses Prinzip gilt auch bei im Hinblick auf das Kennen oder Kennen müssen bestimmter Umstände oder Willensmängeln (vgl. §§ 166, 932 Abs. 2 BGB, 366 HGB), bei denen die Kenntnis lediglich eines Prokuristen ausreicht.[217]

b) Filialprokura, § 50 Abs. 3 HGB

121 Im Rahmen einer Filialprokura gem. § 50 Abs. 3 HGB kann der Prokurist den Geschäftsinhaber nur für eine bestimmte Niederlassung wirksam vertreten. Eine Beschränkung der Prokura auf den Betrieb einer von mehreren Niederlassungen des Geschäftsinhabers ist Dritten gegenüber nur dann wirksam, wenn die Niederlassungen unter verschiedenen Firmen betrieben werden. Dazu kann der Zweigniederlassung ein Zusatz beigefügt werden, der sie als Firma der Zweigniederlassung bezeichnet.[218] Der Kaufmann muss die von einem Filialprokuristen eingegangene Verpflichtung auch nur im Rahmen seiner Niederlassung erfüllen. Eine Prokura kann auch auf alle Niederlassungen eines Kaufmanns ausgedehnt werden und wird dann als **Generalprokura** (nicht zu verwechseln mit der **Generalvollmacht**!) bezeichnet.[219]

5. Missbrauch der Prokura

122 Der Prokurist missbraucht seine Vertretungsmacht, wenn er die im Innenverhältnis vorhandenen Beschränkungen überschreitet. Auch wenn der Prokurist seine Vertretungsmacht missbraucht, ist der Kaufmann grundsätzlich aus den Rechtsgeschäften berechtigt und verpflichtet. Die Ausnahmen davon sind im Einzelnen umstritten.[220] Jedenfalls gilt bei **kollusivem Zusammenwirken** von Prokurist und Drittem zum Nachteil des Kaufmanns (d. h. der Prokurist handelt wissentlich zum Nachteil des Kaufmanns und der Dritte weiß das oder es muss sich ihm nahezu aufdrängen), dass der Dritte nicht aus dem Geschäft berechtigt wird (vgl. § 242 BGB).[221]

123 Umstritten ist im Einzelnen[222], ob

- dem Dritten auch **einfache Fahrlässigkeit** schadet
- das **Bewusstsein** des Prokuristen von der Nachteiligkeit seines Handelns erforderlich ist
- als Tatbestandsvoraussetzung eine **Nachteiligkeit des Vertretergeschäfts** zu fordern ist oder eine bloße **Pflichtwidrigkeit des Vertreters** ausreicht

---

[215] *Brox* Rn 171.
[216] *Roth* in: Koller/Roth/Morck, § 48 Rn 15; *Brox* Rn 171.
[217] *Brox* Rn 171; *Roth* in: Koller/Roth/Morck, § 48 Rn 15.
[218] *Brox* Rn 172.
[219] *Brox* Rn 172.
[220] Dazu *Canaris*, § 14 Rn 35 ff.
[221] BGH WM **1976**, 658, 659; *Canaris*, § 14 Rn 35.
[222] Siehe dazu *Canaris*, § 14 Rn 36 ff.

6. Innenverhältnis

124 Zwar ist es durchaus möglich, den Prokuristen im Innenverhältnis zu verpflichten, von seiner Vertretungsmacht gar keinen oder nur beschränkten Gebrauch zu machen (**Titularprokura**). Wenn das Innenverhältnis wie fast immer ein Arbeitsverhältnis ist, kann der Kaufmann als Arbeitgeber durch Ausübung seines Direktionsrechts den Prokuristen anweisen, von seiner Vertretungsmacht nach seinen Vorstellungen gar keinen oder nur sehr eingeschränkten Gebrauch zu machen. Eine derartige vertragliche Verpflichtung des Prokuristen ändert aber nichts am gesetzlich umschriebenen Umfang seiner Vertretungsmacht. Der Prokurist darf dann (im Innenverhältnis!) nicht alle Rechtsgeschäfte für den Kaufmann abschließen, für die er nach § 49 Abs. 1 HGB die (nicht beschränkbare!) Vertretungsmacht hat. Tut er es dennoch, wird der Kaufmann aber verpflichtet.

7. Erteilung

125 Wegen der sehr weitreichenden Kompetenzen eines Prokuristen kann die Prokura nur von dem Inhaber des Handelsgeschäfts durch **ausdrückliche Erklärung** erteilt werden. Eine nicht auf diese Weise erteilte „Prokura" kann u. U. allerdings in eine Generalhandlungsvollmacht umgedeutet werden (§ 140 BGB).[223] Diese wird jedoch nicht ins Handelsregister eingetragen.

8. Zeichnung durch den Prokuristen

126 Der Prokurist zeichnet (unterschreibt) in der Weise, dass er der Firma des Kaufmanns seinen Namen mit einem die Prokura andeutenden Zusatz beifügt, § 51 HGB. Das ist üblicherweise die Abkürzung „ppa." (per procura).[224] Es handelt sich allerdings nur um eine Ordnungsvorschrift, mit der Klarheit über die Vertretungsverhältnisse erreicht und der Handelsverkehr erleichtert werden soll. Ein Verstoß führt nicht zur Unwirksamkeit des Rechtsgeschäfts.[225]

9. Erlöschen der Prokura

127 Gem. § 168 S. 1 BGB bestimmt sich das Erlöschen der Vollmacht nach dem ihrer Erteilung zugrunde liegenden Rechtsverhältnis. Damit erlischt auch die Prokura mit der Beendigung des Grundverhältnisses (z.B. Arbeitsverhältnis oder Gesellschafterstellung).[226]

Die Prokura erlischt nicht, wie vermutet werden könnte, beim Tod des Geschäftsinhabers, § 52 Abs. 3 HGB. Ansonsten ist die Prokura aber – auch beim Fortbestehen des Grundverhältnisses – jederzeit ohne Begründung und ohne Rücksicht auf das zugrunde liegende Rechtsverhältnis widerruflich, §§ 168 S. 2 BGB, 52 Abs. 1 HGB. Der Widerruf der Prokura ist ein einseitiges, gestaltendes Rechtsgeschäft und erfolgt durch ausdrückliche, formlose, unbefristete und unbedingte Erklärung gegenüber dem Prokuristen (vgl. § 130 Abs. 1 BGB), der Öffentlichkeit oder ggf. gegenüber einem Dritten.[227]

---

[223] *K. Schmidt*, HandelsR, § 16 III 2 a (S. 460).
[224] Vgl. *Brox* Rn 164.
[225] *Roth* in: Koller/Roth/Morck, § 51 Rn 2.
[226] *K. Schmidt*, HandelsR, § 16 III 5 a (S. 477 f.).
[227] Vgl. *Roth* in: Koller/Roth/Morck, § 52 Rn 2.

128 Die wichtigsten weiteren Gründe für das Erlöschen der Prokura sind[228]:

- der Tod des Prokuristen
- der Unternehmenserwerb durch den Prokuristen (z.B. durch Erbschaft oder Übertragung aufgrund eines Unternehmenskaufvertrags[229]). Es muss daher immer eine Personenverschiedenheit zwischen dem Kaufmann und dem Prokuristen bestehen.[230]
- die einseitige Niederlegung durch den Prokuristen
- das Herabsinken des Handelsgewerbes zu einem Kleingewerbe ohne Eintragung ins Handelsregister (§ 1 Abs. 2 HGB)
- der Verlust der Kaufmannseigenschaft (z.B. liegt kein Gewerbe i. S. v § 1 Abs. 2 HGB mehr vor oder der Betrieb wurde eingestellt)

129 Ungeachtet eines Widerrufs bestehen die (Vergütungs-) Ansprüche des Prokuristen bis zur Beendigung des Grundverhältnisses durch Kündigung oder Aufhebungsvertrag fort.

Nach Widerruf und Erlöschen der Prokura hat der Prokurist zwar keine Vertretungsmacht mehr, es besteht aber weiterhin der in § 15 Abs. 1 HGB geregelte, aus der Publizität des Handelsregisters folgende **Verkehrsschutz**. Dritten, denen der Widerruf der Prokura nicht bekannt ist, kann deren Erlöschen nach herrschender Meinung selbst dann nicht entgegengehalten werden, wenn die Erteilung der Prokura pflichtwidrig nicht ins Handelsregister eingetragen worden war.[231]

130 **Beispielsfall – Prokura:**[232] Der in das Handelsregister eingetragene Gebrauchtwagenhändler A stellt P als neuen Mitarbeiter ein und erteilt ihm im schriftlichen Arbeitsvertrag Prokura ab 1. März 2002. Am 15. Juni 2002 widerruft A die Prokura, deren Erteilung nicht ins Handelsregister eingetragen war. Auch der Widerruf wird nicht ins Handelsregister eingetragen. Aus Verärgerung verkauft P daraufhin im Namen des A einen Gebrauchtwagen an einen weitläufigen Verwandten, den Rentner R, der die Prokura des P kannte. Zuvor hatte sich R bei einem weiteren Angestellten des A über das Fahrzeug erkundigt, wobei ihm ein Preis genannt wurde, der um die Hälfte höher lag, als der von P verlangte Preis. Das Verkaufgespräch, über dessen Verlauf sich der R wundert, findet nach Geschäftsschluss um 20:00 Uhr auf dem Parkplatz des Gebrauchtwagenhandels statt. Am nächsten Tag, als R das Fahrzeug abholen möchte, verweigert ihm der A dies. Kann R Übereignung des Fahrzeugs von A verlangen?

Lösung: Für eine wirksame Verpflichtung des A durch P, die Voraussetzung für einen Anspruch des R nach § 433 Abs. 1 S. 1 BGB ist, müsste P den A wirksam vertreten haben. Durch Aushändigung des Arbeitsvertrags hat A dem P gem. § 48 Abs. 1 HGB wirksam Prokura erteilt. Die fehlende Eintragung ins Handelsregister (vgl. § 53 Abs. 1 S. 1 HGB) ist unerheblich, da sie lediglich deklaratorisch ist. Zum Zeitpunkt des Geschäftsabschlusses war die Prokura allerdings widerrufen (ebenfalls nur deklaratorische Wirkung des (hier unterbliebenen) Handelsregistereintrags, vgl. § 53 Abs. 3 HGB), so dass P keine Vertretungsmacht hatte. A könnte dem R dies aber ggf. gem.

[228] Vgl. *K. Schmidt*, HandelsR, § 16 III 5 c (S. 478); *Roth* in: Koller/Roth/Morck, § 52 Rn 8 ff.
[229] Dazu oben IV 3 a.
[230] *Roth* in: Koller/Roth/Morck, § 52 Rn 8.
[231] Siehe zum Streitstand *Roth* in: Koller/Roth/Morck, § 15 Rn 9.
[232] Auszug aus: *Fezer*, Fall 11 (S. 93 ff.); siehe zum Streitstand bei fehlender Voreintragung auch unten IV 1 b aa.

§ 15 Abs. 1 HGB nicht entgegenhalten. Das Erlöschen der Prokura ist eine einzutragende Tatsache. Allerdings war hier bereits die Erteilung der Prokura nicht eingetragen, so dass eine sog. **sekundäre Unrichtigkeit** des Handelsregisters vorliegt. Hier ist streitig, ob § 15 Abs. 1 HGB auch in Fällen anwendbar ist, in denen auch die voreintragungspflichtige Tatsache nicht eingetragen und bekannt gemacht wurde.[233] Nach vorzugswürdiger Ansicht ist § 15 Abs. 1 HGB auch in solchen Fällen anzuwenden, insbesondere weil der Dritte auch anderweitig Kenntnis von der Tatsache erlangt haben könnte. Ferner war dem R der Widerruf der Prokura nicht gem. § 15 Abs. 1 HGB bekannt. Weiterhin muss der gute Glaube des R ursächlich für dessen Rechtshandlung gewesen sein, wobei es ausreicht, dass er gutgläubig vom Nichtbestehen der einzutragenden Tatsache ausgeht. Das ist hier der Fall und somit kann A dem R nicht gem. § 15 Abs. 1 HGB entgegenhalten, dass die Prokura widerrufen war. Da P seine Vertretungsmacht missbraucht hat, in dem er seine internen Befugnisse überschreitet (Prokura wurde intern widerrufen), könnten die Grundsätze über den Missbrauch der Vertretungsmacht anwendbar sein. Der unstreitige Fall der Kollusion (= einverständliches Zusammenwirken zwischen Vertreter und Geschäftsgegner zum Zweck der Schädigung des Vertretenen), bei dem das Rechtsgeschäft gem. § 138 Abs. 1 BGB nichtig wäre, liegt nicht vor. Die Fallgestaltungen, in denen der Geschäftsgegner keine positive Kenntnis vom Innenverhältnis hat, sind umstritten.[234] Nach jeder Auffassung reicht es jedenfalls auf **Seiten des Vertreters** aus, wenn dieser objektiv pflichtwidrig und bewusst zum Nachteil des Vertretenen handelt, um diesen zu schädigen. Das ist hier beim P gegeben. Auf **Seiten des Geschäftsgegners** schadet jedenfalls positive Kenntnis, die hier bei R nicht gegeben ist. Liegt diese nicht vor, lässt eine Ansicht grob fahrlässige Unkenntnis genügen. Nach einer weiteren Ansicht muss der Missbrauch der Vertretungsmacht für den Geschäftsgegner offensichtlich sein (Evidenz des Missbrauchs). Nach beiden Auffassungen erfüllt das Verhalten des R angesichts der Verkaufsumstände gemäß der Sachverhaltsschilderung den Missbrauchstatbestand. Rechtsfolge ist nach einer Ansicht, dass der Vertretene gegenüber dem Anspruch des Geschäftsgegners die Einrede der unzulässigen Rechtsausübung gem. § 242 BGB geltend machen kann. Danach könnte A dem R die Einrede des Rechtsmissbrauchs entgegenhalten. Nach einer weiteren Ansicht sind die §§ 177 ff. BGB analog anzuwenden, womit der Vertretene ein Wahlrecht hat und den Vertrag noch genehmigen kann. Das tut der A hier nicht, da er die Herausgabe des Fahrzeugs verweigert. Nach beiden Ansichten hat R somit keinen Anspruch gegenüber A auf Übereignung und Übergabe des Fahrzeugs.

III. Die Handlungsvollmacht, § 54 HGB

1. Inhalt

131 Auch die Handlungsvollmacht ist eine gesetzlich geregelte Sonderform der allgemeinen zivilrechtlichen Vertretungsmacht (§§ 164 ff. BGB). Ihr Umfang ist jedoch, wie auch der der Prokura, gesetzlich vorgegeben. Nach § 54 Abs. 1 HGB ist eine Handlungsvollmacht eine Vollmacht, die keine Prokura ist und beim Vorliegen bestimmter Voraussetzungen zur Vornahme aller Geschäfte und Rechtshandlungen ermächtigt, die der Betrieb eines **derartigen** Handelsgewerbes oder die Vornahme **derartiger** Geschäfte gewöhnlich mit sich bringen. Der Handlungsbevollmächtigte ist im Unterschied zu den in § 55 HGB geregelten Abschlussvertretern im Betrieb des Geschäftsinhabers beschäftigt (arg. e § 55 Abs. 1 HGB).[235]

---

[233] Streitstand im Einzelnen bei *Fezer*, Fall 11 (S. 96 ff.).
[234] Streitstand im Einzelnen bei *Fezer*, Fall 11 (S. 98 f.).
[235] *Brox* Rn 197.

Die Handlungsvollmacht hat einen gesetzlich festgelegten Mindestumfang, wobei der Dritte ungewöhnliche Beschränkungen nicht gegen sich gelten lassen muss, vgl. § 54 Abs. 2 und 3 HGB. Allerdings kann der Kaufmann eine Handlungsvollmacht so ausgestalten, dass sich daraus Beschränkungen für den Rechtsverkehr ergeben. Diese Beschränkungen sind in den drei Varianten des § 54 Abs. 1 HGB geregelt:[236]

- § 54 Abs. 1, 1. Var. HGB: Ermächtigung zum Betrieb eines (derartigen) Handelsgewerbes (= **Generalhandlungsvollmacht**). Von der Generalhandlungsvollmacht ist die Generalvollmacht zu unterscheiden. Auf sie finden allein die BGB-Vorschriften der §§ 164 ff. BGB Anwendung. Bei ihr entfallen alle gesetzlichen Beschränkungen der handelsrechtlichen Vollmacht, so dass eine Generalvollmacht weiter reicht als eine Prokura. Eine Generalvollmacht kann bis an die Grenze der Selbstentmündigung und der höchstpersönlichen Geschäfte bzw. der ausschließlich organschaftlichen Befugnisse ausgedehnt werden.
- § 54 Abs. 1, 2. Var. HGB: Ermächtigung zur Vornahme einer bestimmten zu einem (derartigen) Handelsgewerbe gehörigen Art von Geschäften (= **Arthandlungsvollmacht**), z.B. kassieren.
- § 54 Abs. 1, 3. Var. HGB: Ermächtigung zur Vornahme einzelner zu einem (derartigen) Handelsgewerbe gehöriger Geschäfte (= **Spezialhandlungsvollmacht**). Die Beschränkung kann sich hier sogar auf die Vornahme nur eines Geschäfts, z.B. ein bestimmter Vertragsschluss, beziehen.

132

Hinweis für die Fallbearbeitung: In allen Varianten ist darauf zu achten, dass im Gegensatz zur Prokura nur Geschäfte erfasst werden, die der Betrieb eines ***derartigen* Handelsgewerbes** (und nicht ***irgendeines***, wie in § 49 Abs. 1 HGB geregelt) oder die Vornahme ***derartiger* Geschäfte** (z.B. bei einem Kassierer) mit sich bringen. Welche der drei Varianten im Einzelfall aber vorliegt, muss konkret ermittelt werden. Eine gesetzliche Vermutung im Hinblick auf eine bestimmte Variante gibt es nicht. Daher liegt keine echte Eigenständigkeit gegenüber den Vollmachten im Sinne von § 167 BGB vor.[237]

133

Andere, ihm unbekannte Beschränkungen muss sich der Dritte aber nur insoweit entgegenhalten lassen, als sie sich schon aus dem Gesetz ergeben, § 54 Abs. 3 HGB. Hier kommt es auf die Kenntnis oder das Kennen müssen (§ 122 Abs. 2 BGB) des Dritten an.

Beispiel: Bedeutsam ist dafür die negative Abgrenzung des Umfangs einer Handlungsvollmacht in § 54 Abs. 2 HGB: Zur Veräußerung oder Belastung von Grundstücken, zur Eingehung von Wechselverbindlichkeiten, zur Aufnahme von Darlehen und zur Prozessführung ist der Handlungsbevollmächtigte nur ermächtigt, wenn ihm eine solche Befugnis besonders erteilt ist. Nur insoweit ist es also wie bei der Prokura auch hier notwendig bzw. empfehlenswert zu prüfen, ob eine derartige zusätzliche Befugnis des Handlungsbevollmächtigten, den Kaufmann zu verpflichten, besteht.

[236] Zu den einzelnen Varianten siehe z. B. *Canaris*, § 15 Rn 5.
[237] Vgl. auch *Canaris*, § 15 Rn 5 f.

2. Handlungsvollmacht von Außendienstmitarbeitern

134 Eine Sonderform der Handlungsvollmacht besteht für selbstständige und unselbstständige Außendienstmitarbeiter (Handelsvertreter, § 84 HGB oder Handlungsgehilfen, § 59 HGB) des Kaufmanns, § 55 HGB[238]. Soweit sie nicht reine Vermittlungsgehilfen sind, sondern Abschlussvollmacht haben, wird der Umfang ihrer Vertretungsmacht durch Verweisung auf § 54 HGB bindend umschrieben.

Außendienstmitarbeiter mit Handlungsvollmacht gelten gem. § 55 Abs. 4 HGB als ermächtigt, Erklärungen entgegenzunehmen (Empfangsvertreter), wie sie typischerweise aus Geschäften des Außendienstes bei mangelhafter Leistung hervorgehen: Mängelanzeigen (§ 377 HGB), Nacherfüllungsverlangen, Rücktritt, Forderung einer Minderung (Rechte gem. § 437 BGB), Mahnung (z.B. § 286 Abs. 1 BGB) oder Fristsetzung (z.B. § 323 Abs. 1 BGB).[239] Sie können zur Verfügung gestellte Waren entgegennehmen und Maßnahmen zur Beweissicherung treffen. Zahlungen können sie nur aufgrund einer besonderen Vollmacht mit Schuld tilgender Wirkung für den Kaufmann annehmen, § 55 Abs. 3 HGB.

Soweit für einen Kaufmann selbstständige Handelsvertreter ohne Abschlussvollmacht und damit reine **Vermittlungsvertreter** im Sinne von § 84 Abs. 1, 1. Var. HGB als Außendienstmitarbeiter tätig sind, vertreten auch sie den Kaufmann beim Empfang von Willenserklärungen. Sie gelten als ermächtigt, die Anzeige von Mängeln einer Ware, die Erklärung, dass eine Ware zur Verfügung gestellt werde, sowie ähnliche Erklärungen, durch die ein Dritter seine Rechte aus mangelhafter Leistung geltend macht oder sich vorbehält, entgegen zu nehmen, § 91 Abs. 2 HGB.

Hat ein derartiger Handelsvertreter, der nur mit der Vermittlung von Geschäften betraut ist, ein Geschäft im Namen des Unternehmers abgeschlossen und war dem Dritten der Mangel der Vertretungsmacht nicht bekannt, so gilt das Geschäft als von dem Unternehmer genehmigt, wenn dieser nicht unverzüglich, nach dem er von dem Handelsvertreter oder dem Dritten über Abschluss und wesentlichen Inhalt benachrichtigt worden ist, dem Dritten gegenüber das Geschäft ablehnt, 91 a Abs. 1 HGB.

3. Erteilung und Erlöschen

135 Eine Handlungsvollmacht kann jeder Kaufmann erteilen. Sie muss aber nicht wie die Prokura von dem Inhaber persönlich erteilt werden, sondern kann auch von einem anderen Bevollmächtigten - z.B. von einem Prokuristen - erteilt werden.[240] Nichtkaufleute können dagegen grundsätzlich keine Handlungsvollmacht erteilen. Möglich ist allerdings eine analoge Anwendung des § 54 HGB auf Kleingewerbetreibende.[241] Erteilt allerdings ein Unternehmer, der nicht Kaufmann ist, einem selbstständigen Handelsvertreter, der seinerseits Kaufmann ist, Vollmacht zum Abschluss von Geschäften, so sind nach § 91 Abs. 1 HGB die für Außendienstmitarbeiter geltenden Grundsätze der §§ 54, 55 HGB über die Handlungsvollmacht für Abschlussvertreter anzuwenden.

---

[238] Siehe auch § 91 Abs. 1 HGB, wonach § 55 HGB auch für einen Handelsvertreter Anwendung findet, der zum Abschluss von Geschäften von einem Unternehmer bevollmächtigt wurde, der nicht Kaufmann ist.

[239] Vgl. *Roth* in: Koller/Roth/Morck, § 56 Rn 10.

[240] *Brox* Rn 181.

[241] *Roth* in: Koller/Roth/Morck, § 54 Rn 4; *K. Schmidt*, HandelsR, § 16 IV 2 a aa (S. 482 f.); vgl. auch *Canaris*, § 15 Rn 32.

Die Handlungsvollmacht muss – im Gegensatz zur Prokura – nicht ausdrücklich erteilt werden.[242] Möglich ist auch die stillschweigende Erteilung einer Handlungsvollmacht in der Form der sog. **Duldungsvollmacht**.[243]

136 **Hinweis für die Fallbearbeitung:** Ist eine Prokuraerteilung unwirksam (z.B. weil ein Prokurist statt des Kaufmanns Prokura erteilt hat), so ist stets daran zu denken, ob die Prokura in eine Handlungsvollmacht umgedeutet werden kann (§ 140 BGB). Nach allgemeiner Meinung ist das möglich, soweit die Voraussetzungen vorliegen.[244] In der Prokuraerteilung ist somit grundsätzlich immer auch die Erteilung einer Handlungsvollmacht „als Minus" enthalten.

137 Die Handlungsvollmacht erlischt beim Erlöschen des Grundverhältnisses (§ 168 S. 1 BGB) und bei ihrem Widerruf, § 168 S. 2 BGB. Grundverhältnis bei der Handlungsvollmacht wird häufig ein Arbeitsverhältnis sein. Die auch für selbstständige Handelsvertreter geltende Vorschrift des § 55 Abs. 1 HGB verdeutlicht aber, dass die Regelungen über die Prokura und die Handlungsvollmacht im HGB nicht nur auf unselbstständige Hilfspersonen des Kaufmanns anzuwenden sind. Sie sind auch auf selbstständige Handelsvertreter anzuwenden, mit denen der Kaufmann einen Handelsvertretervertrag im Sinne von §§ 84 ff. HGB schließt (der ein Geschäftsbesorgungsdienstvertrag im Sinne von § 675 BGB und kein Arbeitsvertrag ist).

4. Zeichnung des Handlungsbevollmächtigten

138 Jeder Handlungsbevollmächtigte ist verpflichtet, bei der Abgabe von Willenserklärungen im Namen des Kaufmanns einen Zusatz zu verwenden, der seine Bevollmächtigung ausdrückt und nicht mit der Prokura verwechselt werden kann: Zum Beispiel: „i. V.", „in Vollmacht" oder „i. A."[245], § 57 HGB. Die Regelung ist aber nur eine Ordnungsvorschrift. Bei einem Verstoß wird die Wirksamkeit des Geschäfts nicht beeinträchtigt.[246] Es kommt lediglich auf die tatsächliche Bevollmächtigung, nicht auf die Art der Zeichnung an.

IV. Die Vertretung durch Ladenangestellte, § 56 HGB

139 Wer in einem Laden oder in einem offenen Warenlager angestellt ist, gilt als ermächtigt zu Verkäufen (einschließlich der dinglichen Geschäfte) und Empfangnahmen, die in einem **derartigen** Laden oder Warenlager **gewöhnlich** geschehen, § 56 HGB. Daraus ergibt sich eine Vermutung für die Bevollmächtigung der Ladenangestellten mit dem gesetzlich umschriebenen Rahmen.[247]

Der Kaufmann kann die Ladenvollmacht ausschließen, wenn er darauf besonders hinweist (z.B. durch ein Schild „Zahlung nur an der Kasse"), d. h. der Dritte muss hinsichtlich des Bestehens der Vollmacht gutgläubig sein, vgl. § 54 Abs. 3 HGB.[248] Die Befugnis eines Ladenangestellten aus § 56 HGB erstreckt sich allerdings nur auf Verkäufe und Empfangnahmen, nicht jedoch auf Ankäufe.

---

[242] Vgl. *K. Schmidt*, HandelsR, § 16 IV 2 a cc.
[243] Vgl. zur Duldungsvollmacht *Medicus*, BürgR Rn 98 ff.
[244] Vgl. nur *Baumbach/Hopt* § 48 Rn 1; *K. Schmidt*, HandelsR, § 16 IV 2 b.
[245] *Roth* in: Koller/Roth/Morck, § 57 Rn 2.
[246] *Roth* in: Koller/Roth/Morck, § 54 Rn 3.
[247] Die Dogmatik ist umstritten, vgl. dazu *K. Schmidt*, HandelsR, § 16 V 2 (S. 491 ff.)
[248] *Brox* Rn 195.

140

Der Ladenangestellte muss kein Angestellter im arbeitsrechtlichen Sinne sein. Es kann sich z.B. auch um ein Familienmitglied des Kaufmanns handeln. Notwendig ist allerdings, dass jemand mit Wissen und Wollen des Inhabers durch eine entsprechende Funktionszuweisung mit einer auf den Verkauf ausgerichteten Tätigkeit in dessen Geschäftsräumen betraut ist.[249]

Die Regelung des § 56 HGB über die Vertretungsmacht des Ladenangestellten ist damit nicht anwendbar auf andere für den Kaufmann tätige Personen, wie etwa Packer, Reinigungspersonal oder Buchhalter. Nur wer wenigstens beim Verkauf in Räumen mitwirkt, die der Kundschaft offen stehen, ist Ladenangestellter im Sinne von § 56 HGB.[250]

---

[249] *Roth* in: Koller/Roth/Morck, § 56 Rn 4; BGH NJW **1975**, 2191.
[250] Vgl. *Brox* Rn 193.

E. Das Handelsregister

141 Das Handelsregister ist ein öffentliches und damit für Jedermann zugängliches Verzeichnis von im Handelsverkehr rechtserheblichen Tatsachen, vgl. §§ 8 ff. HGB, 125 ff. FGG. Es dient der Sicherheit und Leichtigkeit des Rechtsverkehrs auf dem Gebiet des Handelsrechts.[251]

I. Funktionen

142 Im Einzelnen kommen dem Handelsregister im Rechtsverkehr die folgenden Funktionen zu:[252]

- **Allgemeine Publikationsfunktion**: Das Handelsregister ist ein allgemeines Publikationsmittel für Tatsachen, die im kaufmännischen Rechts- und Geschäftsverkehr wichtig und rechtserheblich sind. Es besteht zu Informationszwecken ein Einsichtsrecht für Jedermann, § 9 Abs. 1 HGB.
- **Schutzfunktion**: Die Schutzfunktion des Handelsregisters kommt vor allem in der Form des Vertrauensschutzes gem. § 15 HGB zum Ausdruck. § 15 Abs. 1 und 3 schützen das Vertrauen des gutgläubigen Rechtsverkehrs. § 15 Abs. 2 S. 1 schützt den Kaufmann gegenüber Dritten, soweit eine Tatsache in das Handelsregister eingetragen wurde und zerstört damit gleichzeitig ein eventuelles Vertrauen auf eine vorher bestehende andere Rechtslage.[253]
- **Beweisfunktion**: Die Beweisfunktion bezeichnet die Erleichterung der Beweisführung im kaufmännischen Rechtsverkehr. So kann z.B. nach § 9 Abs. 3 HGB der Nachweis über den Inhaber einer in das Handelsregister eingetragenen Firma eines Einzelkaufmanns Behörden gegenüber durch eine Bescheinigung über die Eintragung geführt werden.
- **Kontrollfunktion**: Die Organe des Handelsstandes wirken gem. § 126 FGG bei Eintragungen ins Handelsregister mit. Das Ziel besteht in der Verhinderung unrichtiger Eintragungen sowie der Berichtigung oder Vervollständigung des Handelsregisters. Damit üben die Organe des Handelsstandes (z.B. die Industrie- und Handwerkskammer) eine Kontrollfunktion aus.

II. Eintragungen

143 In das Handelsregister werden Tatsachen eingetragen, wobei zu unterscheiden ist zwischen verschiedenen Arten von Tatsachen sowie Rechtswirkungen der Eintragung:

- **Eintragungspflichtige Tatsachen**:

144 Welche Tatsachen eintragungspflichtig sind, ergibt sich grundsätzlich aus dem Gesetz. So muss der Kaufmann z.B. gem. § 29 HGB seine Firma und den Ort seiner Handelsniederlassung oder gem. § 53 Abs. 1 HGB die Prokuraerteilung in das Handelsregister eintragen lassen.[254]

---

[251] Vgl. *Brox* Rn 62, 64.
[252] Vgl. zu den Funktionen auch *K. Schmidt*, HandelsR, § 13 I.
[253] Vgl. *Roth* in: Koller/Roth/Morck, § 15 Rn 2.
[254] Weitere Beispiele bei *Canaris*, § 4 Rn 7.

- **Eintragungsfähige Tatsachen**:
  Diese Tatsachen sind nicht anmeldungspflichtig, können aber in das Handelsregister eingetragen werden. Z.B. kann ein Haftungsausschluss des Erwerbers bei einer Firmenübernahme gem. § 25 Abs. 2 HGB in das Handelregister eingetragen werden, eine Pflicht besteht aber nicht. **145**

- **Nicht eintragungsfähige Tatsachen**:
  Nicht alle Tatsachen, die im Handelsverkehr rechtserheblich sind, können in das Handelsregister eingetragen werden. Eine Handlungsvollmacht gem. § 54 Abs. 1 HGB kann daher z.B. nicht in das Handelsregister eingetragen werden. **146**

- **Konstitutive und deklaratorische Eintragungen:**[255]
  Die Begriffe der konstitutiven oder deklaratorischen Eintragung beschreiben die Rechtswirkung der Eintragungen in das Handelsregister. Eine Eintragung ist konstitutiv, wenn eine Rechtstatsache erst durch die Eintragung entsteht, z.B. entsteht die Kaufmannseigenschaft eines Kleingewerbetreibenden gem. § 2 S. 1 HGB erst durch Eintragung in das Handelsregister. Die deklaratorische Eintragung bekundet lediglich eine Tatsache. So ist ein Unternehmensträger, der ein Gewerbe im Sinne von § 1 Abs. 2 HGB betreibt, auch dann Kaufmann, wenn seine Firma nicht im Handelsregister eingetragen ist. **147**

III. Formelles Handelsregisterrecht

148 Das Handelsregister wird von den Amtsgerichten geführt, in dessen Bezirk sich die Niederlassung des Kaufmanns befindet, §§ 8, 29 HGB, 125 FGG.

In der Regel setzt die Eintragung einen Antrag in öffentlich beglaubigter Form voraus, §§ 12 Abs. 1 HGB, 129 Abs. 1 BGB. Ausnahmen befinden sich aber z.B. in den §§ 31 Abs. 2, 32 HGB. Die Prüfung der sachlichen Richtigkeit durch das Gericht erfolgt nur bei begründeten Zweifeln.

Weitere Einzelheiten hinsichtlich des formellen Handelsregisterrechts befinden sich in den §§ 8 ff. HGB; § 125 ff. FGG sowie der Handelsregisterverfügung vom 12.08.1937.

IV. Publizitätswirkungen gem. § 15 HGB

149 In den Absätzen 1 bis 3 des § 15 HGB sind unterschiedliche Publizitätswirkungen des Handelsregisters geregelt, die im Folgenden dargestellt werden.

1. Negative Publizität gemäß § 15 Abs. 1 HGB

150 § 15 Abs. 1 HGB schützt das Vertrauen auf das **Schweigen des Handelsregisters**. Das bedeutet, dass in das Handelsregister einzutragende Tatsachen als nicht existierend betrachtet werden, solange sie nicht eingetragen und nicht bekannt gemacht worden sind.

---

[255] Siehe dazu *Canaris*, § 4 Rn 12; kritisch zu der Unterscheidung *K. Schmidt*, HandelsR, § 13 II, da dieselbe Eintragung im Hinblick auf eine Rechtsfolge „konstitutiv" und im Hinblick auf eine andere „deklaratorisch" sein könne.

a) Voraussetzungen:[256]

151

- Vorliegen einer einzutragenden Tatsache (nur **eintragungspflichtige** Tatsachen sind relevant[257])
- in **Angelegenheiten** dessen, der sich auf die Tatsache beruft (Unternehmensträger oder dessen Rechtsnachfolger)[258]
- **Nichteintragung und Nichtbekanntmachung** der Tatsache (beide Voraussetzungen müssen **kumulativ** vorliegen, auf ein Verschulden oder ein Veranlassen des Anmeldepflichtigen kommt es nicht an[259]).

  Beispiel: Auch wenn das Registergericht eine Anmeldung zur Eintragung schuldhaft nicht bearbeitet, muss der Anmeldepflichtige die Tatsache gegen sich gelten lassen. Gegebenenfalls kommt in einem solchen Fall aber Schadensersatz wegen Amtspflichtverletzung in Betracht.[260]

- **Gutgläubigkeit des Dritten** (der Dritte darf keine positive Kenntnis von der eingetragenen oder nicht bekannt gemachten Tatsache haben).[261] Nach einer Ansicht muss für die Gutgläubigkeit des Dritten außerdem der gute Glaube an das Nichtbestehen der Tatsache für dessen Rechtshandlung **ursächlich** geworden sein.[262] Die herrschende Meinung lehnt die Voraussetzung allerdings mit dem Hinweis ab, dass es sich nach dem gesetzlichen Konzept um einen abstrakten Vertrauensschutz handelt, bei dem sich der Dritte keine besonderen Vorstellungen über den Sachverhalt gemacht haben muss.[263] Es ist jedenfalls nicht erforderlich, dass der Dritte gerade im Vertrauen auf das Fehlen der Eintragung und Bekanntmachung gehandelt hat.[264]

b) Wichtige Probleme:

aa) Voreintragungspflichtige Tatsachen

152 Umstritten ist die Frage, wie das Problem zu behandeln ist, dass eine voreintragungspflichtige Tatsache nicht in das Handelsregister eingetragen wurde (sekundäre Unrichtigkeit des Handelsregisters).[265]

> **Beispiel:** Die Erteilung einer Prokura muss gem. § 53 Abs. 3 HGB ins Handelsregister eingetragen werden. Der Kaufmann K erteilt seinem Angestellten P Prokura, meldet dies jedoch nicht zum Handelsregister an. Nach einem Jahr widerruft K die Prokura gegenüber P. Wütend bestellt P daraufhin in Vertretung des K einen Bagger beim Hersteller B, den der K für seinen Bäckereibetrieb nicht gebrauchen kann. Es stellt sich die Frage, ob B von K Erfüllung des Kaufvertrags und damit Abnahme und Bezahlung des Baggers verlangen kann. Problematisch ist hier, ob § 15 Abs. 1 HGB in die-

---

[256] Vgl. *Brox* Rn 71 ff.
[257] *Brox* Rn 71.
[258] *Roth* in: Koller/Roth/Morck, § 15 Rn 8; BGHZ **55**, 272 f.
[259] *Brox* Rn 73.
[260] Vgl. zur Amtspflichtverletzung z. B. *R. Schmidt* 10. Kap. I.
[261] *K. Schmidt*, HandelsR, § 14 II 2 d (S. 395); RGZ **70**, 272, 273.
[262] *Brox* Rn 76.
[263] *K. Schmidt*, HandelsR, § 14 II 2 d (S. 395) m. w. N.
[264] BGHZ **65**, 311.
[265] Siehe zum Streitstand instruktive Falllösung *Fezer* Fall 11 (S. 95 ff.) und bereits oben D II 9 (Beispielsfall).

sem Fall anwendbar ist. Wäre die Prokura des P zunächst ordnungsgemäß eingetragen worden und nur das Erlöschen nicht, wäre § 15 Abs. 1 HGB eindeutig anwendbar.

153 **Eine Ansicht**[266] lehnt Anwendbarkeit des § 15 Abs. 1 HGB auf diese Fälle mit den folgenden Argumenten ab:

- Bei fehlender Voreintragung wird durch das Unterbleiben der Sekundäreintragung kein Rechtsschein erzeugt.
- Der Inhalt des Handelsregisters entspricht vielmehr der wahren Rechtslage.
- Das Vertrauen kann sich stets nur auf kundgemachte Tatsachen beziehen.
- Interessengerechte Ergebnisse lassen sich auch mit der allgemeinen Rechtsscheinhaftung erzielen.

154 **Die Gegenansicht** (herrschende Meinung)[267] wendet § 15 Abs. 1 HGB auch hier an und führt dafür folgende Argumente auf:

- Die Norm des § 15 Abs. 1 HGB hat einen eindeutigen Wortlaut („...einzutragende Tatsache nicht eingetragen und bekannt gemacht ...").
- Der Dritte kann auch anderweitig Kenntnis von der die Voreintragung begründenden Tatsache erlangt haben und ist dann schutzbedürftig.
- Nach allgemeiner Rechtsscheinhaftung wird nur derjenige geschützt, der konkret von der Tatsache Kenntnis erlangt hat und aufgrund dieser Tatsache handelt. Dies widerspricht dem Prinzip des Handelsregisters, wonach es nur auf die abstrakte Möglichkeit der Kenntnisnahme ankommt, nicht aber auf tatsächliche Einsichtnahme und tatsächliches Wissen vom Registerinhalt.[268]
- § 15 Abs. 1 HGB schützt nicht nur den guten Glauben an kundgemachte Tatsachen, da der Grundsatz der negativen Publizität Vertrauen gerade auf das „Schweigen des Registers", nicht jedoch auf dessen „Reden" begründet.
- **Ausnahme, d. h. keine Anwendung des § 15 Abs. 1 HGB:** Die voreinzutragende Tatsache ist intern geblieben und die einzutragende Tatsache folgt in kurzem Abstand. Diese teleologische Reduktion der Vorschrift wird insbesondere dann vorgenommen, wenn ansonsten grob ungerechte Ergebnisse erzielt werden. Wird die Prokura z.B. noch am Tag ihrer Erteilung widerrufen und hat kein Dritter von der Erteilung und dem Erlöschen Kenntnis genommen, wird § 15 Abs. 1 HGB nicht angewendet.[269]

bb) Sog. „Rosinentheorie"

155 Die Problematik handelt davon, ob ein Wahlrecht des Dritten besteht und dieser sich damit teilweise auf die wahre Rechtslage und teilweise auf die durch § 15 Abs. 1 HGB begründete Rechtslage berufen kann.[270] Vom Grundsatz her kann sich der Dritte bei mehreren (**verschiedenen**) eintragungspflichtigen Tatsachen für die ihm ungünstigen

---

[266] *Hüffer* in: GroßkommHGB, § 15 Rn 20; *Schilken*, AcP 187 (**1987**), 8.
[267] BGHZ **55**, 272; BGH DB **1992**, 31; *Lieb* in: MünchKommHGB, § 15 Rn 20, 22; *Canaris*, § 5 Rn 12; *Roth* in: Koller/Roth/Morck, § 15 Rn 9.
[268] *K. Schmidt*, HandelsR, § 14 II 2 d (S. 395).
[269] *Canaris*, § 5 Rn 12; vgl. auch *Baumbach/Hopt* § 15 Rn 11.
[270] Darstellung des Streitstands im Rahmen einer Fallbearbeitung bei *Fezer*, Fall 12 (S. 108 ff.).

Tatsachen auf den Rechtsscheinschutz des § 15 Abs. 1 HGB und für die ihm günstigen Tatsachen auf die wahre Rechtslage berufen.[271] Im Rahmen der sog. „Rosinentheorie" ist jedoch streitig, ob sich der Dritte hinsichtlich der **gleichen** Tatsache einmal auf die wahre Rechtslage und andererseits auf den Rechtsschein nach § 15 Abs. 1 HGB berufen kann.

156 **Beispiel:** Eine KG hat zwei Komplementäre K1 und K2, die nur gesamt vertretungsberechtigt sind, was auch im Handelsregister eingetragen ist. K1 verlässt die KG. Das Ausscheiden des K1 wird nicht gem. § 143 Abs. 2 i. V. m. Abs. 1 S. 1 HGB in das Handelsregister eingetragen und bekannt gemacht. Daraufhin schließt K2 als nunmehr gem. §§ 170, 161 Abs. 2, 125 Abs. 1 HGB allein vertretungsberechtigter Gesellschafter einen Vertrag mit X. X will den ausgeschiedenen K1 in Anspruch nehmen (vgl. persönliche Haftung der Komplementäre gem. §§ 161 Abs. 1, 124 Abs. 1, 128 HGB).[272]
K2 hat die KG rechtswirksam vertreten, seine Einzelvertretungsmacht entsprach der wahren Rechtslage. X könnte sich danach zunächst an K2 halten. Fraglich ist, ob X auch nach § 15 Abs. 1 HGB den K1 in Anspruch nehmen kann. In diesem Fall hätte er sich einerseits sowohl auf die wahre Rechtslage berufen, in dem die KG rechtswirksam durch den K2 vertreten wurde. Andererseits hat er sich aber auch auf den Rechtsschein des § 15 Abs. 1 HGB berufen, nach dem der K1 weiterhin Komplementär der KG ist, da sein Ausscheiden nicht in das Handelsregister eingetragen und nicht bekannt gemacht wurde. Hätte X z.B. Einsicht in das Handelsregister genommen, dann hätte er dort noch die Eintragung der Gesamtvertretung der KG durch K1 und K2 vorgefunden und hätte von keiner Alleinvertretungsmacht des K2 ausgehen können. X beruft sich somit nur auf die ihm jeweils günstigen Umstände und übt damit sein Wahlrecht im Hinblick auf einen einzigen Sachverhalt unterschiedlich aus.

157 Nach einer Auffassung besteht **kein Wahlrecht** des Dritten und § 15 HGB ist insofern aufgrund einer teleologischen Reduktion nicht anzuwenden.[273] Dafür werden insbesondere folgende Gründe genannt:

- Der Registerinhalt kann nur in seiner Gesamtheit gewürdigt werden und ist nur in seinem jeweiligen Gesamtbestand geeignet, eine Publizitätswirkung zu erzeugen.
- Es kann kein gespaltenes Vertrauen hinsichtlich des Registerinhalts geben.
- Der Dritte steht nach der Gegenansicht besser, als wenn die scheinbare Rechtslage der Wirklichkeit entspräche. Dafür besteht kein sachlicher Grund.[274] Zudem ist § 15 Abs. 1 HGB Teil der allgemeinen Rechtsscheinhaftung, wonach der auf den Rechtsschein Vertrauende nicht besser gestellt werden kann, als er es nach seinem Vertrauen verdient.
- Das Vertrauen soll nicht über den Rechtsschein hinaus privilegiert werden.
- Der Dritte handelt widersprüchlich, wenn er sich teils auf die wahre Rechtslage und teils auf § 15 Abs. 1 HGB beruft.[275] Zudem wäre dem Dritten bei Einsichtnahme in das Register auch die ihm ungünstige Tatsache bekannt geworden.

---

[271] *Roth* in: Koller/Roth/Morck, § 15 Rn 16.
[272] Fall nach BGHZ **65**, 309.
[273] *Canaris*, § 5 Rn 26; *Schilken* AcP 187 (**1987**) 10 f.; *Brox* Rn 78.
[274] *Canaris*, § 5 Rn 26.
[275] *Brox* Rn 78.

158

Für die Gegenansicht[276] **besteht das Wahlrecht des Dritten** bzw. das „Prinzip der Meistbegünstigung"[277] und § 15 Abs. 1 HGB ist danach aufgrund folgender Argumente anzuwenden:

- Die Anwendung des § 15 Abs. 1 HGB ergibt sich schon aus schlichter Gesetzesanwendung, nach der die Möglichkeit ausreicht, sich anhand des Handelsregisters zu informieren.
- § 15 Abs. 1 HGB setzt gerade keine Einsicht in das Handelsregister voraus, weshalb auch nicht derart argumentiert werden kann, dass dem Dritten bei Einsichtnahme in das Register auch die ihm ungünstige Tatsache bekannt geworden wäre.
- § 15 Abs. 1 HGB ist daher eine abstrakte Vertrauensschutznorm.
- Die obige Auslegung der Gegenauffassung widerspricht zudem dem Wortlaut des Gesetzes.

2. Schutz bei Eintragung und Bekanntmachung gem. § 15 Abs. 2 HGB

159

Gemäß § 15 Abs. 2 S. 1 HGB werden eingetragene und bekannt gemachte Tatsachen als bekannt vorausgesetzt. Ein Dritter muss sie daher gegen sich gelten lassen. Die Vorschrift des § 15 Abs. 1 S. 1 zerstört insofern ein eventuell bei einem Dritten bestehendes Vertrauen auf eine andere als die im Handelsregister eingetragene Tatsache.[278]

a) Voraussetzungen:[279]

160

- Es muss eine **eintragungspflichtige Tatsache** vorliegen.[280] Nach einer Gegenauffassung reicht auch die bloße Eintragungsfähigkeit der Tatsache, da der Kaufmann mit der Veröffentlichung gerade erreichen will, dass er sie einem Dritten entgegenhalten kann.[281] Dagegen spricht aber der eindeutige Wortlaut in Verbindung mit dem Regelungszusammenhang mit § 15 Abs. 1 HGB.
- Die Tatsache muss **richtig** sein.
- Die Tatsache muss **eingetragen und bekannt gemacht** worden sein (kumulativ), wobei sich Eintragung und Bekanntmachung decken müssen.
- Der Dritte darf bei Vornahme der Rechtshandlung innerhalb einer 15-Tages-Frist **nicht bösgläubig** sein, § 15 Abs. 2 S. 2 HGB, d. h. er durfte die Tatsache weder kennen noch fahrlässig nicht kennen. Unter diesen Voraussetzungen bekommt der Dritte damit eine „**Schonfrist**"[282] von 15 Tagen nach Bekanntmachung und wird erst nach deren Ablauf so behandelt, als wenn er von der einzutragenden Tatsache tatsächlich Kenntnis genommen hätte.

---

[276] BGHZ **65**, 309; *K. Schmidt*, HandelsR, § 14 II 4 b (S. 397 ff.); *Hüffer* in: GroßkommHGB, § 15 Rn 27; *Roth* in: Koller/Roth/Morck, § 15 Rn 16.
[277] Begriff geprägt von *K. Schmidt*, HandelsR, § 14 II 4 b (S. 399), der die „Lehre vom Wahlrecht" ablehnt, aber zum gleichen Ergebnis kommt.
[278] Vgl. *Roth* in: Koller/Roth/Morck, § 15 Rn 4.
[279] Vgl. *Brox* Rn 80 ff.
[280] *Roth* in: Koller/Roth/Morck, § 15 Rn 19.
[281] So *Brox* Rn 80.
[282] Begriff nach *Roth* in: Koller/Roth/Morck, § 15 Rn 17.

b) Rechtsfolge:

161 Bei richtiger Registereintragung besteht grundsätzlich kein schützenswertes Vertrauen auf einen der Eintragung widersprechenden Rechtsschein. Der Dritte muss die Tatsache „gegen sich gelten lassen", womit § 15 Abs. 2 S. 1 HGB zu Ungunsten des Dritten wirkt. Ausnahmsweise kann die Berufung auf den Registereintrag aber rechtsmissbräuchlich (§ 242 BGB) sein[283] bzw. die Vorschrift tritt infolge einer restriktiven Auslegung oder teleologischen Reduktion hinter einem aufgrund besonderer Umstände durch positives Tun des Kaufmanns hervorgerufenem Rechtsschein zurück.[284] Das ist insbesondere dann der Fall, wenn der Kaufmann durch sein Verhalten veranlasst hat, dass dem Dritten die Einsichtnahme in das Handelsregister überflüssig erscheinen musste.

> **Beispiel:** Der Einzelkaufmann „Hubert K." gründet eine GmbH und lässt diese im Handelsregister als „K.-GmbH" in das Handelsregister eintragen (zur Möglichkeit der Einpersonengesellschaft siehe § 1 GmbHG). Als Briefkopf verwendet er aber weiterhin „Hubert K. e. K." und ruft damit den Anschein hervor, als hafte er weiterhin persönlich für alle Verbindlichkeiten. Die Weiterführung der Firma stellt hier einen „besonderen" Vertrauenstatbestand dar, auf den § 15 Abs. 2 S. 1 HGB nicht anzuwenden ist.[285]

3. Positive Publizität gem. § 15 Abs. 3 HGB

162 Nach § 15 Abs. 3 HGB kann sich ein Dritter auf eine unrichtig bekannt gemachte Tatsache berufen, soweit er die Unrichtigkeit nicht kannte. Im Gegensatz zu § 15 Abs. 1 HGB wird hier auf das „Reden" des Handelsregisters abgestellt und die Vorschrift somit als „**positive Publizität**" des Handelsregisters beschrieben.

a) Voraussetzungen:[286]

163
- Es muss eine einzutragende (= **eintragungspflichtige**) Tatsache vorliegen, wobei es aber ausreicht, dass die bekannt gemachte Tatsache konkret gar nicht besteht, jedoch im Falle ihres Vorliegens eine – abstrakt betrachtet – einzutragende Tatsache darstellt. Es macht z.B. keinen Unterschied, ob eine unwirksam erteilte Prokura (abstrakte Tatsache) bekannt gemacht oder ob eine wirksam erteilte Prokura (wahre Tatsache) falsch bekannt gemacht wird.[287]

164
- Die Tatsache muss **unrichtig bekannt gemacht** worden sein. Hier sind vier Fallgruppen denkbar:
  - unrichtige Bekanntmachung einer richtig eingetragenen Tatsache
  - unrichtige Bekanntmachung einer unrichtig eingetragenen Tatsache
  - richtige Bekanntmachung einer unrichtig eingetragenen Tatsache
  - unrichtige Eintragung einer Tatsache, die (bisher) noch nicht bekannt gemacht wurde

---

[283] *Brox* Rn 83; BGH NJW **1972**, 1418.
[284] *Canaris*, § 5 Rn 38.
[285] *Canaris*, § 5 Rn 38 sowie in Rn 39 mit dem Hinweis, dass „sonst ein untragbarer Wertungswiderspruch zur Rechtsscheinhaftung nach den §§ 170, 171 Abs. 2, 172 Abs. 2, 173 BGB entstünde".
[286] Vgl. *Brox* Rn 89 ff.
[287] So auch *Roth* in: Koller/Roth/Morck, § 15 Rn 27.

Unstreitig ist § 15 Abs. 3 HGB in der ersten Fallgruppe anwendbar. Auch in der zweiten Fallgruppe liegt nach ganz herrschender Lehre eine unrichtige Bekanntmachung im Sinne von § 15 Abs. 3 HGB vor.[288] In der dritten und vierten Fallgruppe ist § 15 Abs. 3 HGB nach herrschender Meinung nicht anwendbar, da einerseits der Wortlaut der Vorschrift und andererseits die Gesetzesbegründung dagegen sprechen.[289] Stattdessen seien hier allgemeine Rechtsscheingrundsätze anzuwenden.[290]

165

- Gutgläubigkeit des Dritten (der Dritte darf keine positive Kenntnis von der eingetragenen oder nicht bekannt gemachten Tatsache haben).291 Nach einer Ansicht muss für die Gutgläubigkeit des Dritten außerdem der gute Glaube an das Bestehen der Tatsache für dessen Rechtshandlung ursächlich geworden sein, wobei aber nicht verlangt wird, dass der Dritte im Vertrauen auf die falsche Bekanntmachung (= Kausalität zwischen Kenntnis der Bekanntmachung und Rechtshandlung des Dritten) gehandelt hat.292

b) Wichtige Probleme:

aa) Zurechenbarkeit des Rechtsscheins

166

Umstritten ist, ob derjenige, in dessen Angelegenheiten die Tatsache einzutragen war, die Eintragung auch **veranlasst** haben und ihm daher der erzeugte Rechtsschein **zurechenbar** sein muss.

> **Beispiel:** Infolge eines Versehens des Registergerichts wird der Prokurist P des Kaufmanns K nicht im Registerblatt des K, sondern in dem des Kaufmanns A eingetragen. Die Eintragung wird auch bekannt gemacht. Kaufmann A weiß davon nichts. P schließt daraufhin als „Prokurist des A" diverse Geschäfte ab.

167

Eine **einschränkende Ansicht** fordert im Hinblick auf die weitreichenden Haftungsfolgen für einen unbeteiligten Dritten, dass der von § 15 Abs. 3 HGB Betroffene die Bekanntmachung im Handelsregister jedenfalls veranlasst haben muss, wobei eine Anmeldung von Tatsachen zum Handelsregister ausreiche (Veranlassungsprinzip).[293] Für den Betroffenen könnten ansonsten z.B. Schulden in unbegrenzter Höhe entstehen. Im Gegensatz dazu drohe dem Betroffenen bei § 892 BGB (Öffentlicher Glaube des Grundbuchs) lediglich der Verlust bestimmter Vermögensgegenstände.[294] Zur Begründung wird auch der Rechtsscheingedanke der allgemeinen Rechtsscheinhaftung herangezogen, wonach auch dort eine Zurechenbarkeit gefordert wird. Zudem ergebe sich diese Auslegung auch aus dem Wortlaut des § 15 Abs. 3 HGB, nach dem das Bekannt gemachte nur zu Lasten desjenigen wirke, „in dessen Angelegenheiten die

---

[288] Siehe nur *Canaris*, § 5 Rn 46; *Roth* in: Koller/Roth/Morck, § 15 Rn 28: Unrichtigkeit betrifft nicht nur Diskrepanzen zwischen Registereintragung und Bekanntmachung, sondern auch zwischen Bekanntmachung und wahrer Rechtslage, vgl. auch *K. Schmidt*, HandelsR § 14 III 2 c (S. 407 f.).

[289] Vgl. *Brox* Rn 91; BT-Drs. V/3862, S. 11; Canaris, § 5 Rn 45; a. A. (analoge Anwendung des § 15 Abs. 3 HGB in Fällen unrichtiger Eintragung ohne Bekanntmachung oder mit richtiger Eintragung): *Roth* in: Koller/Roth/Morck, § 15 Rn 28, mit der Meinung, dass die andere Ansicht zu Wertungswidersprüchen führe. So auch *Baumbach/Hopt* § 15 Rn 18; *Lieb* in: MünchKommHGB, § 15 Rn 65.

[290] Vgl. nur *Brox* Rn 91.

[291] *Roth* in: Koller/Roth/Morck, § 15 Rn 31.

[292] *Brox* Rn 92; siehe bereits oben IV 1 a.

[293] *Roth* in: Koller/Roth/Morck, § 15 Rn 30; *Hüffer* in: GroßkommHGB, § 15 Rn 48; *Canaris*, § 5 Rn 51 ff.

[294] *Canaris*, § 5 Rn 52.

Tatsache einzutragen war". Hiervon könne nur gesprochen werden, wenn der Betroffene zumindest einen Eintragungsantrag gestellt habe.[295]

168 Nach der **Gegenmeinung**[296] widerspricht die obige Auffassung dem Wortlaut und der Entstehungsgeschichte des Gesetzes. Der Gesetzgeber beabsichtigte hiernach einen umfassenden Vertrauensschutz ohne Rücksicht auf die Ursache der Bekanntmachung. Dem Betroffenen stehe zudem ein Schadensersatzanspruch aus Amtshaftung gem. § 839 BGB, Art. 34 GG zu.

bb) Minderjährigenschutz

169 Schließlich ist problematisch, ob § 15 Abs. 3 HGB auch zuungunsten Minderjähriger und anderer, nicht voll Geschäftsfähiger wirkt. Die Auflösung dieser Problematik hängt im Wesentlichen mit der Bewertung der o. g. Streitigkeit zusammen. Diejenigen, die dem Veranlassungsprinzip folgen, wenden § 15 Abs. 3 HGB in der Regel auch nicht bei Geschäftsunfähigen oder nur beschränkt Geschäftsfähigen an, da bei den zu schützenden Personenkreisen die Zurechnungsfähigkeit fehle.[297] Die Gegenauffassung sieht den Verkehrsschutz gegenüber dem Minderjährigenschutz als vorrangig an, da es auch hier auf den Grund der falschen Bekanntmachung nicht ankomme.[298]

170 **Beispielsfall – Publizität des Handelsregisters:**[299] A und B sind Gesellschafter der „A&B Sportwagen oHG". P ist in der oHG angestellt und hat Prokura erhalten, die allerdings nicht in das Handelsregister eingetragen wurde. P darf infolge einer Vereinbarung mit A und B lediglich Geschäfte bis zu EUR 75.000,- abschließen. Anfang April 2002 wird P die Prokura nach einem Streit mit A und B entzogen, was auch ins Handelsregister eingetragen und am 13.04.2002 bekannt gemacht wird. Am 26.04.2002 erwirbt P im Namen der oHG von seinem Bekannten L einen Ferrari für EUR 125.000,-. L, dem der Widerruf der Prokura nicht bekannt war, kannte zwar die Abrede zwischen A, B und P über die Beschränkung für Geschäftsabschlüsse bis EUR 75.000,-, wurde aber von P mit dem Hinweis, dass „alles in Ordnung gehe", beruhigt. A und B weigern sich, dem L den Kaufpreis von EUR 125.000,- zu zahlen, da L einerseits die Beschränkung der Befugnisse des P kannte und andererseits die Prokura widerrufen wurde.

Lösung: P hatte bei Geschäftsabschluss keine Prokura. Fraglich ist aber, ob L so zu stellen ist, als wenn P zum Zeitpunkt des Vertragsschlusses doch Prokura hätte. Dies könnte sich aus den Vorschriften zur Handelsregisterpublizität gem. § 15 HGB ergeben. Im Rahmen der negativen Registerpublizität kann eine einzutragende aber nicht eingetragene Tatsache (hier: Prokuraerteilung an P) von demjenigen, in dessen Angelegenheiten sie einzutragen war (hier: A&B oHG), einem Dritten (hier: L) nicht entgegengesetzt werden. Die Prokura ist eine gem. § 53 Abs. 1 S. 1 HGB eintragungspflichtige Tatsache. Die Erteilung wurde zwar nicht ins Handelsregister eingetragen, allerdings kommt es hier ausschließlich auf den Widerruf der Prokura an, der ordnungsgemäß eingetragen und bekannt gemacht wurde.[300] § 15 Abs. 1 HGB setzt dagegen

[295] *Canaris*, § 5 Rn 52.
[296] *Brox* Rn 93; vgl. auch Alternativansatz von *K. Schmidt*, HandelsR, § 14 III 2 d (S. 408 ff.), wonach sich § 15 Abs. 3 HGB nur auf tatsächlich registerpflichtige Unternehmen, ihre Unternehmensträger und Gesellschafter beschränkt.
[297] Vgl. nur *Canaris*, § 5 Rn 54 mit zahlreichen Nachweisen.
[298] *Brox* Rn 93; *K. Schmidt*, HandelsR, § 14 III 3 b (S. 410 f.).
[299] Z. T. aus *Timm/Schöne*, Fall 1 (S. 1 ff.).
[300] Vgl. *Timm/Schöne*, Fall 1, II 1 c aa (S. 3f.).

voraus, dass die Tatsache nicht eingetragen und bekannt gemacht wurde.[301] Die A&B oHG könnte das Erlöschen der Prokura dem L jedoch gem. § 15 Abs. 2 S. 1 HGB entgegenhalten. Allerdings ist hier § 15 Abs. 2 S. 2 HGB anwendbar, wonach der gutgläubige L das Geschäft innerhalb der 15-Tage-Schonfrist (Bekanntmachung des Widerrufs der Prokura am 13.04., Geschäftsvornahme am 26.04. = 13 Tage) vorgenommen hat. Das Erlöschen der Prokura muss L also nicht gegen sich gelten lassen und die A&B oHG muss sich gegenüber L so behandeln lassen, als wenn P tatsächlich noch Prokura gehabt hätte. Die Beschränkung des Umfangs der Vertretungsmacht ist dem L gegenüber unwirksam, vgl. § 50 Abs. 1 HGB. Sie wirkt lediglich im Innenverhältnis. Der Kaufpreisanspruch ist auch nicht nach § 138 BGB aufgrund von kollusivem Zusammenwirken zwischen P und L sittenwidrig, da sich für eine erforderliche bewusste Schädigungsabsicht von P und L keine Anhaltspunkte ergeben.[302] Damit besteht ein Kaufpreisanspruch des L gegen die oHG. Da der L die Beschränkung des P im Innenverhältnis zur oHG allerdings kannte und P vorsätzlich die Grenzen seines „rechtlichen Dürfens" überschritten hat, liegt ein Fall der auf § 242 BGB gestützten Einrede der unzulässigen Rechtsausübung vor.[303] Der Anspruch des L gegen die A&B oHG ist damit nicht durchsetzbar.

V. Vertrauensschutz durch allgemeine Rechtsscheingrundsätze

171 Die allgemeinen Rechtsscheingrundsätze beinhalten eine Rechtsfortbildung in Anlehnung an vereinzelte gesetzliche Regelungen einer Rechtsscheinhaftung, §§ 15, 56 HGB; §§ 170-173 BGB. Wer danach (als Betroffener) einen Rechtsschein in zurechenbarer Weise veranlasst oder schuldhaft geduldet hat und ein Dritter darauf vertrauen durfte, muss dafür einstehen.[304]

1. Anwendungsbereich

172 Bei den folgenden hier genannten wichtigsten Fallgruppen kann eine Haftung nach den allgemeinen Rechtsscheingrundsätzen in Betracht kommen:

- **Ungeschriebene Ergänzungssätze** zu § 15 HGB[305]:
  - Wer eine unrichtige Erklärung zum Handelsregister abgibt, kann an dieser von einem gutgläubigen Dritten festgehalten werden.
  - Wer eine unrichtige Eintragung in das Handelsregister schuldhaft nicht beseitigt, kann an dieser von einem gutgläubigen Dritten festgehalten werden.
- **Lehre vom Scheinkaufmann**
- **Scheingesellschafter und Scheingesellschaft**[306]
- **Rechtsschein- und Vertrauenshaftung** aufgrund der Führung einer Firma ohne den gebotenen Rechtsformzusatz[307]

---

[301] Die umstrittene Fallgestaltung der fehlenden Voreintragung liegt hier nicht vor.
[302] *Timm/Schöne*, Fall 1, II 2 (S. 5) m. w. N.
[303] *Timm/Schöne*, Fall 1, III m. w. N.
[304] Vgl. *Roth* in: Koller/Roth/Morck, § 15 Rn 36 f.; *Canaris*, § 6 Rn 1.
[305] Näheres bei *Canaris*, § 6 Rn 4: Anwendungsfeld ist seit der Einführung von § 15 Abs. 3 HGB stark eingeschränkt, die Grundsätze können in bestimmten Fällen aber noch als Auslegungshilfe herangezogen werden.
[306] *Canaris*, § 6 Rn 27 ff.
[307] *Roth* in: Koller/Roth/Morck, § 15 Rn 42, 47 ff.; *Canaris*, § 6 Rn 36 ff.

2. Voraussetzungen[308]

173

- Vorliegen eines **Rechtsscheintatbestands**: Im Rechtsverkehr muss unter Berücksichtigung der objektiven Auslegung nach §§ 133, 157 BGB durch ausdrückliche Erklärung, konkludentes Verhalten oder Dulden der Anschein eines rechtserheblichen Tatbestands gesetzt worden sein.
- Der Rechtsscheintatbestand muss demjenigen, der ihn gegen sich gelten lassen soll, **zurechenbar** sein. Dabei reicht bei positivem Tun die objektive Veranlassung aus, bei bloßer Duldung muss der nicht veranlasste Rechtsschein schuldhaft nicht beseitigt worden sein bzw. es muss schuldhaft nicht einmal versucht worden sein, den Rechtsschein zu beseitigen.[309]
- Der Dritte muss in seinem Vertrauen **schutzwürdig**, d. h. gutgläubig sein. Das ist jedenfalls bei positiver Kenntnis der wahren Rechtslage und nach herrschender Meinung auch bei grob fahrlässiger Unkenntnis nicht der Fall.[310]
- Der Dritte muss in **Kenntnis** des **Scheintatbestands gehandelt** haben.
- Der Dritte muss auf diesen Tatbestand **tatsächlich vertraut** haben, d. h. für die Rechtshandlung des Dritten muss der Rechtsscheintatbestand kausal geworden sein.

3. Rechtsfolgen

174 In der Rechtsfolge muss sich der Betroffene im Hinblick auf den von ihm zurechenbar gesetzten Rechtsschein so behandeln lassen, als wenn der Scheintatbestand der Realität entspräche.

> **Beispiele:** Wer eine ihn betreffende unrichtige Eintragung ins Handelsregister veranlasst hat, muss sich von einem ohne Fahrlässigkeit auf die Richtigkeit der Eintragung vertrauenden Dritten so behandeln lassen, als ob die Eintragung richtig wäre.
> Wer eine ihn betreffende unrichtige Eintragung, die er nicht veranlasst hat, schuldhaft nicht beseitigen lässt, kann sich gegenüber einem gutgläubigen Dritten nicht auf die Unrichtigkeit der Eintragung berufen.

Damit wird der Dritte so gestellt, als ob der Tatbestand (und die daraus resultierende Rechtslage), zu seinen Gunsten in der Wirklichkeit vorliegt. Der Scheintatbestand wirkt dabei grundsätzlich nur für den Dritten. Z.B. kann ein Scheinkaufmann nicht die Vorteile eines Kaufmanns in Anspruch nehmen. Allerdings kann der Betroffene dann Rechte herleiten, wenn sich der Dritte auf den Scheintatbestand beruft.[311]

175

> **Hinweis für die Fallbearbeitung:** In der Fallbearbeitung sind die allgemeinen Rechtsscheingrundsätze erst zu prüfen, soweit nicht bereits die Tatbestandsvoraussetzungen der speziellen, gesetzlich geregelten Grundsätze (z.B. § 15 Abs. 1 – 3 HGB) vorliegen. Bei Auslegungsfragen können die Grundsätze dagegen immer zur Unterstützung der jeweils vertretenen Position herangezogen werden und sollten daher immer „im Hinterkopf" behalten werden.

---

[308] Dazu im Einzelnen *Canaris*, § 6 Rn 68 ff. sowie *Roth* in: Koller/Roth/Morck, § 15 Rn 43 ff.
[309] *Roth* in: Koller/Roth/Morck, § 15 Rn 53 mit Verweis auf BGHZ **5**, 115; geringfügig anders (Heranziehung des Risikoprinzips): *Canaris*, § 6 Rn 69.
[310] *Roth* in: Koller/Roth/Morck, § 15 Rn 55; dort ebenfalls zum Streit, ob bereits leichte Fahrlässigkeit schadet.
[311] Vgl. *Canaris*, § 6 Rn 80.

F. Handelsgeschäfte

176

Im vierten Buch des HGB sind in den §§ 343 bis 475 h die Handelsgeschäfte geregelt. Dabei befinden sich im ersten Abschnitt in den §§ 343 bis 372 HGB die allgemeinen Vorschriften, die für alle Handelsgeschäfte gelten. Die besonderen Handelsgeschäfte sind im zweiten bis sechsten Abschnitt in den §§ 373 ff. HGB geregelt.

Im Folgenden werden zunächst die wichtigsten allgemeinen Regelungen behandelt (**I.**). Danach werden die Grundsätze und wichtigsten Probleme der besonderen Handelsgeschäfte dargestellt (**II. – VII.**).

177

Hinweis für die Fallbearbeitung: Im Rahmen der Falllösung sind zunächst die allgemeinen Vorschriften des BGB zu prüfen. Die im HGB an dieser Stelle enthaltenen Regelungen ergänzen oder modifizieren i. d. R. die Vorschriften des BGB. Daher ist zunächst die Rechtslage laut BGB zu prüfen. Sodann muss auf die entsprechende Sonderregelung des HGB eingegangen werden.
Beispiel für Formulierung: „...Damit ist nach den Regelungen der §§ 145 ff. BGB kein Vertrag durch Annahme des Antrags zustande gekommen. Möglicherweise wurde aber dennoch ein Vertrag geschlossen, wenn das Schweigen des X als Annahme zu werten ist, § 362 Abs. 1 S. 1 HGB. Voraussetzung ist gem. §§ 362 Abs. 1 S. 1, 343 HGB, dass der X ein Kaufmann ist und es sich bei dem Geschäft um ein Handelsgeschäft handelt...."

I. Begriff und Arten des Handelsgeschäfts gem. § 343 HGB

178

Eine wesentliche Voraussetzung für die Anwendung aller Vorschriften des vierten Buchs des HGB ist, dass Handelsgeschäfte vorliegen müssen.[312] Die Regelung des § 343 HGB spielt daher eine zentrale Rolle.

Gemäß § 343 HGB sind Handelsgeschäfte alle Geschäfte eines Kaufmanns, die zum Betrieb seines Gewerbes gehören.

179

In Abhängigkeit des zu prüfenden Geschäfts muss zumindest ein Beteiligter **Kaufmann** im Sinne der §§ 1 ff. HGB sein. Bei einigen Geschäften müssen auch beide Beteiligten die Kaufmannseigenschaft besitzen. Ist es ausreichend, dass lediglich ein Beteiligter Kaufmann ist, spricht man von einem **einseitigen Handelsgeschäft**. Müssen beide Beteiligten Kaufleute sein, liegt ein **zweiseitiges bzw. beiderseitiges Handelsgeschäft** vor.[313] In § 345 HGB ist der Grundsatz geregelt, dass die Vorschriften über Handelsgeschäfte immer bereits dann Anwendung finden, wenn das Geschäft für nur einen Vertragspartner ein Handelsgeschäft ist und damit lediglich ein Vertragspartner Kaufmann ist. Wenn das Geschäft ein beiderseitiges Handelsgeschäft sein muss, ist dies als Tatbestandsvoraussetzung gesondert geregelt. So ist z. B die Vorschrift des § 377 Abs. 1 HGB über die Untersuchungs- und Rügeobliegenheit beim Handelskauf nur bei einem beiderseitigen Handelsgeschäft anzuwenden.

180

Weiterhin muss ein „**Geschäft**" vorliegen. Der Geschäftsbegriff ist hier weit zu fassen und beinhaltet nahezu jedes willentliche Verhalten des Kaufmanns im Geschäftsver-

[312] *Roth* in: Koller/Roth/Morck, § 343 Rn 1.
[313] Siehe *Wörlen* Rn 246 f.

kehr.[314] Dazu gehören neben Rechtsgeschäften auch rechtsgeschäftsähnliche Handlungen (z.B. Mahnungen, Fristsetzungen, Mängelanzeige gem. § 377 Abs. 1 HGB) oder Realakte[315] (z.B. Verarbeitung, Vermischung, Versenden von Waren).[316]

181 Damit das Geschäft zum Betrieb des Gewerbes des Kaufmanns gehört, ist schließlich ein **Funktionszusammenhang mit dem Gewerbe des Kaufmanns** erforderlich. Ein mittelbarer Zusammenhang ist hier ausreichend, wie z.B. für Hilfs- und Nebengeschäfte, die dem Betrieb zumindest förderlich sind oder bei vorbereitenden Geschäften.[317] Für Zweifelsfälle enthält § 344 Abs. 1 HGB die (widerlegbare) Vermutung, dass alle von einem Kaufmann vorgenommenen Rechtsgeschäfte im Zweifel betriebszugehörig sind.

182 **Hinweis für die Fallbearbeitung:** Problematisch kann die Abgrenzung von Handelsgeschäften zu den Privatgeschäften des Einzelkaufmanns sein. Keine Schwierigkeiten ergeben sich bei den Handelsgesellschaften, da es sich dort bei allen Außengeschäften um Handelsgeschäfte handelt.[318] Wenn sich keine eindeutigen Hinweise auf ein Privatgeschäft des Kaufmanns ergeben, ist die Voraussetzung nicht weiter zu prüfen, sondern lediglich festzustellen, dass ein Handelsgeschäft gem. § 343 HGB ggf. i. V. m. § 344 Abs. 1 HGB vorliegt.

II. Schweigen des Kaufmanns auf Anträge gem. § 362 HGB

183 Nach den allgemeinen Regelungen des bürgerlichen Rechts kommt ein Vertrag gem. §§ 145 ff. BGB durch zwei miteinander korrespondierende Willenserklärungen (Antrag und Annahme) zustande. Das bloße Schweigen ist in der Regel überhaupt keine Willenserklärung.[319] Gemäß § 362 Abs. 1 S. 1 HGB gilt das Schweigen unter den dort genannten Voraussetzungen allerdings als Annahme eines Antrags und entfaltet daher also eine Erklärungswirkung.

1. Voraussetzungen[320]

184

- Der **Empfänger** des Antrags muss ein **Kaufmann** sein. Die Kaufmannseigenschaft muss zum Zeitpunkt vorliegen, zu dem der Antrag zugeht.
- Der Antrag muss auf eine **Geschäftsbesorgung** (vgl. § 675 BGB) gerichtet sein. Die Geschäftsbesorgung kann definiert werden als jede selbstständige (außerhalb eines dauernden Dienstverhältnisses) Tätigkeit rechtsgeschäftlicher oder tatsächlicher Art, die an sich einem anderen zukommt und in dessen Interesse durchgeführt wird.[321]
- Es muss ein **Zusammenhang** zwischen der Geschäftsbesorgung des Kaufmanns und der mit dem Antrag intendierten Geschäftsbesorgung bestehen, wobei es aus-

[314] Vgl. *Roth* in: Koller/Roth/Morck, § 343 Rn 3.
[315] A. A. *K. Schmidt*, HandelsR, § 18 I 1 a (S. 515) mit dogmatischer Einordnung.
[316] Vgl. *Brox* Rn 239.
[317] Vgl. BGH ZIP **1997**, 837; *Roth* in: Koller/Roth/Morck, § 343 Rn 3.
[318] *K. Schmidt*, HandelsR, § 18 I 1 d aa (S. 518).
[319] Vgl. *Medicus*, BürgR Rn 52.
[320] Vgl. im Einzelnen z. B. *Roth* in: Koller/Roth/Morck, § 362 Rn 5.
[321] Vgl. BGHZ **46**, 43, 47; *K. Schmidt*, HandelsR, § 19 II 2 d bb (S. 556); *Roth* in: Koller/Roth/Morck, § 362 Rn 5.

reicht, wenn in dem Gewerbebetrieb nach der Verkehrsanschauung mit der Durchführung derartiger Geschäfte gerechnet werden kann.[322]

- Es muss eine **Geschäftsverbindung** (auf Dauer angelegt, lässt den wiederholten Abschluss von Geschäften erwarten) zum Zeitpunkt des Antrags zwischen dem Antragenden und dem Kaufmann, der das Angebot erhalten hat, bestehen, § 362 Abs. 1 S. 1 HGB.[323] Gem. § 362 Abs. 1 S. 2 HGB kann statt der Geschäftsverbindung auch das Erbieten des Kaufmanns zum Besorgen von mit dem Antrag korrespondierenden Geschäften gegenüber dem Antragenden gegeben sein.
- Der Kaufmann darf **nicht unverzüglich** (§ 121 Abs. 1 S. 1 BGB) **geantwortet** haben.

2. Rechtsfolge

185 Der dem Kaufmann angetragene Geschäftsbesorgungsvertrag kommt mit dem Inhalt des Antrags zustande. Die Annahme des Antrags wird dabei gesetzlich fingiert.

3. Probleme

186 Fraglich könnte sein, ob der Kaufmann den durch sein Schweigen zustande gekommenen Vertrag, genauer: seine fingierte Annahme, nach § 119 Abs. 1, 1 Var. BGB wegen eines Inhaltsirrtums **anfechten** kann, da er sich über die Rechtsfolge, d. h. über die Wirkung des Schweigens als Annahme des Antrags, geirrt hat. Nach allgemeiner Ansicht[324] ist das nicht möglich, da der Verkehrsschutz Vorrang hat.

Der Erklärungsempfänger kann allerdings nach § 119 Abs. 1, 1 Var. BGB anfechten, wenn er sich z.B. über den Inhalt des Antrags im Irrtum befand. Der schweigende Kaufmann soll damit nicht fester an seine Erklärung gebunden werden, als wenn er ausdrücklich mit „Ja" geantwortet hätte.[325]

III. Das kaufmännische Bestätigungsschreiben

187 Ein weiterer Fall, in dem Schweigen beim Vertragsschluss im Handelsrecht eine Rolle spielt, ist das kaufmännische Bestätigungsschreiben. Infolge des Schweigens auf ein kaufmännisches Bestätigungsschreiben gilt ein Vertrag als mit dem Inhalt abgeschlossen, der dem Bestätigungsschreiben, das unwidersprochen geblieben ist, zugrunde lag.[326] Im Bestätigungsschreiben wird der genaue Vertragsinhalt zu Beweiszwecken (Beweisurkunde!) fixiert, um Sicherheit und Klarheit im Handelsverkehr zu gewährleisten.[327]

Das kaufmännische Bestätigungsschreiben ist nicht gesetzlich geregelt. Die Rechtsdogmatik und z. T. auch Terminologie sind umstritten.[328] Im Kern dürfte das Bestätigungsschreiben heute aber als Gewohnheitsrecht anerkannt sein.[329]

---

[322] *Roth* in: Koller/Roth/Morck, § 362 Rn 7.
[323] Vgl. *Brox* Rn 249; *Roth* in: Koller/Roth/Morck, a. a. O.
[324] Vgl. nur *K. Schmidt*, HandelsR, § 19 II 2 e bb (S. 562); BGHZ **11**, 5.
[325] *Medicus*, BürgR Rn 56.
[326] Ausführlich: Deckert, JuS **1998**, 121 ff.
[327] Vgl. *Roth* in: Koller/Roth/Morck, § 346 Rn 22.
[328] Umfassend dazu *K. Schmidt*, HandelsR, § 19 III 1 (S. 563 ff.).
[329] *Canaris*, § 25 Rn 10; *Brox* Rn 252.

1. Fallgruppen

188 Zusammenfassend wird das kaufmännische Bestätigungsschreiben in drei Fallgruppen relevant:[330]

- **Fehlender Abschlusstatbestand** bzw. Vorliegen eines **versteckten Dissenses**
- **Mängel der Vertretungsmacht auf Seiten des Erklärungsempfängers**, die durch das Bestätigungsschreiben ggf. geheilt werden
- Wichtigste Fallgruppe: **Inhaltliche Abweichungen** zwischen Bestätigungsschreiben und vorhergehender vertraglicher Vereinbarung (z.B. bei Unsicherheiten über den genauen Inhalt der vertraglichen Vereinbarung, Konkretisierungen oder Ergänzungen des Vertrags, nachträgliche Einbeziehung von AGB[331])

2. Voraussetzungen

189

- Der **Empfänger** des Bestätigungsschreibens (der Schweigende) muss grundsätzlich **Kaufmann** sein. Aber die Regelungen finden auch auf einen Nichtkaufmann Anwendung, wenn dieser in ähnlicher Weise wie ein Kaufmann am Geschäftsverkehr teilnimmt (und man von ihm die Beachtung kaufmännischer Verkehrssitten und eine kaufmannsähnliche Betriebsorganisation erwarten kann).[332]
- Der **Bestätigende** muss **wie ein Kaufmann am Geschäftsleben teilnehmen** und erwarten können, dass der Empfänger ihm gegenüber nach kaufmännischer Sitte verfährt"[333].
- Dem Bestätigungsschreiben müssen zumindest **Vertragsverhandlungen** vorausgegangen sein. Dabei muss es aus Sicht des Bestätigenden zu einem Vertragsschluss gekommen sein, dessen (zumindest wesentlichen) Inhalt er dem Empfänger mitteilt.[334] Im Vorfeld muss z.B. eine mündliche oder telefonische Kommunikation erfolgt sein.[335] Ebenso ist es ausreichend, wenn der Bestätigende auf sein mündliches Angebot eine schriftliche Annahme erhalten hat, aber dennoch im Einzelfall, z.B. aufgrund der Formulierung der Annahme, Unklarheit über den genauen Vertragsinhalt besteht (**Beispiel:** „Ich nehme Ihr telefonisches Angebot vom 23.09. hiermit an.").[336] In jedem Fall muss also ein **Klarstellungsbedürfnis** auf Seiten des Bestätigenden vorhanden sein.[337] Das Bestätigungsschreiben muss dabei einen vorausgegangenen Vertragsschluss bestätigen wollen (sog. **„deklaratorisches Bestätigungsschreiben"**[338]) oder nach der Parteivereinbarung soll das Vereinbarte nur Gültigkeit haben, wenn es von einer Partei schriftlich bestätigt wird (sog. **„konstitutives Bestätigungsschreiben"**[339]).

---

[330] Nach *Canaris*, § 25 Rn 13 ff.
[331] Näheres zu den beiden letzten Punkten bei *Canaris*, § 25 Rn 26 f.
[332] Vgl. BGHZ **11**, 1, 3; *Canaris*, § 25 Rn 46.
[333] Vgl. BGHZ **40**, 42, 43 f.; *Roth* in: Koller/Roth/Morck, § 346 Rn 24; a. A. Canaris, § 25 Rn 45, der auf das Erfordernis der Kaufmannseigenschaft verzichtet.
[334] Vgl. BGH NJW **1965**, 965; *Canaris*, § 25 Rn 17.
[335] Vgl. BGH NJW **1965**, 965.
[336] Vgl. BGHZ **54**, 236, 240; *Canaris*, § 25 Rn 20.
[337] Vgl. *Medicus*, BürgR Rn 60.
[338] Zur Begrifflichkeit: *K. Schmidt*, HandelsR, § 19 III 3 (S. 571).
[339] Siehe *K. Schmidt*, HandelsR, § 19 III 3 (S. 571); *Roth* in: Koller/Roth/Morck, § 346 Rn 27.

- Zwischen den Vertragsverhandlungen bzw. dem Vertragsschluss und dem Bestätigungsschreiben muss ein **unmittelbarer zeitlicher Zusammenhang** bestehen.[340] Dabei muss das Bestätigungsschreiben in zeitlich engem Zusammenhang abgesandt und dem Empfänger zugegangen sein.[341]
- Der **Bestätigende muss redlich sein**. Das ist der Fall, wenn er davon ausgeht und ausgehen kann, dass der Inhalt des Schreibens das Vereinbarte korrekt wiedergibt. Enthält das Schreiben Abweichungen, muss der Absender mit der Zustimmung des Empfängers rechnen können.[342]
- Der Empfänger darf dem Schreiben nicht unverzüglich (§ 121 Abs. 1 S. 1 BGB[343]) widersprochen haben.[344]

3. Rechtsfolge

190 In der Rechtsfolge kommt der Vertrag mit dem Inhalt des kaufmännischen Bestätigungsschreibens zustande, wobei **vermutet** wird, dass ein Vertrag mit entsprechendem Inhalt geschlossen wurde.[345] Das Schweigen des Empfängers führt damit zu einer **Einverständnisfiktion**.

4. Probleme

191 Hinsichtlich einer möglichen **Anfechtung** gelten im Wesentlichen die gleichen Grundsätze, wie sie bereits beim Schweigen des Kaufmanns auf Anträge gem. § 362 HGB angeführt wurden.[346] Ein Irrtum des Empfängers über die Rechtsfolge des Schweigens schließt auch hier eine Anfechtung aus.[347] Umstritten ist indes, ob eine Anfechtung nach § 119 Abs. 1 BGB möglich ist, wenn der Empfänger das Bestätigungsschreiben falsch verstanden hat. Die herrschende Meinung lässt eine Anfechtung nicht zu, da der Vertrauensschutz des Absenders vorrangig sei.[348] Die Gegenansicht gestattet eine Anfechtung, da diese auch sonst bei einem Missverständnis über ein schriftliches Angebot möglich sei.[349]

192 Das Problem von **sich kreuzenden Bestätigungsschreiben** (beide Vertragsparteien bestätigen sich gegenseitig den Abschluss eines Vertrags mit unterschiedlichem Inhalt) ist im Rahmen der Redlichkeit des Absenders zu prüfen. Der jeweilige Absender ist hier grundsätzlich nicht schutzwürdig, wenn die Bestätigungsschreiben inhaltlich nicht miteinander übereinstimmen.[350] Dabei ist jeweils von den konkreten Umständen im Einzelfall auszugehen. Soweit für den jeweils anderen Teil ersichtlich ist, dass der vermeintliche Vertragspartner den Vertragsschluss inhaltlich abweichend beurteilt,

---

[340] *Canaris*, § 25 Rn 18; BGH WM **1967**, 958, 960.
[341] *Roth* in: Koller/Roth/Morck, § 346 Rn 29; *Brox* Rn 295.
[342] *Brox* Rn 257 f.; *Medicus*, BürgR Rn 62.
[343] H. M., vgl. nur *Hefermehl* in: Schlegelberger, § 362 Rn 130; a. A. (auf ein Verschulden kommt es nicht an): *K. Schmidt*, HandelsR, § 19 III 4 c (S. 578); *ders.* in: MünchKommHGB, § 346 Rn 160.
[344] *Medicus*, BürgR Rn 65.
[345] BGHZ **40**, 42, 46; *Roth* in: Koller/Roth/Morck, § 346 Rn 32 mit dem zusätzlichen Hinweis, dass das Schreiben die widerlegliche Vermutung der Vollständigkeit beinhaltet.
[346] S. o. F II 3.
[347] *Brox* Rn 262.
[348] *Brox* Rn 263; vgl. auch BGH NJW **1972**, 45.
[349] *Canaris*, § 25 Rn 38, der eine Anfechtung mit der Begründung, dass der Schweigende irrtümlich von der Übereinstimmung zwischen Bestätigungsschreiben und Ergebnis der Vertragsverhandlungen ausgegangen ist, ablehnt; so auch *Roth* in: Koller/Roth/Morck, § 346 Rn 34.
[350] *Brox* Rn 258.

kann die Bedeutung des Schweigens nicht als Zustimmung aufgefasst werden.[351] Ein Vertragsschluss mit dem Inhalt eines der Schreiben kommt also nicht zustande.

193 **Beispiel:** Yachtbauer Y will für eine Segelyacht eine Reeling kaufen und nimmt mit dem Schiffsausrüster S Verbindung auf. Dabei weist er auf eine Abbildung der Reeling im Katalog des S in der Ausführungsart „V4-Stahlrohr" hin. In den Verhandlungen werden Einzelheiten über Maße und Beschaffenheit der Reeling besprochen. Schließlich scheint alles geklärt zu sein. S sendet daraufhin dem Y ein als „Auftragsbestätigung" bezeichnetes Schreiben, in dem es heißt: „Hiermit bestätige ich den am vergangenen Freitag mündlich geschlossenen Kaufvertrag über die Lieferung einer Reeling zum Preis von ..., in der Ausführungsart „V2-Stahlrohr". Y hat an demselben Tag an den S seine „Auftragsbestätigung" mit dem o. g. Text abgesandt, seinerseits allerdings in dem Scheiben an S „den in der vergangenen Woche geschlossenen Kaufvertrag über die Lieferung einer Reeling zum Preis von ... in der Ausführungsart „V4-Stahlrohr"" bestätigt.

S könnte von Y Zahlung und Abnahme der Reeling aus „V2-Stahlrohr" nach §§ 433 Abs. 2 BGB, 343 HGB verlangen. Es ist nicht ersichtlich, dass in den Verhandlungen ein mündlicher Kaufvertrag durch zwei miteinander korrespondierende Willenserklärungen zustande gekommen ist. Ein Vertrag könnte aber nach den Grundsätzen über das kaufmännische Bestätigungsschreiben zustande gekommen sein. Die Vorraussetzungen des Bestätigungsschreibens liegen grundsätzlich vor. Der Umstand, dass die Bestätigungsschreiben jeweils mit dem Namen „Auftragsbestätigung" versandt wurden, ist unerheblich, da es nicht auf die Bezeichnung, sondern auf den Inhalt ankommt. Allerdings liegt hier der Fall von zwei sich kreuzenden Bestätigungsschreiben vor; ein Vertrauensschutz besteht für keinen Vertragspartner. Ein Vertrag ist daher nicht zustande gekommen.

194 Die Konstellation der sich kreuzenden Bestätigungsschreiben ist abzugrenzen von dem Fall, dass die jeweiligen Inhalte der Bestätigungsschreiben einander nicht inhaltlich widersprechen, sondern nur eines der beiden einen zusätzlichen Vorbehalt enthält. Erfolgt hier kein Widerspruch, wird der ergänzende Vorbehalt wirksamer Bestandteil des Vertrags, da sich aus den vorliegenden Bestätigungsschreiben kein entgegenstehender Wille ergibt.[352]

195 **Hinweis für die Fallbearbeitung:** Das kaufmännische Bestätigungsschreiben ist insbesondere abzugrenzen von einer **Auftragsbestätigung**. Die Auftragsbestätigung stellt lediglich die **Annahme eines Antrags** dar, d. h. der Vertrag kommt durch die Auftragsbestätigung erst zustande, wogegen beim kaufmännischen Bestätigungsschreiben der Vertragsschluss bereits vorliegt.[353] In der Fallbearbeitung ist daher genau zu prüfen ob, wann und wodurch ein Vertrag zustande gekommen ist. Dabei müssen alle Sachverhaltshinweise sorgfältig aufgenommen und verarbeitet werden. Insbesondere darf man sich nicht von den Begriffen, die die im Sachverhalt agierenden Personen verwenden, täuschen lassen. So kann es sich bei einem von Kaufmann X als „Auftragsbestätigung" titulierten Schreiben durchaus (nach einer Auslegung des Sachverhalts) um ein kaufmännisches Bestätigungsschreiben handeln.

[351] Vgl. *Canaris* § 25 Rn 22 mit weiteren Beispielen.
[352] Vgl. BGH NJW **1966**, 1070.
[353] *Roth* in: Koller/Roth/Morck, § 346 Rn 28; bei einer Annahme unter Änderungen ist z. B. § 150 Abs. 2 BGB anwendbar.

IV. Eigentumserwerb vom Nichtberechtigten gem. § 366 HGB

1. Allgemeines

196

Beim Eigentumserwerb beweglicher Sachen vom Nichtberechtigten ist nach den allgemeinen Vorschriften des BGB der gute Glaube des Erwerbers im Hinblick auf das Eigentum des Veräußerers erforderlich, § 932 ff. BGB. Dagegen ist gem. § 366 Abs. 1 HGB der gute Glaube des Erwerbers an die Verfügungsbefugnis des Veräußerers ausreichend. § 366 HGB erweitert insofern den Schutz des gutgläubigen Erwerbers gegenüber den BGB-Vorschriften.

197

Hinweis für die Fallbearbeitung: Die Vorschrift spielt in der Klausurpraxis eine wichtige Rolle. Zunächst müssen alle Tatbestandsmerkmale der §§ 932 bis 936 BGB vorliegen.[354] Dies ist in § 366 Abs. 1 HGB ausdrücklich geregelt. So ist der gute Glaube an die Verfügungsbefugnis z.B. dann ausgeschlossen, wenn dem Erwerber bekannt oder infolge grober Fahrlässigkeit unbekannt ist, dass der Veräußerer keine Verfügungsbefugnis hat. Vertraut der Erwerber eindeutig bereits auf das Eigentum, braucht auf § 366 HGB nicht eingegangen werden. In der Praxis macht sich der Erwerber i. d. R. keine genauen Vorstellungen. In diesem Fall würde – soweit der Sachverhalt keine sonstigen Anhaltspunkte hergibt – z.B. der Hinweis reichen, dass der Erwerber zumindest auf die Verfügungsbefugnis vertraut habe.[355] **Neben den §§ 932 ff. BGB gilt § 366 HGB daher nur im Hinblick auf die Verfügungsbefugnis.**

198

Die Gutgläubigkeit des Erwerbers liegt entsprechend § 932 Abs. 2 BGB insbesondere bei grober Fahrlässigkeit, d. h. wenn er dasjenige außer Acht gelassen hat, was jedem hätte einleuchten müssen, nicht vor. Entscheidend ist, ob der Erwerber annehmen darf, dass die Veräußerung der Sache im Rahmen eines ordnungsgemäßen Geschäftsgangs erfolgt ist.[356]

Beispiele: Für grobe Fahrlässigkeit des Erwerbers sprechen z. B. der Erwerb zum Schleuderpreis oder das Fehlen von wichtigen Urkunden (z.B. Fahrzeugbrief).[357]

Intention des Gesetzgebers ist der Verkehrsschutz im Sinne einer Erleichterung des Warenumsatzes. Grundlage des Rechtsscheins ist – im Verhältnis zu den §§ 932 ff. BGB – die Kaufmannseigenschaft und nicht wie im BGB der Besitz bzw. die Besitzverschaffungsmacht.[358] Bei vielen typischen Handelsgeschäften, z.B. dem Kommissionsgeschäft, ist dem redlichen Dritten bekannt, dass der Veräußerer nicht der Eigentümer ist. Gleichwohl kann er i.d.R. davon ausgehen, dass der Veräußerer verfügungsbefugt ist.[359]

Hinweis für die Fallbearbeitung: Der gutgläubiger Erwerb von einem Kommissionär scheitert i.d.R. an § 932 Abs. 2 BGB, da der Erwerber nicht gutgläubig im Hin-

[354] Vgl. *Koller* in: Koller/Roth/Morck, § 366 Rn 2.
[355] *K. Schmidt*, HandelsR, § 23 I 3 (S. 674).
[356] *Petersen* S. 249; BGHZ **10**, 14 (17), **68**, 199 (201).
[357] Vgl. z. B. OLG München, NJW **2003**, 673: Geigenbauer erwirbt am Münchener Hauptbahnhof Geige aus dem Jahre 1781 von arbeitsloser Laborantin (Wert: DM 170.000,-) für DM 130.000,- ohne Vorlage des Originalzertifikats und ohne von angeblicher Auftraggeberin unterschriebenem, handschriftlich verfassten Verkaufsauftrag.
[358] *Petersen* S. 247.
[359] *Canaris* § 29 Rn 2.

blick auf das Eigentum des Kommissionärs ist. Auf die Verfügungsbefugnis des Kommissionärs darf der Erwerber hingegen normalerweise vertrauen. Hat der Berechtigte insofern keine Ermächtigung (§ 185 BGB) erteilt, kann der redliche Erwerber das Eigentum nach § 366 Abs. 1 HGB erwerben.

Auf **gesetzliche Verfügungsbeschränkungen**, bei denen es sich um absolute Verfügungsbeschränkungen handelt, ist § 366 Abs. 1 HGB nicht anwendbar (vgl. z.B. § 81 InsO, §§ 1365, 1369 BGB). Zum einen setzt der Wortlaut des § 366 Abs. 1 HGB eine dem Verfügenden nicht gehörende Sache voraus (in den genannten Fällen gehört die Sache jedoch dem Veräußerer!), zum anderen lassen absolute Verfügungsbeschränkungen keinen Verkehrsschutz zu; dieser tritt bewusst zurück.[360]

2. Probleme

199 Umstritten ist, ob § 366 Abs. 1 HGB auch beim Erwerb einer Sache von einem **Scheinkaufmann** anzuwenden ist. Nach herrschender Meinung[361] ist das nicht der Fall, da sich derjenige, der sich als Kaufmann geriert, zu seinem Nachteil als ein Solcher behandeln lassen müsse. Benachteiligt sei hier aber der Eigentümer, der sein Eigentum verliere. Dieser habe den Rechtsschein aber nicht veranlasst und müsse sich das Handeln des Scheinkaufmanns nicht zwangsläufig anrechnen lassen. Dagegen könnte allerdings der Gedanke des Verkehrsschutzes sprechen. Für den gutgläubigen Erwerber ist es unerheblich, ob der Verkäufer tatsächlich Kaufmann ist oder ob er sich nur als ein Solcher geriert. Zumindest hätte der Eigentümer sein Recht auch dann verloren, wenn sich der Scheinkaufmann als Eigentümer ausgegeben hätte. Dann dürfe es nicht anders sein, wenn der Scheinkaufmann „nur" seine Verfügungsmacht über die Sache behauptet.[362]

200 Wenn ein früher im Handelsregister eingetragener **Kaufmann**, dessen Eintragung noch nicht gelöscht wurde, eine Sache veräußert lässt dies die herrschende Meinung in analoger Anwendung des § 15 HGB ausreichen.[363]

Gemäß § 366 Abs. 1 muss der Kaufmann die Sache im Betrieb seines Handelsgewerbes veräußern. Gemäß dem Wortlaut werden damit **Kleingewerbetreibende** nicht umfasst (es sei denn, sie sind als Kommissionär, Frachtführer, Spediteur oder Lagerhalter tätig). Eine Ansicht erweitert hier den Gutglaubensschutz auch auf einfache Kaufverträge.[364]

201 Streitig ist, ob § 366 Abs. 1 HGB über den Wortlaut hinaus[365] auch auf den **guten Glauben an die Vertretungsmacht** anwendbar ist. Nach einer Ansicht ist § 366 Abs. 1 HGB hier entsprechend anwendbar, da die Vorschrift im Interesse der Sicherheit des Handelsverkehrs den gutgläubigen Erwerber verstärkt schützen wolle.[366] Dagegen wird z.B. angeführt, dass sich aus der Berufsstellung des Verfügenden meist ergebe, ob dieser in eigenem oder fremdem Namen handelt, wobei der in fremdem Namen Handelnde häufig stark an seinen Auftraggeber gebunden sei und weniger weit

---

[360] Vgl. nur *Petersen* S. 248 m.w.N.
[361] *Brox* Rn 267; *K. Schmidt*, HandelsR, § 23 II 1 a (S. 674); a. A. *Canaris*, § 29 Rn 5.
[362] *Canaris* § 29 Rn 5; *Petersen*, S. 248.
[363] Dazu *Petersen* S. 248 mit Verweis auf *Canaris* § 29 Rn 5.
[364] *Canaris* § 29 Rn 7; *Petersen* S. 248.
[365] *K. Schmidt*, HandelsR, § 23 III, zieht unmittelbare Anwendung in Betracht.
[366] *Brox* Rn 268 m. w. N.; *Baumbach/Hopt* § 366 Rn 5.

reichende Befugnisse habe.[367] Dies sei für den Dritten auch ersichtlich. Darüber hinaus sei nur das Handeln in eigenem Namen Handelsrechts-typisch und damit allein schutzwürdig i. S. d. § 366 HGB.[368] Außerdem würden für Vertretungsmängel die allgemeinen Zurechnungstatbestände der Duldungs- und Anscheinsvollmacht und des § 56 HGB ausreichen, so dass sich kein Bedürfnis für die Anwendung des § 366 HGB gebe.[369]

V. Das Kontokorrent gem. §§ 355 ff. HGB

202 Der **Begriff** des Kontokorrents ist in § 355 Abs. 1 HGB geregelt. Ein Kontokorrent liegt danach vor, wenn jemand mit einem Kaufmann derart in Geschäftsverbindung steht, dass die aus der Verbindung entstehenden beiderseitigen Ansprüche und Leistungen nebst Zinsen in Rechnung gestellt und in regelmäßigen Zeitabständen durch Verrechnung und Feststellung des sich für einen der Teile ergebenden Überschusses (= Saldo) ausgeglichen werden.

203 Das Kontokorrent dient wirtschaftlich gesehen vor allem der Vereinfachung und Vereinheitlichung des Zahlungsverkehrs.[370] Zum einen werden eine Vielzahl von Zahlungsvorgängen auf die Begleichung einer einzigen Überschussforderung reduziert, zum anderen werden sämtliche Ansprüche ohne Rücksicht auf ihr rechtliches Schicksal miteinander verrechnet.[371] Außerdem kommt dem Kontokorrent eine Sicherungsfunktion zu. Jeder Kontokorrentpartner darf sich darauf verlassen, dass seine Forderungen aufgrund der laufenden Geschäftsverbindung ständig mit Gegenforderungen der anderen Seite verrechnet werden. Hierdurch wird das Risiko der Nichterfüllung erheblich begrenzt. Durch die Einstellung der Einzelforderungen ins Kontokorrent wird darüber hinaus gewährleistet, dass Dritten der Zugriff weitgehend verwehrt bleibt, da die Kontokorrentabrede verhindert, dass die Ansprüche selbstständig gepfändet oder gerichtlich geltend gemacht werden können.[372]

Alle Einzelforderungen der beiden Geschäftspartner werden in das Kontokorrent eingestellt. Die Einzelforderungen des einen Geschäftspartners werden mit denen des anderen Geschäftspartners nach einem bestimmten Zeitabschnitt verrechnet. Übrig bleibt der Saldo. Die Einzelforderungen erlöschen, so dass lediglich noch eine Forderung in Form des Saldos übrig bleibt, die ausgeglichen werden muss. Der Saldo soll festgestellt und dem Partner zum Anerkenntnis mitgeteilt werden.[373]

204 Als **Rechtsfolge** werden die in das Kontokorrent eingestellten Forderungen zum bloßen Rechnungsposten[374] und sind damit quasi „gelähmt".[375] Das Saldoanerkenntnis bewirkt nach der Rechtsprechung eine sog. **Novation**, was bedeutet, dass die im kausalen Saldo enthaltenen kausalen Forderungen erlöschen und an diese Stelle eine einzige Forderung im Sinne von § 781 BGB (**abstraktes Schuldanerkenntnis**)

---

367 Vgl. *Canaris* § 29 Rn 16 mit dem Hinweis, dass der Erwerber dem Vertretenen die Sache im Wege der Leistungskondiktion gem. § 812 BGB herausgeben müsse, da § 366 HGB jedenfalls nicht auf den schuldrechtlichen Vertrag (Verpflichtungsgeschäft) anwendbar sei; *Petersen* S. 249.
368 *Medicus,* BürgR Rn 567.
369 *Petersen* S. 249.
370 *Tröll* S. 18, woraus der Absatz entnommen wurde; umfassend zur Kontokorrentabrede: *Tröll* S. 17 ff.
371 *Canaris* § 27 I 5; *K. Schmidt*, HandelsR, § 21 I 2a.
372 *Canaris* § 27 I 9. Absatz übernommen aus: *Tröll*, S. 18.
373 Vgl. zu den Zwecken des Kontokorrents *Brox* Rn 292 und zum Saldo Rn 300.
374 Vgl. BGH NJW **1992**, 1631.
375 *Koller* in: Koller/Roth/Morck, § 355 Rn 6.

tritt.[376] Eine in der Literatur vertretene Auffassung besagt, dass ein abstraktes Schuldanerkenntnis **neben** die kausale, durch die Verrechnung entstandene Saldoforderung tritt und damit eine **zusätzliche** statt einer neuen Forderung begründet wird.[377]

205 **Beispielsfall – Kontokorrentverhältnis:**[378] C betreibt einen Computerladen (Zusammenbau und Vertrieb von PCs). Den überwiegenden Teil der benötigten Hardware kauft er bei dem Großhandelsbetrieb „H KG" ein. Die „H KG" kauft ihrerseits in unregelmäßigen Abständen Computer von dem C für den Eigenbedarf. Zwischen C und der „H KG" besteht eine Vereinbarung, nach der alle aus der Geschäftsverbindung entstehenden Ansprüche miteinander verrechnet und am jeweiligen Monatsende saldiert und ausgeglichen werden sollen. Per 30.09.2003 wird ein Saldo für die „H KG" von EUR 2.000,- festgestellt. Am 15.10.2003 wird für die Lieferung von zwei Computern ein Betrag i. H. v. EUR 5.000,- auf dem Konto des C verbucht. Der Gläubiger G des C hat einen vollstreckbaren Zahlungstitel über EUR 5.000,- gegen den C. In Kenntnis der Vereinbarung zwischen C und der „H KG" erwirkt G einen Pfändungs- und Überweisungsbeschluss. Darin werden „die Ansprüche des C gegen die „H KG" aus dem Kontokorrentverhältnis hinsichtlich aller in das Kontokorrentverhältnis einzustellenden Einzelansprüche" gepfändet. Am 13.10.2003 wird der „H KG" der Beschluss zugestellt. Kann G von der „H KG" die Zahlung i. H. v. EUR 5.000,- aufgrund der Pfändung und Überweisung des Kaufpreisanspruchs zur Einziehung verlangen?

Lösung: Der Anspruch könnte sich aus §§ 433 Abs. 2 BGB i.V.m. §§ 836 Abs. 1, 829, 835 ZPO ergeben. Voraussetzungen des § 836 Abs. 1 ZPO ist eine wirksame **Pfändung gem. § 829 ZPO** und eine **Überweisung gem. § 835 ZPO** einer Forderung des C gegen die „H KG" über EUR 5.000,-. Möglicherweise ist der Pfändungsbeschluss aufgrund mangelnder Bestimmtheit des Pfändungsausspruchs unwirksam, d. h. die Forderung kann aufgrund des Ausspruchs nicht ohne Weiteres konkretisiert werden. Zwischen Schuldner (C) und Drittschuldner („H KG") muss eine Rechtsbeziehung bestehen, aus der sich genügend bestimmbare, zukünftige Forderungsrechte ergeben können.[379] Diese wäre durch ein wirksames Kontokorrentverhältnis gem. § 355 HGB zwischen C und der „H KG" gegeben, soweit hier Forderungen aus einer laufenden Geschäftsverbindung eingestellt werden. Die Vorschriften über die Handelsgeschäfte und damit auch der § 355 HGB sind anwendbar, da der C Kaufmann i. S. d. § 1 Abs. 1, 2 HGB und die „H KG" Kaufmann kraft Eintragung gem. §§ 161 Abs. 1, 6 Abs. 1 HGB (sowie materiell rechtlich gem. 1 Abs. 1 HGB) ist.[380] Zwischen C und der „H KG" besteht auch eine laufende Geschäftsverbindung. In ihrer Vereinbarung haben C und die „H KG" die essentialia negotii eines Kontokorrentverhältnisses gem. § 355 HGB festgelegt. Die hier entstehenden Forderungen sind somit genügend bestimmt; der Pfändungsausspruch ist damit hinreichend konkretisiert. Der erlassene Überweisungsbeschluss ist in zulässiger Weise mit dem Pfändungsbeschluss verbunden[381] und Pfändungs- und Überweisungsbeschluss wurden der „H KG" als Drittschuldnerin gem. §§ 829 Abs. 2, 3, 835 Abs. 3 S. 1 ZPO am 13.10.2003 ordnungsgemäß zugestellt. Weiterhin muss die Forderung über EUR 5.000,- dem Schuldner C gegen den Drittschuldner „H KG" auch zustehen und Pfändungsverbote durfen nicht bestehen. Aus dem Computerverkauf hat der C einen Kaufpreisanspruch gegen die „H KG" gem. § 433 Abs. 2 BGB. Die Pfändung ist möglicherweise gem. § 851 Abs. 1 ZPO ausgeschlossen, wenn die Forderung nicht übertragbar ist. Dies könnte aufgrund der Kontokorren-

[376] Vgl. BGHZ **93**, 307, 313.
[377] *Canaris* § 27 Rn 30; *ders.* in Rn 31 f. zur praktischen Bedeutung des Streits.
[378] Angelehnt an *Timm/Schöne*, Fall 5 (S. 43 ff.).
[379] BGH NJW **1982**, 2193 (2195).
[380] Hier würde es bereits reichen, wenn nur eine Partei Kaufmann wäre.
[381] *Timm/Schöne*, Fall 5 I 2 (S. 45).

tabrede der Fall sein, da die Einzelforderungen zwar rechtlich existent bleiben, aber als bloße Rechnungsposten quasi „gelähmt" sind. Insofern schließt die Kontokorrentabrede einen Abtretungsausschluss gem. § 399, 2. Var. BGB ein.[382] Die Kaufpreisforderung ist auch im Rahmen der laufenden Geschäftsbeziehung zwischen C und der „H KG" entstanden; insofern wurde die Forderung von der Kontokorrentabrede erfasst, womit die Voraussetzungen des § 851 Abs. 1 ZPO vorliegen. Zu prüfen ist noch, ob die Ausnahme des § 851 Abs. 2 ZPO greift. Danach kann eine nach § 399 BGB nicht übertragbare Forderung insoweit gepfändet und zur Einziehung überwiesen werden, als der geschuldete Gegenstand der Pfändung unterworfen ist. Das hier geschuldete Geld ist gem. §§ 808 Abs. 2, 811, 829 ZPO pfändbar, womit die Voraussetzungen des § 851 Abs. 2 ZPO vorlägen und eine Pfändung möglich wäre. Dem könnte allerdings die Wertung des § 357 S. 1 HGB widersprechen. Anspruchsvoraussetzung ist danach, dass der Gläubiger eines Beteiligten die Pfändung und Überweisung des Anspruchs auf dasjenige erwirkt, was seinem Schuldner *als Überschuss aus der laufenden Rechnung* zukommt. Von Einzelforderungen ist nicht die Rede. Die Pfändung kontokorrentgebundener Einzelforderungen ist daher mit dem Sinn und Zweck des Kontokorrentvertrages nicht vereinbar.[383] § 357 HGB ist gegenüber § 851 Abs. 2 ZPO die speziellere Vorschrift und verdrängt diese. Somit steht dem G nicht das Recht zu, die Forderung i. H. v. EUR 5.000,- bei der „H KG" einzuziehen.

VI. Das kaufmännische Zurückbehaltungsrecht gem. § 369 HGB

206 Das kaufmännische Zurückbehaltungsrecht gem. § 369 Abs. 1 HGB steht im Zusammenhang mit der Vorschrift des § 273 Abs. 1 BGB, die durch die HGB-Regelung erweitert wird. Das kaufmännische Zurückbehaltungsrecht enthält im Wesentlichen die folgenden Besonderheiten im Vergleich zu § 273 Abs. 1 BGB:[384]

- Es muss ein **beiderseitiges Handelsgeschäft** vorliegen, wobei beide Beteiligten **Kaufleute** sein müssen.
- Eine Konnexität der Forderungen bzw. der Rechtsbeziehung ist nicht erforderlich, aber die **Forderungen müssen aus den „zwischen ihnen geschlossenen beiderseitigen Handelsgeschäften" stammen**. Dabei kann es sich um Forderungen aus verschiedenen Rechtsbeziehungen handeln. Im Übrigen wird aber auch gem. § 273 Abs. 1 BGB z.B. nicht vorausgesetzt, dass die Ansprüche aus demselben Vertrag resultieren. Vielmehr genügt es, wenn ein natürlicher, wirtschaftlicher Zusammenhang im Sinne eines **einheitlichen Lebensvorgangs** besteht, was bei einer dauerhaften Geschäftsbeziehung regelmäßig der Fall sein wird.[385]
- Das kaufmännische Zurückbehaltungsrecht erstreckt sich lediglich auf **bewegliche Sachen und Wertpapiere**. § 273 Abs. 1 BGB umfasst dagegen auch „sonstige Rechte".
- Dem kaufmännischen Zurückbehaltungsrecht kommt eine **umfassende Wirkung** zu, wonach der Kaufmann neben dem Leistungsverweigerungsrecht auch ein Verwertungsrecht bzw. Befriedigungsrecht gem. § 371 Abs. 1 S. 1 HGB hat.

---

[382] Vgl. *K Schmidt*, HandelsR, § 21 III 2.

[383] *Timm/Schöne*, Fall 5 I 3 (S. 46) mit Verweis auf BGHZ **80**, 172 (176).

[384] Siehe dazu *Wörlen* Rn 299.

[385] Siehe *Brox* Rn 274, der darauf hinweist, dass das kaufmännische Zurückbehaltungsrecht nicht überbewertet werden sollte.

VII. Die kaufmännische Sorgfaltspflicht gem. § 347 HGB

207 Nach § 347 Abs. 1 HGB hat ein Kaufmann im Rahmen eines Handelsgeschäfts seinem Geschäftspartner für die „Sorgfalt eines ordentlichen Kaufmanns" einzustehen. Die Vorschrift korrespondiert mit § 276 Abs. 2 BGB, nach der fahrlässig handelt, wer „die im Verkehr erforderliche Sorgfalt" außer Acht lässt.

Die „Sorgfalt eines ordentlichen Kaufmanns" ist im Einzelfall nach objektiven, normativen und abstrakten Gesichtspunkten zu ermitteln, wobei ein branchen-, geschäftstyp- oder vertragsbezogener Maßstab anzulegen ist.[386]

208 **Hinweis für die Fallbearbeitung:** An sich ist bereits nach § 276 Abs. 2 BGB ein objektiv-abstrakter und normativer Sorgfaltsmaßstab heranzuziehen. Danach ist auf das Urteil eines besonnenen und gewissenhaften Angehörigen des in Betracht kommenden Berufs- oder Verkehrskreises abzustellen.[387] Insofern hat § 347 Abs. 1 HGB lediglich eine klarstellende Wirkung.[388]

209 In § 347 Abs. 2 HGB wird lediglich klargestellt, dass die Haftungserleichterungen auch dem Kaufmann im Rahmen seiner Handelsgeschäfte zugute kommen.

---

[386] *Roth* in: Koller/Roth/Morck, § 347 Rn 5.
[387] *Stadler* in: Jauernig, § 276 BGB Rn 29; BGHZ **113**, 303 f.
[388] *Brox* Rn 323; *Wörlen* Rn 300.

G. Der Handelskauf, §§ 373 ff. HGB

210 Im Gesetz ist nicht genau definiert, was unter dem Begriff „Handelskauf" zu verstehen ist. Der Handelskauf ist ein **Kaufvertrag** i. S. der §§ 433 ff. BGB, der zu den in §§ 343, 344 HGB genannten Handelsgeschäften gehört.[389] Es kann sich dabei sowohl um einen **Sachkauf** als auch um bestimmte Arten von **Rechtskäufen**[390] handeln. Das ergibt sich aus § 373 Abs. 1 HGB (Kauf von Waren), § 381 Abs. 1 HGB (Kauf von Wertpapieren) und § 381 Abs. 2 HGB (Werklieferungsvertrag, § 651 S. 1 BGB[391]). Die für den Kauf von Waren getroffenen Vorschriften gelten so z.B. auch für den Kauf von Wertpapieren. Die Spezialregelungen für den Handelskauf gelten auch für **Tauschverträge** (§ 480 BGB). Das ergibt sich für die Tauschverträge bereits aus der Verweisung auf das Kaufrecht in § 480 BGB.

Am Vertragsschluss muss **mindestens ein Kaufmann** beteiligt sein, für den der Vertrag zum Betriebe seines Handelsgewerbes gehört. Die Spezialregelungen über den Handelskauf wirken sich dann auch für den anderen Vertragspartner aus, der nicht Kaufmann ist.

211 Zusammengefasst kann der Handelskauf als Kaufvertrag über Waren oder Wertpapiere, der für mindestens eine der beiden Parteien ein Handelsgeschäft ist (d. h. zumindest einseitiges Handelsgeschäft), bezeichnet werden.[392]

Kein Handelskauf sind demnach Kaufverträge über unbewegliche Sachen (Grundstücke) und über nicht verbriefte Forderungen. Auf derartige Kaufverträge finden nicht die handelsrechtlichen Spezialvorschriften über den Handelskauf, sondern neben den allgemeinen Regelungen für Handelsgeschäfte in den §§ 343 - 372 HGB die für alle Kaufverträge geltenden Grundsätze des BGB Anwendung.

212 Die §§ 373 - 381 HGB über den Handelskauf modifizieren nur einzelne Vorschriften des bürgerlichen Rechts, im Wesentlichen im Hinblick auf das Leistungsstörungs- und Gewährleistungsrecht.[393] Die Vorschriften enthalten also keine vollständige bzw. abschließende Regelung eines bestimmten Sachverhalts. Sie basieren im Prinzip darauf, dass der Verkäufer begünstigt wird. In seinem Interesse hat der Gesetzgeber die Pflichten des Käufers verschärft, um so die für den Handel erwünschte rasche Klärung und Abwicklung der Rechtsverhältnisse zu erreichen. Eine Ausnahme bildet § 376 HGB über den Fixhandelskauf, durch den vor allem der Käufer begünstigt wird.

I. Verzug beim Handelskauf, §§ 373 - 376 HGB

213 Die speziellen Verzugsregelungen der §§ 373 - 376 HGB finden Anwendung auf sämtliche Kaufverträge über Waren und Wertpapiere, bei denen mindestens eine Vertragspartei Kaufmann ist. Sie setzen also keinen beiderseitigen Handelskauf voraus. Nach

---

[389] Vgl. zum Begriff z. B. *Canaris*, § 31 Rn 1 f.
[390] Nur, soweit die Rechte wertpapiermäßig verbrieft sind, vgl. *Roth* in: Koller/Roth/Morck, v. §§ 373-376 Rn 1; *Canaris*, § 31 Rn 1.
[391] § 381 Abs. 2 HGB wurde im Zuge der Schuldrechtsreform dem geänderten § 651 BGB angepasst. Für die entsprechende Anwendung dieser Vorschriften kommt es nicht darauf an, ob es sich um vertretbare oder nicht vertretbare Sachen handelt, wenn nur eine bewegliche Sache herzustellen oder zu erzeugen ist, vgl. *Steck*, NJW **2002**, 3203.
[392] *Canaris*, § 31 Rn 1; vgl. auch *K. Schmidt*, HandelsR, § 29 I 1 a (S. 781).
[393] *Canaris*, § 31 Rn 3.

§ 345 HGB wirken sie sich dennoch für beide Vertragspartner aus („... die Vorschriften über Handelsgeschäfte kommen für beide Teile gleichmäßig zur Anwendung...").

214 Auf internationale Kauf- und Werklieferungsverträge, die nicht Konsumentenverträge sind, ist ferner das Internationale Kaufrecht (Wiener Einheitliches UN-Kaufrecht, CISG) anzuwenden, soweit nichts anderes vereinbart worden ist. Nach Art. 3 Abs. 2 EGBGB hat das UN-Kaufrecht Vorrang gegenüber den nationalen Regelungen.[394]

1. Annahmeverzug des Käufers gem. §§ 373, 374 HGB

215 Die Rechtsstellung des Verkäufers wird im Handelsrecht gegenüber den allgemeinen Regelungen des BGB noch weiter verbessert. Beim Annahmeverzug des Käufers kann der Verkäufer auch Waren hinterlegen (§ 373 Abs. 1 HGB), während nach den BGB-Regelungen nur Geld, Wertpapiere und Kostbarkeiten hinterlegungsfähig sind, § 372 S. 1 BGB.

Im Handelsverkehr muss eine Hinterlegung nicht wie nach den BGB-Vorschriften i. V. m. der Hinterlegungsordnung bei einem Amtsgericht als Hinterlegungsstelle erfolgen[395], sondern es kann auch in einem öffentlichen Lagerhaus oder sonst in sicherer Weise hinterlegt werden, § 373 Abs. 1 HGB.

216

> **Hinweis für die Fallbearbeitung:** Auch bei einem Handelskauf finden nach § 374 HGB grundsätzlich die allgemeinen Vorschriften des BGB über den Gläubigerverzug Anwendung (§§ 293 - 304, 323 Abs. 6, 2. Var., 372 ff., 383 ff. BGB). Bedeutsam sind vor allem die Grundsätze über den Ersatz von Mehraufwendungen gem. § 304 BGB, das Vertretenmüssen während des Gläubigerverzugs gem. § 300 Abs. 1 BGB sowie über den Gefahrübergang gem. § 300 Abs. 2 BGB. Ziel der HGB-Vorschriften ist wiederum die zügige Abwicklung des Handelsverkehrs und die damit verbundene schnelle Klärung problematischer Sachverhalte.[396]

Eine derartige Hinterlegung nach § 373 Abs. 1 HGB hat allerdings nicht die Erfüllungswirkung, die durch Hinterlegung von Geld, Wertpapieren, sonstigen Urkunden und Kostbarkeiten unter Verzicht auf die Rücknahme gem. § 378 BGB erreicht werden kann.[397]

217 Während nach den BGB-Regelungen ein **Selbsthilfeverkauf** nur bei nicht hinterlegungsfähigen Sachen möglich ist (§§ 383, 384 BGB), hat der Verkäufer bei einem Handelskauf generell das Recht zum Selbsthilfeverkauf für Rechnung des säumigen Käufers, § 373 Abs. 2, 3 HGB, und zwar im Hinblick auf alle Waren und Wertpapiere.[398] Wenn der Käufer im Annahmeverzug ist, hat der Verkäufer damit beim Handelskauf ein **Wahlrecht**.

218 Der Verkäufer kann die Ware **öffentlich versteigern** lassen, (§ 373 Abs. 2 S. 1, 1. HS HGB). Hat die Ware einen Börsen- oder Marktpreis, so kann er sie auch zum laufenden Preis von einem öffentlich ermächtigten Handelsmakler oder von einer zur

---

[394] Siehe dazu *Roth* in: Koller/Roth/Morck, v. §§ 373-376 Rn 3 ff.
[395] Vgl. §§ 372 S. 1, 374 Abs. 1, 1. HS BGB, 1 Abs. 1, 2 HinterlO.
[396] Vgl. *Wörlen* Rn 308.
[397] *Koller* in: GroßkommHGB §§ 374 f. Rn 32; *Canaris*, § 31 Rn 13; Vgl. zu § 378 BGB *Stürner* in: Jauernig, §§ 378, 379 BGB Rn 1 f.
[398] Vgl. *Wörlen* Rn 314.

öffentlichen Versteigerung befugten Person „freihändig" verkaufen lassen, § 373 Abs. 2 S. 1, 2 HS HGB.

219 Bei einem ordnungsgemäßen Selbsthilfeverkauf, der auf Rechnung des Käufers erfolgt, wird der Verkäufer von seinen Verpflichtungen frei und der Käufer hat einen Anspruch auf den (gesamten) Verkaufserlös. Dies resultiert daraus, dass der Selbsthilfeverkauf so gesehen wird, als sei er im Auftrag des Käufers (§§ 662 ff. BGB) geschehen.[399] Ist der Selbsthilfeverkauf nicht ordnungsgemäß vorgenommen worden, so bestehen die Verpflichtungen des Verkäufers aus dem Kaufvertrag fort.

2. Der Bestimmungskauf gem. § 375 HGB

220 Beim Bestimmungskauf oder Spezifikationskauf hat sich der Käufer ein **Leistungsbestimmungsrecht** zur näheren Bestimmung über Form, Maß oder ähnliche Verhältnisse des Kaufgegenstandes vorbehalten.

> **Beispiel:** Beim Abschluss eines Kaufvertrags wird der Kaufgegenstand noch nicht hinsichtlich aller Eigenschaften vollständig spezifiziert. Die genauen Eigenschaften möchte der Käufer erst zu einem späteren Zeitpunkt bekannt geben. Insbesondere im Handel mit Massengütern kommt ein Bestimmungskauf in der Praxis vor, wenn eine Ware auf dem Markt z.B. zu einem günstigen Preis angeboten wird und der Käufer sich den Preis sichern will, aber noch keine genauen Vorstellungen über die Weiterverwendung hat.[400] So kann z.B. zum Zeitpunkt des Einkaufs von Papier noch nicht klar sein, in welchem Format es später benötigt wird.

221 Der Käufer ist beim Bestimmungskauf nicht nur berechtigt, sondern auch **verpflichtet**, die vorbehaltene Bestimmung zu treffen, § 375 Abs. 1 HGB. Das entspricht teilweise den Regelungen der §§ 315 ff. BGB, denn § 316 BGB sieht ebenfalls vor, dass ein Leistungsbestimmungsrecht im Zweifel dem Gläubiger zusteht, der es im Zweifel nach billigem Ermessen ausüben muss.

222 Beim handelsrechtlichen Bestimmungskauf ist das Leistungsbestimmungsrecht des Käufers eine von dessen **Hauptpflichten**[401], so dass eine unterlassene Bestimmung zum Schuldnerverzug des Käufers führt, § 375 Abs. 2 HGB. Gerät der Käufer mit seinem Leistungsbestimmungsrecht in Bestimmungsverzug, so kann der Verkäufer nicht nur Ersatz seines Verzugsschadens verlangen (§§ 280, 281 BGB), er kann vor allem die Bestimmung der von ihm zu erbringenden Leistung anstelle des Käufers selbst vornehmen, § 375 Abs. 2 S 1 HGB. Davon hat er dem Käufer Mitteilung zu machen und ihm eine angemessene Frist zur Vornahme einer anderen Spezifikation zu setzen, § 375 Abs. 2 S. 2 HGB.

Der Verkäufer kann allerdings auch auf eine Selbstbestimmung verzichten und als Alternative zur Selbstvornahme oder Schadensersatz statt der Leistung gem. § 323 BGB vom Vertrag zurücktreten.[402] Danach kann der Käufer die Bestimmung nicht mehr selbst vornehmen.

---

[399] *Canaris*, § 31 Rn 14.
[400] Vgl *Brox* Rn 340.
[401] *Canaris*, § 31 Rn 20.
[402] Im Zuge der Schuldrechtsreform ist das Erfordernis einer Ablehnungsandrohung im Gegensatz zu § 326 BGB a. F. bei Anwendung des § 323 BGB entfallen, vgl. *Steck*, NJW **2002**, 3202. Der Verweis auf § 323 BGB ist Rechtsgrundverweisung, vgl. *K. Schmidt*, HandelsR, § 29 II 3 b (S. 787).

223

> **Hinweis für die Fallbearbeitung:** Der Bestimmungskauf ist **abzugrenzen** von der **Wahlschuld** gem. § 262 BGB. Bei der Wahlschuld ist der Verkäufer zu mehreren Leistungen verpflichtet, von denen er jedoch nur eine erbringen muss. Beim Bestimmungskauf ist der Verkäufer zur Leistung einer bestimmten Sache verpflichtet, bei der der Käufer lediglich noch eine Eigenschaft (oder mehrere) festlegen muss.[403]

3. Der Fixhandelskauf gem. § 376 HGB

a) Relative und absolute Fixgeschäfte

224 Die handelsrechtliche Vorschrift für den Fixhandelskauf gem. § 376 Abs. 1 HGB korrespondiert hinsichtlich der Voraussetzungen mit § 323 Abs. 2 Nr. 2 BGB über das **relative Fixgeschäft**. Fixhandelskauf im Sinne von § 376 HGB und relatives Fixgeschäft gemäß BGB sind zu unterscheiden vom **absoluten Fixgeschäft**, bei dem die Regelungen über die Unmöglichkeit gem. § 275 Abs. 1 BGB anzuwenden sind, wenn die Leistung nicht zu dem vereinbarten Termin erbracht wird. Beim absoluten Fixgeschäft ist die Termineinhaltung nach dem Vertragszweck und der Interessenlage derart wesentlich, dass eine Leistung nach dem Termin keine Erfüllung mehr darstellt (z.B. Lieferung von Weihnachtsbäumen erst nach Weihnachten).[404]

225 Ein relatives Fixgeschäft bzw. ein Fixhandelskauf liegt nicht schon dann vor, wenn ein Vertragspartner ein starkes Interesse an rechtzeitiger Erfüllung hat. Im Zweifel ist vielmehr anzunehmen, dass nur ein gewöhnlicher Kaufvertrag geschlossen worden ist. Ein Fixgeschäft erfordert nicht nur die Festlegung einer genauen **Lieferzeit oder -frist**, sondern darüber hinaus auch Einigkeit der Parteien darüber, dass der **Vertrag mit der Einhaltung oder Nichteinhaltung der Lieferzeit stehen oder fallen soll** (obwohl eine Erfüllung an sich noch möglich wäre[405]).[406] Ist dies im Vertrag nicht ausdrücklich ausgesprochen, muss durch Auslegung unter Berücksichtigung aller Umstände ermittelt werden, ob die Parteien der vereinbarten Lieferfrist eine soweit gehende Bedeutung beimessen wollten. Dabei wirkt sich jeder Zweifel gegen die Annahme eines Fixgeschäfts aus.[407]

226

> **Beispiel:** Eine politische Partei mietet für eine Wahlkampfveranstaltung einen Saal. Als der Vermieter feststellt, dass Auseinandersetzungen mit Gegnern der Partei zu erwarten sind, weigert er sich, den geschlossenen Vertrag zu erfüllen, obwohl die Wahlkampfredner bereits angereist, die Plakate bereits geklebt sind. Die Partei verlangt Erstattung ihrer Auslagen. Bei dem Mietvertrag für eine Wahlkampfveranstaltung an einem bestimmten Tage handelt es sich um ein **absolutes Fixgeschäft**, dessen Erfüllung mit ergebnislosem Ablauf der vereinbarten Mietzeit unmöglich wird. Die zu ideellen bzw. politischen Zwecken gemachten und durch Nichterfüllung des Vertrages nutzlos gewordenen Aufwendungen der Partei für Plakate usw. stellen allerdings keinen ersatzfähigen Vermögensschaden dar, weil diese keinen kommerzialisierten Wert haben.

---

[403] Vgl. *Steck*, NJW **2002**, 3202.
[404] Vgl. *Canaris*, § 31 Rn 6; *Medicus*, BürgR Rn 297.
[405] *Roth* in: Koller/Roth/Morck, § 376 Rn 1; *Larenz* § 21 I a.
[406] Vgl. BGHZ **110**, 88, 96; *K. Schmidt*, HandelsR, § 29 II 4 a (S. 788); *Canaris*, § 31 Rn 7.
[407] *Canaris*, § 31 Rn 7; BGHZ **110**, 88, 96.

227

Hinweis für die Fallbearbeitung: Für ein relatives Fixgeschäft müssen die Vertragsparteien also vereinbart haben, dass die Leistung des einen Teils genau zu einer fest bestimmten Zeit oder innerhalb einer fest bestimmten Frist bewirkt werden soll. Sie müssen sich außerdem darüber geeinigt haben, dass mit der Einhaltung des Termins oder der Frist der Vertrag stehen oder fallen soll. Im Handelsverkehr geschieht das häufig durch Handelsklauseln („fix" „genau am...", „präzise am ...").[408] Formularbestimmungen, nach denen vereinbarte Liefertermine und Lieferfristen grundsätzlich als „fix" gelten, sind allerdings überraschende Klauseln im Sinne von § 305 c Abs. 1 BGB und zugleich für den Vertragspartner des Verwenders unangemessen im Sinne von § 307 Abs. 1 S. 1 BGB.[409]

b) Rechtsfolgen von Terminüberschreitungen

228

Bei einem Fixhandelskauf kann der Käufer (Gläubiger) **vom Vertrag zurücktreten** (§ 376 Abs. 1 S. 1 HGB), auch wenn der Verkäufer (Schuldner) nicht in Verzug ist, weil er die Verzögerung der Leistung über den Fälligkeitszeitpunkt hinaus nicht zu vertreten hat (vgl. § 286 Abs. 4 BGB).[410]

Ist der Verkäufer im Verzug (§ 286 Abs. 1 BGB), kann der Käufer auch **Schadensersatz wegen Nichterfüllung** fordern, §§ 376 Abs. 1 S. 1, 2. Var. HGB. Die übrigen Voraussetzungen der §§ 281, 280 Abs. 1, 2, 286 BGB brauchen beim Fixhandelskauf nicht vorzuliegen. Der Schadensersatzanspruch wegen Nichterfüllung kann als Differenz zwischen dem Kaufpreis und dem Börsen- oder Marktpreis zurzeit und am Ort der geschuldeten Leistung berechnet werden, § 376 Abs. 2 HGB.

c) Erfüllungsverlangen

229

Leistet der Verkäufer bei einem Fixhandelskauf nicht zur fest bestimmten Zeit oder innerhalb der fest bestimmten Frist, kann der Käufer seinen Erfüllungsanspruch nur noch geltend machen, wenn er sofort nach dem Ablauf der Zeit oder Frist seinem säumigen Vertragspartner mitteilt, dass er auf Erfüllung besteht (Anzeigeobliegenheit, § 376 Abs. 1 S. 2 HGB). Durch diese Anzeige wird aus dem Fixhandelskauf ein gewöhnlicher Kauf, wobei die Rechte des Gläubigers aus § 376 Abs. 1 S. 1 HGB entfallen.[411] Sie ist eine einseitige und empfangsbedürftige Willenserklärung. Unterbleibt die Anzeige, so geht der Erfüllungsanspruch unter, und es besteht nur noch das Recht zum Rücktritt oder zur Geltendmachung von Schadensersatzansprüchen.

II. Die handelsrechtliche Rügeobliegenheit gem. § 377 HGB

230

Unter der (zu engen und z. T. irreführenden) Überschrift „Handelskauf" enthalten die §§ 377 bis 381 HGB wichtige Regelungen für die Mängelgewährleistung bei handelsrechtlichen Kaufverträgen, Tauschverträgen sowie bei Werklieferungsverträgen.

Bei einem reinen Werkvertrag (z.B. Bearbeitung eines vom Besteller zur Verfügung gestellten Computerprogramms)[412] ist eine Mängelrüge hingegen nicht erforderlich.

---

[408] Die Klauseln müssen eine hinreichende Bestimmtheit haben, Bsp. bei *Roth* in: Koller/Roth/Morck, § 376 Rn 4 u. 6 und *Koller* in: GroßkommHGB v. § 373 Rn 276.
[409] Vgl. *K. Schmidt*, HandelsR, § 29 II 4 a (S. 788) m. N.
[410] Rechtsfolgen entsprechen insofern § 323 Abs. 2 Nr. 2 BGB.
[411] *Roth* in: Koller/Roth/Morck, § 376 Rn 7.
[412] BGH, BGH-Report **2002**, 221; so auch z.B. bei Reparatur- oder Wartungsverträgen.

Die unterschiedliche (und unlogische) Behandlung von Kauf- und Werkverträgen wird im Geschäftsverkehr durch die Regelung der Mängelrügeobliegenheit in (generell üblichen) AGB harmonisiert.[413]

1. Bedeutung

231 § 377 HGB begründet für den beiderseitigen Handelskauf eine allgemeine Rügeobliegenheit oder Rügelast des Käufers.

> **Beispiel:** Kaufmann K belieferte den Pizzafabrikanten P laufend mit Salami für die Herstellung tief gefrorener Pizza und übernahm als zugesicherte Eigenschaft die volle Gewähr für deren einwandfreie Qualität. Als P bei Verkostung von Rückhaltemustern der von ihm verarbeiteten Salami feststellte, dass einige davon ranzig schmecken, forderte er Schadensersatz, während sich K auf § 377 HGB berief. Erforderlich ist dafür ein beiderseitiges Handelsgeschäft. Tatsächlich ist der Käufer aber nicht etwa **verpflichtet**, die nicht vertragsgemäße Ware gegenüber dem Verkäufer zu rügen. Es hat für ihn lediglich **nachteilige Konsequenzen**, wenn er die Rüge unterlässt. Es handelt sich also um eine **Rügelast oder Rügeobliegenheit** des Käufers und nicht um eine echte Rügepflicht.[414]

232 Im Handelsverkehr gilt eine Ware kraft Gesetzes als genehmigt, wenn der Käufer Mängel nicht unverzüglich anzeigt, § 377 Abs. 2 HGB. Notwendig ist lediglich, dass die Ware beim Käufer **abgeliefert** worden und diesem eine **Beschaffenheitsprüfung möglich** ist. Die Vorschriften über die Rügeobliegenheit des Käufers sind nach § 381 Abs. 2 HGB auch auf Werklieferungsverträge über die Lieferung herzustellender oder zu erzeugender beweglicher Sachen anwendbar.

Durch die den Käufer häufig erheblich belastende Rügeobliegenheit soll im Handelsverkehr möglichst schnell Klarheit darüber geschaffen werden, ob die Leistung des Verkäufers vom Käufer als ordnungsgemäße Erfüllung akzeptiert worden ist oder ob die Lieferung beanstandet wird und der Verkäufer mit Ansprüchen des Käufers rechnen muss.[415]

233

> **Hinweis für die Fallbearbeitung:** Nach den Regelungen des BGB haftet der Verkäufer einer Sache nach den §§ 434 ff. Dabei verjähren die Ansprüche gem. § 438 Abs. 1 Nr. 3, Abs. 2 BGB i. d. R. in zwei Jahren nach Ablieferung der Sache. Den Bedürfnissen des Handelsverkehrs genügt diese lange Frist nicht. In der Fallbearbeitung ist auch hier mit der Prüfung der BGB-Regelungen zu beginnen. Danach könnte die gekaufte Sache z.B. nach § 434 BGB einen Sachmangel aufweisen, wobei der Käufer das Recht auf Nacherfüllung gem. §§ 437 Nr. 1, 439 Abs. 1 BGB geltend macht. Das Recht könnte allerdings nach § 377 Abs. 2 HGB ausgeschlossen sein. Dazu müsste es der Käufer unter den Voraussetzungen des § 377 Abs. 1 HGB unterlassen haben, dem Verkäufer eine Anzeige über die Mangelhaftigkeit der Ware zu erstatten.

234 Zugleich soll der Verkäufer vor später nachgeschobenen Beanstandungen geschützt und in die Lage versetzt werden, die Beanstandungen zu prüfen und vor allem bei

---

[413] *Thamm/Möffert* S. 2710.

[414] Vgl. zur Begrifflichkeit z. B. *K. Schmidt*, HandelsR, § 29 III 1 d (S. 795 f.); *Canaris*, § 31 Rn 26: Die häufig gebrauchte Bezeichnung als „Rügepflicht“ ist irreführend, da keine echte Pflicht vorliegt und der Käufer bei Nichtbeachtung Rechtsnachteile erleidet.

[415] *Brox* Rn 345.

Vereinbarung einer Nachbesserungspflicht gegebenenfalls auch noch abzustellen. Dadurch kann er sich bei seinen Dispositionen auf mögliche Ansprüche einstellen und wird zugleich vor dem Risiko unverhältnismäßig hoher Mangelfolgeschäden geschützt.[416]

2. Voraussetzungen

235 Die Voraussetzungen ergeben sich aus § 377 HGB. Zunächst müssen beide Vertragsparteien zum Zeitpunkt des Vertragsschlusses **Kaufleute** sein, wobei ein **beiderseitiges Handelsgeschäft** vorliegen muss.[417]

Weiterhin muss die Ware an den Käufer **abgeliefert** worden sein. Die Rügeobliegenheit entsteht somit für den Käufer mit der Ablieferung der Ware durch den Verkäufer, die ein einseitiger, tatsächlicher Vorgang ist, durch die nunmehr der Käufer die Verfügungsmöglichkeit über die Sache erlangt. Durch die Ablieferung gibt der Verkäufer den Gewahrsam an der Ware in der Weise auf, dass der Käufer jetzt jederzeit den Gewahrsam ergreifen kann und tatsächlich imstande ist, die Ware zu untersuchen.[418]

236 Die gelieferte Ware muss schließlich einen **Sachmangel** im Sinne von § 434 BGB aufweisen. Dabei kommt einerseits die Lieferung einer Sache, die mit Qualitätsmängeln behaftet ist in Frage, § 434 Abs. 1 BGB. Auch die Lieferung einer anderen Sache (Lieferung eines aliud) oder die Lieferung einer zu geringen Menge (Zuweniglieferung) werden nach § 434 Abs. 3, 1. und 2. Var. BGB dem „normalen" (Qualitäts-) Sachmangel gleichgestellt.[419]

Der Mangel muss **erkennbar** gewesen sein. War der Mangel trotz möglicher unverzüglicher Untersuchung nach Ablieferung nicht erkennbar, gilt sie nicht als genehmigt, wenn der Käufer keine Anzeige abgegeben hat, §§ 377 Abs. 2, 1 HGB. Das Merkmal der Erkennbarkeit ist im Zusammenhang damit zu sehen, ob die Rüge **rechtzeitig** abgegeben wurde oder nicht. Dabei unterscheidet das Gesetz zwischen **anfänglicher Erkennbarkeit** (Mängel waren nach ordnungsgemäßer Untersuchung gem. § 377 Abs. 1, 2 HGB erkennbar) und **späterer Erkennbarkeit** (Mängel hätten auch durch ordnungsgemäße Untersuchung nicht erkannt werden können).[420] Anfänglich erkennbar sind jedenfalls alle Mängel, die bei der Lieferung auch ohne Untersuchung offen zutage treten, z.B. auch Mängel, die der Käufer bereits kennt.[421] Ansonsten ist entscheidend, was nach der Verkehrsauffassung für die Untersuchung im Geschäftsgang eines branchentypischen Käufers geboten erscheint.[422] Dazu kann z.B. auch die Ziehung einer angemessenen Zahl von Stichproben gehören.

---

[416] *Canaris*, § 31 Rn 27.

[417] *Brox* Rn 346; *K. Schmidt*, HandelsR, § 29 III 2 a (S. 797).

[418] Vgl. *Roth* in: Koller/Roth/Morck, § 377 Rn 6 mit Verweis u. a. auf BGHZ **93**, 346.

[419] Die Lieferung eines aliuds oder die Zuweniglieferung wurden vor der Schuldrechtsreform von § 378 HGB a. F. erfasst. Danach war § 377 HGB auch anwendbar bei der Lieferung einer „anderen als der bedungenen Ware" oder „einer anderen als der bedungenen Menge von Waren". Nach der ersatzlosen Streichung des § 378 HGB wird die Lieferung eines aliuds und die Zuweniglieferung von § 434 HGB erfasst. Die *Lieferung einer Mehrmenge* stellt ein konkludentes Angebot auf Vertragsschluss bezüglich der Mehrmenge mit gleichzeitigem Verzicht auf den Zugang der Annahmeerklärung dar, vgl. *Steck* NJW **2002**, 3202; *K. Schmidt*, HandelsR, § 29 III 5 e.

[420] *K. Schmidt*, HandelsR, § 29 III 3 b (S. 809).

[421] *Roth* in: Koller/Roth/Morck, § 377 Rn 8; *Brox* Rn 357; vgl. RGZ **73**, 168.

[422] *Roth* in: Koller/Roth/Morck, § 377 Rn 8; vgl. OLG Oldenburg NJW **1998**, 388.

Die Rügeobliegenheit besteht für den Käufer nicht, wenn der Verkäufer den Mangel nach § 377 Abs. 5 HGB **arglistig verschwiegen** hat.

3. Ordnungsmäßigkeit der Mängelrüge

237 Die Rüge ist eine **formlose Anzeige** mit Angabe von Art und Umfang der Mängel. Sie ist keine Willenserklärung, da sich die Rechtsfolge zwingend aus dem Gesetz ergibt, sondern eine empfangsbedürftige geschäftsähnliche Handlung.[423] Es genügt nicht, dass der Käufer die gelieferte Ware nur ganz allgemein und pauschal als nicht vertragsgemäß beanstandet. Für eine ordnungsgemäße Mängelrüge muss der Käufer vielmehr konkret angeben, in welchem Punkt und in welchem Umfang er mit der Lieferung nicht einverstanden ist.[424] Es ist mit einer hinreichend genauen Bezeichnung der „Mangel-Symptome" der Mangel selbst zu bezeichnen. Die Ursachen der Symptome müssen nicht bezeichnet werden.[425] Dagegen muss der Käufer nicht mitteilen, welche konkreten Rechte er aufgrund seiner Mängelrüge gegenüber dem Verkäufer geltend machen will.

Nach dem BHG bemisst sich die Obliegenheit des Erwerbers gem. § 377 HGB danach, was unter Berücksichtigung aller Umstände nach ordnungsgemäßem Geschäftsgang tunlich ist, wobei die Untersuchung auf solche Mängel auszurichten ist, die bei einer mit verkehrsüblicher Sorgfalt durchgeführten Prüfung sichtbar werden.[426] „Ob im Einzelfall verschärfte Untersuchungsanforderungen zum Tragen kommen, hängt von der Natur der Ware, von den Branchengepflogenheiten sowie vor allem von dem Gewicht der zu erwartenden Mangelfolgen und von etwaigen Auffälligkeiten der gelieferten Ware oder früheren, nach wie vor als Verdacht fortwirkenden Mangelfällen ab. Dem Käufer aus früheren Lieferungen bekannte Schwachstellen der Ware müssen eher geprüft werden als das Vorliegen von Eigenschaften, die bislang nie gefehlt haben."[427]

238 Zur Ordnungsmäßigkeit gehört auch die **Rechtzeitigkeit der Anzeige**. Die Rüge muss gem. § 377 Abs. 1 HGB unverzüglich, d. h. ohne schuldhaftes Zögern (§ 121 Abs. 1 S. 1 BGB) erfolgen. Dabei greifen, je nach Erkennbarkeit des Mangels, verschiedene Fristen:[428] Bei **evidenten oder bereits bekannten Mängeln** ist eine Untersuchung und eine dafür eingeräumte Frist nicht erforderlich. Die Anzeige muss hier sofort nach Ablieferung der Ware abgegeben werden. Bei **sonstigen Mängeln**, die erst im Rahmen einer ordnungsgemäßen Untersuchung erkannt werden können, sind zwei Fristen zu beachten: Dem Käufer wird zunächst eine **Untersuchungsfrist** eingeräumt, die zum Zweck einer unverzüglichen Untersuchung der Ware besteht. Sodann muss ein ggf. erkannter Mangel unverzüglich angezeigt werden (**Anzeigefrist**). In der Gerichtspraxis ist die Auslegung des Begriffs „unverzüglich" sehr uneinheitlich.[429] Wohl unstreitig ist das Erfordernis der Berücksichtigung der Umstände des jeweiligen Einzelfalls.[430] Als grober Anhaltspunkt kann eine Frist von wenigen Tagen

---

[423] *Roth* in: Koller/Roth/Morck, § 377 Rn 11.
[424] Vgl. *Brox* Rn 355.
[425] *Thamm/Möffert* S. 2711.
[426] BGH-Report **2003**, 285.
[427] BGH-Report **2003**, 285 (286 f.).
[428] Siehe dazu *Brox* Rn 357.
[429] Vgl. *Thamm/Möffert* S. 2710 m.w.N.
[430] Vgl. z. B. BGHZ **132**, 175; OLG München, NJW-RR **1999**, 331.

von etwa bis zu vier oder fünf Arbeitstagen angenommen werden, wobei besondere Umstände zu einem abweichenden Ergebnis führen können.[431]

239

> **Hinweis für die Fallbearbeitung:** Für eine wirksame Mängelrüge ist es nicht erforderlich, dass eine Untersuchung auch tatsächlich stattgefunden hat.[432] Eine Untersuchung erleichtert zwar in der Regel z.B. die erforderliche Konkretisierung der Mängel. Behauptet der Käufer von 4.000 Dosen Pilzen somit z.B., dass die Pilze verschimmelt seien, ohne auch nur eine Dose in einer zu ziehenden Stichprobe untersucht zu haben, kann ihm die unterlassene Untersuchung später nicht angelastet werden. Das Unterlassen der Rüge ist für den Käufer nicht schädlich, soweit die Ware nicht zu untersuchen war. Insbesondere ist eine Untersuchung bzw. Ingebrauchnahme von Waren beim beabsichtigten **Weiterverkauf** an Endverbraucher dem Käufer nicht zuzumuten (z.B. beim Kauf neuer PKW oder anderer Sachen von hohem Wert würde eine Untersuchung diese ggf. unverkäuflich machen).[433] Die unverzügliche Rügeobliegenheit wird in solchen Fällen gewahrt, sobald der Käufer doch von einem Mangel erfährt.[434]

240

Ein Mangel, der bei einer ordnungsgemäßen Untersuchung nach § 377 Abs. 1 HGB nicht entdeckt werden konnte, muss nach § 377 Abs. 3 HGB unverzüglich nach dessen (z.B. zufälligen) späteren Entdeckung angezeigt werden.

Zur Erhaltung der Rechte des Käufers ist es nicht erforderlich, dass die Rüge dem Verkäufer auch unverzüglich zugeht. Nach § 377 Abs. 4 HGB genügt die **unverzügliche Absendung** an den Verkäufer zur Erfüllung der Rügelast. Dennoch ist die Rüge empfangsbedürftig im Sinne von § 130 BGB.[435] Dem Käufer wird durch § 377 Abs. 4 HGB lediglich das Verzögerungsrisiko abgenommen. Erreicht die Rüge den Verkäufer überhaupt nicht, so trägt der Käufer aber die Verlustgefahr.[436]

241

Ist die Mängelrüge ordnungsgemäß erfolgt, ergeben sich die nachstehenden **Rechtsfolgen**:[437]

- Soweit die Ware mit einem Sachmangel gemäß § 434 BGB behaftet ist (**Schlechtlieferung**), kann der Käufer gemäß § 437 BGB Nacherfüllung verlangen, vom Vertrag zurücktreten oder die Herabsetzung des Kaufpreises verlangen (Minderung). Unter bestimmten Voraussetzungen kann der Käufer auch Schadensersatz geltend machen (§§ 440, 280, 281, 283 BGB).
- Die Rechte bei **Falschlieferung** entsprechen seit der Schuldrechtsreform denen der Schlechtlieferung (§ 434 Abs. 3, 1. Var. BGB).
- Bei Lieferung mit **Mengenfehlern** hat der Käufer im Falle einer **Minderlieferung** neben den Rechten aus § 437 (§ 434 Abs. 3, 2. Var. BGB) einen Anspruch auf vollständige Erfüllung gem. § 433 Abs. 1 S. 1 BGB. Der ggf. mögliche Anspruch auf Schadensersatz wegen Nichterfüllung kann sich auf die §§ 280 Abs. 1, 3, 281 Abs. 1

[431] *Thamm/Möffert* S. 2711.
[432] *K. Schmidt*, HandelsR, § 29 III 3 a am Ende (S. 809) mit Verweis auf OLG Frankfurt BB **1984**, 177.
[433] Bei Wertminderung ist Untersuchungspflicht Einzelfallfrage, vgl. *Brüggemann* in: GroßkommHGB, § 377 Rn 14 f.
[434] *Steck*, NJW **2002**, 3203 m. w. N.
[435] *Canaris*, § 31 Rn 36; BGHZ **101**, 49, 52 f.
[436] *Canaris*, § 31 Rn 36.
[437] Vgl. *Brox* Rn 359 ff.

BGB gründen. Bei einer **Mehrlieferung** braucht der Käufer das zuviel Geleistete nicht abnehmen und nicht bezahlen.

4. Rechtsfolge einer nicht ordnungsgemäßen Mängelrüge

242 Wird die Rüge unterlassen oder sonst nicht ordnungsgemäß abgegeben, greift die Genehmigungsfiktion des § 377 Abs. 2 HGB. Der Käufer muss die Ware daher behalten und den Kaufpreis zahlen. Die Ansprüche auf Nacherfüllung, Rücktritt oder Schadensersatz nach §§ 434 ff. BGB können nicht mehr geltend gemacht werden. Auch sonstige Schadensersatzansprüche gem. § 280 BGB sind ausgeschlossen, wobei aber nur die Rechte ausgeschlossen werden, die sich aus der Mangelhaftigkeit herleiten.[438] Deliktische Ansprüche bleiben z.B. unberührt.[439]

5. Aufbewahrungspflicht, § 379 HGB

243 Bei sog. Distanzgeschäften (Übersendung der Ware für den Käufer an einen anderen Ort) muss der Käufer, der die Ware beanstandet hat, für ihre einstweilige Aufbewahrung sorgen. Der Käufer muss nach § 379 HGB die Ware solange aufbewahren, bis die Beanstandung erledigt oder ein Notverkauf angebracht ist.

Nimmt der Verkäufer die Ware nicht binnen angemessener Zeit zurück („einstweilige Aufbewahrung" durch den Käufer), so gerät er in Annahmeverzug.[440] Die Kosten für die Aufbewahrung hat der Käufer vorzuschießen, er kann aber vom Verkäufer Ersatz verlangen, wenn die Beanstandung begründet war. Ein Notverkauf kann nach § 379 Abs. 2 HGB nur vorgenommen werden, wenn die Beanstandung berechtigt war, die Ware dem Verderb ausgesetzt und Gefahr im Verzuge ist.

6. Vertragliche Modifizierungen der Rügelast

244 Vereinbarungen über den Fortbestand von Käuferrechten trotz unterlassener Rüge sind zwar möglich und können sogar stillschweigend getroffen werden. Eine generelle Freizeichnung von der Rügelast in Allgemeinen Geschäftsbedingungen (z.B.: „§ 377 HGB wird ausgeschlossen.") ist aber unvereinbar mit den Grundgedanken der Regelungen und wegen Verstoßes gegen § 307 Abs. 2 Nr. 1 BGB auch im kaufmännischen Verkehr unwirksam.[441] Ebenso sind aber auch noch strengere Anforderungen an die Rügelast (z.B. Ausschlussfristen von wenigen Tagen für die Rüge versteckter Mängel) mit § 307 BGB unvereinbar.

245 **Beispielsfall – Rügelast/Bestätigungsschreiben:** A ist Inhaber eines im Handelsregister eingetragenen Unternehmens, das sich auf die Lieferung von exotischen Früchten spezialisiert hat. In der Regel veräußert A die Früchte an die „Früchte-KG" (KG), die wiederum Einkäufe für die Einkaufskette „Naturfrüchte" durchführt. Die einzelnen „Naturfrüchte"-Märkte der Einkaufskette werden als GmbH betrieben. Die KG kauft auf Anforderung der einzelnen Märkte Früchte ein und veräußert sie an diese, wobei die Lieferung regelmäßig direkt an die Märkte erfolgt. Der Naturfrüchte-Markt N-GmbH bestellt im Januar 2002 bei der KG 50 Kisten Mangos. Der Einkaufsleiter E der KG fragt telefonisch bei A an, ob dieser die 50 Kisten zum Preis von EUR 20,- pro

---

[438] Vgl. *K. Schmidt*, HandelsR, § 29 III 5 b (S. 820).
[439] *Brox* Rn 362.
[440] *Roth* in: Koller/Roth/Morck, § 379 Rn 4.
[441] Unwirksamkeit gem. § 307 Abs. 2 Nr. 1 i. V. m. § 307 Abs. 1 S. 1 BGB, vgl. *Brox* Rn 353, BGH NJW **1991**, 2634.

Kiste im Auftrag der KG direkt an den Naturfrüchte-Markt N-GmbH liefern kann, womit A einverstanden ist. Am nächsten Tag schickt E dem A eine Bestätigung, in der er die Vertragsverhandlungen zusammenfasst. Dem Schreiben sind wie üblich die allgemeinen Einkaufsbedingungen der KG zugrunde gelegt, wonach es zur Wahrung der kaufmännischen Rügepflicht genügen soll, wenn die Mängelanzeige innerhalb von 5 Monaten nach Feststellung des Mangels erfolgt. A liefert die Früchte am 12.01.2002. Eine Untersuchung am selben Tag durch die N-GmbH ergibt, dass die Früchte schimmelig und damit ungenießbar sind. Darauf weist der Leiter L der N-GmbH den E umgehend telefonisch hin. Erst mit Schreiben vom 05.02.2002 unterrichtet der E, der den Vorgang zunächst vergessen hatte, den A von dem Schimmelbefall und der Unverkäuflichkeit der Früchte. Kann A Zahlung der gelieferten Mangos verlangen? E verlangt von A erst Lieferung einwandfreier Früchte und will erst dann zahlen.

Lösung: A könnte von der KG Zahlung des Kaufpreises nach § 433 Abs. 2 BGB verlangen. Ein Angebot der KG, gem. §§ 164 ff. BGB, 54 Abs. 1 HGB durch E vertreten, liegt vor. A erklärt sich einverstanden und nimmt das Angebot damit an. Angebot und Annahme gem. §§ 145 ff. BGB liegen vor. Der Kaufpreis wäre nach § 271 Abs. 1 BGB sofort fällig. Möglicherweise kann die KG die Einrede des nicht erfüllten Vertrags gem. § 320 Abs. 1 BGB geltend machen. Hier liegt ein Gattungskauf vor, wobei die Konkretisierung nach §§ 243 Abs. 1 BGB, 360 HGB eingetreten ist. Der Nachlieferungsanspruch der KG könnte sich aus §§ 437 Nr. 1, 434 Abs. 1 Nr. 2, 439 Abs. 1, 2. Var. BGB ergeben. Schon zum Zeitpunkt des Gefahrenübergangs bei Auslieferung der Mangos durch A (§§ 446, 447 Abs. 1 BGB) waren die Mangos verschimmelt und unverkäuflich und damit für die gewöhnliche Verwendung ungeeignet. Die Mangos waren damit mangelhaft im Sinne von § 434 Abs. 1 Nr. 2 BGB. Der Nachlieferungsanspruch besteht daher grundsätzlich. Er könnte jedoch gem. § 377 Abs. 2, 1 HGB ausgeschlossen sein. Ein beiderseitiger Handelskauf gem. § 343 HGB liegt vor. A hat die Ware auch abgeliefert, in dem er die N-GmbH beliefert hat. Es liegt ein sog. Streckengeschäft bzw. eine Durchlieferung vor.[442] Die KG hatte zwar nicht die Möglichkeit, die Ware selbst zu untersuchen, dies allerdings an die N-GmbH delegiert. A führt die Anweisungen der KG vertragsgemäß aus, so dass er keinen Nachteil dadurch erleiden kann, dass die KG die Ware nicht selbst untersucht hat, sondern die N-GmbH. Die KG könnte die Rügeobliegenheit verletzt haben. L hat der KG den Mangel gemeldet und E dem A. Bei erkennbaren Mängeln ist die Anzeige unverzüglich (§ 121 Abs. 1 BGB) abzugeben. Die KG hat die Rügeobliegenheit an die GmbH delegiert.[443] Diese hat zwar unverzüglich gegenüber der KG gerügt, die Anzeige an den A ist jedoch durch die KG verspätet an den A erfolgt. Möglicherweise wurde die Rügefrist durch die AGB der KG gegenüber A verlängert. § 377 HGB ist dispositiv.[444] Eine ausdrückliche vertragliche Vereinbarung besteht nicht, allerdings wurden die AGB nach den Regeln über das kaufmännische Bestätigungsschreiben einbezogen. Die Wirksamkeit der AGB sind hier jedoch abzulehnen, da es sich bei der bezweckten unverhältnismäßigen Verlängerung der Rügefrist um eine unangemessene Benachteiligung des A handelt, die den wesentlichen Grundgedanken des § 377 HGB (schnelle Abwicklung im Handelsverkehr) nicht zu vereinbaren ist, § 307 Abs. 2 Nr. 1 BGB.[445] A kann daher von der KG Zahlung des Kaufpreises verlangen, ohne zuvor einwandfreie Mangos liefern zu müssen.

---

[442] Vgl. *K. Schmidt*, HandelsR, § 29 III 4.
[443] Dazu RGZ **55**, 210, 211; BGH NJW **1954**, 1841; BGH NJW **1978**, 2394.
[444] *Roth* in: Koller/Roth/Morck, § 377 Rn 31.
[445] Vgl. BGH NJW **1991**, 2633, 2634.

H. Der Handlungsgehilfe gem. §§ 59 – 75h HGB

246 Die Überschrift des Abschnitts „Handlungsgehilfen und Handlungslehrlinge" gibt seit Einführung des Berufsbildungsgesetzes den Inhalt der gesetzlichen Regelungen nur unzutreffend wieder. Die §§ 59 - 83 HGB enthalten nur noch das Sonderarbeitsrecht der kaufmännischen Angestellten. Anwendbar sind weiterhin insbesondere die arbeitsrechtlichen Regelungen der §§ 611 ff. BGB, das TVG, das BUrlG sowie das BetrVG.[446]

I. Begriff

247 Der Handlungsgehilfe ist in einem Handelsgewerbe zur **Leistung kaufmännischer Dienste gegen Entgelt angestellt**, § 59 Abs. 1 HGB. Die gesetzlichen Regelungen über den Handlungsgehilfen, der als unselbstständig Beschäftigter Arbeitnehmer ist[447], enthalten Sonderarbeitsrecht, ohne dass damit das Arbeitsverhältnis des Handlungsgehilfen abschließend geregelt wäre.

II. Vertragspflichten

248 Art und der Umfang der Arbeitspflicht des Handlungsgehilfen ergeben sich im Zweifel aus dem Ortsgebrauch, § 59 S. 1 HGB. Ohne besondere Vereinbarung hat ein Handlungsgehilfe die dem Ortsgebrauch entsprechenden Dienste zu leisten und kann die dem Ortsgebrauch entsprechende Vergütung beanspruchen. Vorrangig ist also eine vertragliche Vereinbarung der Parteien, nachrangig ist das Direktionsrecht des Kaufmanns.

III. Leistung kaufmännischer Dienste

249 Nicht jeder Arbeitnehmer, der gegenüber einem Kaufmann zu Dienstleistungen verpflichtet ist, ist Handlungsgehilfe im Sinne der §§ 59 ff. HGB. Handlungsgehilfen sind nur die sog. kaufmännischen Angestellten wie Buchhalter, Verkäufer, Sekretärinnen, Kassierer usw. Bei der Abgrenzung des Handlungsgehilfen von den sonstigen Arbeitnehmern des Kaufmanns ist auf die Verkehrsauffassung abzustellen. Handlungsgehilfen müssen zumindest im Schwerpunkt zur **Leistung von kaufmännischen Diensten** (in Abgrenzung zu technischen oder mechanischen Tätigkeiten)[448] verpflichtet sein.

Auf Arbeitnehmer eines Kaufmanns, die nicht zu den Handlungsgehilfen gehören, weil sie keine kaufmännischen Dienste leisten, finden nach § 83 HGB die allgemeinen arbeitsrechtlichen Vorschriften, insbesondere die §§ 611 - 630 BGB und die dazu von der Rechtsprechung entwickelten Grundsätze Anwendung. Sie gelten für Handlungsgehilfen nur insoweit, als Spezialregelungen im HGB fehlen.

IV. Wettbewerbsverbot

250 Ein Handlungsgehilfe darf ohne Einwilligung des Kaufmanns weder ein eigenes Handelsgewerbe betreiben noch im Handelszweig des Prinzipals für eigene oder fremde Rechnung Geschäfte machen, § 60 HGB. Dieses Wettbewerbsverbot ist eine gesetzlich

---

[446] *Koller* in: Koller/Roth/Morck, § 59 Rn 1.
[447] *Koller* in: Koller/Roth/Morck, § 59 Rn 2.
[448] *Koller* a. a. O.

geregelte Nebenpflicht des Handlungsgehilfen aus seinem Arbeitsverhältnis. Zu unterlassen sind allerdings nur Betätigungen im Bereich des jeweiligen Handelsgewerbes des Kaufmanns als Arbeitgeber. Das gesetzliche Wettbewerbsverbot entfällt bei Einwilligung des Kaufmanns.

I. Die Handelsvertreter und Handelsmakler

251 Handelsvertreter und Handelsmakler können Kaufleute im Sinne von § 1 HGB sein, soweit die Voraussetzungen des § 1 Abs. 2 HGB vorliegen oder wenn sie sich nach § 2 HGB in das Handelsregister eintragen lassen. Aber auch, wenn das Unternehmen des Handelsvertreters keinen in kaufmännischer Weise eingerichteten Geschäftsbetrieb gem. § 1 Abs. 2 HGB erfordert, finden die Regelungen der §§ 84 ff. HGB gem. § 84 Abs. 4 HGB Anwendung.[449] Handelsvertreter schließen als **selbstständige Gewerbetreibende** für einen anderen Unternehmer, der nicht Kaufmann sein muss, Geschäfte ab oder vermitteln diese.

Die HGB-Vorschriften über Handelsvertreter und Handelsmakler betreffen in erster Linie ihre Rechtsstellung zu denjenigen, für die sie unmittelbar tätig werden und eher am Rande auch die Rechtsstellung zu Dritten.

I. Der Handelsvertreter, §§ 84 – 92 c HGB

1. Anwendbares Recht

252 Das Handelsvertreterrecht hat sich in der Vergangenheit wesentlich verändert, insbesondere weil sich die wirtschaftliche Lage der Handelsvertreter wesentlich geändert hat. Obwohl Handelsvertreter nach § 84 Abs. 1 S. 1 HGB selbstständige Gewerbetreibende sind[450], sind viele von ihnen heute von einem oder mehreren Unternehmen **wirtschaftlich abhängig** und häufig schlechter gestellt als Arbeitnehmer.

Der Grundsatz der Vertragsfreiheit, der ursprünglich das Handlungsagentenrecht des HGB prägte, wurde daher zum Ausgleich der im Allgemeinen schwächeren Stellung von Handelsvertretern durch zwingende gesetzliche Regelungen eingeschränkt. Bestimmte, für Handelsvertreter nachteilige Vertragsgestaltungen über nachvertragliche Wettbewerbsverbote, Karenzentschädigungen etc. werden dadurch verhindert, eingeschränkt oder an besondere Voraussetzungen gebunden, vgl. § 90 a HGB.

2. Begriff und Arten

253 Handelsvertreter ist nach § 84 Abs. 1 S. 1 HGB, wer als selbstständiger Gewerbetreibender ständig damit betraut ist, für einen anderen Unternehmer Geschäfte zu vermitteln oder in dessen Namen abzuschließen.

Das entscheidende Kriterium ist dabei die **Selbstständigkeit**, denn als Angestellter (und damit nicht als Handelsvertreter) gilt, wer zwar wie ein Handelsvertreter damit betraut ist, für einen Unternehmer Geschäfte zu vermitteln oder in dessen Namen abzuschließen, ohne aber selbstständig zu sein, § 84 Abs. 2 HGB. Weiterhin verhindert das Merkmal „für einen anderen", dass der Unternehmer als sein eigener Handelsmakler auftritt.

---

[449] Näheres bei *Canaris*, § 17 Rn 7.

[450] Maßgeblich ist die **persönliche**, nicht die wirtschaftliche Abhängigkeit, siehe § 84 Abs. 1 S. 2 HGB; *Roth* in: Koller/Roth/Morck, § 84 Rn 3. Entscheidend ist eine Schwerpunktbetrachtung bzw. das Gesamtbild des Vertrages, *Canaris*, § 17 Rn 9.

Für rechtlich selbstständige, wirtschaftlich aber von einem (einzigen) Unternehmer abhängige Handelsvertreter (arbeitnehmerähnliche Handelsvertreter) können durch Rechtsverordnung Mindestarbeitsbedingungen festgesetzt werden, § 92 a Abs. 1 HGB. Diese können ihre Ansprüche gegen den Unternehmer damit einfacher und billiger vor den Arbeitsgerichten geltend machen (§§ 5 Abs. 3, 2 ArbGG), während für Auseinandersetzungen zwischen Handelsvertretern und Unternehmen im Übrigen die ordentlichen Gerichte zuständig sind.

Die Vermittlungs- bzw. Abschlusstätigkeit des Handelsvertreters kann sich auf Waren jeder Art sowie auf andere Wirtschaftsgüter und auf Dienstleistungen beziehen, eine Spezifizierung der möglichen Verträge nimmt das Gesetz nicht vor.[451] Der Unternehmer, für den Handelsvertreter im Wege offener Stellvertretung Geschäfte vermitteln oder abschließen, muss nicht notwendig Kaufmann sein.

254 Handelsvertreter unterscheiden sich von Handelsmaklern durch ihre vertragliche Verpflichtung, nicht nur gelegentlich, sondern ständig für einen oder mehrere Unternehmer tätig zu werden, vgl. § 93 Abs. 1 HGB.

a) Vermittlungs- und Abschlussvertreter

255 Das Gesetz unterscheidet Vermittlungsvertreter und Abschlussvertreter. **Abschlussvertreter** gelten nach §§ 55, 54 HGB als ermächtigt, alle Geschäfte und Rechtshandlungen vorzunehmen, die der Abschluss von Geschäften außerhalb des Betriebs des Prinzipals mit sich bringt.

256 Demgegenüber haben **Vermittlungsvertreter** grundsätzlich keine Vollmacht zum Abschluss von Geschäften. Sie gelten allerdings nach § 91 Abs. 2 HGB als ermächtigt, die Anzeige von Mängeln einer Ware, die Erklärung, dass eine Ware zur Verfügung gestellt werde, sowie sonstige Erklärungen für den Unternehmer entgegenzunehmen (Empfangsvertreter, § 164 Abs. 2 BGB).

Außerdem gilt das Schweigen des Kaufmanns auf einen Geschäftsabschluss des Vermittlungsvertreters als Genehmigung, § 91 a Abs. 1 HGB. Der Handelsvertreter selbst haftet den Geschäftspartnern nach § 179 BGB, wenn er Verträge ohne Vertretungsmacht schließt und der Unternehmer den Geschäftsabschluss ablehnt.

257 **Hinweis für die Fallbearbeitung:** Die Unterscheidung zwischen Vermittlungs- und Abschlussvertreter darf nicht zu einer Vermengung zwischen dem **Innen- und dem Außenverhältnis** führen. In den §§ 84 ff. HGB wird ausschließlich das Innenverhältnis zwischen Unternehmer und Handelsvertreter geregelt. Die Vertretungsmacht des Abschlussvertreters ist allein eine Frage des Außenverhältnisses. Im Innenverhältnis sind sowohl der Vermittlungs- als auch der Abschlussvertreter verpflichtet, sich darum zu bemühen, dass Verträge zwischen dem Unternehmer und Dritten zustande kommen, vgl. § 86 Abs. 1 HGB.[452]

[451] Näheres bei *K. Schmidt*, HandelsR, § 27 I 2 c (S. 721).
[452] Vgl. *K. Schmidt*, HandelsR, § 27 I 2 c (S. 722).

b) Versicherungs- und Bausparkassenvertreter

258 Für Versicherungs- und Bausparkassenvertreter, die auch zu den Handelsvertretern gehören, gelten teilweise Sonderregelungen, § 92 HGB. Abweichend von § 87 Abs. 1 S. 1 HGB haben Versicherungs- und Bausparkassenvertreter einen Provisionsanspruch nur für diejenigen Geschäfte, die auf ihre Tätigkeit zurückzuführen sind, nicht dagegen für Folgeverträge, § 92 Abs. 3 HGB. Versicherungs- und Bausparkassenvertreter müssen also beim Abschluss eines neuen oder bei der Abänderung eines alten Vertrages fördernd mitwirken, damit ihnen eine Provision zusteht.

Der Provisionsanspruch von Versicherungs- und Bausparkassenvertretern entsteht außerdem erst mit der Zahlung der Prämie durch den Versicherungsnehmer, § 92 Abs. 4 HGB. Allerdings behalten auch Versicherungs- und Bausparkassenvertreter ihren Provisionsanspruch, wenn der Versicherer einen zustande gekommenen Versicherungsvertrag ohne sachliche Rechtfertigung storniert und damit das von dem Versicherungsvertreter vermittelte Geschäft nicht ausführt, § 87 a Abs. 3 HGB. Daneben bestehen für Versicherungsvertreter Sonderregelungen in §§ 43 ff. VVG.

c) Generalvertreter, Bezirksvertreter, Untervertreter

259 Der Unternehmer, für den ein Handelsvertreter Verträge vermitteln soll, kann ebenfalls Handelsvertreter sein, § 84 Abs. 3 HGB. Dann besteht eine mehrstufige Vertriebsorganisation mit Generalvertretern und Bezirksvertretern, die mit Untervertretern ihrerseits Handelsvertreterverträge schließen. Die Tätigkeit des Untervertreters ist dem Generalvertreter oder Bezirksvertreter zuzurechnen. Untervertreter sind also gegenüber dem Generalvertreter oder Bezirksvertreter vertraglich verpflichtet, für diesen Geschäfte zu vermitteln, die zwischen dem Anbieter und dessen Kunden geschlossen werden.

Ist ein Handelsvertreter Bezirksvertreter (= Alleinvertreter für einen bestimmten Bezirk), so steht ihm auch für Geschäfte, die ohne seine Mitwirkung mit Personen seines Bezirks oder seines Kundenkreises geschlossen worden sind, eine Provision zu, § 87 Abs. 2 HGB.

3. Vertragsinhalt

260 Der Handelsvertretervertrag ist ein Geschäftsbesorgungsvertrag, gerichtet auf die Leistung von Diensten im Rahmen eines Dauerschuldverhältnisses, so dass neben den §§ 84 ff. HGB auch Bestimmungen des BGB über den Geschäftsbesorgungsvertrag, den Dienstvertrag und den Auftrag ergänzend heranzuziehen sind, siehe §§ 675 Abs. 1, 662 ff., 611 ff. BGB.[453]

261

> **Hinweis für die Fallbearbeitung:** In der Fallbearbeitung dürfen insbesondere die §§ 665 – 670 BGB und 672 – 674 BGB aus dem Auftragsrecht nicht vergessen werden. Ebenso ist z.B. § 624 BGB aus dem Dienstvertragsrecht zu beachten (Kündigungsfrist bei lang laufenden Verträgen).[454]

---

[453] *Canaris*, § 17 Rn 15; vgl. *K. Schmidt*, HandelsR, § 27 III 1 (S. 727).

[454] *Canaris*, § 17 Rn 15; zur Frage, inwieweit § 624 BGB durch die HGB-Regelungen zurückgedrängt wird siehe *K. Schmidt*, HandelsR, § 27 III 2.

262 Der Handelsvertretervertrag kann zwar **formfrei** abgeschlossen werden[455], jeder Vertragsteil kann jedoch nach § 85 S. 1 HGB verlangen, dass der Vertragsinhalt sowie spätere Vertragsergänzungen in eine vom anderen Teil unterzeichnete Urkunde aufgenommen werden. Die Regelung begründet allerdings keinen Formzwang, sondern gibt den Vertragsparteien nur einen Anspruch darauf, den Inhalt des u. U. bereits vorher wirksam geschlossenen Vertrages oder spätere Änderungen schriftlich niederzulegen. Damit soll der Nachweis des Vereinbarten erleichtert werden.

Handelsvertreterverträge, die als Formularverträge geschlossen worden sind, unterliegen einer Inhaltskontrolle im Sinne von § 307 BGB, bei welcher zu prüfen ist, ob der Verwender seinen Vertragspartner unangemessen benachteiligt.

4. Vertragspflichten

a) Pflichten des Handelsvertreters

263 Der Handelsvertreter hat sich um die Vermittlung oder den Abschluss von Geschäften zu bemühen, § 86 Abs. 1 HGB. Er hat dabei das **Interesse des Unternehmers** wahrzunehmen und diesem die erforderlichen Nachrichten zu geben, namentlich ihm von jeder Geschäftsvermittlung und jedem Geschäftsabschluss unverzüglich Mitteilung zu machen. Diese Pflicht wirkt auch nach der Beendigung des Vertreterverhältnisses fort, womit der Handelsvertreter beispielsweise keine im Rahmen seiner Tätigkeit ihm bekannt gewordenen Geschäftsgeheimnisse des Unternehmers verwerten oder preisgeben darf.[456]

Der Handelsvertreter hat seine Pflichten mit der **Sorgfalt eines ordentlichen Kaufmanns** wahrzunehmen, § 86 Abs. 3 HGB. Aus § 667 BGB, der ergänzend Anwendung findet, ergibt sich, dass der Handelsvertreter alles herauszugeben hat, was er in Ausführung seines Auftrages erhalten hat.

Trotz der Selbstständigkeit des Handelsvertreters besteht eine **Treuepflicht** gegenüber dem Unternehmen und eine Pflicht zur Beachtung von Weisungen (ergibt sich mittelbar aus § 665 BGB[457]), soweit diese nicht seine unternehmerische Selbstständigkeit berühren.[458]

Der Handelsvertreter ist gem. § 90 HGB zur **Verschwiegenheit** verpflichtet und unterliegt einem **Wettbewerbsverbot**. Letzteres folgt aus der Pflicht, die Interessen des Unternehmers wahrzunehmen oder es wird rechtsgeschäftlich vereinbart, da eine vergleichbare Regelung, wie sie beim Handlungsgehilfen existiert (§ 60 Abs. 1 HGB), nicht vorgesehen ist.[459] Der Handelsvertreter darf also im Geschäftszweig des Unternehmers für einen Konkurrenten nur tätig werden, wenn der Unternehmer ihm das gestattet oder wenn dessen Interessen nicht beeinträchtigt werden.

Verbotswidrig für ein Konkurrenzunternehmen abgeschlossene oder vermittelte Geschäfte begründen **Auskunfts- und Schadensersatzansprüche** des Unternehmers gegenüber dem Handelsvertreter aus § 280 Abs. 1 BGB.

---

[455] *Roth* in: Koller/Roth/Morck, § 85 Rn 1.
[456] Vgl. zu weiteren Einzelpflichten *Roth* in: Koller/Roth/Morck, § 86 Rn 5 ff.
[457] *Roth* in: Koller/Roth/Morck, § 86 Rn 9.
[458] *Brox* Rn 212.
[459] Vgl. *v. Hoyningen-Huene* in: MünchKommHGB, § 86 Rn 33 ff.; *K. Schmidt*, HandelsR § 27 IV 1 c.

264 Große und marktstarke Unternehmen vereinbaren mit den für sie tätigen Handelsvertretern häufig, dass ihnen jede Tätigkeit für einen Konkurrenten verboten ist. Derartige **vertraglich vereinbarte Wettbewerbsverbote**, die über die zur sachgerechten Interessenwahrnehmung notwendige Bindung hinausgehen, können nach §§ 32, 20 Abs. 1 GWB vom Bundeskartellamt für unwirksam erklärt werden, wenn sie zu einer wesentlichen Beschränkung des Wettbewerbs führen.

> **Beispiel:** Nach den Agenturverträgen des Reiseveranstalters TUI war den für sie als Handelsvertreter tätigen selbstständigen Reisebüros der Vertrieb von Pauschalreisen verboten, die von den Konkurrenzunternehmen NUR und ITS angeboten wurden. Diese Wettbewerbsklausel ist vom Bundeskartellamt für unwirksam erklärt worden.

b) Pflichten des Unternehmers

265 Der Unternehmer ist verpflichtet, dem Handelsvertreter die zur Ausübung seiner Tätigkeit erforderlichen **Unterlagen**, wie Muster, Zeichnungen, Preislisten, Werbedrucksachen und Geschäftsbedingungen zur Verfügung zu stellen, § 86a Abs. 1 HGB. Er hat dem Handelsvertreter die erforderlichen **Nachrichten** zu geben und ihm unverzüglich die Annahme oder Ablehnung eines vermittelten oder ohne Vertretungsmacht abgeschlossenen Geschäfts **mitzuteilen**, § 86 a Abs. 2 S. 1 u. 2 HGB. Der Unternehmer hat den Handelsvertreter weiterhin gem. § 86 a Abs. 2 S. 3 HGB zu **unterrichten**, wenn er Geschäfte voraussichtlich nur in erheblich geringerem Umfang abschließen kann oder will, als nach den gewöhnlichen Umständen zu erwarten war. Die sachlich nicht gerechtfertigte Ablehnung von Geschäftsabschlüssen kann jedenfalls gegenüber einem Einfirmenvertreter (vertritt nur ein Unternehmen) als Verletzung der dem Unternehmer obliegenden Treuepflicht zu qualifizieren sein.[460]

c) Provisionsanspruch

266 Der Handelsvertreter hat Anspruch auf Provision für alle während des Vertragsverhältnisses abgeschlossenen Geschäfte, § 87 Abs. 1 S. 1 HGB. Neben dieser sog. **Abschlussprovision** besteht ein Anspruch auf eine **Inkassoprovision** (§ 87 Abs. 4 HGB)[461], wenn der Handelsvertreter vom Unternehmer auch mit dem Inkasso beauftragt ist, sowie auf eine **Delkredereprovision**, wenn der Handelsvertreter sich verpflichtet hat, für die Erfüllung der Verbindlichkeiten aus einem von ihm vermittelten Geschäft einzustehen, § 86 b HGB.

Ist der Handelsvertreter Bezirksvertreter, so steht ihm auch für Geschäfte, die ohne seine Mitwirkung mit Personen seines Bezirks oder seines Kundenkreises geschlossen worden sind, eine Provision zu, § 87 Abs. 2 HGB.

Die Höhe der Provision richtet sich primär nach der Vereinbarung. Im Übrigen sind die üblichen Sätze maßgebend, § 87 b Abs. 1 HGB. Der Handelsvertreter kann außerdem den Ersatz seiner im regelmäßigen Geschäftsbetrieb entstandenen **Aufwendungen** nur dann verlangen, wenn dies handelsüblich ist, § 87 d HGB. Ansonsten muss der Handelsvertreter als selbstständiger Gewerbetreibender die im regelmäßigen Geschäftsbetrieb entstandenen Aufwendungen selbst tragen.[462] Zur Ermittlung der geschuldeten Provisionen und aller sonstigen Ansprüche aus dem Vertragsverhältnis hat

---

[460] Siehe zur Pflicht zur Rücksichtnahme *K. Schmidt*, HandelsR, § 27 IV 2 a; BGHZ **49**, 39, 44.
[461] Vgl. *Roth* in: Koller/Roth/Morck, § 87 a Rn 16.
[462] *Brox* Rn 214.

der Handelsvertreter einen Anspruch auf Rechnungslegung (schriftliche Abrechnung[463]) gegen den Unternehmer, § 87 c HGB.

d) Vertragsbeendigung

267 Das Handelsvertreterverhältnis kann jederzeit aus wichtigem Grund gekündigt werden, § 89 a Abs. 1 S. 1 HGB. Obwohl die für die außerordentliche Kündigung von Dienst- und Arbeitsverhältnissen maßgebliche Zweiwochenfrist des § 626 Abs. 2 BGB keine (analoge) Anwendung findet[464], ist auch die außerordentliche Kündigung von Handelsvertreterverhältnissen nur wirksam, wenn sie innerhalb einer angemessenen (kurzen) Frist nach Kenntnisnahme von dem Kündigungsgrund ausgesprochen worden ist.[465]

Eine ordentliche Kündigung ist nach § 89 HGB mit den dort genannten Fristen möglich.

268 Eine **nachvertragliche Wettbewerbsabrede**, die den Handelsvertreter nach Beendigung des Vertragsverhältnisses in seiner gewerblichen Tätigkeit beschränkt, bedarf nach § 90 a Abs. 1 HGB der Schriftform und kann nur für längstens zwei Jahre getroffen werden. Der Unternehmer ist verpflichtet, dem Handelsvertreter für die Dauer der Wettbewerbsbeschränkung eine angemessene Entschädigung (Karenzentschädigung[466]) zu zahlen.

269 Bei Beendigung des Handelsvertreterverhältnisses steht dem Handelsvertreter ein **Ausgleichsanspruch** zu, wenn der Unternehmer nach dem Ausscheiden des Handelsvertreters aus dessen früherer Tätigkeit noch weitere Vorteile zieht, § 89 b HGB. Der Ausgleichsanspruch muss innerhalb eines Jahres nach Beendigung des Vertragsverhältnisses geltend gemacht werden. Die Zahlung des Ausgleichs wird allerdings nur geschuldet, wenn sie unter Berücksichtigung aller Umstände der Billigkeit entspricht.[467]

Kein Ausgleichsanspruch besteht, wenn der Handelsvertreter das Vertragsverhältnis gekündigt hat, ohne dass ein Verhalten des Unternehmers ihm hierzu begründeten Anlass gegeben hat.

> **Beispiel:** Unternehmer U hatte mit dem Handelsvertreter H vor mehreren Jahren einen auf ein Jahr befristeten formularmäßigen Handelsvertretervertrag abgeschlossen, der seither um jeweils ein Jahr verlängert worden ist. Eine von U angebotene erneute Vertragsverlängerung für das nächste Jahr lehnt H wegen der von U vorgeschlagenen veränderten Vertragsbedingungen ab und macht einen Ausgleichsanspruch geltend.
> Durch formularmäßige Kettenverträge wird ein Handelsvertreterverhältnis auf unbestimmte Zeit begründet. Entgegen der vertraglich getroffenen Vereinbarung endet es also nicht automatisch durch Zeitablauf. Erst die Ablehnung der angebotenen Vertragsverlängerung durch H, die rechtlich einer Eigenkündigung gleichsteht[468], führt zur Beendigung des Handelsvertreterverhältnisses. Der in § 89 b HGB vorgesehene Ausgleichsanspruch des Handelsvertreters entfällt zwar grundsätzlich bei einer Eigenkündigung (§ 89 b Abs. 3 Nr. 1 HGB); nicht hinnehmbare Veränderungen der Vertragsbedingungen sind jedoch ein begründeter Anlass zur Beendigung des Handelsvertreterverhältnisses durch H und führen nicht zum Wegfall seines Ausgleichsanspruchs.

---

[463] Vgl. *Roth* in: Koller/Roth/Morck, § 87 c Rn 2.
[464] *Brox* Rn 220; BGH NJW **1987**, 57.
[465] *Roth* in: Koller/Roth/Morck, § 89 a Rn 6.
[466] *Brox* Rn 225.
[467] Ausführlich zur Dogmatik und den Voraussetzungen *Canaris*, § 17 Rn 98 ff.
[468] Vgl. BGH MDR **1996**, 371.

II. Der Handelsmakler, §§ 93 - 104 HGB

1. Abgrenzung und Rechtsgrundlagen

270 Im Unterschied zum Handelsvertreter wird der Handelsmakler nicht aufgrund ständiger Beauftragung, sondern **im Einzelfall und objektbezogen** für Andere als Vermittler tätig, **ohne dass er an Weisungen gebunden** wäre.[469] Handelsmakler ist nach § 93 Abs. 1 HGB, wer gewerbsmäßig für Andere, ohne von ihnen ständig damit betraut zu sein, die Vermittlung von Verträgen (= Vorbereitung des Vertragsschlusses[470]) über Gegenstände des Handelsverkehrs übernimmt.

Für die Rechtsbeziehungen des Handelsmaklers finden neben den §§ 93 ff. HGB subsidiär die Bestimmungen des BGB über den Makler (§§ 652 ff. BGB) Anwendung.[471]

In der Praxis werden Handelsmakler als Warenmakler, Börsenmakler, Versicherungsmakler, Schiffsmakler oder Finanzmakler tätig.[472] Anders als der Zivilmakler des BGB ist der Handelsmakler aber nie bloßer Nachweismakler, sondern muss eine darüber hinausgehende Vermittlungstätigkeit leisten. Für die Abgrenzung zum weisungsgebundenen Handelsvertreter kommt es auf die tatsächliche Vertragsgestaltung und nicht auf die verwendete Bezeichnung an.[473]

2. Haupt- und Nebenpflichten des Maklervertrages

271 Ein Maklervertrag kann ausdrücklich oder stillschweigend abgeschlossen werden. Er begründet nur für den Auftraggeber eine aufschiebend bedingte Hauptpflicht. Dem Auftraggeber steht es zwar frei, ob er den vom Makler vermittelten Vertrag abschließt oder nicht. Er schuldet aber aufgrund des Maklervertrages im Falle des Abschlusses eine **Provision**. Der Makler schuldet weder Tätigkeit noch Erfolg; die Vermittlung ist lediglich eine Voraussetzung, damit der Provisionsanspruch entsteht.[474], d. h. der Makler geht beim Abschluss des Maklervertrages keine Verpflichtung ein, tätig zu werden oder den Abschlusserfolg herbeizuführen. Er übernimmt im Maklervertrag also keine Hauptpflicht und ist nicht zu Vermittlungsbemühungen verpflichtet, sondern grundsätzlich frei, sich um den Abschlusserfolg zu bemühen.

Etwas anderes gilt nur für den **Verkäufermakler**, der einen **Alleinauftrag** vereinbart hat. Verspricht der Makler ein Tätigwerden, so findet Dienstvertragsrecht Anwendung. Handelsmakler treffen also aus dem Maklervertrag nur vertragliche Nebenpflichten, zu denen vor allem Informations- und Beratungspflichten sowie Unterlassungspflichten (z.B. Geheimhaltungspflichten) gehören.[475] Nur diese Verpflichtungen können nach § 362 Abs. 1 HGB auch entstehen, wenn der von einem Interessenten beauftragte Makler schweigt.

Der fehlenden Hauptpflicht des Maklers zum Tätigwerden entspricht es, dass der Auftraggeber neben der Provision keinen Aufwendungsersatz schuldet. Die Höhe der im Erfolgsfalle geschuldeten Provision richtet sich nach billigem Ermessen (§ 315 Abs. 3

[469] Zur Abgrenzung siehe auch *Canaris*, § 21 Rn 4.
[470] *Brox* Rn 226.
[471] Vgl. *K. Schmidt*, HandelsR, § 26 II 1.
[472] Vgl. *Brox* Rn 226.
[473] *K. Schmidt*, HandelsR, § 27 I 2 e (S. 723 f.); BGH BB **1982**, 1876, 1877.
[474] *Roth* in: Koller/Roth/Morck, § 93 Rn 16.
[475] Vgl. *K. Schmidt*, HandelsR, § 26 II 2.

BGB), wenn eine vertragliche Vereinbarung fehlt. Der Provisionsanspruch selbst ergibt sich aus § 99 HGB.

a) Neutralitätsgebot und Gebot objektiver Interessenwahrung

Der Handelsmakler darf für **beide Seiten gleichzeitig vermittelnd tätig werden** und mit beiden einen Maklervertrag schließen. Schließt der Handelsmakler nur mit einer Seite einen Maklervertrag, so besteht auch nur mit dieser ein vertragliches Schuldverhältnis, während zur anderen Seite ein gesetzliches Schuldverhältnis entsteht. Er ist also grundsätzlich nie Interessenwahrer nur einer Partei, sondern hat grundsätzlich die **Interessen beider Vertragspartner wahrzunehmen** und ist beiden Teilen in gleicher Weise zu objektiver Interessenwahrung und Aufklärung verpflichtet.[476] **272**

Der Handelsmakler haftet beiden Parteien für einen durch sein Verschulden entstehenden Schaden, § 98 HGB. Mangels abweichender Vereinbarungen müssen bei Tätigkeit eines Doppelmaklers beide Parteien die Hälfte der dem Makler für seine Vermittlung geschuldeten Provision zahlen, § 99 HGB. Bei vorsätzlicher oder grob fahrlässiger Verletzung seiner Nebenpflichten verliert der Makler seinen Provisionsanspruch.

b) Schlussnote

Der Handelsmakler hat nach § 94 Abs. 1 HGB unverzüglich nach dem Abschluss eines Geschäfts jeder Partei eine von ihm unterzeichnete Schlussnote zuzustellen, in der die Parteien, der Gegenstand und die Bedingungen des Geschäfts sowie der Preis und die Zeit der Lieferung angegeben werden müssen. **273**

Wenn die Parteien Kaufleute sind und der Schlussnote nicht unverzüglich widersprechen, kommt das Geschäft nach den Grundsätzen über das **kaufmännische Bestätigungsschreiben** mit dem Inhalt der Schlussnote zustande. Der Handelsmakler kann sich in der Schlussnote aber auch die Bezeichnung der anderen Partei noch vorbehalten. Wer eine derartige Schlussnote annimmt, ist nach § 95 Abs. 1 HGB an das Geschäft mit der Partei gebunden, die ihm vom Handelsmakler nachträglich bezeichnet wird. Benennt der Handelsmakler keine Vertragspartei, so kann **er selbst** nach § 95 Abs. 3 HGB auf Erfüllung in Anspruch genommen werden.

c) Tagebuchführung

Zur Sicherung des Beweises hat der Handelsmakler nach § 100 Abs. 1 HGB ein Tagebuch zu führen und darin täglich alle abgeschlossenen Geschäfte einzutragen. Unterlässt er das, so begeht er eine Ordnungswidrigkeit, die nach § 103 Abs. 2 HGB mit einer Geldbuße bis zu 5.000,- Euro geahndet werden kann. **274**
Der Handelsmakler ist nach § 101 HGB verpflichtet, den Parteien jederzeit auf Verlangen Auszüge aus dem Tagebuch zu geben, die alles enthalten müssen, was er über das vermittelte Geschäft darin eingetragen hat. Im Rechtsstreit trifft ihn eine **Vorlegungspflicht**, § 102 HGB.

---

[476] Vgl. *Canaris*, § 21 Rn 26.

J. Das Kommissionsgeschäft gem. §§ 383 ff. HGB

I. Die Geschäftsbesorgung durch den Kommissionär

275 Kommissionär ist gem. § 383 Abs. 1 HGB, wer es gewerbsmäßig übernimmt, Waren oder Wertpapiere für Rechnung eines anderen (des Kommittenten) im eigenen Namen zu kaufen oder zu verkaufen. Der Kommissionär schließt somit **in eigenem Namen aber für fremde Rechnung** Geschäfte ab.

Mit dieser Definition wird nicht nur der Gewerbetreibende gesetzlich beschrieben, der als Kommissionär Kaufmann im Sinne von § 1 HGB ist, sondern auch der Vertragstyp, der seine unternehmerische Tätigkeit prägt. Der Kommissionär schuldet dem Kommittenten den Kauf oder Verkauf von Waren oder Wertpapieren. Dabei schließt er die Geschäfte in eigenem Namen ab, so dass er selbst Vertragspartner des Dritten wird, an den er verkauft oder von dem er kauft. Die rechtlichen Folgen des Geschäfts treffen also ihn selbst. Die wirtschaftlichen Folgen der Ausführungsgeschäfte soll dagegen der Kommittent tragen. Der Kommissionär handelt also als **mittelbarer Stellvertreter**.[477]

276 Während bei der direkten Stellvertretung Erklärungen offen im Namen des Vertretenen abgegeben werden müssen, damit die rechtlichen Wirkungen unmittelbar den Vertretenen treffen (§§ 164 ff. BGB), wird bei der mittelbaren Stellvertretung des im eigenen Namen handelnden Kommissionärs nur er selbst verpflichtet. Da er für Rechnung des Kommittenten tätig wird, hat er allerdings gegen diesen einen schuldrechtlichen Anspruch auf Freistellung bzw. er ist aufgrund der Rechtsbeziehung zum Hintermann verpflichtet, die Rechtsfolgen des Geschäfts auf diesen überzuleiten.

277 Die §§ 383 ff. HGB finden auch Anwendung auf andere Kommissionsgeschäfte als den Waren- oder Wertpapierkauf und –verkauf, § 406 Abs. 1 S. 1 HGB. Kommissionsrecht findet schließlich auf sämtliche Geschäfte Anwendung, die ein Kaufmann, der nicht Kommissionär ist, für Rechnung eines anderen in eigenem Namen zu schließen übernimmt, § 406 Abs. 1 S. 2 HGB. Nach § 406 Abs. 2 HGB gilt als Einkaufs- und Verkaufskommission auch eine Kommission, welche die Lieferung einer nicht vertretbaren beweglichen Sache, die aus einem von dem Unternehmer zu beschaffenden Stoff herzustellen ist, zum Gegenstand hat.[478]

278

> **Hinweis für die Fallbearbeitung:** Für die Anwendung des Kommissionsrechts kommt es daher allein darauf an, dass ein Kaufmann es gewerbsmäßig übernimmt, als mittelbarer Stellvertreter im eigenen Namen für fremde Rechnung Verträge abzuschließen.

---

[477] *Canaris*, § 32 Rn 4: „Musterbeispiel mittelbarer Stellvertretung".

[478] § 406 Abs. 2 HGB wurde im Rahmen der Schuldrechtsreform nicht angepasst, obwohl § 651 BGB geändert wurde. Es ist nicht anzunehmen, dass die noch herzustellenden vertretbaren beweglichen Sachen aus dem Anwendungsbereich des Kommissionsgeschäfts herausgenommen werden sollten, womit § 651 ergänzend zu § 406 Abs. 2 heranzuziehen ist, vgl. *Steck*, NJW **2002**, 3203 f. wonach der Gesetzgeber die erforderliche Änderung des § 406 Abs. 2 HGB übersehen hat.

II. Kommissions-, Ausführungs- und Abwicklungsgeschäft

279

Das Kommissionsgeschäft umfasst drei Rechtsverhältnisse:

- das **Kommissionsgeschäft** zwischen Kommissionär und Kommittenten
- das **Ausführungsgeschäft** des Kommissionärs mit dem Dritten (insbesondere der Kaufvertrag mit dem Dritten)
- das **Abwicklungsgeschäft** zur Übertragung der von dem Kommissionär im eigenen Namen erworbenen Rechtspositionen auf dem Kommittenten.[479]

1. Das Kommissionsgeschäft

280

Das Kommissionsgeschäft, das zwischen dem Kommittenten und dem Kommissionär geschlossen wird, ist ein **entgeltlicher Geschäftsbesorgungsvertrag** im Sinne von § 675 BGB (Kommissionsvertrag).[480] Soweit die §§ 383 ff. HGB das Rechtsverhältnis nicht erschöpfend regeln, sind nach § 675 BGB die Auftragsregelungen (§§ 662 ff. BGB) ergänzend heranzuziehen. Streitig ist, ob bei noch verbleibendem Regelungsbedarf Werkvertragsrecht (§§ 631 ff. BGB) oder Dienstvertragsrecht (§§ 611 ff. BGB) heranzuziehen ist.[481]

a) Pflichten des Kommissionärs

281

Der Kommissionär ist im Wesentlichen verpflichtet, das übernommene Geschäft **auszuführen** und dabei die **Interessen des Kommittenten wahrzunehmen** und dessen **Weisungen zu befolgen**.[482]

Den Kommissionär treffen **Sorgfalts-, Mitteilungs- und Ausführungspflichten**.[483] Er hat das übernommene Geschäft mit der Sorgfalt eines ordentlichen Kaufmanns auszuführen, § 384 Abs. 1 HGB. Dabei hat er die Weisungen des Kommittenten zu befolgen (§ 385 Abs. 1 HGB) und ihm Rechenschaft zu legen, § 385 Abs. 2 HGB. Der Kommissionär muss sich also um einen für den Kommittenten möglichst vorteilhaften Vertragsschluss bemühen.[484] Ihn trifft die Verpflichtung, Ansprüche gegen Frachtführer und andere Beteiligte geltend zu machen, wenn das Kommissionsgut mangelhaft oder beschädigt ist und hat auch sonst für dessen mangelfreien Zustand zu sorgen, § 388 HGB.

282

Verletzt der Kommissionär die Weisungspflicht, macht er sich **schadensersatzpflichtig**, § 385 HGB. Er haftet dem Kommittenten, wenn er seinen Vertragspartner nicht benennt (§ 384 Abs. 3 HGB) und handelt auf eigene Gefahr, wenn er einem Dritten ohne Zustimmung des Kommittenten Kredit gewährt, § 393 HGB. Der Kommissionär haftet dem Kommittenten schließlich auch, wenn er gegenüber diesem für die Erfüllung der Verbindlichkeiten des Dritten eine **Delkrederehaftung** übernommen hat, § 394 Abs. 1 HGB.

---

[479] Vgl. *Canaris*, § 32 Rn 2.
[480] *Roth* in: Koller/Roth/Morck, § 383 Rn 3; *Brox* Rn 371.
[481] Vgl. *Brox* Rn 371; *K. Schmidt*, HandelsR, § 31 III 3 a.
[482] *K. Schmidt*, HandelsR, § 31 IV 1 a.
[483] Ausführlich *K. Schmidt*, HandelsR, § 31 IV.
[484] *Brox* Rn 373.

283 Bei einer **limitierten Kommission** hat der Kommissionär die ihm vom Kommittenten gesetzten Preisgrenzen zu beachten, §§ 386, 387 HGB. Er darf also bei der Verkaufskommission nicht unter dem ihm gesetzten Preis verkaufen und bei der Einkaufskommission nicht mehr als den vorgegebenen Preis zahlen. Hält er sich nicht daran, so kann der Kommittent auf die Anzeige von der (ungünstigeren) Ausführung des Geschäfts dieses als nicht für seine Rechnung abgeschlossen unverzüglich zurückweisen, § 386 Abs. 1 HGB. Anderenfalls gelten die Preisabweichungen gegenüber den Vorgaben des Kommittenten als genehmigt. Das **Zurückweisungsrecht des Kommittenten** bei Preisabweichungen entfällt, wenn der Kommissionär die Deckung des Preisunterschiedes selbst übernimmt und dies in seiner Ausführungsanzeige dem Kommittenten mitteilt, § 386 Abs. 2 HGB. Der Anspruch des Kommittenten auf den Ersatz eines den Preisunterschied übersteigenden Schadens bleibt unberührt, § 386 Abs. 2 S. 2 HGB.

Die Vorteile eines günstigeren Geschäfts kommen immer dem Kommittenten zugute, § 387 Abs. 1 HGB. Das gilt insbesondere dann, wenn der Preis, für den der Kommissionär verkauft, den von dem Kommittenten bestimmten niedrigsten Preis übersteigt oder wenn der Preis, für welchen er einkauft, den von dem Kommittenten bestimmten höchsten Preis nicht erreicht, § 387 Abs. 2 HGB.

284 Nach § 384 Abs. 2 HGB hat der Kommissionär nach der Durchführung des Ausführungsgeschäfts bestimmte Abwicklungspflichten. So hat er dem Kommittenten die erforderlichen Nachrichten zu geben, insbesondere die **Ausführung der Kommission unverzüglich anzuzeigen** sowie über das Geschäft **Rechenschaft abzulegen**. Ebenso muss der Kommissionär dem Kommittenten das aus der Geschäftsbesorgung Erlangte herausgeben, § 384 Abs. 2, 2. HS.

b) Rechte des Kommissionärs

aa) Provision und Aufwendungsersatz

285 Für seine Geschäftsbesorgung kann der Kommissionär **Provision** verlangen, sobald das Geschäft ausgeführt ist, § 396 Abs. 1 S. 1 HGB. Die Höhe bemisst sich nach der Vereinbarung, ansonsten gilt § 354 Abs. 1 HGB, wonach sich der Anspruch nach den ortsüblichen Sätzen bemisst.

Hat der Kommissionär aufgrund einer besonderen Vereinbarung eine **Delkrederehaftung** übernommen, so kann er dafür als besondere Vergütung eine Delkredereprovision beanspruchen, § 394 Abs. 2 S. 2 HGB. Außerdem hat er einen Aufwendungsersatzanspruch gegen den Kommittenten, soweit er bei Ausführung des Geschäfts Aufwendungen gemacht hat, die er für erforderlich halten durfte, § 396 Abs. 2 HGB (z.B. Vergütung für die Benutzung der Lagerräume und der Beförderungsmittel des Kommissionärs).

bb) Sicherungsrechte

286 Zur Sicherung seiner Forderung gegen den Kommittenten hat der Kommissionär ein **gesetzliches Besitzpfandrecht** an dem im Eigentum des Kommittenten stehenden Kommissionsguts wegen seiner Kosten, der Provision, der von ihm gezahlten Vorschüsse und Darlehen, der gezeichneten Wechsel oder seiner in anderer Weise eingegangenen Verbindlichkeiten sowie wegen aller Forderungen aus laufender Rechnung in Kommissionsgeschäften, § 397 HGB.

Darüber hinaus hat er ein **pfandähnliches Befriedigungsrecht** auch an eigenen Sachen, § 398 HGB. Auch wenn er Eigentümer des Kommissionsguts ist (wie z.B. häufig bei der Einkaufskommission[485]), kann er sich für die in § 397 HGB bezeichneten Ansprüche nach Maßgabe der für das Pfandrecht geltenden Vorschriften aus dem Gute befriedigen.

Ebenso kann er sich aus den Forderungen, die durch das für Rechnung des Kommittenten geschlossene Geschäft begründet sind, für die in § 397 HGB bezeichneten Ansprüche vor dem Kommittenten und dessen Gläubigern befriedigen, § 399 HGB. Es besteht also ein Forderungsvorrang zugunsten des Kommissionärs. Dabei kann der Kommissionär z.B. die Abtretung der Forderung verweigern.[486]

2. Das Ausführungsgeschäft

287

Da der Kommissionär als mittelbarer Stellvertreter auftritt und die Ausführungsgeschäfte im eigenen Namen abschließt, ist auch allein er daraus gegenüber dem Dritten berechtigt und verpflichtet.

Der Kommissionär schließt im Falle der Verkaufskommission Kaufverträge über fremde Sachen ab und verfügt über sie. Er verfügt dabei als Nichtberechtigter, handelt aber mit **Einwilligung** des Berechtigten (des Kommittenten). Folglich ist er gem. § 185 Abs. 1 BGB **verfügungsbefugt**.[487]

Bei der Einkaufskommission erwirbt der Kommissionär die Ware oder Wertpapiere ebenfalls in eigenem Namen und wird also nach § 929 BGB auch deren Eigentümer. Erst durch das Abwicklungsgeschäft werden diese Rechtswirkungen entsprechend den getroffenen Vereinbarungen zwischen Kommissionär und Kommittent ausgeglichen.[488]

a) Drittschadensliquidation

288

Macht der Kommissionär aus dem Ausführungsgeschäft mit dem Dritten Schadensersatzansprüche gegen diesen geltend, so würde sein Anspruch an sich daran scheitern, dass nicht er selbst, sondern der Kommittent, für dessen Rechnung der Kaufvertrag abgeschlossen wurde, einen Schaden erlitten hat. Andererseits könnte auch der Kommittent von dem Dritten keinen Schadensersatz beanspruchen, weil er nicht dessen Vertragspartner ist. Daher kann der Kommissionär den Schaden nach den Grundsätzen über die Drittschadensliquidation geltend machen.[489]

---

[485] Vgl. *Brox* Rn 378.

[486] *Roth* in: Koller/Roth/Morck, § 399 Rn 2.

[487] Vgl. *K. Schmidt*, HandelsR, § 31 V 2 a.

[488] Vgl. *K. Schmidt*, HandelsR, § 31 V 3 a.

[489] *Canaris*, § 32 Rn 41 m. w. N., auch zum Streitstand, zumindest atypische Schäden aus der Schadensberechnung auszuklammern; allgemein zur Drittschadensliquidation *Medicus*, BürgR Rn 838 ff.; *ders.* in Schuldrecht AT Rn 609 ff.

b) Selbsteintrittsrecht

289 Hat das Kommissionsgut einen Börsen- oder Marktpreis, so kann der Kommissionär das Geschäft durch Ausübung seines Selbsteintrittsrechts ausführen, § 400 Abs. 1 HGB.

Wenn der Kommittent nichts anderes bestimmt hat, kann der Kommissionär bei der Einkaufskommission das Gut selbst als Verkäufer liefern oder bei der Verkaufskommission das Gut selbst als Käufer übernehmen. Durch die Beschränkung des Selbsteintrittsrechts auf Kommissionsgeschäfte über Waren oder Wertpapiere mit Börsen- oder Marktpreis wird gewährleistet, dass der Kommissionär nicht die Interessen des Kommittenten zugunsten seiner eigenen Interessen vernachlässigt, denn der dem Kommittenten zustehende Kaufpreis kann bei Gütern mit Börsen- oder Marktpreis leicht ermittelt werden. Beim Selbsteintritt kommt neben dem normalen Kommissionsvertrag ein Kaufvertrag zwischen dem Kommissionär und dem Kommittenten zustande.[490]

290 Auch bei Ausführung des Kommissionsgeschäfts durch Selbsteintritt hat der Kommissionär also die **wirtschaftlichen Interessen des Kommittenten zu wahren**.[491] Das Selbsteintrittsrecht spielt in der Praxis bei der Effektenkommission der Kreditinstitute eine große Rolle. Aufträge zum Kauf und Verkauf von zum amtlichen Handel oder zum geregelten Markt zugelassenen Wertpapieren werden grundsätzlich als Kommissionsgeschäfte durch Selbsteintritt der Bank ausgeführt, § 29 Abs. 1 AGB-Banken.

> **Beispiel:** Kunde K erteilt dem Bankier B einen Auftrag zum Kauf von IBM-Aktien. B führt das Geschäft als Kommissionär durch Selbsteintritt aus und berechnet es dem K zum Tageskurs vom 11. Februar mit 205.000,- Euro. Da B dem K die Aktien erst am 25. März übersendet und da ihr Kurs inzwischen erheblich gesunken ist, weigert sich K, den geforderten Betrag zu bezahlen. K muss den Preis zahlen, den B unter Zugrundelegung von §§ 400 Abs. 2 - 5, 401 HGB berechnen durfte. Das ist der Börsenkurs am Tage der tatsächlichen Ausführung des Geschäfts bzw. ein von B gezahlter noch niedrigerer Preis.[492] K muss daher den geforderten Kaufpreis zahlen.

Auch bei Ausführung der Kommission durch Selbsteintritt hat der Kommissionär dem Kommittenten einen noch vorteilhafteren Preis als den aktuellen Börsen- oder Marktpreis zu berechnen, wenn es ihm bei Anwendung der im Verkehr erforderlichen Sorgfalt möglich gewesen wäre, noch unter dem aktuellen Börsen- oder Marktpreis einzukaufen bzw. teurer zu verkaufen, § 401 Abs. 1 HGB. Hat der Kommissionär vor der Absendung der Ausführungsanzeige aus Anlass der erteilten Kommission an der Börse oder am Markt ein Geschäft mit einem Dritten abgeschlossen, so darf er dem Kommittenten keinen ungünstigeren als den hierbei vereinbarten Preis berechnen, § 401 Abs. 2 HGB.

Der Kommissionär kann auch beim Selbsteintritt seine gewöhnliche Provision verlangen, § 403 HGB.

---

[490] *Canaris*, § 32 Rn 50.
[491] Vgl. *Roth* in: Koller/Roth/Morck, § 400 Rn 6.
[492] Vgl. BGH ZIP **1988**, 699 ff.

3. Das Abwicklungsgeschäft

291

Als mittelbarer Stellvertreter erwirbt der Kommissionär aus dem Vertrag mit dem Dritten Ansprüche, die er zur Erfüllung seiner Verpflichtungen aus dem Kommissionsvertrag auf den Kommittenten zu **übertragen** hat, dem das Geschäft wirtschaftlich zuzurechnen ist. Daher hat der Kommissionär dem Kommittenten seine Forderungen aus dem Ausführungsgeschäft gegen den Dritten **abzutreten**[493], damit dieser sie danach gegen den Dritten geltend machen kann, § 392 Abs. 1 HGB.

Damit der Kommittent davor geschützt ist, dass Gläubiger des Kommissionärs ihm vor der Abtretung durch Forderungspfändung zuvorkommen, gelten im Verhältnis zwischen dem Kommittenten und dem Kommissionär oder dessen Gläubigern (und damit **relativ**[494]) sämtliche Forderungen aus dem Kommissionsgeschäft auch vor der Abtretung als Forderung des Kommittenten, § 392 Abs. 2 HGB. Der Kommittent ist also davor geschützt, dass Gläubiger des Kommissionärs die geschuldete Abtretung durch Aufrechnung oder Forderungspfändung vereiteln.[495] Dieser Vorrang des Kommittenten gegenüber den anderen Gläubigern des Kommissionärs ist allerdings dann problematisch, wenn der Dritte gerade **wegen** der Aufrechnungsmöglichkeit das Ausführungsgeschäft mit dem Kommissionär abgeschlossen hatte.[496]

292

Hinweis für die Fallbearbeitung: Der Schutz des § 392 Abs. 2 HGB bewirkt zunächst, dass der Kommittent einer Forderungspfändung durch einen Gläubiger des Kommissionärs gem. § 771 ZPO eine **Drittwiderspruchsklage** entgegensetzen kann. Zudem kann der Kommittent im Insolvenzverfahren über das Vermögen des Gläubigers ein **Aussonderungsrecht** nach § 47 InsO geltend machen.[497] Eine wichtige Frage im Rahmen der Fallbearbeitung kann sein, ob eine Aufrechnung durch Dritte, die Vertragspartner und Gläubiger des Kommissionärs sind, mit Gegenforderungen, die aus dem Ausführungsgeschäft stammen, durch § 392 Abs. 2 HGB verhindert wird. Nach einer Ansicht muss der Kommittent eine Aufrechnung als wirksam gegen sich gelten lassen, die ein Dritter mit einer (konnexen) Gegenforderung, die ihm gegen den Kommissionär zusteht, gegen eine Forderung aus dem Ausführungsgeschäft erklärt, denn in diesem Fall seien die Interessen des Dritten schutzwürdiger als die des Kommittenten.[498] Bei nicht-konnexen Gegenforderungen (d. h. Forderungen, die nicht aus dem Ausführungsgeschäft stammen) lehnt eine verbreitete Literaturmeinung die Aufrechnung ab und wendet insofern § 392 Abs. 2 HGB auch auf derartige Sachverhalte an.[499] Die Rechtsprechung und ein Teil der Literatur wenden § 392 Abs. 2 HGB hier nicht an und lassen damit eine Aufrechnung auch mit inkonnexen Forderungen, insbesondere auch aufgrund der Wertung der §§ 404, 406 BGB (Einwendungen des Schuldners, Aufrechnung gegenüber dem neuen Gläubiger), zu.[500]

---

493 Nach § 384 Abs. 2, 2. HS hat dies jedoch nur schuldrechtliche Bedeutung; vgl. *Roth* in: Koller/Roth/Morck, § 392 Rn 1.
494 *Canaris*, § 32 Rn 33.
495 Im Einzelnen *Canaris*, § 32 Rn 30 ff.
496 Dazu *K. Schmidt*, HandelsR, § 31 V 4 b (S. 900 ff.).
497 *Roth* in: Koller/Roth/Morck, § 392 Rn 6; BGHZ **104**, 127.
498 Vgl. RGZ **121**, 177, 178; *Baumbach/Hopt* § 392 Rn 5; *Canaris*, § 32 Rn 36.
499 *K. Schmidt*, HandelsR, § 31 V 4 b; *Hefermehl* in: Schlegelberger, § 392 Rn 24 .
500 BGH NJW **1969**, 276; *Koller* in: GroßkommHGB, § 392 Rn 20; *Canaris*, § 32 Rn 36; *Roth* in: Koller/Roth/Morck, § 392 Rn 6.

K. Kommissionsagent, Vertragshändler und Franchisenehmer

293 Kommissionsagenten, Vertragshändler und Franchisenehmer sind als sog. Absatzmittler im Allgemeinen selbstständige Kaufleute. Diese Vertriebsformen sind von der Wirtschaft entwickelt worden, weil die im Gesetz vorgesehenen Vertragstypen des Handelsvertreters und des Kommissionärs ihren Bedürfnissen nicht gerecht wurden.

Ähnlich wie Handelsvertreter sind aber auch Kommissionsagenten, Vertragshändler und Franchisenehmer trotz ihrer Selbstständigkeit wirtschaftlich abhängig, so dass bei derartigen Absatzmittlungsverhältnissen mit Geschäftsbesorgungscharakter wegen der Schutzbedürftigkeit gegenüber ihrem regelmäßig wirtschaftlich stärkeren Vertragspartner in gewissem Umfang die zum Schutze von Handelsvertretern geschaffenen zwingenden Rechtsnormen entsprechend angewendet werden.

294 **Hinweis für die Fallbearbeitung:** Sollte in der Fallbearbeitung der Kommissionsagent, Vertragshändler oder Franchisenehmer eine Rolle spielen, kommt es zumeist darauf an, inwieweit die entsprechenden gesetzlich geregelten **Schutznormen**, insbesondere des Handelsvertreterrechts, analog anwendbar sind. Analogien sind hier nicht pauschal zu bejahen, sondern es kommt immer auf den jeweiligen Normzweck und eine daraus abzuleitende, vergleichbare Schutzbedürftigkeit an. Hierbei kommt es z.B. auf den Aspekt der wirtschaftlichen Abhängigkeit und die Auswirkung der unterschiedlichen Rechtsstellung im Außen- auf das Innenverhältnis an.[501]

I. Kommissionsagent

295 Als Kommissionsagenten werden selbstständige Gewerbetreibende bezeichnet, die aufgrund einer entsprechenden Vertragsvereinbarung ständig damit betraut sind, für Rechnung eines anderen Unternehmers im eigenen Namen Geschäfte abzuschließen.[502]

Die Rechtsstellung des Kommissionsagenten ähnelt sowohl derjenigen des Kommissionärs (Handeln im eigenen Namen) wie der des Handelsvertreters (ständige Betrauung). Diese **Typenmischung**[503] ist für den Vertragspartner des Kommissionsagenten (Unternehmer) deshalb vorteilhaft, weil er nicht selbst als Verkäufer in Erscheinung zu treten braucht und zugleich die ständige Geschäftsbeziehung mit dem Kommissionsagenten nutzen kann.

Der Kommissionsagent unterscheidet sich also vom Kommissionär dadurch, dass er von seinem Vertragspartner **ständig** (und nicht nur im Einzelfall) damit betraut ist, **Verträge im eigenen Namen für fremde Rechnung** abzuschließen. Er tritt aber nur nach außen wie ein Kommissionär auf. Sein Innenverhältnis zum Vertragspartner ähnelt dem des Handelsvertreters. Daher wird auch bei ihm die analoge Anwendung der §§ 84 ff. HGB (insbesondere der Ausgleichsansprüche nach § 89 b HGB) bejaht,

---

[501] Vgl. *Canaris*, § 18 Rn 6.
[502] Vgl. *Brox* Rn 203; *Canaris*, § 18 Rn 2.
[503] Qualifizierung des Kommissionsagentenvertrags als gemischttypischer Vertrag mit kommissions-, geschäftsbesorgungs-, dienst- und handelsvertreterrechtlichen Elementen, vgl. *Canaris*, § 18 Rn 4.

wenn es nach der Interessenlage wegen seiner mit Handelsvertretern vergleichbaren Situation geboten ist.[504]

II. Vertragshändler

1. Integrierte, selbstständige Absatzmittler

296

Vertragshändler (oder Eigenhändler) sind selbstständige Kaufleute, deren Unternehmen in die Verkaufsorganisation des Herstellers eingegliedert sind und die dem Hersteller gegenüber verpflichtet sind, die Waren in **eigenem Namen und auf eigene Rechnung** zu verkaufen.[505] Häufig findet man diese Vertriebsform bei Herstellern hochwertiger technischer Markenartikel mit selektiv vertikaler Vertriebsorganisation, z.B. Kfz-Neuwagenhändler.

Vertragshändler sind somit selbstständige Gewerbetreibende, die sich aufgrund eines **auf Dauer angelegten Vertragsverhältnisses** (Verbindung zum Handelsvertreter) verpflichtet haben, Waren eines Herstellers oder Lieferanten im eigenen Namen und auf eigene Rechnung zu vertreiben. Vertragshändler sind damit einerseits selbstständige Kaufleute, andererseits ist ihr Geschäftsbetrieb vollständig in die **Vertriebsorganisation** und das Marketingkonzept eines Herstellers integriert. Sie verpflichten sich im Allgemeinen zur Lagerhaltung, Kundenberatung und zum Kundendienst durch Erledigung der Gewährleistungsansprüche nach den Vorgaben des Herstellers und müssen den Abnehmern regelmäßig ein Zahlungsziel und damit einen Warenkredit einräumen.[506]

2. Rahmenvertrag und Ausführungsgeschäfte

297

Vertrags- oder Eigenhändler schließen mit dem Hersteller einen **Rahmenvertrag** (Vertragshändlervertrag), durch den sie in dessen Absatzorganisation eingegliedert werden.[507] Für diesen Vertragshändler- oder Eigenhändlervertrag, der als ein Geschäftsbesorgungsvertrag mit Dienstleistungscharakter mit dem Hersteller zu qualifizieren ist (§§ 675 I, 611 ff. BGB)[508], sind die starke Eingliederung und Bindung an den Hersteller sowie eine gewisse Weisungsgebundenheit des Händlers kennzeichnend. Das führt schon deshalb zu **wirtschaftlicher Abhängigkeit**, weil der Eigenhändler normalerweise keine anderen Produkte vertreiben darf und vertraglich an einen einzigen Hersteller gebunden ist.[509]

Von diesem Rahmenvertrag zu unterscheiden sind die einzelnen **Ausführungsgeschäfte**, durch die der Vertragshändler Vertragsware von dem Hersteller kauft (§ 433 BGB) und die Ware an Dritte weiter verkauft. Insofern ist eine Zweistufigkeit der Vertragsverbindungen gegeben.[510]

---

[504] Näher *Canaris*, § 18 Rn 6; *ders.* Rn 4, 7 ff. zur gebotenen Anwendung der Vorschriften des § 392 Abs. 2, 87 ff. HGB. Große Bedeutung hat insbesondere auch der Ausgleichsanspruch gem. § 89 b HGB, der generell analog anzuwenden ist, vgl. *Canaris*, § 18 Rn 13, *K. Schmidt*, HandelsR, § 28 III 1 b aa.
[505] Vgl. *Brox* Rn 203.
[506] Vgl. *K. Schmidt*, HandelsR, § 28 II 2 c.
[507] Vgl. *Canaris*, § 19 Rn 7.
[508] *Canaris*, § 19 Rn 9.
[509] Vgl. *K. Schmidt*, HandelsR, § 28 II 2 c: Pflicht zur Interessenwahrung durch Konkurrenzverbot, Beschränkungen der Wettbewerbsfreiheit z. B. durch Bezugsbindungen, Vertriebsbindungen und Inhaltsbindungen.
[510] *Canaris*, § 19 Rn 7.

3. Entsprechende Anwendung von Handelsvertreterrecht

298 Wenn der Vertragshändler in das Absatzsystem eines Unternehmers eingegliedert ist, wird wegen der mit Handelsvertretern vergleichbaren Interessenlage Handelsvertreterrecht, insbesondere die §§ 84 ff. HGB, entsprechend angewendet.

299 **Hinweis für die Fallbearbeitung:** Die Feststellung einer Analogie ist hier komplexer als beim Kommissionsagenten. Voraussetzung ist, dass der Vertragshändler den Vertrieb in ähnlicher Weise wie ein Handelsvertreter oder Kommissionsagent fördern muss. Dabei ist zunächst zu prüfen, ob der Vertragshändler (trotz seiner Stellung als Eigenhändler) ähnliche Funktionen wie der Handelsvertreter oder Kommissionsagent wahrnimmt. In einem zweiten Schritt ist festzustellen, ob die jeweilige Norm des Handelsvertreterrechts auch für den konkreten Eigenhändler passt.[511] Hierbei ist eine Gesamtbetrachtung des Vertrags zugrunde zu legen.

Kriterien für eine derartige Eingliederung sind Kontroll- und Überwachungsrechte des Unternehmers oder die Verpflichtung des Vertragshändlers, bei Beendigung des Vertragsverhältnisses den Kundenstamm zu übertragen, so dass der Unternehmer ihn sich sofort und ohne Weiteres nutzbar machen kann.[512]

300 Auch für Eigen- und Vertragshändler kann dann ein Ausgleichsanspruch nach § 89 b HGB bestehen.[513] Während sich die Höhe des Ausgleichsanspruchs bei Handelsvertretern nach den gewährten und bezogenen Provisionen richtet, ist bei Vertragshändlern von den ihnen eingeräumten Preisnachlässen und damit von der Differenz zwischen dem ihnen berechneten Preis und dem von dem Hersteller vorgegebenen Listenpreis auszugehen.

Beispiel: Hersteller H kündigt den Händlervertrag mit Autohändler A, der in den letzten Jahren für H als Vertragshändler tätig war. A macht gegenüber H einen Ausgleichsanspruch von 150.000,- Euro geltend, weil er wie ein Handelsvertreter in die Absatzorganisation des H eingebunden und verpflichtet war, dem H bei Neuwagenkäufen die Kundendaten zu übermitteln. Die Vorschriften über Ausgleichsansprüche von Handelsvertretern (§ 89 b HGB) sind auf Vertragsbeziehungen zwischen Unternehmer und Vertragshändler entsprechend anzuwenden, wenn sie zur Übertragung ihres Kundenstammes durch Mitteilung sämtlicher Kundendaten verpflichtet sind. Bei Ermittlung der Höhe des Ausgleichsanspruchs ist darauf abzustellen, ob H erhebliche Vorteile durch Nachbestellungen von Kunden des A erwarten konnte und ob bei A Provisionseinbußen aus den Folgegeschäften nach Beendigung des Vertragshändlervertrages entstanden sind.[514]

Der BGH hat den Ausgleichsanspruch eines Tankstellenpächters wegen seiner Tätigkeit im so genannten „Shop-Geschäft" (Geschäfte in eigenem Namen und auch eigene Rechnung) durch analoge Anwendung des § 89 b HGB abgelehnt.[515] Die Voraussetzung der Einbindung des Händlers in die Absatzorganisation des Herstellers/Lieferanten derart, dass er wirtschaftlich in erheblichem Umfang einem Handelsvertreter vergleichbare Aufgaben zu erfüllen hat und der Händler u. a. verpflichtet ist, dem Hersteller/Lieferanten spätestens bei Vertragsende seinen Kundenstamm zu ü-

---

[511] Zur Problematik einer Analogie zu den §§ 84 ff. HGB siehe *Canaris*, § 19 Rn 15 ff.
[512] Vgl. BGHZ **29**, 83, 89 f.; im Einzelnen *Canaris*, § 19 Rn 25 ff.
[513] Siehe im Einzelnen *K. Schmidt*, HandelsR, § 28 III 1.
[514] Vgl. BGH VersR **1997**, 741 ff.
[515] BGH WM **2004**, 991 f.

bertragen, so dass dieser die Vorteile des Kundenstamms sofort und ohne Weiteres nutzbar machen kann, lag nicht vor.

301 Daneben werden auch die Vorschriften des Handelsvertreterrechts über Wettbewerbsverbote (§ 86 Abs. 1 HGB), Verjährungsfristen (§ 88 HGB), Kündigungsfristen sowie über die Voraussetzungen einer außerordentlichen Kündigung (§ 89 und § 89 a Abs. 1 HGB) und über Schadensersatzansprüche wegen außerordentlicher Kündigung gemäß § 89 a Abs. 2 HGB auf Vertragshändler entsprechend angewandt.[516]

III. Franchisenehmer

302 Franchising ist ein vertikal-kooperativ organisiertes **Absatzsystem**[517], das ein Franchisegeber durch seine auf **Dauer angelegten Vertragsbeziehungen** zu **rechtlich selbstständigen** anderen Unternehmern, den Franchisenehmern, begründet. Aus der Sicht des Franchisegebers handelt es sich häufig um eine strategische Allianz. Man unterscheidet im Allgemeinen Vertriebs-, Dienstleistungs- und Herstellungsfranchising.[518]

Der Franchisenehmer ist ein selbstständiger Gewerbetreibender, der (wie der Vertragshändler) **im eigenen Namen und für eigene Rechnung** unternehmerisch tätig ist.[519] Er ist aufgrund des Franchise-Vertrages berechtigt, bestimmte Waren zu vertreiben oder Dienstleistungen zu erbringen und hat dabei das **Recht** und zugleich die **Pflicht** zur Benutzung von Namen, Marke, Warenzeichen, Symbolen, Marketingkonzept und sonstigen Einrichtungen des Franchisegebers.[520]

Der Franchisenehmer ist eingebunden in die bis ins Einzelne geregelten Organisations- und Marketingkonzepte des Franchisegebers. Der Franchisegeber und sämtliche Franchisenehmer wollen also durch ihr Auftreten unter **einheitlicher Kennzeichnung** am Markt profitieren.

> **Beispiel:** Auf dem Franchise-Konzept beruht z.B. häufig die Vertriebsorganisation von Fast-Food-Ketten wie Mac Donalds. Die einzelnen Restaurants werden von Franchisenehmern auf der Grundlage des Konzepts des Franchisegebers geführt, wobei Detailregelungen in Betriebshandbüchern festgelegt sind, wie z.B. Rezepte für die Zubereitung der einzelnen Speisen.[521]

---

[516] Vgl. *K. Schmidt*, HandelsR, § 28 III 1 a, b bb.
[517] Vgl. Definition des Deutschen Franchise-Verbandes e. V. unter Nr. 2 II.
[518] *Canaris*, § 20 Rn 2; EuGH NJW **1986**, 1415.
[519] *Canaris*, § 20 Rn 5. Im Unterschied zum Vertragshändler, der von der Differenz zwischen Ein- und Verkaufspreis profitiert, hat der Franchisenehmer Gebühren an den Franchisegeber zu entrichten, um an dem Franchise-Konzept partizipieren zu können, vgl. *Canaris*, § 20 Rn 7, 35 ff., 39 ff.
[520] Vgl. *Brox* Rn 203; Zusammenfassende Definition des Franchisenehmers bei *Canaris*, § 20 Rn 10: „Franchisenehmer ist, wer als selbstständiger Unternehmer von einem anderen Unternehmer (Franchisegeber) ständig damit betraut ist, in eigenem Namen und auf eigene Rechnung Produkte (Waren, Dienstleistungen u. dgl.) am Markt anzubieten, dabei im Rahmen eines einheitlichen Erscheinungsbildes der Franchisegruppe (insbesondere unter Verwendung gleicher Bezeichnungen, Symbole u. s. w.) das Konzept des Franchisegebers zu nutzen berechtigt sowie anzuwenden und zu fördern verpflichtet ist und an diesen ein Entgelt zu entrichten hat."
[521] Vgl. *Canaris*, § 20 Rn 1 mit Verweis auf BGH NJW **1985**, 1894.

303 Die Rechtsbeziehungen zwischen Franchisegeber und Franchisenehmer können zwar ganz unterschiedlich ausgestaltet sein, im Allgemeinen sind sie aber als **Geschäftsbesorgungsvertrag mit Dienstvertragscharakter** zu qualifizieren.[522]

304 **Hinweis für die Fallbearbeitung:** Eine analoge Anwendung des Handelsvertreterrechts, insbesondere der §§ 84 ff. HGB, ist auch hier problematisch und im Rahmen einer Gesamtabwägung im Einzelfall zu ermitteln.[523] Analogiefähig sind insbesondere die §§ 85, 90 a, 89 f., 89 b HGB.[524]

305 In der folgenden Übersicht werden zur Abgrenzung des Handelsvertreters vom Kommissionär, Kommissionsagenten, Vertragshändler/Franchisenehmer und selbstständigen Unternehmer die jeweiligen charakteristischen Merkmale dargestellt:[525]

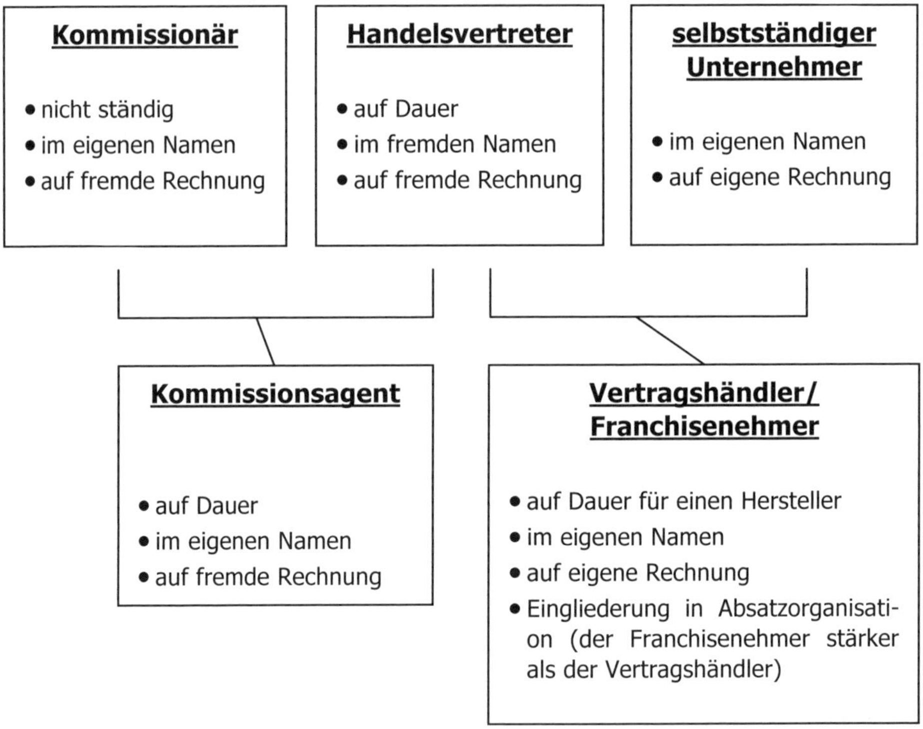

Kommissionär

- nicht ständig
- im eigenen Namen
- auf fremde Rechnung

Handelsvertreter

- auf Dauer
- im fremden Namen
- auf fremde Rechnung

selbstständiger Unternehmer

- im eigenen Namen
- auf eigene Rechnung

Kommissionsagent

- auf Dauer
- im eigenen Namen
- auf fremde Rechnung

Vertragshändler/ Franchisenehmer

- auf Dauer für einen Hersteller
- im eigenen Namen
- auf eigene Rechnung
- Eingliederung in Absatzorganisation (der Franchisenehmer stärker als der Vertragshändler)

[522] Vgl. *Canaris*, § 20 Rn 15; *K. Schmidt*, HandelsR, § 28 II 3 c; ggf. auch mit pacht- und mietrechtlichen Elementen, siehe *Canaris*, § 20 Rn 17, 19.
[523] *Canaris*, § 20 Rn 23.
[524] *Canaris*, § 20 Rn 24 ff.
[525] Graphik entlehnt aus *Alpmann*, S. 69.

L. Das Frachtgeschäft gem. §§ 407 ff. HGB

306 Im Rahmen des Transportrechtsreformgesetzes von 1998[526] wurde das Transportrecht vereinheitlicht und in das HGB reintegriert.[527]

I. Frachtvertrag und Frachtführer

307 Der Frachtvertrag ist ein **Vertrag** des Frachtführers mit dem Absender eines Gutes **zugunsten des Empfängers** des Gutes im Sinne von § 328 BGB.[528]

Frachtführer ist, wer es gewerbsmäßig übernimmt, die Beförderung[529] von Gütern zu Lande, auf Binnengewässern oder mit Luftfahrzeugen auszuführen, §§ 407 Abs. 1, 3 S. 1 Nr. 1 HGB. Der Frachtführer ist als Träger eines gewerblichen Unternehmens grundsätzlich Kaufmann i. S. d. §§ 1 ff. HGB, wobei nach § 407 Abs. 3 S. 2 HGB das Frachtrecht des HGB aber auch für nicht in das Handelsregister eingetragene Kleingewerbetreibende Anwendung findet.[530] Beim Frachtvertrag handelt es sich um einen spezialgesetzlich geregelten und gegenüber den allgemeinen Vorschriften der §§ 631 ff. BGB **modifizierten Werkvertrag**, da der Frachtführer die Beförderung und Ablieferung des Gutes als Solche schuldet.[531] Da es sich beim Frachtvertrag um einen Vertrag mit **Geschäftsbesorgungscharakter** handelt, sind auch die Vorschriften über die Geschäftsbesorgung gem. § 675 BGB ergänzend heranzuziehen.[532]

308 Als Rechtsverhältnis besteht einerseits der **Frachtvertrag** zwischen dem Absender und dem Frachtführer. Andererseits besteht i. d. R. ein Vertragsverhältnis (zumeist **Kaufvertrag**) zwischen dem Absender und dem Empfänger. Ein Vertragsverhältnis zwischen dem Empfänger und dem Frachtführer besteht nicht, allerdings stehen dem Empfänger – aufgrund der Qualifizierung des Frachtvertrags als Vertrag zugunsten des Empfängers – Rechte gegen den Frachtführer zu.[533]

II. Frachtbrief und Ladeschein

309 Auf Verlangen des Frachtführers ist vom Absender als Beweisurkunde über den Frachtvertrag ein **Frachtbrief** auszustellen, § 408 Abs. 1 HGB. Der Frachtbrief ist kein Wertpapier, sondern reine Beweisurkunde über Abschluss und Inhalt des Frachtvertrags sowie die Übernahme des Gutes durch den Frachtführer, § 409 Abs. 1 HGB.[534] Nach § 409 Abs. 2 S. 1 HGB begründet der von beiden Parteien unterzeichnete Frachtbrief zudem die Vermutung, dass das Gut und die Verpackung bei der Übernahme durch den Frachtführer nach Anzahl und äußerem Zustand in Ordnung waren.

Vom Frachtbrief, den der Absender der Ware auf Verlangen des Frachtführers auszustellen hat, ist der **Ladeschein** zu unterscheiden. Der Ladeschein ist eine Urkunde, die der Frachtführer über seine Verpflichtung zur Ablieferung des Gutes ausstellt,

---

[526] Dazu *K. Schmidt*, HandelsR, § 32 I 2.
[527] Vgl. zu den rechtlichen Grundlagen *Canaris*, § 33 Rn 1 f.
[528] Vgl. *Brox* Rn 420.
[529] Verbringen von einem Ort zum anderen, Pflicht zur Ortsveränderung, vgl. *Koller* in: Koller/Roth/ Morck, § 407 Rn 1.
[530] *K. Schmidt*, HandelsR, § 32 II 2 a (S. 916).
[531] *Canaris*, § 33 Rn 4.
[532] *Brox* Rn 429.
[533] Zu den Rechtsverhältnissen siehe *Brox* Rn 424 ff.
[534] *Brox* Rn 428.

§§ 444 ff. HGB. Er verkörpert den Anspruch auf Auslieferung des Gutes, ermöglicht die vereinfachte Übertragung dieses Anspruchs und legitimiert seinen Inhaber gegenüber dem Frachtführer als berechtigten Empfänger des Gutes. Es handelt sich beim Ladeschein um ein **Wertpapier**, das auch als Orderpapier ausgestaltet sein kann, sowie um ein **Traditionspapier** (§§ 363, 444 Abs. 2, 448 HGB). Der Frachtführer ist nach § 445 HGB zur Ablieferung des Gutes nur gegen Rückgabe des quittierten Ladescheins verpflichtet. Wenn das Gut von dem Frachtführer übernommen ist, so hat die Übergabe des Ladescheins an den durch den Schein zur Empfangnahme Legitimierten für den Erwerb von Rechten an dem Gute dieselben Wirkungen wie die Übergabe des Gutes selbst, § 448 HGB.

III. Pflichten des Frachtführers

310 Hauptpflicht des Frachtführers ist gem. § 407 Abs. 1 HGB die **Beförderung des Gutes**. Er hat dabei die Weisungen des Absenders oder des Empfängers zu befolgen, § 418 HGB. Solange das Gut zum Ablieferungsort unterwegs ist, kann der Absender darüber verfügen, insbesondere das Gut anhalten, es sich zurückbringen lassen oder einen anderen Empfänger bestimmen, § 418 Abs. 1 HGB. Ist das Gut am Ablieferungsort angekommen, erlischt das Verfügungsrecht des Absenders gem. § 418 Abs. 1 HGB. Gem. § 418 Abs. 2 S. 2 HGB steht das Verfügungsrecht dann dem Empfänger zu. Der Empfänger ist nach Ankunft des Gutes berechtigt, die Rechte aus dem Frachtvertrag gegen Erfüllung der sich daraus ergebenden Verpflichtungen geltend zu machen, § 421 Abs. 1 S. 1 HGB.

IV. Haftung

311 Nach § 414 Abs. 1 HGB trifft den **Absender** unter den dort genannten Voraussetzungen eine **verschuldensunabhängige Haftung**. Dabei haftet der Absender für Schäden und Aufwendungen des Frachtführers z.B. wegen ungenügender Verpackung oder Kennzeichnung des Gutes.

Der **Frachtführer** haftet für den Schaden, der durch Verlust oder Beschädigung des Gutes in der Zeit von der Annahme bis zur Ablieferung oder durch Versäumung der Lieferzeit entsteht, § 425 Abs. 1 HGB. Er hat ein Verschulden seiner Leute wie eigenes Verschulden zu vertreten, § 428 HGB.

Nur wenn der Verlust, die Beschädigung oder die Verspätung auf Umständen beruht, die auch durch größte Sorgfalt nicht vermieden und deren Folgen nicht abgewendet werden konnten, entfällt gem. § 426 HGB die Haftung (Exkulpation des Frachtführers).[535] Der Empfänger braucht also nur zu beweisen, dass der Schaden durch den Verlust oder die Beschädigung des Gutes während der Zeit von der Annahme bis zur Ablieferung entstanden ist. Den Frachtführer trifft dann der Entlastungsbeweis.

Der Frachtführer hat allerdings nur den Orts- und Zeitwert des Gutes bei Übernahme als Schadensersatz zu leisten, § 429 Abs. 1 HGB, nicht dagegen den individuellen Wert oder einen eventuell entgangenen Gewinn. Ist der Schaden durch Vorsatz oder grobe Fahrlässigkeit des Frachtführers herbeigeführt worden, so kann der Ersatz des vollen Schadens gefordert werden, § 435 HGB (Wegfall der Haftungsbeschränkungen). Der Schadensersatzanspruch verjährt gem. § 439 Abs. 1 HGB grundsätzlich in einem Jahr.

---

[535] Näher dazu *K. Schmidt*, HandelsR, § 32 II 7 b.

V. Der Vergütungsanspruch des Frachtführers und dessen Sicherung

312

Der Frachtführer hat gegen den Absender, mit dem er den Frachtvertrag über die Beförderung geschlossen hat, einen Anspruch auf die vereinbarte Vergütung (die Fracht), § 407 Abs. 2 HGB. Sie ist aber erst nach Abschluss der Beförderung bei Ablieferung des Gutes zu zahlen, § 420 Abs. 1 S. 1 HGB.

Zur Sicherung seiner Ansprüche auf die Fracht hat der Frachtführer wegen aller aus dem Frachtvertrag begründeten Forderungen gem. § 441 Abs. 1 S. 1 HGB ein **gesetzliches Pfandrecht** an dem Gut. Er kann es auch noch drei Tage nach der Ablieferung des Gutes bei dem Empfänger geltend machen, § 441 Abs. 3 HGB. Insofern handelt es sich also um ein besitzloses Pfandrecht.

M. Das Speditionsgeschäft gem. §§ 453 ff. HGB

I. Die Vertragspartner: Spediteur und Versender

313 Spediteur ist, wer es als Gewerbetreibender übernimmt, die Versendung von Gütern des Versenders zu besorgen, vgl. § 453 Abs. 1 HGB. Abweichend vom allgemeinen Sprachgebrauch, nach dem der Spediteur als Transportunternehmer verstanden wird, ist Spediteur im Rechtssinne derjenige, der es durch entgeltlichen Vertrag übernimmt, Güterversendungen durch Frachtführer für Rechnung eines anderen (des Versenders) im eigenen Namen zu besorgen.[536]

Ebenso wie beim Frachtvertrag ist der Spediteur als Träger eines gewerblichen Unternehmens grundsätzlich Kaufmann i. S. d. §§ 1 ff. HGB, wobei nach § 453 Abs. 3 S. 2 HGB das Speditionsrecht des HGB aber auch für nicht in das Handelsregister eingetragene Kleingewerbetreibende Anwendung findet.[537]

314 Der Spediteur schließt mit dem Versender einen **Speditionsvertrag**, d. h. einen Geschäftsbesorgungsvertrag im Sinne von § 675 Abs. 1 BGB.[538] Auf die so begründeten Rechtsbeziehungen finden neben den §§ 453 bis 466 HGB durch die Verweisung in § 453 Abs. 3 HGB die Vorschriften über die allgemeinen handelsrechtlichen Vorschriften Anwendung. Das sind vor allem die Regelungen über Handelsgeschäfte, §§ 342 ff. HGB. Wie der Frachtvertrag hat auch der Speditionsvertrag Werkvertragscharakter gem. §§ 631 ff. BGB, da auch er erfolgsbezogen ist.[539]

Ein Spediteur transportiert also nicht selbst, sondern betraut einen Frachtführer mit der Güterversendung. Der Spediteur veranlasst und vermittelt lediglich die Güterversendungen, die von Frachtführern oder Verfrachtern ausgeführt werden. Mit der Übergabe des Gutes an den Frachtführer hat der Spediteur seine Pflicht erfüllt.[540]

315 **Hinweis für die Fallbearbeitung:** Die Rechtsbeziehungen von Spediteur und Versender aus dem Speditionsvertrag dürfen nicht verwechselt werden mit denen des Spediteurs zum Frachtführer oder Verfrachter. Letztere ergeben sich aus dem Frachtvertrag, den der Spediteur (i. d. R. im eigenen Namen und für Rechnung des Versenders) mit dem Frachtführer oder Verfrachter abschließt. In der Umgangssprache wird allerdings regelmäßig der Befördernde selbst als Spediteur bezeichnet. Das ist schon deshalb erklärlich, weil Spediteure tatsächlich häufig die Güterversendung selbst übernehmen und dazu nach § 458 Abs. 1 HGB (Selbsteintritt) auch berechtigt sind.[541]

---

[536] Nach der Definition von *K. Schmidt*, HandelsR, § 33 I 2 u. *Brox*, Rn 388, erfolgt die Geschäftsbesorgung in eigenem Namen auf fremde Rechnung. Nach *Canaris*, § 33 Rn 71 f., ist diese Einschränkung nicht begriffsnotwendig.

[537] Ohne Belang ist es allerdings, ob sich derjenige, der sich als Spediteur verpflichtet, ein Speditionskaufmann ist. Es ist ausreichend, wenn der Spediteur Gewerbetreibender ist, vgl. *K. Schmidt*, HandelsR, § 33 I 2 a (S. 953).

[538] *Canaris*, § 33 Rn 70; *Bydlinski* in: MünchKommHGB, § 407 Rn 14.

[539] *Canaris*, § 33 Rn 70.

[540] Vgl. *Brox* Rn 389.

[541] Vgl. zum Speditionsgewerbe auch *K. Schmidt*, HandelsR, § 33 I 2 c.

II. Rechtsverhältnisse und Vertragspflichten

316

Zwischen dem Versender und dem Spediteur wird ein Speditionsvertrag geschlossen, der nur Rechte und Pflichten zwischen diesen beiden Parteien begründet. Aus dem gegenseitigen Vertrag wird der Spediteur verpflichtet, die Versendung des Gutes zu besorgen. Dafür steht dem Spediteur eine Provision zu (§ 453 Abs. 2 HGB), die mit der Übergabe des Gutes an den Frachtführer fällig wird (§ 456 HGB).

Zwischen dem Spediteur und dem Frachtführer besteht ein Frachtvertrag. Keine Vertragsbeziehungen bestehen i. d. R. zwischen dem Versender und dem Frachtführer sowie zwischen dem Spediteur und dem Empfänger. Zwischen Versender und Empfänger kann ein Vertragsverhältnis, z.B. ein Kaufvertrag bestehen.[542]

III. Allgemeine Deutsche Spediteurbedingungen (ADSp.)

317

Der Inhalt des Speditionsvertrages wird in der Praxis weitgehend durch die ADSp bestimmt. Diese modifizieren in zahlreichen Einzelheiten die gesetzlichen Regelungen über den Speditionsvertrag und haben als Spezialregelungen den Vorrang.[543]

Die Anwendbarkeit der ADSp, die Allgemeine Geschäftsbedingungen im Sinne von §§ 305 ff. BGB darstellen[544], wird regelmäßig formularmäßig vereinbart. Für ihre Anwendbarkeit genügt aber auch eine stillschweigende Unterwerfung, wenn der Geschäftspartner des Spediteurs weiß oder wissen muss, dass Dieser seinen Geschäften die ADSp zugrunde zu legen pflegt und dies branchenüblich ist.[545] Nach ständiger Rechtsprechung muss aber jedenfalls ein Kaufmann wissen, dass Spediteure ihren Geschäften die ADSp zugrunde legen, wobei eine Unterwerfung unter die ADSp bei Kaufleuten aufgrund der Branchenüblichkeit regelmäßig anzunehmen ist.[546]

Obwohl durch die ADSp die Haftung des Spediteurs gegenüber dem Versender sehr weitgehend ausgeschlossen wird, werden sie als ein ausgewogenes Vertragswerk mit für den Auftraggeber erträglichen Haftungsbeschränkungen bewertet, weil Schadensersatzansprüche nicht ersatzlos ausgeschlossen, sondern durch die Speditionsversicherung ersetzt werden, die bei entsprechender Wertangabe einen Schaden in voller Höhe erstattet. Die Ansprüche gegen den Speditionsversicherer treten damit an die Stelle der Haftung des Spediteurs.

IV. Ausführungsgeschäft

318

Der Spediteur schließt zur Besorgung der Versendung als Ausführungsgeschäft Verträge mit Frachtführern, Verfrachtern, Zwischenspediteuren sowie mit Transportversicherern. Diese Verträge, die vom Spediteur i. d. R. im eigenen Namen geschlossen werden, begründen auch nur Rechte und Pflichten zwischen ihm und seinen Vertragspartnern.

---

[542] *Brox* Rn 392.
[543] *K. Schmidt*, HandelsR, § 33 I 3 a (S. 954).
[544] *Canaris*, § 33 Rn 76.
[545] Vgl. *K. Schmidt*, HandelsR, § 33 I 3 a (S. 955).
[546] Vgl. BGHZ **12**, 136, 142; *K. Schmidt*, HandelsR, § 33 I 3 a (S. 955) m. w. N. in Fn 14.

Bei Abschluss derartiger Verträge hat der Spediteur gegenüber dem Versender allerdings die Pflicht zu ordnungsgemäßer Auswahl seiner Vertragspartner sowie zur Interessenwahrnehmung und zur Befolgung von Weisungen des Versenders, § 454 Abs. 1 HGB.

319 Der Spediteur hat gegenüber dem Versender ein **Selbsteintrittsrecht**, § 458 HGB. Sofern der Versender es ihm nicht untersagt hat, kann er also das Gut selbst befördern. Der Selbsteintritt erfolgt durch formlose nicht empfangsbedürftige Willenserklärung, ist jedoch dem Versender mitzuteilen. Durch den Selbsteintritt erlangt der Spediteur zusätzlich die Rechtsstellung eines **Frachtführers**, § 458 S. 2 HGB.[547]

V. Abwicklungsgeschäft

320 Aus dem Abwicklungsgeschäft des Spediteurs mit dem Versender als seinem Vertragspartner hat der Spediteur ein **gesetzliches Pfandrecht** an dem in seinem Besitz befindlichen Gut, § 464 HGB.

Verletzt der Spediteur schuldhaft eine der ihm obliegenden Pflichten zur Ausführung des Geschäfts (z.B. Versendung mit der Sorgfalt eines ordentlichen Kaufmanns, Interessenwahrnehmung des Versenders, Beachtung ihm erteilter Weisungen des Versenders), so ist er dem Versender zum **Schadensersatz** verpflichtet.[548] Die Ansprüche des Versenders gegen den Spediteur wegen Verlusts, Minderung, Beschädigung oder verspäteter Ablieferung verjähren in einem Jahr, § 463 i. V .m. § 439 HGB.

---

[547] Im Einzelnen zum Spediteur als Frachtführer: *K. Schmidt*, HandelsR, § 33 IV.
[548] Vgl. *Brox* Rn 398.

N. Das Lagergeschäft gem. §§ 467 ff. HGB

I. Die Vertragspartner: Lagerhalter und Einlagerer

321

Lagerhalter übernehmen gewerbsmäßig die Lagerung und Aufbewahrung von Gütern, § 467 HGB. Der Vertragspartner des Lagerhalters ist der Einlagerer.

Die Regelungen über die Lagerhaltung sind vor allem bedeutsam beim Massengeschäft sowie im Im- und Export. Der Lagerhalter ist ein spezialisierter Fachmann, der damit effektiver arbeitet, als es dem Einlagerer selbst bei Eigenlagerung möglich wäre.

Der Lagerhalter schließt einen entgeltlichen Lagervertrag ab, auf den ergänzend die Vorschriften über den Verwahrungsvertrag im Sinne von § 688 BGB anzuwenden sind.[549] Vertragsinhalt des Lagergeschäfts ist nicht nur die Lagerung selbst, sondern auch die Aufbewahrung. Der Lagerhalter schuldet also neben der ordnungsmäßigen Lagerung auch die Beobachtung des Gutes und den Schutz des Gutes vor Gefahren.[550] Zu Erhaltungsmaßnahmen sowie zur speziellen Behandlung des Lagergutes (z.B. Ungezieferbekämpfung) ist er nur aufgrund einer besonderen Vereinbarung verpflichtet.

II. Arten der Einlagerung

1. Einzellagerung

322

Die Einzellagerung ist der Regelfall und ist dann vorzunehmen, wenn Einlagerer und Lagerhalter nichts anderes vereinbart haben. Die eingelagerten Güter werden bei der Einzellagerung getrennt aufbewahrt. Sie dürfen vom Lagerhalter nicht mit anderen Sachen gleicher Art und Güte vermischt werden, § 469 Abs. 1 HGB. Der Einlagerer bleibt Eigentümer des Gutes und wird dessen mittelbarer Besitzer. Der Lagerhalter wird unmittelbarer Besitzer.[551]

2. Sammellagerung

323

Die Sammellagerung erlaubt dem Lagerhalter die Vermischung mit anderen Sachen gleicher Art und Güte, § 469 HGB. Sie ist dem Lagerhalter gem. § 469 Abs. 1 HGB nur gestattet, wenn alle beteiligten Einlagerer ausdrücklich einverstanden sind. Sobald die eingelagerten Sachen mit anderen Sachen gleicher Art und Güte vermischt worden sind, werden alle Einlagerer zu Miteigentümern nach Bruchteilen und erlangen mittelbaren Mitbesitz (§§ 947, 948, 1008 ff., 741 ff. BGB).[552] Der Lagerhalter ist unmittelbarer Besitzer.

3. Summenlagerung

324

Lagerhalter und Einlagerer können auch ein Hinterlegungsdarlehen und damit eine unregelmäßige Verwahrung im Sinne von § 700 BGB vereinbaren, bei dem der Lagerhalter Eigentum an den eingelagerten Sachen erwirbt. Er ist dann nur verpflichtet,

---

[549] Vgl. *Brox* Rn 408; *Frantzioch* in: MünchKommHGB, § 416 Rn 2.
[550] Vgl. *Koller* in: Koller/Roth/Morck, § 467 Rn 1.
[551] *Brox* Rn 404.
[552] *Brox* Rn 405.

Waren gleicher Art, Menge oder Güte zurückzugeben. Auf diese Form der Einlagerung finden die Vorschriften des HGB keine Anwendung.[553]

III. Rechte und Pflichten des Lagerhalters

1. Pflichten des Lagerhalters

325 Hauptpflicht des Lagerhalters ist die **Lagerung und Aufbewahrung** des Gutes. Dazu gehört der **Schutz** des Lagergutes vor Gefahren von Außen und Innen (z.B. vor Diebstahl oder Fäulnis).

Im Zweifel ist das Gut im eigenen Lager des Lagerhalters zu lagern (§ 472 Abs. 2 HGB) und aufzubewahren. Nach § 471 Abs. 1 HGB besteht eine Pflicht des Lagerhalters, die Besichtigung des Gutes, die Entnahme von Proben und die Vornahme der zur Erhaltung des Gutes notwendigen Handlungen zu gestatten. Im Rahmen seiner **Beobachtungspflicht** hat der Lagerhalter Veränderungen an dem Gut, die z.B. Beschädigungen zur Folge haben können, unverzüglich dem Einlagerer anzuzeigen und dessen Weisungen einzuholen, § 471 Abs. 2 S. 1 HGB.

Nach § 475 HGB wird vermutet, dass der Schaden an dem Gut während der Einlagerung durch eine Pflichtverletzung des Lagerhalters entstanden und von ihm verschuldet worden ist. Eine Exkulpationsmöglichkeit besteht insoweit, dass der Schaden auch durch die Sorgfalt eines ordentlichen Kaufmanns nicht abgewendet werden konnte, § 475 S. 1 HGB.

326 Dem Einlagerer stehen Schadensersatzansprüche wegen Verlusts oder Beschädigung des Gutes schon dann zu, wenn er dem Lagerhalter die Güter vollständig und unversehrt übergeben und später unvollständig oder beschädigt ausgehändigt erhalten hat.[554].

Beispiel: Getreidehändler G macht gegen den Lagerhalter L Schadensersatzansprüche geltend, weil der in dessen Lagerhaus eingelagerte Roggen bei der Entnahme muffig riecht und dadurch unverkäuflich ist. Derartige Schäden drohen, wenn Roggen mit mehr als 14% Feuchtigkeitsgehalt längere Zeit gelagert wird. Zur Begrenzung der Trocknungskosten und des durch die Trocknung entstehenden Gewichtsverlusts hatte G den L aber angewiesen, den bei der Anlieferung feuchten Roggen nur auf einen Feuchtigkeitsgehalt von 16% herunterzutrocknen. Grundsätzlich haftet der Lagerhalter auf Schadensersatz, wenn er es unterlässt, angemessene Maßnahmen zur Vermeidung von Lagerschäden (auf Kosten des Einlagerers!) zu treffen. Etwas anderes gilt dann, wenn auf Wunsch des Einlagerers und in Kenntnis des damit verbundenen Risikos Erhaltungsmaßnahmen als zu aufwendig unterlassen werden. L schuldet dem (als Getreidehändler sachkundigen) G also keinen Schadensersatz.

2. Rechte des Lagerhalters

327 Der Lagerhalter hat als Gegenleistung für die Lagerung und Aufbewahrung einen Anspruch auf das vereinbarte, hilfsweise auf das ortsübliche Lagergeld sowie auf Ersatz der Aufwendungen, die er den Umständen nach für erforderlich halten durfte, §§ 467 Abs. 2, 474 HGB.

[553] Vgl. *Brox* Rn 406.
[554] Vgl. BGH EWiR **1992**, 169 f.

Der Hinterleger hat dem Einlagerer nach § 694 BGB Schäden zu ersetzen, die durch die Beschaffenheit der eingelagerten Sache entstanden sind. Der Lagerhalter hat außerdem nach § 475 b HGB ein **gesetzliches Pfandrecht** an dem Gut, solange er es im Besitz hat.

Zudem hat der Lagerhalter wie der Kommissionär das **Recht zum Selbsthilfeverkauf** und zur **Hinterlegung**, §§ 471 Abs. 2 S. 3, 388 Abs. 2, 389, 373 HGB. Er kann vom Einlagerer auch vor Ablauf der vereinbarten Lagerzeit die Rücknahme des Gutes verlangen, wenn ein wichtiger Grund vorliegt, § 473 Abs. 2 S. 2 HGB. Ansonsten kann der Lagerhalter die Rücknahme des Gutes nach Ablauf der vereinbarten Lagerzeit, oder, soweit keine bestimmte Lagerzeit vereinbart wurde, nach Kündigung des Vertrags unter Einhaltung einer Kündigungsfrist von einem Monat verlangen, § 473 Abs. 2 S. 1 HGB.

IV. Die Verfügung über eingelagerte Waren

328 Der Lagerhalter kann über die Verpflichtung zur Auslieferung des Gutes nach § 475 c HGB einen Lagerschein ausstellen.

Der Lagerschein kann als **Rektalagerschein** (=Namenslagerschein), **Inhaberlagerschein** oder **Orderlagerschein** ausgestellt werden.[555] Kann der Lagerschein durch Indossament übertragen werden, so handelt es sich um ein **kaufmännisches Orderpapier** im Sinne von § 363 Abs. 2 HGB. Orderlagerscheine sind Umlaufpapiere, die nicht nur ein Empfangsbekenntnis über die Verwahrung und ein Auslieferungsversprechen enthalten, sondern daneben auch Legitimationspapier und Wertpapier i. e. S. sind. Der Inhaber des Papiers ist berechtigt, sämtliche Ansprüche aus dem Vertragsverhältnis gegen den Lagerhalter geltend zu machen. Der Orderlagerschein ist gem. § 475 g HGB ein Traditionspapier und damit in hohem Maße umlauffähig.[556]

Umgekehrt sind ohne Vorlage des Papiers keine Verfügungen über die eingelagerten Güter möglich. Über eingelagerte Ware, für die ein Orderlagerschein ausgestellt ist, kann zwar auch nach den allgemeinen Regeln des bürgerlichen Rechts verfügt werden. Allerdings ist eine Übereignung durch Abtretung des Herausgabeanspruchs (§ 931 BGB) ohne Übergabe des Orderlagerscheins nicht möglich. Für den Erwerb von Rechten an dem Gut wirkt die Übergabe des Scheines wie die Übergabe des Gutes, § 475 g HGB.

329 Vom Lagerschein zu unterscheiden ist insbesondere der **Lagerempfangsschein**. Der Lagerempfangsschein (qualifiziertes Legitimationspapier im Sinne von § 808 BGB) wird ebenfalls vom Lagerhalter ausgestellt und bescheinigt den Empfang des Gutes, wobei zwar eine bestimmte Person als empfangsberechtigt bezeichnet wird, aber zugleich bestimmt wird, dass das Gut an jeden Inhaber herausgegeben werden kann.[557]

---

[555] Vgl. *K. Schmidt*, HandelsR, § 34 V 1.
[556] Vgl. *K. Schmidt*, a. a. O.
[557] *K. Schmidt*, a. a. O.

2. Kapitel: Grundzüge des Bilanzrechts

A. Allgemeines

330 Die §§ 238 ff. HGB regeln die sog. Rechnungslegung der Kaufleute. Zu dieser gehören die Handelsbücher, § 238 Abs. 1 HGB, die Handelsbriefe, § 238 Abs. 2 HGB, das Inventar, § 240 HGB, die Bilanz, § 242 Abs. 1 HGB, die Gewinn- und Verlustrechnung, § 242 Abs. 2 HGB, der Anhang zum Jahresabschluss, §§ 264 Abs. 1 S. 1, 284 ff. HGB und der Lagebericht nach §§ 264 Abs. 1 S. 1, 289 HGB. Die Rechnungslegung dient in erster Linie der **Dokumentation geschäftlicher Vorgänge des Kaufmanns**.[558] Hierdurch sollen die Bestände, das Vermögen und die Schulden sowie der Erfolg am Ende des Jahres ermittelt werden. Aufgrund dieser Daten können auch eine Preisbildung und eine Überwachung der Kosten erfolgen. Ferner kann man eine Wirtschaftlichkeitsberechnung vornehmen und die ermittelten Daten zur Grundlage weiterer Dispositionen und Planungen nehmen. Schließlich bilden die Daten der Rechnungslegung die Grundlage der Besteuerung und sind auch bei der Kreditaufnahme zur Beurteilung des Ausfallrisikos von entscheidender Bedeutung.

331 Aus § 267 HGB mit §§ 274a, 276 HGB ergibt sich allerdings, dass nicht alle Kaufleute den gleichen Anforderungen an die Art und Weise der Rechnungslegung unterliegen. Die Art und der Umfang der Rechnungslegung hängen damit von der wirtschaftlichen Bedeutung des Kaufmanns ab.[559] Die Größenmerkmale müssen in zwei aufeinander folgenden Jahren erfüllt sein. Ist dies nicht der Fall, so können die Erleichterungen beansprucht werden. Bei Neugründungen und Umwandlungen kommt es dagegen immer auf die Situation am ersten Abschlussstichtag an.[560]

332 Neben dem HGB sind auch in Spezialvorschriften Regelungen zur Rechnungslegung zu finden (§§ 150 ff. AktG, §§ 42 f. GmbHG). Hierbei ist zu beachten, dass die §§ 238-263 HGB für alle Kaufleute gelten. Soweit es sich um Kapitalgesellschaften handelt, treten noch die §§ 264-335 HGB hinzu. Diese werden dann noch für die AG und die GmbH durch die bereits benannten Sondervorschriften ergänzt.

Für die GmbH & Co. KG ergab sich bis zur Einführung des KapCoRiLi-Gesetzes[561] damit die Besonderheit, dass auf GmbH & Co. KG nur die §§ 238-263 HGB anwendbar waren. Die GmbH als Komplementärin unterlag indes den erweiterten Vorschriften. Dies bedeutete, dass die GmbH nach § 264 Abs. 1 S. 1, 289 HGB einen Lagebericht erstellen musste, in dem an sich auf die wirtschaftliche Situation der GmbH & Co. KG einzugehen wäre. Für die GmbH ist indes auch regelmäßig die Verpflichtung, einen Lagebericht zu erstellen, entfallen, da es sich um eine kleine Kapitalgesellschaft handelte,

---

[558] K. *Schmidt*, HandelsR, § 15 I 2.
[559] *Morck* in: Koller/Roth/Morck, § 267 Rn 1ff.
[560] *Morck* in: Koller/Roth/Morck, § 267 Rn 8.
[561] Gesetz zur Durchführung der Richtlinie des Rates der Europäischen Union zur Änderung der Bilanz- und der Konzernbilanzrichtlinie hinsichtlich ihres Anwendungsbereiches (90/605/EWG), zur Verbesserung der Offenlegung von Jahresabschlüssen und zur Änderung anderer handelsrechtlicher Bestimmungen (Kapitalgesellschaften- und Co.-Richtlinie-Gesetz), BGBl. 2000 I, S. 154

§ 264 Abs. 1 S. 3 HGB. Nach § 267 Abs. 1 HGB ist dies der Fall, wenn sie keine Bilanzsumme von 3,438 Mio. EUR erreicht, keine Umsatzerlöse von 6,875 Mio. EUR erzielt und im Jahresdurchschnitt weniger als 50 Arbeitnehmer beschäftigt (hiervon müssen nur zwei Kriterien erfüllt sein). Da eine Komplementär-GmbH nie Umsatzerlöse hat und die Zahl der Arbeitnehmer nie über 50 steigt, weil meist nur die Geschäftsführer als Arbeitnehmer bei der GmbH angestellt sind, welche hier nicht mitzuzählen wären, entfällt also die Verpflichtung, den Lagebericht zu verfassen.

Durch § 264a HGB, der aufgrund des KapCoRiLi-Gesetzes in das HGB eingefügt worden ist, sind die Pflichten bestimmter Personengesellschaften bezüglich der Anfertigung von Jahresabschlüssen und Lageberichten ausgedehnt worden. Die offenen Handelsgesellschaften und Kommanditgesellschaften, bei denen nicht wenigstens ein persönlich haftender Gesellschafter eine natürliche Person oder eine offene Handelsgesellschaft, Kommanditgesellschaft oder andere juristische Person mit persönlicher Haftung ist, müssen u.a. einen Lagebericht erstellen.[562] Im Gegenzug ist der Kreis der kleineren Kapitalgesellschaften vergrößert worden. Diese Maßnahme ist daher ein erster Schritt in die richtige Richtung zu mehr Transparenz und Publizität, doch die weithin fehlenden Restriktionen lassen ein Auseinanderklaffen zwischen Theorie und Praxis erwarten.[563] Verschärfte Anforderungen wird indes Basel II[564] mit sich bringen, denn hiernach werden Unternehmen im Hinblick auf ihre Kreditwürdigkeit voraussichtlich ab 2003/2004 einem Rating unterzogen.[565] Beim Rating werden bestimmte Unternehmenskennziffern berücksichtigt.[566] Zusätzlich kommt es auf sog. weiche Faktoren, wie z.B. die Unternehmerpersönlichkeit an. In diesem Zusammenhang wird es eine entscheidende Rolle spielen, inwieweit ein Unternehmen den gesetzlichen Anforderungen an die Rechnungslegung nachkommt.

333 Die Rechnungslegung ist ferner nach den Grundsätzen der ordnungsgemäßen Buchführung zu organisieren, § 238 Abs. 1 S. 1 HGB.

Beachte:
Die Rechnungslegung ist Grundlage für alle geschäftspolitischen Entscheidungen:
- Preisbildung
- Kostencontrolling
- Wirtschaftlichkeitsberechnung
- Planung von Investitionen
- Steuer

[562] ausführlich hierzu vgl. *Zimmer/Eckhold*, NJW **2000**, 1361 ff.
[563] *Zimmer/Eckhold*, NJW **2000**, 1361 (1369).
[564] Kurzbezeichnung für den Basler Ausschuss für Bankenaufsicht, bestehend aus Vertreters der Bankenaufsicht sowie der Zentralbanken der Länder Belgien, Deutschland, Frankreich, Großbritannien, Italien, Japan, Kanada, Luxemburg, Niederlande, Schweden, Schweiz und USA. Ziel dieses Ausschusses ist es, das bankaufsichtsrechtliche Instrumentarium zu harmonisieren und zu verbessern. Die Vereinbarungen haben zwar keinen Gesetzescharakter und sind auch sonst nicht für die Banken verpflichtend, sie wirken aber mittelbar bindend, da die Aufsichtsbehörden in der Praxis hiernach vorgehen. Es handelt sich damit um Fragen der Selbstbindung der Verwaltung auf internationaler Ebene.
[565] Zur Auswirkung in der Kreditwirtschaft vgl. *Jungmann*, WM **2001**, 1401ff.
[566] Vgl. hierzu *Zeitler*, WM **2001**, 1397 ff.

Anforderungen an die Organisation der Buchführung:[567]

1. Die Buchführung muss im Regelfalle die doppelte kaufmännische oder eine gleichwertige kameralistische Buchführung sein. Nur unter besonderen Verhältnissen, vor allem in Kleinbetrieben des Einzelhandels und des Handwerks, ist eine einfache Buchführung angängig.
2. Die Buchführung muss klar und übersichtlich sein. Vorgeschrieben werden kann nur eine Buchführung, die Mindestansprüchen genügt und auf mittlere Betriebe einer Reichsgruppe bzw. Wirtschaftsgruppe abgestellt ist. Ist ein Betrieb rechnungsmäßig bereits so entwickelt, dass er über Mindestanforderungen hinausgehen will, so muss sein Aufbau der Buchführung die Vergleichbarkeit mit der aufgrund dieser Richtlinien aufgestellten Kontenübersicht seiner Reichsgruppe bzw. Wirtschaftsgruppe in bequemer Weise zulassen. In einem solchen Falle erscheint eine weitere Aufgliederung der Kontengruppen, die für Vergleichszwecke wiederum ein leichtes Zusammenziehen ermöglicht, am Geeignetsten. (Grundsatz der weitergehenden Gliederung der Kontengruppen.) Jede grundsätzlich andere Organisationsform der Buchführung erscheint weniger geeignet, weil sie die Vergleichbarkeit stört, mag sie als Buchführungsform auch gleichwertig sein. Für Kleinbetriebe sind die Anforderungen zu ermäßigen, was am besten durch eine Zusammenziehung der Konten erreicht wird. Auch hier muss eine Vergleichbarkeit gegeben sein.
   Der aufgestellte Kontenrahmen ist demnach der einheitliche Organisationsplan der Buchführung für alle Betriebe.
3. Die Buchführung muss Stand und Veränderung an Vermögen, am Kapital und an Schulden und die Aufwände, Leistungen und Erfolge erfassen (Geschäftsbuchführung, häufig auch Finanzbuchführung genannt, und Betriebsbuchführung).
4. Bei getrennten Buchführungen (z.B. Geschäfts- und Betriebsbuchführung, Haupt- und Nebenbuchführung, Zentral- und Filialbuchführung) müssen die einzelnen Teile der Buchführung in einem organischen Zusammenhang stehen.
5. Die wichtigste Frage der Organisation der Buchführung ist die Kontierung, d.h. die Art und Zahl der Konten. Der Kontierung dient am besten ein Kontenplan (für den Einzelbetrieb), der dem Kontenrahmen angepasst werden muss.
6. Die Kontierung muss eine klare Erfassung und Abgrenzung der einzelnen Geschäftsvorfälle sowie eine ausreichend tiefe Gliederung der Bestands-, Aufwands-, Leistungs- und Erfolgsposten ermöglichen. Zusammenziehungen, die eine genügende Einsicht nicht gestatten, sind unzulässig. Für die Gliederung der Konten sind insbesondere die gesetzlichen Mindestanforderungen, die Betriebsgröße und der Gang der Erzeugung bzw. die Betriebsfunktion maßgebend.
7. Die Führung gemischter, Bestand und Erfolg enthaltender Konten ist möglichst zu vermeiden.
8. Für die Gliederung der Bilanz ist die Anwendung der Vorschriften für die Gliederung der Jahresbilanz (*§ 131 des Aktiengesetzes; heute § 266 HGB gem. BiRiLiG v. 19.12.1985)* mit sinngemäßer Anwendung auch für Nicht-Aktiengesellschaften erwünscht. Weitergehende besondere rechtliche Be-

[567] *Baumbach/Hopt*, HGB[30], BuchFühr-Ri II.

stimmungen sind einzuhalten. Für die Gewinn- und Verlustrechnung ist die Trennung der betrieblichen Ergebnisse von den außerordentlichen Erträgen im Sinne der Gewinn- und Verlustrechnung (*§ 132 des Aktiengesetzes; heute § 275 HGB)* notwendig.

9. Es ist gleichwertig, ob bei Aktiengesellschaften die einzelnen Posten der Gewinn- und Verlustrechnung gemäß Aktiengesetz buchhalterisch oder statistisch festgestellt werden. Bei statistischer Feststellung ist aber eine leichte Nachprüfbarkeit der einzelnen Ziffern durch die Buchführung unerlässlich.
10. Die Buchführung muss weiterhin eine ausreichende Trennung ermöglichen:
    a) zwischen Jahres- und Monatsrechnung,
    b) zwischen kalkulierbaren und nicht kalkulierbaren sowie außerordentlichen Aufwänden bzw. Erträgen.
11. Die Buchführung hat die Abstimmungsfunktion für alle betrieblichen Zahlen und Rechnungsformen zu erfüllen, insbesondere für Kalkulation und Statistik (Kontrollprinzip).
12. Für die einzelnen Buchungen müssen rechnungsmäßige Belege vorhanden sein, die geordnet aufzubewahren sind (Belegprinzip).
13. Die Buchführung muss leichte Nachprüfbarkeit, im Sinne der Grundzwecke des Rechnungswesens, zulassen.
14. Die Buchführung muss ausreichende Vergleichsmöglichkeit der einzelnen Betriebe und daher eine genügende Analyse der Struktur und der Entwicklung des Kapitals, des Umsatzes, der Kosten und des Erfolges bieten.
15. Eine weitgehende Vereinheitlichung der Buchführung ist nicht nur notwendig, sondern auch ohne Beeinträchtigung der Erkenntniskraft der Buchführung und der berechtigten besonderen Betriebsbedürfnisse möglich. Die wichtigsten Bilanz- und Aufwandsposten und sogar Kostenstellengruppen sind allen Betrieben, insbesondere aber allen Betrieben eines Wirtschaftszweiges, gemeinsam. Die Eigenart beruht meistens auf den einzelnen Kostenstellen und der weiteren oder geringeren Gliederung der Bestands-, Aufwands- und Ertragskonten.
16. In der Betriebsbuchführung der industriellen und sonstigen Betriebe, in denen die Leistungseinheits- oder Abteilungsrechnung von besonderer Bedeutung ist, sind insbesondere - mit sinngemäßer Anwendung - Konten der Kostenarten, Halb-, Fertigerzeugnis- und Erlöskonten zu führen. Es ist besonderes Gewicht auf die Kostenarten und Kosten-(Leistungs-) träger (Erzeugnisse) zu legen. Die Kostenstellen (Orte der Kostenentstehung: Abteilungen usw.) in die Buchführung einzugliedern, ist in der Regel nur Betrieben mit gleichartigen Produktionsverhältnissen, die sich der Divisionskalkulation bedienen, zu empfehlen. In den meisten übrigen Fällen ist die Auslassung der Kostenstellen aus der Buchführung und die Aufstellung eines „Betriebsabrechnungsbogens" die bessere Lösung.
17. Der Betriebsabrechnungsbogen (im Bedarfsfall auch mehrere), der mit sinngemäßer Anwendung für jede Kostenstellenrechnung geeignet ist, also nicht nur für die Zuschlagskalkulation, sondern auch für die Divisionskalkulation mit Kostenstellenrechnung der Industrie und des Handwerks, für die Abteilungskalkulation des Handels, der Banken und der Versicherungsbetriebe, übernimmt die Zahlen aus der Buchführung, verteilt die Kostenarten nach festgelegten Gesichtspunkten auf die Kostenstellen und führt

die umgruppierten Zahlen (über die Verrechnungskonten) zur Belastung der Kosten-(Leistungs-) träger wieder in die Buchführung ein.
Der Betriebsabrechnungsbogen stellt die Verbindung zwischen Buchführung und Kalkulation dar, die auf diese Weise durch die Buchführung stets leicht nachprüfbar ist.

Zusammenfassend kann man sagen, dass die Rechnungslegung so organisiert sein muss, dass ein sachverständiger Dritter sich in angemessener Zeit einen Überblick über die Lage des Kaufmanns verschaffen können muss.[568]
Hierbei ist das Belegprinzip eine unabdingbare Voraussetzung der ordnungsgemäßen Buchführung - „Keine Buchung ohne Beleg".[569]

334 Das Unterlassen der Rechnungslegung kann strafrechtliche Konsequenzen haben, §§ 283, 283 b StGB. Weiterhin kann nach § 225 HGB ein Zwangsgeld vom Registergericht angedroht werden; § 334 HGB sieht ein Bußgeld vor. Ferner können nach §§ 328 ff. AO vom Finanzamt Zwangsgelder festgesetzt werden. Die Finanzbehörde kann die Steuerschuld bei unterlassener Erklärung auch schätzen, § 162 Abs. 2 S. 2 AO.

---

[568] *Morck* in: Koller/Roth/Morck, § 238 Rn 5.
[569] BFH DB **1962**, 1029 (1029).

B. Handelsbücher

335 Das Gesetz bestimmt nicht, welche Bücher zu führen sind. In der Praxis haben sich Grund-, Haupt- und Nebenbücher zur Erfassung der Geschäftsvorfälle herausgebildet.

I. Grundbücher

336 Die Grundbücher dienen der chronologischen Erfassung sämtlicher Geschäftsvorfälle.[570] Hier ist jeder Geschäftsvorgang mit dem Datum, Beleghinweis, Sachverhalt, Konto, Gegenkonto und Betrag zu erfassen. Dieses Buch hat man sich daher wie ein „Tagebuch" vorzustellen, in welches in zeitlicher Reihenfolge jedes Ereignis eingetragen wird. Zur Erfassung eines Geschäftsvorfalles hat sich der Buchungssatz herausgebildet. Dieser wird in das Grundbuch eingetragen.

Beachte: Sofern keine Erleichterungen für kleine Kaufleute i.S. § 267 HGB gelten, gilt das Prinzip der doppelten Buchführung:
Hierbei werden **Bestandskonten** und **Erfolgskonten** geführt, auf denen jeweils ein Buchungssatz abgebildet wird. Auf diese Weise wird die Aussagefähigkeit der Buchführung erhöht. Im Gegensatz hierzu wird bei der einfachen Buchführung nur auf Bestandskonten gebucht.

Beispiel: Kauft man am 10.01.2001 für 4.000 EUR Waren und bezahlt diese bar, so lautet der Buchungssatz: Waren 4.000 EUR an Kasse 4.000 EUR. Hierbei wird immer zuerst das Konto genannt, welches im Soll berührt wird (hier Warenkonto).

Wird am 14.01.2001 ein Kredit über 100.000 EUR aufgenommen, welcher auf dem Bankkonto gutgeschrieben wird, so lautet der Buchungssatz: Bank 100.000 EUR an Verbindlichkeiten 100.000 EUR.

Datum	Lfd. Nr.	Gegenstand	Soll	Haben
10.01.2001	1	Waren an Kasse	4.000	 4.000
14.01.2001	2	Bank an Verbindlichkeiten	100.000	 100.000

II. Hauptbücher

337 In den Hauptbüchern sind die Geschäftsvorfälle nach sachlichen Gesichtspunkten geordnet zusammengefasst. Diese bestehen meist aus Konten (vgl. Kontenrahmen).[571] Die Buchungssätze aus dem Hauptbuch werden hier ausgeführt.

Hierbei ist zunächst zwischen **Aktiv- und Passivkonten** zu unterscheiden. Aktivkonten erscheinen in der späteren Bilanz auf der Aktiv-Seite. Diese Konten kennzeichnen daher die **Mittelverwendung** oder auch Investition der Mittel. Aktivkonten sind daher alle Anlagekonten, die Bestandskonten für Waren und Wertpapiere, Forderungen, Bank und Kasse (Kontenklasse 0-2). Die Passivkonten erscheinen in der Bilanz auf der

[570] *Morck* in: Koller/Roth/Morck, § 238 Rn 8.
[571] *Morck* in: Koller/Roth/Morck, § 238 Rn 8.

Passiv-Seite. Diese Konten treffen daher Aussagen über die **Mittelherkunft** oder Finanzierung. Die Passivkonten (Kontenklasse 3 und 4) gliedern sich daher z.B. in Eigenkapital, Fremdkapital, Verbindlichkeiten und Umsatzsteuerzahllast (Schuld gegenüber dem Finanzamt). Bei allen Aktivkonten werden der Eröffnungsbestand und die Zugänge im Soll, die Abgänge und der Schlussbestand hingegen im Haben geführt. Bei den Passivkonten bucht man dagegen den Anfangsbestand und die Zugänge im Haben und die Abgänge und den Endbestand im Soll.

338

Weiterhin werden noch sog. **Erfolgskonten** geführt. Dies sind alle Konten, die Gegenstand der Gewinn- und Verlustrechnung sind. Diese Konten gliedern sich in Aufwands- und Ertragskonten. Ertragskonten sind die Konten der Klasse 5. Ertragskonten mehren sich im Haben. Die Aufwandskonten sind alle Konten der Kontenklasse 6 und 7, welche sich im Soll mehren. Aus der Gegenüberstellung dieser Konten wird der Gewinn oder Verlust ermittelt, welcher dann mit dem Rechnungsabschluss auf das Eigenkapitalkonto gebucht wird.

Beispiel: Es werden Waren für 5.000 EUR gekauft und bar bezahlt. Dieser Vorgang berührt das Vorrätekonto und das Kassenkonto (jeweils Aktivkonten) in folgender Weise:

Soll	Vorräte Haben
(Zugang)	
5.000,-	

Soll	Kasse Haben
	(Abgang)
	5.000,-

Beispiel: Angenommen, die Waren werden zunächst nicht bezahlt. Dann bleibt das Kassenkonto unberührt, aber der Vorgang schlägt sich im Passivkonto „Verbindlichkeiten“ nieder:

Soll	Vorräte Haben
(Zugang)	
5.000,-	

Soll	Verbindlichkeiten Haben
	(Zugang)
	5.000,-

Beispiel: Wird nun die Lieferung nachträglich bar bezahlt, so bleibt das Vorrätekonto unberührt. Die Konten „Verbindlichkeiten“ und „Kasse“ spiegeln den Vorgang wieder.

Soll	Verbindlichkeiten Haben
(Abgang)	
5.000,-	

Soll	Kasse Haben
	(Abgang)
	5.000,-

Die Einbeziehung von Erfolgskonten lässt sich folgendermaßen verdeutlichen:

Beispiel: Das Unternehmen überweist die fällige Gewerbesteuer in Höhe 1.000,- an das Finanzamt. Dieser Vorgang löst Buchungen auf dem Bestandskonto „Bank“ und dem Erfolgskonto (Aufwandskonto) „Gewerbesteuer“ aus.

Soll	Gewerbesteuer	Haben
(Zugang)		
1.000,-		

Soll	Bank	Haben
		(Abgang)
		1.000,-

Beispiel: Dem Unternehmen werden Zinserträge (EUR 1.000,-) auf dem Bankkonto gutgeschrieben. Auch diese Gutschrift berührt ein Bestandskonto („Bank") und ein Erfolgskonto in Form des Ertragskontos „Zinserträge".

Soll	Bank	Haben
(Zugang)		
1.000,-		

Soll	Zinserträge	Haben
		(Zugang)
		1.000,-

III. Nebenbücher

339 Die Nebenbücher sind **Hilfsbücher**, welche die Aussagefähigkeit der Hauptbücher in bestimmten Bereichen erhöhen sollen.[572] Hierzu gehört die **Kontokorrentbuchhaltung** (Debitoren und Kreditoren), die **Kassenbuchhaltung**, **Anlagebuchhaltung**, **Lohn- und Gehaltsbuchhaltung**, **Materialbuchhaltung**. Im Hauptbuch „Verbindlichkeiten" steht beispielsweise nur, wie viel der Kaufmann seinen Gläubigern insgesamt schuldet. Aus der Kreditorenbuchhaltung geht dann hervor, wie viel er welchem Gläubiger schuldet.

IV. Handelsbriefe

340 Nach § 238 Abs. 2 HGB ist der Kaufmann verpflichtet, von allen Handelsbriefen (Lieferscheine, Rechnungen usw.) Kopien zurückzubehalten.

[572] *Hense/Klein* in: Beck Bil-Komm., § 238 Rn 73ff.

C. Inventar

341 Das Inventar eines Kaufmanns ist ein Verzeichnis seiner **Aktiva** und **Passiva** zu einem bestimmen Zeitpunkt, § 240 HGB. Die Aktivposten sind nach dem Prinzip der steigenden Liquidität und die Passivposten nach dem Prinzip steigender Fälligkeit aufgebaut, wie es auch bei der Bilanz der Fall ist. Die Erstellung eines Inventars setzt eine Inventur voraus. Die Inventur[573] ist ein Verfahren, bei dem alle Vermögenswerte und Schulden bewertet werden, was erforderlich ist, da die spätere Bilanz nur Werte enthält und keine Bestände. Dies erfolgt in zwei Schritten: Zunächst wird durch die Inventur eine Bestandsaufnahme durchgeführt. Dies ist ein Vorgang des Zählens, Messens und Wiegens. Die Ergebnisse der Inventur müssen dann in einem zweiten Schritt bewertet werden. Diese Bewertung nach §§ 252 ff. HGB wird immer zu einem bestimmten Stichtag durchgeführt. Daher bezeichnet man die Inventur und auch die Bilanz als eine Zeitpunktrechnung. Die Grund- und Hauptbücher sind dagegen eine Zeitraumrechnung, da sie fortlaufend über das Geschäftsjahr geführt werden. In der Bewertung der einzelnen Vermögensgegenstände und Schulden ist der Kaufmann nicht frei, da das Ziel der Bewertung darin besteht, ein wahrheitsgemäßes Bild vom Unternehmen zu vermitteln. Die Art und Weise der Bewertung hat daher einen entscheidenden Einfluss auf die (scheinbare) Liquidität und Kreditwürdigkeit des Unternehmens. Das Anlage- und das Umlaufvermögen sind daher höchstens mit den Anschaffungs- oder Herstellungskosten (um die Abschreibung berichtigt) zu bewerten, § 253 Abs. 1 HGB. Verbindlichkeiten sind mit dem Nennbetrag der Rückzahlung anzusetzen. Zusätzlich hat man für ungewisse Unternehmensbelastungen Rückstellungen zu bilden. Die Forderungen muss man um einen Sicherheitsabschlag korrigieren, da üblicherweise nie 100 % der Forderungen erfüllt werden. Zusammenfassend kann man sagen, dass die Bewertungsgrundsätze dem Verbot der Überbewertung folgen.

342 Parallel zur Inventur werden die Bestandskonten abgeschlossen. Es wird also der jeweilige Saldo ermittelt. Bei den Warenkonten können sich Differenzen zu den Zahlen der Haupt- und Nebenbücher ergeben, da mit „Schwund zu rechnen ist". In diesen Fällen sind wertberichtigende Buchungen vorzunehmen.

Aus den Ergebnissen der Inventur wird das Inventar erstellt. Ein solches ist zunächst als Eröffnungsinventar bei Gründung des Unternehmens und am Schluss eines jeden Geschäftsjahres zu erstellen. Bei Großbetrieben kann das Inventar mehrere Bände stark sein. In solchen Fällen fertigt man zur besseren Übersichtlichkeit ein Deckblatt an, welches etwa so aussehen könnte:

> **Beachte**: Der Erstellung der Inventur und der Zusammenstellung der Bilanz liegen eine **Zeitpunktrechnung** zugrunde. Alle Vermögenswerte und Schulden werden zu einem bestimmten Stichtag aufgenommen und bewertet. Der Buchung in den Grund- und Hauptbüchern hingegen liegt eine **Zeitraumrechnung** zugrunde. Die Geschäftsvorfälle werden hier zeitgerecht fortgeschrieben und gebucht, damit jederzeit eine aktuelle Aufstellung aller Vermögenswerte und Schulden erfolgen kann.

---

[573] Ausführlich hierzu *Hense/Philipps* in: Beck Bil-Komm, § 240 Rn 17ff.

Beispiel:

Inventar zum 31.12.20..

I. Vermögen	
1. Anlagevermögen	
unbebaute Grundstücke	50.000 EUR
Lagerhalle	15.000 EUR
Geschäftsgebäude	30.000 EUR
Büromaschinen	10.000 EUR
2. Umlaufvermögen	
Waren	50.000 EUR
Forderungen	10.000 EUR
Bank	20.000 EUR
Kasse	10.000 EUR
Summe Vermögen	195.000 EUR
II. Schulden	
Darlehen	80.000 EUR
Lieferantenschulden (= Verbindlichkeiten)	20.000 EUR
Summe Schulden	100.000 EUR
III. Eigenkapital	
Summe Vermögen	195.000 EUR
Summe Schulden ./.	100.000 EUR
Reinvermögen = Eigenkapital	95.000 EUR

D. Bilanz

343 Eine Bilanz ist eine stets **ausgewogene Gegenüberstellung aller Vermögenswerte und Schulden** des Kaufmanns, §§ 242 ff. HGB für alle Kaufleute, § 266 HGB für Kapitalgesellschaften. Kleine Kapitalgesellschaften haben spätestens sechs Monate nach dem Ende des Geschäftsjahres eine Bilanz aufzustellen, § 264 Abs. 1 S. 3 HGB. Andere Kapitalgesellschaften müssen ihre Bilanz bereits drei Monate nach dem Ende des Geschäftsjahres aufgestellt haben. Das Vermögen ist unter den Aktiva der Bilanz verzeichnet. Hierbei unterscheidet man das **Anlagevermögen**[574] vom **Umlaufvermögen**.[575] Das Anlagevermögen ist dazu bestimmt, längere Zeit im Unternehmen des Kaufmanns zu verbleiben und bildet die Betriebsgrundlage. Die Anlagegüter werden als Anlagegut gebucht (aktiviert) und über die betriebsgewöhnliche Nutzungsdauer abgeschrieben. D.h. es entsteht ein Aufwand in der GuV, der von den Erträgen saldiert werden darf und damit den zu versteuernden Gewinn mindert. Wird die Bilanzierung des angeschafften Wirtschaftsgutes indes vergessen, so darf die Abschreibung nicht nachgeholt werden.[576] Aus dem Umlaufvermögen versucht der Kaufmann durch seine Geschäftstätigkeit einen Gewinn zu erwirtschaften. Diese Vermögensgegenstände sind also gerade dazu bestimmt als solche aus dem Vermögen zu weichen. Welche Gegenstände zum Anlage- oder zum Umlaufvermögen gezählt werden, ist höchst unterschiedlich. Die Einordnung hängt immer vom geschäftlichen Betätigungsfeld des Kaufmanns ab.

> **Beispiel**: Ein Autohändler zählt seine Fahrzeuge zum Umlaufvermögen, während ein Textilhändler seinen Geschäftswagen zum Anlagevermögen rechnet.

Die Passiva enthalten das Kapital des Kaufmanns, welches sich in Eigen- und Fremdkapital gliedert. Die Passiva bezeichnet man daher auch als die Mittelherkunft oder Finanzierung und die Aktiva als Mittelverwendung oder Investition.

344 Die Bilanz ist als Eröffnungsbilanz und jeweils am Ende des Geschäftsjahres aufzustellen. Inhaltlich ist sie eine Zusammenfassung der Ergebnisse (Salden) der Hauptbücher. An sich ändert sich die Bilanz durch jeden Geschäftsvorgang des Kaufmanns. Es ist aber nicht möglich, bei jeder Buchung die Bilanz zu aktualisieren, da hierbei alle Posten neu bewertet werden müssten. Aus diesem Grunde beschränkt man sich auf den Schluss des Geschäftsjahres. Selbst mittelständische Unternehmen brauchen ein bis zwei Monate, um eine vollständige Bilanz zu erstellen. Aus diesem Grunde löst man die Eröffnungsbilanz in die Konten der Hauptbücher auf. Die einzelnen Geschäftsvorfälle werden dann als Buchungssätze im Grundbuch erfasst und in den Hauptbüchern gebucht. Aufgrund der - untechnisch gesprochen - **doppelten Buchführung** erfasst jeder Buchungssatz (Geschäftsvorfall) daher immer mindestens zwei Posten der Bilanz. Am Ende des Geschäftsjahres werden dann die Konten der Hauptbücher abgeschlossen. Die Salden werden in die Abschlussbilanz übertragen.

Die Abschlussbilanz liefert als Eröffnungsbilanz die Werte für die Führung der Hauptbücher des neuen Geschäftsjahres.

---

[574] *Morck* in: Koller/Roth/Morck, § 266 Rn 1ff.
[575] *Morck* in: Koller/Roth/Morck, § 266 Rn 5ff.
[576] BFH DStR **2002**, 20f.

Beispiel:

Aktiva	Bilanz zum 31.12.20..		**Passiva**
I. Anlagevermögen		**I. Eigenkapital**	95.000
1. Grundstücke	50.000	**II. Fremdkapital**	
2. Lagerhalle	15.000	1. Darlehen	80.000
3. Gebäude	30.000	2. Lieferantenschulden	20.000
4. Büromaschinen	10.000		
II. Umlaufvermögen			
1. Waren	50.000		
2. Forderungen	10.000		
3. Bank	20.000		
4. Kasse	10.000		
	195.000		195.000

345

> **Beachte**:
> Goldene Bilanzregel: Das Eigenkapital soll größer oder zumindest gleich dem Anlagevermögen sein.

Diese Regel ergibt sich daraus, dass das Anlagevermögen die Grundlagen des Unternehmens ausmacht und für längere Zeit genutzt werden soll. Ist dieses mit Fremdkapital finanziert, so muss man entsprechend lange Kreditlaufzeiten berücksichtigen oder Folgeverträge eingehen, da sonst bei Rückzahlungsschwierigkeiten schnell ein Konkurs des Unternehmens droht. Für viele Unternehmen bleibt das Erreichen einer solchen Eigenkapitalquote aber ein „frommer Wunsch".

346 Für konzernierte und börsennotierte Unternehmen hat die internationale Rechnungslegung in den letzten Jahren zunehmend an Bedeutung gewonnen.

Ursächlich hierfür war der Abstimmungsprozess des International Accounting Standards Board (IASB) mit der internationalen Vereinigung der Börsenaufsichtsbehörden (IOSCO). Als Resultat dieses Prozesses hat das IASB auf Grund von Empfehlungen der Börsenaufsichtsbehörde die Rechnungslegungsstandards überarbeitet. Die IOSCO hat daraufhin ihren Mitgliedsorganisationen empfohlen, einen nach den International Accounting Standards (IAS) aufgestellten Konzernrechnungsabschluss für die Zulassung von ausländischen Wertpapieren zum nationalen Handel zu akzeptieren. Durch diese Empfehlung wurden die IAS-Standards von den wichtigsten nationalen Wertpapierbehörden mit Ausnahme der US-amerikanischen Securities Exchange Commission anerkannt.

Nach Art. 4 der IAS-Verordnung[577] der Europäischen Union sind Publikumsgesellschaften ab dem Konzernabschluss für das Jahr 2005 zur Anwendung von IAS verpflichtet. Ferner können die Mitgliedsstaaten gestatten oder vorschreiben, dass alle Unternehmen ihren Konzern- oder auch Einzelabschluss nach den IAS anfertigen.

---

[577] Verordnung (EG) Nr. 1606/2002 des Europäischen Parlaments und des Rates vom 19. Juli 2002 betreffend die Anwendung internationaler Rechnungslegungsstandards, Amtsblatt der Europäischen Gemeinschaften Nr. L 243/1 vom 11.9.2002.

Wesentliche Besonderheiten[578]:

Im Gegensatz zum Rechnungsabschluss nach HGB, der grundsätzlich nach dem Vorsichtsprinzip zu erstellen ist, wird bei dem Rechnungsabschluss nach IAS grundsätzlich das Informationsprinzip verfolgt. Damit besteht bei dem Rechnungsabschluss auf den ersten Blick ein geringer abschlusspolitischer Gestaltungsspielraum, als bei dem Rechnungsabschluss nach HGB. Im Ergebnis wird diese Konsequenz aber dadurch relativiert, dass bei vielen Einzelposten Schätzungen erfolgen müssen. Dies ist z.B. der Fall bei der Bewertung von Rückstellungen und bei dem Ansatz der betriebsgewöhnlichen Nutzungsdauer. Damit ist de facto ein vergleichbarer Gestaltungsspielraum eröffnet.

Ein wichtiger struktureller Unterschied ist in der Möglichkeit der Aktivierung von selbst erstellten Immaterialgütern zu sehen.

> **Beispiel**: Porsche ist eine der bekanntesten und teuersten Marken der Welt im Sportwagensektor. Bei einem Rechnungsabschluss nach HGB dürfte hierfür kein Ansatz in der Bilanz erfolgen. Sofern der Rechnungsabschluss nach IAS erstellt wird, könnte eine Aktivierung unter dem Anlagevermögen auf der Aktiv-Seite der Bilanz erfolgen, IAS 38. Bei sonst gleichen Bilanzansätzen würde nach einer stark vereinfachten Modellrechnung das Eigenkapital als Residualgröße steigen.

---

[578] *Müller/Wulff*, BB **2001**, 2206.

E. Gewinn- und Verlustrechnung

347 In der Gewinn- und Verlustrechnung werden die **Aufwendungen** und die **Erträge** gegenübergestellt, § 242 Abs. 2 HGB. Im Gegensatz zur Bilanz handelt es sich hierbei um eine periodenbezogene Abrechnung.[579] Es werden also alle Aufwendungen und Erträge des Geschäftsjahres gegenübergestellt. Die GuV besteht aus den Erfolgskonten (s.o.). Saldiert man nach Abschluss der Erfolgskonten das GuV-Konto, so erhält man das Geschäftsjahresergebnis. Das GuV-Konto wird dann über das Eigenkapitalkonto abgeschlossen. Hierbei hängt es davon ab, ob ein Gewinn oder Verlust ermittelt worden ist. Gewinne erscheinen auf dem GuV-Konto im Soll und werden dann beim Eigenkapital ins Haben gebucht (Buchungssatz: GuV an Eigenkapital; vgl. oben, zuerst wird das Konto genannt, welches im Soll berührt wird).
Die GuV bildet zusammen mit der Bilanz bei Einzelkaufleuten und Personengesellschaften den **Jahresabschluss**.[580] Hierbei ist die GuV gegenüber der Bilanz erheblich informativer, da man anhand der GuV erkennen kann, wie sich das Ergebnis zusammensetzt.

Beispiel:

Gewinn- und Verlustrechnung

Soll (Aufwendungen)			**(Erträge) Haben**
Rohstoffaufwendungen	1.050.100	Umsatzerlöse	3.593.200
Hilfsstoffaufwendungen	755.000	Sonstige Erträge	450.000
Betriebsstoffaufwendungen	52.500	Beteiligungen	125.000
Vertriebskosten	180.000	Zinsergebnis	15.000
Verwaltungskosten	325.400		
Forschung und Entwicklung	680.000		
Löhne	250.000		
Gehälter	125.500		
Mieten	78.500		
Abschreibungen	255.000		
Steuern	75.500		
Eigenkapital (Gewinn)	355.700		
	4.183.200		4.183.200

Gewinnverwendung:		
Jahresüberschuss	355.700	
Einstellung in Rücklagen ./.	45.000	
Bilanzgewinn	310.700	(zur Ausschüttung vorgeschlagen)

Links stehen die Salden der Aufwandskonten, rechts die Salden der Ertragskonten. Das Konto Eigenkapital erscheint hier im Haben, da ein Gewinn erwirtschaftet worden ist. Bei einem Verlust würde das Eigenkapitalkonto im Soll erscheinen.

[579] *Morck* in: Koller/Roth/Morck, § 243 Rn 3.
[580] *Baumbach/Hopt*, § 242 Rn 10.

F. Jahresabschluss

Der Jahresabschluss besteht aus der Bilanz und der GuV-Rechnung, § 242 Abs. 3 HGB. Die Kapitalgesellschaften haben den Jahresabschluss noch um einen **Anhang** zu ergänzen, §§ 264 Abs. 1, 336 HGB. Dieser enthält Erläuterungen zur Bilanz und GuV-Rechnung, womit der Informationsgehalt der Daten verstärkt wird. Die bloßen Zahlen drücken beispielsweise nicht aus, auf welche Art und Weise bewertet worden ist. Dies ist dann im Anhang zu erklären, § 284 Abs. 2 HGB. **348**

Daneben müssen Kapitalgesellschaften, die nicht kleine i.S. § 267 Abs. 1 HGB sind, einen **Lagebericht** erstellen, sofern keine Befreiung nach § 264 Abs. 3 HGB besteht. Der Vorstand muss hierin auf die Entwicklung der Gesellschaft eingehen, wobei auch Umstände nach dem Bilanzstichtag zu berücksichtigen sind.[581] Weiterhin obliegt dem Aufsichtsrat eine schriftliche Berichtspflicht gegenüber der Hauptversammlung, die gem. § 107 Abs. 3 S. 2 AktG nicht auf einen Ausschuss übertragen werden kann. Gesetzliche Anforderungen an die Gestaltung des Berichts bestehen nicht.[582] In der Praxis erfolgen diese Berichte meist knapp und formelhaft. Tatsächlich sind aber ausführliche und individuelle Berichte erforderlich.[583] In der Regel werden sie mit im formellen Teil des Geschäftsberichts abgedruckt. **349**

---

[581] *Hense/Schellhorn* in: Beck Bil-Komm., § 264 Rn 10.
[582] *Ellrott/M. Ring* in: Beck Bil-Komm., v. § 325 Rn 27.
[583] *Ebd.*

G. Systematische Übersicht

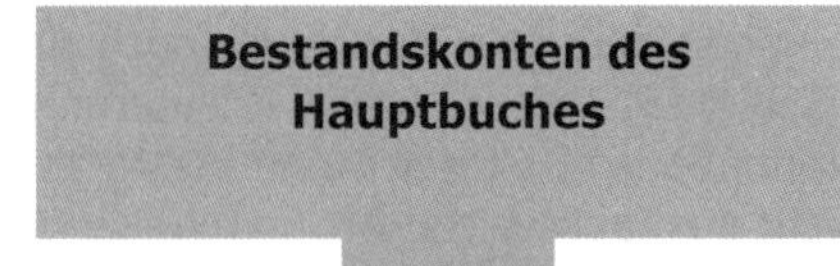

Aktiva	Eröffnungsbilanz zum 01.01. 20..				**Passiva**
I.	**Anlagevermögen**		**I.**	**Eigenkapital**	AB
1.	Grundstücke	AB	**II.**	**Fremdkapital**	AB
2.	Lagerhalle	AB	1.	Darlehen	AB
3.	Gebäude	AB	2.	Lieferantenschulden	AB
4.	Büromaschinen	AB		...	
II.	**Umlaufvermögen**				
1.	Waren	AB			
2.	Forderungen	AB			
3.	Bank	AB			
4.	Kasse	AB			

Aus buchhaltungstechnischen Gründen wird die Eröffnungsbilanz in ein Eröffnungsbilanzkonto umgewandelt. Dies ist nötig, weil man stets nur vom „Soll" ins „Haben" buchen darf (vgl. Buchungssatz oben S. 5). Die entsprechenden Buchungssätze lauten:

- Aktivkonten an Eröffnungsbilanzkonto
- Eröffnungsbilanzkonto an Passivkonten

Soll	Eröffnungsbilanzkonto				**Haben**
I.	**Eigenkapital**	AB	**I.**	**Anlagevermögen**	
II.	**Fremdkapital**	AB	1.	Grundstücke	AB
1.	Darlehen	AB	2.	Lagerhalle	AB
2.	Lieferantenschulden	AB	3.	Gebäude	AB
	...		4.	Büromaschinen	AB
			II.	**Umlaufvermögen**	
			1.	Waren	AB
			2.	Forderungen	AB
			3.	Bank	AB
			4.	Kasse	AB

Passivkonten

Soll	Eigenkapital		Haben
AG		EBK	AB
SBK	**EB**		Z

Soll	Darlehen		Haben
AG		EBK	AB
SBK	**EB**		Z

Aktivkonten

Soll	Gebäude		Haben
EBK	AB	AG	
	Z	**SBK**	**EB**

Soll	Forderungen		Haben
EBK	AB	AG	
	Z	**SBK**	**EB**

Soll	Waren		Haben
EBK	AB	AG	
	Z	**SBK**	**EB**

Soll	Bank		Haben
EBK	AB	AG	
	Z	**SBK**	**EB**

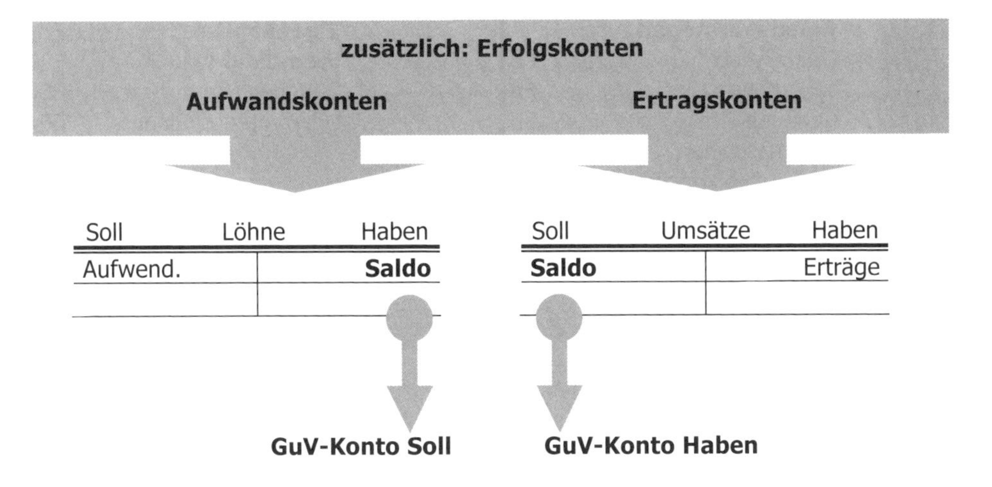

Soll	Löhne	Haben
Aufwend.		**Saldo**

Soll	Umsätze	Haben
Saldo		Erträge

GuV-Konto Soll **GuV-Konto Haben**

Soll	GuV-Konto		Haben
Aufwend.	Salden	Erträge	Salden
Eigenkapital	Gewinn	Eigenkapital	Verlust

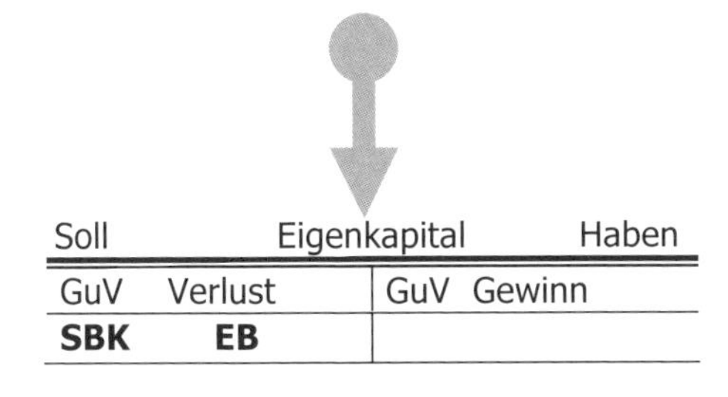

Soll	Eigenkapital		Haben
GuV	Verlust	GuV	Gewinn
SBK	**EB**		

Soll		Schlussbilanzkonto				Haben
I.		**Anlagevermögen**		**I.**	**Eigenkapital**	EB
	1.	Grundstücke	EB	**II.**	**Fremdkapital**	
	2.	Lagerhalle	EB	1.	Darlehen	EB
	3.	Gebäude	EB	2.	Lieferantenschulden	EB
	4.	Büromaschinen	EB			
II.		**Umlaufvermögen**				
	1.	Waren	EB			
	2.	Forderungen	EB			
	3.	Bank	EB			
	4.	Kasse	EB			

Die Werte aus dem Schlussbilanzkonto gehen in die Schlussbilanz ein:

Aktiva		Schlussbilanz zum 31.12.20..				Passiva
I.		**Anlagevermögen**		**I.**	**Eigenkapital**	EB
	1.	Grundstücke	EB	**II.**	**Fremdkapital**	
	2.	Lagerhalle	EB	1.	Darlehen	EB
	3.	Gebäude	EB	2.	Lieferantenschulden	EB
	4.	Büromaschinen	EB			
II.		**Umlaufvermögen**				
	1.	Waren	EB			
	2.	Forderungen	EB			
	3.	Bank	EB			
	4.	Kasse	EB			

Abkürzungen:

AB	Anfangsbestand	GuV	Gewinn und Verlust (-Konto)
AG	Abgänge	SB	Schlussbestand
EB	Endbestand	SBK	Schlussbilanzkonto
EBK	Eröffnungsbilanzkonto	Z	Zugänge

3. Kapitel: Gesellschaftsrecht

A. Die Gesellschaft bürgerlichen Rechts, §§ 705 ff. BGB

350

Die Gesellschaft bürgerlichen Rechts[584] ist die Grundform der Personengesellschaften.[585]

Die anderen Personengesellschaften (offene Handelsgesellschaft, Kommanditgesellschaft, stille Gesellschaft, Partnerschaftsgesellschaft) sind Varianten der Gesellschaft bürgerlichen Rechts. Soweit für diese Spezialregelungen fehlen, ist auf sie kraft Verweisung ergänzend das Recht der BGB-Gesellschaft anzuwenden, vgl. § 105 Abs. 3, 161 Abs. 2, 233 Abs. 2, 234 HGB.

Während das Recht der Körperschaften (Aktiengesellschaft, GmbH und Genossenschaft) überwiegend zwingender Natur ist, bieten die Personengesellschaften den Gesellschaftern sehr weitgehende Möglichkeiten, ihre Beziehungen zueinander nach ihren eigenen Vorstellungen vertraglich zu gestalten.

I. Erscheinungsformen

351

Das Spektrum der Erscheinungsformen der BGB-Gesellschaft ist vielfältig. Wichtig ist schon hier die Differenzierung zwischen der BGB-Außengesellschaft, die nach außen in den Rechtsverkehr eintritt und in diesem agiert, und der BGB-Innengesellschaft, die eben nicht nach außen auftritt. Obligatorische Beispiele für eine BGB-Innengesellschaft sind die Lottogemeinschaft oder die Fahrgemeinschaft; während z.B. die ARGE[586] als typische BGB-Außengesellschaft zu bezeichnen ist. Viele wissen oftmals gar nicht, dass sie Gesellschafter einer BGB-Gesellschaft sind, wie z.B. Reise- und Fahrgemeinschaften sowie Lotterie- und Spielgemeinschaften.

352

Die Beteiligten schließen sich zur **Verfolgung eines gemeinsamen Zwecks** zusammen, womit sie bereits Gesellschafter werden. Eine BGB-Gesellschaft wird auch geschlossen, wenn sich verschiedene Bauunternehmen gemeinsam zusammenschließen, um ein bestimmtes Bauvorhaben, z.B. einen Flugplatz, eine Autobahn oder ein Kraftwerk gemeinsam zu errichten.[587] Auch Banken, die sich zur gemeinsamen Finanzierung eines Vorhabens z.B. einer bestimmten Investition eines Unternehmens zusammenschließen, bilden eine BGB-Gesellschaft, die als Bankenkonsortium bezeichnet wird. Daher bilden auch Personen, die sich zur gemeinsamen Errichtung eines Bauvorhabens zusammenschließen, nämlich zu einer sog. **Bauherrengemeinschaft**, ebenso eine BGB-Gesellschaft.

Die BGB-Gesellschaft ist deshalb soweit verbreitet, weil aus steuerrechtlicher Sicht keine Alternative für eine andere Rechtsform des Zusammenschlusses gegeben ist. Denn GmbH, oHG, KG, GmbH & Co. KG sind Rechtsformen für den gewerblichen Be-

---

[584] Im Folgenden als BGB-Gesellschaft abgekürzt. Gebräuchlich ist allgemein auch die Abkürzung GbR.
[585] *Kraft/Kreutz*, S. 95.
[586] Arbeitsgemeinschaft von selbstständigen Bauunternehmern zur Durchführung eines gemeinsamen Auftrages.
[587] Ein solcher Zusammenschluss wird auch ARGE (Arbeitsgemeinschaft) genannt.

reich, die deshalb ihre Einkünfte auch als Einkünfte aus Gewerbebetrieb zu versteuern haben (Gewerbeertragsteuer). Eine private Bauherrengemeinschaft will aber das zu bauende Objekt **im Privatvermögen** und nicht in einem betrieblichen Vermögen halten, damit die späteren Gewinne aus den Wertsteigerungen des Objektes auch steuerfrei bleiben. Aus steuerrechtlicher Sicht wird die BGB-Gesellschaft daher oft bei privaten Bauherrengemeinschaften und bei dem Zusammenschluss von Unternehmen zu einer ARGE, also einer Arbeitsgemeinschaft zur Durchführung eines bestimmten Vorhabens, eingesetzt.

353 Aber auch dann, wenn gewerbliche Unternehmen sich zu einer BGB-Gesellschaft zusammenschließen, und damit steuerliche Erwägungen keine Rolle spielen, kommt eine andere Gesellschaftsform nicht in Betracht. Denn die BGB-Gesellschaft ist eine typische **Gelegenheitsgesellschaft,** gerichtet auf die Verfolgung eines bestimmten Zwecks.

Ist der Zweck erreicht, dann ist die Gesellschaft auch schon wieder aufgelöst und nach Verteilung des gemeinsamen Vermögens beendet. So ist, wenn ein Bankenkonsortium gemeinsam einen Kredit begibt, die Gesellschaft mit Rückführung des Kredits auch beendet. In keinem Handelsregister war einzutragen, dass eine gemeinsame Gesellschaft gegründet wurde. Daher ist eine solche Gesellschaft auch dort nicht zu löschen. Ein bestimmtes Kapital für die Gesellschaft ist nicht zu erbringen, so dass die BGB-Gesellschaft oftmals auch von kapitalschwachen Kleinunternehmern, die sich zur gemeinsamen Gewerbeausübung zusammenschließen, verwendet wird.

II. Zustandekommen einer Gesellschaft bürgerlichen Rechts

1. Der Gesellschaftsvertrag

354 Die Gesellschaft bürgerlichen Rechts entsteht durch den Abschluss eines Gesellschaftsvertrages. Sein notwendiger Inhalt ist in § 705 BGB umschrieben:

Die Gesellschafter verpflichten sich **gegenseitig**, die Erreichung eines gemeinsamen Zwecks in der durch den **Vertrag** bestimmten Weise **zu fördern**, insbesondere die vereinbarten **Beiträge zu leisten**. Für den Vertragsschluss gelten die allgemeinen Regeln über das Zustandekommen von Verträgen. Der Vertrag ist grundsätzlich formfrei.[588] Er kann daher auch stillschweigend geschlossen werden.

Beispiel: Konzessionsträgerfall
Maurer R hat sich als Unternehmer selbstständig gemacht, obwohl er die Meisterprüfung noch nicht bestanden hat und daher nicht in die Handwerksrolle eingetragen werden kann. An seiner Stelle ist Maurermeister F eingetragen, der sich gegen Zahlung von monatlich 800 € als Konzessionsträger für das Unternehmen des R zur Verfügung gestellt hatte. F wird jetzt von den Gläubigern wegen der von R für den Maurerbetrieb begründeten Verbindlichkeiten als BGB-Gesellschafter in Anspruch genommen. Besteht bereits eine BGB-Gesellschaft?

F haftet als Gesellschafter dieser BGB-Gesellschaft nach außen für deren Verbindlichkeiten. Dies gilt auch, wenn seine Haftung im Innenverhältnis ausgeschlossen sein sollte. Stellt sich jemand derart als Konzessionsträger zur Verfügung, so liegt darin die Gründung einer Gesellschaft bürgerlichen Rechts. Durch die Vereinbarung, dass F sich

---

[588] *Sprau* in: Palandt, § 705 Rn 12.

als Konzessionsträger zur Verfügung stellt, war es R erst möglich, sein Unternehmen zu betreiben. Damit haben beide einen bestimmten Zweck durch die Vereinbarung gefördert – hier der Betrieb des Unternehmens. Der Beitrag des F besteht darin, dass er sich als Konzessionsträger zur Verfügung stellt.

355 Anders als bei den Kapitalgesellschaften bestehen für den Abschluss des Gesellschaftsvertrages einer BGB-Gesellschaft keinerlei Formvorschriften; er kann also auch mündlich geschlossen werden und bedarf grundsätzlich keiner notariellen Beurkundung.[589] Diese ist aber vor allem dann erforderlich, wenn sich ein Gesellschafter zur Leistung von Beiträgen verpflichtet, die nur durch einen notariellen Vertrag wirksam übernommen werden können. Wichtigstes Beispiel ist die Verpflichtung eines Gesellschafters, ein Grundstück in die Gesellschaft einzubringen, vgl. § 311b BGB.[590]

Änderungen des Gesellschaftsvertrages sind nur **mit Zustimmung aller Gesellschafter** möglich, sofern der Gesellschaftsvertrag nicht Erleichterungen vorsieht. Ein wirksamer Gesellschaftsvertrag kommt nur zustande, wenn sein Inhalt und insbesondere der vereinbarte gemeinsame Zweck nicht gegen ein gesetzliches Verbot und auch nicht gegen die guten Sitten verstoßen. Anderenfalls ist der Gesellschaftsvertrag nach § 134 bzw. § 138 BGB nichtig. Hier helfen dann auch nicht die Grundsätze der fehlerhaften Gesellschaft weiter.[591]

2. Gesellschaftszweck

356 Ein wesentliches Element des Gesellschaftsvertrages ist der von den Gesellschaftern vereinbarte Gesellschaftszweck.

Das kann **jeder erlaubte Zweck** sein.[592] Voraussetzung ist nur, dass es sich tatsächlich um einen von sämtlichen Gesellschaftern gemeinsam verfolgten Zweck handelt. Kommt keine Einigung über einen gemeinsamen Zweck zustande, so entsteht keine BGB-Gesellschaft. Im Vordergrund steht die Verfolgung beruflicher oder gewerblicher Zwecke. Wenn mehrere Rechtsanwälte oder Steuerberater ihren Beruf gemeinschaftlich als Sozietät ausüben oder mehrere Handwerker ein gemeinschaftliches Unternehmen betreiben, so handelt es sich primär um eine Gesellschaft bürgerlichen Rechts. Ist allerdings das gemeinschaftliche Unternehmen ein Handelsgewerbe im Sinne der §§ 1 ff. HGB, so entsteht in der Regel eine oHG. Seit dem 01.07.1995 besteht für Freiberufler die Möglichkeit zur gemeinsamen Berufsausübung alternativ zur BGB-Gesellschaft in Form der Partnerschaft als neuer Gesellschaftsform, vgl. hierzu das PartnerschaftsgesellschaftsG. Zudem wurde der Begriff des Handelsgewerbes i.S.d. § 1 Abs. 2 HGB derart erweitert, dass grundsätzlich **jeder Gewerbebetrieb** Handelsgewerbe i.S.d. § 1 Abs. 2 HGB ist, es sei denn, es handelt sich um ein sog. Kleingewerbe, das keinen kaufmännisch eingerichteten Gewerbebetrieb bedarf.[593] Damit ist sämtlichen Kleingewerben der Zugang zur oHG/KG eröffnet. Insbesondere fallen jetzt auch Vermögensgesellschaften darunter, bei denen es normalerweise am Gewerbe fehlte (z.B. Immobilienfonds etc.).

---

[589] *Sprau* in: Palandt, § 705 Rn 12; vgl. auch BGH WM **1967**, 685 ff.: unentgeltliche Beteiligung an einer BGB-Innengesellschaft.
[590] *Sprau* in: Palandt, § 705 Rn 12.
[591] BGH NJW **1967**, 39 (Verstoß gegen die guten Sitten); BGHZ **97**, 243 ff. (Verstoß gegen ein gesetzliches Verbot).
[592] BGHZ **135**, 387 ff.; vgl. auch *Grunewald*, GesellRecht, S. 6-7.
[593] Vgl. hierzu *Kraft/Kreutz*, S. 96.

357 Keine Verfolgung eines gemeinsamen Zwecks liegt dann vor, wenn im Rahmen einer Gemeinschaft jeder ausschließlich **seinen eigenen** Zweck verfolgt. Selbst wenn die jeweils von den Beteiligten verfolgten eigenen Zwecke mit denjenigen der anderen Beteiligten gleichartig sind, entsteht keine Gesellschaft, sondern nur eine **Bruchteilsgemeinschaft** i.S.v. §§ 741 ff. BGB, die keinen Vertrag voraussetzt, sondern meistens kraft Gesetzes entsteht (§§ 947, 984 BGB).

> **Hinweis für die Fallbearbeitung:** Bei problematischen Fällen empfiehlt es sich, mit der Prüfung der Vorschriften des Gesellschaftsrechts zu beginnen, weil die §§ 741 ff. BGB (Bruchteilsgemeinschaft) gegenüber den Regelungen des Gesellschaftsrechts nur **subsidiär** gelten.[594]

358 Dagegen schließt es einen gemeinsamen Zweck nicht aus, dass die Beteiligten **daneben** auch eigene Zwecke verfolgen. Meist wird sogar die Verfolgung des gemeinsamen Zwecks mittelbar den individuellen Zwecken der Beteiligten dienen. Das ist etwa der Fall, wenn die Gesellschafter ein gemeinschaftliches Unternehmen betreiben, um damit Gewinne zu erzielen, die ihnen im Rahmen der Gewinnverteilung persönlich zufließen.

3. Zweckförderungspflicht

359 Normalerweise enthält ein Gesellschaftsvertrag auch Bestimmungen darüber, in welcher Weise die Gesellschafter den gemeinsamen Zweck fördern sollen. Er regelt also insbesondere die **Art und die Höhe ihrer Beitragsleistungen**.[595] Von dem Vorhandensein solcher Bestimmungen hängt aber die Wirksamkeit des Vertrages nicht ab. Es genügt, wenn sich Art und Umfang der Mitwirkung der Gesellschafter aus den Umständen, vor allem aus dem gemeinsamen Zweck ergeben. Die Gesellschafter können sogar den Weg zur Erreichung des gemeinsamen Zwecks späteren Vereinbarungen vorbehalten.

4. Sonstiger Inhalt des Gesellschaftsvertrages

360 Das Gesetz enthält in den §§ 706-740 BGB eine Reihe von Vorschriften, die das Verhältnis der Gesellschafter untereinander und ihr Verhältnis zu Dritten bestimmen.

Ein großer Teil dieser Regelungen ist fakultativ. Er kann also durch abweichende Bestimmungen im Gesellschaftsvertrag ersetzt werden. Davon wird ganz überwiegend Gebrauch gemacht, indem man im Gesellschaftsvertrag die für den konkreten Einzelfall am besten geeignet erscheinende Regelung trifft.
Die **dispositiven Regelungen**[596] in den §§ 706-740 BGB sind also nur anzuwenden, soweit keine Vereinbarung getroffen ist.

> **Beachte: Konstitutive** Merkmale einer BGB-Gesellschaft sind:
> - ein Vertrag
> - ein gemeinsamer Zweck
> - eine Förderungspflicht

---

[594] Vgl. hierzu mit guten Beispielen *Kraft/Kreutz*, S. 108 f.
[595] *Sprau* in: Palandt, § 705 Rn 1.
[596] *Eisenhardt*, GesellRecht, Rn 52.

III. Fehlerhafte Gesellschaft

Wie im gängigen Rechtsverkehr können auch bei Gesellschaftsverträgen die zugrunde liegenden Willenserklärungen Fehler aufweisen, welche die **Nichtigkeit** (z.B. nach §§ 134, 138 BGB) oder die **Anfechtbarkeit** (nach den §§ 119 ff. BGB) des Vertrages zur Folge haben.[597] Möglich ist auch, dass sich die Parteien über wesentliche Punkte des Vertrages, insbesondere über den Gesellschaftszweck, nicht geeinigt haben, so dass ein **Dissens** vorliegt, der die Nichtigkeit des Vertrages bewirkt. Wenn eine Gesellschaft ihre Tätigkeit aufgenommen und möglicherweise schon längere Zeit bestanden hat, ist eine Rückabwicklung wegen Nichtigkeit des Gesellschaftsvertrages praktisch gar nicht mehr möglich. Für diesen Fall haben Rechtsprechung und Schrifttum Sonderregeln entwickelt, deren Existenz ein gesicherter Bestandteil des Gesellschaftsrechts geworden ist.[598] **361**

Für derartige Mängel wurde deshalb die Lehre von der fehlerhaften Gesellschaft entwickelt. Danach greifen die Folgen rückwirkender Nichtigkeit **nicht in vollem Umfang** ein; die Gesellschaft wird zunächst weitergeführt. **Die Gesellschaft ist nicht ex tunc nichtig, sondern nur für die Zukunft vernichtbar**.[599] Der Betroffene hat die Möglichkeit, die Gesellschaft entsprechend § 723 BGB zu kündigen.[600] Diese Abweichung von den Regelungen im BGB wird durch zwei Überlegungen gerechtfertigt: **362**

- **Bestandsschutz** der Gesellschaft im Interesse der übrigen Gesellschafter
- Vertrauensschutz der Gesellschaftsgläubiger auf den Haftungsbestand des Gesellschaftsvermögens – **Verkehrsschutz**.

Rechtsfolgen für das Innenverhältnis:
Die Fehlerhaftigkeit des Gesellschaftsvertrages lässt diesen nicht unwirksam werden. Der betroffene Gesellschafter kann das an die Gesellschaft Geleistete nicht nach den Regelungen der ungerechtfertigten Bereicherung - § 812 Abs. 1 BGB – zurückverlangen. Die noch nicht erbrachten Leistungen sind von ihm bis zur Auflösung der Gesellschaft durch Kündigung oder Klage zu erbringen.
Rechtsfolgen für das Außenverhältnis:
Die Gesellschaft ist nach außen in jeder Beziehung wirksam. Ein außenstehender Dritter kann sich auf das bisherige Bestehen der Gesellschaft und auf die Haftung der Gesellschafter verlassen. Der betroffene Gesellschafter haftet ebenfalls persönlich und unmittelbar (analog § 128 HGB).[601]

Voraussetzungen für das Eingreifen der oben beschriebenen Rechtsfolge sind: **363**

- **Vorliegen eines Gesellschaftsvertrages**
- **Die Gesellschaft muss in Vollzug gesetzt sein.**
- **Nichtbeachtung der Mängel darf nicht mit gewichtigen Interessen der Allgemeinheit kollidieren**.[602]

---

[597] Vgl. BGH NJW-RR **2001**, 1450.
[598] Vgl. BGH **55**, 5, 8.
[599] *Sprau* in: Palandt, § 705 Rn 18.
[600] Vgl. unten zum Vorgehen bei oHG, KG und GmbH.
[601] Vgl. hierzu ausführlich unten.
[602] Vgl. zu dieser Thematik OLG Dresden v 19.06.**2002**; OLG Report Brandenburg/Dresden u.a. **2002**, 364.

364 Die Anwendbarkeit der Grundsätze über eine fehlerhafte Gesellschaft setzt also **den Abschluss eines Gesellschaftsvertrages** voraus. Es genügt ein mangelhafter Vertrag, der von dem tatsächlichen, wenn auch rechtlich fehlerhaften Willen der Vertragschließenden getragen ist. Die Grundsätze über die fehlerhafte Gesellschaft sind auch bei **fehlerhaftem Beitritt** zu einer fehlerfreien Gesellschaft und bei einer **fehlerhaften Anteilsübertragung** anzuwenden. Die Gesellschaft muss ferner **in Vollzug** gesetzt sein. Nach der Abgrenzungsformel des BGH ist die Gesellschaft in Vollzug gesetzt, wenn Rechtstatsachen geschaffen worden sind, an denen die Rechtsordnung nicht vorbeigehen kann.[603] Dies ist immer dann der Fall, wenn die Gesellschaft bereits nach außen im Rechtsverkehr aufgetreten ist und hier Rechtsbeziehungen zu Dritten aufgenommen hat.[604]

365 Die Grundsätze über die fehlerhafte Gesellschaft gelten aber insoweit nicht, als sie mit dem durch das Gesetz vorgeschriebenen Schutz der Geschäftsunfähigen und beschränkt Geschäftsfähigen kollidieren. Vorrang gegenüber der Anwendbarkeit der Regeln über die fehlerhafte Gesellschaft haben also die Schutzvorschriften zugunsten der nicht voll geschäftsfähigen Personen, die nicht durch Abschluss eines fehlerhaften Gesellschaftsvertrages verpflichtet werden sollen.

Hinweis für die Fallbearbeitung:
Für die GmbH finden die Grundsätze über die fehlerhafte Gesellschaft keine Anwendung; die spezielleren Regelungen im GmbH-Recht gehen vor, z.B. § 75 GmbHG: **Nichtigkeitsklage**.
Anders dagegen bei der oHG und KG: Die Grundsätze der fehlerhaften Gesellschaft kommen zur Anwendung. Zu beachten ist aber, dass eine Kündigung nach Feststellung der Fehlerhaftigkeit des Gesellschaftsvertrages nicht ausreichend ist. Notwendig ist eine **Auflösungsklage** nach den §§ 133, 161 Abs. 2 HGB.

Beachte: Die Grundsätze von der **fehlerhaften Gesellschaft** sind von den handelsrechtlichen Grundsätzen der Scheingesellschaft/des Scheingesellschafters abzugrenzen. Die Anwendung der Grundsätze der fehlerhaften Gesellschaft setzt voraus, dass die Gesellschaft tatsächlich bestand, während die „Scheingesellschaft" nur zum Schein bestanden haben muss. Die Scheingesellschaft ist nicht wirkliche Gesellschaft. Gegenüber den Grundsätzen der Scheingesellschaft geht § 15 Abs. 3 HGB als speziellere Regelung vor.

IV. Das rechtliche Verhältnis der Gesellschafter untereinander

366 Der Gesellschaftsvertrag ist ein **gegenseitiger** Vertrag.[605] Gemäß § 705 BGB verpflichten sich die Parteien gegenseitig, die Erreichung eines gemeinsamen Zwecks zu fördern. Die §§ 320 ff. BGB sind trotzdem nur sehr eingeschränkt auf den Gesellschaftsvertrag anwendbar.[606] Mit Abschluss des Gesellschaftsvertrages zwischen den einzelnen Beteiligten entstehen **wechselseitige Rechte und Pflichten**. Gesellschaftsrechtliche Verpflichtungen wie etwa die Beitragspflicht bestehen dabei einheit-

---

[603] BGH ZIP **1992**, 247, 249.

[604] *Kraft/Kreutz*, S. 211. Umstritten ist, ob die Grundsätze der fehlerhaften Gesellschaft auch auf die stille Gesellschaft als reine Innengesellschaft zur Anwendung kommen – die Rspr. (BGHZ 55, 5) und ein großer Teil der Literatur bejaht dies.

[605] So die ständige Rspr. RGZ **78**, 305; **147**, 340, 342; **163**, 385, 388; BGH NJW **1951**, 308 – str., vgl. zum Streitstand *Ulmer* in: MünchKomm., § 705 Rn 141 ff.

[606] Vgl. zur Anwendbarkeit der einzelnen Normen: *Sprau* in: Palandt, § 705 Rn 13.

lich gegenüber sämtlichen Gesellschaftern. Jeder Gesellschafter kann von dem anderen Erfüllung dieser Verpflichtungen verlangen, jedoch nur durch Leistung an die Gesellschaft (actio pro socio = spezielle Klageart der Gesellschafter für Verbindlichkeiten der Gesellschaft gegenüber ihren Gesellschaftern).

1. Treuepflicht und Gleichbehandlung

367 Die Rechtsstellung der Gesellschafter im Rahmen der Gesellschaft wird durch eine besondere **gesellschaftsrechtliche Treuepflicht** sowie durch das **Gebot der gleichmäßigen Behandlung**[607] bestimmt. Die Treuepflicht wird einmal aus dem gemeinschaftsbegründenden Charakter des Gesellschaftsvertrages und aus § 242 BGB hergeleitet.[608] Die Treuepflicht gebietet, dass jeder Gesellschafter die Interessen der Gesellschaft soweit wie irgend möglich wahrt.[609] Der konkrete Inhalt dieser Pflicht hängt von den Umständen des Einzelfalles ab. Daraus können sich beispielsweise **Schweigepflichten** und **Wettbewerbsverbote** ergeben. Bei Verletzung der Treuepflicht entstehen Schadensersatzansprüche der übrigen Gesellschafter nach den allgemeinen Regeln des Vertragsrechts.[610]

Aus dem Grundsatz der gleichmäßigen Behandlung folgt, dass sämtliche Gesellschafter verhältnismäßig gleich behandelt werden müssen, sofern sie einer ungleichmäßigen Behandlung nicht zustimmen. Es besteht damit ein Verbot sachlich nicht gerechtfertigter, willkürlicher Ungleichbehandlung der Gesellschafter.[611] Wird beispielsweise einem Gesellschafter ein Gewinnanteil ausgezahlt, so haben auch die übrigen Gesellschafter Anspruch auf Gewinnausschüttung.

2. Beitragspflicht

368 Art und Umfang der Beitragspflicht der einzelnen Gesellschafter müssen fast zwangsläufig im Gesellschaftsvertrag geregelt werden, denn § 706 Abs. 1 BGB sieht nur gleiche Beiträge der Gesellschafter vor, wenn eine andere Vereinbarung nicht getroffen ist. Fehlt eine ausdrückliche vertragliche Regelung, so ist der Gesellschaftsvertrag unter Berücksichtigung des Gesellschaftszweckes und aller sonstiger erheblicher Umstände auszulegen. **Beiträge** sind hierbei die noch zu bewirkenden Leistungen; **Einlagen** die bereits bewirkten Beiträge.

Inhaltlich kann die Beitragspflicht ganz unterschiedlich ausgestaltet sein.[612] Vereinbart werden kann etwa die Einbringung von **Geld** und sonstigen **Sachen** (Grundstücken, Maschinen u. ä.), von Rechten (Forderungen, Patenten) sowie die **Leistung von Diensten** gemäß § 706 Abs. 3 BGB.

369 Soweit die Gesellschafter ihrer im Gesellschaftsvertrag übernommenen Beitragspflicht nachgekommen sind, **erlöschen ihre Leistungspflichten** gegenüber den anderen Gesellschaftern. Nach § 707 BGB sind sie zu einer nachträglichen Erhöhung ihrer Beitragsleistung nicht verpflichtet. Im Innenverhältnis besteht auch dann keine Nachschusspflicht, wenn Verluste den Wert der Beitragsleistung gemindert oder aufgezehrt

---

[607] *Sprau* in: Palandt, § 705 Rn 27.
[608] *Kraft/Kreutz*, S. 116.
[609] *Keßler* in: Staudinger, v. § 705 Rn 38 ff.; *Ulmer* in: MünchKomm., § 705 Rn 221 ff.
[610] *Eisenhardt*, GesellRecht, Rn 62.
[611] *Ulmer* in: MünchKomm., § 705 Rn 244 ff.
[612] *Grunewald*, GesellRecht, S. 11.

haben, oder wenn aus anderen Gründen eine Beitragserhöhung notwendig oder sinnvoll wäre.[613] Nur durch einen Gesellschafterbeschluss kann eine Nachschusspflicht vereinbart werden. Die Regelung des § 707 BGB schließt allerdings nicht aus, dass ein Gläubiger der Gesellschaft von einem Gesellschafter Leistung auch dann verlangen kann, wenn dieser seine gesellschaftsvertraglich geschuldete Beitragsleistung bereits erbracht hat.

370 Dann hat der in Anspruch genommene Gesellschafter einen Ersatzanspruch gegen die übrigen Gesellschafter. Dafür steht ihm aber grundsätzlich nur das Gesellschaftsvermögen als Haftungsgrundlage zur Verfügung, da anderenfalls mittelbar eine gegen § 707 BGB verstoßende Nachschusspflicht der übrigen Gesellschafter entstünde. Nur wenn das Gesellschaftsvermögen unzureichend ist, kann der in Anspruch genommene Gesellschafter auch schon während des Bestehens der Gesellschaft von den übrigen Gesellschaftern persönlich Ersatz verlangen.

Bei der Auflösung der Gesellschaft kann ebenfalls eine Nachschusspflicht entstehen. Wenn das Gesellschaftsvermögen bei der Liquidation nicht zur Deckung der Gesellschaftsschulden und der Rückerstattung der Einlagen reicht, haben die Gesellschafter für den Fehlbetrag **anteilig** aufzukommen, § 735 S. 1 BGB.

3. Recht und Pflicht zur Geschäftsführung

371 Die Erreichung des Gesellschaftszwecks erfordert ein Tätigwerden der Gesellschafter im Rahmen der Gesellschaft. Diese Geschäftsführung umfasst in erster Linie die internen Verwaltungsmaßnahmen, die Entscheidungen darüber, wie im Einzelnen der Gesellschaftszweck erreicht werden soll, sowie die Ausführung dieser Entscheidungen.[614] Zur Geschäftsführung gehören aber nicht Maßnahmen, welche die Grundlagen der Gesellschaft berühren. **Grundlagengeschäfte** sind insbesondere Änderungen des Gesellschaftsvertrages.

372 Die Geschäftsführung ist zu unterscheiden von der **Vertretungsmacht** der Gesellschafter. Aus der Vertretungsmacht ergibt sich die Wirkung von Willenserklärungen beim Abschluss von Rechtsgeschäften und bei der Entgegennahme von Erklärungen für die Gesellschaft. Geschäftsführung und Vertretung sind strikt voneinander zu unterscheiden: Geschäftsführung ist jede auf die Verfolgung des Gesellschaftszwecks gerichtete Tätigkeit der Gesellschafter.[615] Hierbei kann die Geschäftsführung in **rein tatsächlichen Handlungen** (Aufstellen von Bilanzen) und in **rechtsgeschäftlichen Handlungen** (Abschluss von Arbeitsverträgen) bestehen.[616] Jede Vertretungshandlung von Gesellschaftern ist zugleich eine Maßnahme der Geschäftsführung, aber nicht mit jeder Geschäftsführungsmaßnahme vertritt der Gesellschafter die Gesellschaft gegenüber Dritten.[617]

373 Zur Geschäftsführung bei der Gesellschaft bürgerlichen Rechts sind sämtliche Gesellschafter gemeinschaftlich berechtigt und verpflichtet, § 709 Abs. 1 BGB. Für jedes Geschäft und damit für jede Geschäftsführungsmaßnahme ist die Mitwirkung oder

[613] BGH NJW-RR **1989**, 993.
[614] *Sprau* in: Palandt, Vorb v § 709 Rn 1.
[615] *Kraft/Kreutz*, S. 117.
[616] Vgl. *Ulmer* in: MünchKomm., § 709 Rn 9; *Kraft/Kreutz*, S. 117; *Eisenhardt*, GesellRecht, Rn 55; *Grunewald*, GesellRecht, S. 22.
[617] *Hueck/Windbichler*, GesellRecht, § 8 Rn 2.

mindestens die Zustimmung aller Gesellschafter erforderlich gemäß § 709 Abs. 1 BGB, sog. **Gesamtgeschäftsführung**. Das kann bei großen BGB-Gesellschaften die Geschäftsführung sehr erschweren. Es kann daher gemäß § 710 BGB vereinbart werden, dass kein gemeinschaftliches Handeln aller Gesellschafter erforderlich ist, sondern dass die Mehrheit der Gesellschafter Geschäftsführungsmaßnahmen vornehmen kann. Für diesen Fall bestimmt § 709 Abs. 2 BGB, dass für die Berechnung der Mehrheit im Zweifel nicht eine Kapitalbeteiligung an der Gesellschaft maßgeblich ist, sondern dass jedem Gesellschafter eine Stimme zukommt. Auch insoweit kann der Gesellschaftsvertrag allerdings andere Regelungen vorsehen. Der Gesellschaftsvertrag kann die Geschäftsführungsbefugnis auch **einzelnen** oder **mehreren** Gesellschaftern übertragen. Dann sind die übrigen Gesellschafter von der Geschäftsführung ausgeschlossen gemäß § 710 S. 1 BGB. Soweit mehrere Gesellschafter zur Geschäftsführung berufen sind, handeln sie **gemeinschaftlich**, §§ 710 S. 2 i.V.m. 709 BGB. Der Gesellschaftsvertrag kann auch bestimmen, dass zwar sämtliche oder mehrere Gesellschafter zur Geschäftsführung berufen sein sollen, von denen jeder allein zu handeln berechtigt ist, sog. **Einzelgeschäftsführungsbefugnis**.

374 Die Befugnis zum alleinigen Handeln ist aber nicht unbeschränkt. Nach § 711 BGB kann jeder der weiteren zur Einzelgeschäftsführung berufenen Gesellschafter jeder geplanten Maßnahme eines der anderen Gesellschafter widersprechen. Die vorgesehene Geschäftsführungsmaßnahme muss dann unterbleiben. Dieses **Widerspruchsrecht** kann aber durch den Gesellschaftsvertrag ebenfalls ausgeschlossen werden.

375 Die durch den Gesellschaftsvertrag eingeräumte, von der Regel des § 709 BGB abweichende Geschäftsführungsmacht kann aus **wichtigem Grund** von den übrigen Gesellschaftern **widerrufen** werden gemäß § 712 Abs. 1 BGB (grobe Pflichtverletzungen oder Unfähigkeit zur ordnungsgemäßen Geschäftsführung). Der Widerruf erfolgt grundsätzlich durch einstimmigen Beschluss oder aber durch **Mehrheitsbeschluss**, wenn der Gesellschaftsvertrag dies vorsieht, vgl. § 712 BGB. Nach einer solchen Entziehung ist wieder die gesetzliche Regelung des § 709 BGB anzuwenden:[618] Die Geschäftsführung steht allen Gesellschaftern wieder gemeinschaftlich zu; der von dem Widerruf betroffene Gesellschafter büßt seine Geschäftsführungsbefugnis also nicht vollständig ein.

Sollte er auch als Mitgeschäftsführer nach § 709 BGB untragbar sein, so bleibt nur die **Kündigung** durch die Gesellschaft, § 712 Abs. 1 BGB. Umgekehrt kann auch der durch Gesellschaftsvertrag zum Allein- oder Mitgeschäftsführer bestimmte Gesellschafter die Geschäftsführung kündigen, wenn ein wichtiger Grund vorliegt, § 712 Abs. 2 BGB.

376 Unabhängig von der Geschäftsführungsregelung nach § 709 BGB oder nach gesellschaftsrechtlichen Vereinbarungen steht jedem Gesellschafter ein **Notgeschäftsführungsrecht** zu, soweit Handlungen erforderlich sind, um Gegenstände des Gesellschaftsvermögens zu erhalten (analoge Anwendung des § 744 Abs. 2, 741 BGB).[619]
Zwar ist ein Ausschluss sämtlicher Gesellschafter von der gesellschaftsrechtlichen Geschäftsführungsbefugnis und deren Übertragung auf einen Dritten nicht zulässig –

---

[618] BGHZ **33**, 105, 108; differenzierend *Grunewald*, GesellRecht, S. 26; *Ulmer* in: MünchKomm., § 712 Rn 20 – hiernach greift § 709 BGB nur dann ein, wenn die Vertragsgestaltung insgesamt durch den Widerruf außer Kraft gesetzt ist, z.B. bei Entzug gegenüber dem einzigen Geschäftsführer.
[619] Vgl. BGHZ **17**, 181, 183.

Problem der Drittorganschaft bei Personengesellschaften.[620] Solange die Gesellschafter aber selbst die organschaftliche Geschäftsführungs- und Vertretungsbefugnis behalten, kann ungeachtet des **Grundsatzes der Selbstorganschaft** durch Gesellschaftsvertrag oder Gesellschafterbeschluss ein Dritter mit der Geschäftsführung betraut werden.

377 **Subsidiär** verweist § 713 BGB auf die Rechtssätze, die für das Verhältnis zwischen einem Beauftragten und seinem Auftraggeber nach den §§ 664-670 BGB gelten. Die Gesellschafter sind danach insbesondere verpflichtet, persönlich zu handeln und ihre Tätigkeit im Zweifel nicht einem anderen zu übertragen gemäß §§ 713 i.V.m. 664 BGB. Die Gesellschafter sind außerdem zur Auskunft und Rechenschaft gegenüber den übrigen Gesellschaftern verpflichtet, §§ 713 i.V.m. 666 BGB. Sie haben alles, was sie aus ihrer Geschäftsführung für die Gesamtheit der Gesellschafter erlangen, diesen herauszugeben gemäß §§ 713 i.V.m. 667 BGB. Umgekehrt können sie von der Gesellschaft Ersatz ihrer Aufwendungen verlangen, die sie im Interesse der Geschäftsführung machen, §§ 713 i.V.m. 670 BGB.

4. Grundlagengeschäfte der Gesellschafter

378 Von der Geschäftsführung sind die **Grundlagengeschäfte** zu unterscheiden. Unter Grundlagengeschäft versteht man eine Maßnahme, die in die Ebene des Gesellschaftsvertrages gehört und dessen Änderung bedeutet.[621]

Für sie sind **einstimmige Beschlüsse** aller Gesellschafter notwendig. Zu den Grundlagengeschäften gehören Beschlüsse über die Bilanzfeststellung, über Änderungen des Gesellschaftsvertrages, über die Aufnahme eines neuen Gesellschafters, Vereinbarungen über das Ausscheiden eines Gesellschafters sowie über die vorzeitige Auflösung der Gesellschaft.
Grundlagengeschäfte sind aber auch Beschlüsse über die Entziehung der Geschäftsführungsbefugnis (§ 712 Abs. 1 BGB) und der Vertretungsbefugnis, § 715 BGB. Bei der Beschlussfassung über die Entziehung der Geschäftsführungs- oder der Vertretungsbefugnis ist der betroffene Gesellschafter **nicht** stimmberechtigt.[622] Der Gesellschaftsvertrag kann für alle Beschlüsse dieser Art oder für einige **Mehrheitsentscheidungen** zulassen.[623]

5. Kontrollrechte

379 § 716 Abs. 1 BGB gewährt allen Gesellschaftern ein umfassendes Kontrollrecht, das auch den von der Geschäftsführung Ausgeschlossenen zusteht. Dieses Recht besteht gegenüber der Gesamtheit der Gesellschafter, aber auch gegenüber den einzelnen geschäftsführenden Gesellschaftern. Gemäß § 716 Abs. 2 BGB kann das Kontrollrecht im Gesellschaftsvertrag ausgeschlossen oder eingeschränkt werden, doch verlieren diese Beschränkungen ihre Wirksamkeit, wenn Grund zu der Annahme unredlicher Geschäftsführung besteht.

---

[620] Vgl. hierzu BGH NJW-RR **1994**, 98 f.
[621] *Kraft/Kreutz*, S. 117.
[622] *Sprau* in: Palandt, Vorb v § 709 Rn 10.
[623] *Sprau* in: Palandt, Vorb v § 709 Rn 10.

6. Gewinn- und Verlustverteilung

380

Die Gesellschafter trifft der wirtschaftliche Erfolg oder Misserfolg, der sich aus ihrer wirtschaftlichen Betätigung ergibt. Ihnen steht daher ein erzielter Gewinn zu. Ebenso haben sie einen erlittenen Verlust zu tragen.

Gewinn ist der Vermögenszuwachs des Gesellschaftsvermögens während der Dauer der Gesellschaft, § 734 BGB. **Verlust** ist die entsprechende Minderung des Gesellschaftsvermögens, § 735 BGB. Bei der Gewinn- und Verlustermittlung werden die Beitragsleistungen und zwischenzeitlichen Entnahmen als **erfolgsneutrale Vorgänge** nicht berücksichtigt. Grundsätzlich findet die Verteilung von Gewinn oder Verlust erst nach der Auflösung der Gesellschaft im Rahmen der Liquidation statt, § 721 Abs. 1 BGB (sinnvoll bei Gesellschaften mit kurzer Dauer). Bei den auf längere Zeit angelegten Gesellschaften ist dagegen eine **jährliche Abrechnung** und **Ergebnisverteilung** vorzunehmen, § 721 Abs. 2 BGB. Die Höhe der Gewinn- und Verlustbeteiligung der einzelnen Gesellschafter richtet sich grundsätzlich nach dem Gesellschaftsvertrag.[624] Bestimmt dieser nichts, sind Gewinn- und Verlust nach Köpfen zu verteilen gemäß § 722 BGB.

Beispiel: Bau-ARGE
Zwei Bauunternehmer beschließen, gemeinsam ein Bauvorhaben fertig zu stellen, ohne die Gewinnverteilung zu regeln. Nach der Fertigstellung des Bauvorhabens fordert der eine einen höheren Gewinnanteil entsprechend seiner höheren Beitragsleistung, während der andere auf § 722 BGB verweist.

Wenn der Gesellschaftsvertrag keine Regelungen enthält, kann eine konkludente Vereinbarung vorliegen. Möglich ist auch eine ergänzende Vertragsauslegung.[625] So hier: Die ergänzende Vertragsauslegung führt zu einer von § 722 BGB abweichenden Gewinnverteilung entsprechend den für den gemeinschaftlichen Zweck eingesetzten Vermögenswerten.

7. Sorgfaltsmaßstab des § 708 BGB

381

Gesellschafter einer BGB-Gesellschaft haben bei ihrer Geschäftstätigkeit gemäß § 708 BGB nur für **diejenige Sorgfalt einzustehen, die sie in eigenen Angelegenheiten** anzuwenden pflegen (diligentia quam in suis). Diese Norm bezieht sich auf die den Mitgesellschaftern und der Gesellschaft gegenüber geschuldete Sorgfalt.[626] Haben sie die im Verkehr erforderliche Sorgfalt nicht beachtet, so haften sie ihrer Gesellschaft nicht, wenn sie mit derjenigen Sorgfalt gehandelt haben, die sie in ihren eigenen Angelegenheiten anzuwenden pflegen. Dadurch wird aber ihre Haftung für **grobe Fahrlässigkeit** nicht ausgeschlossen, vgl. § 277 BGB. Hat ein Gesellschafter die ihm gegenüber seinen Mitgesellschaftern/seiner Gesellschaft obliegenden Pflichten aus dem Gesellschaftsvertrag verletzt, so schuldet er keinen Schadensersatz, wenn ihm nur leichte oder mittlere Fahrlässigkeit vorzuwerfen ist und wenn er außerdem nachweisen kann, dass er auch bei seinen eigenen Angelegenheiten eine geringere als die im Verkehr erforderliche Sorgfalt anwendet.[627]

---

[624] BGH NJW-RR **1990**, 736.
[625] Vgl. hierzu BGH NJW-RR **1990**, 736 f.
[626] *Hadding* in: Soergel, § 708 Rn 1; *Ulmer* in: MünchKomm., § 708 Rn 1.
[627] § 708 BGB gilt z.B. bei einem Unfall eines Gesellschafters im Gesellschaftsflugzeug bei einem Flug in Ausübung des Gesellschaftszwecks – vgl. hierzu BGH MDR **1971**, 918 f.

8. actio pro socio

382 Unter der actio pro socio versteht man die Geltendmachung eines Anspruchs der Gesellschaft (sog. Sozialansprüche) gegen **einen Gesellschafter** aus dem Gesellschaftsverhältnis **durch einen einzelnen oder mehrere einzelne Gesellschafter**.[628] Davon strikt zu unterscheiden ist die Geltendmachung von Ansprüchen der Gesellschaft gegenüber außenstehenden Dritten durch einen Gesellschafter kraft Vertretungsmacht oder besonderer Prozessführungsbefugnis.[629]
Der Gesellschafter kann hierbei aber nicht Leistung an sich, sondern nur an die Gesellschaft verlangen.[630] Grundsätzlich macht die Gesellschaft die Sozialansprüche geltend, vertreten durch ihre Gesellschaftsorgane. Hierbei agieren dann grundsätzlich die zur Geschäftsführung und Vertretung berechtigten Gesellschafter.

383 Für die Gesellschafter, die nicht mit Geschäftsführungs- oder Vertretungsmacht ausgestattet sind, gilt die actio pro socio als Ausnahme: Hiernach kann auch jeder nicht geschäftsführungs- bzw. vertretungsberechtigte Gesellschafter den Anspruch **im eigenen Namen** einklagen. Über die Herleitung der Prozessführungsbefugnis der actio pro socio besteht allerdings Streit.

384 Nach der **Theorie der Anspruchsverdoppelung** ergibt sich aus § 705 BGB, dass jeder Gesellschafter sich nicht nur gegenüber der Gesellschaft, sondern auch gegenüber den anderen Mitgesellschaftern verpflichtet habe, die im Vertrag vereinbarten Leistungen zu erbringen.[631] Somit habe **jeder Gesellschafter** einen mit dem Sozialanspruch der Gesellschafter **korrespondierenden Individualanspruch** gegen die anderen Gesellschafter.[632] Der klagende Gesellschafter mache daher einen **eigenen Anspruch** geltend.

Die Gegenansicht sieht in der actio pro socio einen Fall der **Prozessstandschaft**, da das Klagerecht zum vertragsunabhängigen Mindestinhalt der Mitgliedschaft gehöre.[633]

> **Hinweis für die Fallbearbeitung:** Da die Zulässigkeit der actio pro socio im Ergebnis von niemandem bestritten wird, bedarf es keiner Stellungnahme. Das kurze Ansprechen der unterschiedlichen Ansatzpunkte ist damit ausreichend.

Die actio pro socio ist jedoch nur als Hilfszuständigkeit anerkannt.[634] Für die Ausübung der actio pro socio muss ein hinreichender Grund bestehen.[635]

Beispiel:
Wenn Gesellschafter B bereits eine Klage im Namen der oHG im Rahmen seiner organschaftlichen Einzelvertretungsbefugnis eingereicht hat und diese zulässig ist, dann kommt eine zusätzliche actio pro socio mit dem gleichen Ziel nicht mehr in Betracht.

---

[628] *K. Schmidt*, GesellRecht, § 21 IV Nr. 1 a).
[629] *Hueck/Windbichler*, GesellRecht, § 7 Rn 6.
[630] BGHZ **25**, 47, 49 f.
[631] BGHZ **25**, 47, 49; *Flume*, Personengesellschaft, § 10 IV; *Kraft/Kreutz*, S. 126.
[632] Vgl. BGHZ **25**, 47, 49; *Flume*, Personengesellschaft, § 10 IV; *Kraft/Kreutz*, S. 126.
[633] Vgl. hierzu *K. Schmidt*, GesellRecht, § 21 IV 4 (S. 637); *Baumbach/Hopt*, HGB, § 109 Rn 32; *Ulmer* in: MünchKomm., BGB, § 705 Rn 208 (wobei hier wiederum zwischen gewillkürter und gesetzlicher Prozessstandschaft unterschieden wird).
[634] *K. Schmidt*, GesellRecht, § 21 IV 4 b).
[635] *Hasso*, JuS **1980**, 32.

V. Rechtsbeziehungen der Gesellschafter zu Dritten

1. Vertretung

a) Umfang der Vertretung

385 Das gemeinschaftliche Handeln sämtlicher Gesellschafter ist im Allgemeinen sehr unpraktisch. Daher können sie im Gesellschaftsvertrag nach §§ 714, 715 BGB einzelnen von ihnen die Befugnis einräumen, die Gesellschaft[636] Dritten gegenüber zu vertreten. Die Handlungen der so ermächtigten Gesellschafter wirken dann, sofern sie den Rahmen ihrer Vertretungsmacht nicht überschreiten, für und gegen die Gesellschaft.[637] Zweckmäßigerweise wird denjenigen Gesellschaftern, denen die Geschäftsführung zusteht, auch die Vertretungsmacht eingeräumt.

Eine solche Verknüpfung der Geschäftsführung mit der Vertretung sieht § 714 BGB „im Zweifel" vor. Zwingend ist eine derartige Verknüpfung von Geschäftsführung und Vertretung aber nicht. Ebenso können zwei Gesellschafter zur Geschäftsführung bestellt werden, von denen aber nur einer die Gesellschafter nach außen vertreten darf.

Gibt aber nur ein Gesellschafter ohne Vorlage einer Vollmacht rechtsgeschäftliche Erklärungen für die Gesellschaft ab, so liegt es im eigenen Interesse des Erklärungsempfängers, zu klären, ob und in welchem Umfang die übrigen Gesellschafter Vollmacht erteilt haben.

386 Die Entziehung der gesellschaftsvertraglich eingeräumten Vertretungsmacht ist nach § 715 BGB nur aus wichtigem Grund zulässig. Sie setzt einen einstimmigen Beschluss oder bei einer entsprechenden gesellschaftsvertraglichen Regelung eine Mehrheitsentscheidung der übrigen Gesellschafter voraus. Ein Ausschluss sämtlicher Gesellschafter von der gesellschaftsrechtlichen Vertretungsbefugnis oder deren Übertragung auf einen Dritten ist nicht zulässig: Hier greift ebenso wie bei der Geschäftsführung der Grundsatz der **Selbstorganschaft** der Personengesellschaften. Die Gesellschafter können rechtlich nicht gehindert werden, in den Angelegenheiten ihrer Gesellschaft gemeinschaftlich selbst zu handeln.

b) BGB-Außengesellschaft als Vertretene

387 Die Frage, wer bei der BGB-Gesellschaft vertreten wird, war höchst umstritten.[638] Seit der richtungweisenden Entscheidung des BGH vom 29.01.2001[639] wurde die in diesem Zusammenhang maßgebende Frage der Rechtsfähigkeit der BGB-Gesellschaft geklärt.[640] Mit dem Urteil hat der BGH die Rechts- und Parteifähigkeit der BGB-Außengesellschaft anerkannt. Dies trifft aber nicht für die BGB-Innengesellschaft zu; der BGH spricht ausdrücklich von der Außengesellschaft bürgerlichen Rechts. Unter Hinweis auf die neuere Rechtssprechung des BGH, wonach die BGB-Gesellschaft als Gesamthandsgesellschaft ihrer Gesellschafter im Rechtsverkehr grundsätzlich jede

---

[636] Vgl. hierzu unten.
[637] Vgl. zu der Frage, wer vertreten wird, zugleich unter b).
[638] Vgl. zur Darstellung der unterschiedlichen Auffassungen – moderne Gruppenlehre, traditionelle Lehre *Kraft/Kreutz*, S. 102 ff.
[639] BGHZ **146**, 341, 343 ff.
[640] Vgl. insoweit auch BAG, Urteil vom 01.12.**2004**, Az. 5 AZR 597/03.

Rechtsposition einnehmen könne,[641] sei sie, soweit sie in diesem Rahmen eigene Rechte und Pflichten begründe, **rechtsfähig.**[642]

388 Damit hat sich der BGH der **Gruppenlehre** angeschlossen, die in der BGB-Gesellschaft als Gesamthand einen Rechtsträger sieht. Die **traditionelle Lehre** (individualistische Lehre) ist damit obsolet. Sie ging davon aus, dass die Gesellschafter als Gesamthänder Rechtsträger seien; die BGB-Gesellschaft selbst aber keine Rechtsfähigkeit erlangen könne.[643]

Beachte: Neben der Rechtsfähigkeit wurde die BGB-Außengesellschaft auch im Prozess für parteifähig erklärt.[644] Ferner besitzt sie gemäß § 11 Abs. 2 Nr. 1 InsO **Insolvenzfähigkeit**. Sie ist zudem **wechsel- und scheckfähig**.[645] Ebenfalls hat der BGH die Kommanditistenstellung der BGB-Gesellschaft anerkannt.[646] Auch wird der BGB-Gesellschaft auf Grundlage ihrer Rechtsfähigkeit die Komplementäreigenschaft zugesprochen.[647]
Merke aber: Die BGB-Gesellschaft besitzt nur bedingt Grundbuchfähigkeit.[648] Im Grundbuch werden alle Gesellschafter einzeln aufgeführt.[649] Lediglich der Zusatz „als Gesellschaft bürgerlichen Rechts" wird gemäß § 47 GBO eingetragen und lässt auf die Rechtsform der BGB-Gesellschaft schließen. Es fehlt weiterhin an einem Gesellschaftsregister für die BGB-Gesellschaft, so dass die Parteifähigkeit der BGB-Gesellschaft und die persönliche Haftung der Gesellschafter wenig nützt, wenn die Gesellschaft ihren Fantasienamen samt Adresse ändern kann und die Identität der Gesellschafter nicht durch Registereinsicht zu ermitteln ist.[650]

389 Bei entsprechender Vertretungsmacht ist die BGB-Gesellschaft nunmehr vertreten. Auch wenn der Wortlaut des § 714 BGB dem entgegenstehen mag, ist aus Praktikabilitätsgründen der h.M. zu folgen, und von der Rechtsfähigkeit der BGB-Außengesellschaft auszugehen. Mit der Annahme der Rechtsfähigkeit entspricht der BGH auch dem Verständnis der betreffenden Verkehrskreise; denn die BGB-Außengesellschaften nehmen im großen Umfang am Geschäftsverkehr teil und gelten hier als Zurechnungssubjekte. Die BGB-Außengesellschaft ist somit insoweit **rechtsfähig, wie sie durch Erklärungen ihrer Vertreter berechtigt und verpflichtet wird.**

Hinweis für die Fallbearbeitung: Die Darstellung der traditionellen Lehre sollte kurz erfolgen. Mit der Entscheidung des BGH sind die Würfel zugunsten der Gruppenlehre gefallen. Eine langatmige Darstellung der traditionellen Lehre ist damit hinfällig.

---

[641] Vgl. BGHZ **116**, 86, 88; **136**, 254, 257; **79**, 374, 378.
[642] BGHZ **146**, 341, 343 ff.; dem Urteil zustimmend *Ulmer*, ZIP **2001**, 585 ff.; *Habersack*, BB **2001**, 477 ff.; *Hadding*, ZGR **2001**, 713 ff.; *Wertenbruch*, NJW **2002**, 324 ff.; kritisch *Baumann*, JZ **2001**, 895 ff.; *Peifer*, NZG **2001**, 296 ff.; *Derleder*, BB **2001**, 2485 ff.; *Westermann*, NZG **2001**, 289 ff.
[643] Vgl. ausführlich und unter dogmatischer Herleitung *Kraft/Kreutz*, S. 102 ff.
[644] BGH BB **2001**, 374, 376 ff.; BAG Urteil vom 01.12.**2004**, Az. 5 AZR 597/03.
[645] BGH NJW **1997**, 2754.
[646] BGH NJW **2001**, 3121; vgl. Hierzu *Bergemann*, ZIP **2003**, 2231 ff.
[647] LG Berlin, BB **2003**, 1351 f., vgl. auch *Sprau* in Palandt: § 705 Rn 24; zögerlich *Ulmer*, ZIP **2001**, 585, 596.
[648] A.A. *Grunewald*, GesellRecht, S. 51.
[649] BayObLG NJW **2003**, 70.
[650] *Wertenbruch*, NJW **2002**, 324, 329.

2. Keine Firmenführung

390

Eine einheitliche Bezeichnung (Firma) ist für die Gesellschaft bürgerlichen Rechts nicht vorgesehen. Da sie nicht auf den Betrieb eines kaufmännischen Handelsgewerbes im Sinne des § 1 Abs. 2 HGB ausgerichtet ist (die BGB-Gesellschaft würde in diesem Fall zur oHG werden, § 105 Abs. 1 HGB), kann sie keine Firma nach § 17 Abs. 1 HGB haben.[651] Die Gesellschafter können daher nur unter Angabe der Namen sämtlicher Gesellschafter nach außen auftreten.

Darin liegt ein wichtiger Unterschied zu den Personenhandelsgesellschaften. Möglich ist allerdings die Verwendung von firmenähnlichen Geschäftsbezeichnungen neben den Gesellschafternamen (z.B. ARGE Berliner Platz).

VI. Das Gesellschaftsvermögen

391

Die Erreichung des Gesellschaftszwecks setzt neben persönlichem Einsatz der Gesellschafter eine Zusammenfassung von Mitteln voraus. Diese ergeben sich zunächst aus den Beiträgen der Gesellschafter und weiterhin aus dem gemeinschaftlichen Erwerb durch die Gesellschaft im Rahmen der Verfolgung des Gesellschaftszwecks. Die Beiträge der Gesellschafter und die durch die Geschäftsführung der Gesellschafter erworbenen Gegenstände werden gemeinschaftliches Vermögen der Gesellschaft. Nach der nunmehr vorgegebenen Richtung des BGH durch das o.g. Urteil ist der Gruppenlehre zu folgen, die davon ausgeht, dass eben nicht die Gesellschafter auf der Grundlage des Gesamthandsprinzips der §§ 718, 719 BGB als Gesamthänder Rechtsträger eines Sondervermögens sind. Vielmehr ist die **BGB-Außengesellschaft als Rechtsträger selbst Träger des sog. Gesamthandsvermögens**.[652]

392

Im Grundsatz bleibt es aber bei der Regelung der Verfügung der Gesellschafter zur gesamten Hand nach § 719 Abs. 1 BGB: Kein Gesellschafter kann über seinen Anteil an dem Gesellschaftsvermögen der BGB-Außengesellschaft allein verfügen – hierzu bedarf es der Gemeinschaft der übrigen Gesellschafter.[653] Er kann ihn also weder einem anderen übertragen, noch kann er ihn zugunsten eines anderen mit einem beschränkten dinglichen Recht (z.B. Pfandrecht) belasten. Diese **Bindung der Anteile an den einzelnen** Gegenständen wird als **gesamthänderische Bindung** bezeichnet.[654] Durch sie unterscheidet sich die Mitberechtigung in einer Gesellschaft von der in einer Bruchteilsgemeinschaft, bei der nach § 747 S. 1 BGB jeder Teilhaber über seinen Anteil am gemeinschaftlichen Gegenstand verfügen kann. An dieser Differenzierung ändert sich auch nach der Rechtssprechung des BGH nichts.
Mit Hilfe der gesamthänderischen Bindung der einzelnen Gegenstände des Gesellschaftsvermögens werden der Zusammenhalt dieses Vermögens und damit die Fortdauer seiner Widmung für den Gesellschaftszweck gesichert.
Nach § 718 Abs. 2 BGB werden auch die Gegenstände, die als Surrogate an die Stelle von Gegenständen des Gesellschaftsvermögens treten, zu Gesellschaftsvermögen der BGB-Außengesellschaft. Damit wird verhindert, dass sich das Eigentum an einer Sache zu einem bloß persönlichen ungesicherten Geldanspruch verflüchtigt.

---

651 *Kraft/Kreutz*, S. 135.
652 *Grunewald*, GesellRecht, S. 48.
653 Vgl. hierzu ausführlich *Kübler*, GesellRecht, § 4 III.
654 *Kübler*, GesellRecht, § 4 III Nr. 3.

393 Die Gesellschafter können im Gesellschaftsvertrag die Entstehung von gesamthänderisch gebundenem Gesellschaftsvermögen ausschließen.[655] So können sie z.B. vereinbaren, dass einzelne Gegenstände nicht dem Gesamthandsprinzip unterfallen, sondern nach Bruchteilen behandelt werden. Dann kann jeder Gesellschafter über seine Anteile an den einzelnen Gegenständen verfügen. Eine solche Regelung ist im Hinblick auf den Gesellschaftszweck jedoch wenig sinnvoll und kann ihn gefährden.

Beispiel: Bruchteilseigentum
A und B vereinbaren, ein ihnen je zur Hälfte gehörendes Grundstück mit einem Zweifamilienhaus zu bebauen und nach Fertigstellung eine Teilung nach dem Wohnungseigentumsgesetz vorzunehmen. Als A seinen Grundstücksanteil noch vor der Fertigstellung des Bauvorhabens an den mit B zerstrittenen Unternehmer U veräußert, hält B dies für unwirksam.

A und B haben zwar mit ihrer Vereinbarung über die Bebauung des Grundstücks eine BGB-Gesellschaft gegründet, so dass A wegen der gesamthänderischen Bindung i. S. von § 719 BGB weder über seinen Anteil am Gesellschaftsvermögen noch an einzelnen dazu gehörenden Gegenständen verfügen kann. Das A und B je zur Hälfte gehörende Grundstück ist aber nach dem Inhalt des geschlossenen Gesellschaftsvertrages gerade nicht als Teil des gesamthänderisch gebundenen Gesellschaftsvermögens in die Gesellschaft eingebracht worden, so dass A über seinen Anteil daran nach den Grundsätzen über die Bruchteilsgemeinschaft **autonom verfügen** kann; vgl. § 747 BGB. Nur bei Schädigung des Partners B durch bewusstes Zusammenwirken mit dem U als Drittem ist eine derartige Verfügung sittenwidrig und damit nichtig.

394 Die Gesellschafter können auch vorsehen, dass ihnen die Gegenstände des Gesellschaftsvermögens nur wirtschaftlich, nicht aber rechtlich gemeinschaftlich gehören sollen. In diesem Fall tritt **nur ein Gesellschafter** oder es treten **einige der Gesellschafter nach außen** als Inhaber der Gegenstände des Gesellschaftsvermögens auf und erwerben sie im eigenen Namen. Diese Gesellschafter haben dann nach außen die alleinige Verfügungsmacht, sie sind aber aufgrund des Gesellschaftsvertrages gehalten, über diese Gegenstände nur im Rahmen des Gesellschaftszwecks zu verfügen.

395 Für die Gewinnverteilung und im Falle einer Auseinandersetzung der Gesellschaft werden diese Gegenstände so behandelt, als gehörten sie **sämtlichen Mitberechtigten**. Derartige Regelungen sind zweckmäßig, wenn man die Mitberechtigung der übrigen Gesellschafter nicht nach außen erkennen lassen will oder wenn man bei häufigem Gesellschafterwechsel vermeiden will, dass jedes Mal die Eintragungen in den Grundbüchern der zum Gesellschaftsvermögen gehörenden Grundstücke geändert werden müssen. Diese Gesellschaften werden im Gegensatz zum Normalfall der Außengesellschaft als **Innengesellschaft** bezeichnet.[656] Hauptanwendung ist die **stille Gesellschaft im Sinne der §§ 230 ff. HGB**.

VII. Haftung für Verbindlichkeiten

396 An die Frage der Vertretung in einer BGB-Gesellschaft knüpft die Frage der Haftung für Verbindlichkeiten an. Mit dem o.g. Urteil des BGH ergibt sich auch hier nunmehr eine einheitliche Richtung. Mit der Entscheidung des BGH, dass die BGB-Außengesellschaft rechtsfähig ist, hat der BGH auch für den Bereich der Haftung die

---

[655] Vgl. zur Zuordnung des Gesellschaftsvermögens *K. Schmidt*, GesellRecht, § 59 III Nr. 4 a).
[656] *Grunewald*, GesellRecht, S. 52.

Richtung vorgegeben. Für die Schulden der BGB-Gesellschaft haftet **zunächst die Gesellschaft selbst** mit ihrem Gesamthandsvermögen. Dies ist zwingende Konsequenz der oben aufgezeigten, vom BGH verfolgten Gruppenlehre, nach der die BGB-Außengesellschaft als Rechtsträger mit eigenem Vermögen auch für die eingegangenen Verbindlichkeiten der Gesellschaft mit ihrem Vermögen haftet.

397 Eine weitere Konsequenz der Anerkennung der Rechtsfähigkeit der BGB-Außengesellschaft ist die **entsprechende Anwendung des § 31 BGB bei unerlaubten Handlungen**. Der BGB-Außengesellschaft ist damit – genau wie bei oHG und KG – ein Verschulden ihrer handelnden Gesellschafter-Geschäftsführer (Grundsatz der Selbstorganschaft) zuzurechnen. Damit entsteht eine Gesellschaftsschuld. Die BGB-Gesellschaft haftet somit für deliktisches Verhalten der Gesellschafter **entsprechend § 31 i.V.m. § 823 Abs. 1 und 2 BGB**[657] bzw. für zum Schadensersatz verpflichtende Handlungen von Verrichtungsgehilfen **entsprechend § 31 i.V.m. § 831 Abs. 1 S. 1 BGB**.
Für Erfüllungsgehilfen der Gesellschaft findet **§ 278 BGB** Anwendung (Eintreten für fremdes Verschulden). Hiernach hat die BGB-Gesellschaft für ein Verschulden von Angestellten und solchen Gesellschaftern einzustehen, die von der Geschäftsführung und der Vertretung ausgeschlossen sind.

398 Neben der Frage der Rechtsfähigkeit der BGB-Gesellschaft hat der BGH in dem Urteil aber auch die Frage der Haftung der Gesellschafter entschieden. Nach dem BGH haften **die Gesellschafter analog § 128 HGB mit ihrem Privatvermögen** auch für die Verbindlichkeiten der BGB-Außengesellschaft.[658] Damit folgt der BGH der **Akzessorietätstheorie**,[659] die innerhalb der Gruppenlehre neben der **Theorie der Doppelverpflichtung** vertreten wird. Nach der Akzessorietätstheorie zieht die Gesellschaftsschuld die gesamtschuldnerische Haftung der Gesellschafter für die Verpflichtungen der Gesellschaft nach sich.[660] Hierzu wird § 128 S. 1 HGB analog angewandt.
Damit kann der Gläubiger sofort, ohne vorherige Inanspruchnahme der Gesellschaft, Befriedigung von den Gesellschaftern verlangen. Die Theorie der Doppelverpflichtung, nach der bei der rechtsgeschäftlichen Begründung einer Gesellschaftsschuld zugleich eine persönliche Schuld der Gesellschafter begründet wurde, ist damit obsolet.[661]
Die gesetzliche Haftungsanordnung analog § 128 HGB erstreckt sich sowohl auf vertragliche als auch auf gesetzliche Schulden der Gesellschaft. Eine Ausnahme von diesem Haftungsgrundsatz für die Gesellschafter kann sich nur aus dem Gesetz (Wahl der KG, GmbH oder AG als Rechtsform) oder aufgrund einer entsprechenden ausdrücklichen Vereinbarung mit dem Geschäftspartner ergeben. Nicht ausreichend ist die Aufnahme einer Haftungsbeschränkung im Gesellschaftsvertrag. Auch die Beschränkung der Haftung durch Beschränkung der Vertretungsmacht des geschäftsführenden Gesellschafters, nach der er nur die Gesellschaft, nicht aber die Gesellschafter mit ihrem Privatvermögen verpflichten darf, ist nicht möglich, da es mit der Anwendung des § 128 HGB nicht auf den Umfang der Vertretungsmacht ankommt.

---

[657] BGH, BB **2003**, 862, 863 f.
[658] BGHZ **146**, 341, 343 ff.
[659] BGHZ **146**, 341, 343 ff.
[660] Vgl. ausführlich zur Akzessorietätstheorie: *Kraft/Kreutz*, S. 142, 150; *Flume*, Die Personengesellschaft, 325 ff.; *K. Schmidt*, GesellRecht, § 60 III 2; jetzt auch *Ulmer*, ZIP **1999**, 554.
[661] Vgl. ausführlich zu dieser Theorie: *Kraft/Kreutz*, S. 142, 150; *Grunewald*, GesellRecht, S. 29 f.; *Habersack*, JuS **1993**, 1 ff.

Hinweis für die Fallbearbeitung: Für die Haftung der BGB-Außengesellschaft gelten folgende Grundsätze:
- Die **BGB-Außengesellschaft** haftet mit ihrem **Gesamthandsvermögen**.
- Die **Gesellschafter** der BGB-Außengesellschaft haften mit ihrem **Privatvermögen** für Verbindlichkeiten der Gesellschaft **analog § 128 HGB** als Gesamtschuldner (§§ 421, 426 BGB).
- Bei unerlaubten Handlungen eines Gesellschafters haftet die Gesellschaft **entsprechend § 31 BGB**; zugleich haften aber auch die Gesellschafter wiederum mit ihrem Privatvermögen, da sie analog § 128 HGB für die Gesellschaft einstehen, die sich entsprechend § 31 BGB die vom handelnden Gesellschafter verursachten Schäden zurechnen lassen muss.
- Ferner findet bei **Erfüllungsgehilfen** der BGB-Gesellschaft eine Zurechnung des Verschuldens über **§ 278 BGB** für die Gesellschaft statt.

VIII. Haftungsbegrenzung

399 Anders als bei den Personenhandelsgesellschaften oHG und KG kann bei der Gesellschaft bürgerlichen Rechts die Haftung auf das Gesellschaftsvermögen beschränkt werden, so dass Gläubiger nicht in das Privatvermögen der Gesellschafter vollstrecken können.[662] Hierzu bedarf es aber einer **ausdrücklichen Vereinbarung** zwischen der BGB-Gesellschaft und dem Vertragspartner.

Die mit den Gesellschaftern oder deren Vertretern im Namen der BGB-Gesellschaft geschlossenen Verträge begründen dann nur eine Haftung mit dem gesamthänderisch gebundenen Vermögen, nicht dagegen mit dem Privatvermögen der Gesellschafter. Für die erforderliche Begrenzung der Vertretungsmacht auf das Gesellschaftsvermögen ist aber eine entsprechende Benennung im Namenszug der BGB-Gesellschaft **nicht ausreichend** (z.B. BGB-Gesellschaft mit auf das Gesellschaftsvermögen beschränkter Haftung).[663]

400 Von der grundsätzlich **unbeschränkten Haftung** der Gesellschafter einer BGB-Gesellschaft für deren Verbindlichkeiten sind jedoch **Ausnahmen** zu machen:

- **Anlagegesellschafter**, deren Fonds bereits vor der Rechtsprechungsänderung bestanden, können sich aus Vertrauensschutzgründen weiterhin auf eine im Gesellschaftsvertrag enthaltene Haftungsbeschränkungsklausel berufen, wenn diese dem Gläubiger bei Vertragsschluss zumindest erkennbar war.[664]
- In **geschlossenen Immobilienfonds**, deren Verträge nach der Rechtsprechungsänderung geschlossen wurden, kann eine Haftungsbeschränkung formularmäßig in Drittverträge aufgenommen werden.[665] Derartige Fonds sind wegen ihrer Eigenart wie reine Kapitalanlagegesellschaften zu behandeln.
- Künftige Wohnungseigentümer, die sich zu einer **Bauherrengemeinschaft** zusammengeschlossen haben, haften für die Herstellungskosten der Wohnanlage nur anteilig in Höhe ihrer Quote am Gesellschaftsvermögen.

Überschreitet ein Gesellschafter oder ein sonstiger Vertreter der BGB-Gesellschaft beim Abschluss von Rechtsgeschäften mit Dritten derartige, durch den Umfang seiner

---

[662] BGH WM **1999**, 2071; *Ulmer,* ZIP **1999**, 554; **2001**, 585; *Grunewald*, GesellRecht, S. 53.
[663] *Grunewald*, GesellRecht, S. 53; a.A. *Habersack*, JuS **1993**, 1, 3.
[664] Vgl. BGHZ **142**, 315 ff. ; **146**, 341 ff.
[665] BGHZ **150**, 1 ff.

Vollmacht vorgegebene Begrenzungen der Haftung auf das Gesellschaftsvermögen, so haftet er allerdings nach **§ 179 BGB als Vertreter ohne Vertretungsmacht** persönlich.

IX. Auflösung der Gesellschaft und Auseinandersetzung

1. Auflösung, Liquidation und Vollbeendigung

401 Die Beendigung einer Gesellschaft bürgerlichen Rechts vollzieht sich in zwei Abschnitten:[666] Zunächst wird die Gesellschaft **aufgelöst**. Damit ist noch keine Beendigung verbunden. Mit der Auflösung wird die Verfolgung des bisherigen Gesellschaftszwecks aufgegeben.

Neuer Zweck ist die **Auseinandersetzung der Gesellschaft**. Die Gesellschaft wird damit zur **Liquidationsgesellschaft**. Erst der Abschluss der Auseinandersetzung führt zur Beendigung der Gesellschaft.[667]

> **Beachte:** Der erste Teil der Beendigung der Gesellschaft ist die Auflösung; der zweite Teil ist die Auseinandersetzung – die Liquidation -, nach deren Abschluss die **Vollbeendigung** der Gesellschaft erreicht ist.

2. Auflösungsgründe

402 Eine Gesellschaft wird aufgelöst, wenn ein Auflösungsgrund eintritt. Auflösungsgründe sind:

- Ablauf der Zeit, für welche die Gesellschaft eingegangen ist
- Eintritt einer auflösenden Bedingung
- Auflösungsbeschluss der Gesellschafter
- Erreichung des Gesellschaftszwecks, § 726 BGB.
- Unmöglichwerden des Gesellschaftszwecks, § 726 BGB
- Tod eines Gesellschafters, § 727 BGB; andere Regelungen über § 736 BGB möglich
- Eröffnung des Insolvenzverfahrens über das Vermögen eines Gesellschafters oder der Gesellschaft, § 728 BGB. Auch für diesen Fall kann der Gesellschaftsvertrag eine Fortsetzungsklausel enthalten, mit der Folge, dass lediglich der in Insolvenz gefallene Gesellschafter aus der Gesellschaft ausscheidet.
- Kündigung durch einen Gesellschafter, §§ 723, 724 BGB. Die wirksame Kündigung des Gesellschaftsvertrages durch einen Gesellschafter löst grundsätzlich die Gesellschaft auf. Der Gesellschaftsvertrag kann aber bestimmen, dass die Gesellschaft im Falle der Kündigung unter den übrigen Gesellschaftern fortgesetzt wird, vgl. § 736 BGB.
- Übertragung aller Gesellschaftsanteile auf einen Gesellschafter. In diesem Fall wird die Gesellschaft aufgelöst, da es **keine Einmanngesellschaft** bürgerlichen Rechts gibt.[668] Es findet aber keine Liquidation statt. Vielmehr wird die Gesellschaft

---

[666] *Kraft/Kreutz*, S. 152; *Eisenhardt*, GesellRecht, Rn 100.
[667] *Sprau* in: Palandt, Vorb v § 723 Rn 2.
[668] *Sprau* in: Palandt, § 736 Rn 4; a.A. *Baumann*, BB **1998**, 225 ff.

im Zeitpunkt der Übertragung zugleich aufgelöst und beendet. Dem verbleibenden Gesellschafter, der die beendete Gesellschaft ohne Liquidation mit ihren gesamten Aktiven und Passiven übernimmt, wächst das Gesellschaftsvermögen ohne einzelne Übertragungsakte an.

3. Kündigung durch Gesellschafter[669]

403 Eine Gesellschaft, die auf unbestimmte Zeit (§ 723 Abs. 1 S. 1 BGB) oder auf Lebenszeit eines Gesellschafters eingegangen ist (§ 724 S. 1 BGB), kann jederzeit ohne Frist gekündigt werden. Die Kündigung muss gegenüber sämtlichen Gesellschaftern erklärt werden und ihnen zugehen. Es reicht also nicht aus, wenn sie nur gegenüber dem vertretungsberechtigten Gesellschafter erklärt wird.[670]

404 Eine Gesellschaft, die auf **bestimmte Zeit** eingegangen ist, kann vor Ablauf dieser Zeit nur aus wichtigem Grund gekündigt werden (außerordentliche Kündigung, § 723 Abs. 1 S. 2 BGB). Ein wichtiger Grund liegt vor, wenn dem kündigenden Gesellschafter die Fortsetzung der Gesellschaft bis zum vereinbarten Endtermin nicht mehr zugemutet werden kann.[671] Wichtige Gründe für eine außerordentliche Kündigung sind insbesondere erhebliche Pflichtverletzungen durch andere Gesellschafter (§ 723 Abs. 1 S. 3 Nr. 1 BGB), aber auch wesentliche Hinderungsgründe in der Person des kündigenden Gesellschafters selbst (z.B. Krankheit).

Wenn die Gesellschaft auf **unbestimmte Zeit** eingegangen ist, wird zumeist im Gesellschaftsvertrag bestimmt, dass bei der Kündigung bestimmte Fristen und Termine einzuhalten sind. Dies ist prinzipiell möglich, soweit § 723 Abs. 3 BGB nicht tangiert ist, nachdem das Kündigungsrecht nicht ausgeschlossen oder beschränkt werden darf.

4. Die Auseinandersetzung der aufgelösten Gesellschaft

405 Die Auseinandersetzung – das sog. Abwicklungs- oder **Liquidationsverfahren** – regelt sich gemäß § 731 BGB mangels anderer Vereinbarungen nach den §§ 732-740 BGB. Hiernach sind folgende Schritte vorzunehmen:

- § 730 Abs. 2 S. 1 BGB – **Beendigung schwebender Geschäfte**
- § 732 BGB – **Rückgabe von Gegenständen**, die ein Gesellschafter der Gesellschaft zur Benutzung überlassen hat.
- § 733 Abs. 1, 3 BGB – **Berichtigung gemeinschaftlicher Schulden**
- § 733 Abs. 2, 3 BGB – **Rückerstattung der Einlagen**
- §§ 734 i.V.m. 731 S. 2, 752 ff. BGB – **Verteilung des Überschusses** (sog. Auseinandersetzungsanspruch)

Ziel der Auseinandersetzung ist somit, zunächst die Gläubiger aus dem Vermögen der Gesellschaft wegen ihrer Forderungen zu befriedigen und das dann noch verbleibende Vermögen unter den Gesellschaftern zu verteilen. Das Gesetz ordnet aber nicht zwingend die Gläubigerbefriedigung vor der Vermögensteilung an, da die persönliche Haf-

---

[669] Nach § 725 Abs. 1 BGB kann auch ein Gläubiger eines Gesellschafters, der die Pfändung des Geschäftsanteils erwirkt hat, die Gesellschaft fristlos kündigen.
[670] Vgl. zur Kündigung *Kübler*, GesellRecht, § 6 IV h).
[671] *Grunewald*, GesellRecht, S. 84.

tung der Gesellschafter ausreichender Gläubigerschutz ist.[672] Gemäß § 735 BGB haben die Gesellschafter im Verhältnis ihrer Verlustanteile für einen Fehlbetrag aufzukommen, wenn das Gesellschaftsvermögen für die Gläubigerbefriedigung nicht ausreichend ist. Zu beachten ist aber, dass § 735 BGB dispositiv ist.

406 Die Beendigung der Gesellschaft tritt mit dem Zeitpunkt ein, in dem kein Vermögen mehr vorhanden ist (Erlöschen der Vermögensgemeinschaft).[673] Gläubiger, die bis zu diesem Zeitpunkt nicht befriedigt wurden, müssen sich dann an die Gesellschafter als persönlich Haftende halten. Hierbei gilt gemäß § 736 Abs. 2 BGB i.V.m. § 159 Abs. 1 HGB eine **fünfjährige Verjährungsfrist**, die allerdings erst mit Kenntnisnahme der Gläubiger beginnt.[674] Ist gar kein Gesellschaftsvermögen vorhanden, bedarf es keiner Auseinandersetzung – es tritt sofortige Beendigung ein.[675]

X. Gesellschafterwechsel

407 Die Gesellschaft bürgerlichen Rechts ist grundsätzlich nur für die an dem Gesellschaftsvertrag beteiligten Gesellschafter geschlossen. Auch der Tod eines Gesellschafters führt nach den gesetzlichen Regelungen zur Auflösung der Gesellschaft gemäß § 727 Abs. 1 BGB.

Ohne gesellschaftsvertragliche Regelung oder durch einen Beschluss im Einzelfall ist ein einseitiges Ausscheiden eines Gesellschafters oder ein einseitiger Beitritt neuer Gesellschafter nicht möglich. Ein derartiger **Einzelfallbeschluss muss einstimmig** gefasst werden, sofern der Gesellschaftsvertrag nichts anderes bestimmt.

1. Aufnahme eines neuen Gesellschafters

408 Die Gesellschafter können einen bisher Außenstehenden in die Gesellschaft aufnehmen, indem sie den Gesellschaftsvertrag auf ihn erweitern. Voraussetzung hierfür ist ein Aufnahmevertrag.[676]

Der neue Gesellschafter haftet für **Altverbindlichkeiten** der bereits bestehenden BGB-Gesellschaft mit seinem **Anteil am Gesellschaftsvermögen**.[677] Dies ist möglich, denn mit Eintritt des neuen Gesellschafters erwirbt dieser die gesamthänderische Beteiligung am Gesellschaftsvermögen. Hierbei handelt es sich um eine dingliche Beteiligung am Gesellschaftsvermögen, die der schuldrechtlichen Gesellschafterstellung folgt.[678]

409 Eine Haftung des Neugesellschafters mit seinem **Privatvermögen** für **Altverbindlichkeiten** kam früher nur in Betracht, wenn ein bestimmter Verpflichtungsgrund vorlag. Hierfür bedurfte es einer konkreten Vereinbarung zwischen dem neuen Gesellschafter und dem Gläubiger, die zumeist als Schuldbeitritt ausgestaltet war.[679] Aufgrund der geänderten BGH-Rechtsprechung zur Rechtsfähigkeit der BGB-Gesellschaft wird man unter Zugrundelegung der Gruppenlehre i.V.m. der Akzessorietätstheorie

---

[672] *Kraft/Kreutz*, S. 159.
[673] *Eisenhardt*, GesellRecht, Rn 102.
[674] Vgl. hierzu BGH NJW-RR **1998**, 1185.
[675] *Sprau* in: Palandt, Vorb v § 723 Rn 2.
[676] BGHZ **26**, 330; BGH WM **1987**, 1336.
[677] BGHZ **74**, 240, 242; **79**, 374, 378; *Sprau* in: Palandt, § 736 Rn 6.
[678] *Kraft/Kreutz*, S. 166.
[679] Vgl. zur Ausgestaltung des Schuldbeitritts als Vertrag zugunsten Dritter: *Heinrichs* in: Palandt, Überbl v § 414 Rn 2.

davon ausgehen müssen, dass die Neugesellschafter für sämtliche Altverbindlichkeiten unbeschränkt mit ihrem Privatvermögen analog §§ 128, 130 HGB haften.[680]
Nach der Akzessorietätstheorie zieht die Gesellschaftsschuld die gesamtschuldnerische Haftung der Gesellschafter für diese Verbindlichkeit nach sich. Dies muss auch für einen Neugesellschafter gelten. Ferner entspricht es nur dem Sinn und Zweck der Gesellschafterstellung in der BGB-Gesellschaft neben § 128 HGB auch § 130 HGB analog anzuwenden.[681] Würde den Neugesellschaftern nicht analog § 130 HGB automatisch bei Eintritt die Haftung mit ihrem Privatvermögen für Altverbindlichkeiten auferlegt, würde den Gläubigern letztlich das Risiko aufgebürdet, die Gesellschafter bei Begründung der Gesellschafterschuld zu bestimmen. Dies ist jedoch ohne Register (für die BGB-Gesellschaft besteht kein Register) faktisch kaum möglich.

410 Bei einem fehlerhaften (z.B. anfechtbaren) Beitritt zu einer BGB-Gesellschaft finden die Grundsätze über die fehlerhafte Gesellschaft dann Anwendung, wenn der Beitritt bereits vollzogen ist, z.B. durch Leistung von Beiträgen oder durch Ausübung gesellschaftsvertraglicher Rechte.

2. Vereinbarungen über Ausscheiden eines Gesellschafters

411 Die Gesellschafter können auch das Ausscheiden mit einem Beteiligten vertraglich vereinbaren. Gemäß § 736 Abs. 1 BGB kann im Gesellschaftsvertrag bestimmt werden, dass ein Gesellschafter infolge Kündigung, infolge seines Todes oder der Eröffnung des Insolvenzverfahrens über sein Vermögen aus der Gesellschaft ausscheidet, während die übrigen Gesellschafter die Gesellschaft fortsetzen.

3. Anteilsübertragung

412 Bei der Anteilsübertragung wird die **gesamte Gesellschafterstellung** (Gesellschaftsanteil) übertragen. Hiergegen spricht auch nicht § 719 Abs. 1 BGB, nach dem ein Gesellschafter über seinen Anteil am Gesellschaftsvermögen nicht verfügen kann. Damit wird nur die Mitberechtigung am Gesellschaftsvermögen untrennbar mit der Mitgliedschaft in der Gesellschaft verbunden.
Der Gesellschaftsanteil ist **kein** subjektives Recht, sondern eine **Rechtsstellung** (schuldrechtliche Rechte und Pflichten + dingliche gesamthänderische Beteiligung am Gesamthandsvermögen = **Mitgliedschaft**).[682] Die h.M. erkennt eine rechtsgeschäftliche Übertragung von ganzen Rechtsverhältnissen im Hinblick auf die §§ 566, 613a BGB jedoch an. Auch hier findet eine gesetzliche Übertragung ganzer Rechtsverhältnisse statt.[683] Die **rechtsgeschäftliche Übertragung** wird **analog §§ 398 ff. BGB** vorgenommen (§§ 398 i.V.m. 413 BGB). Analog § 415 Abs. 1 S. 1 BGB ist die **Zustimmung** der übrigen Gesellschafter erforderlich, da die Gesellschaft auf dem persönlichen Zusammenhalt der Gesellschafter beruht und kein Gesellschafter den übrigen einen neuen Partner soll aufzwingen können. Mit der Übertragung tritt der Eintretende an die Stelle des übertragenden Gesellschafters und wird Mitglied der Gesellschaft.
Problematisch ist, ob nicht der sachenrechtliche Spezialitätsgrundsatz, nach dem bei Verfügungsgeschäften jeder Gegenstand einzeln übertragen werden muss, entgegen-

---

680 BGH BB 2003, 1081 ff.; so schon OLG Hamm NZG **2002**, 282, 283; vgl. zur Problematik: *Schäfer*, ZIP **2003**, 1225 ff.
681 OLG Hamm, NZG **2002**, 282, 283.
682 *Hadding* in: Soergel, § 705 Rn 46; *Kraft/Kreutz*, S. 167; a.A. *K. Schmidt*, GesellRecht § 45 III 3a.
683 *Kraft/Kreutz*, S. 168.

steht. Nach h.M. wird aber die rechtsgeschäftliche Übertragbarkeit von ganzen Rechtsverhältnissen im Ganzen anerkannt.[684]

4. An- und Abwachsung

413

Beim Ausscheiden eines Gesellschafters aus der Gesellschaft **wächst dessen Anteil am Gesellschaftsvermögen automatisch** und **ohne jeden Übertragungsakt** den **übrigen Gesellschaftern zu**, vgl. § 738 Abs. 1 S. 1 BGB. Anwachsung bedeutet der unmittelbare Übergang des Gesellschaftsanteils auf die übrigen Gesellschafter.[685]

Beispiel: Gehören Grundstücke zum Gesellschaftsvermögen, dann erfolgt nur eine Berichtigung des Grundbuchs. Weitere Übertragungsakte wie die Auflassung und Übereignung sind nicht erforderlich.

Durch die Anwachsung wird der Zusammenhalt / die Konzentration des Gesellschaftsvermögens erreicht. Ebenso geht bei der Abtretung des Gesellschaftsanteils mit der Mitgliedschaft auch der Anteil am Gesellschaftsvermögen auf den Erwerber über. Gleichermaßen erwirbt ein in die Gesellschaft eintretender Gesellschafter ohne weiteres den vertraglich vorgesehenen Anteil am Gesellschaftsvermögen zu Lasten der übrigen Gesellschafter.

5. Abfindungen und Abfindungsbeschränkung

414

Mit dem Ausscheiden verliert der Gesellschafter seinen Anteil am Gesellschaftsvermögen. Ihm steht aber ein **Abfindungsanspruch** gegenüber der Gesellschaft zu, § 738 Abs. 1 S. 2 BGB. Für die Ermittlung des Abfindungsanspruchs ist vom wirklichen Wert des Unternehmens auszugehen (unter der Voraussetzung, dass ein solches betrieben wird).[686] Für den Fall des Ausscheidens finden sich häufig **Abfindungsklauseln**, die den Abfindungsanspruch beschränken. Inwieweit solche Klauseln Bestand haben, ist für den Einzelfall zu bestimmen (Sittenwidrigkeit, wenn der Gesellschafter in missbilligender Weise benachteiligt wird).

Reicht das Gesellschaftsvermögen unter Berücksichtigung der schwebenden Geschäfte (§ 740 BGB) nicht aus, um die Abfindung zu begleichen, dann hat der Ausscheidende den sich aus der Abrechnung ergebenden Fehlbetrag zu zahlen, vgl. § 739 BGB. Eine solche Teilauseinandersetzung ist jedoch **nicht** erforderlich, wenn der Gesellschafter dadurch ausscheidet, dass er seinen Gesellschaftsanteil auf einen anderen **überträgt**. In diesem Fall erfolgt der finanzielle Ausgleich für die Übertragung der Mitgliedschaft und des Anteils am gesamthänderisch gebundenen Gesellschaftsvermögen unmittelbar zwischen dem Veräußerer und dem Erwerber des Gesellschaftsanteils ohne die Mitwirkung der übrigen Gesellschafter.

6. Nachhaftungsbegrenzung

415

Durch den Verweis in dem 1994 neu geschaffenen § 736 Abs. 2 BGB werden die Regelungen der §§ 159 f. HGB über die Nachhaftungsbegrenzung auf die BGB-Gesellschaft erstreckt. Damit begrenzt sich die Haftung eines aus der BGB-Gesellschaft ausgeschie-

---

[684] *Kraft/Kreutz*, S. 167, 168.
[685] *Sprau* in: Palandt, § 738 Rn 1.
[686] BGH NJW **1985**, 193; *Ulmer* in: MünchKomm. § 738 Rn 26.

denen Gesellschafters auf fünf Jahre nach seinem Ausscheiden für die vor seinem Ausscheiden begründeten gemeinschaftlichen Verbindlichkeiten aller Mitgesellschafter.[687]

[687] *Sprau* in: Palandt, § 736 Rn 10.

B. Die offene Handelsgesellschaft, §§ 105 ff. HGB

I. Allgemeines

416 Die offene Handelsgesellschaft (oHG) ist eine **Personengesellschaft**. Wesen der oHG ist, dass mit dieser Organisationsform ein Handelsgewerbe unter gemeinschaftlicher Firma betrieben wird und sämtliche Gesellschafter den Gesellschaftsgläubigern unbeschränkt haften, § 105 Abs. 1 HGB.

Das Recht der oHG ist in den §§ 105 - 160 HGB geregelt. Soweit darin keine besonderen Vorschriften enthalten sind, sind die Bestimmungen über die Gesellschaft bürgerlichen Rechts nach § 105 Abs. 3 HGB auch auf die oHG anzuwenden.

417 Ferner ist das Recht der oHG im Rahmen sog. **Vorgesellschaften** anwendbar.[688] Hier werden die §§ 105 ff. HGB relevant, wenn es beispielsweise um die Gründung einer AG oder einer GmbH geht, bei denen die Eintragung in das Handelsregister eine notwendige Voraussetzung zum Entstehen der Gesellschaft ist. Als relevanter Zeitraum kommt die Phase zwischen Abschluss des Gesellschaftsvertrages bzw. notarieller Beurkundung der Einmanngründungserklärung oder Satzungsfeststellung und dem Zeitpunkt der Eintragung der Gesellschaft in das Handelsregister in Betracht.

> **Beispielsfall:**[689] A, B und C wollen eine GmbH gründen und schließen einen entsprechenden notariellen Gesellschaftsvertrag ab. Sodann tritt die GmbH i.G. bereits auf einer Messe auf. Noch vor Eintragung in das Handelsregister nehmen die als geschäftsführende Gesellschafter auftretenden A und B bei der X-Bank einen Kontokorrentkredit über EUR 300.000,00 auf, der voll an die GmbH i.G. valutiert wird. Die Gesellschaft wird nicht in das Handelsregister eingetragen, weil sich die Gesellschafter zerstreiten. Aus diesem Grunde kündigt die X-Bank den Kontokorrentkredit und nimmt C in Höhe von EUR 100.000,00 in Anspruch.
>
> C haftet der X-Bank gegenüber persönlich auf Zahlung von EUR 100.000,00, denn die GmbH i.G. in ihrer Eigenschaft als Vorgesellschaft ist als OHG anzusehen. Eine solche entsteht nicht erst durch Eintragung in das Handelsregister, sondern auch mit Aufnahme ihrer Geschäfte, sofern der Gesellschaftszweck bei Geschäftsbeginn auf den Betrieb eines vollkaufmännischen Handelsgewerbes gerichtet ist, § 123 Abs. 2 HGB. Hierfür reichen Vorbereitungshandlungen für ein künftiges vollkaufmännisches Handelsgewerbe aus, wenn Anhaltspunkte vorliegen, nach denen das Unternehmen in Kürze eine vollkaufmännische Ausgestaltung und Einrichtung erfahren wird. Dies ist hier der Fall, denn die GmbH i.G. ist bereits öffentlich auf einer Messe aufgetreten.

418 In der Praxis umgeht man diese haftungsrechtliche Problematik mit der Gründung einer Vorratsgesellschaft und deren Übertragung an die oder den Gesellschafter.[690] Dieses Vorgehen ist auch unter Berücksichtigung der aktuellen Rechtsprechung des BGH zu empfehlen, nach der bei der sog. Vorrats- und Mantelgründung die Gründungsvorschriften nach dem GmbH-Gesetz zu beachten sind.[691] Der Vorteil ist im Bezugspunkt der Erfüllung der Gründungsanforderungen und der damit verbundenen Unterbilanzhaftung zu sehen. Während bei der echten Neugründung einer GmbH die

---

[688] *Kraft/Kreutz*, S. 42ff.

[689] BGH, NJW-Spezial **2004**, 175.

[690] *K. Schmidt*, GesellRecht, § 4 III; BGHZ **117**, 323ff.

[691] BGH DStR **2003**, 298; Goette, DStR **2003**, 887 (890).

Unterbilanzhaftung auf den **Zeitpunkt der Eintragung der Gesellschaft** zu beziehen ist, wird sie bei der Vorrats- oder Mantelgründung auf den **Zeitpunkt der Anmeldung** bezogen.[692] Dieser Zeitgewinn wird realisiert, wenn die analog § 8 Abs. 2 GmbHG abzugebende Versicherung des Geschäftsführers zusammen mit der Offenlegung der wirtschaftlichen Neugründung möglichst schnell beim Handelsregister eingereicht werden.[693]

II. Gesellschaftsvertrag und Gesellschaftszweck

419 Die oHG entsteht durch Abschluss eines Gesellschaftsvertrages zwischen mindestens zwei unbeschränkt haftenden Gesellschaftern[694], wie es auch bei der BGB-Gesellschaft als Grundform der Personengesellschaften der Fall ist. Der alleinige aber auch entscheidende Unterschied zur BGB-Gesellschaft liegt in dem von den Gesellschaftern einer oHG verfolgten gemeinsamen Zweck. Anwendbar ist in diesen Fällen das HGB als Sonderrecht der Kaufleute, welches mit zusätzlichen Rechten, Pflichten bzw. Obliegenheiten verbunden ist.[695] Dieser Zusammenhang rechtfertigt die abweichenden Einzelregelungen. Anders als bei juristischen Personen, gibt es bei der oHG keine Einmanngesellschaft. Vereinigen sich alle Mitgliedschaftsrechte in der Hand eines Gesellschafters so entsteht ein einzelkaufmännisches Unternehmen.[696] Ausnahmsweise kann es dennoch dazu kommen, dass eine oHG nur einen Gesellschafter hat. Dies ist der Fall, wenn der Dritte nur auf Zeit involviert ist, z.B. bei dem Vorerben, Testamentsvollstreckung, Nachlassinsolvenzverfahren, Nießbrauch, Pfandrecht oder Treuhand.[697] Als Gesellschafter kommen neben natürlichen Personen auch juristische Personen sowie die oHG und KG in Betracht. Aufgrund der aktuellen höchstrichterlichen Rechtsprechung zur BGB-Gesellschaft ist nunmehr auch diese Gesellschaftsform als Gesellschafterin einer oHG denkbar.[698] Dies ist allein deshalb konsequent, weil die Rechtsprechung die BGB-Gesellschaft als persönlich haftende Gesellschafterin einer KG anerkennt.[699]

420 Nach § 105 Abs. 2 HGB ist eine Gesellschaft, deren Gewerbebetrieb nicht schon nach § 1 Abs. 2 HGB ein Handelsgewerbe ist oder die nur eigenes Vermögen verwaltet, eine oHG, wenn die Firma des Unternehmens in das Handelsregister eingetragen ist. Im Gegensatz zu § 105 Abs. 3 HGB geht es hier nicht um ergänzend anwendbare Vorschriften, sondern um die Qualifikation der Gesellschaftsform. Hiermit wird lückenfüllend auf das Recht der BGB-Gesellschaft verwiesen.[700]

421 Der Gesellschaftsvertrag kann jederzeit geändert werden. Im Laufe des Bestehens einer oHG sind häufig Anpassungen an neue rechtliche Rahmenbedingungen oder an die Unternehmensstrategie erforderlich. Änderungen des Gesellschaftsvertrages können ausdrücklich oder auch konkludent vorgenommen werden. Liegt keine schriftlich fixierte Änderung des Gesellschaftsvertrages vor, haben die Gesellschafter aber gleichwohl eine vom Gesellschaftsvertrag abweichende Praxis über einen längeren Zeitraum

---

[692] Vgl, BGH ZIP **2003**, 1698ff.
[693] *Heidinger/Meyding* NZG **2003**, 1129 (1134).
[694] *Koller* in: Koller/Roth/Morck, § 105 Rn 4.
[695] *Baumbach/Hopt*, Einl v. § 1 Rn 1ff.
[696] *Koller* in: Koller/Roth/Morck, § 105 Rn 14.
[697] *Koller* in: Koller/Roth/Morck, § 105 Rn 14.
[698] Bislang mangels Registerpublizität der BGB-Gesellschaft abgelehnt, *Koller* in: Koller/Roth/Morck, § 105 Rn 19; neue h.M. *K. Schmidt*, NJW **2001**, 993; BGH NJW **2001**, 1056.
[699] LG Berlin, NZG **2003**, 580; *Schmidt/Bierly*, NJW **2004**, 1210 (1211).
[700] *Koller* in: Koller/Roth/Morck, § 105 Rn 3.

hinweg ohne Widerspruch oder Vorbehalt hingenommen, so liegt eine tatsächliche Vermutung für eine Änderung des Gesellschaftsvertrages vor.[701]

> **Hinweis für die Fallbearbeitung:** Bei der Lösung von Fällen mit Beteiligung einer oHG sind vorrangig die §§ 105ff. HGB zu prüfen. Ergänzend finden die §§ 705 ff. BGB Anwendung.

III. Das Innenverhältnis der Gesellschafter einer oHG

1. Treuepflicht

422 Bei Personengesellschaften steht im Allgemeinen die Person des Gesellschafters im Vordergrund. Die Rechtsstellung des oHG-Gesellschafters wird durch seine besondere gesellschaftsrechtliche Treuepflicht geprägt.[702]

Auf Grundlage der besonderen gesellschaftsrechtlichen Treuepflicht lässt sich im Zweifel auch der Umfang der Pflichten zur Geschäftsführung einzelner Gesellschafter bestimmen.[703] Ein geschäftsführender Gesellschafter ist hiernach verpflichtet, in allen Angelegenheiten der Gesellschaft den Interessen der Gesellschaft und nicht seinen eigenen Interessen oder den Interessen Dritter den Vorrang einzuräumen. Die gesellschaftsrechtliche Treuepflicht kann soweit gehen, dass hierauf eine Verpflichtung für einzelne Gesellschafter begründet werden kann, bestimmten, von den anderen Gesellschaftern vorgeschlagenen Maßnahmen zuzustimmen. Dies gilt auch im Hinblick auf Änderungen des Gesellschaftsvertrages und Vereinbarungen über einen Gesellschafterwechsel.[704]

423 Können sich die Mitgesellschafter mit den Widersachern nicht einigen, so muss im Notfall die erforderliche Zustimmung im Wege der **actio pro socio** (Gesellschafterklage) erzwungen werden.[705]

2. Wettbewerbsverbot

424 Die Gesellschafter der oHG unterliegen nach Maßgabe der §§ 112 und 113 HGB dem Wettbewerbsverbot. Im Unterschied zur BGB-Gesellschaft, bei der die Gesellschafter nur als Ausprägung ihrer allgemeinen Treuepflicht einem Wettbewerbsverbot unterliegen, liegt für die oHG eine besondere Regelung vor.

Grundsätzlich verbietet § 112 Abs. 1 HGB, dass ein Gesellschafter selbstständig im Handelszweig der Gesellschaft Geschäfte tätigt oder sich an einer gleichartigen Handelsgesellschaft als persönlich haftender Gesellschafter beteiligt. Die Mitgesellschafter können einer nach § 112 Abs. 1 HGB untersagten Tätigkeit zustimmen, da es sich um eine dispositive Vorschrift handelt.

---

[701] *K. Schmidt*, GesellRecht, § 5 IV 3. b).
[702] *Koller* in: Koller/Roth/Morck, § 105 Rn 35 ff.
[703] *Ulmer* in: GroßkommHGB, § 114 Rn 45, 46.
[704] *Ulmer* in: GroßkommHGB, § 105 Rn 244 ff.
[705] *Kraft/Kreutz*, S. 127.

Für die Wirksamkeit der Zustimmung im Einzelfall ist es erforderlich, dass sie von sämtlichen Gesellschaftern, auch von den von der Geschäftsführung ausgeschlossenen, erteilt wird.[706] Hierbei ist es nicht erforderlich, dass der Gesellschafter Geschäftsführungsbefugnisse hat, denn konkurrierende Tätigkeiten einzelner Gesellschafter können das Verfolgen des Gesellschaftszweckes erschweren, so dass in dieser Frage alle Gesellschafter stimmberechtigt sein müssen. War hingegen eine wettbewerbsrelevante Beteiligung beim Abschluss des Gesellschaftsvertrages bekannt und haben die weiteren Gesellschafter ihr nicht widersprochen, so wird ihre Zustimmung unterstellt.[707] Für den Fall, dass nach dem Gesellschaftsvertrag § 112 HGB durch Mehrheitsbeschluss abbedungen werden können soll, muss die Entscheidung durch sachliche Gründe im Interesse der Gesellschaft gerechtfertigt sein.[708] Auch ein von der Geschäftsführung ausgeschlossener Gesellschafter unterliegt der gesellschaftsrechtlichen Treuepflicht und darf aus diesem Grunde keine Geschäfte an sich ziehen, die dem Geschäftsbereich der Gesellschaft zuzurechnen sind.[709]

425 Bei einer Verletzung des Wettbewerbsverbotes besteht für die Gesellschaft ein Wahlrecht. Die Gesellschaft kann nach § 113 Abs. 1 HS 1 HGB Schadensersatz verlangen. Schadensersatz ist nach dem Grundsatz der Naturalrestitution[710] zu leisten, § 249 Abs. 1 BGB. Hiernach muss ein Gesellschafter, wenn er das Wettbewerbsverbot verletzt, wirtschaftlich betrachtet den Zustand gegenüber der Gesellschaft herstellen, der bestanden hätte, wenn er nicht in Wettbewerb gegenüber der Gesellschaft getreten wäre.[711] Die Berechnung des Schadensersatzanspruches ist aufgrund der hypothetischen Annahmen sehr schwierig, so dass in den meisten Fällen die Gesellschaft das ihr nach § 113 Abs. 1 HS 2 HGB zustehende Eintrittsrecht ausübt.[712] Die Gesellschaft kann verlangen, dass die eingegangenen Geschäfte als für ihre Rechnung gemacht angesehen werden. Sie kann Herausgabe der durch die Geschäfte erzielten Vergütung bzw. Abtretung des Vergütungsanspruchs verlangen.

426 Dieses Eintrittsrecht besteht unabhängig von einem Schaden der Gesellschaft.[713] Über die Wahl zwischen beiden Möglichkeiten entscheiden nach § 113 Abs. 2 BGB die übrigen Gesellschafter. Nach § 119 Abs. 1 HGB ist ein einstimmiger Beschluss erforderlich. Ergänzend hierzu kann die Gesellschaft von dem betroffenen Gesellschafter Unterlassung des Wettbewerbs verlangen.[714] Im Wege der sog. actio pro socio kann jeder einzelne Gesellschafter den Unterlassungsanspruch geltend machen. Ferner können nach §§ 133, 113 Abs. 4 HGB die übrigen Gesellschafter die vorzeitige Auflösung der Gesellschaft verlangen. § 140 HGB vermittelt weiterhin den benachteiligten Gesellschaftern das Recht, die Ausschließung des betroffenen Gesellschafters zu verlangen. Hierzu muss in dem Verstoß gegen das Wettbewerbsrecht jeweils ein wichtiger Grund vorliegen. Ein wichtiger Grund liegt vor, wenn den übrigen Gesellschaftern bei Abwägung aller Umstände die Fortführung der Gesellschaft bis zum nächsten ordentlichen Auflösungs- oder Kündigungstermin in dieser Zusammensetzung nicht zugemutet wer-

---

[706] *Michalski, OHG,* § 112 Rn 18.
[707] Ebd.
[708] BGHZ **80**, 71, 74.
[709] *Baumbach/Hopt,* § 112 Rn 2.
[710] *Heinrichs* in: Palandt § 249 Rn 2.
[711] *Michalski, OHG,* § 113 Rn 5.
[712] *Koller* in: Koller/Roth/Morck, § 113 Rn 4.
[713] *Michalski, OHG,* § 113 Rn 6.
[714] BGHZ **70**, 336; **89**, 170.

den kann, weil etwa ein sinnvolles Zusammenwirken der Gesellschafter nicht zu erwarten ist.[715]

> **Hinweis für die Fallbearbeitung:** § 113 Abs. 1 HS 2 HGB kann Anspruchsgrundlage für die oHG sein.

3. Geschäftsführung

a) Grundsatz der Einzelgeschäftsführung aller Gesellschafter

427 Nach § 114 Abs. 1 HGB sind grundsätzlich alle Gesellschafter zur Geschäftsführung berechtigt und verpflichtet.

Dabei ist aber jeder von ihnen nach § 115 Abs. 1 HGB allein zu handeln berechtigt. Anders als für die BGB-Gesellschaft gilt für die oHG der Grundsatz der Einzelgeschäftsführung. Die Abkehr von der Gesamtgeschäftsführung soll die größere Beweglichkeit der Gesellschaft im Handelsverkehr fördern. Ausgleichend im Hinblick auf Einzelmaßnahmen, die gegebenenfalls nicht auf die Zustimmung aller Gesellschafter stoßen, wirkt jedoch einerseits das Widerspruchsrecht eines jeden Gesellschafters gegen geplante Maßnahmen nach § 115 Abs. 1 HS 2 HGB sowie andererseits die persönliche Haftung aller Gesellschafter nach § 128 S. 1 HGB.

428 Ein Gesellschafter muss trotz seiner Einzelgeschäftsführungsbefugnis die geplante Maßnahme unterlassen, sofern sich hiergegen der Widerspruch seiner ebenfalls geschäftsführungsbefugten Mitgesellschafter richtet, § 115 Abs. 1, HS 2 HGB. Die Beachtung des Widerspruchsrechts ist dagegen nicht geboten,

- wenn Ausübung des Widerspruchsrechts willkürlich ist und bei objektiver Sorgfalt nicht mit dem Gesellschaftsinteresse vereinbar ist;[716]
- wenn die Ausübung des Widerspruchsrechts dem Interesse des Widersprechenden dient;[717]
- wenn sich der Widerspruch auf einen Anspruch des Ausübenden bezieht;[718]
- wenn der Widersprechende vorher zugestimmt hat; oder
- wenn der Widerspruch auf Verlangen nicht begründet wird (str.).[719]

Weiterhin kann die Ausübung des Widerspruchsrechts durch den Gesellschaftsvertrag erschwert oder ausgeschlossen werden.[720]

Ist der Widerspruch wirksam, so muss die Maßnahme unterbleiben bzw. rückgängig gemacht werden, sofern es der Gesellschaft nicht schadet.[721] Für Schäden aus unbe-

---

[715] *Koller* in: Koller/Roth/Morck, § 133 Rn. 2.
[716] BGH NJW **1986**, 844.
[717] BGH BB **1956**, 92; **1974**, 996.
[718] BGH BB **1974**, 996.
[719] BGH NJW **1972**, 863.
[720] *Grunewald*, GesellRecht, S. 95.
[721] *Koller* in: Koller/Roth/Morck, § 115 Rn 4.

rechtigter Einzelgeschäftsführung haftet der handelnde Gesellschafter der Gesellschaft gegenüber.[722]

b) Abweichende Geschäftsführungsregelungen

429 Im Gesellschaftsvertrag kann auch eine andere Verteilung der Geschäftsführung geregelt werden. Nach § 114 Abs. 2 HGB kann die Geschäftsführung einem oder mehreren Gesellschaftern übertragen werden, so dass die übrigen Gesellschafter von der Geschäftsführung ausgeschlossen sind. Sind mehrere Gesellschafter als Geschäftsführer bestimmt, gilt wiederum der Grundsatz der Einzelgeschäftsführung. Die von der Geschäftsführung ausgeschlossenen Gesellschafter haben jedoch das Recht zur Notgeschäftsführung, vgl. § 744 Abs. 2 BGB.[723] Dieses Recht kann der von der Geschäftsführung ausgeschlossene Gesellschafter einfordern, um die Gesellschaft an sich oder einzelne zum Gesellschaftsvermögen gehörende Gegenstände zu erhalten.[724]

430 Ferner kann nach § 115 Abs. 2 HGB im Gesellschaftsvertrag bestimmt werden, dass die geschäftsführenden Gesellschafter nur zusammen handeln dürfen. Hiermit besteht für die oHG die vertragliche Möglichkeit, die für die Gesellschaft bürgerlichen Rechts grundsätzlich geltende Gesamtgeschäftsführungsbefugnis einzuführen. Die Begrenzung auf die Gesamtgeschäftsführungsbefugnis kann auf einzelne geschäftsführende Gesellschafter beschränkt werden.[725]

Die Vereinbarung der Gesamtgeschäftsführung bedingt, dass für jedes Geschäft die Zustimmung aller Gesellschafter, welche dieser Regelung unterliegen, erforderlich ist.[726] Ein Recht zur alleinigen Geschäftsführung besteht für einen derart in der Geschäftsführung beschränkten Gesellschafter nur noch wenn Gefahr im Verzuge ist, vgl. § 115 Abs. 2 HGB. Dies kann beispielsweise der Fall sein, wenn der Gesellschaft ein Schaden durch den Zeitverlust droht, der mit der Einholung der Zustimmung der übrigen geschäftsführenden Gesellschafter verbunden ist.[727]

> **Hinweis für die Fallbearbeitung:** Sowohl die durch Regelung der Geschäftsführungsbefugnis von der Geschäftsführung ausgeschlossenen Gesellschafter (§ 115 Abs. 1 HGB), als auch die durch die Gesamtgeschäftsführungsbefugnis in ihrer Einzelgeschäftsführungsbefugnis beschränkten Gesellschafter, haben in jedem Fall das Recht zur Notgeschäftsführung

431 Aufgrund der **Selbstorganschaft** ist es bei der oHG nicht möglich, die gesellschaftsrechtliche Geschäftsführungsbefugnis einem Außenstehenden zu übertragen. Ein Dritter kann zwar mit Geschäftsführungsaufgaben umfassend beauftragt werden, er ist dann aber nicht gesellschaftsrechtlich zur Geschäftsführung befugt. Seine Geschäftsführungsbefugnis stützt sich lediglich auf eine individualvertragliche Abrede.[728] Hierbei ist es zwingend erforderlich, dass den Gesellschaftern Weisungsrechte verbleiben.[729] Ein Ausschluss sämtlicher Gesellschafter von der Geschäftsführung und deren Übertra-

---

[722] *Koller* in: Koller/Roth/Morck, § 115 Rn 4, § 114 Rn 7.
[723] BGHZ **17**, 181.
[724] *Koller* in: Koller/Roth/Morck, § 114 Rn 9.
[725] *Grunewald*, GesellRecht, S. 96.
[726] *Baumbach/Hopt*, § 115 Rn 5.
[727] BGHZ 17, 181, 183; *Michalski*, *OHG*, § 115 Rn 15.
[728] *Emmerich* in: Heymann, § 125 Rn 6.
[729] *Baumbach/Hopt*, § 125 Rn 7.

gung auf einen Gesellschaftsfremden ist aufgrund des Grundsatzes der Selbstorganschaft bei Personengesellschaften nicht möglich. Diesen Grundsatz können die Gesellschafter auch nicht auf der Basis des Gesellschaftsvertrages relativieren, indem sie vereinbaren, dass sie sich alle eigener Geschäftsführungsmaßnahmen enthalten.[730] Nach einer M.M. soll im Gesellschaftsvertrag eine Regelung zulässig sein, nach der die Gesellschafter zugunsten eines Dritten auf die Wahrnehmung ihrer Geschäftsführungsrechte verzichten.[731] Die selbst dann immer noch vorhandene Herrschaft der Gesellschafter wird damit begründet, dass schließlich über einen Gesellschafterbeschluss der Drittgeschäftsführer abberufen werden kann. Aus Praktikabilitätserwägungen sollte man von der zuletzt genannten Möglichkeit Abstand nehmen, denn die Gesellschafter müssten immer eine Gesellschafterversammlung einberufen, um lenkend auf den Geschäftsführer einwirken zu können. Dies kann im Einzelfall sehr umständlich sein und wertvolle Zeit kosten.

Insgesamt soll durch § 115 Abs. 1 HGB einerseits die Flexibilität der oHG erhöht werden und andererseits das Haftungsrisiko alleiniger Entscheidungen nach § 128 S. 1 HGB abgemildert werden.[732]

4. Umfang der Geschäftsführungsbefugnis

432 Die Geschäftsführungsbefugnis erstreckt sich nach § 116 Abs. 2 HGB auf alle Handlungen, die der gewöhnliche Betrieb des Handelsgewerbes der Gesellschaft mit sich bringt. Sofern darüber hinausgehende Handlungen vorgenommen werden sollen, ist ein Beschluss sämtlicher Gesellschafter erforderlich, § 116 Abs. 2 HGB. Ein Beschluss aller geschäftsführenden Gesellschafter ist notwendig, wenn es um die Bestellung eines Prokuristen geht, § 116 Abs. 3 S. 1 HGB. Der Widerruf der Prokura ist nach Maßgabe des § 116 Abs. 3 S. 2 HGB bereits durch einen Gesellschafter möglich. Die Sonderregelungen über die Bestellung von Prokuristen entfalten nur im Innenverhältnis der Gesellschafter eine Bindungswirkung. Die Wirksamkeit der Bestellung zum Prokuristen im Außenverhältnis hängt allein von der Vertretungsmacht ab.[733]

433 Geht es nach § 116 Abs. 2 HGB um die Vornahme von Handlungen, die über den gewöhnlichen Betrieb eines Handelsgewerbes hinausgehen, so ist die Zustimmung aller Gesellschafter nötig, womit auch die von der Geschäftsführung ausgeschlossenen Gesellschafter angesprochen sind. In diesem Fall ist - anders als nach § 115 Abs. 2 HGB - ihre Zustimmung selbst bei dringenden Geschäften nicht entbehrlich. Mit ungewöhnlichen Geschäften im Sinne der Vorschrift sind **keine Grundlagengeschäfte** gemeint, denn hierfür bedarf es bereits der Zustimmung aller Gesellschafter nach § 119 Abs. 1 HGB. Bei der Definition eines ungewöhnlichen Geschäfts ist daher auf die konkreten Verhältnisse der Gesellschaft abzustellen.[734]

---

[730] *Emmerich* in: Heymann, § 125 Rn 8f. satt vieler.
[731] *Kraft/Kreutz*, S. 185.
[732] *Koller* in: Koller/Roth/Morck, § 115 Rn 1.
[733] *Baumbach/Hopt*, § 116 Rn 8.
[734] *Emmerich* in: Heymann, § 116 Rn 5.

Beispiele:

- Sehr umfangreichen Investitionen, wie besonders umfangreiche Baumaßnahmen[735]
- Einkauf von Waren weit über üblichen Umfang hinaus[736]
- Sanierungsmaßnahmen[737]
- Veräußerung von Wertpapieren, die als Kapitalrücklage dienen[738]
- Besonders riskante Geschäfte[739]

434 Der Gesellschaftsvertrag kann allerdings bestimmen, dass bei Meinungsverschiedenheiten über eine bestimmte beabsichtigte Geschäftsführungsmaßnahme durch Mehrheitsbeschluss zu entscheiden ist.[740] Hierin ist eine zulässige Einschränkung des Widerspruchsrechts des Einzelnen zu sehen. Die Wirksamkeit einer geschäftsführenden Maßnahme eines Gesellschafters, der bei der Vornahme seiner Handlung seine Geschäftsführungskompetenzen überschreitet, entfällt nicht automatisch. Dieser Verstoß kann nur zur Rückabwicklung der Maßnahme führen bzw. zur Ersatzpflicht des Gesellschafters der Gesellschaft gegenüber.[741]

435 § 116 HGB unterliegt nach § 109 HGB der Dispositionsbefugnis der Gesellschafter. Im Gesellschaftsvertrag kann daher das Zustimmungserfordernis nach § 116 Abs. 2 HGB anders geregelt werden. Denkbar ist beispielsweise, dass bei Handlungen im Sinne des § 116 Abs. 2 HGB eine Zustimmung der zur Geschäftsführung berufenen Gesellschafter genügen zu lassen. Es kann auch im Einzelnen definiert werden, welche Geschäfte noch nicht als außergewöhnliche Geschäfte angesehen werden.

5. Entziehung der Geschäftsführungsbefugnis durch Urteil

436 Die Geschäftsführungsbefugnis kann einem Gesellschafter auf Antrag der übrigen Gesellschafter durch gerichtliche Entscheidung entzogen werden, wenn ein wichtiger Grund vorliegt, vgl. § 117 HGB. Ein Entzug der Geschäftsführungsbefugnis durch Beschluss der übrigen Gesellschafter ist grundsätzlich, anders als bei der BGB-Gesellschaft gemäß § 712 Abs. 1 BGB, bei der oHG nicht möglich.

Die Möglichkeit des gerichtlichen Entzuges der Geschäftsführungsbefugnis erstreckt sich nicht nur auf die durch den Gesellschaftsvertrag übertragene Geschäftsführungsbefugnis, sondern auf alle Arten der Geschäftsführungsbefugnis.[742] Abweichend hiervon können im Gesellschaftsvertrag Sonderregelungen getroffen werden. Der Gesellschaftsvertrag kann insbesondere auch eine Entziehung der Geschäftsführungsbefugnis durch Beschluss der Gesellschafter vorsehen, also im Ergebnis auf die Regelung des § 712 Abs. 1 BGB abstellen.

---

[735] OLGE **3**, 276, 277 (Bamberg)
[736] OLG Koblenz NJW-RR **1991**, 487.
[737] OGH HS 7127.
[738] RG JW **1930**, 705, 706f.
[739] ROHGE **20**, 244ff.
[740] *Michalski, OHG*, § 116 Rn 7.
[741] *Emmerich* in: Heymann, § 114 Rn 20.
[742] *Koller* in: Koller/Roth/Morck, § 117 Rn 2.

Beachte:
Die teilweise Entziehung der Geschäftsführungs- und Vertretungsbefugnis ist i.d.R. aus Gründen der Verhältnismäßigkeit dem vollen Entzug vorzuziehen. Prozessual ist hierbei jedoch zu beachten, dass es sich um unterschiedliche Streitgegenstände handelt.[743] Bei der Klage auf Entzug der Geschäftsführungs- und Vertretungsmacht ist also nicht der Antrag auf teilweisen Entzug enthalten. Als Grund lässt sich anführen, dass die Disposition über das Gesellschaftsverhältnis in der Hand der Gesellschafter liegt.[744]

6. Kündigung der Geschäftsführung

437 Das Kündigungsrecht aus wichtigem Grund nach § 712 Abs. 2 BGB gilt auch für die oHG. Hiernach kann der geschäftsführende Gesellschafter die Geschäftsführung kündigen, wenn ein wichtiger Grund vorliegt. Auch diese Regelung wird nicht nur auf die im Gesellschaftsvertrag eingeräumte Geschäftsführungsbefugnis beschränkt, sondern über § 712 Abs. 2 BGB hinausgehend auf die sich aus dem Gesetz unmittelbar ergebende Geschäftsführungsbefugnis erstreckt.

7. Pflichten des geschäftsführenden Gesellschafters

438 Die Pflichten des Geschäftsführers bestimmen sich nach dem **Prinzip der Mitunternehmerschaft**. Danach muss jeder Geschäftsführer nach dispositivem Recht alleinverantwortlich im Hinblick auf § 115 Abs. 1 HGB alles Zumutbare tun, um das Erreichen des Gesellschaftszwecks zu fördern.[745] Die Pflichten geschäftsführender Gesellschafter sind daher durch die Grundsätze über die gesellschaftsrechtliche Treuepflicht zu konkretisieren.

439 Als Haftungsmaßstab ist für den geschäftsführenden Gesellschafter einer oHG § 708 BGB anzuwenden.[746] Ein Geschäftsführer einer oHG haftet daher bei der Erfüllung einer ihm obliegenden Verpflichtung nur für die Sorgfalt in eigenen Angelegenheiten. Diese Haftungserleichterung gilt indes nicht für Dritte, die mit Geschäftsführungsaufgaben betraut werden.[747]

440 Die Gesellschafter haben nur einen Anspruch auf die Vergütung ihrer Tätigkeit, wenn dies im Gesellschaftsvertrag geregelt ist. Einen Aufwendungsersatzanspruch wegen ihrer Aufwendungen für die Gesellschaft haben die Gesellschafter gegen die Gesellschaft im Rahmen des § 110 HGB. Ein Vergütungsanspruch besteht dagegen grundsätzlich nicht, weil sich die Pflicht zur Geschäftsführung unmittelbar aus der Stellung als Gesellschafter ergibt.[748]

Die Regelung über den Aufwendungsersatzanspruch in § 110 HGB wird ergänzt durch die auch auf die oHG anwendbare Vorschrift des § 713 BGB. Zusammenfassend ist festzuhalten, dass sich das Rechtsverhältnis zwischen den geschäftsführenden Gesellschaftern und der Gesellschaft nach den Vorschriften über den Auftrag (§§ 664-670

[743] Vgl. JuS **2002**, 714 mit Anm K. Schmidt.
[744] Martens in: Schlegelberger, § 117 Rn 41; K. Schmidt in: Schlegelberger, § 127 Rn 23.
[745] *Koller* in: Koller/Roth/Morck, § 114 Rn 7.
[746] *Emmerich* in: Heymann, § 114 Rn 17.
[747] BGH NJW 1955, 701, 704.
[748] *Emmerich* in: Heymann, § 110 Rn 20.

BGB) und nicht nach den Vorschriften des Dienstvertragsrechts (§§ 611 ff. BGB) richtet.

Neben einem Aufwendungsersatz erstreckt sich die Ersatzpflicht der Gesellschaft gegenüber dem geschäftsführenden Gesellschafter nach § 110 Abs. 1 HGB auch auf Verluste, die der Gesellschafter unmittelbar durch seine Geschäftsführung oder aus Gefahren, die mit ihr verbunden sind, erleidet. § 110 Abs. 1 HGB bietet daher dem geschäftsführenden Gesellschafter eine Anspruchsgrundlage für den Ersatz seiner Vermögensschäden, welche anlässlich seiner Geschäftsführung eingetreten sind. Einzufordern ist aber nur Ersatz für solche Schäden, welche aus einer adäquaten Risikoübernahme entstanden sind.[749] Es muss sich das allgemeine Geschäftsrisiko realisiert haben. Kein Ersatz ist möglich, wenn dem Geschäftsführer ein Eigenverschulden zur Last fällt oder es um den Ersatz für Strafen geht.

Beachte: Unterscheide zwischen dem **Vergütungsanspruch** und dem **Aufwendungsersatzanspruch** des Geschäftsführers.

8. Beschlussfassung bei Grundlagenentscheidungen

441 Maßnahmen, welche die Grundlagen der Gesellschaft betreffen, sind von der Geschäftsführung abzugrenzen. Solche Maßnahmen betreffen Grundlagenentscheidungen und werden unter Beteiligung aller Gesellschafter in Form der Beschlussfassung entschieden, § 119 Abs. 1 HGB. Das Stimmrecht des Gesellschafters einer oHG kann durch den Gesellschaftsvertrag nicht ausgeschlossen werden, da trotz der weitgehenden Disponibilität der Vorschrift der Kernbereich der Mitgliedschaftsrechte gewahrt bleiben muss.[750]

Eine Beschlussfassung ist etwa erforderlich für:

- Bilanzfeststellungen (§ 120 HGB),
- Änderungen des Gesellschaftsvertrages,
- Aufnahme eines neuen Gesellschafters,
- vertraglichen Austritt eines Gesellschafters,
- vorzeitige Auflösung der Gesellschaft,
- Geltendmachung von Schadensersatzansprüchen nach § 113 Abs. 2 HGB,
- Antrag auf gerichtliche Entscheidung zur Entziehung der Geschäftsführungsbefugnis und der Vertretungsmacht (§§ 117, 127 HGB),
- Antrag auf Ausschließung eines Gesellschafters (§ 140 HGB),
- Fortsetzung der Gesellschaft, §§ 141, 144 HGB.

In den zuletzt genannten Beispielen wird das Stimmrecht des jeweils betroffenen Gesellschafters bei der Beschlussfassung nicht berücksichtigt.[751]

[749] *Koller* in: Koller/Roth/Morck, § 110 Rn 4.
[750] BGH NJW **1995**, 195.
[751] *Emmerich* in: Heymann, § 119 Rn 22.

442 Dogmatisch handelt es sich bei einem Beschluss um ein mehrseitiges Rechtsgeschäft.[752] Um einen Abänderungsvertrag i.S. § 305 BGB handelt es sich, wenn der Beschluss ändernde Regelungen des Gesellschaftsvertrages zum Gegenstand hat.[753]
Die Art und Weise der Beschlussfassung kann im Gesellschaftsvertrag geregelt werden. Zulässig ist beispielsweise eine Bestimmung, wonach die beispielhaft genannten Beschlüsse, oder auch nur einige von ihnen, als Mehrheitsbeschluss gefasst werden. Sofern keine Kapitalmehrheit vereinbart ist, bestimmt sich die Mehrheit nach der Zahl der Gesellschafter, § 119 Abs. 2 HGB. Hier tritt das **persönliche Engagement** des Gesellschafters einer Personengesellschaft in den Vordergrund. Mehrheitsentscheidungen sind indes nicht schrankenlos gesellschaftsvertraglich zu vereinbaren. Die pauschale Vereinbarung, dass alle Beschlüsse als Mehrheitsentscheidung getroffen werden sollen, ist nicht zulässig.[754] Eine solche Regelung hätte zur Folge, dass die Mehrheit dazu legitimiert wäre, in den Kernbereich der geschützten Mitgliedschaftsrechte einzugreifen. Hierdurch könnten durch Mehrheitsentscheidung dem einzelnen Gesellschafter unentziehbare Rechte abhanden kommen.

443 Mehrheitsentscheidungen können als Grundlage für die Beschlussfassung also nur dann zulässig sein, wenn eindeutig die hiervon betroffenen Minderheitenrechte im Gesellschaftsvertrag konkret bezeichnet werden. Nach dem Grundsatz der Bestimmtheit ist es erforderlich, dass Inhalt, Zweck und Ausmaß der Regelung hinreichend definiert sind. Werden also durch den Gesellschaftsvertrag einzelne Minderheitenrechte beschränkt, so müssen das Ausmaß und der Umfang der Beschränkung vertraglich geregelt sein.
Die Unwirksamkeit einer im Außenverhältnis ergriffenen Maßnahme hängt nicht notwendiger Weise von dem Bestehen eines an sich erforderlichen Beschlusses der Gesellschafterversammlung ab. Im Außenverhältnis kommt es vielmehr auf die Vertretungsmacht der handelnden Person(en) an.

> **Beispiel**: Ein zur Geschäftsführung befugter Gesellschafter veräußert ein der Gesellschaft gehörendes Grundstück an einen Dritten, §§ 125 Abs. 1, 126 Abs. 1 HGB. Nach dem Gesellschaftsvertrag ist hierzu ein Gesellschafterbeschluss erforderlich. Das Fehlen des Beschlusses kann der Wirksamkeit des Veräußerungsgeschäfts nicht entgegenstehen, da nach §§ 125 Abs. 1, 126 Abs. 2 HGB die Vertretungsmacht des vertretungsberechtigten Gesellschafters nicht beschränkt werden kann.

Handelt es sich jedoch um ein Grundlagengeschäft, welches durch einen vertretungsberechtigten Gesellschafter ohne einen zugrunde liegenden Gesellschafterbeschluss abgeschlossen wird, so wirkt sich das Fehlen des Gesellschafterbeschlusses im Außenverhältnis aus.

> **Beispiel**: Ein zur Geschäftsführung befugter Gesellschafter schließt einen atypischen stillen Gesellschaftsvertrag ab. Der stille Gesellschafter soll nach dem Vertrag eine stille Einlage leisten und dafür in die Geschäftsführung aufgenommen werden. Dieser Vertrag betrifft im Hinblick auf den Grundsatz der Selbstorganschaft die Grundlagen der Gesellschaft und bedarf daher der Zustimmung aller Gesellschafter.

---

[752] BGH BB **1992**, 595.
[753] *Ulmer* in: FS Niederländer, S. 427.
[754] *Emmerich* in: Heymann, § 119 Rn 29aff.

Beachte: Fragen der Geschäftsführung sind immer nur im Verhältnis des Geschäftsführers zu den anderen Gesellschaftern zu problematisieren.

9. Informations- und Kontrollrechte

444 Die Informations- und Kontrollrechte nach § 105 Abs. 3 HGB i.V.m. §§ 713, 666 BGB stehen der Gesellschaft gegenüber der Geschäftsführung zu.[755] Hiernach gilt für die oHG die bürgerlich-rechtliche Regelung, womit sich die Auskunfts- und Rechenschaftspflicht des Geschäftsführers nach dem Auftragsrecht bestimmt. Der Geschäftsführer ist damit gleich einem Beauftragten dazu verpflichtet, der Gesellschaft erforderliche Nachrichten zu übermitteln, auf Verlangen über den Stand des Geschäfts Auskunft zu geben, sowie nach Ausführung des Geschäfts Rechenschaft abzulegen.

445 Nach § 118 HGB haben auch die von der Geschäftsführung ausgeschlossenen Gesellschafter ein Kontrollrecht, welches der für die BGB-Gesellschaft geltenden Regelung des § 716 BGB entspricht. Die Regelungen unterscheiden sich nur durch den abweichenden Wortlaut. Diese Unstimmigkeit ist durch einen andersartigen Sprachgebrauch im Handelsverkehr zu erklären.

10. Gewinn- und Verlustverteilung, Entnahme

a) Gewinnermittlung

446 Der Gewinn oder Verlust einer oHG ist jeweils für den Schluss eines Geschäftsjahres nach den Vorschriften über die Bilanzierung, die durch die Grundsätze ordnungsmäßiger Buchführung ergänzt werden, zu ermitteln, § 120 Abs. 1, §§ 238, 242 ff. HGB. Hierbei sind **Aufstellung** und **Feststellung** der Bilanz zu unterscheiden. Die Aufstellung umfasst die gesamte Vorbereitung der Bilanz bis zu ihrer Abschlussreife, wofür allein die geschäftsführenden Gesellschafter zuständig sind.[756]

Damit die aufgestellte Bilanz gegenüber sämtlichen Gesellschaftern und Außenstehenden Verbindlichkeit erlangt, bedarf es außerdem noch ihrer Feststellung. Die Feststellung der Bilanz gehört zu den Grundlagengeschäften, denen alle Gesellschafter zustimmen müssen, wenn im Gesellschaftsvertrag nichts anderes bestimmt ist.[757]

447 Bilanzierungsentscheidungen sind der Sache nach Entscheidungen über die Ergebnisverwendung.[758] Geht es beispielsweise um die Bildung offener Rücklagen, Umsetzung zusätzlicher Abschreibungsmöglichkeiten und die Bildung von Aufwandsrückstellungen, so wird an sich über die Verwendung des Ergebnisses als Residualgröße entschieden. Diese Entscheidungen können daher nicht schon bei Aufstellung der Bilanz durch den geschäftsführenden Gesellschafter, sondern erst bei der Bilanzfeststellung und nur unter Mitwirkung sämtlicher Gesellschafter getroffen werden. Zusätzlich kann der Gesellschaftsvertrag Vorschriften über die Ermittlung des Jahresergebnisses enthalten, wobei der bereits vorgestellte Grundsatz der Bestimmtheit zu beachten ist.[759]

---

[755] *Koller* in: Koller/Roth/Morck, § 114 Rn 7.
[756] *Koller* in: Koller/Roth/Morck, § 120 Rn 1a.
[757] BGH NJW **1996**, 1678.
[758] BGH NJW **1996**, 1681.
[759] *Koller* in: Koller/Roth/Morck, § 120 Rn 2.

In der Feststellung der Bilanz ist gleichzeitig die **Entlastung** der geschäftsführenden Gesellschafter zu sehen, womit die Gesellschafter keinen Ausschluss nach § 140 HGB, keinen Entzug der Geschäftsführung nach § 117 HGB und auch keine sonstigen erkennbaren Ansprüche mehr geltend machen können.[760]

b) Gewinn- und Verlustverteilung

448 Die Gewinnverteilung nach § 121 HGB erfolgt aufgrund einer Kombination von Kapitalverzinsung mit einer Verteilung nach Köpfen. Die Kapitalverzinsung in Höhe von 4 % steht den Gesellschaftern nur zu, soweit ein entsprechend hoher Gewinn erzielt worden ist. Reicht der erwirtschaftete Gewinn dafür nicht aus, so erfolgt eine Gewinnverteilung nach dem Verhältnis der Kapitalanteile. Ein Verlust ist nach Köpfen zu verteilen, § 121 Abs. 3 HGB.

449 Gesellschaftsvertraglich ist auch eine hiervon abweichende Regelung zulässig. Denkbar ist z.B. eine Gewinnverteilung nach Kapitalanteilen zu vereinbaren. Eine entsprechende vertragliche Regelung wird in erster Linie dann gewählt, wenn sich die Gesellschafter im Gesellschaftsvertrag zu unterschiedlich hohen Beiträge und Leistungen für die Gesellschaft verpflichten.

450 Häufig wird vereinbart, dass den geschäftsführenden Gesellschaftern vorweg gutzuschreibende Gewinnanteile zustehen oder dass für jeden Gesellschafter zwei Kapitalkonten eingerichtet werden.[761]
Das feste Kapitalkonto (Kapitalkonto I) ist in diesem Fall Maßstab für die Rechtsstellung der einzelnen Gesellschafter und bildet die Einlage ab, während auf dem Kapitalkonto II die Gewinnanteile und Entnahmen verbucht werden. Auf diesem Wege wird erreicht, dass sich das Verhältnis der Kapitalanteile der einzelnen Gesellschafter nicht ändert, wenn die Gesellschafter von ihrem Entnahmerecht in unterschiedlichem Umfang Gebrauch machen. Dieser praktikablen Regelung steht § 120 Abs. 2 HGB entgegen, wonach der Gewinn dem Kapitalkonto des Gesellschafters zugeschrieben wird. Der Sinn einer solchen Regelung liegt darin, dass es bei einer vertraglich geregelten Gewinnverteilung nach Kapitalanteilen nicht aufgrund einseitiger Therausierungen im Kapitalkonto I zu grundsätzlich abweichenden Gewinnverteilungen in nomineller Höhe kommen soll.

c) Entnahme

451 Jeder Gesellschafter kann nach § 122 Abs. 1 HGB einen Entnahmeanspruch geltend machen. Es können bis zu 4% des für das letzte Geschäftsjahr festgestellten Kapitalanteils entnommen werden. Dieser Regelung liegt ein Kompromiss zwischen dem Bedarf des Gesellschafters und dem Erhalt der Gesellschaftsmittel zugrunde.[762]
Für die Entstehung des gesetzlichen Entnahmeanspruchs ist es nicht erforderlich, dass ein Gewinn erzielt worden ist.[763] Er entsteht mit der Feststellung der Bilanz für das folgende Geschäftsjahr.[764] Mit der Feststellung der Bilanz erlischt sogleich der Entnahmeanspruch für das vergangene Geschäftsjahr, sofern er nicht bereits geltend

---

[760] BGH NJW-RR **1987**, 870; NJW **1995**, 1356.
[761] Vgl. *Förschle/Hoffmann* in: Beck Bil-Komm. § 247 Rn 150ff.
[762] *Koller* in: Koller/Roth/Morck, § 122 Rn 1.
[763] BGH LM 2 zu § 122.
[764] *Koller* in: Koller/Roth/Morck, § 122 Rn 2.

gemacht und damit erloschen ist.[765] Die Abtretung dieses Anspruchs ist nur im Einklang mit der Abtretung des Gewinnanspruchs möglich, vgl. §§ 121 Abs. 3, 122 Abs. 1 HGB (sehr str.).[766]

Voraussetzung für die Ausübung des Entnahmeanspruchs ist allerdings, dass die Gesellschaft keinen offenbaren Schaden erleiden wird, § 122 Abs. 2 HGB.
Weitere gesetzliche Entnahmeansprüche sind durch § 122 Abs. 2 HGB ausgeschlossen, da ansonsten der Bestand der Gesellschaft gefährdet würde. Der Gesellschafter ist nicht berechtigt, therausierte Gewinnanteile früherer Geschäftsjahre zu entnehmen. Diese werden grundsätzlich nach § 120 Abs. 2 HGB Bestandteil des genannten Kapitalanteils. In den Gesellschaftsverträgen wird vielfach das Entnahmerecht abweichend von diesen gesetzlichen Vorschriften geregelt, da beispielsweise therausierte Gewinnanteile dem Kapitalkonto II gutgeschrieben werden und auf diesem Wege in vertraglich bestimmtem Umfang doch der alleinigen Verfügungsgewalt des Gesellschafters unterliegen. Eine abweichende gesellschaftsvertragliche Regelung ist im Hinblick auf die persönliche Haftung der Gesellschafter nach § 128 S. 1 HGB zulässig.[767] In bestimmten Fällen kann sogar eine weitergehende Ausschüttungspolitik geboten sein. Dies ist z.B. der Fall, wenn die Ausschüttungsinteressen der Gesellschafter im Verhältnis zur Selbstfinanzierung und Zukunftssicherung der Gesellschaft unverhältnismäßig vernachlässigt werden.[768]

452 Zusätzlich hat jeder Gesellschafter einen Anspruch auf Auszahlung seines für das letzte Jahr festgestellten Gewinnanteils, wenn dieser Gewinnanteil über die 4%-ige Entnahme hinausgeht.

IV. Rechtsbeziehungen zu Dritten

1. Handeln unter gemeinsamer Firma

453 Die oHG kann unter ihrer Firma Rechte erwerben und Verbindlichkeiten eingehen, Eigentum und andere dingliche Rechte erwerben, vor Gericht klagen und verklagt werden, § 124 Abs. 1 HGB. Hiermit besitzt die oHG im Außenverhältnis weitgehend die Stellung einer juristischen Person.[769]
Diese rechtliche Verselbstständigung der oHG gegenüber Dritten vermittelt ihr im praktischen Wirtschaftsleben sowie im Rechtsverkehr in vielfältiger Weise die **Funktion einer juristischen Person**. Aufgrund der bei der oHG allgemein anerkannten **Teilrechtsfähigkeit** handelt es sich ausdrücklich nicht um eine juristische Person. Die Firma, unter welcher die oHG im Rechtsverkehr auftritt, kennzeichnet nur den Namen unter dem die Gesellschafter am Wirtschaftsleben teilnehmen.[770]

454 Alle Vermögensgegenstände und Verbindlichkeiten der oHG werden einerseits der Gesellschaft als einheitlichem Rechtssubjekt zugerechnet, und andererseits auch den Gesellschaftern in ihrer gesamthänderischen Verbundenheit.[771] Die Gesellschafter sind also vor allem im steuerrechtlichen Sinne Mitunternehmer. Sie handeln jedoch unter

---

[765] *Koller* in: Koller/Roth/Morck, § 122 Rn 2.
[766] Vgl. hierzu h.M. RGZ **67**, 15ff.; a.A. *Muth* DB **1986**, 1761.
[767] *Koller* in: Koller/Roth/Morck, § 122 Rn 4.
[768] BGH NJW **1996**, 1681; *Binz/Sorg* DB **1996**, 972.
[769] *Emmerich* in: Heymann, § 124 Rn 2.
[770] *Kraft/Kreutz*, S. 177.
[771] BGH NJW **1981**, 1213.

einem einheitlichen Namen (Firma). Aus diesem Grunde ist es möglich, dass sich ein Gesellschafter für die Verbindlichkeiten der oHG als eines Dritten verbürgen kann, obwohl er nach § 128 HGB ohnehin dafür haftet.

2. Wirksamwerden der oHG gegenüber Dritten

455 Grundsätzlich wird die Gesellschaft als oHG gegenüber Dritten erst dann wirksam, wenn sie in das Handelsregister eingetragen worden ist, § 123 Abs. 1 HGB. Bis zum Zeitpunkt der Eintragung gelten im Außenverhältnis die §§ 705 ff. BGB.[772] Sofern die Gesellschafter aber bereits vor der Eintragung in das Handelsregister ein kaufmännisches Unternehmen im Sinne des § 1 Abs. 1 HGB betreiben, beginnt ihre Wirksamkeit Dritten gegenüber bereits mit der Aufnahme des Geschäftsbetriebes, § 123 Abs. 2 HGB. Ausgenommen hiervon ist der Fall, dass die Gesellschaft nur eigenes Vermögen verwaltet, § 105 Abs. 2 HGB. Die Vorschriften nach §§ 124 ff. HGB über das Außenverhältnis der oHG gelten in diesem Fall mit der Aufnahme der Geschäfte.

456 Während also die strengen Regelungen über die oHG auf Kannkaufleute i. S. von § 2 S. 1 HGB erst ab Eintragung in das Handelsregister anzuwenden sind, führt bereits die Aufnahme eines kaufmännischen Gewerbebetriebes auch ohne Eintragung in das Handelsregister zur Anwendbarkeit der §§ 105 ff. HGB auf die gegenüber Dritten begründeten Rechtsbeziehungen. Diese Konsequenz ist sachgerecht, da sie der Regelung bei den Einzelkaufleuten gleichkommt.

> **Beachte**: Die Wirksamkeit der oHG gegenüber Dritten hängt entscheidend von dem Zeitpunkt der Aufnahme der Geschäfte ab (Grundsatz bei Personengesellschaften).

3. Die Vertretung der Gesellschaft

a) Umfang der Vertretungsmacht

457 Das HGB enthält abweichend vom BGB mit § 126 Abs. 1 HGB eine zwingende Regelung über den Umfang der Vertretungsmacht. Hiervon kann nicht durch eine gesellschaftsvertragliche Regelung im Verhältnis zu Dritten abgewichen werden, § 126 Abs. 2 HGB.

458 Die Regelung erstreckt sich auf alle gerichtlichen und außergerichtlichen Geschäfte und Rechtshandlungen einschließlich der Veräußerung und Belastung von Grundstücken sowie der Erteilung und des Widerrufs der Prokura, § 126 Abs. 1 HGB.
Diese zwingende Regelung ist erforderlich, um den Bedürfnissen des Handelsverkehrs Rechnung tragen zu können.[773] Im Handelsverkehr muss man sich auf einen uneingeschränkten Umfang der Vertretungsmacht verlassen können. Die Vertretungsmacht ist auch nicht, wie es bei der Geschäftsführungsbefugnis der Fall ist, auf solche Handlungen beschränkt, die der gewöhnliche Betrieb des Handelsgewerbes der Gesellschaft mit sich bringt, § 116 Abs. 1 HGB. Allein § 126 Abs. 3 i.V.m. § 50 Abs. 3 HGB bietet die Möglichkeit, durch Eintragung in das Handelsregister eine Beschränkung der Ver-

---

[772] *Koller* in: Koller/Roth/Morck, § 123 Rn 2.
[773] BGHZ **38**, 26, 33; NJW **1974**, 1555.

tretungsmacht herbeizuführen. Eine solche ist aber nur für sich unterscheidende Zweigniederlassungen der Gesellschaft möglich.

Eine von den Gesellschaftern im Innenverhältnis vereinbarte Beschränkung der Vertretungsmacht wirkt sich in allen anderen Fällen grundsätzlich nicht auf die Wirksamkeit der mit Dritten abgeschlossenen Rechtsgeschäfte aus. Eine Ausnahme ergibt sich in den Fällen des **kollusiven Zusammenwirkens** von Gesellschafter und Geschäftspartner bzw. bei mangelnder Schutzwürdigkeit des Geschäftspartners.[774] Wenn der Geschäftspartner zusammen mit dem seine Vertretungsmacht überschreitenden Gesellschafter bewusst zum Nachteil der Gesellschaft gehandelt hat, wird die Gesellschaft aus den unter Verstoß gegen die im Innenverhältnis vereinbarten Beschränkungen nicht verpflichtet.[775] Gleiches gilt, wenn der Geschäftspartner eine gegen Beschränkungen im Innenverhältnis verstoßende Handlungsweise des Gesellschafters erkennt, denn in diesem Fall ist der Rechtsverkehr nicht schutzwürdig. Umstritten ist die Frage, ob die Gesellschaft auch dann nicht verpflichtet wird, wenn der Geschäftspartner hätte erkennen können, dass ein Verstoß gegen Regelungen im Innenverhältnis vorliegt. In diesem Fall ist es fraglich, welcher Grad an Fahrlässigkeit ausreicht, um ein missbräuchliches Verhalten des Geschäftspartners annehmen zu können.[776] Allgemein müssen sich Dritte nicht über Beschränkungen der Vertretungsmacht im Innenverhältnis informieren. Aus diesem Grunde liegt ein missbräuchliches Verhalten des Dritten nur vor, wenn sich die Überschreitung einer im Innenverhältnis eingeschränkten Vertretungsmacht in der Art und Weise aufdrängt, dass der Gesellschafter offensichtlich zum Nachteil der Gesellschaft handelt (grobe Fahrlässigkeit des Geschäftspartners).[777]

459 Im Falle des Missbrauchs der Vertretungsmacht ist das Rechtsgeschäft analog §§ 177 ff. BGB unwirksam.[778]
§ 181 BGB schränkt die Vertretungsmacht des vertretungsbefugten Gesellschafters ein. Hiernach ist es ihm nicht möglich, im Namen der Gesellschaft ein Geschäft mit sich selbst vorzunehmen. Ausnahmsweise ist ihm dies nur gestattet, wenn es um die Erfüllung einer bestehenden Verbindlichkeit geht. Von dieser Beschränkung kann der Gesellschafter aber befreit werden.

Hinweis für die Fallbearbeitung: Unterscheide zwischen **Geschäftsführung** und **Vertretung**. Um Vertretung geht es immer, wenn der Geschäftsführer - grds. unabhängig von seiner Geschäftsführungsbefugnis - die Gesellschaft gegenüber Dritten vertritt.

b) Grundlagengeschäfte

460 Beim Abschluss von Grundlagengeschäften durch nur einen Gesellschafter wird das Verkehrsschutzprinzip des § 126 HGB über die nicht beschränkbare Vertretungsmacht zurückgedrängt

Ein geschäftsführender Gesellschafter einer oHG kann zwar sämtliche zum Gesellschaftsvermögen gehörenden Sachen und Rechte selbst dann einzeln veräußern, wenn er damit gegen ihm obliegende Pflichten gegenüber seinen Mitgesellschaftern ver-

[774] *Emmerich* in: Heymann, § 126 Rn 22ff.
[775] So schon RGZ **57**, 388, 391.
[776] Beispiele aus der Rechtsprechung: BGH NJW **1966**, 1911; WM **1980**,953, 954; BGH **50**,112, 114.
[777] BGHZ **94**, 132, 138; OLG Dresden NJW-RR **1995**, 804.
[778] *Koller* in: Koller/Roth/Morck, § 126 Rn 2.

stößt, weil der an sich dafür erforderliche Beschluss der Gesellschafterversammlung nicht gefasst worden ist. Der Erwerber wird also selbst dann Eigentümer der veräußerten Sachen, wenn der verfügende Gesellschafter gegen gesellschaftsvertragliche Pflichten verstoßen hat, solange kein Missbrauchsfall vorliegt.

Anders liegt der Fall aber bei der Veräußerung des Unternehmens im Ganzen. Ein derartiger Vertrag mit einem Dritten ist ohne Zustimmung der Gesellschafterversammlung unwirksam, da es dem geschäftsführenden Gesellschafter an der Kompetenz im Sinne des § 125 HGB mangelt.[779]

> **Beispiel**: Unternehmensveräußerung:
> Gesellschafter A schließt mit Käufer K einen Kaufvertrag über das von der Gesellschaft betriebene Unternehmen. Als K Vertragserfüllung fordert, widerspricht der von A übergangene Gesellschafter B, während K sich auf die unbeschränkbare Vertretungsmacht des A aus § 126 Abs. 1 HGB beruft.

461 Ein Vertrag über die Veräußerung des Unternehmens im Ganzen ist von der Vertretungsmacht des § 126 HGB nicht gedeckt, weil die oHG damit ihre Eigenschaft als werbende Gesellschaft verliert und ihren Gesellschaftszweck ändert. Dafür bedarf es aber eines Gesellschafterbeschlusses.

c) Einzelvertretung und Gesamtvertretung

462 Nach § 125 Abs. 1 HGB besteht bei der oHG der **Grundsatz der Einzelvertretung**, wonach jeder Gesellschafter zur Vertretung der Gesellschaft gegenüber Dritten ermächtigt ist.

Im Gesellschaftsvertrag kann aber auch geregelt werden, dass einzelne Gesellschafter von der Vertretungsbefugnis ausgeschlossen werden, § 125 Abs. 1 HGB. In diesem Fall beschränkt sich die Vertretungsmacht auf die verbleibenden Gesellschafter. Sind im Gesellschaftsvertrag nur einzelne Gesellschafter als vertretungsberechtigt genannt, so ist es im Einzelfall erwägenswert, ob die übrigen Gesellschafter aufgrund dieser Klausel von der Vertretung ausgeschlossen sind.[780]

463 Weiterhin kann der Gesellschaftsvertrag aber auch eine **Gesamtvertretung** vorsehen, so dass alle oder mehrere Gesellschafter nur gemeinschaftlich zur Vertretung der Gesellschaft befugt sein können, § 125 Abs. 2 S. 1 HGB. Zur Vereinfachung der Gesamtvertretung sieht § 125 Abs. 2 S. 2 HGB vor, dass die vertretungsberechtigten Gesellschafter Einzelne von ihnen mit der Vornahme bestimmter Geschäfte oder bestimmter Arten von Geschäften ermächtigen können, § 125 Abs. 2 S. 2 HGB. **Gemeinschaftliche Vertretung** bedeutet nicht, dass notwendig gleichzeitig gehandelt werden muss, sondern dass die Abgabe von Willenserklärungen aufeinander bezogen sein muss.[781] Im Unterschied hierzu reicht es zum wirksamen Zugang einer gegenüber der Gesellschaft abzugebenden Willenserklärung aus, wenn sie einem vertretungsberechtigten Gesellschafter gegenüber abgegeben wird, § 125 Abs. 2 S. 3 HGB. Diese Regelung soll den Rechtsverkehr schützen und ist aus diesem Grunde auch nicht durch den Gesellschaftsvertrag änderbar.[782] Die Ermächtigung zur Einzelvertretung nach

---

[779] BGH BB **1965**, 14; DB **1979**, 644 f.; DB **1995**, 373 f.
[780] *Habersack* in: GroßkommHGB § 125 Rn 33.
[781] *Koller* in: Koller/Roth/Morck, § 125 Rn 4.
[782] *Emmerich* in: Heymann, § 125 Rn 33.

§ 125 Abs. 2 S. 2 HGB ist notwendig auf einzelne oder zumindest auf einen eng begrenzten Kreis von Geschäften beschränkt. Handelt ein gesamtvertretungsberechtigter Gesellschafter allein ohne Ermächtigung, so wird er wie ein falsus procurator behandelt.[783]

464 Der Gesellschaftsvertrag kann auch **die unechte Gesamtvertretung** festlegen, § 125 Abs. 3 HGB. Hiernach kann ein Gesellschafter die Gesellschaft zusammen mit einem Prokuristen vertreten. Allerdings kann diese Vertretungsform nicht als die einzige vorgesehen werden, denn es muss immer möglich sein, dass die Gesellschaft nur durch einen oder mehrere Gesellschafter vertreten wird.[784]

Das geschieht in erster Linie durch den zur Gesamtvertretung mit dem Prokuristen befugten Gesellschafter zusammen mit einem weiteren Gesellschafter oder durch einen weiteren Gesellschafter, der nicht an die Gesamtvertretung mit dem Prokuristen gebunden ist. Bei der unechten Gesamtvertretung gelten die Regelungen des § 125 Abs. 2 S. 2 und 3 HGB entsprechend, § 125 Abs. 3 S. 2 HGB.

> **Beachte**: Aktive und passive Vertretungsmacht des Geschäftsführers wird nicht gleich behandelt.

d) Anmeldung der Vertretungsregelung zum Handelsregister

465 Nach § 106 Abs. 2 Nr. 4 HGB ist die Vertretungsmacht des Gesellschafters zur Eintragung im Handelsregister anzumelden. Dies gilt abweichend zu § 125 Abs. 4 a.F. HGB auch für die normale gesetzliche Vertretungsmacht.[785] Ebenfalls ist jede Veränderung in der Vertretungsmacht eines Gesellschafters zur Eintragung in das Handelsregister anzumelden, §§ 106 Abs. 2 Nr. 4, 107 HGB. Die Ermächtigung gemäß § 125 Abs. 2 S. 2 HGB bedarf nicht der Eintragung ins Handelsregister.[786] Wird die Anmeldung unterlassen, so genießen Dritte nach § 15 HGB Vertrauensschutz. Die Gesellschaft kann sich einem redlichen Dritten gegenüber insbesondere nicht darauf berufen, dass ein Gesellschafter nicht allein zur Vertretung befugt gewesen sei, wenn eine entsprechende Eintragung im Handelsregister fehlt, § 15 Abs. 1 HGB.

> **Beispiel**: Die Gesellschafter A, B und C gründen eine oHG. Im Gesellschaftsvertrag wird geregelt, dass A und B gesamtvertretungsberechtigt sind und C keine Vertretungsmacht haben soll. C mietet bei V Geschäftsräume für die oHG an. V verlangt von der oHG die Miete.

Hier geht es um die Frage, ob die oHG von C wirksam vertreten worden ist. Nach dem Gesellschaftsvertrag ist dies nicht der Fall, da nur A und B gemeinsam handeln dürfen. Diese Regelung ist aber nicht in das Handelsregister eingetragen worden. V darf daher nach § 15 Abs. 1 HGB auf das Schweigen des Handelsregisters vertrauen und vom Regelfall der Einzelvertretung ausgehen. Die oHG ist daher durch C wirksam vertreten worden.

---

783 Vgl. BGH BB **1994**, 165.
784 BGH **26**, 332; BayObLG NJW **1994**, 2965.
785 Baumbach/Hopt, § 106 Rn 12.
786 *Koller* in: Koller/Roth/Morck, § 125 Rn 5.

e) Entziehung der Vertretungsmacht

466 Die Vertretungsmacht kann einem Gesellschafter auf Antrag der übrigen Gesellschafter durch eine gerichtliche Entscheidung entzogen werden, wenn ein wichtiger Grund vorliegt, § 127 HGB. Ein Beschluss der Gesellschafter ist für den Entzug der Vertretungsmacht also ebenso wenig ausreichend, wie für den Entzug der Geschäftsführungsbefugnis. Die Vorschrift stellt damit eine Parallele zu § 117 HGB dar. In der Praxis wird die Klage aus § 117 HGB mit der aus § 127 HGB verbunden, selbst wenn dies nicht ausdrücklich beantragt ist.[787]

467 Für den Entzug der Vertretungsmacht und auch der Geschäftsführungsbefugnis ist ein Antrag der übrigen Gesellschafter erforderlich. Ferner muss ein wichtiger Grund vorliegen. Ein solcher ist insbesondere dann gegeben, wenn es zu groben Pflichtverletzungen gekommen ist oder der Gesellschafter nicht in der Lage ist, die Gesellschaft ordnungsgemäß zu vertreten (Unfähigkeit), § 127 HS 2 HGB. Ein wichtiger Grund liegt allgemein vor, wenn die weitere Geschäftsführung und Vertretung unter Abwägung aller Interessen wegen erheblicher Gefährdung der gesellschaftlichen Belange im Zeitpunkt der letzten mündlichen Verhandlung unzumutbar geworden ist.[788] Unfähigkeit liegt dagegen beispielsweise vor, wenn dem Gesellschafter eine unzumutbare Leitung attestiert werden muss.[789] Insgesamt fehlt der wichtige Grund für den Entzug der Vertretungsmacht bzw. Geschäftsführungsbefugnis immer dann, wenn eine weniger einschneidende Maßnahme denkbar ist.[790] Eine solche könnte beispielsweise in einer Beschränkung liegen. Der Entzug durch gerichtliche Entscheidung ist möglich bei der gesellschaftsvertraglich geregelten Vertretungsmacht sowie bei der gesetzlichen Vertretungsmacht nach § 125 Abs. 1 HGB.
Der Gesellschaftsvertrag kann von der gesetzlichen Regelung über die Entziehung der Vertretungsmacht abweichen.[791] Im Gesellschaftsvertrag kann insbesondere auch ein Entzug der Vertretungsmacht durch Beschluss der Gesellschafter geregelt werden. Im Ergebnis kann man zumindest vertraglich die für die BGB-Gesellschaft geltende Regelung des § 715 BGB umsetzen. Der Handelsverkehr wird hierdurch nicht beeinträchtigt, da Dritte durch die Publizitätspflicht im Handelsregister geschützt werden, § 15 Abs. 1 HGB. Ferner bleibt den Gesellschaftern immer noch die Möglichkeit, die Gesellschaft aufzulösen bzw. den Gesellschafter auszuschließen, vgl. §§ 133, 140 HGB.

f) Niederlegung

468 Vorschriften über die einseitige Niederlegung der Vertretungsmacht durch den zur Vertretung befugten Gesellschafter enthält das HGB nicht. Eine solche einseitige Niederlegung wird jedoch im Falle der gesellschaftsvertraglich geregelten Vertretungsmacht wie auch im Falle der gesetzlichen Vertretungsmacht analog § 712 Abs. 2 BGB für möglich gehalten.[792]

---

[787] BGH **51**, 198f.
[788] BGH LM 1 zu § 117, *Koller* in: Koller/Roth/Morck, § 117 Rn 3; Beispiele: RG **162**, 388; **164**, 257; BGH LM 1 zu § 117; 2 zu § 144; 7 zu § 709 BGB; NJW **1984**, 174; NJW **1977**, 1013.
[789] *Ulmer* in: GroßkommHGB Anh § 105 Rn 45, 78.
[790] BGH NJW **1984**, 173; *Koller* in: Koller/Roth/Morck, § 117 Rn. 3.
[791] *Koller* in: Koller/Roth/Morck, § 117 Rn. 5.
[792] *Koller* in: Koller/Roth/Morck, § 127 Rn 1 (h.M.); a.A. *Habersack* in: GroßkommHGB § 127 Rn 5.

4. Vermögenserwerb

469 Für den Erwerb der Gegenstände des Gesellschaftsvermögens gelten dieselben Grundsätze wie bei der BGB-Gesellschaft.

Das Vermögen der oHG ist - wie auch bei der BGB-Gesellschaft - gesamthänderisch gebunden. Die Beiträge der Gesellschafter und die durch die Geschäftsführung der Gesellschafter erworbenen Gegenstände sowie die Gegenstände, die als Surrogate an die Stelle von Gegenständen des Gesellschaftsvermögens treten, werden damit gesamthänderisch gebundenes Gesellschaftsvermögen.

Dies hat zur Folge, dass auch bei der oHG kein Gesellschafter über seinen Anteil an den einzelnen Gegenständen verfügen kann, vgl. § 719 Abs. 1 BGB. Er kann ihn also weder einem anderen übertragen, noch kann er ihn zugunsten eines anderen mit einem beschränkten dinglichen Recht (z.B. Pfandrecht) belasten. Jeder Gesellschafter kann dagegen mit Zustimmung der übrigen Gesellschafter oder nach Maßgabe des Gesellschaftsvertrages über seinen Anteil an der Gesellschaft verfügen.[793]

470 Anders als bei einer Gesellschaft bürgerlichen Rechts können die Gesellschafter der oHG die Entstehung von Gesellschaftsvermögen nicht ausschließen, da sie stets unter gemeinschaftlicher Firma nach außen auftreten müssen. Eine Vereinbarung über den Erwerb zugunsten nur eines der Gesellschafter mit der Abrede, die übrigen Gesellschafter im Innenverhältnis obligatorisch daran zu beteiligen, kann daher nicht wirksam getroffen werden. Eine oHG ist nicht als Innengesellschaft denkbar.

5. Haftung für Verbindlichkeiten

a) Unbeschränkbare Gesellschafts- und Gesellschafterhaftung

471 Die Gesellschaft haftet für Verbindlichkeiten, die von den Gesellschaftern unter der gemeinschaftlichen Firma eingegangen worden sind, mit ihrem Gesellschaftsvermögen.

Zusätzlich haften die Gesellschafter nach § 128 S. 1 HGB den Gläubigern der Gesellschaft auch persönlich als Gesamtschuldner gemäß § 421 BGB. Das gilt hauptsächlich für rechtsgeschäftlich begründete Verbindlichkeiten. Daneben besteht aber auch eine Haftung nach § 128 S. 1 HGB für solche Verbindlichkeiten, die an die gemeinschaftliche Zuständigkeit der Gesellschafter im Rahmen der Gesellschaft anknüpfen.[794]

> **Beispiel**: Auf die oHG ist ein Firmenwagen zugelassen. Gesellschafter A verursacht ohne Verschulden einen Unfall mit O. O hat hieraus einen Schaden in Höhe von 5.000 EUR. Er kann nach § 7 StVG[795] von der oHG als Halter Ersatz verlangen. Nach § 128 S. 1 HGB haftet hierfür auch der Gesellschafter B.

472 Die persönliche Haftung der Gesellschafter einer oHG für die Verbindlichkeiten der Gesellschaft ist anders als bei der BGB-Gesellschaft nicht beschränkbar und kann nach § 128 S. 2 HGB nicht vertraglich abbedungen werden.

---

[793] *Koller* in: Koller/Roth/Morck, § 105 Rn 50.
[794] *Emmerich* in: Heymann, § 128 Rn 2b.
[795] Vgl. § 11 S. 2 StVG n.F., wonach die Ersatzpflicht nach § 7 Abs. 1 StVG nun auch Schmerzensgeld umfasst.

473 Begeht ein Gesellschafter in Ausführung von Geschäftsführungsmaßnahmen oder Vertretungshandlungen für die Gesellschaft und nicht nur bei Gelegenheit eine unerlaubte Handlung im Sinne der §§ 823 ff. BGB, so haftet er dem Geschädigten persönlich. Eine ausdrückliche Regelung für die Haftung der Gesellschaft und damit nach § 128 S. 1 HGB auch der übrigen Gesellschafter fehlt im Hinblick auf den Schadensersatz bei unerlaubten Handlungen. Nach ganz herrschender Meinung wird aber auf die oHG die Regelung des § 31 BGB entsprechend angewandt.[796] Damit haftet die Gesellschaft also auch für unerlaubte Handlungen, die ein zur Vertretung berufener oder ein geschäftsführungsbefugter Gesellschafter im Rahmen seiner Tätigkeit für die Gesellschaft begeht.

b) Erfüllungspflicht

474 Die Haftung des Gesellschafters für die Verbindlichkeiten der Gesellschaft ist in § 129 HGB näher geregelt. Ein in Anspruch genommener Gesellschafter kann nach § 129 Abs.1 HGB alle der Gesellschaft noch zustehenden Einwendungen entgegenhalten. Dies bezieht sich auch auf Einreden sowie im Rahmen von § 129 Abs. 2, 3 HGB analog auszuübende Gestaltungsrechte.[797]

475 Mit § 129 Abs. 4 HGB wird klargestellt, dass es zur Zwangsvollstreckung gegen einen Gesellschafter aufgrund einer nach § 128 S. 1 HGB einzustehenden Verpflichtung stets eines gegen ihn gerichteten Vollstreckungstitels bedarf. Ein Vollstreckungstitel gegen die Gesellschaft genügt damit nicht.
Der Zweck der Haftung aus § 128 S. 1 HGB erfordert es, dass der Gesellschafter dasselbe schuldet wie die Gesellschaft. Die Vorschrift kennzeichnet die oHG als Kredit- und Haftungsgemeinschaft.[798] Aus diesem Grunde muss jeder Gesellschafter auch persönlich für Primäransprüche einstehen. Wird also das zwischen einer oHG und dem Vermieter bestehende Mietverhältnis beendet, so haften neben der oHG als Mieterin auch ihre Gesellschafter persönlich auf Herausgabe und nicht nur auf Schadensersatz. Voraussetzung für die persönliche Haftung ist, dass das Mietverhältnis vor oder während der Zugehörigkeit zur Gesellschaft begründet worden ist, §§ 128 S. 1, 130 Abs. 1 HGB.[799]

c) Haftung des Eintretenden

476 Ein neu in die Gesellschaft eintretender Gesellschafter muss nach § 130 HGB auch für die bis dahin schon entstandenen Verbindlichkeiten der Gesellschaft persönlich haften. Eine Haftungsbeschränkung auf die nach dem Eintritt begründeten Verbindlichkeiten ist nach Maßgabe des § 130 Abs. 2 HGB nicht möglich. Der Erwerb eines Gesellschaftsanteils und auch der Verbleib des Erben als persönlich haftender Gesellschafter stehen dem Eintritt gleich.[800] Es handelt sich um eine zwingende Haftungsfolge, bei der es nicht auf die Kenntnis des Gläubigers ankommt.[801]

---

[796] BGH NJW **1952**, 538 a.A. Altmeppen, NJW 2003, 1553 (1554ff.).
[797] *Koller* in: Koller/Roth/Morck, §§ 128, 129 Rn 3.
[798] *Kraft/Kreutz*, S. 200.
[799] *Koller* in: Koller/Roth/Morck, §§ 128, 129 Rn 2.
[800] BGH NJW **1982**, 45; *Koller* in: Koller/Roth/Morck, §§ 130a, 130b Rn 1.
[801] *Koller* in: Koller/Roth/Morck, §§ 130a, 130b Rn 2.

d) Nachhaftungsbegrenzung

477 Die Ansprüche aus der persönlichen Haftung eines Gesellschafters verjähren spätestens in fünf Jahren seit seinem Ausscheiden aus der Gesellschaft oder seit ihrer Auflösung, §§ 159, 160 HGB.

Diese Nachhaftungsbegrenzung ist durch das 1994 verabschiedete Nachhaftungsbegrenzungsgesetz geschaffen worden. Hintergrund der Novelle war, durch die neue Regelung eine Parallele zu §§ 26, 28 Abs. 3 HGB, 736 BGB, 45 UmwG zu schaffen, um mit einer stärkeren Haftungsbegrenzung für ausscheidende oder in die Position eines Kommanditisten wechselnde Gesellschafter die Attraktivität der oHG bzw. KG zu verbessern.[802] Nunmehr regelt § 159 HGB allein die Nachhaftung der Gesellschafter bei Auflösung der Gesellschaft. Hiernach verjähren die Ansprüche gegen die Gesellschafter fünf Jahre nachdem die Auflösung der Gesellschaft im Handelsregister eingetragen worden ist, § 159 Abs. 2 HGB. Wird die Verbindlichkeit gegenüber der Gesellschaft allerdings erst nach diesem Zeitpunkt fällig, so beginnt die Frist abweichend hiervon erst, wenn die Verbindlichkeit fällig wird, § 159 Abs. 3 HGB. Dagegen regelt § 160 HGB die Nachhaftungsbegrenzung beim Ausscheiden eines oder mehrerer Gesellschafter aus einer fortbestehenden Gesellschaft bzw. den Wechsel eines vollhaftenden Gesellschafters in die Position eines Kommanditisten. Nach § 160 HGB haftet der ausgeschiedene Gesellschafter für die Altschulden der fortbestehenden Gesellschaft nur noch, wenn sie vor Ablauf von fünf Jahren nach seinem Ausscheiden fällig geworden und daraus Ansprüche gegen ihn gerichtlich geltend gemacht worden sind, § 160 Abs. 1 S. 1 HGB. Die Eintragung des Ausscheidens eines Gesellschafters in das Handelsregister führt daher nach fünf Jahren zum Erlöschen seiner Haftung für die vor seinem Ausscheiden entstandenen Gesellschaftsverbindlichkeiten, sofern der Gläubiger die Forderung nicht vorher gegenüber dem ausgeschiedenen Gesellschafter gerichtlich geltend gemacht hat. Nach § 160 Abs. 2 HGB bedarf es einer gerichtlichen Geltendmachung nicht, wenn der ausgeschiedene Gesellschafter den Anspruch schriftlich anerkannt hat.

478 Diese Ausschlussfrist gilt für alle Verbindlichkeiten der Gesellschaft.[803] Sie ist nicht nur auf Verbindlichkeiten aus Dauerschuldverhältnissen beschränkt. Der ausgeschiedene Gesellschafter kann allerdings im Rahmen der §§ 128 f. HGB dem Gläubiger einredeweise die Verjährung des Anspruchs gegenüber der Gesellschaft geltend machen.[804] Der Gläubiger einer oHG, dem nach § 128 HGB auch deren Gesellschafter persönlich haften, kann allerdings mit diesen einen Bürgschaftsvertrag schließen, so dass § 160 HGB nicht eingreift.[805] Hiermit verpflichten sich die Gesellschafter, persönlich für die Verbindlichkeiten der Gesellschaft und ihrer Mitgesellschafter als Bürge einzustehen. Damit besteht ein neuer Haftungsgrund. Die Haftung des ausgeschiedenen Gesellschafters für die Verbindlichkeiten der Gesellschaft und seiner früheren Mitgesellschafter ist damit separat über eine Bürgschaft gesichert. Aufgrund der Akzessorietät der Bürgschaft besteht in diesem Fall die Haftung des ausgeschiedenen Gesellschafters über den Fünfjahreszeitraum hinaus fort bis die zugrunde liegende Verbindlichkeit erlischt.

---

[802] *Seibert* DB **1994**, 461; *Koller* in: Koller/Roth/Morck, § 160 Rn 1.
[803] *Koller* in: Koller/Roth/Morck, § 160 Rn 4.
[804] *Koller* in: Koller/Roth/Morck, § 160 Rn 3.
[805] *Koller* in: Koller/Roth/Morck, § 160 Rn 4.

V. Beendigung der oHG: Auflösung und Auseinandersetzung

479 Wie bei der BGB-Gesellschaft ist auch bei der oHG zwischen ihrer Auflösung und ihrer Beendigung zu unterscheiden. Mit der Auflösung wird sie in eine Liquidationsgesellschaft umgewandelt, §§ 145 ff. HGB. Der durch das Handelsrechtsreformgesetz vom 22.06.1998 neugefasste § 131 Abs. 3 HGB soll durch die Einrichtung des Ausscheidens eines Gesellschafters das Erhaltungsinteresse der Gesellschaft fördern.[806] Die in § 131 Abs. 3 HGB definierten Gründe, welche zum Ausscheiden eines Gesellschafters führen, sind nicht abschließend und können auf dem Wege der Analogie erweitert werden.[807]

1. Gesetzlich geregelte Auflösungsgründe

480 Die in § 131 HGB aufgezählten Auflösungsgründe sind:

- **Zeitablauf**

Ablauf der Zeit, für welche die Gesellschaft eingegangen ist, § 131 Abs. 1 Nr. 1 HGB;

- **Auflösungsbeschluss**

Beschluss der Gesellschafter, die Gesellschaft aufzulösen, § 131 Abs. 1 Nr. 2 HGB. Dieser Beschluss muss einstimmig gefasst werden, sofern der Gesellschaftsvertrag nicht eine Mehrheitsentscheidung für ausreichend erklärt, vgl. § 116 Abs. 2 HGB;

- **Gesellschaftsinsolvenz**

Eröffnung des Insolvenzverfahrens über das Vermögen der Gesellschaft, § 131 Abs. 1 Nr. 3 HGB, § 11 Abs. 2 Nr. 1 InsO. Ein Insolvenzverfahren über das Gesellschaftsvermögen wird eingeleitet, sofern die Gesellschaft zahlungsunfähig ist, die Zahlungsunfähigkeit droht oder Überschuldung eingetreten ist, vgl. Eröffnungsgründe eines Insolvenzverfahrens §§ 17-19 InsO. Die als Folge der Insolvenzeröffnung durch § 131 Abs. 1 Nr. 3 HGB zwingend eintretende Auflösung der Gesellschaft soll dem Insolvenzverwalter die Möglichkeit geben, das Gesellschaftsvermögen zugunsten ihrer Gläubiger zu verwerten. Wird die Insolvenz nach Abschluss eines Zwangsvergleiches aufgehoben oder auf Antrag der Gesellschaft eingestellt, so können die Gesellschafter die Fortsetzung der Gesellschaft beschließen, § 144 Abs. 1 HGB. Der bloße Antrag auf Eröffnung eines Insolvenzverfahrens oder die Anordnung von Sicherungsmaßnahmen ist jedoch für die Auflösung ebenso wenig ausreichend, wie die Bestellung eines vorläufigen Insolvenzverwalters.[808]

Sind sämtliche Gesellschafter juristische Personen (z.B. GmbH oder AG), also keine natürliche Person Gesellschafter der oHG, so kann das Insolvenzverfahren auch bei Überschuldung der oHG eingeleitet werden, vgl. § 19 InsO. Im Falle der Zahlungsunfähigkeit oder der Überschuldung haben die gesetzlichen Vertreter der Gesellschaft unverzüglich die Eröffnung des Insolvenzverfahrens oder das gerichtliche Vergleichsverfahren zu beantragen (§ 130a Abs. 1 Satz 1 HGB). Die Verletzung dieser Antragspflicht ist strafbar nach § 130b HGB.

- **Gerichtliche Entscheidung**, § 133 Abs. 1 HGB.

Die Auflösung durch gerichtliche Entscheidung tritt an die Stelle der bei der BGB-Gesellschaft vorgesehenen Auflösung nach einer Kündigung aus wichtigem Grund. Diese Abweichung zur BGB-Gesellschaft ist durch die Bedeutung der oHG zu erklären. Die oHG ist in der Regel die Existenzgrundlage ihrer Gesellschafter. Aus diesem Grun-

---

[806] BR-Drs. 340/97, S. 65.
[807] BR-Drs. 340/97, S. 66.
[808] *Koller* in: Koller/Roth/Morck, § 131 Rn 3.

de soll ihre Auflösung nicht bereits mit einer Kündigung eintreten, sondern erst mit der Rechtskraft eines Urteils. Das Recht der Gesellschafter einer oHG, aus wichtigem Grund die Auflösung der Gesellschaft durch gerichtliche Entscheidung zu beantragen, kann durch den Gesellschaftsvertrag nicht ausgeschlossen werden, § 133 Abs. 3 HGB. Im Gesellschaftsvertrag können die Gesellschafter jedoch die Auflösung aus wichtigem Grund erleichtern, ohne die Auflösung durch gerichtliche Entscheidung abzubedingen. In der Praxis kann gesellschaftsvertraglich die außerordentliche Kündigung zugelassen werden.[809] Im Ergebnis ist hiermit die Auflösung nicht von einer gerichtlichen Entscheidung abhängig. Ein wichtiger Grund liegt vor, wenn dem Gesellschafter zum Zeitpunkt der letzten mündlichen Verhandlung bzw. Kündigung bei Abwägung aller Umstände das Fortsetzen der Gesellschaft bis zum nächsten ordentlichen Auflösungs- oder Kündigungstermin nicht zumutbar ist.[810]

Beispiele:

- Sinnvolles Zusammenwirken der Gesellschafter ist nicht zu erwarten;
- Gesellschafter tritt in Wettbewerb ein;
- fehlender Einsatz der Arbeitskraft;
- Untreue;
- Verweigerung unerlässlicher Rettungsmaßnahmen;
- Zerrüttung des Vertrauens

Weiterhin darf der Konflikt nicht in zumutbarer Weise durch mildere Mittel zu lösen sein.[811] Als mildere Mittel können z.B. der Entzug der Geschäftsführungsbefugnis sowie der Vertretungsmacht, Ausschluss des Gesellschafters und Änderungen im Gesellschaftsvertrag in Betracht kommen, vgl. §§ 117, 127, 140 HGB.

Nach dem Handelsrechtsreformgesetz (HRefG) vom 22.06.1998 führen die folgenden Tatbestände mangels abweichender vertraglicher Bestimmung nicht mehr zur Auflösung der Gesellschaft, sondern nur noch zum Ausscheiden eines Gesellschafters:

- **Tod eines Gesellschafters**, § 131 Abs. 3 Nr. 1 HGB.
- **Gesellschafterinsolvenz**

Eröffnung des Insolvenzverfahrens über das Vermögen eines Gesellschafters, § 131 Abs. 3 Nr. 2 HGB. Voraussetzung für das Ausscheiden des Gesellschafters ist jedoch die tatsächliche Eröffnung des Insolvenzverfahrens. Wird die Eröffnung mangels Masse abgelehnt, so scheidet der Gesellschafter nicht aus.[812] Der Privatgläubiger muss in diesem Fall nach § 131 Abs. 3 Nr. 4 HGB vorgehen (Privatgläubigerkündigung).[813]

- **Gesellschafterkündigung**, § 131 Abs. 3 Nr. 3 HGB.

Allein das Recht zur ordentlichen Kündigung ist gesetzlich geregelt, § 132 HGB. Sofern eine Gesellschaft auf unbestimmte Zeit oder auf die Lebenszeit eines Gesellschafters eingegangenen oder nach ihrem Ablauf stillschweigend fortgesetzt wurde, kann jeder

---

[809] *Koller* in: Koller/Roth/Morck, § 131 Rn 4.
[810] *Koller* in: Koller/Roth/Morck, § 133 Rn 2; nachstehende Beispiele aus: BGH BB **1997**, 2340; BGH NJW-RR **1997**, 925f.; BGH NJW **1952**, 461.
[811] *Koller* in: Koller/Roth/Morck, § 133 Rn 2.
[812] BGH NJW-RR **1989**, 995 kritisch *K. Schmidt* ZHR 153 **(1989)** 280.
[813] *Koller* in: Koller/Roth/Morck, § 131 Rn 23.

Gesellschafter die oHG mit einer Frist von sechs Monaten zum Schluss eines Geschäftsjahres ordentlich kündigen, §§ 134, 132 HGB. Die Gesellschafter können sich durch den Gesellschaftsvertrag andere Regelungen und abweichende Kündigungsfristen für die ordentliche Kündigung auferlegen. Die ordentliche Kündigung an sich kann aber nicht ausgeschlossen werden, §§ 723 Abs. 3 BGB, 105 Abs. 3 HGB.

Der Gesellschafter einer oHG hat, anders als bei der BGB-Gesellschaft, nicht die Möglichkeit zur außerordentlichen, fristlosen Kündigung, vgl. § 723 Abs.1 S. 2 BGB. Stattdessen kann jeder Gesellschafter einer oHG bei Vorliegen eines wichtigen Grundes die Auflösung der Gesellschaft durch eine gerichtliche Entscheidung beantragen, § 133 HGB. Ergänzend hierzu kann der Gesellschaftsvertrag aber auch abweichend von § 133 HGB ein Recht der Gesellschafter zur außerordentlichen Kündigung aus wichtigem Grund vorsehen.[814]

- **Privatgläubigerkündigung**, § 131 Abs. 3 Nr. 4 HGB i.V. mit § 135 HGB.

Der Gläubiger eines Gesellschafters aus dem privaten Bereich kann die Gesellschaft mit einer Kündigungsfrist von sechs Monaten zum Ende eines Geschäftsjahres kündigen. Voraussetzung hierfür ist, dass er innerhalb der letzten sechs Monate eine Zwangsvollstreckung in das bewegliche Vermögen des betroffenen Gesellschafters ohne Erfolg betrieben hat. Diese Maßnahme ermöglicht dem Privatgläubiger den Zugriff auf den bei der Verteilung des Gesellschaftsvermögens im Zuge der Liquidation der Gesellschaft dem Gesellschafter, also seinem Schuldner, zustehenden Überschussanteil, § 155 HGB. Dies ist notwendig, da der Privatgläubiger mit seinem Titel gegen den Gesellschafter nicht in das Gesellschaftsvermögen vollstrecken kann.[815] Der betroffene Gesellschafter scheidet mit dem Ende des Geschäftsjahres aus der Gesellschaft aus.

- **Beschluss der Gesellschafter**, § 131 Abs. 3 Nr. 6 HGB

2. Gesellschaftsvertragliche Auflösungsgründe

481 Zusätzlich zu den gesetzlich geregelten Auflösungsgründen können im Gesellschaftsvertrag noch weitere Auflösungsgründe vereinbart werden, § 131 Abs. 3 Nr. 5 HGB.

a) Auflösende Bedingung

482 Die Gesellschafter können zur Auflösung der Gesellschaft eine auflösende Bedingung definieren.[816] Mit dem Eintritt der Bedingung wird die Gesellschaft aufgelöst. Eine solche Vorgehensweise bietet sich beispielsweise an, wenn die Gesellschaft nur zum Erreichen eines bestimmten Zweckes gegründet worden ist. Die Gesellschaft wird aufgelöst, wenn entweder der Zweck erreicht worden ist oder der Zweck nicht mehr erreicht werden kann. Der Sache nach erreicht man auf gesellschaftsvertraglicher Ebene eine dem § 726 BGB entsprechende Regelung, wie sie an sich für die oHG nicht besteht.

---

[814] *Koller* in: Koller/Roth/Morck, § 131 Rn 24.
[815] *Koller* in: Koller/Roth/Morck, § 135 Rn 1.
[816] *Koller* in: Koller/Roth/Morck, § 131 Rn 2.

b) Übertragung von Gesellschaftsanteilen

483 Weiterhin kann man im Gesellschaftsvertrag vereinbaren, dass die Gesellschaft bei Übertragung aller Gesellschaftsanteile auf einen der Gesellschafter aufgelöst werden soll.

In diesem Fall findet keine Liquidation statt. Die Gesellschaft ist mit der Übertragung zugleich beendet.[817] Als ein neuer Rechtsträger des Unternehmens und Inhaber des Vermögens tritt an ihre Stelle der verbleibende Gesellschafter als Einzelkaufmann.

Der verbleibende Gesellschafter kann auf Grundlage einer gesellschaftsvertraglichen Vereinbarung Alleininhaber des Unternehmens werden, wenn in einer zweigliedrigen Gesellschaft der eine der beiden Gesellschafter stirbt und von dem anderen allein beerbt wird.[818] Als Folge des Zusammenfalls der beiden bisherigen Gesellschaftsanteile in der Person des Erben geht dabei das Gesellschaftsvermögen wie im Falle einer Geschäftsübernahme im Wege der Gesamtrechtsnachfolge auf den früheren Gesellschafter über.

3. Auseinandersetzung

484 Die Gesellschafter müssen sich nach der Auflösung der Gesellschaft zur Aufhebung ihrer Gesamthandsgemeinschaft in dem sog. Liquidationsverfahren auseinandersetzen, § 145 Abs. 1 HGB.

485 Einzelheiten zur Liquidation der oHG sind in den §§ 145 - 158 HGB geregelt. Die oHG wird für die Zwecke der Abwicklung als fortbestehend angesehen, § 156 HGB. Ziel der Liquidation ist es gemäß § 155 Abs. 1 HGB das nach Berichtigung der Schulden verbleibende Vermögen an die Gesellschafter zu verteilen. Dies erfolgt im Verhältnis zu den Kapitalanteilen nach der Schlussbilanz. Hierzu haben die Liquidatoren alle laufenden Geschäfte zu beendigen, die Forderungen einzuziehen, das übrige Vermögen der oHG in Geld umzusetzen und ihre Gläubiger zu befriedigen, § 149 S. 1 HGB. Neue Geschäfte dürfen in diesem Stadium nur noch abgeschlossen werden, wenn hiermit schwebende Geschäfte beendet werden sollen, § 149 S. 1 HGB.

486 Gemäß § 157 Abs. 1 HGB müssen die Liquidatoren nach Beendigung der Liquidation das Erlöschen der Firma zur Eintragung in das Handelsregister anmelden, § 157 Abs. 1 HGB. Die Bücher und Papiere der aufgelösten Gesellschaft sind nach den gewöhnlichen Verwahrungsfristen gemäß § 257 HGB aufzubewahren, § 157 Abs. 2 HGB. Diese Vorschriften gelten nicht, wenn die Gesellschafter eine andere Art der Auseinandersetzung vereinbart haben. Eine solche Vereinbarung ist aber nur möglich, wenn Privatgläubigerrechte gemäß § 145 Abs. 2 HGB angemessen berücksichtigt werden.

487 Ferner sind die §§ 145 ff HGB nicht anwendbar, wenn über das Vermögen der Gesellschaft das Insolvenzverfahren eröffnet worden ist, § 145 Abs. 1 HGB. In diesem Fall erfolgt die Abwicklung der Gesellschaft nach den Sondervorschriften der Insolvenzordnung durch den Insolvenzverwalter.
Eine Liquidation findet nicht statt, wenn die Gesellschaft bei der Auflösung kein Vermögen besitzt.[819]

---

[817] *Koller* in: Koller/Roth/Morck, § 105 Rn 51.
[818] Vgl. BGH NJW **1990**, 51.
[819] *Koller* in: Koller/Roth/Morck, § 145 Rn 2.

VI. Gesellschafterwechsel

1. Ausschluss und Ausscheiden

488 Die grundsätzliche Vorstellung des Gesetzgebers von der oHG hat sich mit dem Handelsrechtsreformgesetz vom 22.06.1998 stark gewandelt. Als Personengesellschaft war die oHG bis dahin nach der gesetzlichen Grundkonzeption stark von der Zusammensetzung der Gesellschafter abhängig.[820] Die Gesellschafter waren grundsätzlich unauswechselbar. Ursprünglich war nach der Konzeption des Gesetzgebers vorgesehen, dass im Falle des Ausscheidens eines Gesellschafters die oHG aufgelöst wird. Dieser Grundsatz wurde durch die Einführung des § 131 Abs. 3 HGB aufgegeben, wonach die dort benannten Ereignisse mangels anderweitiger Regelung nicht zur Auflösung der Gesellschaft, sondern zum Ausscheiden des Gesellschafters führen. Hiermit soll das Erhaltungsinteresse der Gesellschaft betont werden.[821]

Beispiel:[822] Die sich als A, B und C GbR gerierende A, B und C oHG steht in ständiger Geschäftsbeziehung mit D. Gesellschaftszweck ist der An- und Verkauf von Baumaterial. C scheidet mit Wirkung vom 31.12.2003 aus der sich als GbR gerierenden OHG aus. Das Ausscheiden des C wurde mittels eines Rundschreibens an alle Geschäftspartner bekannt gegeben. Die oHG ist weiterhin als A, B und C GbR aufgetreten. D behauptet, er habe das Rundschreiben nicht erhalten. Er erwarb am 09.01.2004 eine Kaufpreisforderung gegen die *A, B und C GbR* und meint, auch C sei verpflichtet. Zu Recht?

C haftet D gegenüber nur persönlich, wenn er ihm gegenüber als Mitgesellschafter einer oHG anzusehen ist, § 128 S. 1 HGB. Die Gesellschaft ist im Rechtsverkehr ständig als GbR aufgetreten. Nach § 105 Abs. 1 HGB handelt es sich aber um eine oHG, wenn der Zweck der Gesellschaft der Betrieb eines Handelsgewerbes ist und die Haftung bei keinem der Gesellschafter gegenüber Dritten beschränkt wird. Der Betrieb eines Handelsgewerbes ist gegeben, weil die Gesellschaft Baumaterial an- und verkauft. Vor diesem Hintergrund ist es unerheblich, ob zuvor ein anderer Gesellschaftszweck vereinbart worden ist, denn durch die Erweiterung des Gesellschaftszwecks im Hinblick auf den Betrieb eines Handelsgewerbes mit Außenwirkung liegt regelmäßig eine konkludente Änderung des Gesellschaftsvertrages vor. Mit Aufnahme des Geschäftsbetriebes gegenüber Dritten entsteht regelmäßig eine oHG, § 123 Abs. 2 HGB. Das Ausscheiden des C wäre Dritten gegenüber daher nur wirksam geworden, wenn die Tatsache im Handelsregister eingetragen worden wäre, §§ 143 Abs. 2, 15 Abs. 1 HGB. § 15 Abs. 1 HGB ist auch anwendbar, wenn eine gebotene Voreintragung unterlassen worden ist.[823] Nach § 106 Abs. 1 HGB hätte die Gründung der oHG angemeldet werden müssen. Folglich kann die Tatsache des Ausscheidens des C dem D nicht entgegengehalten werden, da sie nicht in das Handelsregister eingetragen worden ist und keine Bekanntmachung erfolgte. D ist auch schutzwürdig, denn er hatte keine positive Kenntnis vom Ausscheiden des C. Die A, B und C oHG konnte nicht beweisen, dass er das Rundschreiben erhalten hatte.[824] Fahrlässige Unkenntnis schadet nicht. Daher ist C gegenüber D verpflichtet.

---

[820] *Kraft/Kreutz*[10], S. 137.

[821] BR-Drs 340/97, S. 65

[822] Brandenburgisches Oberlandesgericht OLG-NL **2003**, 179.

[823] BGH WM **1965**, 1054; BGHZ **55**, 267, 272f.; **116**, 37, 44f.; Baumbach/Hopt § 15 Rn 11.

[824] Aus der Fortführung der Firma kann nicht auf die persönliche Haftung des ausgeschiedenen Gesellschafters geschlossen werden, weil § 24 Abs. 2 HGB diese Gestaltung zulässt.

489 Die Gesellschafter können entweder durch eine Regelung im Gesellschaftsvertrag oder durch einen Beschluss im Einzelfall weitere Gründe vereinbaren, wonach ein Gesellschafter bei Fortbestand der Gesellschaft ausscheiden soll. Im Grundsatz muss aber kein Gesellschafter die Fortsetzung der Gesellschaft mit verändertem Gesellschafterbestand dulden. Der austretende Gesellschafter hat aber im Hinblick auf § 131 Abs. 3 HGB grundsätzlich nicht mehr das Recht auf Liquidation der Gesellschaft. Eine solche Vereinbarung kann indes im Gesellschaftsvertrag getroffen werden. Im Einzelfall kann das Interesse des ausscheidenden Gesellschafters an der Liquidation der Gesellschaft allerdings rechtsmissbräuchlich sein. Dies könnte z.B. der Fall sein, wenn die ihm für den Austritt zu erstattende Abfindung des im Falle der Liquidation anfallenden Auseinandersetzungsguthabens entsprechen würde.

Bei einer Regelung im Gesellschaftsvertrag zum Austritt eines Gesellschafters aufgrund eines mehrheitlichen Beschlusses der Gesellschafter ist darauf zu achten, dass Grundlage des Austrittsbeschlusses ein sachlicher Grund sein muss.[825] Ist kein sachlicher Grund für den Ausschluss durch Mehrheitsbeschluss definiert, so geht die gesellschaftsvertragliche Regelung über den Rahmen des rechtlich und sittlich Erlaubten hinaus. Eine solche Klausel ist sittenwidrig nach § 138 BGB und damit nichtig.

2. Ausschlussurteil

490 Nach § 140 Abs. 1 S. 1 HGB scheidet ein Gesellschafter durch gerichtliche Entscheidung aus der oHG aus, wenn in seiner Person ein wichtiger Grund gegeben ist, der zur Auflösung der Gesellschaft nach § 133 HGB berechtigt. Hierzu müssen die übrigen Gesellschafter einen entsprechenden Antrag stellen. Der gerichtliche Ausschluss eines oder mehrerer Gesellschafter ist sogar dann möglich, wenn nur ein Gesellschafter übrig bleibt, § 140 Abs. 1 S. 2 HGB. Hierbei handelt es sich um eine Anwachsung der Anteile in einer Person, wodurch das Bestandsinteresse der Gesellschaft geschützt wird.[826]
Die Vorschrift soll im Sinne der Erhaltung des Unternehmens Schaden abwenden und ist nur anwendbar, wenn mildere Mittel nicht Erfolg versprechend sind.[827]

Beispiele:

- Umwandlung in eine Kommanditposition
- Einsetzen eines Treuhänders
- Ausschluss des Stimmrechts
- Übertragung des Anteils auf die Angehörigen
- §§ 117, 127 HGB

3. Einvernehmlicher Gesellschafterwechsel

491 Die Gesellschafter können eine Erweiterung des Gesellschafterkreises bewirken. Hierzu können sie einen Außenstehenden durch einstimmigen Gesellschafterbeschluss in die Gesellschaft aufnehmen, wozu eine Änderung des Gesellschaftsvertrages im Einverständnis aller Beteiligten erforderlich ist.

---

[825] Vgl. *Koller* in: Koller/Roth/Morck, § 131 Rn 26.
[826] *Kraft/Kreutz*, S. 157f.; a.A. *Koller* in: Koller/Roth/Morck, § 140 Rn 4.
[827] *Koller* in: Koller/Roth/Morck, § 140 Rn 1.

Weiterhin können die Gesellschafter das Ausscheiden eines Gesellschafters vertraglich regeln. Sofern nur noch ein Gesellschafter übrig bleibt, kann ihm gemäß § 140 Abs. 1 S. 2 HGB gestattet werden, die oHG mit Aktiven und Passiven ohne Liquidation zu übernehmen.

4. Fortsetzung mit den Erben

492 In der Regel sieht der Gesellschaftsvertrag der oHG beim Tod eines Gesellschafters die Fortsetzung der Gesellschaft mit den Erben vor. Für diesen Fall besteht mit § 139 HGB eine besondere Regelung. Ursächlich hierfür ist, dass die Pflicht der Gesellschafter zur Geschäftsführung und die persönliche Haftung für die Verbindlichkeiten der Gesellschaft für die Erben des Gesellschafters im Einzelfall unzweckmäßig sein können. Aufgrund der persönlichen Verbundenheit von Gesellschafter und Gesellschaft gibt das Gesetz den Erben ein Wahlrecht, womit sie sich entscheiden können, inwiefern sie sich für die Gesellschaft einsetzen wollen bzw. können.[828]

493 Die Erben können einerseits als persönlich haftende Gesellschafter die Gesellschaft fortsetzen. Andererseits können sie nach § 139 Abs. 1 HGB alternativ verlangen, dass ihnen stattdessen die Stellung eines Kommanditisten eingeräumt wird.

494 Die übrigen Gesellschafter sind indes nicht verpflichtet, einem solchen Verlangen zu entsprechen. In diesem Fall können die betroffenen Erben ihr fristloses Ausscheiden aus der Gesellschaft erklären, § 139 Abs. 2 HGB. Nach § 139 Abs. 5 HGB handelt es sich hierbei um eine zwingende Regelung. Allein eine Änderung des Gewinnanteils kann bei Umwandlung der Mitgliedschaft in die Stellung eines Kommanditisten gesellschaftsvertraglich vorsehen werden. Eine solche Regelung rechtfertigt schon allein deshalb eine Herabsetzung des Gewinnanteils, da für den Kommanditisten die Geschäftsführung und auch die persönliche Haftung entfallen.[829]
Wird der Erbe als Nachfolger des Erblassers persönlich haftender Gesellschafter einer oHG, so haftet er nach §§ 128, 130 HGB unbeschränkt auch für die Altschulden. Diese Haftung kann er nur vermeiden, wenn er aus der Gesellschaft austritt oder in die Stellung eines Kommanditisten eintritt.[830]

495 In Gesellschaftsverträgen kann man zwei Varianten zur Regelung des Nachrückens eines Erben vorfinden. Entweder handelt es sich um eine **Eintrittsklausel** oder um eine **Nachfolgeklausel**.

Eine Eintrittsklausel vermittelt einer bestimmten Person das Recht, in die Gesellschaft einzutreten.[831] Dieses Recht kann im Erbfalle gegenüber den übrigen Gesellschaftern geltend gemacht werden.[832] Mit dem Tode des Erblassers wächst zunächst dessen Anteil den übrigen Gesellschaftern an.[833] Tritt der Erbe ein, so findet eine Abwachsung zugunsten des Erben statt gegen Aufrechnung mit dem Abfindungsanspruch des Erben.[834] Liegt dagegen eine Nachfolgeklausel vor, so wird der Erbe kraft Erbenstellung

---

[828] *Koller* in: Koller/Roth/Morck, § 139 Rn 2.
[829] BGH WM **1967**, 317, 318.
[830] *Koller* in: Koller/Roth/Morck, § 139 Rn 10ff.
[831] *Koller* in: Koller/Roth/Morck, § 139 Rn 19.
[832] BGH NJW **1978**, 266.
[833] BGH NJW **1978**, 266.
[834] *Koller* in: Koller/Roth/Morck, § 139 Rn 20.

aufgrund der Nachfolgeklausel zum Zeitpunkt des Todes des Gesellschafters automatisch und ohne seine Mitwirkung Mitglied der Gesellschaft.[835] Im Gesellschaftsvertrag kann indes geregelt werden, dass der Erbe als Kommanditist in die Gesellschaft eintritt.[836] Der Erbe kann in Ermangelung einer solchen gesellschaftsvertraglichen Vereinbarung von seinem Recht nach § 139 Abs. 2 HGB Gebrauch machen und auch auf diesem Wege Kommanditist werden. Handelt es sich um eine qualifizierte Nachfolgeklausel, wird der Anteil des verstorbenen Gesellschafters nicht entsprechend dem Erbanteil auf alle Erben, sondern nur auf einen von ihnen übertragen.[837] In diesem Fall wird nur einer der Erben Gesellschafter. Er schuldet seinen Miterben einen Wertausgleich. Im Übrigen ist die Erbfolge in den Anteil eines Gesellschafters einer oHG außerordentlich problematisch und mit vielen Zweifelsfragen verbunden.

Hinweis für die Fallbearbeitung: Unterscheide zwischen Eintrittsklausel und Nachfolgeregelung.

VII. An- und Abwachsung

496 Bei einem Gesellschafterwechsel ändert sich zwangsläufig die Mitberechtigung der anderen Gesellschafter am Gesellschaftsvermögen. Das Vermögen der Gesellschaft soll in der Regel durch den Gesellschafterwechsel nicht tangiert werden. Die auf die oHG anwendbaren Vorschriften über die BGB-Gesellschaft sehen daher vor, dass beim Ausscheiden eines Gesellschafters aus der Gesellschaft der Anteil des Ausscheidenden am Gesellschaftsvermögen automatisch und ohne jeden Übertragungsakt den übrigen Gesellschaftern zuwächst, § 738 Abs. 1 S. 1 BGB (Anwachsung bei den übrigen Gesellschaftern; Abwachsung beim ausscheidenden Gesellschafter). Ferner geht auch mit Abtretung des Gesellschaftsanteils nicht nur die Mitgliedschaft, sondern gleichzeitig auch der Anteil am Gesellschaftsvermögen auf den Erwerber über. Weiterhin erwirbt ein in die Gesellschaft eintretender Gesellschafter ohne weiteres den vertraglich vorgesehenen Anteil am Gesellschaftsvermögen zu Lasten der übrigen Gesellschafter.

VIII. Abfindungen und Abfindungsbeschränkung

497 Für die oHG gelten ebenfalls die Regelungen der BGB-Gesellschaft über Abfindungen und Abfindungsbeschränkungen, §§ 105 Abs. 3 HGB, 738ff BGB. Hiernach ist einem ausscheidenden Gesellschafter als Auseinandersetzungsguthaben der Betrag zu zahlen, der sich bei der Liquidation der Gesellschaft unter Berücksichtigung schwebender Geschäfte ergäbe, §§ 738, 740 BGB.

Sofern sich aus der Abrechnung ein Fehlbetrag ergibt, ist dieser nach dem Verhältnis seines Anteils am Verlust von dem ausscheidenden Gesellschafter an die Gesellschaft zu zahlen, § 739 BGB.

IX. Die fehlerhafte oHG

498 Die allgemeinen Grundsätze über fehlerhafte Personengesellschaften, wie sie bereits bei der BGB-Gesellschaft vorgestellt worden sind, finden auch bei der oHG Anwendung. Dies gilt nicht nur für den fehlerhaften Abschluss des Gründungsvertrages, son-

---

[835] *Koller* in: Koller/Roth/Morck, § 139 Rn 3ff.
[836] BGH NJW **1987**, 3185.
[837] *Koller* in: Koller/Roth/Morck, § 139 Rn 6.

dern auch beim fehlerhaften Beitritt zu einer fehlerfreien Gesellschaft und bei einer fehlerhaften Anteilsübertragung.

Die Rechtsfolgen bei der fehlerhaften oHG sind dagegen weitaus schwerwiegender als bei einer fehlerhaften BGB-Gesellschaft. Eine fehlerhafte oHG wird im Außen- und auch im Innenverhältnis wie eine wirksame Gesellschaft behandelt.[838] So haftet der fehlerhaft einer fehlerfreien oHG beitretende Gesellschafter nach §§ 130 Abs. 1, 128 S. 1, 129 HGB auch für Altverbindlichkeiten aus der Zeit vor seinem Beitritt. Anstelle einer im Innenverhältnis unwirksamen Bestimmung tritt eine angemessene Regelung.[839]

[838] ständige Rspr. BGH NJW **1952**, 97; **1966**, 207; **1983**,748.
[839] BGH NJW **1958**, 668; **1967**, 1963.

C. Die Kommanditgesellschaft, §§ 161-177a HGB

I. Begriff und Bedeutung der Kommanditgesellschaft

499 Die Kommanditgesellschaft (KG) ist wie die OHG eine Personenhandelsgesellschaft und stellt eine Sonderform der OHG dar. Wesen der KG ist das Betreiben eines Handelsgewerbes unter gemeinschaftlicher Firma.[840] Dabei ist im Gegensatz zur OHG bei mindestens einem der Gesellschafter (dem Kommanditisten) die Haftung gegenüber den Gesellschaftsgläubigern auf den Betrag einer bestimmten Vermögenseinlage beschränkt. Dies ist das einzige Unterscheidungskriterium zur OHG.[841] Bei der KG werden somit zwei Arten von Gesellschaftern unterschieden, von denen mindestens jeweils einer in der KG vorhanden sein muss:

- **Komplementär:** Persönlich (unbeschränkt) haftender Gesellschafter, der wie ein OHG-Gesellschafter haftet (§§ 161 Abs. 2, 128 f. HGB). Die Komplementäre haben sowohl im Innen- als auch im Außenverhältnis die Rechtsstellung der Gesellschafter einer OHG.
- **Kommanditist:** Gesellschafter, der grundsätzlich nur beschränkt auf den Betrag einer bestimmten Vermögenseinlage haftet (Haftungsregelungen in §§ 171 – 176 HGB). Eine dennoch gegebene persönliche Haftung erlischt durch Leistung der Vermögenseinlage, § 171 Abs. 1 HGB. Weiterhin ist die Rechtsstellung der Kommanditisten vor allem dadurch bestimmt, dass sie von der Geschäftsführung und der Vertretung der Gesellschaft ausgeschlossen sind (§§ 164, 170 HGB).

500 Das Recht der Kommanditgesellschaft ist in den §§ 161 – 177 a HGB geregelt. Soweit darin keine besonderen Vorschriften enthalten sind, gelten nach § 161 Abs. 2 HGB die Bestimmungen über die OHG (§§ 105 ff. HGB) entsprechend. Schließlich findet über §§ 161 Abs. 2, 105 Abs. 3 HGB mangels spezieller Regelungen auch das Recht der BGB-Gesellschaft Anwendung (§§ 705 ff. BGB). Danach gelten für die Komplementäre durchgängig dieselben Vorschriften wie für die Gesellschafter der OHG. Die §§ 161 ff. HGB befassen sich im Wesentlichen mit der besonderen Rechtsstellung der Kommanditisten. Die folgenden Ausführungen befassen sich daher im Wesentlichen auch nur mit diesen Besonderheiten.

Komplementäre und Kommanditisten können alle natürlichen und juristischen Personen sein. Eine BGB-Gesellschaft kommt sowohl als Komplementärin[842] (siehe OHG) als auch als Kommanditistin in Betracht, vgl. § 162 Abs. 1 S. 2 HGB.

---

[840] Nach *K. Schmidt*, GesellRecht, § 53 I 1 b, ist der Gesetzestext des § 161 Abs. 1 HGB dahingehend ungenau, dass der gemeinsame *Zweck* auf den *Betrieb eines kaufmännischen Handelsgewerbes* gerichtet sein muss. Es komme (wie bei der OHG) nicht auf einen kaufmännischen gemeinsamen Zweck, sondern auf die Unternehmensträgerschaft an. Damit eine KG und nicht nur eine BGB-Gesellschaft vorliege, müsse nur das betriebene Unternehmen grundsätzlich ein kaufmännisches sein (solange die Gesellschaft nicht im Handelsregister stehe, da die eingetragene KG seit der Handelsreform **1998** Formkaufmann sei, str., vgl. *K. Schmidt*, HandelsR, § 10 II 3).

[841] Vgl. *Kraft/Kreutz* Vorbemerkungen E., S. 233; *Grunewald* 1. C. Rn 1, S. 121.

[842] Vgl. *K. Schmidt*, GesellRecht, § 46 I 1 b.

501

> **Hinweis für die Fallbearbeitung:** Die KG ist zwar keine juristische Person aber eine Rechtsträgerin in Form einer Gesamthandsgesellschaft und kann insofern Trägerin von Rechten und Pflichten sein. In der Falllösung können unproblematisch Ansprüche der KG sowie Ansprüche gegen die KG geprüft werden. Die KG wird daher wie eine juristische Person behandelt.[843]
> **Beispiele:** Die KG ist parteifähig (§§ 161 Abs. 2, 124 HGB), insolvenzrechtsfähig (§ 11 Abs. 2 Nr. 1 InsO) und haftet z.B. gem. § 31 BGB analog für unerlaubte Handlungen ihrer Organe (i. d. R. der Komplementär).[844]

502

Die KG muss nach § 162 Abs. 1 HGB ins Handelsregister eingetragen werden, soweit das Unternehmen ein kaufmännisches ist (Handelsgewerbe i. S. v. § 1 Abs. 2 HGB, die Eintragung hat deklaratorische Wirkung). Seit 1998 kann gem. §§ 161 Abs. 2, 105 Abs. 2 HGB auch eine kleingewerbliche oder eine nichtgewerbliche Gesellschaft (Verwaltung nur eigenen Vermögens) durch Eintragung ins Handelsregister eine KG werden; die Eintragung hat dann **konstitutive** Wirkung.

503

Die Rechtsform der KG hat in der Praxis eine große Bedeutung erlangt, die über die der OHG hinausreicht.[845] Dabei gibt es verschiedene Erscheinungsformen:

- Entsprechend dem **gesetzlichen Leitbild (personalistische Struktur):** geringe Anzahl von Komplementären und Kommanditisten, z.B. in Form von kleinen Familiengesellschaften oder mittelständischen Unternehmen.
- **Publikums-Kommanditgesellschaften:** Die Gesellschaft tritt werbend am Markt auf, um möglichst viele Kommanditisten zu gewinnen (möglich ist aber auch ein einziger Kommanditist, der seine Kommanditbeteiligung treuhänderisch für eine Vielzahl von Anlegern hält). Einen Hauptteil machen sog. Abschreibungsgesellschaften aus, die dazu dienen, zwecks Steuerersparnis negative Kapitalanteile und Verlustzuweisungen geltend zu machen.[846]
- **GmbH & Co. KG:** Komplementärin ist hier eine juristische Person in Form einer GmbH, so dass keine natürliche Person als Vollhaftender zur Verfügung steht.

II. Entstehung der KG durch Gründung

Beim Wirksamwerden der KG kann zwischen dem Innen- und dem Außenverhältnis differenziert werden.

504

Im **Innenverhältnis** entsteht die KG durch den Abschluss eines Gesellschaftsvertrags.[847] Gegenüber der OHG muss der Gesellschaftsvertrag als Besonderheit die Bestimmung des Kommanditisten, die Festlegung der **Einlagepflicht** (= Beitragspflicht im Innenverhältnis) und die Festlegung der **Haftsumme** (= Höhe der Haf-

---

[843] *Kraft/Kreutz* E. I. 2, S. 236.
[844] *K. Schmidt*, GesellRecht, § 53 I 2 b.
[845] *Kraft/Kreutz* Vorbemerkungen E., S. 234.
[846] Vgl. *K. Schmidt*, GesellRecht, § 57 I 1 b, der darauf hinweist, dass die Zahl der Neugründungen nach Einführung des § 15 a EStG beträchtlich gesunken ist (vorher war eine unbeschränkte Geltendmachung von negativen Kapitalanteilen und Verlustzuweisungen möglich); vgl. auch *Martens* in: Schlegelberger § 161 Rn 133.
[847] Näheres vgl. bei *Grunewald* in: MünchKommHGB § 161 Rn 121 ff.

tung gegenüber den Gesellschaftsgläubigern im Außenverhältnis, auch Hafteinlage genannt) enthalten.[848]

505 **Hinweis für die Fallbearbeitung:** Im Gesetz ist nur von der „Einlage" die Rede (vgl. §§ 171 f. HGB). Es muss allerdings auf eine strikte Trennung zwischen dem Innen- und dem Außenverhältnis geachtet werden.[849] Dabei bezieht sich die Pflichteinlage (= bedungene Einlage i. S. d. §§ 167, 169 HGB) auf das Innenverhältnis zwischen KG und Kommanditisten. Im Außenverhältnis ist ausschließlich die Haftsumme relevant, bis zu deren Höhe die Kommanditisten den Gläubigern maximal persönlich haften (soweit die Einlage nicht haftungsbefreiend geleistet wurde oder wieder aufgelebt ist).[850] Die Höhe der Pflichteinlage und Haftsumme muss nicht gleich sein, in der Regel ist das aber der Fall.[851]

506 Für die Wirksamkeit im **Außenverhältnis** gelten die §§ 161 Abs. 2, 123 HGB, wobei nach § 123 Abs. 1 HGB grundsätzlich der Zeitpunkt der Eintragung ins Handelsregister ausschlaggebend ist. Bei einem kaufmännischen Unternehmen kann die KG gem. §§ 161 Abs. 2, 123 Abs. 2 HGB im Außenverhältnis bereits mit Geschäftsbeginn entstehen.

III. Das Innenverhältnis der Gesellschafter einer KG

507 Die Innenbeziehungen zwischen den Gesellschaftern richten sich vorrangig nach den Vereinbarungen im Gesellschaftsvertrag (§ 163 HGB), in zweiter Linie nach dem Recht der KG (§§ 163, 164 - 169 HGB), in dritter Linie nach dem Recht der OHG (§§ 161 Abs. 2, 110 - 122 HGB) und schließlich nach dem Recht der BGB-Gesellschaft (§§ 161 Abs. 2, 105 Abs. 3 HGB i. V. m. §§ 705 ff. BGB).

1. Beitragspflicht, Treuepflicht, Wettbewerbsverbot

508 Die von den Gesellschaftern zu leistenden Beiträge ergeben sich aus dem Gesellschaftsvertrag. Fehlt eine gesellschaftsvertragliche **Beitragsregelung**, müssen die Gesellschafter nach §§ 161 Abs. 2, 105 Abs. 3 HGB, 706 Abs. 1 BGB gleiche Beiträge leisten. Von dieser Verpflichtung zur Beitragsleistung im Innenverhältnis ist, wie bereits ausgeführt, die für die Außenhaftung maßgebliche Haftsumme zu unterscheiden, auf die nach § 161 Abs. 1 HGB die Haftung der Kommanditisten gegenüber Außenstehenden beschränkt ist. Als Beitragspflichten können z.B. die Leistung von Vermögenswerten in das Gesellschaftsvermögen (z.B. Geld, Sachgüter) oder auch sonstige Leistungen (z.B. Erbringung von Diensten, Bürgschaftsübernahme für eine Gesellschaftsschuld[852]) vereinbart werden.[853] Die Vereinbarung braucht dabei nicht ausschließlich im Gesellschaftsvertrag fixiert sein, möglich sind auch sonstige schuldrechtliche Verträge, die der Kommanditist mit der Gesellschaft abschließen kann (z.B. Dienst-, Miet- oder Darlehensvertrag).[854]

---

[848] Vgl. *Koller* in: Koller/Roth/Morck §§ 171, 172 Rn 4; *Kraft/Kreutz* E. I. 1. a aa, S. 235; eingehend *K. Schmidt*, GesellRecht, § 54 I 2.
[849] Vgl. BGH NJW **1992**, 242.
[850] *Koller* in: Koller/Roth/Morck §§ 171, 172 Rn. 4, 5.
[851] *Kraft/Kreutz* E. I. 1. a aa, S. 235.
[852] Vgl. BHG ZIP **1994**, 1850, 1851.
[853] *Grunewald* 1. C. Rn 7.
[854] *Grunewald* 1. C. Rn 8.

Die Kommanditisten unterliegen der allgemeinen gesellschaftsrechtlichen **Treuepflicht**.[855] Die Vorschriften der §§ 112, 113 HGB über das **Wettbewerbsverbot** gelten gem. § 165 HGB nicht für Kommanditisten. Das kann damit begründet werden, dass die Kommanditisten hauptsächlich mit ihrem Kapital an der KG beteiligt sind und in der Regel lediglich begrenzte Einfluss- und Einblicksrechte besitzen.[856] Die Vorschrift des § 165 HGB ist allerdings dispositiv, wobei den Kommanditisten ein Wettbewerbsverbot im Gesellschaftsvertrag auferlegt werden kann. Ein Wettbewerbsverbot kann sich jedoch aus der Gestaltung der konkreten gesellschaftsrechtlichen Verhältnisse ergeben.[857] Dabei hängt ein Wettbewerbsverbot insbesondere von der Stellung der Kommanditisten in der Gesellschaft ab. Wenn diese beispielsweise einen beherrschenden Einfluss in der Gesellschaft haben (z.B. in Bezug auf die Geschäftspolitik oder umfassende Informationsmöglichkeiten), kann das Wettbewerbsverbot aus der Treuepflicht hergeleitet werden.[858] **509**

2. Kontroll- und Informationsrechte

Die **Kontrollrechte** der Komplementäre bestimmen sich nach §§ 161 Abs. 2, 118 HGB. Die Rechte der Kommanditisten sind demgegenüber eingeschränkt. Sie können nach § 166 Abs. 1 HGB nur eine Abschrift des Jahresabschlusses verlangen und dessen Richtigkeit unter Einsicht der Bücher und Papiere der Gesellschaft prüfen. Der Kommanditist kann beim Amtsgericht jederzeit beantragen, dass die Vorlage einer Bilanz, die Erteilung sonstiger Aufklärungen sowie die Vorlegung der Bücher und Papiere angeordnet werden. Voraussetzung für diese Anordnung ist, dass ein wichtiger Grund vorliegt. Es müssen also Umstände gegeben sein, aus denen zu schließen ist, dass das normale Auskunfts- und Prüfungsrecht des Kommanditisten nach § 166 Abs. 1 HGB nicht ausreicht, um eine Gefährdung seiner Belange auszuschließen. **510**

Es ist festzustellen, dass das **Informationsrecht** der Kommanditisten hinter dem der von der Geschäftsführung ausgeschlossenen OHG-Gesellschafter und hinter demjenigen der BGB-Gesellschafter (§ 716 BGB) zurückbleibt. Dem wird in der Literatur, zum Teil in Anlehnung an § 51 a GmbHG, insofern abgeholfen, dass den Kommanditisten ein ordentliches sowie ein (unabdingbares) außerordentliches Informationsrecht zugestanden wird.[859] Das Informationsrecht ist allerdings durch das – funktionsgebundene – Informationsinteresse begrenzt und gilt somit z.B. nicht für den Bereich der laufenden Geschäftsführung.[860] **511**

3. Geschäftsführung

Die Kommanditisten sind nach § 164 S. 1, 1. HS HGB von der Geschäftsführung ausgeschlossen. Danach steht allein den Komplementären als persönlich haftenden Gesellschaftern die Geschäftsführung nach den für die OHG maßgeblichen Grundsätzen (§§ 161 Abs. 2, 114 – 117 HGB, insbesondere Einzelgeschäftsführungsbefugnis aller persönlich haftenden Gesellschafter) zu. **512**

---

[855] *Kraft/Kreutz* E. II. 2. b, S. 238; *Koller* in: Koller/Roth/Morck § 165 Rn 3.
[856] *Koller* in: Koller/Roth/Morck § 165 Rn 1; *Kraft/Kreutz* E. II. 2. b, S. 238.
[857] *K. Schmidt*, GesellRecht, § 53 III 4.
[858] Vgl. BGHZ **89**, 162; *Grunewald* in: MünchKommHGB § 165 Rn 5.
[859] Vgl. *K. Schmidt*, GesellRecht, § 53 III 3 b; *Baumbach/Hopt* § 166 Rn 11; *Koller* in: Koller/Roth/Morck § 166 Rn 2; a. A. *Martens* in: Schlegelberger § 166 Rn 23; einschränkend auch *Grunewald* 1. C. Rn 25 f. (Auskunftsrecht in Anlehnung an § 131 Abs. 1 AktG).
[860] *K. Schmidt*, GesellRecht, § 53 III 3 b; vgl. auch BGH NJW **1992**, 1890, 1891.

Da § 164 S. 1 HGB keine zwingende Regelung ist, kann den Kommanditisten im Gesellschaftsvertrag die Geschäftsführungsbefugnis übertragen werden, wobei es sogar möglich ist, die Komplementäre sämtlich von der Geschäftsführung auszuschließen und die Geschäftsführung allein den Kommanditisten zu übertragen.[861] Ist das aber nicht der Fall, können die Kommanditisten den Handlungen der Komplementäre nicht widersprechen, § 164 S. 1, 2. HS HGB.

513 **Hinweis für die Fallbearbeitung:** Von der Geschäftsführung ist zwingend die Vertretungsmacht zu unterscheiden. Den Kommanditisten kann keine organschaftliche Vertretungsmacht verliehen werden. Dies widerspräche dem Prinzip der Selbstorganschaft.[862] Die Komplementäre sind infolge ihrer persönlichen Haftung wesentlich enger mit der Gesellschaft verbunden und haben daher, entsprechend den Ausführungen zur oHG, das Recht zur organschaftlichen Vertretung.

514 **Außergewöhnliche Geschäfte** bedürfen nach § 164 S. 1 HGB allerdings der Zustimmung der (nach herrschender Meinung sämtlicher, vgl. § 116 Abs. 2 HGB[863]) Kommanditisten.[864]

Beispiele:[865] Außergewöhnliche Geschäfte sind alle Geschäfte, die über den gewöhnlichen Betrieb der konkreten Gesellschaft hinausgehen, z.B. Geschäfte mit besonders großem Umfang, ganz ungewöhnlichen Risiken oder Bedingungen, bedeutende Abweichung von langjähriger Geschäftspolitik, Klage gegen Gesellschafter wegen fehlerhafter Geschäftsführung.

Das Zustimmungserfordernis weicht zwar vom Wortlaut des § 164 S. 1 HGB ab („widersprechen"). Das Widerspruchsrecht kann aber nur sachgemäß ausgeübt werden, wenn die Kommanditisten von den geplanten Maßnahmen, die den gewöhnlichen Betrieb des Handelsgewerbes überschreiten, vorher unterrichtet worden sind und zustimmen müssen. Ansonsten könnten die von der Geschäftsführung Ausgeschlossenen praktisch keinen Gebrauch vom Widerspruchsrecht machen.[866]

515 Bei allen Entscheidungen über die Grundlagen der Gesellschaft (sog. **Grundlagengeschäfte**) sind die Kommanditisten wie persönlich haftende Gesellschafter uneingeschränkt zur Mitwirkung berufen, sofern im Gesellschaftsvertrag nicht eine andere Regelung (z.B. Ausschluss des Stimmrechts eines Kommanditisten) getroffen wurde.[867]

---

[861] *Koller* in: Koller/Roth/Morck § 164 Rn 3; *K. Schmidt*, GesellRecht, § 53 III 2 a; *Baumbach/Hopt* § 164 Rn 6 f.; BGHZ **51**, 198, 201; a. A. *Grunewald* 1. C. Rn 13 f. m. w. N.: Ausschluss des Komplementärs von organschaftlicher Geschäftsführungsbefugnis nicht möglich, da Grundsatz der Selbstorganschaft verletzt sei, auch wenn Kommanditist kein Gesellschaftsexterner ist (h. M. sieht hier keine unzulässige Drittorganschaft, da Kommanditisten Gesellschafter sind, vgl. *Kraft/Kreutz* E. II. 2. a, S. 237).
[862] Vgl. nur *K. Schmidt*, GesellRecht, § 53 III 2 a und § 14 II 2.
[863] Nach h. M. bleibt § 116 Abs. 2 HGB über § 161 Abs. 2 HGB anwendbar, vgl. *K. Schmidt*, GesellRecht, § 53 III 2 b (S. 1539).
[864] RGZ **158**, 302, 307; *K. Schmidt*, GesellRecht, § 53 III 2 b; *Grunewald* 1. C. Rn 14.
[865] *Koller* in: Koller/Roth/Morck § 114 Rn 2.
[866] Vgl. *Kraft/Kreutz* E. II. 2. a, S. 237.
[867] *Koller* in: Koller/Roth/Morck § 164 Rn 4.

Beispiele:[868] Beschlüsse über Änderungen des Gesellschaftsvertrags, die Aufnahme eines neuen Gesellschafters, Vereinbarungen über das Ausscheiden eines Gesellschafters, die vorzeitige Auflösung der Gesellschaft, die Entziehung der Geschäftsführungs- und der Vertretungsbefugnis, die Entnahme von Gesellschaftsvermögen, Unternehmensstrukturänderung, Bilanzfeststellung.

4. Vermögenszuordnung, Gewinn- und Verlustverteilung, Entnahmerecht

a) Vermögenszuordnung

516 Das Gesellschaftsvermögen steht als Gesamthandsvermögen wie bei der OHG der Gesellschaft und nicht den Gesellschaftern zu.[869] Soweit feste Kapitalanteile bestehen (in der Praxis die Regel), geben diese an, in welchem Verhältnis die einzelnen Gesellschafter an der Gesellschaft beteiligt sind.[870] Das ist insofern von Bedeutung, als dass der Kapitalanteil i. d. R. maßgebend für die Gewinnbeteiligung, das Entnahmerecht und das Auseinandersetzungsguthaben eines Gesellschafters ist, vgl. §§ 161 Abs. 2, 121, 122, 155 HGB. Für den festen Kapitalanteil wird ein unbewegliches „Kapitalkonto I", für zugeschriebene Gewinne, Verluste oder Entnahmen ein veränderliches „Kapitalkonto II" geführt.[871]

b) Gewinn – und Verlustverteilung

517 Für die Berechnung von Gewinn oder Verlust der KG gelten die (dispositiven)[872] Sonderregelungen der §§ 167 f. HGB. Über § 167 Abs. 1 HGB findet für die Gewinn- oder Verlustberechnung damit auch für die Kommanditisten die Vorschrift des § 120 Abs. 1 HGB Anwendung. Gewinn und Verlust werden somit auch bei der KG auf der Grundlage einer festgestellten[873] Bilanz ermittelt.

Bilanzierungsentscheidungen, die der Sache nach Entscheidungen über die Ergebnisverwendung sind (z.B. Bildung offener Rücklagen, zusätzliche Abschreibungen und Aufwandsrückstellungen) können auch bei der KG nicht schon bei **Aufstellung der Bilanz** (vgl. §§ 6 Abs. 1, 242 ff., 245 HGB) durch die Komplementäre, sondern erst bei der **Bilanzfeststellung** unter Mitwirkung aller Gesellschafter (also auch der Kommanditisten) getroffen werden.[874]

aa) Gewinnverteilung

518 Für die Gewinnverteilung sieht § 168 Abs. 1 HGB mit dem Verweis auf § 121 Abs. 1 und Abs. 2 HGB wie bei der OHG zunächst eine Kapitalverzinsung von 4 % vor. Diese Kapitalverzinsung steht den Gesellschaftern nur zu, soweit ein entsprechend

---

[868] Vgl. *Koller* in: Koller/Roth/Morck § 114 Rn 2.
[869] *Grunewald* 1. C. Rn 27.
[870] Vgl. *K. Schmidt*, GesellRecht, § 47 III 2 c, d: „Spiegelbild der Vermögensbeteiligung"; Die Summe der Kapitalanteile ist nicht identisch mit dem Wert des Gesellschaftsvermögens. Soweit keine festen Kapitalanteile vorliegen, gibt der Kapitalanteil lediglich die absolute Wertdifferenz zwischen den Vermögensbeteiligungen der Gesellschafter wieder, *K. Schmidt*, GesellRecht, § 47 III 2 c bb.
[871] Vgl. näher *K. Schmidt*, GesellRecht, § 53 III 5 a und § 47 III.
[872] *Koller* in: Koller/Roth/Morck § 167 Rn 2.
[873] Vgl. im Einzelnen *Koller* in: Koller/Roth/Morck § 120 Rn 2: Feststellung in Form eines Feststellungsvertrags und kausalen Schuldanerkenntnisses.
[874] Vgl. *K. Schmidt*, HandelsR, § 15 II 1 b; *ders.*, GesellRecht, § 53 III 2 c; BGHZ **132**, 263; *Baumbach/Hopt* § 164 Rn 3.

hoher Gewinn erzielt worden ist. Bei geringerem Gewinn führt die Verzinsungsregelung zu einer Gewinnverteilung nach dem Verhältnis der Kapitalanteile. Für die Verteilung des über eine Kapitalverzinsung von 4 % hinausgehenden Gewinns soll dieser in einem nach den Umständen angemessenem Verhältnis verteilt werden, § 168 Abs. 2 HGB. Dies gilt nach § 168 Abs. 2 HGB auch für die Verlustverteilung.

Eine genauere gesetzliche Bestimmung ist vermieden worden, weil sich nicht generell bestimmen lässt, in welchem Verhältnis sich das Risiko der vollen persönlichen Haftung und die Arbeitsleistung der geschäftsführenden Gesellschafter (i. d. R. Komplementäre) gegenüber der kapitalmäßigen Beteiligung der Kommanditisten im Hinblick auf die Gewinnberechtigung auswirken soll.[875] Als angemessen kann z.B. eine Vordividende für die Komplementäre[876] wegen deren persönlicher Haftung und Arbeitsleistung für die Gesellschaft und die Verteilung des Restbetrages nach Kapitalanteilen angesehen werden. Zweckmäßigerweise sollte diese Frage konkret im jeweiligen Gesellschaftsvertrag geregelt werden.

bb) Verlustverteilung

519 Der Verlustanteil mindert den Kapitalanteil der Kommanditisten, §§ 161 Abs. 2, 120 Abs. 2, 2. HS HGB. Verluste werden danach von deren Kapitalkonto abgeschrieben. Dabei kann der Kapitalanteil der Kommanditisten auch negativ werden.

Die Vorschrift des § 167 Abs. 3 HGB über die Begrenzung der Verlustbeteiligung durch die Höhe der Einlage steht dem nicht entgegen. Sie schließt es nur für die Auseinandersetzung (insbesondere bei der Liquidation der Gesellschaft) aus, dass der Kommanditist Verluste, die über seine Einlage hinausgehen, ausgleichen muss.[877] Der Kommanditist ist insofern nicht im Sinne von § 735 BGB nachschusspflichtig.

cc) Grenze der Gewinngutschrift bei Kommanditisten

520 § 167 Abs. 2 HGB bestimmt, dass der Gewinnanteil eines Kommanditisten dessen Kapitalanteil nur bis zur Höhe der vereinbarten Einlage zugeschrieben werden kann. Während die Komplementäre einer KG ihre Kapitalanteile durch Stehen lassen des Gewinns immer weiter erhöhen können (vgl. §§ 161 Abs. 2, 120 Abs. 2, 1. HS HGB), können die Kapitalanteile der Kommanditisten nicht über die vereinbarte Einlage hinaus anwachsen. Damit soll verhindert werden, dass die Kommanditisten ihre Position zu Lasten der Komplementäre ausbauen kann.[878]

Die Kommanditisten haben daher grundsätzlich einen Anspruch auf **Gewinnauszahlung**, § 169 Abs. 1 S. 2, 1. HS HGB. Soweit der Kapitalanteil durch die Auszahlung allerdings unter den Betrag der bereits geleisteten Einlage herabsinken würde oder durch Verlustabschreibungen bereits darunter liegt, gilt dies nicht, § 169 S. 2, 2. HS HGB.[879] Der Gewinnauszahlungsanspruch entfällt also, soweit die geleistete Einlage des Kommanditisten durch Verluste und Entnahmen unter den Betrag der Pflichteinlage gesunken ist oder zu sinken droht.

---

[875] *Koller* in: Koller/Roth/Morck § 169 Rn 1.

[876] Vgl. *Koller* in: Koller/Roth/Morck § 121 Rn 2.

[877] *Kraft/Kreutz* E. II. 2 d (2), S. 238; *K. Schmidt*, GesellRecht, § 53 III 5 b (S. 1546).

[878] *Grunewald* 1. C. Rn 51; *Martens* in: Schlegelberger § 167 Rn 11.

[879] Vgl. *Kraft/Kreutz* E. II. 2 d (3), S. 239: Die bereits geleistete Einlage soll dem Gesellschaftsvermögen erhalten bleiben.

Der überschießende Gewinnanteil wird den Kommanditisten in der Regel auf dem (variablen) „Kapitalkonto II" gutgeschrieben.

c) Entnahme

521

Das Entnahmerecht der Komplementäre richtet sich nach den Bestimmungen über die OHG, §§ 161 Abs. 2, 122 HGB. Die Komplementäre haben damit ein Entnahmerecht in Höhe von 4% des für das letzte Geschäftsjahr festgestellten Kapitalanteils unabhängig davon, ob ein Gewinn erzielt worden ist. Darüber hinaus können die Komplementäre Auszahlung des für das letzte Jahr festgestellten Gewinnanteils insoweit verlangen, als dieser Gewinnanteil höher ist als das 4-prozentige Entnahmerecht, wenn die Gesellschaft durch Ausübung des Entnahmerechts keinen offenbaren Schaden erleiden würde.

Dagegen haben Kommanditisten keinen Anspruch auf Entnahmen. Sie können, wie bereits festgestellt, nur Auszahlung des festgestellten und ihnen für das abgelaufene Geschäftsjahr gutgeschriebenen Gewinnanteils verlangen, soweit dieser z.B. nicht zur Auffüllung eines früher entstandenen Verlusts benötigt wird, § 169 Abs. 1 S. 2 HGB.
Hat der Kommanditist seine Pflichteinlage trotz Fälligkeit noch nicht geleistet, so kann die Gesellschaft gegen den Gewinnauszahlungsanspruch aufrechnen (§ 387 BGB).[880]

IV. Rechtsbeziehungen zu Dritten

1. Wirksamwerden der KG gegenüber Dritten

522

Für die Entstehung der KG und für ihr Auftreten gegenüber Dritten gelten grundsätzlich dieselben Regeln wie für die OHG. Somit wird auch die KG nach §§ 161 Abs. 2, 123 Abs. 1 HGB Dritten gegenüber grundsätzlich erst mit der Eintragung in das Handelsregister wirksam.

Betreibt die Gesellschaft ein kaufmännisches Unternehmen (Handelsgewerbe) i. S. d. § 1 Abs. 2 HGB, beginnt die Wirksamkeit Dritten gegenüber bereits mit der Aufnahme des Geschäftsbetriebes, § 123 Abs. 2 HGB. Für diesen Fall können sich die Kommanditisten, die der Aufnahme des Geschäftsbetriebs vor der Eintragung zugestimmt haben, nach § 176 Abs. 1 S. 1 HGB nicht auf die Beschränkung ihrer Haftung berufen. Die Kommanditisten haften den Gläubigern nach § 176 HGB auch dann unbeschränkt, wenn die Gläubiger von deren Existenz und Beteiligung gar nichts wissen. Sie haften bis zur Eintragung wie Komplementäre, es sei denn, dass dem Gläubiger die Beteiligung als Kommanditist bekannt war, § 176 Abs. 1 S. 1 HGB a. E.

Die unbeschränkte Haftung der Kommanditisten entfällt allerdings zugunsten der beschränkten Haftung gem. § 171 Abs. 1 HGB, wenn der Gläubiger positive Kenntnis davon hat, wer die Komplementäre sind, da sich im Umkehrschluss daraus für ihn zwingend ergibt, dass jeder andere Gesellschafter nur ein Kommanditist sein

[880] *Koller* in: Koller/Roth/Morck § 169 Rn 2.

kann und damit für die Gesellschaftsverbindlichkeiten auch nur beschränkt haftet.[881]

2. Die Vertretung der Gesellschaft

523 Auch für die Vertretung der KG gelten die für die OHG maßgeblichen Regelungen der §§ 125 – 127 HGB.
Die **organschaftliche Vertretung** der KG (= Vertretung, für die die §§ 125, 126 f. HGB gelten)[882] liegt allein bei den Komplementären, §§ 161 Abs. 2, 125 ff. HGB (Prinzip der Selbstorganschaft bei Personengesellschaften).[883] Ihre Vertretungsmacht erstreckt sich auf alle gerichtlichen und außergerichtlichen Geschäfte und Rechtshandlungen einschließlich der Veräußerung und Belastung von Grundstücken sowie der Erteilung und des Widerrufs der Prokura, §§ 161 Abs. 2, 126 Abs. 1 HGB.

Ein Ausschluss sämtlicher Komplementäre von der organschaftlichen Vertretungsmacht und ihre Übertragung auf Dritte sind nicht möglich. Wird der einzige Komplementär aus der KG ausgeschlossen oder tritt er aus der Gesellschaft aus, kann die KG nicht fortbestehen, wenn kein anderer Komplementär gewonnen werden kann.[884]

524 Die Kommanditisten sind nach § 170 HGB von der organschaftlichen Vertretung der Gesellschaft ausgeschlossen. Diese Regelung ist zwar zwingend[885], sie betrifft aber nur die organschaftliche Vertretungsmacht. Die Erteilung einer **rechtsgeschäftlichen Vertretungsmacht** (Vollmacht) ist in jeder Form möglich.[886] So kann z.B. dem Kommanditisten durch den Gesellschaftsvertrag Prokura eingeräumt werden. Ebenso kann ein Kommanditist Generalvollmacht erhalten.[887] Ist im Gesellschaftsvertrag vereinbart, dass einem Kommanditisten Prokura erteilt wird und diese nur aus wichtigem Grund entzogen werden kann, dann ist ein gleichwohl erfolgter Widerruf im Außenverhältnis wirksam, vgl. § 52 HGB.[888] Nach h. M. ist der Widerruf allerdings im Innenverhältnis rechtswidrig (Folgen: Anspruch auf Neuerteilung, ggf. Schadensersatz), soweit kein wichtiger Grund vorlag.[889]

3. Haftung für Verbindlichkeiten

a) Haftung der KG und der Komplementäre

525 Für die Verbindlichkeiten der KG haftet den Gläubigern, vergleichbar mit der OHG, die KG mit ihrem Gesellschaftsvermögen. Außerdem haften die Komplementäre wie die Gesellschafter einer OHG gem. §§ 161 Abs. 2, 128 ff. HGB persönlich (mit dem Privatvermögen), unmittelbar, primär und unbeschränkt.

---

[881] *Kraft/Kreutz* E. III. 3. b aa, S. 242; ebenso bei Geschäftsaufnahme einer noch nicht eingetragenen, aber mit dem Zusatz „GmbH & Co. KG“ betriebenen Gesellschaft (einziger Komplementär ist die GmbH), vgl. BGH WM **1986**, 1280; *K. Schmidt* in: Schlegelberger § 176 Rn 14.
[882] Vgl. *Grunewald* 1. C. Rn 15.
[883] *K. Schmidt*, GesellRecht, § 53 IV 1 und § 14 II 2.
[884] *K. Schmidt*, GesellRecht, § 53 IV 2 a; vgl. auch BGHZ **51**, 198; BGH NJW-RR **2002**, 540.
[885] *Kraft/Kreutz* E. III. 3. a, S. 240 mit Verw. auf *Martens* in: Schlegelberger § 170 Rn 8 ff.
[886] *Kraft/Kreutz* E. III. 3. a, S. 240.
[887] Vgl. *Koller* in: Koller/Roth/Morck § 170 Rn 1.
[888] *Koller* in: Koller/Roth/Morck § 170 Rn 1.
[889] Vgl. BGHZ **17**, 392, 395; *Koller* in: Koller/Roth/Morck § 170 Rn 1; *K. Schmidt*, GesellRecht, § 53 III 2 a und § 19 III 3 („Sonderrecht“ mit Bezug auf „Kernvorschrift“ des § 35 BGB); a. A. *Grunewald* 1. C. Rn 15 (Schutz der Komplementäre geht vor, zudem gelte § 52 Abs. 1 HGB uneingeschränkt).

b) Haftung der Kommanditisten

526

Auch die Kommanditisten können den Gesellschaftsgläubigern persönlich, unmittelbar und primär haften. Die (persönliche) Haftung ist allerdings – und das ist der einzige Unterschied zur Komplementärhaftung – **summenmäßig beschränkt** nach Maßgabe der in das Handelsregister eingetragenen **Haftsumme**. Nach § 171 Abs. 1, 1. HS HGB haften die Kommanditisten nur bis zur Höhe ihrer (Haft-)Einlage. Auch insoweit haften die Kommanditisten aber nur, soweit sie ihre Einlage **nicht geleistet** haben. Soweit die Einlage somit erbracht wurde, ist die Haftung der Kommanditisten **ausgeschlossen**, § 171 Abs. 1, 2. HS HGB.

527

Beachte: Die Aussage, dass der Kommanditist „mit seiner Einlage" haftet, wäre falsch. Es gilt der folgende Grundsatz:[890]

1. „Der Kommanditist haftet summenmäßig beschränkt mit seinem gesamten Vermögen (§ 171 Abs. 1, 1. HS HGB).
2. Soweit er eine Einlage bei der Gesellschaft hält, haftet er überhaupt nicht, denn die im Gesellschaftsvermögen vorhandene Einlage ersetzt seine Haftung (§ 171 Abs. 1, 2. HS HGB).
3. Durch Rückführung der Einlage aus dem gebundenen Vermögen lebt die beschränkte Haftung wieder auf (§ 172 Abs. 4 HGB)."[891]

Für die Höhe der Haftsumme und dem Wirksamwerden der Haftungsbeschränkung kommt es nicht auf die Vereinbarung der Gesellschafter im Gesellschaftsvertrag an. Maßgebend ist die Eintragung der Haftsumme im Handelsregister, vgl. §§ 172 Abs. 1 - 3, § 174 HGB.[892] Damit können sich die Gläubiger selbst auf eine Erhöhung der Hafteinlage vor der Eintragung ins Handelsregister nur berufen, wenn sie ihnen in handelsüblicher Weise bekannt gemacht oder in anderer Weise von der Gesellschaft mitgeteilt worden ist, § 172 Abs. 2 HGB. Allerdings sind die Gesellschafter verpflichtet, Änderungen der Einlagenhöhe zur Eintragung in das Handelsregister anzumelden, § 175 HGB.

528

Die Haftung nach den dargestellten Grundsätzen besteht auch für die Kommanditisten, die in eine bestehende KG **eintreten**. Nach § 173 HGB haften die eintretenden Kommanditisten nach Maßgabe der §§ 171, 172 HGB auch für die vor ihrem Eintritt bereits begründeten Verbindlichkeiten. Eine für den neu eintretenden Kommanditisten u. U. gefährliche Regelung befindet sich in § 176 Abs. 2 HGB. Danach haftet der Eintretende für die in der Zeit zwischen seinem Eintritt und der Eintragung ins Handelsregister begründeten Gesellschaftsverbindlichkeiten unbeschränkt, soweit dem Gläubiger die Beteiligung als Kommanditist nicht bekannt war. Es ist daher zu empfehlen, den Beitritt durch eine Vertragsklausel im Gesellschaftsvertrag unter die aufschiebende Bedingung der Eintragung als Kommanditist ins Handelsregister zu stellen.[893] Die Haftung wird somit vermieden, da der Beitritt erst mit der Eintragung in das Handelsregister in Kraft tritt.

529

Die **ausgeschiedenen Kommanditisten** haften, soweit sie ihre Einlage noch nicht geleistet haben oder soweit ihnen die Einlage zurückgezahlt wurde. Die Zah-

---

[890] *K. Schmidt*, GesellRecht, § 54 I 1 a und *ders.* in: MünchKommHGB §§ 171, 172 Rn 4 ff.
[891] *K. Schmidt*, GesellRecht, § 54 I 1 a (S. 1559).
[892] Vgl. *Kraft/Kreutz* E. III. 3. b aa, S. 241.
[893] Vgl. BGHZ **82**, 209, 212; *Grunewald* 1. C. Rn 54.

lung eines Auseinandersetzungsguthabens an einen ausscheidenden Kommanditisten aus dem Gesellschaftsvermögen ist Rückzahlung seiner Hafteinlage und löst die persönliche Haftung nach § 172 Abs. 4 HGB aus. Allerdings müssen die übrigen Gesellschafter den ausscheidenden Kommanditisten nach §§ 161 Abs. 2, § 105 Abs. 3 HGB, § 738 Abs. 1 S. 2 BGB von dieser persönlichen Haftung befreien. Die ausgeschiedenen Kommanditisten werden fünf Jahre nach ihrem Ausscheiden aus der KG von der Haftung für die vor ihrem Ausscheiden entstandenen Verbindlichkeiten befreit, §§ 161 Abs. 2, 160 HGB. Nach § 162 Abs. 3 HGB muss das Ausscheiden eines Kommanditisten ins Handelsregister eingetragen werden (deklaratorische Wirkung).[894]

c) Ausschluss der Kommanditistenhaftung durch Leistung der Einlage

530 Die persönliche Haftung der Kommanditisten ist ausgeschlossen, soweit sie die Einlage (in Bezug auf die im Handelsregister gem. § 161 Abs. 1 HGB einzutragende Haftsumme) geleistet haben, § 171 Abs. 1, 2. HS HGB.

Dabei bestehen zwei Voraussetzungen, die kumulativ vorliegen müssen[895]:

1. Es muss eine **Leistung auf die Einlageschuld** erbracht worden sein.
2. Es muss für **objektive Wertdeckung** gesorgt sein.

Die Einlage kann in unterschiedlicher Form – je nach Ausgestaltung im Gesellschaftsvertrag – geleistet werden[896]:

531 **aa)** Durch Leistung **einlagefähiger Leistungsgegenstände**. Hier kann differenziert werden zwischen Bareinlagen (Geldeinlagen) und Sacheinlagen (vgl. §§ 27 AktG, § 5 Abs. 4 GmbHG). Folgende Kriterien können zur Bestimmung der Einlagefähigkeit herangezogen werden[897]:

- Endgültige Mittelzuführung am Einbringungsstichtag (Kapitalaufbringungsgrundsatz)
- Verwertbarkeit des Wirtschaftsguts im Gesellschaftsvermögen (insbesondere in der Krise, Liquidations- oder Insolvenzfall)[898]
- Schutz des Wirtschaftsguts gegen Dispositionen des Einlegers und Dritter (insbesondere Zugriffe von Gläubigern oder dritten Eigentümern)

Unproblematisch einlagefähig sind Geldeinlagen sowie bei den Sacheinlagen bewegliche oder unbewegliche Sachen, Wertpapiere und Rechte, die durch Verfügungsgeschäfte dem Gesellschaftsvermögen zufließen können.[899] Dienstleistungen sind dagegen eindeutig nicht einlagefähig.[900] Problematisch kann bei den Sacheinlagen der Aspekt der objektiven Wertdeckung sein. Immer, wenn der Kommanditist

---

[894] *Koller* in: Koller/Roth/Morck § 162 Rn 1.
[895] *K. Schmidt*, GesellRecht, § 54 II 1, der damit den Streit zwischen der sog. „Vertragstheorie" und „Verrechnungstheorie" auflöst (siehe dazu *K. Schmidt*, GesellRecht, § 54 I 3).
[896] Vgl. *Kraft/Kreutz* E. III. 3. b bb, S. 242 ff.; ausführlich *K. Schmidt*, GesellRecht, § 20 II.
[897] *K. Schmidt*, GesellRecht, § 20 II 3 a (S. 573).
[898] Vgl. *Grunewald* 1. C. Rn 34.
[899] *K. Schmidt*, GesellRecht, § 20 II 3 a aa (S. 573).
[900] *Grunewald* 1. C. Rn 34; *K. Schmidt*, GesellRecht, § 20 II 3 a bb.

seine Einlage nicht (vollständig) als Geldbetrag, sondern in anderer Weise in Form einer Sachleistung in das Gesellschaftsvermögen geleistet hat, ist der **objektive Wert** entscheidend.[901] Die Bewertung liegt aus Gründen des Gläubigerschutzes nicht, wie im Innenverhältnis möglich, im Ermessen der Gesellschafter.[902] Eine Höherbewertung der Sacheinlage durch die Gesellschafter bleibt somit ohne Wirkung. [903] Der Kommanditist wird nur in Höhe des effektiv im Rahmen einer Vollwertigkeitsprüfung festgestellten Werts von seiner Haftung befreit.[904]

532 **bb)** Durch **Stehen lassen von Gewinnen**, § 167 Abs. 2 HGB, die nicht zur Deckung von Verlusten nach § 169 Abs. 1 S. 2, 2. HS HGB benötigt werden.

533 **cc)** Durch die **Befriedigung von Gesellschaftsgläubigern**.[905] Hierbei ist allerdings zu differenzieren zwischen Einlage und Haftung. Die direkte Zahlung an einen Gläubiger erfolgt, soweit die Einlage noch nicht an die Gesellschaft geleistet wurde, „auf die Haftung" und nicht „auf die Einlage", d. h. die Einlage gilt in diesem Fall als nicht geleistet.[906] Gegenüber den Gesellschaftsgläubigern führt die Zahlung an den Gläubiger zu einer Verminderung oder zur vollständigen Beseitigung der zuvor noch bestehenden beschränkten Haftung.[907] Die Einlageforderung der Gesellschaft gegenüber dem Kommanditisten besteht allerdings weiterhin. Da der Kommanditist aber bereits an den Gläubiger gezahlt hat, steht ihm gem. §§ 161 Abs. 2, 110 Abs. 1 HGB ein Aufwendungsersatzanspruch gegen die Gesellschaft zu. Durch Aufrechnung gem. §§ 387, 389 BGB kann sich der Kommanditist von seiner Einlageschuld befreien und zwar zum vollen Nennwert der an den Gläubiger geleisteten Summe. Das gilt auch, wenn der Anspruch gegen die Gesellschaft nicht mehr vollwertig war.[908]
Befriedigt der Kommanditist ohne Verpflichtung im Außenverhältnis freiwillig einen Gesellschaftsgläubiger, kann nicht nur die Gesellschaft gem. §§ 161 Abs. 2, 110 Abs. 1 HGB auf Aufwendungsersatz in Anspruch genommen werden, sondern auch der Komplementär nach § 426 BGB so, als ob der Kommanditist selbst die Stellung eines Komplementärs hätte.[909]

534 **dd)** Durch **Aufrechnung** mit einer gegen die Gesellschaft gerichteten Forderung. Sofern der Kommanditist gegen die KG eine Forderung hat, kann er gegen diese Forderung gem. § 387 BGB mit seiner Einlageschuld aufrechnen, statt zu zahlen. Bei dieser Konstellation erlöschen die gegenüberstehenden Forderungen allerdings nicht, wie bei der Befriedigung von Gesellschaftsgläubigern, gem. § 389 BGB in Höhe des Nennwerts. Vielmehr muss nach den oben genannten Vorraussetzungen

---

[901] *Grunewald* 1. C. Rn 37 m. Verw. auf BGHZ **39**, 319, 329; **61**, 59, 72 f.; **95**, 188, 195 ff.; *Baumbach/Hopt* § 171 Rn 6.
[902] *Kraft/Kreutz* E. III 3. b bb (1), S. 242 f.
[903] *Grunewald* 1. C. Rn 37.
[904] Vgl. BGHZ **39**, 319, 329 f.; *Koller* in: Koller/Roth/Morck §§ 171, 172 Rn 14; *K. Schmidt*, GesellRecht, § 54 II 3 b (S. 1572).
[905] Vgl. BGHZ **39**, 319, 328; *Kraft/Kreutz* E. III. 3. b bb (3), S. 243.
[906] *K. Schmidt*, GesellRecht, § 54 II 3 a (S. 1568).
[907] Vgl. *Koller* in: Koller/Roth/Morck §§ 171, 172 Rn 16, 20; *Baumbach/Hopt* § 171 Rn 8; *Heymann/Horn* § 171 Rn 21.
[908] Vgl. *K. Schmidt*, GesellRecht, § 54 II 2 a (S. 1568); *Koller* in: Koller/Roth/Morck §§ 171, 172 Rn 16; BGHZ **63**, 338, 342; BGH BB **1994**, 883.
[909] BGH NJW RR **2002**, 455; vgl. *Hirte*, NJW **2003**, 1286 f. Dieser Ersatzanspruch, der ggf. um den eigenen Verlustanteil zu kürzen ist, besteht aber nur dann, wenn die Gesellschaft nicht in der Lage oder bereit ist, zu zahlen. Dabei reicht es aus, wenn die Gesellschaft nach Aufforderung nicht zahlt, *Hirte* aaO.

eine objektive Wertdeckung gegeben sein, wobei darauf abzustellen ist, in welcher Höhe das Vermögen der Gesellschaft effektiv erhöht wurde.[910] Die Aufrechnung gegen Gesellschaftsschulden ist somit analog den Grundsätzen bei der Sacheinlage zu behandeln.[911]

Hinweis für die Fallbearbeitung: Es ist darauf zu achten, dass abweichend zur Regelung des § 389 BGB der **Zeitpunkt der Aufrechnung** für die Beurteilung der Vollwertigkeit der Forderung maßgeblich ist und nicht die Aufrechnungslage des § 389 BGB. Eine andere Betrachtung ist mit dem Kapitalaufbringungsgrundsatz unvereinbar.[912]

535 **ee)** Ein Erlassen oder die Stundung der Beitragspflicht ist den Gesellschaftsgläubigern gem. § 172 Abs. 3 HGB gegenüber unwirksam und hat somit keine haftungsbefreiende Wirkung.

Eine weitere Form der Einlagenleistung ist es, wenn der Kommanditist aufgrund seiner persönlichen Haftung von einem Gesellschaftsgläubiger in Anspruch genommen wird und daraufhin Verbindlichkeiten der Gesellschaft erfüllt.

d) Wiederaufleben der persönlichen Kommanditistenhaftung

536 Die persönliche Haftung der Kommanditisten gegenüber den Gesellschaftsgläubigern lebt wieder auf, soweit die Einlage zurückgezahlt wird (§ 172 Abs. 4 S. 1 HGB) oder soweit ein Kommanditist Gewinnanteile entnimmt, obwohl sie nach § 169 Abs. 1 S. 2 HGB zur Auffüllung seiner durch Verluste geminderten Hafteinlage hätten verwendet werden müssen (§ 172 Abs. 4 S. 2 HGB). Die letztere Konstellation ergibt sich wegen § 169 Abs. 1 S. 2 HGB nur, wenn durch die Entnahme des Gewinnanteils die mangelnde Deckung der Haftsumme entsteht, da der Kommanditist nur eine Gewinnauszahlung verlangen kann, wenn die Haftsumme zunächst gedeckt ist.

Beispiel: K ist Kommanditist der X-KG, deren Bilanz für das vergangene Jahr keinen Gewinn ausweist. Da jedoch in den Bilanzansätzen erhebliche stille Reserven enthalten sind, erstellt der Komplementär A einen Vermögensstatus und zahlt dem K den danach ermittelten Gewinnanteil von EUR 20.000,- aus. Wenig später erleidet die KG große Verluste und kann ihre Verpflichtungen nicht mehr erfüllen. Daraufhin verlangen die Gläubiger von K Rückzahlung der EUR 20.000,-. Im Interesse eines wirksamen Gläubigerschutzes ist allein aufgrund einer Erfolgsbilanz mit fortgeschriebenen Buchwerten zu beurteilen, ob im Zeitpunkt der vom Kommanditisten getätigten Entnahme dessen Kapitalanteil durch Verluste unter den Betrag der geleisteten Haftsumme herabgesetzt war oder durch die Entnahme herabgesetzt wird. Da A auf andere, dem K günstigere Wertansätze abgestellt hat, schuldet K Rückzahlung der EUR 20.000,-.[913]

Beim (umstrittenen)[914] Tatbestand des § 172 Abs. 4 S. 1 HGB sind zwei Fallgruppen zu unterscheiden[915]:

---

[910] BGHZ **95**, 188; *Grunewald* 1. C. Rn 37 f.; *Koller* in: Koller/Roth/Morck §§ 171, 172 Rn 15; *Baumbach/Hopt* § 171 Rn 20; *K. Schmidt* in: MünchKommHGB §§ 171, 172 Rn 59 f.
[911] *K. Schmidt*, GesellRecht, § 54 II 3 c (S. 1573).
[912] BGHZ **95**, 188; *K. Schmidt*, GesellRecht, § 54 II 3 c bb.
[913] Vgl. BGHZ **109**, 334; kritisch *K. Schmidt*, GesellRecht, § 54 III 2 c.
[914] Vgl. ausführlich *K. Schmidt* in: MünchKommHGB §§ 171, 172 Rn 66 ff.
[915] *K. Schmidt*, GesellRecht, § 54 III 2 a.

1. **Beseitigung der Kapitalbindung:** Hiermit ist die Entnahme vom Einlagenkonto gemeint, worunter nicht nur die Auszahlung, sondern jede freie Verfügbarmachung der Einlage fällt (z.B. Umwandlung des Einlagekontos in ein Darlehenskonto).[916] **537**

2. **Zuwendung aus gebundenem Vermögen:** Dies ist jeder Kapitalrückfluss an den Kommanditisten oder für seine Rechnung an einen Dritten, der nicht aus dem Darlehenskonto oder aus entnahmefähigen Gewinnen erfolgt, wobei angemessen abgewickelte Verkehrsgeschäfte keine Rückzahlung der Einlage darstellen.[917] **538**

Haftungsunschädlich für einen Kommanditisten ist es, wenn ein Komplementär aus seinem Vermögen an den Kommanditisten leistet, d. h. diese Fälle führen nicht zu einem Wiederaufleben der Kommanditistenhaftung. Im Übrigen gilt dies auch dann, wenn der Komplementär aus seinem Vermögen (z.B. durch Umbuchung von seinem Kapitalkonto) die Einlage für einen Kommanditisten leistet, vgl. § 267 Abs. 1 BGB (Leistung durch Dritte).[918] Die Gläubiger haben insofern keinen Anspruch darauf, dass ihnen das ursprünglich vorhandene Komplementärvermögen erhalten bleibt.

539 Im Interesse der gleichmäßigen und anteiligen Befriedigung der Gesellschaftsgläubiger wird im **Insolvenzverfahren** über das Vermögen der KG die Haftung bis zur Höhe der noch oder wieder offenen Haftsummen vom Insolvenzverwalter geltend gemacht. Damit wird die Verfügungsbefugnis der Gläubiger über die Inanspruchnahme der Haftung der Kommanditisten ausgeschlossen.[919] Dem Anspruch des Verwalters aus § 171 Abs. 2 HGB können die Kommanditisten nur solche persönlichen Einwendungen entgegenhalten, die ihnen nicht nur gegenüber einzelnen, sondern gegenüber allen Gesellschaftsgläubigern zustehen.

e) Kommanditistenhaftung bei Umwandlung und Übertragung

540 Bei einer (vertraglichen) **Umwandlung** der Gesellschafterstellung bleibt die Zugehörigkeit zur Gesellschaft ununterbrochen erhalten; es ändern sich lediglich die Mitgliedschaftsrechte und die Haftung.[920] Der zu einem Komplementär werdende Kommanditist haftet gem. §§ 161 Abs. 2, 128 HGB für die Neuverbindlichkeiten und nach §§ 161 Abs. 1, 130 Abs. 1 HGB analog für die Altverbindlichkeiten.[921] Im umgekehrten Fall (Komplementär wird zum Kommanditisten) haftet der Kommanditist für die Altverbindlichkeiten gem. §§ 160 Abs. 3 S. 1, 160 Abs. 1 und 2 HGB so, als wäre er aus der Gesellschaft ausgeschieden. Daneben tritt gem. § 160 Abs. 3 S. 3 HGB die allgemeine Kommanditistenhaftung.

[916] *K. Schmidt*, GesellRecht, § 54 III 2 a aa; a. A. die h. M., vgl. BGHZ **39**, 319, 331, wonach Rückzahlung i. S. d. §§ 172 Abs. 4 S. 1, 171 Abs. 1 HGB „nur eine Zuwendung an den Kommanditisten [ist], durch die dem Gesellschaftsvermögen Vermögenswerte ohne eine entsprechende Gegenleistung entzogen werden". Nach *K. Schmidt* (a.a.O.) handelt es sich beim Darlehen allerdings um Fremdkapital, das der Gesellschaft kein haftendes Vermögen beschaffen kann.

[917] *K. Schmidt*, GesellRecht, § 54 III 2 a bb m. w. N.

[918] BGHZ **93**, 246, 293 f.; BGHZ **101**, 123, 126 f.; *Grunewald* 1. C. Rn 35; *Baumbach/Hopt* § 171 Rn 5 u. § 172 Rn 6; *K. Schmidt*, GesellRecht, § 54 III 4 a.

[919] *Kraft/Kreutz* E. III. 3. b cc, S. 244; vgl. BGH WM **1990**, 1417, 1419.

[920] *Kraft/Kreutz* E. III. 3. e cc, S. 246.

[921] *Koller* in: Koller/Roth/Morck § 130 Rn 1; *Kraft/Kreutz* E. III. 3. e cc, S. 246; BGH NJW **1987**, 3186.

Überträgt ein Kommanditist seinen Gesellschaftsanteil durch ein Verfügungsgeschäft auf einen anderen, liegt darin keine Rückzahlung der Einlage aus dem Gesellschaftsvermögen.[922] Im Gegensatz zum Aus- und Eintritt, bei dem die Kommanditeinlage doppelt zu erbringen wäre, muss sie im Falle einer Anteilsübertragung nur einmal abgedeckt sein.[923] Der Erwerber haftet nicht, soweit der Veräußerer seine Einlage vollständig geleistet hat und keine Rückzahlung stattgefunden hat, §§ 171 Abs. 1, 2. HS, 171 Abs. 4 HGB. Andernfalls haftet der Erwerber analog § 173 Abs. 1 (da ein eigentlicher Eintritt nicht vorliegt).[924]

541 **Hinweis für die Fallbearbeitung:** Der Veräußerer muss im Rahmen der Übertragung dafür sorgen, dass im Handelsregister ein Rechtsnachfolgevermerk eingetragen wird, damit nicht der Eindruck entsteht, dass die Haftungsmasse erhöht wurde und er dann nach §§ 171, 172 Abs. 4 analog, 15 Abs. 1 HGB haften würde.[925]

4. Beendigung der KG: Auflösung und Auseinandersetzung

a) Auflösungsgründe

542 Für die Auflösung der KG gelten dieselben Regelungen wie für die OHG, §§ 161 Abs. 2, 131 HGB. Beim Tod eines Kommanditisten treten gem. der (dispositiven)[926] Regelung des § 177 HGB die Erben im Rahmen der Gesamtrechtsnachfolge (§ 1922 Abs. 1 BGB) an seine Stelle.

Ein Auflösungsgrund für die KG ist es, wenn der einzige Komplementär wegfällt, z.B. wenn er gem. §§ 161 Abs. 2, 140 Abs. 1 HGB ausgeschlossen wird oder wenn seinen Erben nach § 139 HGB die Rechtsstellung von Kommanditisten eingeräumt wird. Auch wenn der einzige Kommanditist wegfällt, ist die KG beendet, da es keine Einmann-Personengesellschaft gibt.[927] Besteht die Gesellschaft nur noch aus Komplementären, dann wird die Gesellschaft zur OHG; bleiben nur noch Kommanditisten übrig, dann liegt eine aufgelöste KG vor, wobei die Kommanditisten entweder die Liquidation oder die Fortsetzung der Gesellschaft betreiben können. In letzterem Fall muss aber entweder ein neuer Komplementär aufgenommen werden oder die Fortsetzung als OHG beschlossen werden.[928]

b) Die Auseinandersetzung der aufgelösten Gesellschaft

543 Nach der Auflösung der KG haben sich die Gesellschafter hinsichtlich des Gesellschaftsvermögens in gleicher Weise auseinanderzusetzen wie die Gesellschafter einer OHG. Zu den Liquidatoren gehören nach §§ 161 Abs. 2, 146 Abs. 1 S. 1 HGB auch die Kommanditisten, die durch die Auflösung eine Abwicklungs- und Vertre-

---

[922] *Grunewald* 1. C. Rn 58.
[923] *K. Schmidt*, GesellRecht, § 54 IV 3 (S. 1590).
[924] *Kraft/Kreutz* E. III. 3. e dd, S. 246 f.
[925] Der Erwerber könnte sich auf die Leistung der Einlage durch den Veräußerer mit der Wirkung des § 171 Abs. 1, 2. HS HGB berufen, wobei die im Handelsregister für den Veräußerer eingetragene Haftsumme nicht mehr durch dessen Einlage gedeckt wäre, vgl. BGHZ **81**, 82; *Grunewald* 1. C. Rn 59; *Kraft/Kreutz* E. III. 3. e dd, S. 246 f.
[926] *Koller* in: Koller/Roth/Morck § 177 Rn 10.
[927] *Kraft/Kreutz* E. IV., S. 248.
[928] Vgl. *K. Schmidt*, GesellRecht, § 53 V 1 a (S. 1555).

tungsbefugnis erlangen, sofern der Gesellschaftsvertrag oder ein Gesellschafterbeschluss nicht eine andere Regelung trifft. Ansprüche der Gesellschaftsgläubiger gegen die Komplementäre und gegen die Kommanditisten verjähren wie bei der OHG fünf Jahre nach der Auflösung, §§ 161 Abs. 2, 159 Abs. 1 HGB.

5. Gesellschafterwechsel

544 Für einen Mitgliederwechsel bei der KG gelten die für die OHG maßgeblichen Grundsätze. Besonderheiten ergeben sich lediglich im Rahmen der Haftungsfragen und dort insbesondere im Hinblick auf die Kommanditisten beim Beitritt und Ausscheiden, der Übertragung der Mitgliedschaft sowie dem Tod eines Gesellschafters. Die wesentlichen Grundsätze und Probleme dazu wurden bereits dargestellt.

545 **Beispielsfall – KG:**[929] C, der nach Feierabend einen gut laufenden PC-Handel betreibt, nimmt im Juli 2002 bei der B-Bank ein Darlehen in Höhe von EUR 10.000,- auf, um dafür PCs und Zubehör zu erwerben. In der Folgezeit laufen die Geschäfte immer besser, so dass der C zusätzliches Kapital sowie einen Lager- und Ausstellungsraum benötigt. Der Freund F des C verfügt über ausreichendes Kapital und entsprechende Räumlichkeiten. Er möchte den expandierenden Handel gemeinsam mit C betreiben und dabei die mittlerweile umfangreiche Korrespondenz sowie die nunmehr erforderliche kaufmännische Buchhaltung erledigen. Am 09.08.2002 vereinbaren C und F die Gründung einer Gesellschaft, bei der C das volle unternehmerische Risiko tragen soll und F nur bis zur Höhe seiner Kapitaleinlage von EUR 8.000,- für Verbindlichkeiten haften soll. Der Geschäftsbetrieb wird unmittelbar nach Anmeldung der Gesellschaft (11.08.2002) unter der Firma „C & Co. KG" aufgenommen. Die Eintragung in das Handelsregister erfolgt im September 2002. Zum Erwerb von Betriebs- und Geschäftsausstattung nimmt C mit Einverständnis des F im August 2002 bei der D-Bank im Namen der KG ein Darlehen in Höhe von EUR 15.000,- auf. Nachdem die KG in Zahlungsschwierigkeiten gerät und beide aufgenommenen Darlehen fällig werden, verlangen die B- und die D-Bank von F persönlich die Rückzahlung. F, der seine Einlagen am 10.08.2002 an die KG geleistet hat, verweigert die Zahlung.

Lösung: Ein Rückzahlungsanspruch der **B-Bank** könnte gem. §§ 488 Abs. 1 S. 2 BGB, 176 Abs. 1 S. 1, 28 Abs. 1 S. 1 HGB bestehen. F muss gem. § 176 Abs. 1 S. 1 HGB Kommanditist einer KG sein. Die KG ist in § 161 Abs. 1 HGB definiert. Am 09.08.2002 haben C und F einen Vertrag geschlossen, der auf den Betrieb eines Handelsgeschäfts (PC-Vertrieb) gerichtet war. Dabei sollte F nur bis zur Höhe seiner Einlage haften (= Kommanditist) und C unbeschränkt persönlich (=Komplementär). Im Innenverhältnis zwischen C und F ist somit am 09.08.2002 eine KG entstanden. Die KG muss gem. § 176 Abs. 1 S. 1 HGB auch im Außenverhältnis gegenüber Dritten bereits vor der Eintragung ins Handelsregister[930] wirksam entstanden sein. Beginnt die Gesellschaft ihre Geschäfte allerdings schon vor der Eintragung, so tritt die Wirksamkeit mit dem Zeitpunkt des Geschäftsbeginns ein, soweit nicht aus §§ 2 oder 105 Abs. 2 HGB etwas anderes ergibt, §§ 161 Abs. 2, 123 Abs. 2 HGB. Soweit danach die Gesellschaft keinen in kaufmännischer Weise eingerichteten Geschäftsbetrieb erfordert (§ 1 Abs. 2 HGB), begründet der Geschäftsbeginn noch keine KG. Dass der C zunächst nach Feierabend ein derartiges Kleingewerbe betrieben hat, ist unerheblich, da es auf die Verhältnisse der Gesell-

[929] Angelehnt an *Timm/Schöne*, Fall 19 (S. 219 ff.).
[930] Eine KG entsteht gem. §§ 161 Abs. 2, 123 Abs. 1 HGB grundsätzlich erst mit Eintragung ins Handelsregister.

schaft ankommt.[931] Die KG erforderte seit der Gründung (09.08.2002) einen kaufmännischen Geschäftsbetrieb und ist damit seit 11.08.2002 auch im Außenverhältnis wirksam entstanden. Fraglich ist, ob es sich bei der Forderung der B-Bank um eine Verbindlichkeit der Gesellschaft handelt, da der Darlehensvertrag im Juli 2002 mit C als Einzelunternehmer geschlossen wurde. Die KG führt das Unternehmen des C fort und könnte deshalb nach § 28 Abs. 1 S. 1 HGB haften. F ist als Kommanditist in das Geschäft des C eingetreten. Weiterhin müsste C Einzelkaufmann gewesen sein. C war als Kleingewerbetreibender kein Kaufmann i. S. v. § 1 HGB. Umstritten ist, ob § 28 Abs. 1 S. 1 HGB auch Kleingewerbetreibende erfasst.[932] Nach dem Sinn und Zweck des § 28 HGB (Gläubigerschutz vor Entzug des haftenden Vermögens durch Überführung in ein Gesamthandsvermögen[933]) ist das der Fall, wobei die Gläubiger von Kleingewerbetreibenden – die überdies nicht schlechter gestellt werden, da lediglich die Haftung der entstehenden Gesellschaft geregelt wird – nicht weniger schutzbedürftig als die Gläubiger von Kaufleuten sind.[934] Die Forderung der B-Bank ist somit eine Verbindlichkeit der der KG. Gem. § 176 Abs. 1 S. 1 HGB muss die Verbindlichkeit weiterhin zwischen dem Abschluss des Gesellschaftsvertrags (09.08.2002) und der Eintragung (September 2002) entstanden sein. Die Forderung ist bereits im Juli 2002 entstanden, daher wäre diese Voraussetzung nicht erfüllt. Zu einer Verbindlichkeit der Gesellschaft wurde die Forderung gem. § 28 Abs. 1 S. 1 HGB mit Geschäftsaufnahme der KG aber erst am 09.08.2002. Das Abstellen auf diesen Zeitpunkt würde zwar eine Haftung des F begründen. Maßgeblich ist nach h. M. allerdings der Zeitpunkt, zu dem die rechtsgeschäftlichen Erklärungen zum jeweiligen Geschäft abgegeben wurden, da durch § 176 Abs. 1 HGB vorrangig die Gläubiger geschützt werden sollen, die die beschränkte Haftung der Kommanditisten vor der Eintragung nicht dem Handelsregister entnehmen können.[935] Somit haftet F nicht für die Forderung der B-Bank. Auch eine Haftung des F nach §§ 171 Abs. 1, 28 Abs. 1 S. 1 HGB, 448 Abs. 1 S. 2 BGB scheidet aus, da F seine Einlage bereits am 10.08.2002 geleistet hat. Allerdings könnte die **D-Bank** einen Anspruch gegen F auf Rückzahlung des Darlehens vom August 2002 gem. §§ 176 Abs. 1 S. 1 HGB, 488 Abs. 1 S. 2 BGB haben. Hier liegen alle Voraussetzungen vor. Auch gibt es keine Anhaltspunkte dafür, dass die Ausnahme des § 176 Abs. 1 S. 1, letzter HS HGB greift und die D-Bank die beschränkte Haftung des F kannte. Somit hat lediglich die D-Bank einen Anspruch gegen F auf Zahlung von EUR 15.000,-.

6. Sonderform: Publikums-KG

a) Allgemeines

546 Die Publikums- oder Massen-KG ist eine Personengesellschaft, die von ihren Gründern auf den Beitritt zahlreicher Kapitalanleger konzipiert ist.[936] Hierbei entwerfen die Gründer den Gesellschaftsvertrag, den die neuen Gesellschafter (i. d. R. Kommanditisten) dann „nur noch unterschreiben". Diese Gesellschaftsform wurde insbesondere von den Abschreibungsgesellschaften und von geschlossenen Immobilienfonds genutzt. Im Vergleich z.B. zur Aktiengesellschaft besteht bei einer Publi-

[931] *Timm/Schöne*, Fall 19 A 1 b (S. 220 f.).

[932] Darstellung des Streitstands im Einzelnen bei *Timm/Schöne*, Fall 19 A 1 c (S. 221 f.).

[933] *Timm/Schöne*, Fall 19 A 1 c (S. 222) mit Verweis auf BGH NJW **1966**, 1917 u. *Lieb* in: MünchKommHGB § 28 Rn 9.

[934] Das gilt zumindest, soweit mit dem Geschäftseintritt eine Personenhandelsgesellschaft wie z. B. die KG entsteht, vgl. *Timm/Schöne* a. a. O.

[935] *Timm/Schöne*, Fall 19 A 1 d (S. 222 f.) mit Verweis auf BGHZ **82**, 209, 215, str.

kumspersonengesellschaft eine hohe Flexibilität, da das positive Recht keine Sonderregelungen für diese Gesellschaftsform enthält. Dies ging allerdings insbesondere aufgrund unseriöser Geschäftspraktiken insbesondere bei der Abschreibungsbranche häufig auf Kosten der Seriosität. Als Rechtsform wird häufig die „GmbH & Co. KG" gewählt.

Bei der standardisierten Form des Eintritts in eine derartige Gesellschaft bestehen vielfältige Gefahren, da die Kommanditisten nur eine günstige Abschreibungsmöglichkeit sehen und daher den vorgefertigten Gesellschaftsvertrag häufig unbesehen unterzeichnen. Die Beteiligung spaltet sich hierbei meist in eine real zu zahlende Hafteinlage und in die Gewährung eines Darlehens in Form einer stillen Beteiligung, welches aber nicht valutiert werden muss.[937] So kann eine erheblich größere Beteiligung an der Gesellschaft erreicht werden, die indes nicht voll erbracht werden muss.

b) Besonderheiten

547 Gegenüber den üblichen Grundsätzen bei Personengesellschaften hat insbesondere die Rechtsprechung folgende, beispielhaft genannten, Grundsätze aufgestellt, die vor allem dem Anlegerschutz dienen sollen:

- Formzwang bezüglich aller Verpflichtungen der Kommanditisten gegenüber den Gründungsgesellschaftern: schriftliche Vertragsregelung bzw. förmlich dokumentierter Mehrheitsbeschluss[938]
- Inhaltskontrolle der Gesellschaftsverträge gem. § 242 BGB[939]
- Austrittsrecht bei wichtigem Grund[940]
- Bürgerlich-rechtliche Prospekthaftung[941] (schuldhaft unrichtige oder unvollständige Werbeprospekte führen zur Prospekthaftung, die grundsätzlich alle trifft, denen die fehlerhafte Information zurechenbar ist. Der Neugesellschafter kann dann entweder an der Beteiligung festhalten und den Ersatz der Mehraufwendungen verlangen oder auf die Beteiligung verzichten und Schadensersatz verlangen)
- Schadensersatz nach § 823 Abs. 2 BGB i. V. m. § 264 a StGB[942]
- Der Bestimmtheitsgrundsatz zur Abwehr von Mehrheitsbeschlüssen gilt nicht, womit vertragsändernde Mehrheitsbeschlüsse zulässig sind, ohne dass der Gesellschaftsvertrag die Beschlussgegenstände näher bezeichnet.[943]

---

[936] *K. Schmidt*, GesellRecht, § 57 I 1 a.
[937] Siehe dazu *K. Schmidt*, GesellRecht, § 57 III 2 a.
[938] BGH NJW **1979**, 419; *Kraft/Kreutz* E. V. 3. b, S. 252.
[939] BGHZ **102**, 172 mwN; OLG München NJW-RR **1987**, 925; *K. Schmidt*, GesellRecht, § 57 IV 1 b.
[940] BGHZ **63**, 338, 345; **69**, 160, 163; *K. Schmidt*, GesellRecht, § 57 II 1 b und § 57 IV 2 a.
[941] BGHZ **79**, 337, 340 ff.; **83**, 222, 223 ff.; *Kraft/Kreutz* E. V. 3. f, S. 254 f.
[942] BGHZ **116**, 7.
[943] BGHZ **71**, 53, 58 f.; *Kraft/Kreutz* E. V. 3. c, S. 252 f.

D. Die Partnerschaftsgesellschaft

I. Gemeinsame Berufsausübung von Freiberuflern

548 Durch das Gesetz zur Schaffung von Partnerschaftsgesellschaften (PartGG, am 1.7.1995 in Kraft getreten) ist eine neue **registerfähige** Personengesellschaft für die **gemeinsame Berufsausübung von Freiberuflern** (Ärzte, Rechtsanwälte, Steuerberater, Wirtschaftsprüfer usw.) geschaffen worden. Ihr Zweck ist auf die aktive gemeinsame Ausübung freier Berufstätigkeit gerichtet, ausgeschlossen sind also bloße Kapitalbeteiligungen.[944]

549 Da die Freien Berufe **kein Gewerbe** im handelsrechtlichen Sinn ausüben, sind sie keine Kaufleute, so dass für ihre gemeinsame Berufsausübung nur die Gesellschaft bürgerlichen Rechts in Frage kam. Mit der Einführung der Partnerschaftsgesellschaft hat der Gesetzgeber eine **Sondergesellschaftsform** nur für die Freien Berufe geschaffen.[945] Die Partnerschaftsgesellschaft steht den Freiberuflern frei. Sie können sich auch weiterhin für die BGB-Gesellschaft als Gesellschaftsform entscheiden. Einen Automatismus wie z.B. zwischen BGB-Gesellschaft und der oHG, mit dem eine BGB-Gesellschaft mit Aufnahme einer qualifizierten Tätigkeit zur Partnerschaftsgesellschaft wird, gibt es jedoch nicht. Durch die jüngere höchstrichterliche Rechtsprechung hat die Partnerschaft jedoch wieder an Bedeutung verloren. Der Grund hierfür besteht darin, dass fast gleichzeitig mit der Schaffung der Partnerschaft durch den Gesetzgeber die Freiberufler-GmbH bei Zahnärzten und Rechtsanwälten als zulässig anerkannt wurde[946] (bisher ca. 300 eingetragene Partnerschaften: Stand 1997; ca. 2000 im Jahre 1998).

II. Gründung der Partnerschaftsgesellschaft

550 Angehörige einer Partnerschaft können nur **natürliche, freiberuflich tätige Personen** sein, § 1 Abs. 1 S. 1 und 3 PartGG. Die Freien Berufe haben im Allgemeinen auf der Grundlage besonderer beruflicher Qualifikation oder schöpferischer Begabung die persönliche, eigenverantwortliche und fachlich unabhängige Erbringung von Dienstleistungen höherer Art im Interesse der Auftraggeber und der Allgemeinheit zum Inhalt.[947]

Gründungsvoraussetzungen sind der **Abschluss eines schriftlichen Partnerschaftsvertrages** zwischen mehreren Partnern und die Eintragung ins **Partnerschaftsregister**, §§ 4 und 7 Abs. 1 PartGG.[948] **Ein Mindestkapital ist nicht erforderlich**.
Der Gesellschaftsvertrag bedarf der **Schriftform** gemäß § 3 Abs. 1 PartGG. Dies ist eine Besonderheit gegenüber den anderen Personengesellschaften. Die Partner-

---

[944] *Eisenhardt*, GesellRecht, Rn 359; kritisch zum Sinn und Zweck der Schaffung der Partnerschaft vgl. *K. Schmidt*, GesellRecht, § 64 I Nr. 2.
[945] *K. Schmidt*, GesellRecht, § 64 I Nr. 1; *Kraft/Kreutz*, S. 277.
[946] BGHZ **124**, 224; BayObLG, NJW **1995**, 199; NJW **1996**, 3217; vgl. hierzu auch *Scharlach/Hoffmann*, WM **2000**, 2082, 2086.
[947] *Lenz* in: Meilicke/Graf v. Westphalen/Hoffmann/Lenz, Komm. PartGG, § 1 Rn 2.
[948] Vgl. zum Vorgang der Anmeldung der Partnerschaft *Lenz* in: Meilicke/Graf v. Westphalen/Hoffmann/Lenz, Komm. PartGG, § 4 Rn 8 ff.

schaftsgesellschaft entsteht im Verhältnis zu Dritten mit ihrer Eintragung, § 7 Abs. 1 PartGG.

Beachte: Die Entstehung erfolgt damit wie bei der oHG in zwei Schritten: Die Partnerschaftsgesellschaft entsteht zunächst im **Innenverhältnis** mit dem **Abschluss des Partnerschaftsvertrages**. Im **Außenverhältnis** wird sie sodann mit ihrer **Eintragung in das Partnerschaftsregister** wirksam.

§ 3 Abs. 2 PartGG enthält den **Mindestinhalt des Partnerschaftsvertrages**:[949]

- den Namen und den Sitz der Partnerschaft
- Namen, Vornamen und Wohnort jedes Partners sowie den oder die in der Partnerschaft ausgeübten Beruf/e
- den Gegenstand der Partnerschaft

551 Der Name der Partnerschaftsgesellschaft muss den Zusatz **„und Partner"** oder **„Partnerschaft"** enthalten. Dieser Zusatz darf nur von Partnerschaftsgesellschaften geführt werden gemäß §§ 2 und 11 Abs. 1 PartGG.[950] Zudem muss sie die Berufsbezeichnungen aller in der Gesellschaft vertretenen Berufe enthalten und darf weder den Namen eines Dritten noch einen irreführenden Zusatz enthalten, § 2 Abs. 1 und 2 PartGG. Durch die Verweisung auf die **firmenrechtlichen Vorschriften des HGB** in § 2 Abs. 2 PartGG ist gewährleistet, dass der Name der Partnerschaft auch nach dem Tode des namensgebenden Partners fortgeführt und damit der mit dem Namen verbundene immaterielle Unternehmenswert erhalten werden kann.

III. Rechtsstellung der Partnerschaftsgesellschaft

552 Die Partnerschaft übt kein Handelsgewerbe aus, § 1 Abs. 1 S. 2 PartGG. Gemäß § 1 Abs. 4 PartGG finden die Vorschriften der BGB-Gesellschaft auf die Partnerschaft ergänzend Anwendung. Ähnlich wie die Personenhandelsgesellschaften oHG und KG ist die Partnerschaft **der juristischen Person angenähert**,[951] denn sie kann unter ihrem Namen Rechte erwerben und Verbindlichkeiten eingehen, Eigentum und andere Rechte an Grundstücken erwerben, vor Gericht klagen und verklagt werden, § 7 Abs. 2 PartGG i.V.m. § 124 HGB.

IV. Geschäftsführung und Vertretung

553 Nach den §§ 6 Abs. 3 und 7 Abs. 3 PartGG sind auf die Partnerschaftsgesellschaft die für die oHG geltenden Regelungen über die Geschäftsführung und Vertretung anwendbar. Die Partner vertreten die Partnerschaft **organschaftlich** in entsprechender Anwendung des Vertretungsrechts der oHG, § 7 Abs. 3 PartGG. Die Partnerschaftsgesellschaft wird damit nach entsprechender Anwendung von §§ 125 Abs. 1, 2 und 4, 126, 127 HGB vertreten. Das bedeutet, dass mangels abweichender Vereinbarung jeder Gesellschafter zur Vertretung der Gesellschaft befugt ist, wobei auch nach § 125 Abs. 2 HGB eine Gesamtvertretung vereinbart werden kann oder die Gesellschafter von der Vertretung ganz ausgeschlossen werden können. Nach § 6 Abs. 2 PartGG ist

---

[949] *Kraft/Kreutz*, S. 278.
[950] Vgl. hierzu BGH ZIP **1997**, 1109.
[951] *Lenz* in: Meilicke/Graf v. Westphalen/Hoffmann/Lenz, Komm. PartGG, § 1 Rn 19; *Kraft/Kreutz*, S. 281.

der völlige Ausschluss eines Partners von der Geschäftsführungsbefugnis jedoch nicht möglich.

V. Haftung

554 Für Ansprüche von Vertragspartnern der Partnerschaftsgesellschaft haften neben dem Vermögen der Partnerschaftsgesellschaft grundsätzlich auch **die Partner persönlich mit ihrem Privatvermögen** als Gesamtschuldner gemäß § 8 Abs. 1 S. 1 PartGG. Ein Gläubiger kann damit entweder die Partnerschaftsgesellschaft, alle Partner oder auch nur einen Partner ganz oder teilweise in Anspruch nehmen.[952] Gemäß § 8 Abs. 1 S. 2 PartGG i.V.m. § 130 Abs. 1 HGB haftet ein neu eintretender Partner für die vor seinem Eintritt begründeten Gesellschaftsverbindlichkeiten. Nach § 8 Abs. 2 PartGG ergibt sich eine **Haftungsbegrenzung**: Nach § 8 Abs. 2 PartGG haften, wenn nur bestimmte Partner mit der Bearbeitung eines Auftrags befasst waren, nur diese persönlich neben der Partnerschaftsgesellschaft. Durch individuelle vertragliche Abrede mit einzelnen Vertragspartnern besteht zudem die Möglichkeit, die Haftung der Partnerschaft oder der ihr angehörigen Partner zu beschränken. Dies ist allerdings nur soweit möglich, wie einer vereinbarten Haftungsbeschränkung nicht berufsrechtliche Schranken entgegenstehen, § 8 Abs. 3 PartGG.

Beispiel: Gemäß § 51a BRAO ist ein genereller Haftungsausschluss bzw. eine Haftungsbeschränkung für Fälle von grober Fahrlässigkeit ausgeschlossen.

Auf ausgeschiedene Partner finden die §§ 159, 160 HGB entsprechende Anwendung, § 10 Abs. 2 PartGG.

VI. Ausscheiden

555 Der Tod oder die Eröffnung des Insolvenzverfahrens über das Vermögen eines Partners oder die Kündigung der Partnerschaft durch einen Partner führt **nur zum Ausscheiden** dieses Partners, während die Partnerschaft unter den übrigen Partnern fortbesteht, § 9 Abs. 2 PartGG. Die Beteiligung an einer Partnerschaftsgesellschaft ist nach § 9 Abs. 4 S. 1 PartGG nicht vererblich. Die Partnerstellung kann aber im Partnerschaftsvertrag gemäß § 9 Abs. 4 S. 2 PartGG „vererblich" gestellt werden. Auch der Verlust der für einen freien Beruf erforderlichen Zulassung führt nur zum Ausscheiden des Betroffenen aus der fortbestehenden Partnerschaft. Der Eintritt eines neuen Partners ist kraft Vertragsfreiheit durch Abschluss eines **Aufnahmevertrages** zwischen dem Neu- und den Alt-Partnern jederzeit möglich.[953]

VII. Beendigung

556 Die Beendigung vollzieht sich bei der Partnerschaft wie bei der oHG in zwei Stufen: der **Auflösung** und der anschließenden **Liquidation**, § 10 PartGG. Nach der Auflösung der Partnerschaft haften die Partner für deren Verbindlichkeiten nach Maßgabe des § 8 Abs. 1, Abs. 2 PartGG weiter. Für diese Ansprüche gilt die Regelung der Verjährung in § 159 HGB gemäß § 10 Abs. 2 PartGG.

---

[952] *Eisenhardt*, GesellRecht, Rn 367; vgl. zur Haftung in der Partnerschaft allgemein *Grunewald*, GesellRecht, S. 171 f. u. *Ulmer* in: MünchKomm., Bd. 5, § 8 PartGG, Rn 5 ff.
[953] *Römermann*, NZG **1998**, 675, 676.

E. Die stille Gesellschaft, §§ 230 – 236 HGB

I. Innengesellschaft

Die stille Gesellschaft ist eine handelsrechtliche Sonderform der BGB-Gesellschaft, ohne jedoch selbst ein Handelsgewerbe zu betreiben, vgl. hierzu den Wortlaut „an dem Handelsgewerbe, das **ein anderer** betreibt,...", § 230 Abs. 1 HGB. Damit kommen die §§ 705 ff. BGB ergänzend zur Anwendung.[954] Die stille Gesellschaft besteht aus zwei Personen, was aus dem Wortlaut des § 230 Abs. 1 HGB abzuleiten ist.[955] **557**

Nach **außen** ist ein Gesellschafter Inhaber des Handelsgewerbes[956], während der stille Gesellschafter **nur im Innenverhältnis** mit einer Vermögenseinlage an dieser Handelsgesellschaft beteiligt ist, § 230 Abs. 1 HGB. Der stille Gesellschafter betreibt **kein Handelsgewerbe**, sondern beteiligt sich nur am Betrieb des Handelsgewerbes eines anderen. Daher ist die stille Gesellschaft auch keine Handelsgesellschaft gemäß § 6 Abs. 1 HGB. **558**

Die stille Gesellschaft ist eine reine Innengesellschaft. Sie bildet kein Gesellschaftsvermögen aus und tritt nach außen nicht in Erscheinung. Daher enthält das HGB auch keine Vorschriften über die Firma, die Vertretung oder die Haftung. Das dem Handelsgewerbe dienende Vermögen steht unmittelbar nur dessen Inhaber zu; der stille Gesellschafter hat hingegen nur schuldrechtliche Ansprüche gegen den Inhaber der stillen Gesellschaft. Ebenso haftet nur er den Gläubigern für die Verbindlichkeiten. Eine Haftung des stillen Gesellschafters ist ausgeschlossen. **559**
Ihre wirtschaftliche Bedeutung erlangt die stille Gesellschaft dadurch, dass sie die Beteiligung an einem Handelsgewerbe

- mit begrenztem Kapitaleinsatz;
- ohne Mitarbeit;
- ohne unmittelbare Haftung;
- ohne Offenlegung im Handelsregister ermöglicht.[957]

Die **typische**[958] stille Gesellschaft ist durch folgende Merkmale gekennzeichnet: **560**

- Sie ist meistens zweigliedrig (auch mehrgliedrige stille Gesellschaft möglich).
- Sie gibt dem stillen Gesellschafter keine Rechte, die wesentlich über die gesetzlichen Regeln der §§ 230 ff. HGB hinausgehen.

---

[954] *K. Schmidt* in: MünchKommHGB, § 230 Rn 6 u. Rn 136 ff.; *Grunewald*, GesellRecht, S. 151.
[955] Die Personengesellschaft wird heute nicht mehr zwingend als zweigliedrig angesehen; möglich ist auch eine **mehrgliedrige** stille Gesellschaft, die mehrere stille Gesellschafter umfasst. - vgl. BGH NJW **1994**, 1156 ff.; *K. Schmidt*, DB **1976**, 1705 ff.; *ders.*, GesellRecht, § 62 II 2 c); *Kraft/Kreutz, S.* 268.
[956] Eine stille Gesellschaft liegt nur vor, wenn die Beteiligung an einem Handelsgewerbe erfolgt; erfolgt die Beteiligung an einer Gesellschaft, die kein Handelsgewerbe betreibt (z.B. BGB-Gesellschaft), dann handelt es sich um eine bloße **Unterbeteiligung**. –vgl. *Grunewald*, GesellRecht, S. 152.
[957] Vgl. *Kraft/Kreutz*, S. 268.
[958] Vgl. zu den Formen **atypischer stiller Gesellschaften**, *Kraft/Kreutz*, S. 273 f.

- Das Einlageverhältnis zwischen dem stillen Gesellschafter und dem Unternehmensträger ist ein **qualifiziertes Kreditverhältnis**; die stille Einlage ist **Fremdkapital**, nicht Eigenkapital.

II. Entstehung

561 Die stille Gesellschaft setzt den Abschluss eines Gesellschaftsvertrages voraus, für den dieselben Regeln gelten wie für den Vertrag über die Gründung einer BGB-Gesellschaft.

Voraussetzungen vgl. §§ 230, 231 HGB:

- grundsätzlich formloser, auch konkludenter **Vertrag** zwischen mindestens zwei Personen
- Geschäftsinhaber muss **Kaufmann** sein; stiller Gesellschafter kann jede natürliche und juristische Person, insbesondere auch eine oHG, KG, BGB-Gesellschaft und sogar die Erbengemeinschaft[959] werden.
- **Gemeinsamer Zweck** muss die Beteiligung des Stillen am Betrieb des Handelsgewerbes des Geschäftsinhabers sein.
- **Unterschiedliche Förderpflicht**: Der Geschäftsinhaber verspricht ein Handelsgewerbe zu betreiben und den stillen Gesellschafter am Gewinn des Geschäftsbetriebes zu beteiligen. Der Stille verspricht, eine Vermögenseinlage in das Vermögen des Geschäftsinhabers zu leisten.

Beachte: Grundsätzlich ist der Gesellschaftsvertrag bei der stillen Gesellschaft **formlos**. Umstritten ist aber das **Formbedürfnis bei der Schenkung stiller Einlagen**. Gestritten wird darum, ob die schenkweise „Einbuchung" einer stillen Einlage einen heilenden Schenkungsvollzug i.S.d. § 518 Abs. 2 BGB darstellt. Nach dem BGH führt die unentgeltliche Zuwendung zur Formbedürftigkeit des Gesellschaftsvertrages.[960] Die Literatur hält dem entgegen, dass das Versprechen der stillen Beteiligung ohne Entgelt nur durch die Einräumung der stillen Beteiligung möglich sei.[961] Mehr könne der Schenker nicht tun. Dies hat zur Folge, dass bereits mit Abschluss des Gesellschaftsvertrages die Heilung nach § 518 Abs. 2 BGB eintrete.

III. Gesellschaftszweck

562 Zweck der stillen Gesellschaft ist es, das Handelsgewerbe des Inhabers durch diesen Inhaber für gemeinschaftliche Rechnung zu betreiben. Dieser gemeinsame Zweck unterscheidet die stille Gesellschaft von partiarischen Rechtsverhältnissen, bei denen Leistungen gegen Gewinnbeteiligung erbracht werden, ohne dass eine Zweckvereinbarung unter den Beteiligten besteht (z.B. bei einem Darlehen, einer Verpachtung oder bei der Leistung von Diensten gegen Gewinnbeteiligung). [962] Die Abgrenzung ist im Einzelfall schwierig.[963]

---

[959] RGZ 126, 386.
[960] BGHZ 7, 174, 179.
[961] *K. Schmidt*, GesellRecht, § 62 III, 1.
[962] Vgl. zur Definition *K. Schmidt* in: MünchKommHGB, V. § 230 Rn 46.
[963] Vgl. hierzu *Horn* in: Heymann, § 230 Rn 16.

Beispiel: Großmutter Marie gewährt ihrer Enkelin ein Darlehen von 20.000 €, das sie zum Ausbau ihres Blumengeschäfts verwenden soll. Zinsen sind nicht weiter vereinbart; jedoch soll die Enkelin die Großmutter zu 10 % am Gewinn beteiligen. Handelt es sich hierbei um eine stille Gesellschaft?

Lösung: Das Betreiben des Blumengeschäfts – der Handel mit Blumen – stellt ein Handelsgewerbe i.S.d. § 1 Abs. 2 HGB dar. An diesem Handelsgewerbe müsste sich die Großmutter beteiligt haben i.S.d. § 230 Abs. 1 HGB. Hierzu müssten die beiden einen Gesellschaftsvertrag abgeschlossen haben. Hier kommt lediglich der konkludente Abschluss eines Gesellschaftsvertrages in Betracht. Fraglich ist aber, ob die Großmutter und ihre Enkelin auch einen gemeinsamen Zweck verfolgen. Möglich ist auch, dass es sich vielmehr um ein partiarisches Darlehen handelt. Das partiarische Rechtsverhältnis zeichnet sich dadurch aus, dass eine Leistung gegen Gewinnbeteiligung erbracht wird, ohne dass ein gemeinsamer Zweck verfolgt wird. In Betracht kommt hier als gemeinsamer Zweck die Gewinnerzielungsabsicht. Die konkludente Vereinbarung der Beteiligung am Gewinn gibt hierüber aber nicht hinreichend Aufschluss. Auch wurde sonst in keiner Weise auf die Einräumung etwaiger Rechte des stillen Gesellschafters Bezug genommen, wie z.B. die Einräumung von Kontrollrechten nach § 233 HGB oder die Beteiligung am Verlust gemäß § 231 Abs. 2 HGB. Somit besteht letztlich keine stille Gesellschaft zwischen der Großmutter und ihrer Enkelin.

IV. Gesellschafterrechte und -pflichten

563 Da es sich bei der stillen Gesellschaft im Innenverhältnis um eine echte Gesellschaft handelt, bestehen gegenseitige Verpflichtungen zur Förderung des gemeinsamen Zwecks, sog. **Zweckförderungspflicht**. Der Inhaber kommt seiner Zweckförderungspflicht nach, indem er das Handelsgewerbe für gemeinsame Rechnung betreibt, sog. **Beitragspflicht**. Der stille Gesellschafter hat seine Einlage demgegenüber zu erbringen. Art und Höhe dieser Einlage werden durch den Gesellschaftsvertrag bestimmt.[964]

Nach § 233 HGB hat der stille Gesellschafter dieselben **Kontrollrechte** wie ein Kommanditist. Diese Kontrollrechte können durch den Gesellschaftsvertrag eingeschränkt oder erweitert werden.

Ein **Wettbewerbsverbot** für den stillen Gesellschafter besteht grundsätzlich nicht. Allerdings kann sich auch für ihn aus seiner gesellschaftsrechtlichen Treuepflicht ergeben, dass er im Einzelfall Wettbewerb zu unterlassen hat.[965]

V. Geschäftsführung durch den Inhaber

564 Zur Geschäftsführung ist ausschließlich der Inhaber des Handelsgewerbes berufen, da er nach dem Innenverhältnis zum Betrieb des Handelsgewerbes verpflichtet ist.[966] Der stille Gesellschafter hat keinerlei Geschäftsführungsbefugnisse. Der Gesellschaftsvertrag kann ihm aber weitgehende Einflussmöglichkeiten auf die Führung der Geschäfte einräumen.

Der Geschäftsinhaber hat bei seiner Geschäftsführung die Grundsätze der gesellschaftsrechtlichen Treuepflicht zu beachten. Er darf die Einlage des stillen Gesellschaf-

[964] *Grunewald*, GesellRecht, S. 155; *K. Schmidt* in: MünchKommHGB, § 230 Rn 137.
[965] Vgl. hierzu *K. Schmidt* in: Schlegelberger, § 230 Rn 129 f.; *Grunewald*, GesellRecht, S. 156.
[966] *Eisenhardt*, GesellRecht, Rn 464; *Horn* in: Heymann, § 230 Rn 34.

ters nur bestimmungsgemäß verwenden und ohne dessen Zustimmung keine Maßnahmen treffen, welche die Grundlagen des Handelsgewerbes berühren. Der Haftungsmaßstab bei Schadensersatzansprüchen des stillen Gesellschafters bei einer Verletzung gesellschaftsrechtlicher Pflichten ergibt sich aus § 708 BGB.

VI. Gewinn- und Verlustverteilung, Entnahmerecht

1. Angemessener Anteil

565 Gemäß § 231 HGB steht dem stillen Gesellschafter ein **„den Umständen nach angemessener"** Anteil am Gewinn und am Verlust zu. Im Gesellschaftsvertrag kann aber bestimmt werden, dass der stille Gesellschafter nur am Gewinn, nicht dagegen am Verlust beteiligt wird, § 231 Abs. 2 1. HS HGB. Die Gewinnbeteiligung kann nicht ausgeschlossen werden.[967] Der Gewinn oder Verlust der stillen Gesellschaft ist jeweils am Schluss eines Geschäftsjahres zu ermitteln, § 232 Abs. 1 2. HS HGB. Das Gesetz trifft aber keine Aussagen dazu, wie der Gewinn zu ermitteln ist. Daher enthält der Gesellschaftsvertrag hierzu meist ausführliche Regelungen.

2. Entnahmerecht

566 Ein vom Gewinnanteil unabhängiges Entnahmerecht, wie es nach § 122 Abs. 1 HGB dem Gesellschafter einer oHG zusteht, hat der stille Gesellschafter nicht. Er kann nur nach § 232 Abs. 1 HGB die Auszahlung seines Gewinnanteils verlangen. Ist die Einlage durch Verluste gemindert, so ist der Gewinn zur Deckung der Verluste zu verwenden, § 232 Abs. 2 S. 2 HGB. Eine Auszahlung kann der stille Gesellschafter erst beanspruchen, wenn der Betrag der Einlage wieder erreicht ist, vgl. § 232 Abs. 2 S. 2 2. HS HGB. Der Geschäftsinhaber kann grundsätzlich unabhängig von der Höhe des ihm zustehenden Gewinns Beträge aus dem Vermögen des Handelsgewerbes entnehmen. Ihm obliegt die Geschäftsführung. Das Entnahmerecht ist jedoch dann ausgeschlossen, wenn dadurch die Verwirklichung des Gesellschaftszweckes gefährdet würde.

VII. Auflösung und Auseinandersetzung

567 Die **Beendigung** der stillen Gesellschaft vollzieht sich im Gegensatz zu den anderen Personengesellschaften nur auf **einer Stufe**: Mit Eintritt des Auflösungsgrundes ist die Gesellschaft beendet.[968] Einer Abwicklung bedarf es nicht, da die stille Gesellschaft kein Gesellschaftsvermögen hat und auch nicht nach außen als Gesellschaft auftritt. Der stille Gesellschafter hat lediglich einen schuldrechtlichen Auseinandersetzungsanspruch gegen den Geschäftsinhaber.

Die **Auflösungsgründe** sind in § 234 HGB geregelt. Gemäß § 234 Abs. 2 HGB wird die Gesellschaft **nicht** durch den Tod des stillen Gesellschafters aufgelöst. Dagegen löst der Tod des Geschäftsinhabers die stille Gesellschaft auf. Jeder Gesellschafter kann die stille Gesellschaft ordentlich kündigen; dieselben Regeln wie bei der oHG kommen gemäß § 234 Abs. 1 HGB zur Anwendung. Ebenfalls ist eine außerordentliche Kündigung möglich. Dieses Recht besteht im gleichen Umfang wie in der BGB-Gesellschaft.[969]

---

[967] Wenn die Gewinnbeteiligung aber ausgeschlossen ist, dann besteht die Rechtsfolge nicht in der Nichtigkeit der Vereinbarung, sondern darin, dass eine solche Vereinbarung die Annahme einer stillen Gesellschaft ausschließt. *K. Schmidt* in: MünchKommHGB, § 231 Rn 23.

[968] *Kraft/Kreutz*, S. 272.

[969] *Grunewald*, GesellRecht, S. 162; *Horn* in: Heymann, § 234 Rn 1.

Mit der Auflösung der Gesellschaft erlangt der stille Gesellschafter einen Anspruch gegen den Geschäftsinhaber auf Rückerstattung seiner Einlage unter Berücksichtigung der bis zur Auflösung erzielten Gewinne oder erlittenen Verluste nach Abzug von Entnahmen, § 235 Abs. 1 HGB, sog. **Auseinandersetzungsanspruch**. Bei den schwebenden Geschäften nimmt der stille Gesellschafter noch am Gewinn und Verlust teil gemäß § 235 Abs. 2 HGB.

VIII. Gesellschafterwechsel

568 Wie die anderen Personengesellschaften ist auch die stille Gesellschaft nur für die beiden an dem Gesellschaftsvertrag beteiligten Gesellschafter geschlossen. Ein einseitiges Ausscheiden eines Gesellschafters ist damit grundsätzlich nicht möglich.

Ein einseitiger Beitritt neuer Gesellschafter scheidet schon deshalb aus, weil die stille Gesellschaft grundsätzlich eine zweigliedrige Gesellschaft ist. Die Gesellschafter können einem von ihnen oder sich gegenseitig gestatten, im Einzelfall oder generell abweichend von § 719 BGB ihre Beteiligung an einen Außenstehenden zu übertragen. Der stille Gesellschafter tritt dafür seine Einlage ab; während der Geschäftsinhaber sein Handelsgewerbe auf einen Erwerber überträgt.

F. Die Europäische wirtschaftliche Interessenvereinigung

I. Allgemeines

569 Die Europäische wirtschaftliche Interessenvereinigung (EWIV) ist eine auf europäischer Ebene neu geschaffene Gesellschaftsform. Sie wurde als erste Gesellschaftsform auf der Basis europäischen Rechts durch die EWIV-Verordnung Nr. 2137 / 1985 geschaffen, welche sich auf Art. 235 EWG-Vertrag stützt.

Mit Hilfe dieser Gesellschaftsform soll die grenzüberschreitende Zusammenarbeit von Personen, Gesellschaften und anderen juristischen Einheiten und das Funktionieren eines europäischen Binnenmarktes erleichtert werden, da den Beteiligten nun eine **konforme Rechtsform** zur Verfügung steht. Aus diesem Grunde stehen den Mitgliedern auch weitgehende Freiheiten bei der Ausgestaltung ihrer vertraglichen Beziehungen und der Verfassung der EWIV zu. Der Schutz von Außenstehenden wird durch eine weitgehende Offenlegungspflicht und die unbeschränkte Haftung der Mitglieder der EWIV sichergestellt.[970] Die Anwendbarkeit der einschlägigen Rechtsnormen ist vierschichtig:[971]

1. in erster Linie EWIV-VO
2. in zweiter Linie EWIV-Ausführungsgesetz
3. in dritter Linie nach dem Recht der oHG
4. in vierter Linie nach dem Recht der BGB-Gesellschaft (über § 105 Abs. 3 HGB).

Bis zum November 2001 waren insgesamt 1173 EWIV registriert.[972] Die Zahl der Neugründungen lag in den letzten Jahren bei ca. 80 Vereinigungen pro Jahr.[973]

II. Entstehung

1. Gründungsvertrag

570 Die EWIV entsteht durch den Abschluss eines **Gründungsvertrages** und die **Eintragung** in dem Staat, in dem sie ihren Sitz hat, Art. 1 II EWIV-VO. Art. 5 EWIV-VO legt den Mindestinhalt des Gesellschaftsvertrages fest. Der Gesellschaftsvertrag muss hiernach mindestens den Namen der Vereinigung mit dem Zusatz „EWIV", den Sitz der Vereinigung, den Unternehmensgegenstand, Namen und Rechtsform sowie den Sitz jedes Mitglieds und eine Bestimmung über die Dauer der Vereinigung enthalten.[974]
Nach Art. 4 EWIV-VO können nur **Gesellschaften,** nach Art. 58 Abs. 2 des EWG-Vertrages andere **juristische Vereinigungen**, soweit sie nach dem Recht eines Mitgliedsstaates gegründet sind und **natürliche Personen**, die unternehmerisch tätig sind, Mitglied einer EWIV werden. Ferner sind zur Gründung **mindestens zwei Mitglieder** nötig.

---

[970] *Kraft/Kreutz*, S. 287.
[971] Vgl. hierzu ebenfalls *Kraft/Kreutz*, S. 287.
[972] Libertas Institut, www.libertas-institut.com.
[973] *Schlüter*, EuZW **2002**, 590, 591.
[974] Vgl. auch *Grunewald*, GesellRecht, S. 166.

Der Zweck der EWIV erschöpft sich in der Unterstützung der Mitglieder. Die EWIV steht zwar im Zusammenhang mit der wirtschaftlichen Tätigkeit ihrer Mitglieder; sie darf hierzu aber nur eine **Hilfstätigkeit** bilden. Damit kann die EWIV selbst keinen freien Beruf oder kein freies Gewerbe gegenüber Dritten ausüben. Daher unterliegt die EWIV auch den folgenden Verboten:

- Konzernleitungsverbot
- Holdingverbot
- Verbot der Beschäftigung von mehr als 500 Arbeitnehmern
- Verbot, Mitglied einer anderen EWIV zu werden
- Kreditgewährungsverbot[975]

2. Vor-EWIV

571 Vor dem Abschluss des Gründungsvertrages ist nach den Regeln des Internationalen Privatrechts (IPR) zu ermitteln, welches Recht anwendbar ist. Das deutsche IPR knüpfte bisher an den Sitz der effektiven Geschäftsleitung an - sog. **Sitztheorie**. Die Sitztheorie ist jedoch nach der neuesten EuGH-Rechtsprechung einzuschränken.
Der BGH wählte im Jahre 2002 noch einen Mittelweg, indem er die ausländische GmbH (Limited Company) in eine BGB-Gesellschaft umqualifizierte.[976] Aufgrund dieser Umqualifizierung besaß die Gesellschaft als BGB-Gesellschaft nunmehr Rechtsfähigkeit, so dass es ihr auch möglich war, nach deutschem Recht zu klagen (Parteifähigkeit). Nachdem der EuGH sich in seiner „Überseering"-Entscheidung vom 05.11.2002 und in seiner aktuellen Entscheidung „Inspire Art"[977] vom 30.09.2003 ausdrücklich für die Niederlassungsfreiheit in der EU ausgesprochen hat (Art. 43, 46, 48 EG), ist eine derartige Umqualifizierung nicht mehr notwendig. Nach dem Urteil des EuGH hat der Zuzugstaat die in einem anderen Mitgliedstaat gegründete Kapitalgesellschaft anzuerkennen, wenn diese ihren Sitz in den Zuzugstaat verlegt. Die in einem europäischen Mitgliedstaat gegründete Kapitalgesellschaft muss sich in einem anderen Mitgliedstaat nicht nochmals die Anwendung von strengerem Gründungsrecht gefallen lassen.[978] Hieraus folgt weiter, dass die Sitztheorie insoweit einzuschränken ist, wie sie gegen das Prinzip der Niederlassungsfreiheit verstößt;[979] insoweit ist die Sitztheorie zu Gunsten der Gründungstheorie aufzugeben.[980] Im Grundsatz ist aber die Sitztheorie weiter anzuwenden, so dass sich Gesellschafter und Geschäftsführer ausländischer Gesellschaften an die Verhaltenspflichten für dieselben nach dem Recht des Zuzugstaates zu richten haben.[981]

572 Wenn ein Gründungsvertrag geschlossen worden ist, aber noch keine Eintragung erfolgte, so ist die EWIV-VO anwendbar, soweit diese nicht explizit die Eintragung voraussetzt.

Ferner ist in Art. 9 Abs. 2 EWIV-VO eine **Handelndenhaftung** geregelt.

---

[975] Vgl. zu den Verboten insgesamt – *Schlüter*, EuZW **2002**, 590, 591.
[976] BGH DB **2002**, 2039 f.
[977] EuGH NJW **2003**, 3331 ff.
[978] EuGH NJW **2003**, 3331, 3334.
[979] *Altmeppen*, NJW **2004**, 97, 99.
[980] *Altmeppen*, NJW **2004**, 97, 99; a.A. *Hirte*, GmbHR **2003**, R 421; *Meilicke*, GmbHR **2003**, 1271, 1273.
[981] Vgl. insgesamt hierzu *Altmeppen*, NJW **2004**, 97 ff.

III. Innenbeziehungen der EWIV

1. Organe

573 Das oberste Organ der EWIV bilden die Mitglieder selbst, die sog. **Gesellschafterversammlung**. Sie können jeden Beschluss zur Verwirklichung des Zwecks der EWIV fassen.[982] Daneben hat die EWIV noch einen **Geschäftsführer**, der nicht unbedingt Mitglied der EWIV sein muss. Die Fremdorganschaft ist hier also zulässig[983] (anders als bei der oHG).

2. Rechte und Pflichten der Mitglieder

Die Rechte und Pflichten der einzelnen Mitglieder gehen weitgehend aus dem Gründungsvertrag hervor.[984] Das Recht der oHG gilt subsidiär.
Die Mitglieder haben ein Stimmrecht. Daneben haben sie das Recht, vom Geschäftsführer Auskunft zu verlangen. Ferner können die Mitglieder Einsicht in die Geschäftsunterlagen verlangen. Wenn der Gründungsvertrag nichts anderes bestimmt, haben die Mitglieder die Verluste **zu gleichen Teilen** zu tragen. Eine Beitragspflicht ist nicht vorgesehen.

Das Gesellschaftsvermögen ist, wie auch bei der oHG, als **Gesamthandsvermögen** ausgestaltet.

IV. Außenbeziehungen

1. Firma

574 Die **Firma** der Gesellschaft muss mit dem Zusatz „Europäische wirtschaftliche Interessenvereinigung" oder abgekürzt „EWIV" auftreten. Die EWIV darf nach der Reform des Firmenrechts gemäß § 18 Abs. 1 HGB auch als Sachfirma auftreten, da es nunmehr nur noch auf die Unterscheidungskraft und das Irreführungsverbot (§ 18 Abs. 2 S. 1 HGB) ankommt.

2. Vertretung

575 Im Rechtsverkehr mit Dritten wird die EWIV ausschließlich durch ihren **Geschäftsführer** vertreten. Die nach Art. 20 Abs. 1 EWIV-VO vorgesehene Einzelvertretungsmacht bei mehreren Geschäftsführern kann im Gesellschaftsvertrag auch als Gesamtvertretungsmacht geregelt werden. Eine Beschränkung hinsichtlich des Umfangs der Vertretungsmacht gegenüber Dritten ist indes nicht möglich. Die Regeln über den Missbrauch der Vertretungsmacht gelten gleichwohl.

3. Rechtssubjekt

576 Die EWIV ist von ihrer Konzeption her **keine juristische Person**.[985] Art. 1 Abs. 3 EWIV-VO überlässt es den Mitgliedsstaaten, ob sie die EWIV als juristische Person ausgestalten oder nicht. Die EWIV mit Sitz in der Bundesrepublik untersteht subsidiär dem Recht der oHG, womit § 124 HGB gilt. Sie ist daher nicht als juristische Person

---

[982] *Grunewald*, GesellRecht, S. 166.
[983] *K. Schmidt*, GesellRecht, § 66 II 2 b).
[984] *Kraft/Kreutz*, S. 290.
[985] *Kraft/Kreutz*, S. 290; *Grunewald*, GesellRecht, S. 167.

anzusehen; sie besitzt aber i.S.d. § 124 HGB Teilrechtsfähigkeit; sie kann vor Gericht klagen und verklagt werden.

4. Haftung

577 Gemäß Art. 24 Abs. 1 S. 1 EWIV-VO **haften** die Mitglieder für Verbindlichkeiten der EWIV **unbeschränkt** und **gesamtschuldnerisch**. Anders als bei der oHG haften die Mitglieder hier aber **nur subsidiär**. Nach Art. 24 Abs. 2 EWIV-VO muss der Gläubiger zunächst die Gesellschaft zur Zahlung auffordern. Die Gesellschafter haften nur, wenn die Zahlung nach der Aufforderung nicht in angemessener Zeit erfolgt. Aufgrund dieser persönlichen Haftung ist eine Kapitalbindung, wie auch bei der oHG, überflüssig. Treten neue Gesellschafter in die EWIV ein, so haften sie auch für Altverbindlichkeiten. Diese Haftung kann aber durch eine entsprechende Bekanntmachung abbedungen werden. Es besteht ferner eine Nachschusspflicht gemäß Art. 21 Abs. 2 EWIV-VO.

Ausscheidende Mitglieder haften für Altverbindlichkeiten gemäß Art. 34 EWIV-VO.

G. Atypische Ausgestaltungen von Personengesellschaften

I. Gesellschaftstypen

578 Im Gesellschaftsrecht besteht ein **numerus clausus der Gesellschaftstypen.**[986] Aufgrund der Vertragsfreiheit sind aber individuelle Ausgestaltungen der Organisationsform einer Gesellschaft zulässig. Im Rahmen des geltenden Rechts können daher die Gesellschafter nach ihren Vorstellungen und Bedürfnissen bestehende Gesellschaftsformen kombinieren.

Auf diese Weise haben sich in der Praxis durch Ausgestaltung der vorgesehenen Gesellschaftstypen und der für sie bestehenden gesetzlichen Regelungen sehr weitgehende Typenverformungen und Typenvermischungen entwickelt.

579 Der numerus clausus der Gesellschaftstypen kann jedoch aufgrund der aktuellen höchstrichterlichen Rechtsprechung in Frage gestellt werden, denn der BGH hat die aktive und passive Parteifähigkeit einer nach ausländischem Recht gegründeten Gesellschaft mit beschränkter Haftung anerkannt, die ihren Verwaltungssitz nach Deutschland verlegt hat.[987] Damit steht die **Sitztheorie**[988] zur Ermittlung des anwendbaren Rechts in Fällen mit Auslandsberührung zur Disposition.[989] Nunmehr ist zur Ermittlung des anwendbaren Rechts auch die **Gründungsakttheorie** zu beachten. Hiernach kommt es darauf an, dass nach irgendeiner ausländischen Rechtsordnung eine Gesellschaft wirksam gegründet worden ist. Ist dies der Fall, so müsste die Gesellschaft nach der aktuellen BGH-Rechtsprechung zumindest als BGB-Gesellschaft in Deutschland anerkannt werden.[990] Es bleibt abzuwarten, ob die Tragweite dieser Entscheidung durch weitergehende Rechtsprechung hinreichend konkretisiert wird.

1. Typenverformungen

580 Als Beispiele für Typenverformungen kann man die atypische Stille Gesellschaft,[991] die BGB-Gesellschaft mit beschränkter Haftung[992] und die Publikums- oder Massenkommanditgesellschaft[993] anführen.

Die Gesellschafter einer BGB-Gesellschaft haften nach dem gesetzlichen Leitbild unbeschränkt. Aufgrund einer hieran ansetzenden Typenverformung soll im Ergebnis erreicht werden, dass die Gesellschafter nicht mit ihrem privaten Vermögen haften. Hieran stellt die Rechtsprechung indes strenge Anforderungen. Eine solche Regelung ist nur wirksam, wenn sie dem Geschäftspartner erkennbar ist.[994] Selbst dann kann aber noch eine unbeschränkte Vertretungsmacht kraft Anscheinsvollmacht in Betracht kommen.[995] Eine gewöhnliche Kommanditgesellschaft ist auf der Grundlage der beste-

---

[986] *Kraft/Kreutz*, S. 11.
[987] BGH DB **2002**, 2039.
[988] *Kropholler*, § 55 I 2.
[989] *Forsthoff*, BB **2002**, 318ff.
[990] Vgl. hierzu auch BGH JuS **2003**, 88, 89 mit Anm. *Hohloch*.
[991] *Horn* in: Heymann, § 230 Rn 52.
[992] *K. Schmidt*, GesellRecht, S. 1794f.
[993] *K. Schmidt*, GesellRecht, S. 1667ff.
[994] BGH WM **1985**, 67; **1990**, 1113; **1991**, 404; **1994**, 237.
[995] BGH WM **1987**, 689, 690; BGH NJW **1992**, 3037, 3039.

henden Regelungen auf einen begrenzten Gesellschafterkreis zugeschnitten, der unter der Leitung einer oder mehrerer persönlich haftender natürlicher Personen ein kaufmännisches Unternehmen betreibt. Die Publikums-KG hingegen zielt darauf ab, möglichst viele Kommanditisten nach ihrer Gründung aufzunehmen.

581 Die Ein-Mann-GmbH und die Ein-Mann-AG lassen sich als Beispiele für Typenverformungen anführen, die zur Einführung neuer Gesellschaftstypen durch den Gesetzgeber geführt haben. Diese Typenverformung konnte ursprünglich nur durch die Übertragung sämtlicher Geschäftsanteile einer GmbH bzw. Aktien einer AG auf einen der Gesellschafter erreicht werden. Seit 1980 besteht die Ein-Mann-GmbH als neuer Vertragstyp, da nach § 1 GmbHG auch eine einzige Person eine GmbH gründen kann. Ferner kann seit 1994 auch eine Aktiengesellschaft durch nur einen Aktionär gegründet werden, § 2 AktG. Damit hat der Gesetzgeber das Gesellschaftsrecht einer gängigen Praxis angepasst.

582 Ferner gibt es die sog. Keinmann-GmbH als Sonderform der GmbH.[996] Diese Erscheinungsform wird zwar allgemein anerkannt, da sie aufgrund rechtsgeschäftlichem Erwerb des letzten Gesellschaftsanteils durch die Gesellschaft oder im Wege der Erbfolge entstehen kann, doch es kann sich regelmäßig nur um einen vorübergehenden Zustand handeln. Ansonsten umginge man die Gründungsvorschriften der Stiftung, vgl. §§ 80ff. BGB.[997]

2. Typenvermischungen

583 Die GmbH & Co. KG ist das in der Praxis bedeutsamste Beispiel einer Typenvermischung. Bei dieser Organisationsform einer KG hat eine nur mit ihrem Stammkapital haftende GmbH die Stellung und die Aufgaben des persönlich haftenden Gesellschafters.[998] Mittlerweile hat der Gesetzgeber auf das Bestehen der GmbH & Co. KG durch die Einführung von speziellen Regelungen reagiert, vgl. §§ 177a, 130a, 130b HGB. Auf diese Weise wurde die GmbH & Co. KG zwar noch nicht als neuer Gesellschaftstyp, wohl aber als eine zulässige und zugleich regelungsbedürftige gesellschaftsrechtliche Ausgestaltung anerkannt.

3. Inhaltskontrolle

584 Die Typenverformungen und Typenvermischungen beruhen in der Regel auf gesellschaftsvertraglichen Ausgestaltungen. Die Vertragspartner laufen hiermit Gefahr, dass durch spezielle Regelungen die **Grundprinzipien des Gesellschaftsrechts** missachtet und einzelne Gesellschafter oder Gesellschaftergruppen benachteiligt werden.

Zwingend zu beachten sind die unnachgiebigen Regelungen, die den Rechtsverkehr vor missbräuchlicher gesellschaftsvertraglicher Gestaltungsfreiheit schützen sollen. Ferner erfolgt auch eine Inhaltskontrolle durch die Rechtsprechung.[999] Es gilt Drittinteressen zu schützen, denn gesellschaftsvertragliche Vereinbarungen können über die Gesellschafter hinaus wirken, wenn es z.B. um Haftungsfragen der Gesellschaft geht. Aus diesem Grunde werden zum Schutze der Geschäftspartner, der Gläubiger sowie der Anleger gesellschaftsvertragliche Regelungen im Rechtsstreit auf ihre Angemes-

---

[996] OLG Stuttgart, NJW-RR 1968, 836.
[997] *Emmerich* in: Scholz GmbH Gesetz, § 13 Rn 9.
[998] *Kraft/Kreutz*, S. 257ff.
[999] BGHZ **64**, 238; **84**, 11; **104**, 50; **102**, 172.

senheit kontrolliert. Sie werden bereits von den Gerichten korrigiert, wenn sie noch nicht gegen §§ 134, 138 BGB verstoßen. Als Begründung hierfür wird angeführt, dass es bei derartigen Verträgen am Vertragskompromiss fehlt, welcher nach dem Leitbild des Gesetzes einen Ausgleich für die Gesellschafterinteressen bildet. Die Begründung der Rechtsprechung berücksichtigt hier deutlich, dass die Mehrzahl der Gesellschafter am eigentlichen Gründungsvertrag der Gesellschaft nicht beteiligt ist.

Hinweis für die Fallbearbeitung: Die gesellschaftsvertraglichen Vereinbarungen werden darauf überprüft, ob sie objektiv unbillig, unangemessen oder unausgewogen sind. Darüber hinaus sind auch Regelungen unwirksam, die Grundprinzipien des Gesellschaftsrechts verletzen.

Obwohl bei den jeweiligen atypischen Ausgestaltungen einige Besonderheiten zu beachten sind, weisen diese Grundsätze bei den bedeutsamen Publikumspersonengesellschaften (GmbH & Co KG, BGB-Gesellschaft, stille Gesellschaft) viele Gemeinsamkeiten auf.

Als weiteres Schutzinstrument im Hinblick auf Dritt- bzw. Anlegerinteressen werden nach der Rechtsprechung die Gesellschaftsverträge bei Publikumspersonengesellschaften rein objektiv ausgelegt.[1000]

Beachte: Es besteht eine zweistufige Überprüfung:
1) Inhaltskontrolle
2) Objektive Auslegung der verbleibenden Klauseln

II. GmbH & Co KG

1. Gestaltungsmöglichkeiten

585 Die GmbH & Co KG ist eine **Kommanditgesellschaft**, bei der eine GmbH Komplementärin ist. Die GmbH fungiert als persönlich haftende Gesellschafterin. Es besteht damit eine **Personengesellschaft**, bei der eine Kapitalgesellschaft, nicht eine natürliche Person, unbeschränkt haftet.

586 Die unbeschränkte Haftung des Komplementärs wird über folgende Konstruktion erzielt: Die GmbH haftet zwar nur beschränkt mit ihrem Kapital, aber im Hinblick auf das eingesetzte Kapital unbeschränkt. Diese Konstruktion entspricht zwar nicht dem Leitbild der KG als Personengesellschaft mit einer natürlichen Person als Vollhaftender, aber sie hat allgemeine Anerkennung gefunden.[1001] Problematisch kann sich im Einzelfall das nicht sehr hohe Vermögen einer Komplementär-GmbH erweisen. Eine bewusste Unterkapitalisierung kann zu einer Durchgriffshaftung auf die hinter der GmbH stehenden Gesellschafter führen.[1002] Weiterhin kann ohne Verstoß gegen den **Grundsatz der Selbstorganschaft** ein außenstehender Dritter die Geschäftsführung der GmbH & Co KG übernehmen, denn als persönlich haftende Gesellschafterin nimmt die GmbH die Geschäftsführung der KG durch ihren Geschäftsführer wahr. Die Kommanditisten einer GmbH & Co KG können zugleich Gesellschafter der GmbH sein (personengleiche GmbH & Co KG).

[1000] BGH NJW **1982**, 877; **1991**, 2906.
[1001] Vgl. bereits RGZ **105**, 101ff.
[1002] *Emmerich* in: Scholz GmbH Gesetz, § 13 Rn 81ff.

a) Abschreibungsgesellschaften

587 Die Abschreibungsgesellschaft zur Beschaffung von Kapital für steuerbegünstigte Vorhaben ist ein beliebter Gesellschaftszweck bei einer GmbH & Co. KG. Die GmbH & Co. KG wird hierzu als Publikumsgesellschaft oder als Massengesellschaft ausgestaltet, bei der mehr als 100 Komplementäre keine Seltenheit sind.[1003]

Der Komplementär-GmbH obliegt, wie bei der GmbH & Co. KG üblich, die Leitung des Unternehmens. Zum Zweck Kapitalaufbringung werden möglichst viele Kommanditisten geworben. Diese sind im Allgemeinen nur an einer steuersparenden Finanzanlage interessiert. Aus diesem Grunde werden deren Mitwirkungsrechte soweit wie irgend möglich beschränkt.

Beispiele:

- Ausschluss von Stimmrechten mit Ausnahme von Angelegenheiten, die ihre Rechtsstellung wesentlich berühren
- Einschränkung der Kontrollrechte aus § 166 HGB
- Ausübung der Rechte der Kommanditisten nur durch einen gemeinsamen Vertreter

588 Der Anreiz für die Kapitalgeber (Kommanditisten) besteht in hohen steuerlichen Verlustzuweisungen, die mit anderen Einkünften verrechnet werden können. Diese Gesellschaften beteiligen sich nämlich nur an solchen Objekten, die steuerlich zu hohen Abschreibungen berechtigen. Die auf diesem Wege erzielte Steuerersparnis aus einer derartigen Beteiligung an einer Abschreibungsgesellschaft kann im Einzelfall höher sein als der Kapitaleinsatz des Kommanditisten. Insgesamt ist jedoch Vorsicht geboten, da der Kapitalgeber hier auf dem sog. grauen Kapitalmarkt agiert, der weitgehend frei von Anlegerschutznormen ist.[1004]

Seit der Einführung des § 15a EStG, mit dem die Möglichkeit negative Kapitaleinkünfte steuerlich geltend zu machen eingeschränkt worden ist, sind die steuerlichen Gründe für diese Gesellschaftsform in den Hintergrund getreten.[1005]

b) Sicherung des Fortbestandes von Personengesellschaften

589 Die Gesellschafter von Personengesellschaften streben regelmäßig an, den Fortbestand der von ihnen gegründeten Gesellschaft zu gewährleisten. Bei einer gewöhnlichen Personengesellschaft ist der Fortbestand der Gesellschaft regelmäßig gefährdet, wenn der vollhaftende Gesellschafter selbst zur Geschäftsführung und Vertretung nicht mehr bereit oder in der Lage ist. Ursächlich hierfür ist der Grundsatz der Selbstorganschaft.

Als Ausweg bietet sich die Gründung einer GmbH durch die Gesellschafter der Personengesellschaft an. Die GmbH tritt dann als Vollhaftende auf und nimmt zugleich die Geschäftsführung und Vertretung über ihren Geschäftsführer war.[1006] Der Grundsatz der Selbstorganschaft gilt bei der GmbH als Kapitalgesellschaft nicht, so dass der Ge-

[1003] *Sack* DB **1974**, 1657.
[1004] Vgl. *Assmann* in: Assmann/Schneider, Einl. Rn 5.
[1005] *K. Schmidt*, GesellRecht, S. 1666.
[1006] *K. Schmidt*, GesellRecht, S. 1623ff.

schäftsführer weder Gesellschafter der GmbH noch der Personengesellschaft sein muss.

590 Eine GmbH kann ihre Gesellschafter „überleben" und ist grundsätzlich unsterblich.[1007] Bis zur Insolvenz hin kann auf diese Weise auch der Fortbestand einer Personengesellschaft gewährleistet werden, deren persönlich haftende Gesellschafterin die GmbH ist. Die GmbH & Co. KG ist zwar die weitaus häufigste, aber nicht die einzig mögliche Verbindung von Personen- und Kapitalgesellschaft. Möglich ist auch die Gründung einer GmbH & Co. oHG oder einer AG & Co. KG.

2. Anwendbares Recht bei Typenvermischung in der GmbH & Co KG

591 Mit der Gründung einer Gesellschaft wie der GmbH & Co KG werden zwei unterschiedliche Gesellschaftsformen miteinander verknüpft. Aus diesem Grunde ist neben dem Recht der Personengesellschaften (§§ 105 ff., 161 ff. HGB und §§ 705 ff. BGB) auch das GmbH-Recht anwendbar. Diese Verknüpfung hat den Vorteil, dass sowohl das Recht der KG als auch das Recht der GmbH weitgehend dispositiv ist. Auf diese Weise verbleiben den Gesellschaftern weitgehende Gestaltungsfreiräume.[1008]

Die GmbH & Co KG ist eine Personengesellschaft. Gleichwohl steht sie wegen ihrer auf ein bestimmtes Vermögen begrenzten Haftung den Kapitalgesellschaften GmbH und AG näher als den normalen Personengesellschaften. Gesetzgebung und Rechtsprechung haben dies durch Schaffung von speziellen Normen und Grundsätzen zum Ausdruck gebracht.

> **Beachte**: Sofern Ansprüche gegen eine GmbH & Co KG zu prüfen sind, kommen neben den Vorschriften des GmbH-Gesetzes die §§ 105 ff., 161 ff. HGB sowie die §§ 705 ff. BGB als Prüfungsgrundlage in Frage.

3. Transparenzgebot (Firmenklarheit)

592 Bei der typischen GmbH & Co KG ist keiner der persönlich haftenden Gesellschafter eine natürliche Person. Die hierin liegende Haftungsbeschränkung muss nach § 19 Abs. 2 HGB in ihrer Firma zum Ausdruck gebracht werden. Die Firma muss damit die Bezeichnung GmbH & Co. KG enthalten.[1009] Ferner müssen auf den Geschäftsbriefen einer GmbH & Co KG nach §§ 125a, 177a HGB die Rechtsform und der Sitz der Gesellschaft, das Registergericht des Sitzes der Gesellschaft und die Nummer angegeben werden, unter der die Gesellschaft in das Handelsregister eingetragen ist.

4. Gläubigerschutz

593 Die §§ 129a, 172a HGB finden einen Ausgleich für die zulässige faktische Haftungsbeschränkung der GmbH & Co KG. Hiernach sind die Restriktionen der §§ 32a und 32b GmbHG über die Rückgewähr von Gesellschafterdarlehen auch auf die GmbH & Co. KG anwendbar.[1010] Gesellschafterdarlehen von Kommanditisten und Komplementären einer GmbH & Co. KG werden danach in Krisensituationen wie Eigenkapital behandelt.

[1007] *Reuter*, S. 227ff.
[1008] *Kraft/Kreutz*, S. 258.
[1009] *K. Schmidt*, GesellRecht, S. 1631.
[1010] *K. Schmidt* in: Scholz GmbH Gesetz, §§ 32a, 32b Rn 21.

594 Bei Abschreibungsgesellschaften verpflichten sich die „Anleger", neben der Einbringung einer Kommanditeinlage, der Gesellschaft auch noch einen sog. Finanzplankredit zu gewähren.[1011] Die §§ 129a, 172a HGB führen in diesem Fall dazu, dass der Kredit des Kommanditist oder Komplementär einer GmbH & Co KG, wie ein eigenkapitalersetzendes Darlehen behandelt wird, sofern die Gesellschafter das Darlehen nicht wie einen echten Kredit, sondern wie Eigenkapital behandelt haben. Den Widmungszweck des Kredits kann man aus der Bilanz der Gesellschaft ablesen, denn die Passiv-Seite der Bilanz ist grundsätzlich in Eigen- und Fremdkapital gegliedert. Ein solches Darlehen kann der Gesellschafter im Falle einer Insolvenz über das Vermögen der Gesellschaft nicht zurückfordern. Dies gilt auch bei einem Vergleichsverfahren über das Vermögen der GmbH & Co KG. Sofern die gewährten Kredite bereits beglichen worden sind, haftet der entsprechende Gesellschafter auch für ein bereits zurückgezahltes Darlehen.

Beispiel:
K ist Kommanditist der X-GmbH & Co KG. Als diese in Liquiditätsschwierigkeiten gerät, gibt K gegenüber der Bank B ein selbstständiges Schuldversprechen ab, dass er für die Forderungen der Bank B gegen die X-GmbH & Co KG in Höhe von 200.000,- EUR hafte. Als die Gesellschaft zahlungsunfähig wird, kann sich die B wegen ihrer Forderungen gegen die X-GmbH & Co KG durch Verwertung von Sicherungseigentum befriedigen, so dass sie den K aus seinem Schuldversprechen nicht in Anspruch nimmt. Darauf fordert der Geschäftsführer der X-GmbH von K Zahlung der 200.000,- EUR an die GmbH & Co KG.
Eine Gesellschafterbürgschaft oder Schuldmitübernahme wird bei Eintritt der Kreditunwürdigkeit der Gesellschaft in Eigenkapitalersatz umqualifiziert (§§ 172a HGB, 30, 31, 32a, 32b GmbHG). Die Eigenkapitalqualität der von K übernommenen Verpflichtung besteht auch dann fort, wenn die B nicht den K in Anspruch nimmt, sondern sich durch Verwertung von anderen Sicherheiten Befriedigung verschafft. K muss daher die als Eigenkapitalersatz zu qualifizierenden 200.000,- EUR an die X-GmbH & Co KG zahlen.

595 Der Geschäftsführer der Komplementär-GmbH hat nach §§ 130a, 177a HGB die Pflicht, bei Zahlungsunfähigkeit oder Überschuldung einer GmbH & Co. KG ohne schuldhaftes Zögern einen Insolvenzantrag zu stellen. Der Antrag muss spätestens innerhalb von drei Wochen nach Eintritt der Zahlungsunfähigkeit oder Überschuldung gestellt werden. Verstößt der Geschäftsführer gegen diese Insolvenzantragspflicht, so macht er sich schadensersatzpflichtig und strafbar, § 130a Abs. 3, 130b, 177a HGB.

5. Anlegerschutz

a) Haftung und Haftungsmaßstab

596 Neben der Komplementär-GmbH einer Publikumspersonengesellschaft haftet auch ihr Geschäftsführer bei der Verletzung von Geschäftsführungspflichten gegenüber der Kommanditgesellschaft und deren Gesellschaftern.
Die Haftung des GmbH-Geschäftsführers gegenüber der Kommanditgesellschaft und ihren Kommanditisten wird mit den Grundsätzen über die Einbeziehung der KG in den Schutzbereich des zwischen der GmbH und ihrem Geschäftsführer bestehenden Dienstvertrages begründet.[1012]

[1011] *K. Schmidt* in: Scholz GmbH Gesetz, §§ 32a, 32b Rn 91.
[1012] BGHZ **76**, 326.

Diese Haftung wird insbesondere dann relevant, wenn dem Kommanditisten falsche Versprechungen gemacht worden sind, um ihn zum Beitritt zu veranlassen. Die GmbH sowie ihr Geschäftsführer haften dem Anleger in diesem Fall aus Verschulden bei Vertragsverhandlungen persönlich. Sie haben die Geschäfte mit der Sorgfalt eines ordentlichen Kaufmanns zu führen.[1013] Als Haftungsmaßstab für den geschäftsführenden Gesellschafter in einer Publikumspersonengesellschaft ist daher nicht § 708 BGB anzusetzen. Der Geschäftsführer haftet nicht nur für eigenübliche Sorgfalt, sondern für jede Form von Fahrlässigkeit.

> **Beachte**:
> Die GmbH & Co. KG kann Schadensersatz aus dem Dienstvertragsverhältnis GmbH - Geschäftsführer nach den Grundsätzen des Vertrages mit Schutzwirkung für Dritte verlangen.

597 Ferner haftet der Gründungskommanditist einer Publikums-KG persönlich für vorvertragliche Verletzungen der Aufklärungspflicht über Risiken einer Kommandit-Beteiligung.[1014] Dies folge aus den Grundsätzen der vorvertraglichen Haftung für den Gründungskommanditisten, der zugleich Gesellschafter der GmbH und (Mit-) Geschäftsführer ist.

b) Objektive Vertragsauslegung

598 Der Gesellschaftsvertrag einer Publikumspersonengesellschaft, welcher von den Gründern entworfen worden ist, kann von den später beitretenden Kommanditisten (Anleger) regelmäßig nicht geändert werden. Der Geschäftsführer der GmbH als persönlich haftender Gesellschafterin wird von allen Gründungsgesellschaftern ermächtigt, neue Gesellschafter anzuwerben. Alle Anleger, die später als Kommanditisten der Gesellschaft beitreten, müssen daher vor nachteilhaften Vereinbarungen der Gründungsgesellschafter über Sonderrechte geschützt werden. Aus diesem Grunde werden bei der Auslegung des Gesellschaftsvertrages die Vorstellungen und besonderen mündlichen Vereinbarungen der Gründungsgesellschafter nicht berücksichtigt. Der Gesellschaftsvertrag wird ausschließlich objektiv und im Zweifel im Sinne des Anlegers ausgelegt.[1015] Diese Maßnahme dient dem Schutz aller Kommanditisten, die nach der Gründung der Gesellschaft beitreten. Ergänzend hierzu dürfen solche Gesellschaftsverträge die Interessen der Kapitalanleger nicht vernachlässigen und sie nicht entgegen den Geboten von Treu und Glauben unangemessen benachteiligen.

Beispiel:
A ist einer der Kommanditisten einer Publikumspersonengesellschaft in der Rechtsform der GmbH & Co. KG. Der nach dem Gesellschaftsvertrag der KG dazu bevollmächtigte X schließt als Gesellschafter-Geschäftsführer der Komplementär-GmbH mit den Interessenten E, F und G Verträge über deren Eintritt als weitere Kommanditisten der GmbH & Co. KG. Dabei stellt er die wirtschaftliche Lage der tatsächlich schon vermögenslosen Gesellschaft wider besseres Wissen viel zu günstig dar. Als E, F und G wenig später feststellen, dass die von ihnen geleisteten Kommanditeinlagen verloren sind und dass auch bei X nichts mehr zu holen ist, verlangen sie von A Schadensersatz.

[1013] *Kraft/Kreutz*, S. 253.
[1014] BGH NZG **2003**, 920 ff.
[1015] BGH NJW-RR **1989**, 994; **1992**, 930f.

Zwar ist A als Kommanditist Vertragspartner von E, F und G und haftet damit grundsätzlich nach § 161 HGB, § 278 BGB für das Verschulden des X bei den Vertragsverhandlungen mit E, F und G. Anlagegesellschafter, die auch erst nach Gründung der Gesellschaft dieser beigetreten sind und keinerlei Einfluss auf die später geführten Beitrittsverhandlungen hatten, sind aber von dieser Haftung ausgenommen, weil sie gegenüber später eintretenden Kommanditisten keine Verkehrs- und Aufklärungspflichten haben, so dass die Anlageinteressenten E, F und G auch keinen Anlass hatten, ihnen ein besonderes Verhandlungsvertrauen entgegenzubringen. Allerdings haftet ein Kommanditist später beitretenden Mitgesellschaftern bei einer schuldhaften Verletzung von Verkehrs- und Aufklärungspflichten durch den auch von ihm Bevollmächtigten, wenn er die Publikumspersonengesellschaft durch Bürgschaften zugunsten ihrer Kreditgeber am Leben erhalten hat.

c) Satzungsänderungen

599 Die Gründungsgesellschafter von Publikumspersonengesellschaften wollen in der Regel ihre Kompetenzen und ihren beherrschenden Einfluss auf die Gesellschaft sichern. Der nach ihren Vorstellungen gestaltete Gesellschaftsvertrag soll gewöhnlich Satzungsänderungen oder die Geltendmachung von Ansprüchen nur aufgrund von einstimmigen Beschlüssen ermöglichen. Das entspricht durchaus dem Einstimmigkeitsprinzip des Rechts der Kommanditgesellschaft. Bei Publikumskommanditgesellschaften handelt es sich jedoch um Massengesellschaften, so dass die Gründungsgesellschafter auch als Minderheitsgesellschafter Veränderungen oder die Durchsetzung von Ansprüchen blockieren könnten. Im Wege der Inhaltskontrolle wird hier die Beschlussfassung mit einer Dreiviertel-Mehrheit analog § 278 AktG als ausreichend angesehen.[1016]

600 Weiterhin wird auch der für Satzungsänderungen einer Personengesellschaft durch Mehrheitsentscheidung geltende Bestimmtheitsgrundsatz aufgegeben. Damit können auch Satzungsänderungen, die nicht bereits im Gesellschaftsvertrag angelegt waren, mit Dreiviertel-Mehrheit beschlossen werden. Bei gewöhnlichen Beschlüssen gilt auch ohne besondere Vereinbarung das Mehrheitsprinzip.[1017]

601 Weiterhin ist bei einer Publikumspersonengesellschaft für die Änderung der Satzung immer ein besonderer Beschluss erforderlich. Die Satzung kann hier nicht, wie bei Personengesellschaften üblich, durch vorbehalt- und widerspruchslose Praktizierung einer von der Satzung abweichenden Vorgehensweise auch für die Zukunft konkludent abgeändert werden.[1018]

Diese Besonderheiten sind auf die Tatsache zurückzuführen, dass einer Publikumskommanditgesellschaft deutlich mehr Gesellschafter angehören, als der Konzeption einer Kommanditgesellschaft zugrunde liegen.

d) Beschränkung des Kündigungsrechts und Substanzschutz

602 Die Gründungsgesellschafter versuchen gelegentlich, ihre beherrschende Stellung dadurch auszubauen, dass sie im Gesellschaftsvertrag besondere Kündigungsrechte

---

[1016] BGH NJW **1978**, 1383; weitergehend *Schilling* in: GroßkommHGB § 161 Rn 25.
[1017] BGH NJW **1978**, 1382.
[1018] *Kraft/Kreutz*, S. 252; BGH NJW **1976**, 1451, **1978**, 755; **1979**, 419.

vorsehen. Hiernach sollen die Gründungsgesellschafter ermächtigt sein, die Kommanditisten (Anleger) nach freiem Ermessen aus der Gesellschaft hinauszukündigen. Derartige Klauseln sind in erster Linie deshalb unwirksam, weil die **Zahlung unterwertiger Abfindungen** an die hinausgekündigten Anleger verhindert werden sollen.[1019] Bezweckt ist daher ein Substanzschutz im Hinblick auf das eingebrachte Kapital des Anlegers. **Ein ermessensunabhängiges Hinauskündigungsrecht** ist zum Schutz des Anlegers aber auch dann unwirksam, wenn dem Anleger ein vollwertiger Abfindungsanspruch zugestanden wird.[1020] Dem Anleger dürfen nicht willkürlich Geschäftschancen abgeschnitten werden.

6. Haftung des geschäftsführenden Alleingesellschafters einer GmbH

603 Nach § 35 Abs. 4 S. 1 GmbHG findet § 181 BGB Anwendung, wenn es um einen geschäftsführenden Alleingesellschafter geht. Dieser unterliegt dem Verbot des Selbstkontrahierens. Er darf daher Geschäfte nicht namens der GmbH mit sich selbst abschließen. Als Rechtsfolge eines Verstoßes gegen das Selbstkontrahierungsverbot sieht § 181 BGB normalerweise die schwebende Unwirksamkeit des entsprechenden Rechtsgeschäfts vor. Der Schwebezustand kann durch die Genehmigung des Geschäftsherrn beseitigt werden, womit das Rechtsgeschäft wirksam wird.

604 Bei der eingliedrigen GmbH macht diese Rechtsfolge jedoch keinen Sinn, da hier Personenidentität besteht. In solchen Fällen muss das Rechtsgeschäft ausnahmsweise nichtig sein.[1021] Als Begründung für diese Ausnahme kann man anführen, dass der Alleingesellschafter sonst nicht genötigt wäre, sich bereits vor Abschluss des Rechtsgeschäfts vom Verbot des Selbstkontrahierens durch eine Satzungsänderung publikumswirksam zu befreien.

605 Dagegen kann man auch die Abweichung in der Rechtsfolge für überflüssig halten. Hierfür kann man anführen, dass eine Genehmigungsmöglichkeit den Rechtsverkehr nicht unangemessen benachteiligt. Ferner ist die Regelung des § 35 Abs. 4 GmbH rechtspolitisch fragwürdig. Im Normalfall lassen sich alle geschäftsführenden Alleingesellschafter vom Verbot des § 181 BGB befreien.[1022] Mit der Genehmigungsmöglichkeit wird der Gläubigerschutz also kaum tangiert. Weiterhin muss der Gläubiger selbst bei einer ex tunc wirkenden Genehmigung zwischenzeitlich erfolgte Zwangsvollstreckungsmaßnahmen gegen sich gelten lassen, § 184 Abs. 2 BGB. Daher ist in solchen Fällen von einer schwebenden Unwirksamkeit auszugehen.[1023]

7. Haftung der GmbH & Co. KG im Gründungsstadium

606 Bei der Haftung im Gründungsstadium der GmbH & Co. KG sind drei Fallvarianten zu unterscheiden.

a) Eintragung nur der GmbH erfolgt

607 Betreibt die KG bereits ein Handelsgewerbe nach § 1 Abs. 2 HGB, ohne dass die GmbH im Handelsregister eingetragen ist, so besteht bereits gemäß §§ 123 Abs. 2, 161 Abs.

[1019] BGHZ **105**, 217; **107**, 359.
[1020] Ebd.
[1021] *Mertens* in: Hachenburg, § 35 Rn 66.
[1022] *K. Schmidt*, GesellRecht, S. 1253.
[1023] *Schneider* in: Scholz GmbH Gesetz, § 35 Rn 109.

2 Abs. 2 HGB eine nach außenhin voll wirksame Kommanditgesellschaft. Diese haftet nach §§ 124, 161 Abs. 2 HGB. Die Kommanditisten haften nach nur nach § 171 Abs. 1 HGB. Eine persönliche Haftung des Kommanditisten für Verbindlichkeiten aus solchen Geschäften, die bereits vor der Eintragung eingegangen worden sind (§ 176 Abs. 1 HGB) wird von der Rechtsprechung nicht angenommen.[1024] Bei Rechtsgeschäften, die erkennbar namens der GmbH & Co. KG abgeschlossen werden besteht kein im Sinne des § 176 Abs. 1 HGB erforderlicher Vertrauensschutz.

Die Haftung der Komplementär-GmbH richtet sich nach §§ 128, 161 Abs. 2 HGB.

608 Wenn in dieser Konstellation die KG lediglich ein Kleingewerbe betreibt, also nicht als Kaufmann auftritt, so handelt es sich – im Hinblick auf die KG – um eine BGB-Gesellschaft.[1025] Die Komplementär-GmbH haftet unbeschränkt. Die Haftung der „Kommanditisten" beschränkt sich entsprechend § 171 Abs. 1 HGB. Als Begründung für diese Lösung werden die Grundsätze der Scheingesellschaft angeführt. Der Rechtsverkehr kann nur die Haftung einer bereits entstandenen GmbH & Co. KG erwarten, wenn die BGB-Gesellschaft bereits unter ihrer zukünftigen Firma auftritt.

b) Weder GmbH noch KG eingetragen

609 Wird in dieser Lage bereits ein Handelsgewerbe betrieben, so besteht haftungsrechtlich im Ergebnis bereits eine nach außen hin voll wirksame KG.[1026] Dies gilt allerdings nur für den Fall, dass die Komplementär-GmbH bereits gegründet worden ist, also eine Vor-GmbH besteht. Die Vor-GmbH wird von der h.M. bereits als möglicher Komplementär anerkannt, da sie bereits umfassend am Rechtsverkehr teilhaben kann (Verbindlichkeiten eingehen, Rechte erwerben, Handelsgewerbe betreiben). Aus diesen Gründen haftet die somit bereits entstandene KG nach §§ 124, 161 Abs. 2 HGB.[1027] Die Kommanditistenhaftung richtet sich nach § 171 HGB.

Wird in dieser Lage nur ein Kleingewerbe betrieben, besteht nur eine BGB-Gesellschaft. In dieser Konstellation liegt die gleiche Haftungslage vor, wie unter der Abwandlung zu a) beschrieben. Hinzu kommt allerdings die Handelndenhaftung des GmbH-Geschäftsführers nach § 11 Abs. 2 GmbHG.

8. Vorteile der GmbH & Co. KG

610 Das Betreiben eines Unternehmens in der Rechtsform einer GmbH & Co. KG hat folgende Vorteile:

- Haftungsbeschränkung für alle natürlichen Personen als Gesellschafter, da diese nur KG-Anteile haben
- einfache Auswechslung der Geschäftsführung der KG, da jede Veränderung der Position des Geschäftsführers der GmbH zugleich auch eine Auswechselung der Ge-

---

[1024] BGH WM **1983**, 651; **1986**, 1280.
[1025] BGHZ **61**, 59
[1026] BGH WM **1985**, 165; BGHZ **70**, 132; **80**, 129, 132.
[1027] Zur Haftung der Vor-GmbH vgl. dort.

schäftsführung der KG bedeutet, ohne das auf den persönlichen Gesellschafterbestand Einfluss genommen werden muss

- Ausnutzung der Vorteile der Fremdorganschaft: Keine Verknüpfung zwischen Gesellschafterstellung und Unternehmensführung (wie in reiner KG) erforderlich
- steuerliche Vorteile

H. Grundzüge des Vereinsrechts des BGB

I. Personengesellschaften und Körperschaften

611 Die Gesellschaften werden nach Gruppen eingeteilt.[1028] Ein wichtiger Gesichtspunkt ist hier die Differenzierung nach der Art der **Gesellschaftsorganisation**: Es wird zwischen **Personengesellschaften** und **Körperschaften** getrennt. Die Grundform der Personengesellschaften (oHG, KG, stille Gesellschaft, Reederei, Partnerschaft, EWIV) ist die **BGB-Gesellschaft**. Bei den Körperschaften (GmbH, AG, KGaA, VVaA, Genossenschaft) bildet der **rechtsfähige Verein** die Grundform. Die BGB-Gesellschaft wurde oben bereits ausführlich erläutert, um ein Verständnis für die nachfolgenden Personengesellschaften zu gewinnen. Ebenso wird hier verfahren: Bevor die Körperschaftsformen erläutert werden, muss der Verein in seiner Grundform verstanden sein, um die Körperschaften in ihrer Ausprägung zu verstehen.

612 **Beachte:** Die Differenzierung zwischen Personengesellschaften und Körperschaften hat grundlegende Bedeutung. Nur das Verständnis der BGB-Gesellschaft als Grundform der Personengesellschaften und des rechtsfähigen Vereins als Grundform der Körperschaften ermöglicht es, Fälle korrekt zu lösen. **Fehlt** es an einer **gesetzlichen Regelung** innerhalb der betreffenden Gesellschaftsform, dann **ist auf die Regelungen der entsprechenden Grundform zurückzugreifen**.

II. Allgemeines

613 Unter einem Verein i.S.d. BGB - §§ 21 ff. BGB – versteht man einen auf Dauer angelegten Zusammenschluss von Personen zur Verwirklichung eines gemeinsamen Zwecks mit körperschaftlicher Verfassung, wobei sich die körperschaftliche Organisation in einem Gesamtnamen, in der Vertretung durch einen Vorstand und in der Unabhängigkeit vom Wechsel der Mitglieder äußert.[1029]
Unterschiede zur BGB-Gesellschaft ergeben sich in folgender Hinsicht:

- Der Verein handelt durch Organe, die nicht Mitglieder sein müssen – **Prinzip der Fremdorganschaft.**
- Der Mitgliederwechsel hat keinen Einfluss auf den Bestand des Vereins.

614 Das Gesetz unterscheidet zwischen zwei Formen des Vereins, dem **rechtfähigen** (§§ 21 ff. und 55 ff. BGB) und dem **nicht rechtsfähigen** (§ 54 BGB) Verein. Nur der rechtsfähige Verein kommt hierbei als Grundform der Körperschaften in Betracht, da nur er mit Rechtsfähigkeit ausgestattet ist, was für die entscheidende rechtliche Verselbstständigung der Körperschaften von alleiniger Bedeutung ist. Beide Vereine unterscheiden sich in der **Rechtsfähigkeit**: Während der rechtsfähige Verein **juristische Person** ist, ist der nichtrechtsfähige Verein eben kein juristische Person. Entgegen dem Wortlaut des § 54 BGB kommen auf den nichtrechtsfähigen Verein jedoch nicht die §§ 705 ff. BGB zur Anwendung, sondern überwiegend die §§ 21 ff., 55 ff. BGB.[1030] Das Gesetz unterscheidet ferner zwischen dem **wirtschaftlichen** und dem **nichtwirtschaftlichen** Verein (Idealverein). Bei dem wirtschaftlichen Verein ist des-

---

[1028] *K. Schmidt*, GesellRecht, § 3 I; *Kraft/Kreutz*, S. 2 ff.
[1029] RGZ **143**, 212, 213; **165**, 143; BGH LM § 31 Nr. 11.
[1030] Vgl. hierzu *Reuter* in: MünchKomm., § 54 Rn 5 ff.

sen Zweck auf einen wirtschaftlichen Geschäftsbetrieb gerichtet gemäß § 22 S. 1 BGB, d.h. für sich und seine Mitglieder wirtschaftliche Vorteile zu erzielen und für diesen Zweck einen Geschäftsbetrieb einzusetzen. Bei einem nichtwirtschaftlichen Verein fehlt gerade die zuvor genannte Zwecksetzung. Idealvereine sind daher in der Regel Vereine, deren Hauptzwecke politischer, sportlicher, religiöser, wissenschaftlicher, sonstiger kultureller oder geselliger Art sind.

615 Für die Erlangung der Rechtsfähigkeit ist das allein entscheidende Kriterium die Tatsache der **Eintragung**: Gemäß § 21 BGB erlangt der nichtwirtschaftliche Verein durch **Eintragung in das Vereinsregister** die Rechtsfähigkeit; Wirtschaftsvereine erhalten die Rechtsfähigkeit dagegen nur durch **staatliche Verleihung** (sog. Konzessionssystem).[1031] Damit wird deutlich, dass Wirtschaftsvereine im Gegensatz zu Idealvereinen grundsätzlich nicht die Rechtsfähigkeit erlangen sollen. Der Grund hierfür liegt darin, dass eingetragene Vereine lediglich mit ihrem Vereinsvermögen haften und weitere Gläubigerschutzvorschriften in den §§ 21 ff. BGB fehlen.[1032] Die Praxis ist damit konfrontiert, zu klären, welche Möglichkeiten es zur Erlangung der Rechtsfähigkeit gibt. Dies richtet sich maßgeblich nach der Zweckausrichtung des Vereins. Problematisch ist hierbei immer, ob der Verein tatsächlich nicht auf einen wirtschaftlichen Geschäftsbetrieb ausgerichtet ist.

Beachte: Faustformel für die Ausrichtung auf einen wirtschaftlichen Geschäftsbetrieb ist: Der Verein darf zumindest nicht im Hauptzweck wie ein Unternehmer am Wirtschafts- und Rechtsverkehr teilnehmen.[1033]

III. Idealverein[1034]

1. Begriff

616 Sowohl der nichtwirtschaftliche (Idealverein) wie auch der wirtschaftliche Verein kann Rechtsfähigkeit erlangen (vgl. hierzu oben). Unter einem **rechtsfähigen Verein** versteht man eine auf Dauer angelegte Personenvereinigung zur Verwirklichung eines gemeinsamen Zwecks mit körperschaftlicher Verfassung, die die Rechtsfähigkeit erworben hat.[1035] Alle eingetragenen Vereine (Idealvereine) dürfen keinen wirtschaftlichen Hauptzweck verfolgen. Zulässig ist aber die wirtschaftliche Betätigung im Rahmen des sog. **Nebenzweckprivilegs**. Hiernach ist dem Verein eine wirtschaftliche Betätigung, die dem eigentlichen ideellen Vereinszweck untergeordnet ist, erlaubt; der Verein wird hierdurch noch nicht zu einem wirtschaftlichen.

Beispiel: ADAC – hierbei ist umstritten, ob der Verein nicht dadurch eine wirtschaftliche Ausrichtung besitzt, dass er eine Aktiengesellschaft gründete und diese betrieb. Der BGH entschied hierzu, dass die wirtschaftliche Betätigung von Idealvereinen grundsätzlich zu unterbinden sei, soweit es sich nicht lediglich um eine untergeordne-

---

[1031] *Heinrichs* in: Palandt, § 21 Rn 1.
[1032] Vgl. BGHZ **45**, 395, 397; *Knauth*, JZ **1978**, 339 ff.
[1033] Vgl. *Heinrichs* in: Palandt, § 21 Rn 2.
[1034] Auf eine genauere Darstellung des Wirtschaftsvereins wird im Folgenden verzichtet, da dieser wegen der restriktiven Zulassungspraxis der Länder nur geringe Bedeutung hat. In der Verleihungspraxis hat sich der **Grundsatz der Alternativität und der Subsidiarität** herausgebildet. Hiernach darf dem wirtschaftlichen Verein nur dann Rechtsfähigkeit verliehen werden , wenn er nicht auch nach § 21 BGB eintragungsfähig wäre und wenn es ihm im Einzelfall nicht zumutbar ist, sich für die Erlangung der Rechtsfähigkeit der speziellen Gesellschaftsformen zu bedienen (AG, GmbH, Genossenschaft).
[1035] *Kraft/Kreutz*, S. 297.

te, den ideellen Hauptzwecken des Vereins dienende wirtschaftliche Betätigung im Rahmen des sog. Nebenzwecksprivilegs handele.[1036]

2. Gründung

617 Der Verein wird über zwei Gründungsstufen gegründet: der **Gründung des Personenverbandes** und der anschließenden **Eintragung in das Vereinsregister**.[1037] Gemäß § 56 BGB sind sieben Gründungsmitglieder erforderlich; bei Herabsinken der Mitgliederzahl unter drei kann die Rechtsfähigkeit gemäß § 73 BGB wieder entzogen werden.

Generell ist zwischen Muss- und Sollvorschriften zu unterscheiden. Gemäß § 25 i.V.m. § 57 BGB muss eine Satzung errichtet werden, die einen bestimmten Mindestinhalt hat (gemäß § 57 BGB Zweck, Namen und Sitz des Vereins). § 58 BGB regelt den Sollinhalt; dieser ist damit nicht zwingende Voraussetzung für die Eintragung. Die Satzung ist ein **von den Gründern abgeschlossener Vertrag**, der sowohl die Organisation als auch die schuldrechtlichen Beziehungen zwischen den Mitgliedern regelt. Die **Vereinssatzung** bildet gemäß § 25 BGB die **Verfassung** des Vereins. Gemäß § 26 BGB hat der Vorstand den Verein nach der Satzungserrichtung zur Eintragung anzumelden.

3. Die Erlangung der Rechtsfähigkeit

618 Die Gründung eines Vereins läuft über mehrere Etappen. Zunächst treffen die Gründer die Absprache, einen Verein zu gründen und legen hierbei den Vereinszweck fest, dann wird die Satzung vereinbart und der Vorstand bestellt; dieser meldet dann letztlich den Verein zum Register an.[1038] Wenn sich die Mitglieder wirksam über die Gründung des Vereins geeinigt haben, entsteht der sog. **Vorverein**. Für diesen Vorverein sind die Satzung und die Vorschriften des BGB für rechtsfähige Vereine maßgeblich, soweit sie nicht die Eintragung in das Vereinsregister voraussetzen.[1039] Mit der Entstehung des Vorvereins stellt sich – wie bei allen juristischen Personen – die Frage, ab welchem Zeitpunkt dieser Verein Rechtsfähigkeit erlangt. Hierbei soll sich an die Regeln der anderen juristischen Personen (AG, GmbH) gehalten werden, bei denen eine Rechtsfähigkeit der Vereinigung bereits mit Feststellung der Satzung angenommen wird (zumindest eine Teilrechtsfähigkeit).[1040]

619 Gemäß § 59 Abs. 1 BGB ist ein Eintragungsantrag durch den Vorstand zu stellen. Mit der Eintragung erlangt der Idealverein seine Rechtsfähigkeit. Die Eintragung ist damit **konstitutiv**. Nach § 65 BGB erhält der Verein mit der Eintragung den Zusatz „eingetragener Verein" (e.V.). Gemäß § 54 S. 2 BGB haften die Handelnden oder der Handelnde bis zur Eintragung persönlich. Zwischen dem Vorverein und dem Verein e.V. besteht Identität; es entsteht kein neues Rechtsgebilde.[1041]

> **Hinweis für die Fallbearbeitung:** Die Abkürzung „e.V." weist bei einem Sachverhalt, in dem ein Verein auftritt, regelmäßig auf die Rechtsfähigkeit dieses Vereins hin, wenn der Zusatz „e.V." zu recht erfolgte.

[1036] BGHZ **85**, 84, 88 f.
[1037] *Eisenhardt*, GesellRecht, Rn 117.
[1038] *Grunewald*, GesellRecht, S. 187.
[1039] *K. Schmidt*, GesellRecht, § 24 II 3, *Kraft/Kreutz*, S. 299.
[1040] A.A. *Beuthien*, ZIP **1996**, 360, 367; *Kraft/Kreutz*, S. 299.
[1041] BGH WM **1978**, 115.

4. Organe

a) Vorstand

620 Gemäß § 26 Abs. 1 BGB muss der Verein einen Vorstand haben. Der Vorstand wird von der Mitgliederversammlung bestellt und im Zweifel auch wieder abberufen, § 27 Abs. 1 und 2 BGB. Hinsichtlich des Vorstands gilt das Prinzip der **Fremdorganschaft**. Bei **juristischen Personen** schreibt das Gesetz zwingend die Bestellung von vertretungsberechtigten Organen vor, deren Vertretungsmacht **auf Bestellung**, nicht auf Mitgliedschaft beruht (anders bei den Personengesellschaften, bei denen das **Prinzip der Selbstorganschaft** gilt).[1042] Als **Leitorgan** des Vereins ist der Vorstand sowohl für die **Geschäftsführung** als auch für die **Vertretung** des Vereins nach außen zuständig. Nach § 26 Abs. 2 BGB vertritt der Vorstand den Verein **gerichtlich** und **außergerichtlich**. Trotz des missverständlichen Wortlauts des § 26 Abs. 2 HS 2 BGB vertritt der Vorstand den Verein dabei nicht als gesetzlicher Vertreter. Es handelt sich vielmehr um einen Fall der **organschaftlichen Vertretung**.[1043]

621 Umstritten ist, ob bei mehreren Vorstandsmitgliedern ein **Fall der Gesamtvertretung**[1044] (Vertretung durch alle gemeinsam) vorliegt oder ob analog § 28 Abs. 1 BGB die **Mehrheit der Vorstandsmitglieder** zur Vertretung berechtigt ist (so die h.M.[1045]). Die Annahme einer Einzelvertretung widerspricht dem Sinn eines mehrköpfigen Vorstands, der in erster Linie in der wechselseitigen Kontrolle der einzelnen Mitglieder besteht. Eine Gesamtvertretung ist auch praktisch nur schwer umsetzbar und würde zur Handlungsunfähigkeit des Vorstands führen. Daher ist davon auszugehen, dass das Mehrheitsprinzip gilt.

Die Vertretungsmacht kann gemäß § 26 Abs. 2 S. 2 BGB gegenüber Dritten beschränkt werden. Diese Beschränkungen müssen im Rahmen der Vereinssatzung vorgenommen werden. Zu beachten ist hierbei, dass die Beschränkung erst Wirkung entfaltet, wenn sie im Vereinsregister eingetragen oder dem Vertragspartner bekannt ist.[1046] Damit kommt auch dem Vereinsregister negative Publizität zu, vgl. §§ 70 i.V.m. 68 BGB.

> **Hinweis für die Fallbearbeitung:** Diese negative Publizität des Vereinsregisters folgt den gleichen Regeln wie der negativen Publizität des § 15 Abs. 1 HGB.

Dem Vorstand obliegt ebenso die Geschäftsführung. Hinsichtlich der Tätigkeit der Geschäftsführung wird zumeist ein **Dienstvertrag** abgeschlossen. Ist dies nicht der Fall, finden die §§ 664-670 BGB (Auftragsrecht) entsprechende Anwendung, vgl. § 27 Abs. 3 BGB.

b) Mitgliederversammlung

622 § 32 Abs. 1 S. 1 BGB bringt zum Ausdruck, dass die Mitgliederversammlung das höchste Organ des Vereins ist; denn die übrigen Vereinsorgane sind bei ihren Handlungen gegenüber der Mitgliederversammlung **weisungsgebunden**[1047] (gemäß §§ 27 Abs. 3

[1042] *Kraft/Kreutz*, S. 58.
[1043] Str., vgl. *Westermann* in: Erman, § 26 Rn 2 – sog. Organtheorie gegenüber Vertretertheorie.
[1044] *Coing* in: Staudinger, 12. Aufl., § 26 Rn 13.
[1045] Vgl. *Reuter* in: MüKo, § 26 Rn 16; *Westermann* in: Erman, § 26 Rn 4; *Heinrichs* in: Palandt, § 26 Rn 6; *Hadding* in: Soergel, § 26 Rn 16.
[1046] *Heinrichs* in: Palandt, § 26 Rn 5; *K. Schmidt*, GesellRecht, § 24 III 2.
[1047] BGH WM **1992**, 2055, 2057; *K. Schmidt*, GesellRecht, § 24 III 3 a); *Grunewald*, ZIP **1989** 962, 964.

i.V.m. 665 BGB). Die Mitglieder können ihren Willen durch Ausübung des Stimmrechts kundtun. Entscheidungen erfolgen durch Beschluss. Zu den Aufgaben der Mitgliederversammlung gehört insbesondere die Bestellung und Kontrolle des Vorstands und der anderen Vereinsorgane (§ 27 BGB), die Entscheidung über Satzungsänderungen (§ 33 BGB) und die Entscheidung über die Auflösung des Vereins (§ 41 BGB). Für die Einberufung der Mitgliederversammlung ist, soweit die Satzung nichts anderes bestimmt (vgl. § 58 Nr. 4 BGB), der Vorstand i.S.d. § 26 zuständig. Gemäß § 32 Abs. 1 S. 3 BGB entscheidet grundsätzlich die **einfache Mehrheit**; bei **Satzungsänderungen** ist eine **Dreiviertelmehrheit**, bei der Änderung des Vereinszwecks sogar die Zustimmung **aller Mitglieder** notwendig; dies gilt allerdings nur, solange die Satzung nichts anderes bestimmt.

5. Mitgliedschaft

623 Unter Mitgliedschaft versteht man die **Gesamtheit der Rechtsbeziehungen des Vereins zu seinen Mitgliedern.**[1048] Die Mitgliedschaft ist personenrechtlich geprägt, so dass sie nicht übertragbar oder vererblich ist, § 38 BGB. Aus der Mitgliedschaft ergeben sich folgende **Rechte**:

- das aktive und passive Wahlrecht
- das Recht zur Teilnahme an der Mitgliederversammlung
- das Stimmrecht als organschaftliches Recht
- das Recht auf Benutzung der Vereinseinrichtungen (Wertrecht)

Folgende **Pflichten** ergeben sich aus der Mitgliedschaft:

- Beitragspflicht
- allgemeine Treuepflicht[1049]

Die Mitgliedschaft wird durch Beteiligung an der Vereinsgründung oder durch späteren Beitritt erworben (Vertrag zwischen Verein und „Mitglied"). Die Mitgliedschaft endet durch Austritt, Ausschluss, Tod und Beendigung des Vereins.[1050] Das jederzeitige Austrittsrecht steht den Mitgliedern gemäß § 39 Abs. 1 BGB gesetzlich zu; kann aber gemäß § 39 Abs. 2 BGB dadurch abgeändert werden, dass der Austritt erst am Schluss des Geschäftsjahres oder nach Ablauf einer festgesetzten Kündigungsfrist möglich ist.

6. Haftung

624 § 31 BGB rechnet dem Verein als eigenständigem Rechtsträger das Handeln seiner verfassungsmäßig berufenen Vertreter als **eigenes** zu. Es soll dem Verein als Rechtsträger damit nicht möglich sein, sich aus der Verantwortung zu stehlen. Nach § 31 BGB haftet der Verein für zum Schadensersatz verpflichtende Handlungen des Vorstands, dessen Mitglieder oder sonstiger satzungsmäßig berufener Vertreter gegenüber Dritten. § 31 BGB gilt für alle auf Schadensersatz abzielenden Ansprüche. Damit sind unerlaubte Handlungen - §§ 823 ff. BGB – ebenso erfasst wie Gefährdungstatbestände und Vertragsstörungen. Der Verein muss sich jedoch nur dasjenige Verhalten

[1048] *Kraft/Kreutz*, S. 304; *Eisenhardt*, GesellRecht, Rn 139.
[1049] Treuepflicht nicht nur als Obliegenheit, sondern als echte Rechtspflicht, vgl. hierzu BGHZ **110**, 323, 330.
[1050] *Kraft/Kreutz*, S. 305.

seiner Organe zurechnen lassen, welches diese in Ausübung der ihnen zustehenden Verrichtung begangen haben. Eine bloß zufällige Störung wird damit nicht erfasst – sog. Störungen bei Gelegenheit (vgl. hierzu die Grundsätze der Zurechnungsnorm des § 278 BGB).

Hinweis für die Fallbearbeitung: § 31 BGB ist eine Zurechnungsnorm für fremdes Verschulden, das der Verein sich als eigenes zurechnen lassen muss (vergleichbar mit § 278 BGB – nur dass § 31 BGB eine weit umfassendere Wirkung entfaltet). § 31 BGB stellt keine eigenständige Anspruchsgrundlage für vermutetes eigenes Verschulden wie § 831 BGB dar. Auf keinen Fall darf § 831 BGB bei Vorstandsmitgliedern zur Anwendung kommen – diese sind Organe des Vereins und keine weisungsgebundenen Verrichtungsgehilfen (Hilfspersonen).

625 § 31 BGB findet Anwendung auf den Vorstand als Gesamtorgan, die Mitglieder des Vorstandes oder auf andere verfassungsmäßig berufene Vertreter. Hierzu zählen die nach § 30 ernannten besonderen Vertreter. Nach einer weiten Auslegung des Personenbegriffs fallen auch alle Personen in den Anwendungsbereich des § 31 BGB, denen durch die allgemeine Betriebsregelung und Handhabung innerhalb des Vereins bedeutsame wesensmäßige Funktionen zu selbstständigen und eigenverantwortlichen Erledigung zugewiesen wurden.[1051] Um auch die Möglichkeit der Exkulpation nach § 831 Abs. 1 S. 2 BGB für Hilfspersonen zu verschließen, wurde die Lehre vom **Organisationsmangel** entwickelt. Hiernach wird den Vereinen die Pflicht auferlegt, den Gesamtbereich der Vereinstätigkeiten in einer Weise zu organisieren, die sicherstellt, dass für alle bedeutsamen Aufgaben ein verfassungsmäßiger Vertreter zuständig ist, welcher die maßgeblichen Entscheidungen selbst trifft. Kommt der Verein dieser Organisationspflicht nicht nach, dann wird dem Verein das Handeln des Verrichtungsgehilfen trotzdem zugerechnet, als wäre der Verrichtungsgehilfe ein verfassungsmäßiger Vertreter.[1052] Die juristische Person haftet daher nach der Rechtsprechung für alle Funktionsträger und Bedienstete ohne Entlastungsmöglichkeit, denen sie einen wichtigen Aufgabenbereich übertragen hat.[1053]

7. Das Ende des Vereins

626 Der Verein kann durch **Auflösung** und durch **Verlust der Rechtsfähigkeit** enden. Sonstige **Auflösungsgründe**:

- Ablauf der in der Satzung bestimmten Zeitdauer
- sonstige satzungsmäßige Beendigungsgründe
- Behördliches Verbot, §§ 3 ff. VereinsG
- Wegfall sämtlicher Mitglieder
- Sitzverlegung ins Ausland
- durch Verlust oder Entziehung der Rechtsfähigkeit

[1051] BGHZ **49**, 91 ff.
[1052] RG **157**, 235; BGHZ **24**, 213.

Folgende **Verlustgründe** können sich ergeben:

- Eröffnung des Insolvenzverfahrens, § 42 BGB
- Entzug durch die Behörde aufgrund gesetzeswidrigen Verhaltens
- Entziehung durch Gericht, § 73 BGB, falls Mitgliederzahl unter drei gesunken ist.
- durch Löschung der Eintragung von Amts wegen, §§ 159 Abs. 1 i.V.m 142 ff. FGG

Wird ein rechtsfähiger Verein aufgelöst, erfolgt ein **Liquidationsverfahren**. Das Verfahren erfolgt nach den vom Gesetz festgelegten Regeln (Ergänzung durch die Satzung ist möglich). Gemäß § 49 Abs. 2 BGB gilt der Verein bis zur Beendigung der Liquidation als fortbestehend, soweit der Zweck der Liquidation dies erfordert.

IV. Der nichtrechtsfähige Verein

1. Allgemeines

627 Ein Wirtschaftsverein, der keine staatliche Verleihung erhielt oder ein nichtwirtschaftlicher Verein, der nicht eingetragen ist, ist ein nichtrechtsfähiger Verein. Der nichtrechtsfähige Verein - § 54 BGB - ist ebenfalls eine auf Dauer angelegte Personenvereinigung zur Erreichung eines gemeinsamen Zwecks, die nach ihrer Satzung körperschaftlich organisiert ist, einen Gesamtnamen trägt und auf einen wechselnden Mitgliederbestand angelegt ist.[1054] Vom rechtsfähigen Verein unterscheidet sich der nichtrechtsfähige Verein allein durch das Fehlen der Rechtsfähigkeit; er ist damit auch **keine** juristische Person.

628 Gemäß § 54 S. 1 BGB finden auf den nichtrechtsfähigen Verein die Vorschriften über die BGB-Gesellschaft, §§ 705 ff. BGB entsprechende Anwendung.
Der nichtrechtsfähige Verein unterscheidet sich von der BGB-Gesellschaft aufgrund seiner **körperschaftlichen Organisation** und seiner grundsätzlichen Unabhängigkeit vom Mitgliederwechsel. Nach h.M. ist auf den nichtrechtsfähigen Verein grundsätzlich das Recht des rechtsfähigen Vereins anzuwenden, mit Ausnahme derjenigen Vorschriften, die die Rechtsfähigkeit voraussetzen (entgegen dem überholten Wortlaut des § 54 S. 1 BGB, der die Regelungen der BGB-Gesellschaft für anwendbar erklärt).[1055] Der nichtrechtsfähige Verein entsteht durch Errichtung der Satzung und Bestellung des Vorstands; es fehlt der Akt der Eintragung, bzw. der staatlichen Verleihung. Auch der nichtrechtsfähige Verein ist selbst handlungsunfähig und bedarf daher Organe, die für ihn handeln. Dies sind auch hier der Vorstand, dem die Vertretung und die Geschäftsführung obliegen und die Mitgliederversammlung.

2. Außenverhältnis

629 Für die Haftung für Verbindlichkeiten im Namen des nichtrechtsfähigen Vereins können entweder der Verein selbst mit dem Vereinsvermögen oder die Vereinsmitglieder persönlich als Gesamtschuldner (hier beschränkt auf ihren Anteil am gesamthänderisch gebundenen Vermögen) haften. Die **Haftung des Vereins** hängt davon ab, ob man trotz Fehlens der Rechtsfähigkeit die Rechtssubjektivität eines Vereins anerkennt (vgl.

[1053] Das Schrifttum wendet § 31 BGB in diesen Fällen – anders als die Rspr. – entsprechend an; vgl. *Heinrichs* in: Palandt, § 31 Rn 8.
[1054] Vgl. RGZ **143**, 212; *Heinrichs* in: Palandt, § 54 Rn 2.
[1055] Vgl. BGHZ **50**, 328; *Reuter* in: MüKo, § 54 Rn 2; *Heinrichs* in: Palandt, § 54 Rn 1.

entsprechenden Streit bei der BGB-Gesellschaft). Geht man davon aus, dass der Verein als Gesamthand selbst Träger von Rechten und Pflichten ist, dann haftet er selbst.

630 Eine **Haftung der Mitglieder mit ihrem Privatvermögen** kommt jedoch generell **nicht** in Betracht. Eine solche Haftung ist ausgeschlossen, weil es keinerlei gesetzliche Hinweise für ein derartiges Haftungsansinnen des Gesetzgebers gibt. Die Annahme einer persönlichen Haftung der Vereinsmitglieder mit ihrem Privatvermögen bedarf daher stets der positiven Begründung.[1056] Dies verhält sich anders beim **nichtrechtsfähigen Wirtschaftsverein**: Hier ergibt sich eine Haftung der Mitglieder mit ihrem Privatvermögen, um den Gläubigerschutz in den Vordergrund zu stellen.[1057] Bei allen nichtrechtsfähigen Vereinen haftet gemäß § 54 S. 2 BGB neben dem Verein bzw. seinen Mitgliedern der **Handelnde** aus einem Rechtsgeschäft, das er im Namen des Vereins abgeschlossen hat, persönlich und unbeschränkt. § 54 S. 2 BGB gilt gemäß § 37 Abs. 1 ParteienG jedoch nicht für politische Parteien.

631 § 31 BGB gilt nach h.M. für den nichtrechtsfähigen Verein entsprechend mit der Folge, dass die Haftung auf das Vereinsvermögen beschränkt bleibt.[1058]
Der nichtrechtsfähige Verein besitzt aufgrund der mangelnden Rechtsfähigkeit **keine Grundbuchfähigkeit**, d.h. die Fähigkeit, unter seinem Namen im Grundbuch eingetragen zu werden. Es besteht eine **passive Parteifähigkeit** gemäß § 50 ZPO. Ebenfalls besitzt der nichtrechtsfähige Verein **Insolvenzfähigkeit** gemäß § 11 Abs. 1 S. 2 InsO.

[1056] *K. Schmidt*, GesellRecht, § 25 III 2.
[1057] Vgl. *Kraft/Kreutz*, S. 310 f.
[1058] *Reuter* in: MüKo, § 54 Rn 26; *Hadding* in: Soergel, § 54 Rn 24; *Eisenhardt*, GesellRecht, Rn 173; *Kraft/Kreutz*, S. 311.

I. Stufenweise Entstehung von juristischen Personen

Die Gründung von AG, KGaA und GmbH gestaltet sich in mehreren Stufen.[1059] Man unterscheidet während des gesamten Gründungsvorgangs insgesamt drei Stufen: die **Vorgründungsgesellschaft** (Vertrag, der auf die Errichtung einer Gesellschaft gerichtet ist), die **Vorgesellschaft** (Abschluss eines Gesellschaftsvertrages und notarielle Beurkundung) und die **juristische Person** (Eintragung in das Handelsregister). Mit Abschluss des Gründungsvorgangs besteht die juristische Person. **632**

I. Vorgründungsgesellschaft

1. Vorbereitung

Durch die Vorbereitungen hinsichtlich eines Vertragsschlusses entsteht die sog. Vorgründungsgesellschaft. Die Vorbereitungen müssen auf die Errichtung einer juristischen Person gerichtet sein. **633**

- zumeist Form der BGB-Gesellschaft oder, wenn die Vorgründungsgesellschaft ein kaufmännisches Handelsgewerbe betreibt, dann oHG
- **keine Identität** mit der später entstehenden Vorgesellschaft oder der juristischen Person
- Verbindlichkeiten der Vorgründungsgesellschaft gehen ohne eine entsprechende rechtsgeschäftliche Vereinbarung nicht über - **keine Haftungskontinuität!**

2. Beendigung

Die Gesellschaft endet mit Erreichung des gesetzten Zwecks gemäß § 726 BGB. Hierfür ist der Inhalt des Vertrags maßgebend. **634**

3. Haftungsmaßstab

Haftung der Gesellschaft: **635**

- bei der BGB-Gesellschaft über § 718 BGB
- bei der oHG über § 124 HGB

Haftung der Gesellschafter:

- analog § 128 HGB bei der BGB-Gesellschaft[1060] persönlich als Gesamtschuldner (§§ 421, 426 BGB)
- gemäß § 128 HGB bei der oHG persönlich als Gesamtschuldner (§§ 421, 426 BGB)

[1059] Da der Gründungsvorgang bei allen juristischen Personen nach dem gleichen Muster abläuft, wird hier im Vorwege die Entstehung erläutert. Bei den Erläuterungen zu den einzelnen juristischen Personen wird dann auf die einzelnen Punke genauer eingegangen. Die Erläuterung dient dazu, den Leser mit immer wiederkehrenden Strukturen vertraut zu machen.

[1060] Die Haftung analog § 128 HGB bei der Vorgesellschaft in Form der BGB-Gesellschaft ist Folge der neuen Rechtsprechung des BGH zur Rechtsfähigkeit der BGB-Gesellschaft, vgl. BGHZ **146**, 341 ff.

> **Beachte:** Bei der BGB-Gesellschaft besteht die Möglichkeit der Haftungsbeschränkung.

Haftung der Vertreter:

- Eine sog. Handelndenhaftung gemäß § 11 Abs. 2 GmbHG, bzw. § 41 Abs. 1 S. 2 AktG **ist für den Zeitraum der Vorgründungsgesellschaft ausgeschlossen**. U.U. kommt eine Haftung als Vertreter ohne Vertretungsmacht gemäß § 179 BGB für die Handelnden in Betracht, wenn die Voraussetzungen nach § 179 BGB vorliegen.

II. Vorgesellschaft

636 Die Vorgesellschaft betrifft den Zeitraum zwischen Abschluss des notariellen Gesellschaftsvertrages und der Erlangung der Rechtsfähigkeit durch die Eintragung.

1. Entstehung

637 Mit Abschluss des Gesellschaftsvertrages bzw. der notariellen Beurkundung der Errichtungserklärung entsteht die Vorgesellschaft. Die Vorgesellschaft ist **Durchgangsstadium** zur Entstehung der GmbH oder AG. Trotzdem ist sie bereits soweit in ihrer Organisationsstruktur zur Entstehung gelangt, dass sie sich am Rechtsverkehr beteiligen kann.

2. Rechtsnatur

638 Die Vorgesellschaft ist eine Personenvereinigung **sui generis**.[1061] Sie ist **teilrechtsfähig**; die Rechtsfähigkeit selbst fehlt allerdings noch.
Das Auftreten nach außen richtet sich nach den körperschaftlichen Regeln der zukünftigen juristischen Person. Bereits **im Gründungsstadium müssen Gesellschaftsorgane** bestellt werden, denen die Geschäftsführung und Vertretung der Vorgesellschaft obliegt, so dass die Vorgesellschaft nach außen geschlossen auftreten kann. Die Vorgesellschaft kann im Rahmen der Vertretungsmacht ihrer Organe bereits Rechte erwerben und Verbindlichkeiten eingehen. Die Vertretungsmacht ist grundsätzlich durch den Zweck der Vorgesellschaft, die Entstehung der künftigen juristischen Person zu fördern und das bis dahin schon eingebrachte Vermögen zu verwalten und zu erhalten, begrenzt.

3. Haftung

Haftung der Gesellschaft:

639 Mit Annahme der Teilrechtsfähigkeit wird folgerichtig auch eine Haftung der Vorgesellschaft angenommen. Haftungsmasse ist hierbei das den Gründern gesamthänderisch zustehende **Gesellschaftsvermögen**.

Haftung der Gesellschafter als Gründer:
Die Gründer haften für die gesetzlich oder rechtsgeschäftlich im Namen der Vorgesellschaft begründeten Verbindlichkeiten in der Regel als Gesamtschuldner (§§ 421, 431, 840 BGB), sog. **Gründerhaftung**. Fraglich ist, ob die Gründer **nur bis zur Höhe des Gesellschaftsvermögens** oder zudem noch mit ihrem **Privatvermögen** haften.

[1061] *Michalski* in: Michalski GmbHG, § 11 Rn 60.

Nach früherer h.M. war die Haftung der Gründer auf das Vermögen der Vorgesellschaft **beschränkt** bzw. sollten die Gründer nur bis zur Höhe ihrer Einlageverpflichtung den Gläubigern unmittelbar haften.[1062] Die Rechtsprechung hat das Konzept der beschränkten Außenhaftung nunmehr aufgeben und die sog. **Verlustdeckungshaftung** entwickelt.[1063] Eine Haftungsbeschränkung wird mit der Begründung abgelehnt, dass die Gesellschaftsverpflichtungen Angelegenheiten der Gemeinschaft seien und dem einzelnen Gesellschafter die Haftung für diese Verpflichtungen treffe. Die Gesellschafter haften für alle Verbindlichkeiten der Vorgesellschaft **grundsätzlich unbeschränkt**.

- Allerdings handelt es sich insoweit um eine **Innenhaftung** gegenüber der **Vorgesellschaft selbst**, nicht aber um eine unmittelbare Haftung gegenüber den Gesellschaftsgläubigern. Diese müssten sich vielmehr an die Vor-GmbH/Vor-AG halten und könnten ggf. deren Ausgleichsansprüche gegen die Gesellschafter pfänden und sich zur Einziehung überweisen lassen - **Konzept der unbeschränkten Innenhaftung.**

Haftung der Vertreter:

- Neben und unabhängig von der Gründerhaftung entsteht eine gesamtschuldnerische Haftung gemäß § 11 Abs. 2 GmbHG, bzw. § 41 Abs. 1 S. 2 AktG, sog. **Handelndenhaftung**.
  Der Begriff des Handelnden ist **eng** zu fassen, es haften nur diejenigen, die die Geschäfte geführt oder verantwortlich mitgewirkt haben. Umstritten ist, ob im **Namen der noch nicht entstandenen GmbH/AG** gehandelt worden sein muss oder ob auch ein **Handeln im Namen der Vorgesellschaft** ausreicht (h.M.[1064]). Die ständige Rechtsprechung nimmt eine Haftung nur an, wenn im Namen der zukünftigen GmbH/AG gehandelt wurde.[1065]

III. Juristische Person

640 Mit Eintragung in das Handelsregister entsteht die juristische Person, § 41 Abs. 1 S. 1 AktG; § 11 Abs. 1 GmbHG. Nach herrschender **Einheitstheorie**[1066] sind die Vorgesellschaft und die spätere juristische Person in ihrer Struktur und Existenz **identisch**. Als Konsequenz ergibt sich damit, dass Rechte und Pflichten der Vorgesellschaft **automatisch** solche der juristischen Person werden. Ferner erlischt die Gründer- und die Handelndenhaftung. Als Ausgleich soll eine **Differenzhaftung** (Unterbilanzhaftung, Vorbelastungshaftung) der Gesellschafter greifen (Differenz zwischen dem Stammkapital und dem Wert des Gesellschaftsvermögens im Zeitpunkt der Eintragung).[1067] Rechtsgrundlage für die Differenzhaftung bildet der Rechtsgedanke aus § 9 GmbHG. Der Anspruch der Gesellschaft ist hierbei nicht auf die Höhe des Stammkapitals begrenzt, sondern vielmehr soll eine darüber hinausgehende Überschuldung ausgeglichen werden. Die Differenzhaftung greift mit dem Zeitpunkt der Eintragung. Erfolgt keine Eintragung, dann greift die Verlustdeckungshaftung.[1068]

[1062] BGHZ **65**, 378; **72**, 45; **80**, 182; vgl. zur Entwicklung der Haftung auch *Hueck/Fastrich* in: Baumbach/Hueck, GmbHG Komm., § 11 Rn 22.
[1063] BGHZ **134**, 333 ff.; vgl. auch BAG NJW 1997, 3331.
[1064] *K. Schmidt*, GesellRecht, § 34 III; *Hueck* in: Baumbach/Hueck, GmbHG, § 11 Rn 44.
[1065] BGHZ **72**, 45, 47; BGH NJW **1980**, 287 f.
[1066] Vgl. *Reuter* in: MüKo, §§ 21, 22 Rn 66; *Hadding* in: Soergel, V. § 21 Rn 71, 72.
[1067] Vgl. hierzu ausführlich unten bei der GmbH.
[1068] *Michalski* in: Michalski GmbHG, § 11 Rn 62.

J. Die Aktiengesellschaft

I. Rechtliche Struktur und wirtschaftliche Funktion

1. Kapitalgesellschaft

641 Die Aktiengesellschaft (AG) ist in erster Linie für Unternehmen konzipiert, die einen erheblichen Kapitalbedarf haben – ihre wirtschaftliche Bedeutung liegt in erster Linie in der sog. **Kapitalsammelfunktion**.[1069] Eine weitere wirtschaftliche Bedeutung liegt darin, dass die AG eines der wichtigsten Mittel zur **Unternehmenskonzentration**[1070] ist und damit einen Grundbaustein des Konzernrechts bildet.[1071]

Im Gegensatz zu den Personenhandelsgesellschaften kommt es gerade nicht auf die Personen an, die in die AG integriert sind, sondern lediglich auf die Kapitalbeschaffung und dessen Erhaltung.
Die AG ist eine Körperschaft und als solche rechtssystematisch in die Kategorie der **Vereine** einzuordnen.[1072] Die AG ist in § 1 AktG definiert als eine Gesellschaft mit **eigener Rechtspersönlichkeit**. Sie ist juristische Person und damit als Rechtssubjekt Träger von Rechten und Pflichten.

Gemäß § 1 Abs. 2 AktG hat die AG ein in **Aktien zerlegtes Grundkapital**. Für die Verbindlichkeiten der AG haftet den Gläubigern **nur das Gesellschaftsvermögen** gemäß § 1 Abs. 1 S. 2 AktG. Die Aktionäre haften nicht für Schulden der Gesellschaft.

- Aus ökonomischer Sicht hat der Gesetzgeber mit der Einführung von Kapitalgesellschaften und den damit verbundenen gesetzlichen Regelungen zur beschränkten Haftung auf das Gesellschaftsvermögen für die Aktionäre eine **Externalisierung von Haftungsrisiken** ermöglicht.

2. Rechtliche Ausgestaltung

642 Anders als bei den Personenhandelsgesellschaften, die nach dem Grundsatz der **Selbstorganschaft** von ihren Gesellschaftern geleitet werden müssen, ist bei der Aktiengesellschaft die Unternehmensleitung mitgliederunabhängig und nicht den Aktionären vorbehalten, sog. **Fremdorganschaft**.[1073] Die Aktionäre bestimmen die Unternehmensleitung nur mittelbar über die Hauptversammlung.

Die AG ist **Formkaufmann**, d.h. Kaufmann wegen ihrer Rechtsform, § 3 Abs. 1 AktG. Sie gilt daher auch dann als Handelsgesellschaft, wenn Gegenstand ihres Unternehmens nicht der Betrieb eines Handelsgewerbes ist. Auf sie finden nach § 6 Abs. 1 HGB die für Kaufleute geltenden Vorschriften des HGB Anwendung.

[1069] *Semler* in: MünchKomm. AktG, Einl. Rn 8; *Kraft/Kreutz*, S. 315.
[1070] *Semler* in: MünchKomm. AktG, Einl. Rn 8.
[1071] Im Zeitraum April 2000 bis April 2001 wurden 3391 Aktiengesellschaften gegründet. Nach diesem Boom sinkt die Gründungszahl kontinuierlich. Im Jahr 2002 wurden nur noch 1216 Aktiengesellschaften gegründet. – AG Report **2003**, R 189, 192.
[1072] *Flume*, Juristische Person, § 4 I.
[1073] *K. Schmidt*, GesellRecht, § 14 II Nr. 2 a); *Kraft/Kreutz*, S. 7.

3. Wirtschaftliche Gestaltung

643 Die Vorzüge der Aktiengesellschaft für Kapitalanleger ergeben sich aus der einfachen Beteiligung durch Übernahme von Aktien ohne zusätzliche Pflichten und ohne dauerhafte Bindung mit der Möglichkeit der Risikostreuung, Veräußerung und Gewinnrealisierung. Wegen ihrer rechtlichen Ausgestaltung ist die Aktiengesellschaft dazu geeignet, das für größere Unternehmen erforderliche hohe Kapital durch zahlreiche Kapitalanleger auch mit relativ kleinen Anlagebeträgen aufzubringen. Sie kann aber auch den organisierten Rahmen für die unternehmerische Betätigung einzelner Großaktionäre abgeben.

Aktiengesellschaften bringen allerdings auch Risiken und Gefährdungen mit sich, denen gegengesteuert werden muss. Daher sind auch Gläubigerschutz und Aktionärsschutz sowie teilweise der Schutz Dritter und der Allgemeinheit Regelungsgegenstände des Aktiengesetzes. Soweit Dritte und die Allgemeinheit durch die übermäßige Marktmacht von Aktiengesellschaften gefährdet sind, greift das Kartellrecht (GWB[1074]) mit seinen auch für Aktiengesellschaften geltenden Regelungen ein. Dem Schutz der Arbeitnehmer dient die Unternehmensmitbestimmung durch Arbeitnehmervertreter in den Aufsichtsräten. Soweit durch Unternehmenskonzentrationen eine Gefährdung von Aktionärs- und Gläubigerinteressen droht, wird ein Schutz durch die Regelungen des Konzernrechts angestrebt (§§ 15 ff., 291 ff. AktG).

II. Die Aktie

644 Der Begriff der Aktie hat drei unterschiedliche Bedeutungen: Er kann die **Mitgliedschaft** des Aktionärs, die **Beteiligungsquote** oder das sie verbriefende **Wertpapier** ausdrücken.[1075]

1. Kapitalanteil

645 Als Aktie wird der Bruchteil des Grundkapitals bezeichnet (§ 1 Abs. 2 AktG), der als Nominalbetrag angegeben wird und gemäß § 8 Abs. 2 S. 1 AktG auf mindestens einen Euro lauten muss. Das **Grundkapital**[1076] der AG ist das in einer Geldsumme ausgedrückte verfassungsmäßige **Garantiekapital** der Gesellschaft.[1077] Hiervon ist das Gesellschaftsvermögen strikt zu unterscheiden. Das Grundkapital ist eine Rechengröße, die angibt, in welcher Höhe die Aktionäre Eigenkapital zuführen müssen. Zur Erhaltung des Grundkapitals sieht das AktG zwingende Regelungen zur **Kapitalaufbringung**, vgl. §§ 9 Abs. 1, 27 ff., 63 ff. AktG und zur **Kapitalerhaltung**, vgl. §§ 57 ff., 71 AktG vor. Grundkapital und Gesellschaftsvermögen müssen nicht identisch sein. Sie fallen automatisch auseinander, wenn die Aktien zu einem den Nennwert übersteigenden Preis angeboten werden. Gemäß § 7 AktG muss das Grundkapital mindestens 50.000 Euro betragen. In einer Ein-Euro-Aktie ist also bei einem Grundkapital einer AG von 50.000 Euro ein Kapitalanteil von 0,002% verbrieft.[1078] Der Nominalbetrag einer Aktie ist nicht identisch mit ihrem Marktwert. Der Marktwert einer Aktie wird allein durch Angebot und Nachfrage bestimmt.[1079] Gemäß § 8 Abs. 1 AktG können Aktien als

[1074] Wettbewerbsbeschränkungsgesetz.
[1075] *Wiesner*, MünchHdb., § 12 Rn 1; *Hüffer*, AktG, § 1 Rn 13.
[1076] Auch als sog. Stammkapital bezeichnet.
[1077] *K. Schmidt*, GesellRecht, § 26 IV Nr. 1 a).
[1078] Vgl. *Brändel* in: Großkomm. AktG, § 1 Rn 79.
[1079] *K. Schmidt*, GesellRecht, § 26 IV Nr. 1 a); vgl. auch *Kraft/Kreutz*, S. 331.

Nennbetragsaktien oder als **Stückaktien** ausgegeben werden. Bei Nennbetragsaktien ist der Nennbetrag der Aktie und bei Stückaktien die Zahl der Aktien zu nennen.[1080]

2. Mitgliedschaftsrechte und -pflichten

646 Die Aktie bezeichnet auch die Summe von Rechten und Pflichten des Aktionärs, d.h. seine Mitgliedschaft. Zur Gesamtheit der Rechte und Pflichten eines Aktionärs aus einer Aktie gehören Vermögensrechte und -pflichten sowie Mitverwaltungsrechte. Vermögensrechte sind vor allem der Dividendenanspruch vgl. §§ 58 Abs. 4, 174 AktG; der Liquidationsanteil bei Auflösung der Aktiengesellschaft, § 271 AktG; das Bezugsrecht bei Kapitalerhöhungen, § 186 AktG. Als Mitverwaltungsrechte aus der Aktie stehen dem Aktionär das Recht auf Teilnahme an der Hauptversammlung der AG, § 118 AktG, das Stimmrecht vgl. §§ 12 Abs. 1 S. 1, 134 AktG und das Auskunftsrecht gegenüber dem Vorstand, § 131 AktG zu.

647 Die wichtigste vermögensrechtliche Pflicht eines Aktionärs aus seiner Aktie ist die **Leistung der versprochenen Einlage**, § 54 Abs. 1 und 2 AktG.
Eine gewisse Durchbrechung der Aktionärsgleichbehandlung ergibt sich aus der Möglichkeit zur Emission von **Vorzugsaktien**, § 11 AktG. Die Ausgabe von Mehrstimmaktien ist gem. § 12 Abs. 2 AktG unzulässig.[1081] Die Satzung einer Aktiengesellschaft kann auch durch Stimmrechtsbeschränkungen Obergrenzen für die Ausübung von Mitgliedschaftsrechten durch einzelne Aktionäre vorsehen, § 134 Abs. 1 S. 2 AktG.
Vom EuGH als unzulässig wurden die sog. „Goldenen Aktien" beurteilt. Als „Goldene Aktien" werden solche Aktien bezeichnet, die erwerbs- und veräußerungsbeschränkende Sonderrechte beinhalten. Nach Auffassung des EuGH verstoßen diese Sonderrechte gegen die Kapitalverkehrs- und Niederlassungsfreiheit (Art. 56, 43 EG), soweit nicht ausnahmsweise Gründe der öffentlichen Sicherheit oder zwingende Gründe des Allgemeininteresses dies rechtfertigen würden.[1082]

648 Zum Schutze von Kleinaktionären und Aktionärsminderheiten bestehen unabdingbare Minderheitsrechte, die nur teilweise gesetzlich geregelt sind. Die Aktionärsmehrheit sowie Vorstand und Aufsichtsrat müssen bei ihren Beschlüssen und sonstigen Maßnahmen auf die Interessen der davon unmittelbar oder mittelbar betroffenen Minderheitsaktionäre angemessen Rücksicht nehmen. Der Umfang ihrer aktienrechtlichen Treuepflicht[1083] richtet sich nach den Einflussmöglichkeiten des jeweils betroffenen Gesellschafters. Die aktienrechtliche Treuepflicht dient vor allem der Begrenzung der Mehrheitsherrschaft und damit dem Minderheitenschutz. Sie bindet allerdings auch den Minderheitsaktionär. Durch sie wird er zwar nicht verpflichtet, für Schäden aufzukommen, die der AG durch seine Aktivitäten im außergesellschaftlichen Bereich entstanden sind. Eine Verletzung der aktienrechtlichen Treuepflicht in dem vom Gesell-

---

[1080] *Wiesner*, MünchHdb., Bd. 4, § 12 Rn 8.

[1081] Mehrstimmrechte dienten der Überfremdung der AG. Die Gattung der Mehrstimmrechte wurde zu recht verboten, da sie den Inhabern entsprechender Aktien ein Einflusspotential eröffneten, das ihrer Kapital- und damit auch der Risikobeteiligung nicht entsprach, vgl. *Hüffer*, AktG, § 12 Rn 8 und 10; *Brändel* in: Großkomm AktG, § 12 Rn 30 ff.

[1082] Vgl. EuGH, NJW **2002**, 2303 – Kommission./.Belgien; vgl. zu den Auswirkungen dieser Entscheidung auf das VW-Gesetz: *Krause* NJW **2002**, 2747; EuGH, NJW **2003**, 2663 - Kommission./.Spanien; EuGH, NJW **2003**, 2666 – Kommission./.Vereinigtes Königreich Großbritannien und Nordirland.

[1083] Eine Treuepflicht der Aktionäre gegenüber **der Gesellschaft** wird heute allgemein anerkannt. Die Treupflicht der Aktionäre **untereinander** wird heute vom BGH ebenfalls anerkannt, nachdem diese lange Zeit abgelehnt worden war – BGHZ **103,** 184, 194 „Linotype".

schaftsvertrag erfassten, durch den Gesellschaftszweck umschriebenen gesellschaftsrechtlichen Bereich kann aber Schadensersatzansprüche der AG gegen ihre Aktionäre und von Aktionären untereinander begründen.[1084]

Beispiel: - sog. **Girmesfall** - In der Hauptversammlung der G-AG soll auf Vorschlag des Vorstands über eine Kapitalherabsetzung und anschließende Kapitalerhöhung zur Sanierung der in wirtschaftliche Schwierigkeiten geratenen G beschlossen werden. Das Vorhaben scheitert, weil Minderheitsaktionär M, der über eine Sperrminorität verfügt, gegen den Beschlussvorschlag stimmt. Darauf wird über das Vermögen der G ein Insolvenzverfahren eröffnet. Aktionär X verlangt von M Schadensersatz, weil M durch sein Abstimmungsverhalten gegen seine gesellschaftsrechtliche Treuepflicht verstoßen und dadurch die Entwertung der von X gehaltenen Aktien der G verursacht habe.

Auch dem Minderheitsaktionär obliegt eine Treuepflicht gegenüber seinen Mitaktionären, die ihn verpflichtet, seine Mitverwaltungs- und Kontrollrechte unter angemessener Berücksichtigung der gesellschaftsbezogenen Interessen der anderen Aktionäre auszuüben. M schuldet X Schadensersatz, wenn er eine sinnvolle und mehrheitlich angestrebte Sanierung aus eigennützigen Gründen verhindert hat.[1085]
Schadensersatzansprüche von Aktionären untereinander können sich im Übrigen auch aus Verhaltensweisen ergeben, die gegen die §§ 242, 826 BGB verstoßen.

3. Die Aktie als Wertpapier

649 Aktienurkunden sind Wertpapiere. Als solche können sie gemäß § 10 Abs. 1 AktG als **Inhaberpapiere** oder als **Namenspapiere** ausgestellt werden. In der Satzung ist gemäß § 23 Abs. 3 Nr. 5 AktG anzugeben, ob die Aktien auf den Inhaber oder auf den Namen ausgestellt sind. Die Aktienurkunde verbrieft den in einem Euro-Betrag ausgedrückten Bruchteil der Beteiligung eines Aktionärs an der Aktiengesellschaft und seine daraus abgeleiteten Mitgliedschaftsrechte. Das Mitgliedschaftsrecht entsteht aber nicht durch die Ausstellung oder Begebung der Urkunde, sondern durch die Entstehung der AG, d.h. mit ihrer Eintragung, vgl. § 41 Abs. 1 AktG. Vor diesem Zeitpunkt ausgegebene Papiere sind nichtig, § 41 Abs. 4 S. 2 AktG. Zur Aktienurkunde gehören auch die rechtlich selbstständigen Gewinnanteilscheine (Coupons - § 72 Abs. 2 AktG) sowie der Erneuerungsschein (Talon - § 75 AktG). Zu der Behandlung der Aktien als Wertpapier vgl. unten Kapitel Wertpapierrecht.

III. Die Organe einer Aktiengesellschaft und ihre Aufgaben

650 Die AG ist als **juristische Person** nicht selbst handlungsfähig.[1086] Um handlungsfähig zu sein und im Rechtsverkehr auftreten zu können, braucht die AG **Organe**.[1087] Diese nehmen für sie die Willensbildung vor, handeln für sie und treten rechtsgeschäftlich auf. Für die AG sind als Gesellschaftsorgane **Vorstand, Aufsichtsrat** und **Hauptversammlung** zwingend vorgeschrieben, vgl. §§ 30, 76, 95, 118 AktG.

Während bei der typischen Personengesellschaft, der oHG, das mit der Gesellschaft verbundene Risiko und die Unternehmensleitung dieselben Personen trifft, gehört es

---

[1084] Vgl. zur Verletzung der Treupflicht – Missbrauch des Rechts auf Einberufung der Hauptversammlung – OLG Hamburg, NZG **2003**, 132.
[1085] Vgl. JuS **1998**, 877 ff.
[1086] *Kraft/Kreutz*, S. 332.
[1087] Vgl. *Kraft*, KölnerKomm., § 1 Rn 8 und 12 ff.

zu den Wesensmerkmalen der AG, dass die Unternehmensleitung und die Mitgliedschaft an der Aktiengesellschaft grundsätzlich getrennt sind. Für die AG ist es typisch, dass der einzelne Aktionär zwar das wirtschaftliche Risiko trägt – das allerdings auf den Kapitaleinsatz bei Erwerb der Aktien beschränkt ist -, er aber nicht an der Unternehmensleitung beteiligt ist.

1. Der Vorstand, §§ 76 - 94 AktG

651 Als das Leitungsorgan der AG führt der Vorstand die Geschäfte gemäß § 76 Abs. 1 AktG unter eigener Verantwortung. Damit bringt der Gesetzgeber zum Ausdruck, dass der Vorstand seine Entscheidungen **weisungsfrei** zu treffen hat.[1088]

Der Vorstand leitet die AG unter eigener Verantwortung (§ 76 Abs. 1 AktG) und ist zu ihrer Geschäftsführung berechtigt und verpflichtet (§ 77 Abs. 1 AktG) sowie zu ihrer gerichtlichen und außergerichtlichen Vertretung ermächtigt, § 78 Abs. 1 AktG. Er besteht aus einer oder mehreren natürlichen, unbeschränkt geschäftsfähigen Personen, § 76 Abs. 2 und 3 AktG. Bei allen größeren Aktiengesellschaften mit einem Grundkapital von mehr als 3 Millionen Euro muss der Vorstand aus mindestens zwei Personen bestehen, § 76 Abs. 2 S. 2 AktG.

652 Nach dem Grundsatz der **Fremdorganschaft** nimmt ein besonderes Organ (Vorstand) die Führung der Geschäfte wahr. Die Aktionäre sind im Gegensatz zur **Selbstorganschaft** bei der oHG zur Geschäftsführung weder berechtigt noch verpflichtet.[1089] Vorstandsmitglieder werden vom Aufsichtsrat für höchstens fünf Jahre bestellt, § 84 Abs. 1 S. 1 AktG. Eine wiederholte Bestellung oder Verlängerung ihrer Amtszeit ist zulässig, § 84 Abs. 1 S. 2 AktG. Ein Widerruf der Bestellung durch den Aufsichtsrat ist nach § 84 Abs. 3 AktG möglich, wenn dafür ein wichtiger Grund vorliegt (z.B. grobe Pflichtverletzung, Unfähigkeit oder Entzug des Vertrauens durch die Hauptversammlung). Zu beachten ist, dass Mitglieder des Aufsichtsrats nicht zugleich Vorstandsmitglieder sein können, weil der Aufsichtsrat ansonsten seiner Aufgabe, die Geschäftsführung des Vorstandes zu überwachen, nicht nachkommen könnte. Seit 1870 ist diese Trennung zwischen Vorstand und Aufsichtsrat – sog. **dualistisches System**[1090] – in Deutschland verankert. Die strikte Trennung im Verwaltungssystem der AG ist gesetzlich insbesondere in § 105 Abs. 1 AktG festgehalten, indem niemand zugleich aktives Mitglied des Aufsichtsrats und des Vorstands sein kann. Der Aufsichtsrat kann einen Vorstandsvorsitzenden ernennen gemäß § 84 Abs. 2 AktG, wenn der Vorstand aus mehreren Personen besteht. Der Vorsitzende repräsentiert den Vorstand als Kollegialorgan; er ist Sitzungsleiter und Koordinator der Vorstandsarbeit.[1091] Es besteht jedoch kein Weisungsrecht – keine Weisungsbefugnis – des Vorsitzenden gegenüber anderen Vorstandsmitgliedern.[1092]
Von der **Bestellung** des einzelnen Vorstandsmitgliedes ist dessen **Anstellung** zu unterscheiden. [1093]

[1088] *Grunewald*, GesellRecht, S. 242.
[1089] *Kübler*, GesellRecht, § 3 II.
[1090] Dem steht das monistische System im angloamerikanischen Raum gegenüber. Hiernach wird durch ein einzelnes Organ, dem Board of Directors, die Verwaltung der AG vorgenommen. Dem Board of Directors wird eine umfassende Kompetenz zugewiesen, die ihn rechtlich zum Zentralorgan der Gesellschaft erhebt.
[1091] *Hüffer*, AktG, § 84 Rn 21.
[1092] *Hüffer*, AktG, § 84 Rn 21; *Fleischer*, ZIP **2003**, 1, 8.
[1093] Vgl. hierzu ausführlich *Hüffer*, AktG, § 84 Rn 3 ff., 11 ff.

Beachte: Während durch den **körperschaftlichen Akt** der **Bestellung** die **Leitungs- und Vertretungsmacht** begründet wird, folgt die **Geschäftsführungspflicht** erst aus dem **Anstellungsvertrag**.

653 Die Geschäftsführung wird selten unentgeltlich als Auftragsvertrag (§§ 662 ff. BGB) und meist entgeltlich durch Abschluss eines Dienstvertrages (§§ 611 ff. BGB) übernommen.[1094] Zur Beendigung des Anstellungsvertrages reicht der Widerruf der Bestellung (§ 84 Abs. 3 AktG) nicht aus. Dafür ist vielmehr eine **außerordentliche Kündigung** des Anstellungsvertrages erforderlich.[1095] Erst hierdurch wird den Zahlungsansprüchen ein Ende gesetzt.
Obwohl die Geschäftsführungsbefugnis des einzelnen Vorstandsmitgliedes im Innenverhältnis beschränkt werden kann (§ 82 Abs. 2 AktG), besteht gegenüber Dritten eine nicht beschränkbare Vertretungsmacht des Organs Vorstand, § 82 Abs. 1 AktG. Überschreitet also ein Vorstandsmitglied seine Geschäftsführungsbefugnis, so ändert das nichts an der Wirksamkeit der von ihm im Namen der Gesellschaft abgeschlossenen Rechtsgeschäfte. Es führt höchstens zu seiner Haftung im Innenverhältnis, d.h. zu einer Verpflichtung, den der Gesellschaft entstandenen Schaden zu ersetzen, § 93 Abs. 2 AktG.

Beachte: § 93 Abs. 2 AktG ist eine eigenständige **Anspruchsgrundlage**, um Schadensersatzansprüche der AG aufgrund Pflichtverletzungen von Vorstandsmitgliedern im Innenverhältnis durchzusetzen.

654 Nach der Satzung oder aufgrund eines Aufsichtsratsbeschlusses ist zu bestimmen, dass bestimmte Arten von Geschäften der Zustimmung des Aufsichtsrates bedürfen, § 111 Abs. 4 S. 2 AktG.[1096] Hierdurch wird die strikte Trennung zwischen Vorstand und Aufsichtsrat nach dem dualistischen System durchbrochen. Nur wenn der Vorstand es verlangt, kann die Hauptversammlung über Fragen der Geschäftsführung einen Beschluss fassen, § 119 Abs. 2 AktG. An einer derartigen Beschlussfassung über Geschäftsführungsmaßnahmen kann der Vorstand etwa dann interessiert sein, wenn er seine Ersatzpflicht wegen einer möglichen Pflichtverletzung ausschließen will, vgl. § 93 Abs. 4 S. 1 AktG.

655 Nur in wenigen, im Aktiengesetz ausdrücklich genannten Fällen, fehlt dem Vorstand die Vertretungsmacht, die Gesellschaft wirksam zu verpflichten:

- Für den Abschluss von Verträgen zwischen der AG und ihren aktiven oder ausgeschiedenen Vorstandsmitgliedern ist der Aufsichtsrat zuständig, § 112 AktG.
- Die Gewährung eines Kredites an ein Vorstandsmitglied setzt einen Beschluss des Aufsichtsrates voraus, § 89 Abs. 1 AktG.
- Ein Verzicht auf Schadensersatzansprüche, die der AG gegen ein Vorstandsmitglied zustehen, ist frühestens drei Jahre nach der Entstehung des Schadens möglich und nur wirksam, wenn die Hauptversammlung dem zustimmt, § 93 Abs. 4 S. 3 AktG.

[1094] *Hüffer*, AktG, § 84 Rn 11.
[1095] *Hefermehl* in: Geßler/Hefermehl/Eckard/Kropff, AktG, § 84 Rn 99; *Hüffer*, AktG, § 84 Rn 38.
[1096] Diese Bestimmung wurde durch das Transparenz- und Publizitätsgesetz geändert – vgl. BGBl. **2002**, Teil I, Nr. 50 v. 25.07.2002, S. 2681. Zuvor bestand hinsichtlich der Einführung zustimmungsbedürftiger Geschäfte Ermessen.

- Die Erteilung des Prüfungsauftrags für den Jahres- und den Konzernabschluss an den von der Hauptversammlung gewählten Wirtschaftsprüfer obliegt nicht dem Vorstand, sondern dem Aufsichtsrat, § 111 Abs. 2 S. 3 AktG. Ein vom Vorstand und Aufsichtsrat gemeinsam unterbreiteter Vorschlag zur Wahl eines Abschlussprüfers verstößt gegen § 111 Abs. 2 S. 3 AktG und ist damit gesetzeswidrig. Dies kann auch nicht dadurch umgangen werden, dass der Vorstand vor Beginn der Abstimmung erklärt, der Wahlvorschlag werde ausschließlich vom Aufsichtsrat vorgebracht, und der Versammlungsleiter anschließend nur über den Vorschlag des Aufsichtsrates abstimmen lässt.[1097]

- Entsprechend dem hohen Maß an Verantwortung, das der Vorstand zu tragen hat, unterliegen die Vorstandsmitglieder auch einer scharfen persönlichen Haftung gegenüber der AG. Aus § 93 AktG kann der Aktiengesellschaft ein Schadensersatzanspruch gegen ein oder mehrere Vorstandsmitglieder zustehen. Im Zweifel müssen die Vorstandsmitglieder nach § 93 Abs. 2 S. 2 AktG nachweisen, dass sie ihre Aufgaben mit der Sorgfalt eines ordentlichen und gewissenhaften Geschäftsführers erfüllt haben. Gegenüber Dritten haften Vorstandsmitglieder nach den allgemeinen Vorschriften über unerlaubte Handlungen, §§ 823 ff. BGB. Dritte können sich dann allerdings auch an die AG halten, die nach § 31 BGB für unerlaubte Handlungen ihrer Vorstandsmitglieder ebenfalls haftet, wenn diese in Ausführung der ihnen zustehenden Verrichtungen gehandelt haben.

Beachte: Neben den Anspruchsgrundlagen aus dem AktG bestehen Anspruchsgrundlagen aus dem BGB. Hier kommen insbesondere die §§ 823 ff. BGB in betracht, d.h. Schadensersatzansprüche wegen unerlaubter Handlungen von Vorstandsmitgliedern. Daneben gibt § 31 BGB einen Schadensersatzanspruch direkt gegen die AG. Diese Haftung der AG für ihre Mitglieder wird als **Organhaftung** bezeichnet.

2. Der Aufsichtsrat, §§ 95 - 116 AktG

656 Der Aufsichtsrat ist ein **Kollegialorgan**, das mit mindestens drei Mitgliedern zu besetzen ist, vgl. § 95 S. 1 AktG und maximal aus 21 Mitgliedern besteht, vgl. § 95 S. 4 AktG.

Soweit die Regelungen der Mitbestimmungsgesetze über die Zusammensetzung und die Mitgliederzahl des Aufsichtsrates anwendbar sind, gehen diese Sonderregelungen vor, § 95 S. 5 AktG. Mitglieder des Aufsichtsrates können nur **natürliche, unbeschränkt geschäftsfähige Personen** sein, § 100 Abs. 1 AktG. Das Aufsichtsratssystem wird von drei wesentlichen Prinzipien beherrscht:

- das Inkompatibilitätsgebot nach § 105 Abs. 1 AktG,
- dem Geschäftsführungsverbot gemäß § 111 Abs. 4 S. 1 AktG und
- dem Prinzip der Ausgewogenheit zwischen Aufsichtsrat und Vorstand, welches sich aus der Gesetzessystematik ergibt.[1098]

[1097] BGH, NJW **2003**, 970 – Hypo Vereinsbank.

[1098] Vgl. *Ramm*, Die Position des Aufsichtsrats des herrschenden Unternehmens im mehrstufigen Konzern, 48.

Aufsichtsratsmitglieder werden mit ihrer Wahl bestellt.[1099] Dafür ist teilweise die Hauptversammlung, teilweise aber auch die Arbeitnehmerschaft der Aktiengesellschaft zuständig, vgl. § 101 Abs. 1 AktG. Die Amtszeit der Aufsichtsratsmitglieder beträgt **höchstens fünf Jahre,** § 102 Abs. 1 AktG. Sie beginnt mit der Annahme der Wahl im ersten Geschäftsjahr und endet spätestens im fünften Geschäftsjahr mit der ordentlichen Hauptversammlung, die über die Entlastung für das vierte Geschäftsjahr beschließt. Wiederwahl ist möglich.[1100]

657 Der Aufsichtsrat ist in seiner Hauptfunktion ein **Überwachungsorgan**,[1101] das die Geschäftsführung des Vorstands zu überwachen hat, § 111 Abs. 1 AktG. Daneben bestellt er die Mitglieder des Vorstands und beruft diese notfalls wieder ab gemäß § 84 AktG. Ferner gehört es zu den Aufgaben des Aufsichtsrates, die Hauptversammlung einzuberufen, wenn das Wohl der Gesellschaft dies erfordert (§ 111 Abs. 3 AktG), den Jahresabschluss, den Lagebericht und den Vorschlag für die Verwendung des Bilanzgewinns zu prüfen (§ 171 Abs. 1 AktG), bei rechtswidrigen Beschlüssen der Hauptversammlung Anfechtungsklage zu erheben (§§ 245 Nr. 5 i.V.m. 246 AktG) und die Gesellschaft gegenüber Vorstandsmitgliedern gerichtlich und außergerichtlich zu vertreten (§ 112 AktG).

658 Die innere Ordnung des Aufsichtsrates bestimmt sich weitgehend nach der Satzung oder der Geschäftsordnung, die er sich selbst geben kann. Um die nach Größe und Geschäftszweig zweckmäßigste Regelung nicht zu beschränken, regelt das Gesetz in den §§ 107 – 110 AktG nur wenige Punkte:

- Wahl eines Vorsitzenden und mindestens eines Stellvertreters, § 107 Abs. 1 AktG
- Entscheidungen sind durch Beschluss - mit einfacher Mehrheit - zu treffen, § 108 AktG
- Sitzungen sind zu protokollieren, § 107 Abs. 2 AktG
- Möglichkeit der Ausschussbildung, § 107 Abs. 3 AktG
- Einberufungsrecht jedes Mitglieds, § 110 AktG

Die den Aufsichtsratsmitgliedern obliegende Sorgfaltspflicht und ihre Haftung bei Pflichtverletzung entspricht derjenigen von Vorstandsmitgliedern, §§ 116 i.V.m. 93 AktG. Umgekehrt haftet auch die Aktiengesellschaft nach § 31 BGB für die unerlaubten Handlungen ihrer ordentlich bestellten Aufsichtsratsmitglieder (Organhaftung).

3. Die Hauptversammlung, §§ 118 - 147 AktG

a) Aufgaben

659 Gemäß § 118 Abs. 1 AktG üben die Aktionäre in der Hauptversammlung ihre Rechte aus. Die Hauptversammlung ist von der gesetzlichen Konzeption her das **oberste Organ** der AG.[1102] Durch die weiteren Änderungen des AktG (von 1937 und 1965)

[1099] *Hüffer*, AktG, § 101 Rn 2 und 3 ff.; *Hoffmann-Becking*, MünchHdb., Bd. 4, § 30 Rn 13 ff.

[1100] *Hoffmann-Becking*, MünchHdb., Bd. 4, § 30 Rn 40; *Geßler* in: Geßler/Hefermehl/Eckard/Kropff, AktG, § 102 Rn 21.

[1101] *Kübler*, GesellRecht, § 15 IV Nr. 1.

[1102] *Kraft/Kreutz*, S. 339.

wurden die Befugnisse der Hauptversammlung aber wieder erheblich beschnitten. Der Hauptversammlung ist die Verteilung der Zuständigkeiten zwischen den Organen der AG weitgehend entzogen.[1103] Die Aufgabenfelder von Vorstand, Aufsichtsrat und Hauptversammlung werden vom AktG **zwingend** festgelegt. Die Hauptversammlung ist nach dieser Festlegung grundsätzlich von der Mitwirkung an der Führung der laufenden Geschäfte ausgeschlossen.[1104] Die Zuständigkeit der Hauptversammlung ist auf die in § 119 Abs. 1 AktG enumerativ aufgezählten Aufgaben beschränkt:

- **Bestellung der Aufsichtsratsmitglieder**, soweit sie nicht als Arbeitnehmervertreter von anderen Gremien zu wählen sind, § 119 Abs. 1 Nr. 1 AktG
- Beschlussfassung über die **Verwendung des Bilanzgewinns**, § 119 Abs. 1 Nr. 2 AktG [1105]
- **Entlastung** der Mitglieder von Vorstand und Aufsichtsrat, §§ 119 Abs. 1 Nr. 3, 120 AktG
- **Bestellung der Abschlussprüfer**, §§ 119 Abs. 1 Nr. 4 AktG i.V.m. § 318 HGB
- **Satzungsänderungen**, §§ 119 Abs. 1 Nr. 5, 179 ff. AktG
- Maßnahmen der **Kapitalbeschaffung und -herabsetzung**, §§ 119 Abs. 1 Nr. 6, 182, 192, 202, 207, 222, 229, 237 AktG
- Bestellung von **Sonderprüfern**, § 119 Abs. 1 Nr. 7, 142 AktG
- **Auflösung der Gesellschaft**, §§ 119 Abs. 1 Nr. 8, 262 Abs. 1 Nr. 2 AktG - aber auch Fortsetzung einer aufgelösten AG, § 274 Abs. 1 AktG

660 Eine Beschlussfassung über Fragen der Geschäftsführung ist nur auf Verlangen des Vorstands möglich, § 119 Abs. 2 AktG. Kompetenzen, die nach der gesetzlichen Regelung einem anderen Gesellschaftsorgan zugewiesen sind, kann die Hauptversammlung auch durch eine entsprechende Satzungsänderung nicht an sich ziehen.[1106] Die Hauptversammlung kann nicht den Vorstand überwachen und in diesem Zuge Rechenschaft verlangen. Überwachungsfunktion hat lediglich der Aufsichtsrat, vgl. § 111 AktG. Die Hauptversammlung hat also nur die Möglichkeit, dem Vorstand durch Verweigerung der Entlastung das Vertrauen zu entziehen, § 120 AktG. Gem. § 84 Abs. 3 S. 1 i.V.m. S. 2 AktG kann der Aufsichtsrat dann die Bestellung der Mitglieder für den Vorstand **widerrufen**.

b) Einberufung

661 Eine Hauptversammlung setzt eine ordnungsgemäße Einberufung durch den Vorstand, § 121 Abs. 2 AktG, ausnahmsweise durch den Aufsichtsrat, § 111 Abs. 3 AktG, voraus. Gemäß § 122 Abs. 1 AktG kann eine **Aktionärsminderheit**, die **5 %** des Grundkapitals einer Aktiengesellschaft hält, jederzeit die Einberufung verlangen und notfalls gerichtlich durchsetzen, § 122 Abs. 3 AktG. Sind alle Aktionäre erschienen oder vertre-

---

[1103] *Kübler*, GesellRecht, § 15 V Nr. 1.
[1104] *K. Schmidt*, GesellRecht, § 28 IV Nr. 1 a); *Kübler*, GesellRecht, § 15 V Nr. 1.
[1105] Diese ist jedoch von der wesentlich bedeutsameren Feststellung des Jahresgewinns zu unterscheiden, die der Hauptversammlung nur ausnahmsweise obliegt, § 173 Abs. 1 AktG. Üblicherweise wird der Jahresabschluss vom Vorstand aufgestellt und vom Aufsichtsrat gebilligt, §§ 170 Abs. 1, 172 AktG.
[1106] *Hüffer*, AktG, § 119 Rn 11; *Eckard* in: Geßler/Hefermehl/Eckard/Kropff, AktG, § 119 Rn 12 f., der aber ausdrücklich hervorhebt, dass der Hauptversammlung jederzeit ein Diskussionsrecht bzgl. der Geschäftsführungsmaßnahmen zusteht.

ten, so kann die Hauptversammlung Beschlüsse ohne Einhaltung der gesetzlichen Formvorschriften fassen, soweit kein Aktionär der Beschlussfassung widerspricht, § 121 Abs. 6 AktG.

Eine **ordentliche** Hauptversammlung ist jährlich innerhalb der ersten acht Monate eines Geschäftsjahres einzuberufen, § 120 Abs. 1 AktG. **Außerordentliche** Hauptversammlungen finden bei Bedarf statt, §§ 121 Abs. 1, 111 Abs. 4 AktG.

c) Auskunftsrecht

662 Das Auskunftsrecht gehört neben dem Rede- und Stimmrecht zu den wichtigsten Befugnissen jedes Aktionärs in der Hauptversammlung.[1107] Jeder Aktionär kann in der Hauptversammlung Auskunft über alle Angelegenheiten fordern, die zur sachgemäßen Beurteilung der Gegenstände der Tagesordnung und zur Beschlussfassung erforderlich sind, vgl. § 131 AktG. Die geforderten Auskünfte können zum Teil sehr detailliert sein, wenn z.B. über die Entlastung von Vorstands- und Aufsichtsratsmitgliedern ein Beschluss gefasst werden soll, kann das sehr weitgehende Fragen zu einzelnen Geschäftsführungsmaßnahmen rechtfertigen.[1108] Zur Auskunftserteilung ist der Vorstand verpflichtet, § 131 Abs. 1 AktG. Die Auskunft muss alle wesentlichen Tatsachen umfassen und begründet werden.[1109] Das Auskunftsrecht darf allerdings nicht missbräuchlich ausgeübt werden. Ob hieraus ein Auskunftsverweigerungsrecht wegen Missbrauchs des Informationsrechts resultiert, ist umstritten, aus Sicherungsgründen aber zu bejahen.[1110] Wird die Auskunft zu Unrecht verweigert, so entscheidet über die Berechtigung auf Antrag eines Aktionärs das Gericht, § 132 Abs. 2 AktG. Bei Verweigerung des Auskunftsrechts kann der Beschluss der Hauptversammlung gem. § 243 Abs. 4 AktG angefochten werden.

d) Beschlussfassung

663 Für die Beschlussfassung in der Hauptversammlung ist grundsätzlich nur die **einfache Mehrheit** der abgegebenen Stimmen erforderlich, § 133 AktG. Das Stimmrecht steht jedem Aktionär zu, § 12 AktG. Im Regelfall richtet es sich nach den Kapitalanteilen der Aktionäre, § 134 Abs. 1 S. 1 AktG. Ausnahmen bestehen für **Vorzugsaktien ohne Stimmrecht**, §§ 12 Abs. 1 S. 2, 139 AktG. Zusätzlich können Stimmrechtsbeschränkungen auf einen bestimmten Anteil am Grundkapital in der Satzung festgesetzt werden, § 134 Abs. 1 S. 2 AktG, wenn die AG nicht börsennotiert ist. Mit ihnen können die Einflussmöglichkeiten eines Großaktionärs verringert, Übernahmen erschwert und die Stellung des Vorstands verstärkt werden. Die Formerfordernisse der Beschlussfassung richten sich nach § 130 AktG. Sämtliche in der Hauptversammlung gefassten Beschlüsse müssen durch einen Notar protokolliert und damit beurkundet werden, § 130 Abs. 1 AktG. Eine Missachtung dieser Protokollierungspflicht führt zur Nichtigkeit der gefassten Beschlüsse, § 241 Nr. 2 AktG.[1111] Geringere Anforderungen bestehen für Aktiengesellschaften, deren Aktien nicht an einer Börse zum Handel zugelassen sind. Bei ihnen reicht eine vom Vorsitzenden des Aufsichtsrats zu unterzeichnende Niederschrift, so-

---

[1107] *K. Schmidt*, GesellRecht, § 28 IV Nr. 3 a).
[1108] Vgl. zum Auskunftsanspruch *Joussen*, AG **2000**, 241 ff.; *Geißler*, NZG **2001**, 539 ff.; *Luttermann*, EWiR **2001**, S. 351 f.
[1109] Vgl. BGH Urteil vom 18.10.**2004**, Az.: II ZR 250/02.
[1110] Vgl. OLG Frankfurt, AG **1984**, 24, 26; *Barz* in: Großkomm. AktG, § 131 Rn 12.; *K. Schmidt*, GesellRecht, § 28 IV Nr. 3 a); a.A. *Eckard* in: Geßler/Hefermehl/Eckard/Kropff, AktG, § 131 Rn 132.
[1111] Vgl. hierzu OLG Düsseldorf, NZG **2003**, 816.

weit keine Beschlüsse gefasst worden sind, für die das Gesetz eine Dreiviertel- oder eine größere Mehrheit bestimmt, § 130 Abs. 1 S. 3.

664 Kraft Gesetzes sind in einigen im Gesetz abschließend aufgeführten Fällen von **Interessenkollision** bestimmte Aktionäre von der Stimmrechtsausübung ausgeschlossen: z.B. diejenigen, über deren Entlastung oder Befreiung von einer Verbindlichkeit zu beschließen ist, § 136 Abs. 1 AktG. Eine Abstimmung durch Bevollmächtigte, die eine schriftliche Vollmacht vorweisen müssen, ist möglich, § 134 Abs. 3 S. 1 und 2 AktG. Häufig erfolgt auch eine **Legitimationsübertragung**, die es einem Dritten ermöglicht, das Stimmrecht des Aktionärs im eigenen Namen auszuüben, § 129 Abs. 3 AktG. Dass die Aktionäre ihr Stimmrecht in der Hauptversammlung selber ausüben, ist bei großen Aktiengesellschaften aber nur noch selten der Fall (insbes. bei Publikumsgesellschaften). Die ursprüngliche Konzeption des Aktiengesetzes, die davon ausging, dass die Aktionäre ihre Interessen durch die Hauptversammlung unmittelbar wahrnehmen, ist nur noch bei kleinen Aktiengesellschaften mit einer überschaubaren Zahl von Aktionären zu verwirklichen. Bei großen Hauptversammlungen lassen sich die Aktionäre zumeist vertreten, so dass aus der Hauptversammlung eine **„Vertreterversammlung"** geworden ist.

665 Diese Hauptversammlungen werden entscheidend von den aufgrund ihres **Depotstimmrechts** als Aktionärsvertreter auftretenden Banken bestimmt. Die Kleinaktionäre lassen in der Regel ihr Stimmrecht durch die Banken ausüben, so dass diese eine starke Stellung besitzen. Das Depotstimmrecht der Banken ist in § 135 AktG detailliert geregelt. Hierdurch soll ein Missbrauch des Depotstimmrechts ausgeschlossen werden.[1112]

666 Kreditinstitute können sich für höchstens 12 Monate bevollmächtigen lassen, das Stimmrecht für von ihnen verwahrte Aktien auszuüben, § 135 Abs. 1 und Abs. 2 AktG. Sie haben sich bei der Ausübung des Depotstimmrechts von den Interessen der Aktionäre leiten zu lassen und müssen ihnen Vorschläge über die Ausübung des Stimmrechts machen und ihre Weisungen beachten, § 128 Abs. 1 und 2 AktG. Gemäß § 135 Abs. 10 AktG müssen Kreditinstitute grundsätzlich die Aufträge ihrer Depotkunden zur Ausübung des Stimmrechts für diese annehmen.

IV. Mitbestimmung im Unternehmen

667 Die unternehmerischen Entscheidungen und die jeweilige Ausgestaltung der Geschäftspolitik des Unternehmens wirken entscheidend auf die Arbeitnehmerposition ein. Aus diesem Grunde ist ihr Interesse, am unternehmerischen Entscheidungsprozess beteiligt zu werden, verständlich und von der Rechtsordnung anerkannt. Üblich ist dabei die Unterscheidung in **Unternehmensmitbestimmung** (Beteiligung der Arbeitnehmer in den Aufsichtsräten) und **betriebliche Mitbestimmung.**[1113]

Unter betrieblicher Mitbestimmung wird die an den einzelnen Betrieben und nicht die an das Unternehmen anknüpfende Mitwirkung des Betriebsrates bei Entscheidungen,

---

[1112] Große praktische Bedeutung hat die Ermächtigung unter Geltung des AktG von 1965 aber nicht mehr, weil die Kreditinstitute und Aktionärsvereinigungen das Stimmrecht kraft Ermächtigung nur noch bei Namensaktien, nicht aber mehr bei Inhaberaktien ausüben dürfen, § 135 Abs. 1, 9 AktG, und auch bei Namensaktien seither in Vollmacht des Aktionärs handeln können, *Semler* in: MünchHdb., Bd. 4, § 36 Rn 19.

[1113] *Kraft/Kreutz*, S. 87.

die ursprünglich der Arbeitgeber aufgrund des ihm zugesprochenen Direktionsrechts und seiner Dispositionsbefugnisse allein treffen konnte, verstanden. Die betriebliche Mitbestimmung ist im Betriebsverfassungsgesetz geregelt. Sie ist Gegenstand des Arbeitsrechts.[1114] Die Unternehmensmitbestimmung hingegen vollzieht sich auf der Ebene des Unternehmensträgers durch Mitwirkung in den Gesellschaftsorganen.

668 Betriebliche Mitbestimmung und Unternehmensmitbestimmung lassen sich nicht nach den wirtschaftlichen Auswirkungen, sondern nur nach der Organisationsform unterscheiden. Die betriebliche Mitbestimmung wird von besonderen **Arbeitnehmergremien**, vor allem von den **Betriebsräten**, ausgeübt. Der Betriebsrat schließt mit dem Arbeitgeber (= Unternehmer) Verträge. Die Unternehmensmitbestimmung führt hingegen zur **Integration** von Arbeitnehmern in die früher allein von den Anteilseignern besetzten **Gesellschaftsorgane.**

669 Gemäß § 7 MitbestG sind in den Aufsichtsrat Arbeitnehmervertreter in gleicher Anzahl wie Anteilseignervertreter zu wählen. Unter den Arbeitnehmervertretern müssen sich sowohl Arbeitnehmer des Unternehmens als auch Vertreter von Gewerkschaften befinden. Für Aktiengesellschaften, die überwiegend Bergbau betreiben oder die Eisen und Stahl erzeugen und in der Regel mehr als tausend Arbeitnehmer beschäftigen, ist das Montanmitbestimmungsgesetz anwendbar. Der Aufsichtsrat dieser Gesellschaften besteht aus mindestens 11 Mitgliedern und ist paritätisch mit Anteilseigner- und Arbeitnehmervertretern besetzt. Das elfte Aufsichtsratsmitglied, ein „Neutraler", wird von der Hauptversammlung aufgrund eines Vorschlags der Mehrheit aller übrigen Aufsichtsratsmitglieder gewählt, §§ 4, 9 MontanMitbestG.

Auf Aktiengesellschaften, die weder dem Montanmitbestimmungsgesetz noch dem Mitbestimmungsgesetz von 1976 unterliegen, finden die Mitbestimmungsregelungen der §§ 76 ff. BetrVerfG 1952 Anwendung.
In allen erst nach dem 9. August 1994 in das Handelsregister eingetragenen Aktiengesellschaften mit weniger als 500 Arbeitnehmern müssen keine Arbeitnehmervertreter mehr in den Aufsichtsrat gewählt werden, § 76 Abs. 6 BetrVG 1952.

V. Die Gründung einer Aktiengesellschaft

670 Gegenüber anderen Gesellschaftsformen steht für die Gläubiger nur das Gesellschaftskapital als Haftungsmasse zur Verfügung. Aktiengesellschaften sind auf **Eigenkapitalbeschaffung** durch Beteiligung von zahlreichen Aktionären über die Börse angelegt. Der deshalb besonders wichtige Gläubiger- und Anlegerschutz wird durch sehr detaillierte Regelungen über die Gründung einer Aktiengesellschaft und über die **Kapitalaufbringung** sowie über die **Kapitalerhaltung** während des Bestehens der Gesellschaft gewährleistet, sog. **Prinzip der Satzungsstrenge**.[1115]

> **Satzungsstrenge:** Gemäß § 23 Abs. 5 AktG darf die Satzung von den Vorschriften des Aktiengesetzes nur abweichen, wenn dies ausdrücklich zugelassen ist = **Prinzip der formellen Satzungsstrenge**.

[1114] *Kraft/Kreutz*, S. 87.
[1115] Vgl. *K. Schmidt*, GesellRecht, § 26 III Nr. 1 c).

1. Gründung einer AG

671 Zu den Gründern einer Aktiengesellschaft gehört, wer sich an der Feststellung ihrer Satzung beteiligt und Aktien gegen Einlagen übernimmt, §§ 2, 28 AktG. Seit 1994 ist auch die Einmann-Gründung einer Aktiengesellschaft zulässig, § 2 AktG. Gemäß § 29 AktG ist die Aktiengesellschaft mit Übernahme aller Aktien aber erst **errichtet** und noch nicht entstanden. Für die Entstehung der Aktiengesellschaft als juristische Person ist nach ihrer Errichtung noch die **Eintragung in das Handelsregister** erforderlich, § 41 Abs. 1 S. 1 AktG. Vor dieser Entstehung durch Eintragung besteht nach der Errichtung eine **Voraktiengesellschaft**.

> **Beachte:** Es ist strikt zwischen der **Errichtung der AG** durch die Übernahme aller Aktien und der endgültigen **Entstehung mit der Eintragung in das Handelsregister** zu unterscheiden.

Der Mindestnennbetrag des Grundkapitals ist 50.000 Euro, § 7 AktG. Die Satzung bedarf der **notariellen Beurkundung**, § 23 Abs. 1 S. 1 AktG. Gemäß § 23 Abs. 3 AktG ist ein bestimmter Mindestinhalt gesetzlich vorgegeben. Sondervorteile, Ersatz von Gründungsaufwand (§ 26 AktG), Sacheinlagen und Sachübernahmen (§ 27 AktG) müssen in der Satzung gesondert vorgesehen werden.

2. Stufenweise Entstehung

672 Die Gründung einer Aktiengesellschaft gestaltet sich in mehreren Stufen:[1116]

- **Feststellung der Satzung und Aktienübernahme**

Die Errichtung der AG setzt sich aus den Teilakten der Satzungsfeststellung und der Aktienübernahme zusammen.[1117] Zunächst muss die Satzung (Abschluss des Gesellschaftsvertrages) zwischen mindestens zwei **Gründern** in der Form der notariellen Beurkundung **festgestellt** werden, §§ 2, 23 Abs. 1 AktG. Ausreichend ist auch die Abgabe einer **Errichtungserklärung** durch eine Person, § 2 AktG. Die Satzung wird im AktG synonym für den Begriff des Gesellschaftsvertrages verwandt.[1118] Gemäß § 23 Abs. 2 AktG sind beide Erklärungen (Satzungsfeststellung und Aktienübernahme) in einer Urkunde enthalten.

> **Beachte:** Die Feststellung der Satzung einerseits und die Aktienübernahme andererseits sind Teil eines **einheitlichen Rechtsgeschäfts**, das im Falle der Einmanngründung als **Errichtungserklärung** und im Falle der Gründung durch mehrere Personen als **Errichtungsvertrag** bezeichnet wird.

Die Satzung enthält neben der körperschaftsrechtlichen Organisationsbestimmung die für einen unbestimmten Personenkreis (z.B. gegenwärtige oder zukünftige Aktionäre, Gläubiger) von Bedeutung sein kann, auch die Regelung individualrechtlicher Beziehungen zwischen den Gründern, insbesondere die Pflicht, Aktien gegen Einlagen zu übernehmen, §§ 2, 23 Abs. 2 AktG.

[1116] *Kraft* in: KölnerKomm., § 41 Rn 4.
[1117] *Heider* in: MünchKomm. AktG, § 2 Rn 26.
[1118] *Kraft/Kreutz*, S. 316.

- **Bestellung der Organe**

Aufsichtsrat, Vorstand, Abschlussprüfer müssen durch die Hauptversammlung bestellt werden, um die Voraktiengesellschaft handlungsfähig zu machen, vgl. § 30 Abs. 1, 4 AktG.

- **Gründungsbericht**

Gemäß § 32 Abs. 1 AktG haben die Gründer über den Hergang der Gründung schriftlich zu berichten. Der Bericht soll die Basis für die Gründungsprüfung durch den Vorstand und Aufsichtsrat sowie durch das Registergericht darstellen.[1119]

- **Gründungsprüfung durch den Vorstand und den Aufsichtsrat gemäß §§ 33, 34 AktG**

- **Leistung der geforderten Einlage**

Gemäß § 36 Abs. 2 AktG müssen die Gründer einen Teil der Einlage, den „eingeforderten Betrag", zu Händen und zur endgültigen freien Verfügung des Vorstandes leisten. Bei der Einmanngründung hat der Gründer für den Teil seiner Einlage, der den eingeforderten Betrag übersteigt, eine Sicherung zu bestellen. Durch das Erfordernis der „freien" Verfügung soll sichergestellt werden, dass das Kapital der AG auch tatsächlich zur freien Verfügung steht. Zur genaueren Ausgestaltung der Leistung vgl. § 36a AktG (Bar- und Sacheinlagen).

- **Anmeldung der Gesellschaft**

Die Gesellschaft muss zur Eintragung in das Handelsregister eingetragen werden, § 36 Abs. 1 AktG. Die Anmeldung ist von allen Gründern und allen Aufsichtsrats- und Vorstandsmitgliedern vorzunehmen, § 36 Abs. 1 AktG.

- **Prüfung durch das Registergericht**

Das Registergericht prüft, ob die Gesellschaft ordnungsgemäß errichtet und angemeldet ist, §§ 36, 37, 38 Abs. 1 AktG.

- **Entstehung mit Eintragung der AG in das Handelsregister**

Zuletzt wird die AG in das Handelsregister eingetragen und die Eintragung bekannt gegeben. Mit der Eintragung entsteht die AG als solche, § 41 Abs. 1 AktG. Die Aktiengesellschaft erlangt **Rechtsfähigkeit** und wird damit zur **juristischen Person**.
Die Eintragung hat also **konstitutive** und nicht nur deklaratorische Wirkung.[1120] Erst nach der Eintragung dürfen Aktienurkunden ausgegeben und übertragen werden, § 41 Abs. 4 AktG.

3. Haftung im Gründungsstadium

a) Vorgründungsgesellschaft

673 Bei der Haftung im Gründungsstadium sind zwei Zeitabschnitte zu unterscheiden: der Zeitabschnitt der Vorgründungsgesellschaft **vor** Errichtung einer Aktiengesellschaft und der Zeitabschnitt der Vorgesellschaft **nach** ihrer Errichtung[1121], der mit ihrer Eintragung in das Handelsregister endet und damit ihre Entstehung vollendet. Durch **gemeinsame Bestrebungen** der Beteiligten mit der Absicht, eine Aktiengesellschaft zu gründen, kann eine Vorgründungsgesellschaft in der Rechtsform einer Personenge-

---

[1119] *Pentz* in: MünchKomm. AktG, § 32 Rn 3; *Hüffer*, AktG, § 32 Rn 1.
[1120] *Kübler*, GesellRecht, § 15 I Nr. 3 g).
[1121] *Hüffer*, AktG, § 41 Rn 3.

sellschaft entstehen. Die Gründer treffen in der Regel schon **vor Abschluss** des eigentlichen Gesellschaftsvertrages verbindliche Abreden im Hinblick auf die Gründung der Gesellschaft. Der gemeinsame Zweck einer Vorgründungsgesellschaft erschöpft sich regelmäßig darin, eine AG zu gründen.

674 Im Gegensatz zur Voraktiengesellschaft finden auf die Vorgründungsgesellschaft die Bestimmungen des Aktienrechts auch nicht entsprechende Anwendung.[1122] Nach heute ganz herrschender Meinung ist die Vorgründungsgesellschaft grundsätzlich eine Gesellschaft bürgerlichen Rechts (BGB-Gesellschaft).[1123] Solange der Gesellschaftsvertrag nicht notariell beurkundet ist, scheidet eine Handelndenhaftung auch des zukünftigen (organschaftlichen) Vertreters aus. Im Vorgründungsstadium haften die Beteiligten als Gesellschafter **persönlich und gesamtschuldnerisch** für die von ihnen begründeten Verbindlichkeiten. Betreiben sie in diesem Stadium im Vorgriff auf die geplanten Aktivitäten der zu gründenden Aktiengesellschaft bereits gemeinsam ein **Handelsgewerbe**, so haften sie als Gesellschafter einer oHG nach § 128 HGB. Andernfalls sind die **Vorschriften über die BGB-Gesellschaft** auf ihre persönliche Haftung anzuwenden. Da die zwischen den Gesellschaftern bestehende Vorgründungsgesellschaft weder mit der Vor-Aktiengesellschaft noch mit der Aktiengesellschaft selbst identisch ist, findet mit Abschluss des notariell beurkundeten Gesellschaftsvertrages kein automatischer Übergang der entstandenen Verbindlichkeiten auf die Vorgesellschaft statt. Die persönliche Haftung der Gesellschafter aus der Vorgründungsgesellschaft bleibt somit bestehen, auch wenn sich die Vorgründungsgesellschaft nach § 726 BGB mit Zweckerreichung (Errichtung der AG) auflöst.[1124]

Beispiel:[1125] Drei Hamburger Kaufleute aus dem Immobilienbereich kamen im Juli 2002 darin überein, eine Wohnungsbau und -vermittlungs AG, kurz W-V AG, zu gründen. Geplant war, die Gründung der W-V AG zum August 2002 vorzunehmen. Hierzu wurde der 15. August 2002 zur Feststellung der Satzung, und der 15. September 2002 zur Eintragung der W-V AG in das Handelsregister festgesetzt. Um der W-V AG von Anfang an einen festen Standort zu geben, war als Sitz ein etabliertes Bürogebäude in der Hamburger Innenstadt ausgesucht worden. Die Kaufleute hatten daher schon im Juli 2002 mit dem Eigentümer des Bürogebäudes einen unbefristeten Mietvertrag vom 15. Juli an abgeschlossen. Die Geschäftsleute hatten insbesondere darauf Wert gelegt, dass als Mieter die W-V AG eingetragen wurde. Als Zusatz wurde folgender Text hinter dem Firmennamen aufgenommen „nach ihrer Eintragung in das Handelsregister, die für den 15. September 2002 vorgesehen ist". Ein Mietzins wurde jedoch von Anfang an nicht gezahlt.
Wer ist aus dem Mietvertrag zur Zahlung des Mietzinses verpflichtet?

Lösungsgesichtspunkte: Hier ist prinzipiell zunächst zwischen zwei Zeitpunkten zu unterscheiden: einmal der Zeitraum vom 15. Juli bis 15. August 2002 (Zeitraum bis zur Satzungsfestsetzung = **Vorgründungsgesellschaft**) und der Zeitraum vom 15. August bis 15. September (Zeitraum bis zur Eintragung in das Handelsregister = **Vor-AG**). In dem Zeitraum bis zur Satzungsfeststellung bestand eine **Vorgründungsgesellschaft**. Diese Vorgründungsgesellschaft ist für Verbindlichkeiten, die in ihrem Namen abgeschlossen werden, grundsätzlich zur Haftung verpflichtet: Entweder betreibt die Gesellschaft in diesem frühen Stadium schon ein Handelsgewerbe, dann wä-

[1122] *Pentz* in: MünchKomm. AktG, § 41 Rn 18.
[1123] BGHZ **91,** 148, 151; *Kraft* in: KölnerKomm., § 41 Rn 14; *Keßler* in: Staudinger, Vorb. zu § 705 Rn 118 m.w.N.; *Grunewald*, GesellRecht, S. 322.
[1124] *K. Schmidt*, GesellRecht, § 34 III Nr. 2 b).
[1125] Angelehnt an OLG Celle, OLGR Celle **1999**, 90 ff., Leitsatz in GmbHR **1999**, 612.

re sie über **§ 124 HGB** i.V.m. § 535 Abs. 2 BGB zur Mietzahlung verpflichtet, oder sie betreibt kein Handelsgewerbe, dann finden die Vorschriften über die BGB-Gesellschaft Anwendung. Da die BGB-Gesellschaft nach der BGH-Rechtsprechung Rechtsfähigkeit besitzt (als Außengesellschaft), käme dann eine Haftung der Vorgründungsgesellschaft als BGB-Gesellschaft nach den **§§ 718** i.V.m. § 535 Abs. 2 BGB in Betracht. **Neben** dieser Haftung der Vorgründungsgesellschaft besteht grundsätzlich eine **persönliche Haftung der Vorgründungsgesellschafter** für die von ihnen abgeschlossenen Rechtsgeschäfte, die auch nach Gründung und Eintragung der Gesellschaft fortbesteht. Hiernach wären die Kaufleute persönlich verpflichtet, den Mietzins zu entrichten, wenn ein Zugriff auf die Vorgründungsgesellschaft selbst ergebnislos bliebe. Die Anspruchsgrundlage richtet sich wiederum danach, ob in dem Zeitraum der eingegangenen Verpflichtung bereits ein Handelsgewerbe betrieben wurde oder nicht. Bestand ein Handelsgewerbe, dann ist Anspruchsgrundlage **§ 128 HGB** i.V.m. § 535 Abs. 2 BGB; bestand kein Handelsgewerbe, richtet sich die Anspruchsgrundlage nach den Vorschriften für die BGB-Gesellschaft, **analog § 128 HGB** i.V.m. § 535 Abs. 2 BGB (nach der Rspr. ist der Akzessorietätstheorie zu folgen, so dass § 128 HGB analog anzuwenden ist).
Ist die **Haftung** aber durch eine besondere Vereinbarung auf den Zeitpunkt der Eintragung **begrenzt worden**, besteht die persönliche Haftung der Vorgründer nur bis zu diesem festgesetzten Zeitpunkt parallel zur Haftung der Vorgründungsgesellschaft. Ist im Einzelfall aufgrund konkreter Umstände davon auszugehen, dass der Vorgründungsgesellschafter aus dem abgeschlossenen Rechtsgeschäft (hier: Mietvertrag) erkennbar nur die AG nach ihrer Entstehung verpflichten wollte, liegt ein solcher spezieller Einzelfall vor.[1126] Die Vertragsparteien haben in dem Mietvertrag zum Ausdruck gebracht, dass die W-V AG nach ihrer Entstehung aus dem Mietvertrag verpflichtet werden sollte.
Damit ergibt sich, dass die Kaufleute für die Miete vom 15. Juli bis 15. September 2002 persönlich neben der Vorgründungsgesellschaft haften. Für den Zeitraum danach ist die W-V AG als juristische Person verpflichtet und haftet für die Miete mit ihrem Gesellschaftsvermögen. Eine Haftung der Vorgesellschaft kommt nicht in Betracht, da zwischen Vorgründungs- und Vorgesellschaft **keine Haftungskontinuität** besteht.

Hinweis für die Fallbearbeitung: Für die Klärung der Anspruchsgrundlage für den Zeitraum der Entstehung der AG ist genau zwischen den einzelnen Zeiträumen der Vorgründung, der Gründung und der Entstehung mit Eintragung in das Handelsregister zu unterscheiden. Zu differenzieren ist ebenfalls zwischen der Haftung der Gesellschaft und der Gesellschafter.

b) Voraktiengesellschaft

675 Ab dem Zeitpunkt der Übernahme der Aktien durch die Gründer, also ab Errichtung, besteht die Vor-AG.[1127] Aus § 41 Abs. 1 AktG ergibt sich lediglich, dass vor der Eintragung in das Handelsregister eine Aktiengesellschaft als solche nicht besteht, § 41 Abs. 1 S. 1 AktG. Wer vor Eintragung der AG in das Handelsregister in ihrem Namen handelt, **haftet persönlich**, § 41 Abs. 1 S. 2 AktG. Im Gegensatz zur Vorgründungsgesellschaft findet aber auf die Voraktiengesellschaft im Zeitraum zwischen ihrer Errichtung und der Entstehung einer AG durch Eintragung weitgehend **das Recht der künftigen juristischen Person Anwendung**, soweit nicht die Eintragung in das

[1126] Vgl. OLG Celle, OLGR Celle **1999**, 90 ff., Leitsatz in GmbHR **1999**, 612.
[1127] *Eisenhardt*, GesellRecht, Rn 532.

Handelsregister Voraussetzung ist.[1128] Bei der Vor-AG handelt es sich sozusagen um eine „Aufbaugemeinschaft" auf dem Weg zu der letztlich angestrebten Organisationsform. Die Vor-AG ist weder BGB-Gesellschaft, noch Verein; sondern eine Gesamthandsgesellschaft eigener Art.[1129]
Der Vor-AG kommt bereits **partielle Rechtsfähigkeit** zu.[1130] Die Vorgesellschaft kann nicht nur wie ein nichtrechtsfähiger Verein verklagt werden; sie ist auch aktiv parteifähig. Es ist umstritten, ob sämtliche von der Vor-AG begründeten Rechte und Pflichten mit der Eintragung **automatisch** auf die AG übergehen oder ob dafür deren Übernahme erforderlich ist, denn § 41 Abs. 1 S. 2 AktG sieht ausdrücklich vor, dass die AG eine vor ihrer Eintragung in ihrem Namen eingegangene Verpflichtung durch Vertrag übernehmen kann und damit also nicht übernehmen muss.

c) Gründerhaftung gemäß § 46 AktG[1131]

676 Von der Außenhaftung der vor Errichtung und vor Entstehung einer Aktiengesellschaft Handelnden ist die sehr strenge Haftung der **an der Gründung Beteiligten gegenüber der Gesellschaft** zu unterscheiden, durch die eine Beachtung der Gründungsvorschriften und damit die Kapitalaufbringung gesichert werden soll.[1132] § 46 AktG sieht eine Haftung der Gründer ausschließlich gegenüber der Gesellschaft vor. Die Gründer einer Aktiengesellschaft und deren Hintermänner haften der Gesellschaft als **Gesamtschuldner** für alle Schäden, die ihr durch Missachtung der Gründungsvorschriften entstanden sind, § 46 AktG. Neben ihnen haften aber auch Vorstand und Aufsichtsrat (§ 48 AktG) sowie Gründungsprüfer (§ 49 AktG), Emittenten (§ 47 Abs. 1 Nr. 3 AktG) und alle anderen Personen, die im Gründungsstadium an einer Schädigung der Gesellschaft mitgewirkt haben, § 47 Abs. 1 Nr. 1 bis 3 AktG.

VI. Erhaltung des Grundkapitals

677 Einlagen können zur Erhaltung des Grundkapitals nicht an die Aktionäre zurückgeführt werden, § 57 Abs. 1 S. 1 AktG. Gemäß § 66 Abs. 1 AktG ist auch eine Befreiung von etwaigen Leistungspflichten nicht möglich. Zinsen dürfen ihnen weder zugesagt noch ausgezahlt werden, § 57 Abs. 2 AktG.

678 Sobald ein Verlust **in Höhe der Hälfte** des Grundkapitals feststeht, hat der Vorstand nach § 92 Abs. 1 AktG die Pflicht, eine Hauptversammlung der Gesellschaft einzuberufen und ihr davon Mitteilung zu machen. Eine Ausnahme vom Verbot der Einlagenrückgewähr ist nur durch eine Kapitalherabsetzung unter Sicherung der Gläubiger (§§ 222 ff. AktG, insbesondere § 225 Abs. 2 AktG) und bei Liquidation der AG möglich. Das restliche Vermögen der AG darf erst nach der Befriedigung aller Gläubiger und damit nach Begleichung aller Verbindlichkeiten der Aktiengesellschaft an die Aktionäre ausgeschüttet werden, §§ 271, 272 AktG.

679 **Vor Auflösung** einer AG darf nur der festgestellte **Bilanzgewinn** unter die Aktionäre verteilt werden, § 57 Abs. 3 AktG. Leistungen der Aktiengesellschaft, die darüber hi-

---

[1128] *Hüffer*, AktG, § 41 Rn 5; *Kübler*, GesellRecht, § 24 I Nr. 2 c).
[1129] *Kraft* in: KölnerKomm., § 41 Rn 23; *Hüffer*, AktG, § 41 Rn 4; *Geßler* in: Geßler/Hefermehl/Eckard/Kropff, AktG, § 29 Rn 7.
[1130] *Hüffer*, AktG, § 41 Rn 4; anders *Grunewald*, GesellRecht, S. 237, die von einer vollen Rechtsfähigkeit der Vor-AG ausgeht.
[1131] Hiervon zu unterscheiden ist die Haftung der Gründer für Verbindlichkeiten der Vor-Gesellschaft, vgl. hierzu *Pentz* in: MünchKomm. AktG, § 41 Rn 55 ff.
[1132] *Hüffer*, AktG, § 46 Rn 1; *Kraft* in: KölnerKomm., § 46 Rn 2 f; *Pentz* in: MünchKomm. AktG, § 46 Rn 4.

nausgehen, insbesondere verdeckte Gewinnausschüttungen (Zuwendungen, die in einem Austauschgeschäft gekleidet sind), müssen von den Aktionären an die Gesellschaft zurückgewährt werden, § 62 Abs. 1 S. 1 AktG.

Regelmäßig steht aber nur ein Teil des festgestellten Bilanzgewinns zur Verteilung an die Aktionäre zur Verfügung, denn Aktiengesellschaften sind verpflichtet, zur Sicherung der Gläubiger aus dem Jahresüberschuss und aus weiteren Beträgen (Aufgeld bei Kapitalzuführung) eine **gesetzliche Rücklage** zu bilden, § 150 Abs. 1 AktG. Gem. § 150 Abs. 2 AktG sind 5 % des Jahresüberschusses der gesetzlichen Rücklage zuzuführen, bis diese 10 % des Grundkapitals erreicht hat.

VII. Beendigung bei Überschuldung

680

Sinkt das Vermögen einer Aktiengesellschaft nach seinem Liquidationswert unter die Summe ihrer Verbindlichkeiten, so ist sie überschuldet und verliert ihre Existenzberechtigung, § 19 Abs. 1 i.V.m. 2 S. 1 InsO. Da die Verbindlichkeiten einer Aktiengesellschaft **nur aus deren Vermögen** und nicht von natürlichen Personen erfüllt werden müssen, soll zum Schutze Außenstehender möglichst verhindert werden, dass überschuldete Aktiengesellschaften noch am Rechtsverkehr teilnehmen und weitere Verbindlichkeiten eingehen. Aus diesem Grunde hat der Vorstand unverzüglich nach Eintritt der Überschuldung, spätestens aber innerhalb von drei Wochen, die Eröffnung des **Insolvenzverfahrens** zu beantragen oder das gerichtliche Vergleichsverfahren zu betreiben, § 92 Abs. 2 S. 1 und 2 AktG. Die Vorstandsmitglieder machen sich strafbar, wenn sie ihre Insolvenzantragspflicht missachten, § 401 AktG.

Eine AG ist überschuldet, wenn ihr Vermögen bei Ansatz von Liquidationswerten unter Einbeziehung der stillen Reserven die bestehenden Verbindlichkeiten nicht deckt (rechnerische Überschuldung) und die Finanzkraft der Gesellschaft nach überwiegender Wahrscheinlichkeit mittelfristig nicht zur Fortführung des Unternehmens ausreicht (Fortbestehensprognose), § 19 Abs. 2 S. 2 InsO. Bei den Wertansätzen sind die Aussichten einer Fortführung des Unternehmens zu berücksichtigen. Mit Eröffnung des Insolvenzverfahrens über das Vermögen einer AG wird diese aufgelöst, § 262 Abs. 1 Nr. 3 AktG.

VIII. Satzungsänderung, Kapitalbeschaffung und Kapitalherabsetzung, §§ 179 – 240 AktG

1. Satzungsänderung

681

Satzungsänderungen, die auch für die Erhöhung und Herabsetzung des Eigenkapitals erforderlich sind, können durch **Beschluss der Hauptversammlung** mit einer Mehrheit von mindestens 3/4 des vertretenen Grundkapitals vorgenommen werden, § 179 Abs. 1, Abs. 2 S. 1 AktG. Sie bedürfen notarieller Beurkundung, § 130 Abs. 1 AktG. In der Satzung der Aktiengesellschaft können auch andere Mehrheiten vorgesehen werden, § 179 Abs. 2 S. 2 AktG. Für bestimmte Satzungsänderungen bestehen Zustimmungserfordernisse, vgl. §§ 68 Abs. 2, 179 Abs. 3, 180 Abs. 1, 180 Abs. 2 AktG. Satzungsänderungen werden erst mit Eintragung in das Handelsregister wirksam, § 181 Abs. 3 AktG.

2. Kapitalbeschaffung

682 Als Kapitalgesellschaft benötigt die AG ein in der Satzung festzusetzendes Grundkapital,[1133] das gemäß §§ 1 Abs. 2, 6 AktG in Aktien zerlegt ist. Aktiengesellschaften können ihren Kapitalbedarf durch Aufnahme von Fremdkapital oder durch Erhöhung ihres Eigenkapitals decken. Die Beschaffung von Fremdkapital erfolgt in erster Linie durch Kreditaufnahme und damit durch Abschluss von Verträgen mit Dritten. Nur die Beschaffung von Eigenkapital ist im Aktiengesetz geregelt. Dafür ist ein **satzungsändernder Beschluss** der Hauptversammlung erforderlich.[1134]

683 Um zu verhindern, dass sich die Beteiligungsquote der Altaktionäre bei Ausgabe junger Aktien an neue Aktionäre verschlechtert, steht den Aktionären als Verwässerungsschutz bei einer **ordentlichen Kapitalerhöhung** (§§ 182 – 191 AktG) gegen Einlagen ein **Bezugsrecht** für die neuen Aktien im Verhältnis ihrer Beteiligung zu.[1135] Dieses kann allerdings durch einen von der Hauptversammlung mit 3/4-Mehrheit gefassten Beschluss ausgeschlossen werden, § 186 Abs. 3 AktG. Ein Ausschluss des Bezugsrechts ist bei einer Kapitalerhöhung rechtlich und wirtschaftlich unproblematisch, wenn die neuen Aktien etwa zum Börsenpreis der Altaktien ausgegeben werden sollen.[1136]

684 Die **Kapitalerhöhung aus Gesellschaftsmitteln** (§§ 207 – 220 AktG) ist nur eine **nominelle** Kapitalerhöhung, durch die ihr keinerlei Mittel zugeführt werden. Sie führt lediglich zur Umbuchung von offenen Rücklagen in Grundkapital.[1137] Voraussetzung dafür ist, dass offene Rücklagen ausgewiesen sind, die durch Beschluss der Hauptversammlung in Grundkapital umgewandelt werden, § 207 Abs. 1 und 2 AktG. Durch Beschluss der Hauptversammlung kann die Satzung den Vorstand ermächtigen, während eines Zeitraumes von höchstens fünf Jahren das Grundkapital bis zu einem bestimmten Nennbetrag durch Ausgabe neuer Aktien zu erhöhen (vgl. §§ 202 – 206 AktG). Damit kann er flexibel reagieren und den Kapitalbedarf bei günstiger Marktlage (hohen Aktienkursen) durch Ausgabe neuer Aktien decken.

Ferner ist noch eine **bedingte Kapitalerhöhung** nach den §§ 192 ff. AktG möglich. Bedingte Kapitalerhöhungen können zur Vorbereitung einer Fusion oder zur Gewährung von Bezugsrechten an Arbeitnehmer erfolgen.[1138]

3. Kapitalherabsetzungen

685 Herabsetzungen des Grundkapitals ermöglichen entweder eine **Ausschüttung** der nicht benötigten Kapitalbeträge an die Aktionäre (effektive Kapitalherabsetzung) oder eine **Verbesserung der Bilanzoptik**.[1139] Die ordentliche Kapitalherabsetzung (§§ 222 - 228 AktG) kann durch **Herabsetzung der Aktiennennbeträge** erfolgen oder durch **Zusammenlegung von Aktien**. Der dadurch nominell freiwerdende Teil des Grundkapitals kann an die Gesellschafter ausgeschüttet werden oder zu Saldierungen mit den in der Bilanz ausgewiesenen Verlusten dienen.

[1133] *Kraft/Kreutz*, S. 325, 316.
[1134] *Krieger* in: MünchHdb., Bd. 4, § 56 Rn 12; *Kübler*, GesellRecht, § 16 III Nr. 2 a).
[1135] *Hüffer*, AktG, § 186 Rn 2;
[1136] Vgl. hierzu *Hüffer*, AktG, § 186 Rn 39a. Nach § 186 Abs. 3 S. 4 AktG ist ein Bezugsrechtsausschluss insbesondere dann zulässig, wenn die Barkapitalerhöhung 10 % des Grundkapitals nicht übersteigt und der Ausgabebetrag den Börsenpreis nicht wesentlich unterschreitet.
[1137] *Grunewald*, GesellRecht, S. 290.
[1138] Vgl. *Grunewald*, GesellRecht, S. 286; *Kraft/Kreutz*, S. 327.
[1139] *Krieger* in: MünchHdb., Bd. 4, § 60 Rn 1.

686

Die **vereinfachte Kapitalherabsetzung** (§§ 229 - 236 AktG) ist nur zu Sanierungszwecken zulässig. Zur Auszahlung an Aktionäre darf sie nicht vorgenommen werden, § 230 AktG. Sie wird meist verbunden mit einer Wiedererhöhung des Grundkapitals gegen Einlagen, § 235 AktG. Sie setzt in jedem Fall einen mit qualifizierter Mehrheit zu fassenden Kapitalherabsetzungsbeschluss und dessen Eintragung voraus, §§ 222, 224, 229 Abs. 3 AktG.
Die Kapitalherabsetzung **durch Einziehung von Aktien** (§§ 237 - 239 AktG) führt ebenfalls zu einer Verringerung des Grundkapitals. Dazu kann die Gesellschaft die einzuziehenden Aktien freihändig erwerben. Eine Zwangseinziehung ist nur zulässig, wenn sich eine entsprechende Befugnis bereits aus der Satzung ergibt.

IX. Rechnungslegung §§ 150 - 174 AktG, §§ 238 - 289 HGB

687

Die Rechnungslegung der AG dient der Ermittlung des Bilanzgewinns und damit des Betrages, der an die Aktionäre ausgeschüttet werden darf. Ebenfalls sind die Gesellschaftsgläubiger an der Rechnungslegung interessiert, da ihnen nur das Gesellschaftsvermögen haftet.[1140] Darüber hinaus dient sie aber auch zur Information der Gläubiger über die wirtschaftliche Lage der Gesellschaft. Wegen des **Grundsatzes der Maßgeblichkeit** der Handelsbilanz für die Steuerbilanz[1141] und damit für die Besteuerung der AG dient die Rechnungslegung auch zur Ermittlung der geschuldeten Körperschaftssteuer (vgl. § 5 Abs. 1 S. 1 EStG, § 140 AO).

688

Da die Aufstellung und Veröffentlichung von Jahresabschlüssen nur sinnvoll ist, wenn die Einhaltung der bilanziellen Vorschriften überwacht wird, müssen Jahresabschluss und Geschäftsbericht von einem sachverständigen Prüfer (Abschlussprüfer) geprüft werden, §§ 316 ff. HGB. Die öffentlich bestellten Sachverständigen (Wirtschaftsprüfer und Wirtschaftsprüfungsgesellschaften) haben über das Ergebnis ihrer Prüfung einen Prüfungsbericht mit dem in § 321 Abs. 1 HGB vorgeschriebenen Inhalt zu erstatten, der von ihnen zu unterzeichnen und dem Vorstand der Aktiengesellschaft vorzulegen ist, § 321 Abs. 5 HGB. Dieser Prüfungsbericht wird nicht veröffentlicht. Er steht nur dem Vorstand und dem Aufsichtsrat zur Verfügung, vgl. § 321 Abs. 5 S. 1 und 2 HGB. Als äußeres Zeichen der Prüfung und ihres Ergebnisses erteilen die Abschlussprüfer einen uneingeschränkten oder mit Einschränkungen versehenen Bestätigungsvermerk, § 322 Abs. 1 HGB. Bei schwerwiegenden Mängeln des Jahresabschlusses haben die Abschlussprüfer den Bestätigungsvermerk zu versagen, § 322 Abs. 4 HGB. Durch die Verpflichtung zur Einreichung des mit dem Bestätigungsvermerk des Wirtschaftsprüfers oder mit dem Vermerk über dessen Versagung versehenen Jahresabschlusses zum Handelsregister des Gesellschaftssitzes (§ 325 Abs. 1 HGB) ist sichergestellt, dass ein eingeschränkter oder versagter Bestätigungsvermerk publik wird und von Interessenten berücksichtigt werden kann.

Erst der geprüfte Jahresabschluss ist zusammen mit dem Geschäftsbericht und dem Prüfungsbericht vom Vorstand dem Aufsichtsrat vorzulegen und von diesem noch einmal zu prüfen, §§ 170 Abs. 1, 171 Abs. 1 AktG. Billigt der Aufsichtsrat den Jahresabschluss, so ist dieser festgestellt, sofern nicht Vorstand und Aufsichtsrat (ausnahmsweise!) beschließen, die Feststellung der Hauptversammlung zu überlassen, § 172 S. 1 AktG. Die Beschlüsse des Vorstandes und des Aufsichtsrats sind in den

[1140] *Kraft/Kreutz*, S. 351.
[1141] *Niedner* in: HeidelbergerKomm., § 242 Rn 26; *Morck* in: Koller/Roth/Morck, HGB, § 242 Rn 2.

Bericht des Aufsichtsrats an die Hauptversammlung aufzunehmen. Sie ist sodann vom Vorstand unverzüglich einzuberufen, § 175 Abs. 1 AktG.

X. Gewinnverwendung

689 Haben Vorstand und Aufsichtsrat den Jahresabschluss festgestellt, so hat die Hauptversammlung nur noch einen sehr geringen Entscheidungsspielraum. Nur ausnahmsweise ist die Hauptversammlung für die Feststellung des Jahresabschlusses zuständig, vgl. §§ 172, 174 ff. AktG.

Die Hauptversammlung ist an den festgestellten Jahresabschluss gebunden (§ 174 Abs. 1 S. 2 AktG) und kann nach § 119 Abs. 1 Nr. 2 AktG nur noch über die Verwendung des festgestellten Bilanzgewinns entscheiden. Dabei hat sie auch noch die gesetzlichen Vorgaben über die Einstellung eines Teils des Jahresüberschusses in eine gesetzliche Rücklage (§ 150 AktG) und in zusätzliche Gewinnrücklagen (§ 58 AktG) zu beachten.

XI. Nichtigkeit und Anfechtbarkeit von Beschlüssen

690 Hauptversammlungsbeschlüsse sind Rechtsgeschäfte, die **nichtig** oder **anfechtbar** (unwirksam) sein können.[1142] Die gesetzlichen Regelungen über die Nichtigkeit oder Anfechtbarkeit von Beschlüssen der Hauptversammlung sind eine besondere Form des aktienrechtlichen **Minderheitenschutzes** und ermöglichen es, Gesetzesverstöße durch Umsetzung rechtlich fehlerhafter Beschlüsse zu verhindern (Rechtssicherheit).[1143] Derartige Beschlüsse sind mehrseitige Rechtsgeschäfte, deren Nichtigkeit und Anfechtbarkeit allerdings nur im **Klagewege** geltend gemacht werden kann. Zur Anfechtung eines Hauptversammlungsbeschlusses ist eine Anfechtungsklage gemäß § 246 AktG zu erheben.

Nichtigkeitsgründe können ebenfalls mit einer besonderen Nichtigkeitsklage geltend gemacht werden, § 249 Abs. 1 AktG. Die Nichtigkeit eines Hauptversammlungsbeschlusses kann aber auch auf andere Weise als durch Klage geltend gemacht werden, § 249 Abs. 1 S. 2 AktG.
Ferner ist zu beachten, dass gemäß 242 AktG eine Heilung von nichtigen Beschlüssen möglich ist. Nach § 242 Abs. 1 AktG können Beschlüsse, die entweder nicht oder nicht richtig beurkundet wurden, durch **Eintragung in das Handelsregister** automatisch geheilt werden. Beschlüsse, die aus anderen Gründen nichtig sind, können innerhalb einer Frist von drei Jahren ab der Eintragung angefochten werden; danach gelten sie gemäß § 242 Abs. 2 AktG als geheilt. Ist die Feststellung eines Jahresabschlusses und ein darauf beruhender Ergebnisverwendungsbeschluss nichtig, so wird der Mangel je nach Schwere des Fehlers sechs Monate oder drei Jahre nach der Bekanntmachung im Bundesanzeiger geheilt, wenn keine Nichtigkeits- oder Anfechtungsklage anhängig ist, vgl. §§ 253, 256 Abs. 6 AktG.
Aber: Eine Heilung ist ausgeschlossen, wenn eine gesetzliche Prüfungspflicht missachtet wurde.[1144]

[1142] *Kraft/Kreutz*, S. 346.
[1143] Vgl. *Hüffer*, AktG, § 241 Rn 1 u. § 243 Rn 1.
[1144] Vgl. *Hüffer*, AktG, § 242 Rn 6.

1. Nichtigkeitsgründe

691 Ein Hauptversammlungsbeschluss ist wegen eines Mangels nur nichtig, wenn diese Rechtsfolge im Gesetz ausdrücklich vorgesehen ist. Die Nichtigkeitsgründe sind in § 241 AktG **abschließend** aufgezählt:

- Einberufungsmängel, § 241 Nr. 1 AktG
- Beurkundungsmängel, § 241 Nr. 2 AktG
- Verstöße gegen zwingendes Recht oder gegen tragende aktienrechtliche Grundsätze, § 241 Nr. 3 AktG[1145]
- Verstoß gegen die guten Sitten, § 241 Nr. 4 AktG
- Nichtigerklärung aufgrund einer Anfechtungsklage, § 241 Nr. 5 AktG
- Löschung des Beschlusses durch das Registergericht, § 241 Nr. 6 AktG
- Weitere Nichtigkeitsgründe sind in § 241 1. HS sowie §§ 250 bis 256 AktG aufgezählt.

2. Anfechtung durch Anfechtungsklage

692 Alle anderen Verstöße gegen Gesetz und Satzung führen grundsätzlich nur zur Anfechtbarkeit von Hauptversammlungsbeschlüssen.[1146] Die Anfechtung ist durch eine fristgebundene Klage gegen die Gesellschaft geltend zu machen, sog. **Anfechtungsklage**, §§ 243, 246 AktG. Die Nichtigkeit des Beschlusses wird durch das ergangene Anfechtungsurteil herbeigeführt. Gemäß § 246 Abs. 1 AktG muss die Klage innerhalb eines Monats nach der betreffenden Beschlussfassung erhoben werden. Anfechtungsbefugt sind nicht nur Aktionäre, sondern auch der Vorstand sowie jedes einzelne Mitglied des Vorstands und des Aufsichtsrats, das durch Ausführung des Beschlusses eine strafbare Handlung oder eine Ordnungswidrigkeit begehen oder sich ersatzpflichtig machen würde, § 245 AktG. Einer Anfechtungsklage kann durch einen neuen, bestätigenden Beschluss die Grundlage entzogen werden, § 244 S. 1 AktG.

XII. Die Beendigung der Aktiengesellschaft, §§ 262 - 277 AktG

693 Eine Aktiengesellschaft wird aus den im Gesetz genannten Gründen aufgelöst, § 262 AktG[1147]:

- Ablauf der in der Satzung bestimmten Zeit, § 262 Nr. 1 AktG
- Hauptversammlungsbeschluss, § 262 Nr. 2 AktG
- Eröffnung des Insolvenzverfahrens, § 262 Nr. 3 AktG
- Ablehnung des Insolvenzverfahrens mangels Masse, § 262 Nr. 4 AktG
- Entscheidung des Registergerichts, § 262 Nr. 5 AktG
- durch Löschung der Gesellschaft wegen Vermögenslosigkeit, § 262 Nr. 6 AktG

[1145] Z.B. Verstoß gegen den Grundsatz der freien Übertragbarkeit des Mitgliedschaftsrechts (in Form der Aktie) – vgl. hierzu BGH Urteil vom 20.09.**2004**, Az.: II ZR 288/02.

[1146] *K. Schmidt*, GesellRecht, § 28 IV Nr. 5 d); *Kübler*, GesellRecht, § 15 V Nr. 6 b).

[1147] § 262 Abs. 2 AktG ordnet ergänzend die Geltung der §§ 262 ff. AktG bei Auflösung aus anderen Gründen an.

Die **Auflösung** einer Aktiengesellschaft ist von ihrer **Beendigung** zu unterscheiden. Besondere Beendigungsgründe sind die Verschmelzung (Fusion), die Vermögensübertragung auf die öffentliche Hand (Verstaatlichung) und die Umwandlung.

Beachte: Im Gegensatz zu der Auflösung findet bei der Beendigung keine Abwicklung statt, sondern sogleich die Vollbeendigung der AG oder ihre Fortsetzung in einer anderen Rechtsform.

Im Gegensatz zu den Personengesellschaften ist die Abwicklung nach erfolgter Auflösung bei Kapitalgesellschaften zwingend geregelt, vgl. § 264 Abs. 1 AktG. Nach Anmeldung und Eintragung der Auflösung in das Handelsregister (§ 263 AktG) folgt die Abwicklung, §§ 264 - 274 AktG. Hierdurch wird ein zuverlässiger Gläubigerschutz bezweckt. Bis zur Verteilung des verbleibenden Vermögens bleibt die Gesellschaft als **Auseinandersetzungsgesellschaft** in ihrer bisherigen Rechtsform bestehen.[1148] Lediglich der Zweck ändert sich; dieser besteht nunmehr in der Vermögensauseinandersetzung. Abwickler sind die Vorstandsmitglieder gemäß § 265 Abs. 1 AktG. Sie haben die Geschäfte zu beenden und können dabei auch neue Geschäfte vornehmen, § 268 Abs. 1 S. 2 AktG. Vermögensverteilungen dürfen erst nach dreimaligem Gläubigeraufruf in den Gesellschaftsblättern vorgenommen werden, § 267 S. 1 und 2 AktG. Erst nach Abschluss der Vermögensverteilung erfolgt die Anmeldung des Schlusses der Abwicklung zum Handelsregister, § 273 Abs. 1 AktG. Mit der danach vorgenommenen **Löschung im Handelsregister** ist die AG vollständig beendet. Bis zur Vermögensverteilung kann sie allerdings durch Fortsetzungsbeschluss wieder aktiviert werden, § 274 Abs. 1 AktG.

694

XIII. Sonderproblem: Haftung der Aktionäre (Durchgriffshaftung)

Begriff: In den Fällen der Durchgriffshaftung versagt die Berufung auf das Haftungsprivileg; die haftungsausschließende Trennung zwischen AG und Aktionär ist aufgehoben, die Schuldverpflichtung greift auf den Aktionär durch.[1149]

Dem BGH zu folge kann die Durchgriffshaftung aber immer nur **ultima ratio** sein, da nicht leichtfertig und schrankenlos über die Rechtsfigur einer juristischen Person hinweggegangen werden darf.[1150] Die Durchgriffshaftung ist demgemäß subsidiär gegenüber anderen Anspruchsgrundlagen (z.B. Haftung aufgrund Rechtsscheins, deliktische Haftung oder Haftung aus ungerechtfertigter Bereicherung).[1151] Ein pauschaler Haftungsdurchgriff erscheint jedoch sehr fraglich und nur schwer zu rechtfertigen. Eine Durchgriffshaftung kann in folgenden Situationen in Betracht kommen:[1152]

1. Materielle Unterkapitalisierung

695

Auch wenn das Grundkapital der Aktiengesellschaft die vom Gesetz vorgeschriebene Summe aufweist, kann ein für ihre Zwecke absolut unzureichendes Eigenkapital bestehen. Eine Gesellschaft ist **unterkapitalisiert**, wenn das Eigenkapital nicht ausreicht,

[1148] *Kraft/Kreutz*, 64.
[1149] Vgl. BSG, ZIP **1984**, 1217, 1219.
[1150] BGHZ **20**, 4, 11; **54**, 222, 224; **78**, 318, 333.
[1151] Vgl. *Kraft/Kreutz*, S. 61.
[1152] Vgl. *K. Schmidt*, GesellRecht, § 9 IV Nr. 1 a); *Kraft/Kreutz*, S. 61.

um den nach Art und Umfang der angestrebten oder tatsächlichen Geschäftstätigkeit unter Berücksichtigung der Finanzierungsmethoden bestehenden, nicht durch Kredite Dritter zu deckenden mittel- oder langfristigen Finanzbedarf zu befriedigen.[1153]

Es besteht für Fremdkapitalgeber ein sehr großes Risiko, wenn das Eigenkapital bei einer Insolvenz nur sehr gering ist. Fraglich ist daher, ob in Ausnahmefällen **eine persönliche Haftung der Aktionäre** erfolgen muss, auch wenn das Grundkapital die vom Gesetz vorgeschriebene Summe aufweist.

2. Vermögensvermischung

696 Sind die Vermögensmassen von Gesellschaft und Aktionären nicht getrennt, so ergibt sich eine unklare Vermögenslage. Diese unklare Vermögenslage darf nicht zu Lasten der Gläubiger gehen. Bei nicht auszuräumenden Zweifeln über die Zuordnung des Vermögensgegenstandes ist dieser der AG zuzuordnen.

3. Beherrschung der Gesellschaft durch ein anderes Unternehmen

697 Mit dieser konzernrechtlichen Konstellation wird die Situation erfasst, dass ein abhängiges Unternehmen – zumeist eine GmbH – praktisch eine unselbstständige Betriebsabteilung eines herrschenden Unternehmens ist und das herrschende Unternehmen ist in dem abhängigen Unternehmen personell maßgeblich tätig (z.B. aufgrund von Beherrschungs- und Gewinnabführungsverträgen).[1154]

4. Sphärenvermischung

698 Von einer haftungsbegründenden Sphärenvermischung ist zu sprechen, wenn eine Trennung hinsichtlich der Rechtssubjekte Aktionär/Aktiengesellschaft nicht hinreichend eindeutig ist und eine „Verschleierungstechnik" ausgeübt wird. In Betracht kommen hier die Führung ähnlicher Firmen, die Nutzung der gleichen Geschäftsräume und die Verwendung identischen Firmenpersonals.[1155]

> **Beispiel:**[1156] Wenn eine Abgrenzung zwischen dem Vermögen der AG und dem Privatvermögen der handelnden Vorstandsmitglieder durch eine undurchsichtige Bilanzführung oder auf andere Weise verschleiert worden ist, kann es gerechtfertigt sein, ausnahmsweise den Gläubigern der AG das Privatvermögen der handelnden Vorstandsmitglieder zur Verfügung zu stellen. Die persönliche Haftung kann jedoch nur diejenigen treffen, die aufgrund des ihnen in dieser Stellung gegebenen Einflusses in der AG für den Vermögensvermischungstatbestand verantwortlich sind.

Problematisch ist, dass diese vom Schrifttum entwickelten Fallgruppen im Einzelnen sehr unscharf umrissen und schwer zu beweisen sind. In der Praxis haben sie sich daher bisher nicht entscheidend durchsetzen können.[1157]

[1153] *Ulmer* in: Hachenburg, Anh. § 30 Rn 17 (7. Aufl.).
[1154] Vgl. hierzu: BGH, AG **2001**, 133; BGH, GmbHR **2001**, 1036.
[1155] *Kraft/Kreutz*, S. 61; *K. Schmidt*, GesellRecht, § 9 IV Nr. 2 b).
[1156] Angelehnt an LG Hildesheim, ZinsO **2001**, 474 ff.; Leitsatz in DStR **2001** , 1447.
[1157] Vgl. aber: BAG, AG **1999**, 376 f. – Aufspaltung eines Unternehmens in eine Produktions- und VertriebsKG, die von derselben Verwaltungsgesellschaft verwaltet wurden, wobei die ProduktionsKG „arm gemacht" wurde. ; BSG, NJW **1984**, 2117 ff. – Fall der Unterkapitalisierung.

K. Gesellschaft mit beschränkter Haftung - GmbH

I. Ausgestaltung und praktische Bedeutung

699 Die GmbH wurde bereits 1892 durch das GmbHG eingeführt. Seither ist das Recht der GmbH trotz zahlreicher Novellierungen im Kern nicht verändert worden. Eine seit Jahrzehnten angestrebte **„große" Reform** des an vielen Stellen überholungsbedürftigen Gesetzes ist bisher nicht verwirklicht worden (im Gegensatz zum Aktienrecht – 1937).[1158] Anstelle der „großen" Reform wurde 1980 lediglich eine „kleine" Reform verwirklicht.[1159]

Die GmbH stellt einen Gegenpol zur AG dar und zielt darauf ab, kleinen und mittelständischen Unternehmen eine interessengerechte Gesellschaftsform zu bieten. Auch Gesellschaften mit wenigen Gesellschaftern und geringerem Kapitalbedarf sollte die Möglichkeit gegeben werden, ein Unternehmen **ohne persönliche Haftung** der einzelnen Gesellschafter zu betreiben.[1160] Insbesondere hat die GmbH gegenüber der AG einen erheblich geringeren Aufwand in der Gründungsphase, was nicht nur Zeit, sondern auch Geld einspart. Verbreitet ist insbesondere die Vorratsgründung von Gesellschaften, die dann innerhalb kürzester Zeit für einen bestimmten Zweck verwendet werden können.

700 Die GmbH ist die bei weitem häufigste Form der Kapitalgesellschaft. Ende 1996 existierten in Deutschland insgesamt 770.000 Gesellschaften mit beschränkter Haftung mit insgesamt 302,4 Mrd. DM Stammkapital gegenüber nur 4.000 Aktiengesellschaften mit 220,0 Mrd. DM Grundkapital.[1161] Die Tendenz ist steigend: 1998 betrug die Anzahl 815.000 GmbH.[1162] Ende 2002 bestanden rund 950.000 Gesellschaften mit einem nominalen Stammkapital von über 150 Mrd. Euro.[1163] Von diesen GmbH sind ungefähr 15-20 % Komplementäre einer GmbH & Co. KG. Die Gründung als Ein-Mann-GmbH ist gemäß § 1 GmbHG möglich; es besteht aber auch die Möglichkeit, dass sich im Laufe der Zeit alle Geschäftsanteile in der Hand eines Gesellschafters vereinen. Die Ein-Mann-GmbH wird zumeist von Unternehmen betrieben, die besonders risikoreiche Teile ihres Unternehmens ausgliedern wollen. Diese ist dann häufig in einen Beherrschungsvertrag involviert, so dass beherrschender Einfluss auf sie ausgeübt wird. Im Konzernrecht hat sich die GmbH vielseitig bewährt – in erster Linie als Funktions-GmbH (Vertriebs-, Produktions-, Transportgesellschaft), die die Gliederung und Führung eines Konzerns wesentlich erleichtert.[1164]

701 Die GmbH ist von ihrer gesetzlichen Konzeption her als eine personalistische Gesellschaft ausgerichtet; d.h. sie ist eine Gesellschaft mit einem kleinen Kreis von Gesell-

---

[1158] Vgl. *Schubert*, Hrsg., Entwurf des Reichsministeriums zu einem GmbHG von 1939, ZHR **1985**, Beiheft 58; *Geßler*, BB **1980**, 1385 ff.

[1159] Vgl. zu den Gesetzesmaterialien: RegE BR-Drs. 404/77; BT-Drs. 8/1347; ansonsten: *K. Schmidt*, NJW **1980**, 1769; *Deutler*, GmbHR **1980**, 145; *Geßler*, BB **1980**, 1385.

[1160] *Kraft/Kreutz*, S. 316.

[1161] *Hansen*, GmbHR **1997**, 204, 205.

[1162] *Hansen*, GmbHR **1999**, 26, vgl. auch ders. GmbHR **2001**. 286, 288.

[1163] *Kornblum*, GmbHR **2003**, 1157, 1172.

[1164] *Schmidt-Leithoff* in: Rowedder/Schmidt-Leithoff, GmbHG Komm., Einl. Rn 129.

schaftern, die sich untereinander kennen.[1165] Als Körperschaft ist die GmbH aber auch eine kapitalistische Sonderform des Vereins, die jedoch in der Praxis durch die gesetzlichen Regelungen personalistische Züge annimmt.[1166] Die GmbH ist eine Körperschaft mit **eigener Rechtspersönlichkeit** (juristische Person) gemäß § 13 Abs. 1 GmbHG, die ein in **Stammeinlagen** zerlegtes **Stammkapital** hat (vgl. § 5 Abs. 1 GmbHG) und ihren Gläubigern mit ihrem **gesamten Vermögen unbeschränkt haftet** gemäß § 13 Abs. 2 GmbHG. Die Geschäftsanteile der GmbH können von einem oder mehreren Gesellschaftern gehalten werden, die den Gesellschaftsgläubigern nicht persönlich haften. Durch diese Risikoverlagerung auf Dritte hat der Gesetzgeber eine Externalisierung der Haftungsrisiken bewirkt. Eine Durchbrechung ist nur unter den **speziellen Voraussetzungen der Durchgriffshaftung** möglich.

702 Als Körperschaft ist die GmbH von ihrem Mitgliederbestand unabhängig, d.h. sie ist nicht an das persönliche Schicksal der Gesellschafter (Tod, Vermögensverfall) gebunden.[1167] Als juristische Person ist sie Trägerin von Rechten und Pflichten (rechtsfähig) und kann wie eine natürliche Person am Rechtsverkehr teilnehmen: Sie kann also Verträge schließen, als Eigentümer ins Grundbuch eingetragen, klagen oder verklagt werden. Gemäß § 11 Abs. 1 InsO ist die GmbH auch insolvenzfähig. Geschäftsführung und Vertretung können durch Nichtgesellschafter wahrgenommen werden, womit eine **Fremdorganschaft** möglich ist. Die GmbH hat **zwei notwendige Organe**: den **Geschäftsführer** für die Geschäftsführung und Vertretung, §§ 6, 35 GmbHG und die Gesamtheit der Gesellschafter, die **Gesellschafterversammlung,** für die interne Willensbildung, §§ 48 i.V.m. 47 GmbHG.

Mit der **Eintragung** in das Handelsregister wird die GmbH **Handelsgesellschaft**, vgl. § 11 Abs. 1 i.V.m. § 13 Abs. 3 GmbHG. Sie unterliegt damit den für Kaufleute geltenden Vorschriften auch dann, wenn sie kein Handelsgewerbe oder überhaupt kein Gewerbe betreibt. Sie ist **Formkaufmann** nach § 6 HGB.

Beachte: Die GmbH ist eine Gesellschaft mit **körperschaftlicher Organisation:**
- vom Mitgliederbestand unabhängige und eigenständige Organisation mit besonderen Organen
- einheitlicher Name
- eigene Rechtspersönlichkeit, § 13 Abs. 1 GmbHG

II. Gründung der GmbH

703 Erster Akt des Gründungsvorgangs ist der Abschluss des Gesellschaftsvertrages, mit dem die GmbH errichtet wird. Zumeist ist der Abschluss des Gesellschaftsvertrages aber nicht die erste Stufe der Entwicklung. Die potentiellen Gründer treffen in der Vorphase zur Errichtung meist immer schon verbindliche Abreden. Hierunter fallen z.B. Vereinbarungen hinsichtlich des Erwerbs von Grundstücken, Aufnahme von Kreditverhandlungen, Kauf von Firmenwagen etc. Hierbei handelt es sich dann nicht mehr um unverbindliche Absprachen. Diese Vereinbarungen und deren Umsetzung sind verbindlich im Hinblick auf die Zielsetzung der Gründung einer GmbH, sog. **Vorgründungsgesellschaft.** Nach dem Abschluss des Gesellschaftsvertrages muss die Gesellschaft zur Eintragung im Handelsregister angemeldet werden. Bevor dies geschehen kann,

[1165] *Grunewald*, GesellRecht, S. 310.
[1166] *K. Schmidt*, GesellRecht, § 33 I 2 b).
[1167] *Lutter/Hommelhoff*, GmbHG Komm., Einleitung Rn 2.

muss ein Geschäftsführer bestellt und das Stammkapital aufgebracht werden. Erst nachdem dies geschehen ist, kann die Gesellschaft in das Handelsregister eingetragen werden. In der Zeit zwischen der Errichtung und der Eintragung in das Handelsregister besteht eine sog. **Vorgesellschaft**. Die Vorgesellschaft entsteht mit der notariellen Beurkundung und der damit verbundenen Übernahme aller Geschäftsanteile.[1168] Mit der Eintragung in das Handelsregister entsteht dann die **juristische Person**, vgl. § 11 Abs. 1 GmbHG.

1. Errichtung

a) Abschluss eines notariell beurkundeten Gesellschaftsvertrages

704 Der erste Akt der Gründung einer GmbH erfolgt durch Abschluss eines notariell beurkundeten **Gesellschaftsvertrages** durch eine oder mehrere Personen gemäß §§ 1, 2 GmbHG. Mit Abschluss des notariell beurkundeten Gesellschaftsvertrages ist die Errichtung der GmbH abgeschlossen.[1169]

Gründer und Gesellschafter einer GmbH können natürliche und juristische Personen sowie Personengesellschaften sein.[1170] Die GmbH kann auch von nur einer Person gegründet werden, sog. **Einmanngesellschaft**, § 1 GmbHG. Bei der Einmanngesellschaft handelt es sich dann um ein **einseitiges Rechtsgeschäft**.[1171] Ihr Gesellschaftsvertrag ist ein **Organisationsvertrag**[1172] und zugleich der Gesellschaftsvertrag der GmbH. Der Gesellschaftsvertrag wird im Allgemeinen Sprachgebrauch als **Satzung** bezeichnet.[1173]

b) Inhalt der Satzung

705 Der notwendige Inhalt des Gesellschaftsvertrages ergibt sich aus § 3 Abs. 1 GmbHG. Hiernach muss die Satzung Regelungen über Firma, Sitz, Gegenstand, Stammkapital und Stammeinlage enthalten. Neben diesem gesetzlich geforderten Inhalt des Gesellschaftsvertrages, können die Gründer in den Grenzen der allgemeinen Vertragsfreiheit weitere Bestimmungen vorsehen.[1174]

aa) Firma und Sitz

706 Nach § 3 Abs. 1 Nr. 1 GmbHG ist die Firma zwingender Bestandteil der Satzung. Die Firma ist der Handelsname der GmbH, unter dem sie als Kaufmann am Rechtsverkehr teilnimmt, vgl. § 17 HGB. Die Gesellschaft muss gemäß § 4 GmbHG die Bezeichnung „Gesellschaft mit beschränkter Haftung" oder eine allgemein verständliche Abkürzung dieser Bezeichnung enthalten (zumeist GmbH). Für die Firma gelten im Übrigen die allgemeinen handelsrechtlichen Bestimmungen (§§ 17 ff. HGB), nach denen es aufgrund der Firmenrechtsnovelle nur noch auf die Unterscheidbarkeit der Firma ankommt, vgl. § 18 Abs. 1 HGB.

[1168] *Schmidt-Leithoff* in: Rowedder/Schmidt-Leithoff, GmbHG Komm., § 11 Rn 4; *Kraft/Kreutz*, S. 363.
[1169] *K. Schmidt*, GesellRecht, § 34 II 2 a).
[1170] *Hueck/Fastrich* in: Baumbach/Hueck, GmbHG Komm., § 1 Rn 31.
[1171] *K. Schmidt*, GesellRecht, § 40 II 2a.
[1172] *Flume*, Juristische Person, § 5 I; *K. Schmidt*, GesellRecht, § 5 I 1 b; Hach/*Ulmer* in: Baumbach/ Hueck, GmbHG Komm., § 2 Rn 5;
[1173] *Schwaiger* in: Hdb. GmbH, § 2 Rn 46.
[1174] *Grunewald*, GesellRecht, S. 312.

Der Sitz der GmbH kann nach § 4a Abs. 1 GmbHG frei gewählt werden. Eine Sitzverlegung innerhalb Deutschlands ist möglich, § 13h HGB. Dagegen kann eine in Deutschland gegründete GmbH ihren Sitz nicht in das Ausland verlegen. Die Verlegung des **Satzungssitzes** in das Ausland führt nach h.M. zur Beseitigung der Rechtsfähigkeit.[1175]

707 Ob eine alleinige Verlegung des **Verwaltungssitzes** (tatsächlicher Sitz) in das Ausland zu einem Entzug der Rechtspersönlichkeit führt,[1176] ist jedoch fraglich, insbesondere im Hinblick auf die Abstandnahme von der Sitztheorie.[1177] Das deutsche Gesellschaftsrecht als das Recht des Gründungs- und bisherigen Sitzstaats lässt jedoch bisher eine die Identität der Gesellschaft wahrende Sitzverlegung in das Ausland nicht zu.[1178] Nach gegenwärtigem Recht kann daher eine Verlegung von Satzungs- und Verwaltungssitz einer nach deutschem Recht gegründeten GmbH in einem anderen Mitgliedstaat der EU nicht in das deutsche Handelsregister eingetragen werden.[1179] Es scheint allerdings absehbar, dass der von der EU-Kommission unter Abänderung des früheren Vorentwurfs derzeit erarbeitete neue Vorschlag einer 14. Richtlinie zur grenzüberschreitenden Sitzverlegung eine Verpflichtung der Mitgliedstaaten vorsehen wird, die identitätswahrende Sitzverlegung unter Änderung des Gesellschaftsstatuts zu ermöglichen.[1180]

bb) Unternehmensgegenstand

708 Unternehmensgegenstand ist die von der Gesellschaft beabsichtigte Tätigkeit, § 3 Abs. 1 Nr. 2 GmbHG. Sie kann auf jeden erlaubten Zweck gerichtet sein. Es ist kein Handelsgewerbe i.S.d. § 1 Abs. 2 HGB (gemäß § 13 Abs. 3 GmbHG ist die GmbH Handelsgesellschaft), nicht einmal ein Gewerbebetrieb erforderlich.

cc) Stammkapital

709 Gemäß § 3 Abs. 1 Nr. 3 GmbHG ist der Betrag des Stammkapitals zwingender Inhalt des Gesellschaftsvertrages. Das Stammkapital ist die rechnerische **Zusammenfassung aller Stammeinlagen der Gesellschafter in einer Summe**.[1181] Das Stammkapital kennzeichnet das bei der Gründung durch Einlagen der Gesellschafter aufzubringende **Gesellschaftsvermögen**. Die Aufnahme der Stammeinlage in den Gesellschaftsvertrag begründet die Einlageverpflichtung des Gesellschafters und ist für seine Beteiligung unerlässlich.[1182]

[1175] Vgl. *Hueck/Fastrich* in: Baumbach/Hueck, GmbHG Komm., § 4a Rn 10 m.w.N.; *Lutter/Bayer*, GmbH Komm., § 4a Rn 22.

[1176] So die bisher h.M.; obiter dictum, BFH GmbHR 2003, 722, 724; OLG Düsseldorf, NJW 2001, 2184; a.A. *Lutter/Bayer*, GmbHG Komm., § 4a Rn 20 f.

[1177] BGH Urteil vom 14.03.**2005**, Az.: II ZR 5/03: Die Haftung eines Geschäftsführers für rechtsgeschäftliche Verbindlichkeiten einer gemäß Companies Act 1985 in England gegründeten private limited company mit tatsächlichen Verwaltungssitz in der Bundesrepublik Deutschland richtet sich nach dem am Ort ihrer **Gründung** geltenden Recht. Der Niederlassungsfreiheit (Art. 43, 48 EG) steht entgegen, den Geschäftsführer einer englischen private limited company mit Verwaltungssitz in Deutschland wegen fehlender Eintragung in einem deutschen Handelsregister der persönlichen Handelndenhaftung analog § 11 Abs. 2 GmbHG für deren rechtsgeschäftliche Verbindlichkeiten zu unterwerfen.

[1178] OLG Brandenburg, GmbHR **2005**, 484.

[1179] OLG Brandenburg, GmbHR **2005**, 484, 485.

[1180] *Leible*, ZGR **2004**, 531, 538 ff.; vgl. zum früheren Vorentwurf einer Richtlinie zur grenzüberschreitenden Sitzverlegung – ZIP **1997**, 1721 ff.

[1181] *Winter* in: Scholz GmbH Gesetz, § 5 Rn 9.

[1182] *Michalski* in: Michalski GmbHG, Bd. 1, Syst. Darst. 1 Rn 35; *Hueck/Fastrich* in: Baumbach/Hueck, GmbHG Komm., § 3 Rn 18.

> **Beachte:** Es ist auf die Verwendung der korrekten Fachterminologie zu achten. Bei der GmbH spricht man vom **Stammkapital**, bei der AG vom **Grundkapital** (vgl. § 6 AktG).

dd) Höhe der Stammeinlage

710 Als Stammeinlage übernehmen die Gesellschafter je einen Anteil am Stammkapital, § 3 Abs. 1 Nr. 4 GmbHG. Gemäß § 5 Abs. 1 GmbHG muss das Stammkapital mindestens 25.000 € betragen. Jeder Gesellschafter kann nur eine Stammeinlage übernehmen gemäß § 5 Abs. 2 GmbHG. Die Stammeinlage muss mindestens gemäß § 5 Abs. 1 GmbHG 100 Euro (früher 500 DM) betragen. Ferner muss die Stammeinlage gemäß § 5 Abs. 3 S. 2 GmbHG durch 50 (früher 100) teilbar sein. Die Einlage kann in bar oder in Sachwerten als sog. **Sacheinlage** erbracht werden.[1183] Nach der Höhe der jeweiligen Stammeinlage bemisst sich der Geschäftsanteil der Gesellschafter gemäß § 14 GmbHG. Im Gesellschaftsvertrag kann vorgesehen werden, dass die Gesellschafter auch zu Nachschüssen verpflichtet sind, § 26 GmbHG. Von einer unbeschränkten Nachschusspflicht kann sich ein Gesellschafter dadurch befreien, dass er der Gesellschaft seinen Geschäftsanteil zur Befriedigung zur Verfügung stellt gemäß § 27 Abs. 1 S. 1 GmbHG (sog. Abandon).

2. Bestellung der Geschäftsführer

711 Die GmbH-Gründer müssen schon vor Eintragung der GmbH in das Handelsregister einen oder mehrere Geschäftsführer bestellen, die sämtlich bei der Anmeldung mitwirken müssen, §§ 8 Abs. 1 Nr. 2, 78 GmbHG, wobei die Geschäftsführer ihre Unterschriften bei Gericht zu hinterlegen und ihre Vertretungsbefugnisse zu benennen haben,[1184] vgl. § 8 Abs. 4 und 5 GmbHG. Mindestens ein Geschäftsführer muss aber bestellt werden, um die Anmeldung vornehmen zu können. Zum Geschäftsführer kann nur eine natürliche und voll geschäftsfähige Person bestellt werden gemäß § 6 Abs. 2 S. 1 GmbHG.

3. Kapitalaufbringung

712 Zusammen mit den Regelungen über die Kapitalerhaltung sind die Vorschriften des GmbH-Rechts über die Kapitalaufbringung unverzichtbare Voraussetzung für die Beschränkung der Haftungsmasse auf das Gesellschaftsvermögen. Die Anmeldung zum Handelsregister darf erst erfolgen, wenn auf jede Stammeinlage ein Viertel und insgesamt mindestens die Hälfte des Mindeststammkapitals eingezahlt ist, vgl. § 7 Abs. 2 S. 1 und 2 GmbHG.[1185]

a) Stammkapital

713 Gebildet wird das Stammkapital aus der Summe der von den einzelnen Gesellschaftern zu erbringenden Einlageleistungen, den sog. **Stammeinlagen**, vgl. § 5 Abs. 3 S. 3 GmbHG. **Das Stammkapital ist nicht mit dem Gesellschaftsvermögen identisch**. Das Gesellschaftsvermögen kann höher oder niedriger sein als das Stammkapi-

---

[1183] Vgl. auch *Schwaiger* in: Hdb. GmbH, § 2 Rn 92 ff.; *Grunewald*, GesellRecht, S. 318.
[1184] Vgl. zum Vorgang der Angabe der Vertretungsbefugnis beim Handelsregister *Hueck/Fastrich* in: Baumbach/Hueck, GmbHG Komm., § 8 Rn 15.
[1185] Vgl. unten zu den Besonderheiten bei der Einmann-Gründung.

tal. (vgl. im Abschnitt Rechnungslegung die Bilanz, in der das Stammkapital als „Eigenkapital" erscheint).

Beachte: Es muss strikt zwischen dem Stammkapital und dem Gesellschaftsvermögen unterschieden werden.

Das Stammkapital ist als eine Art „Garantiesumme" für die Gläubiger zu verstehen.[1186] Mit dem Grundsatz der **Kapitalerbringung** und der **Kapitalerhaltung** soll das Stammkapital sichergestellt werden.[1187] Jeder Gesellschafter muss eine Stammeinlage übernehmen, vgl. § 5 Abs. 1 GmbHG. Änderungen des Stammkapitals können sich durch **Kapitalerhöhung** gemäß §§ 55 ff. GmbHG oder **Kapitalherabsetzung** gemäß §§ 58 ff. GmbHG ergeben. Dazu bedarf es jedoch einer Änderung des Gesellschaftsvertrages, §§ 53 ff. GmbHG, da die Kapitalerhöhung/-herabsetzung vom Gesetz als Unterfall der Satzungsänderung behandelt wird.[1188]

b) Stammeinlage

714 Die Stammeinlage stellt einen ziffernmäßig ausgedrückten Bruchteil des Stammkapitals dar, den jeder Gesellschafter in bar oder in Sachwerten einzulegen sich verpflichtet hat.[1189]

Die Pflicht zur Leistung der Stammeinlagen kann den GmbH-Gründern nicht erlassen oder gestundet werden, vgl. § 19 Abs. 2 GmbHG. Aus den Stammeinlagen setzt sich das Stammkapital zusammen. Die von den Gründern übernommenen Stammeinlagen müssen das Stammkapital voll abdecken. Nach der übernommenen Stammeinlage bestimmt sich nach § 14 GmbHG auch der Geschäftsanteil des Gesellschafters. Bei verspäteter Leistung schulden die Gesellschafter Verzugszinsen, § 20 GmbHG (wichtig bei der prozessualen Einforderung einer nicht fristgerecht eingezahlten Stammeinlage). Sie können gegen die Forderung auf Leistung ihrer Einlagen auch nicht mit Gegenforderungen aufrechnen, § 19 Abs. 2 S. 2 GmbHG. Dagegen kann die Vor-GmbH und nach ihrer Eintragung auch die GmbH die Aufrechnung gegen die Verpflichtung des Gesellschafters auf Leistung der Einlage erklären, wenn der Gründer eine liquide, fällige und vollwertige Forderung gegen die Vor-GmbH bzw. gegen die GmbH hat. Es muss also gewährleistet sein, dass der GmbH der als Einlage versprochene Betrag auch **tatsächlich zufließt** bzw. dass sie darüber **uneingeschränkt verfügen** („endgültig zur freien Verfügung" – vgl. § 7 Abs. 3 GmbHG) kann.[1190]

715 Bei Säumnis mit der Einzahlung kann der Gesellschafter nach Fristsetzung und Fristablauf seines Gesellschaftsanteils für verlustig erklärt werden, sog. **Kaduzierung**, ohne dass die Verpflichtung des Ausgeschlossenen zur Leistung der rückständigen Einlage damit entfällt, § 21 Abs. 4 GmbHG. Die Rechtsvorgänger des Ausgeschlossenen haften ebenfalls auf den Ausfall, § 22 GmbHG. Die Gesellschaft kann den Geschäftsanteil im Wege öffentlicher Versteigerung verkaufen, wenn die Zahlung der rückständigen Einlage auch vom Rechtsvorgänger nicht zu erlangen ist, § 23 GmbHG. Schließlich haften

---

[1186] *Kraft/Kreutz*, S. 372; vgl. hierzu auch *Heidinger* in: Michalski GmbHG, Bd. 1, § 30 Rn 9.
[1187] *Kraft/Kreutz*, S. 372.
[1188] *Zöllner* in: Baumbach/Hueck, GmbHG, § 55 Rn 2.
[1189] *Lutter/Bayer*, GmbHG Komm., § 5 Rn 3.
[1190] Vgl. zur wirksamen Leistung auf die Stammeinlage: OLG München, NZG **2005**, 311 ff.

aber alle übrigen Gesellschafter anteilig für die bei einem Mitgesellschafter oder bei dessen Rechtsvorgänger uneinbringliche Einlage, § 24 GmbHG: sog. **Ausfallhaftung**.

716 In Bezug auf das Mindestkapital der GmbH werden sich jedoch erhebliche Änderungen ergeben. Das Bundesministerium der Justiz hat im Frühjahr 2005 einen Referentenentwurf eines Gesetzes zur Neuregelung des Mindestkapitals von GmbH (MindestKapG) vom 15. April 2005 vorgelegt.[1191] Gemäß Art. 1 Ziffer 2 dieses Entwurfs wird das Stammkapital nach § 5 Abs. 1 GmbHG von fünfundzwanzigtausend auf zehntausend Euro herabgesetzt. Hinzu kommt eine Stärkung der Transparenz gegenüber Dritten durch eine verpflichtende Offenlegung der Stammkapitalausstattung der Gesellschaft auf den Geschäftsbriefen, vgl. Art. 1 Ziffer 3a) MindestKapG; § 35a Abs. 1 S. 1 und § 71 Abs. 5 GmbHG sollen entsprechend geändert werden. Die Nichteinhaltung der Offenlegungspflicht soll gemäß Art. 1 Ziffer 4 MindestKapG als Ordnungswidrigkeit mit einem Bußgeld geahndet werden. Hierzu wird die neue Bußgeldvorschrift § 85a in das GmbHG eingefügt.

Die Änderungen basieren zum einem auf dem Gedanken des zunehmenden Wettbewerbs der Rechtsformen von Kapitalgesellschaften in der Europäischen Union – die Wettbewerbsfähigkeit der deutschen GmbH soll mit der Herabsetzung des Mindestkapitals gewahrt werden – zum anderen steht der Gedanke der Erleichterung von Existenzgründungen insbesondere im Dienstleistungssektor im Vordergrund. Durch die Absenkung des Mindestkapitals wird gerade Kleinunternehmern und Existenzgründern die Möglichkeit gegeben, bei geringem Kapitalbedarf leichter eine Gesellschaft zu gründen.[1192]

aa) Bargründung

717 Im Gesellschaftsvertrag ist festgelegt, welchen Betrag jeder Gesellschafter auf das Stammkapital zu leisten hat. Hinsichtlich der Erbringung von Geldleistungen gilt das oben Ausgeführte: Auf jede Stammeinlage muss mindestens ein Viertel eingezahlt, insgesamt muss jedoch die Hälfte des Mindestkapitals erreicht sein, § 7 Abs. 2 GmbHG. Die Zahlungen sind derart zu erbringen, dass der Einlagebetrag im Zeitpunkt der Anmeldung zur **freien Verfügung** der Geschäftsführer steht, § 7 Abs. 3 GmbHG.[1193] Nur dann tritt eine Befreiung von der Zahlungspflicht ein.[1194] Die Einleger müssen daher ihre Verfügungsmacht endgültig und ohne Beschränkungen oder Vorbehalte zugunsten der Vorgesellschaft aufgeben.[1195] Hieran fehlt es bei verdeckten Sacheinlagen. Die Zahlung an die Vorgründungsgesellschaft befreit wegen fehlender Identität mit der Vorgesellschaft grundsätzlich nicht.[1196]

[1191] Vgl. www.bmj.bund.de – Rubrik Handels- und Gesellschaftsrecht – Gesetzesentwürfe.

[1192] S. 6 Entwurf – MindestkapG.

[1193] Vgl. zum Begriff der freien Verfügbarkeit der Stammeinlagen: *Lutter/Hommelhoff*, GmbHG Komm., § 7 Rn 14 ff. – beachte: Entgegen der h.M. vertritt Lutter die Auffassung, dass die Einlagen gerade nicht zwingend bis zum Zeitpunkt der Anmeldung oder der Eintragung der GmbH im Vermögen derselben vorhanden sein müssen.; *Grunewald*, GesellRecht, S. 318.

[1194] *Grunewald*, GesellRecht, S. 318 i.V.m. S. 229.

[1195] BGH **113**, 335, 348 f.; vgl. auch zum Begriff der „freien Verfügbarkeit" - BGH Urteil vom 08.11.**2004**, Az.: II ZR 362/02.

[1196] OLG Köln, ZIP **1989**, 238; OLG Hamm, GmbHR **1992**, 750; OLG Düsseldorf, GmbHR **1994**, 398.

bb) Sachgründung

718 Bei der Gründung der GmbH kann in ihrer Satzung vorgesehen werden, dass der Gesellschafter seine Stammeinlage in Form einer **Sacheinlage** erbringt, vgl. § 5 Abs. 4 S. 1 GmbHG. Der Wert der Sacheinlage muss mindestens dem Nennwert der übernommenen Stammeinlage entsprechen. Gegenstand der Sacheinlage können alle vermögenswerten Gegenstände sein, die auch als Gegenstände des Rechtsverkehrs in Frage kommen, also beispielsweise Sachen, Rechte und Handelsgeschäfte. Ansprüche auf Dienstleistungen können nicht Gegenstand einer Sacheinlage sein.[1197] Sacheinlagen können nur Vermögensgegenstände sein, deren wirtschaftlicher Wert feststellbar ist. Weil die Bewertung von Sacheinlagen schwierig ist und die Beteiligten ihre Sachwerte häufig zu hoch einschätzen, muss über die Sacheinlage, ihren Erwerb, ihren Zustand, ihre Bewertung usw. ein **Sachgründungsbericht** erstellt werden, § 5 Abs. 4 S. 2 GmbHG. In dem Sachgründungsbericht haben die Gesellschafter die für die Angemessenheit der Leistungen für Sacheinlagen wesentlichen Umstände darzulegen, vgl. § 5 Abs. 4 S. 2 GmbHG. Bei der Überbewertung von Sacheinlagen ist das Registergericht gemäß § 9c Abs. 1 S. 2 GmbHG zur Abweisung verpflichtet.

cc) Verdeckte Sacheinlagen

719 Es besteht die Gefahr, dass Sacheinlagen verdeckt erbracht werden.[1198] Verdeckte Sacheinlagen dienen meistens der Umgehung der Sachgründungsvorschriften. Deshalb bestimmt § 19 Abs. 5 2. Alt. GmbHG, dass eine Verrechnung mit einer Forderung, die der Gesellschafter gegen die GmbH aufgrund der Überlassung von Vermögensgegenständen hat, den Gesellschafter nicht von seiner Einlagepflicht befreit. Eine Befreiung tritt nur dann ein, wenn die für Sacheinlagen bestehenden Bestimmungen eingehalten werden: Ohne satzungsmäßige Festsetzung als Sacheinlage gemäß § 19 Abs. 4 GmbHG ist sowohl eine ummittelbare Erfüllung der Stammeinlage durch nicht in Geld bestehende Leistungen als auch die Aufrechnung mit einem Vergütungsanspruch hierfür ausgeschlossen. Mit der Erbringung einer verdeckten Sacheinlage wird der Gesellschafter von seiner Leistungspflicht nicht befreit. Wegen dieser Konsequenz wird die **Heilung** verdeckter Sacheinlagen diskutiert. Der BGH will durch eine Satzungsänderung die Bareinlage in eine Sacheinlage umwandeln und dadurch eine Heilung bewirken.[1199]

4. Eintragung in das Handelsregister

720 Neben dem Abschluss des Gesellschaftsvertrages ist die **Eintragung** in das Handelsregister als notwendiger Gründungsbestandteil erforderlich. Die Gesellschaft muss durch alle Geschäftsführer zur Eintragung in das Handelsregister angemeldet werden, §§ 7 Abs. 1, 78 GmbHG. Erst durch die Eintragung in das Handelsregister ist die GmbH endgültig entstanden, vgl. § 11 Abs. 1 GmbHG. Mit Beurkundung des Gesellschafsvertrages ist die GmbH zwar errichtet; sie ist aber noch keine juristische Person. Erst mit der Eintragung in das Handelsregister nach § 11 Abs. 1 GmbHG wird die GmbH zur juristischen Person. Die Eintragung ist somit **konstitutiv**,[1200] denn durch sie entsteht die GmbH als juristische Person. Die GmbH entsteht damit nicht erst mit der Bekannt-

---

[1197] *Grunewald*, GesellRecht, S. 318 i.V.m. S. 231.
[1198] Vgl. umfassend zu Umgehungsverboten bei der Kapitalaufbringung: *Wilhelm*, ZHR **2003**, 520 ff.
[1199] BGH ZIP **1996**, 667, 671 ff.; vgl. auch *Krieger*, ZGR **1996**, 674 f.; *Habetha*, ZGR **1998**, 305, 327.
[1200] *Hueck/Fastrich* in: Baumbach/Hueck, GmbHG Komm., § 11 Rn 2.

machung der Eintragung in das Handelsregister, sondern mit der Eintragung als solche.[1201]

5. Geschäftsanteil

721 Mit der Eintragung in das Handelsregister erlangt der Gesellschafter einen Geschäftsanteil. Der **Aktie** in ihrer Bedeutung als Bündel mitgliedschaftlicher Rechte und Pflichten entspricht bei der GmbH der **Geschäftsanteil,**[1202] der nach dem Betrag der übernommenen Stammeinlage bestimmt wird, § 14 GmbHG. Gemäß § 15 Abs. 1 GmbHG ist der Geschäftsanteil veräußerlich und vererblich. Der **rechtsgeschäftliche Übergang** erfolgt nach den allgemeinen Grundsätzen, d.h. durch Abtretung (§§ 398, 413 BGB). Die Abtretung bedarf wie der ihr zugrunde liegende Kaufvertrag gemäß § 15 Abs. 3 und 4 GmbHG der notariellen Beurkundung. Die **Verkehrsfähigkeit** kann in dem Gesellschaftsvertrag noch weiter begrenzt werden, indem eine Abtretung nur mit Zustimmung der Gesellschaft möglich ist, § 15 Abs. 5 GmbHG (**vinkulierte** Geschäftsanteile). Der Geschäftsanteil ist als solcher teilbar, § 17 Abs. 4 GmbHG.

Zu bedenken ist, dass vor der Eintragung der Gesellschaft in das Handelsregister noch kein Gesellschaftsanteil besteht, der übertragen werden kann. Möglich ist nur die Übertragung des künftigen Geschäftsanteils, die aber erst mit der Eintragung der GmbH in das Handelsregister wirksam wird.[1203]

6. Mantelgründung und Mantelkauf

722 Die Mantelgründung zielt auf Schaffung einer GmbH, deren Unternehmensgegenstand erst später bei Bedarf bestimmt werden soll, sog. **Vorratsgründung**.[1204] Eine Mantelgründung ist zulässig, wenn diese offen gelegt wird, insbesondere der Unternehmensgegenstand ausdrücklich auf Verwaltung des eigenen Vermögens der Gesellschaft beschränkt ist, sog. **offene Vorratsgründung**.[1205] Für die Vorratsgründung besteht insofern ein praktisches Bedürfnis, als dass sie der Bereitstellung der haftungsbegrenzenden Form einer Kapitalgesellschaft für eine spätere schnelle Geschäftsaufnahme ohne umständliches und zeitaufwendiges Gründungsverfahren und möglichst ohne Haftungsprobleme dient.[1206]
Von der Vorratsgründung ist die sog. Mantelverwendung und zu diesem Zweck der sog. **Mantelkauf** zu unterscheiden. Der GmbH-Mantel als GmbH **ohne Unternehmensgegenstand** (leere Hülse, da ohne eigentlich wirtschaftliche Tätigkeit) kann durch Eintragung einer Mantelgründung oder durch späteren Wegfall bzw. Aufgabe eines zunächst realisierten Unternehmensgegenstands entstehen.[1207] Die GmbH bleibt als juristische Form äußerlich erhalten und kann wieder mit einem neuen Unternehmensgegenstand aktiviert werden. Von der Mantelverwendung ist die **bloße Umorganisation** der Gesellschaft zu unterscheiden. Für die Mantelverwendung ist eine

---

[1201] Auf die Differenzierung zwischen der Errichtung, der Eintragung und der Veröffentlichung derselben sollte besonderes Augenmerk verwendet werden. Oftmals schleichen sich gerade hier beträchtliche Fehlerquellen ein.
[1202] *Kraft/Kreutz*, S. 375.
[1203] BGH Urteil vom 13.12.**2004**, Az.: II ZR 409/02.
[1204] BGH ZIP **2003**, 251 ff.; *Hueck/Fastrich* in: Baumbach/Hueck, GmbHG Komm., § 3 Rn 13; vgl. zur Vorratsgesellschaft des Aktienrechts BGHZ **117**, 323 ff.;
[1205] *Hueck/Fastrich* in: Baumbach/Hueck, GmbHG Komm., § 3 Rn 13.
[1206] Vgl. zu den Anforderungen einer „sicheren" Verwendung von Vorratsgesellschaften: *Heyer/Reichert-Clauß*, NZG **2005**, 193 ff.
[1207] BGH ZIP **2003**, 1698, 1699.

Satzungsänderung im Hinblick auf die Änderung des Unternehmensgegenstandes erforderlich; die bloße Umorganisation setzt dies nicht voraus. Die Abgrenzung kann im Einzelfall jedoch schwierig sein.
Umstritten ist, ob und inwieweit im Hinblick auf eine häufige Vermögenslosigkeit der Mantel-GmbH der Mindestkapitalausstattung derselben durch entsprechende Anwendung der Gründungsvorschriften Rechnung zu tragen ist. Der BGH hat sich hier entschieden für die Anwendung der GmbH-Gründungsvorschriften ausgesprochen (insbesondere § 7 Abs. 2, 3, § 8 Abs. 2, § 11 Abs. 1, 2 GmbHG).[1208]

III. Organe der GmbH

723 Wie die AG ist auch die GmbH als juristische Person **nicht selbst handlungsfähig**. Für das Handeln und Auftreten im Rechtsverkehr braucht sie daher Organe. Das Gesetz schreibt für die GmbH den **Geschäftsführer** nach § 6 GmbHG und die **Gesellschafterversammlung** gemäß §§ 45, 48 GmbHG zwingend vor. Anders als bei der AG ist die Bestellung des Aufsichtsrates grundsätzlich nicht zwingend, vgl. § 52 Abs. 1 GmbHG. Nach § 77 Abs. 1 BetrVG 1952 muss in einer GmbH mit mehr als 500 Arbeitnehmern, nach §§ 1, 6 MitbestG in einer GmbH mit i.d.R. mehr als 2000 Arbeitnehmern ein Aufsichtsrat gebildet werden. Anders als bei der AG erfolgt die Ausgestaltung der Organstellung im Einzelnen im Gesellschaftsvertrag.

1. Geschäftsführer

a) Geschäftsführung und Vertretung

724 Gemäß § 35 Abs. 1 GmbHG führen die Geschäftsführer die Geschäfte und vertreten die Gesellschaft nach außen. Im Innenverhältnis besteht ihre Aufgabe **in der Führung der laufenden Geschäfte**. Darüber hinaus haben die Geschäftsführer aufgrund ihrer Organstellung auch allgemeine **Treue- und Informationspflichten** gegenüber den Gesellschaftern. Die Geschäftsführung ist gegenüber Außenstehenden zur Verschwiegenheit hinsichtlich vertraulicher Angaben verpflichtet.[1209] Dies gilt insbesondere auch nach Beendigung der Geschäftsführerstellung.[1210]

725 Gemäß § 37 Abs. 1 GmbHG sind die Geschäftsführer verpflichtet, die Beschränkungen einzuhalten, die für den Umfang der Vertretungsbefugnis durch den Gesellschaftsvertrag oder durch Gesellschafterbeschlüsse festgesetzt sind. Dies zeigt, dass die Geschäftsführung **an die Weisungen der Gesellschaftsversammlung gebunden** ist.[1211] Anders als in der AG liegt damit das Bestimmungsrecht bei der Gesellschafterversammlung. Das Gesetz weist aber der Geschäftsführung zwingende Einzelaufgaben zu, die auch nicht durch Weisungen der Gesellschafter abbedungen werden können. Die wichtigsten gesetzlichen Pflichten sind:

- Aufstellung des Jahresabschlusses, § 264 Abs. 1 HGB
- Einberufung der Gesellschafterversammlung, § 49 Abs. 1 GmbHG
- Bewahrung des Stammkapitals vor verbotenen Auszahlungen, § 30 GmbHG
- Sicherstellung ordnungsgemäßer Buchführung, § 41 GmbHG

[1208] BGH ZIP **2003**, 1698 ff.; a.A. LG Berlin BB **2003**, 1404 ff.
[1209] BGHZ **64**, 325 ff.
[1210] OLG Hamm, GmbHR **1985**, 157.
[1211] *Grunewald*, GesellRecht, S. 331.

- Verhinderung des verbotenen Eigenerwerbs von Anteilen, § 33 GmbHG
- Bei Zahlungsunfähigkeit oder Überschuldung Beantragung der Eröffnung des Insolvenzverfahrens spätestens drei Wochen nach Eintritt der Zahlungsunfähigkeit/Überschuldung, § 64 Abs. 1 GmbHG

726 Die Geschäftsführer vertreten die Gesellschaft gemäß § 35 Abs. 1 GmbHG **gerichtlich und außergerichtlich**. In folgenden Bereichen vertritt die Geschäftsführung die GmbH: Gesellschaftsgründung, Registeranmeldungen, Klagen vor Gericht, Veräußerung des Unternehmens, Erwerb von Unternehmen, Erwerb und Veräußerung von Grundstücken, Insolvenzverfahren, Vollmachtserteilung, Abschluss von Verträgen sowie andere Rechtshandlungen gegenüber Dritten und Arbeitnehmern.

Beachte: Dritten gegenüber ist die Vertretungsmacht weder zeitlich noch örtlich beschränkt und kann auch nicht beschränkt werden, vgl. § 37 Abs. 2 GmbHG.

727 Hat eine GmbH mehrere Geschäftsführer, dann gilt der Grundsatz der **Gesamtgeschäftsführung**, vgl. § 35 Abs. 2 S. 2 GmbHG. D.h. die Geschäftsführer einschließlich der Stellvertreter müssen jede Maßnahme einstimmig beschließen und gemeinsam durchführen.[1212] Da dies oft zu Schwerfälligkeiten im Geschäftsalltag führt, werden abweichende Regelungen getroffen, soweit die Satzung hier keine Vorgaben vorsieht (z.B. durch Gesellschafterbeschlüsse, Einführung einer Geschäftsordnung)[1213]: Einzelleitung, Einzelvertretungsbefugnis, Ressortbildung, Ernennung eines Vorsitzenden. Auch kann eine **unechte Gesamtvertretung** im Gesellschaftsvertrag vorgesehen sein. Dann ist der einzelne Geschäftsführer nur **zusammen mit einem Prokuristen** vertretungsberechtigt (sehr praxisrelevant). Die Geschäftsführung kann widerrufen werden gemäß § 38 Abs. 1 GmbHG.

728 Nach § 35 Abs. 4 GmbHG gilt das **Verbot des Selbstkontrahierens** des § 181 BGB auch für den Einmanngesellschafter, der gleichzeitig alleiniger Geschäftsführer der Gesellschaft ist. Eine Befreiung ist nur im Gesellschaftsvertrag möglich und zudem **eintragungspflichtig**. Ein einfacher Gesellschafterbeschluss ist nicht ausreichend. Wenn keine Aussage **im Gesellschaftsvertrag** getroffen wurde, dann ist eine Satzungsänderung notwendig. Geschäfte, die ohne die erforderliche Befreiung von dem Verbot des Selbstkontrahierens durch den Geschäftsführer im Namen der Gesellschaft mit sich abgeschlossen werden, sind nichtig.

Beispiel: Mit Vertrag vom 12. Mai 2002 hat die „Farben GmbH", vertreten durch Herrn Müller, der alleiniger Gesellschafter war, die Miteigentumshälfte des Geschäftsgrundstücks, das schon zur Hälfte an Herrn Rudolf übertragen war, an Herrn Müller selbst übertragen. Herr Müller hat dabei ausdrücklich erklärt, dass er als Alleingesellschafter der GmbH mit der Übertragung einverstanden sei.

Eine Gestattung des Insichgeschäfts durch die GmbH könnte darin liegen, dass Herr Müller in dem Vertrag ausdrücklich erklärt hat, dass er gerade auch als Alleingesellschafter der GmbH mit der Übereignung einverstanden sei. Für die Gestattung eines Insichgeschäfts des Geschäftsführers ist der Vertretene zuständig – hier also die GmbH. Die Erlaubnis zum Selbstkontrahieren ist nun wiederum ein Rechtsgeschäft

---

[1212] *Lutter/Hommelhoff*, GmbH Komm., § 37 Rn 28; *Zöllner* in: Baumbach/Hueck, GmbHG Komm., § 37 Rn 16.

[1213] *Lutter/Hommelhoff*, GmbH Komm., § 37 Rn 29 ff., insbes. Rn 33; *Zöllner* in: Baumbach/Hueck, GmbHG Komm., § 37 Rn 16; *Lenz* in: Michalski GmbHG, Bd. 2, § 35 Rn 41.

und untersteht damit wiederum dem Verbot des § 181 BGB. Daher kann sich der Geschäftsführer diese Erlaubnis nicht selbst für die GmbH erteilen. Dies kann aber auch nicht der Alleingesellschafter, da er nicht mit der GmbH, die die Befreiung zu erklären hätte, identisch ist. Dies beruht darauf, dass auch die Ein-Mann-GmbH eine von ihrem Alleingesellschafter **personenverschiedene** eigene Rechtspersönlichkeit darstellt. Die Befreiung des/der Geschäftsführer vom Verbot des § 181 BGB kann daher **nur im Gesellschaftsvertrag** der GmbH oder in einer **späteren Satzungsänderung** erklärt werden, da die Satzung die grundlegende Ordnung der Rechtsverhältnisse der GmbH darstellt.[1214]
Die anzunehmende Verletzung der §§ 35 Abs. 4 GmbHG, 181 BGB führt aber nicht zur Nichtigkeit des Vertrages, sondern zu dessen schwebender Unwirksamkeit, so dass er daher noch nach § 177 BGB genehmigt und damit wirksam oder durch Verweigerung der Genehmigung endgültig unwirksam werden kann. Diese Genehmigung müsste aber wiederum vom Vertretenen erfolgen, hier von der GmbH. Eine Genehmigung durch Herrn Müller ist aber wiederum nach §§ 35 Abs. 4 GmbHG, 181 BGB unwirksam, so dass der Vertrag endgültig unwirksam ist.

b) Bestellung und Anstellung

729 Nach § 46 Nr. 5 GmbHG werden die Geschäftsführer mit ihrer Zustimmung von der Gesellschafterversammlung bestellt. Abweichungen hiervon durch Aufnahme im Gesellschaftsvertrag sind aber möglich.[1215] Das Gesetz sieht keine Befristung der Geschäftsführerstellung vor. Eine Vereinbarung hierüber ist jedoch möglich.[1216] Gemäß § 38 Abs. 1 GmbHG ist eine Abberufung der Geschäftsführer jederzeit durch Mehrheitsbeschluss möglich.

Von der **Organstellung** des Geschäftsführers ist das **Anstellungsverhältnis** desselben zu unterscheiden. Das Anstellungsverhältnis bestimmt sich zumeist nach den Vorschriften über das entsprechende Rechtsverhältnis.[1217] Dies ist meist ein Dienstvertrag. Insoweit sind die Tätigkeiten von Geschäftsführern aufgrund des Anstellungsverhältnisses der Mehrwertsteuer zu unterwerfen; die Organstellung steht dem nicht entgegen.[1218]

c) Haftung der Geschäftsführer

730 Gemäß § 43 Abs. 2 GmbHG haften die Geschäftsführer der **Gesellschaft** für Schäden, die der Gesellschaft entstanden sind, wenn sie ihre Obliegenheiten verletzt haben. Zu den Obliegenheiten gehört das ordnungsgemäße Handeln für die GmbH. Gemäß § 43 Abs. 1 GmbHG haben die Geschäftsführer in den Angelegenheiten der Gesellschaft die Sorgfalt eines ordentlichen Geschäftsmannes anzuwenden.[1219] Der Schadensersatzanspruch nach § 43 Abs. 2 GmbHG verjährt in fünf Jahren gemäß § 43 Abs. 4 GmbHG.

Begehen die Geschäftsführer im Rahmen ihrer Zuständigkeit **unerlaubte Handlungen** gegenüber Dritten, wird die GmbH zum Schadensersatz gemäß **§ 31 BGB** verpflichtet. § 31 BGB ist hierbei keine haftungsbegründende, sondern eine **haftungs-**

[1214] Vgl. BGH NJW **2000**, 664, 665.
[1215] Vgl. hierzu: *Lutter/Hommelhoff*, GmbH Komm., § 46 Rn. 11; *Hammen*, WM 1994, 766, 765; a.A. *K. Schmidt* in: Scholz GmbH Gesetz, § 46 Rn 72.
[1216] *Grunewald*, GesellRecht, S. 333.
[1217] *Lenz* in: Michalski GmbHG, Bd. 2, § 35 Rn 111; *Zöllner* in: Baumbach/Hueck, GmbHG Komm., § 35 Rn 92.
[1218] BFH Urteil vom 10. März **2005**, Az.: V R 29/03.
[1219] Vgl. zum Sorgfaltsmaßstab nach § 43 Abs. 1 GmbHG: *Joussen*, GmbHR **2005**, 441 ff.

zuweisende Norm.[1220] Anspruchsgrundlagen können z.B. die §§ 823 ff. BGB sein. Da zwischen den Geschäftsführern und den Gesellschaftern grundsätzlich keine Vertragsbeziehungen bestehen, ergibt sich **keine Haftung** der Geschäftsführer **gegenüber den Gesellschaftern** wegen fehlerhafter Geschäftsführung.[1221]

731 Erhebliche Risiken ergeben sich für die Geschäftsführer einer GmbH durch die Insolvenzantragspflicht gemäß § 64 Abs. 1 S. 1 und 2 GmbHG. Bei Eintritt der Zahlungsunfähigkeit (§ 17 Abs. 2 InsO) oder der Überschuldung (§ 19 Abs. 2 InsO) der GmbH haben die Geschäftsführer ohne schuldhaftes Zögern, spätestens jedoch drei Wochen nach Eintritt der Zahlungsunfähigkeit/Überschuldung die Eröffnung des Insolvenzverfahrens zu beantragen, § 64 Abs. 1 und 2 GmbHG. Kommen sie dieser Verpflichtung nicht nach, sind sie gemäß § 64 Abs. 2 S. 1 GmbHG zum Ersatz derjenigen Zahlungen verpflichtet, die nach Eintritt der Zahlungsunfähigkeit oder der Überschuldung vorgenommen wurden. Bei dem Schadensersatzanspruch nach § 64 Abs. 2 S. 1 GmbHG handelt es sich um einen Ersatzanspruch eigener Art,[1222] der nach h.M. kein Verschulden voraussetzt. Damit ergibt sich während der Krise der GmbH ein „scharfes Schwert" gegen die Geschäftsführer einer GmbH. Die Ersatzpflicht nach § 64 Abs. 2 S. 1 GmbHG kann nur dann abgewendet werden, wenn der Geschäftsführer darlegen und beweisen kann, dass die von ihm vorgenommenen Zahlungen mit der Sorgfalt eines ordentlichen Geschäftsmannes vereinbar sind, vgl. § 64 Abs. 2 S. 2 GmbHG. Der Ersatzanspruch verjährt in fünf Jahren gemäß §§ 64 Abs. 2 S. 3, 43 Abs. 4 GmbHG.

2. Gesellschafterversammlung

732 Die Gesellschafterversammlung ist oberstes Willensbildungsorgan der GmbH.[1223] Die Gesellschafterversammlung der GmbH-Gesellschafter entspricht in etwa der Stellung der Hauptversammlung bei der AG.[1224] Ihre Befugnis ist jedoch weitreichender, denn hier wird der Jahresabschluss festgestellt, die Geschäftsführer werden bestellt oder abberufen, und schließlich wird eine Überwachungs- und Weisungsbefugnis gegenüber dem Geschäftsführer wahrgenommen, §§ 45, 46 GmbHG (vgl. dagegen §§ 118 ff. AktG zu den Rechten der Hauptversammlung). Die Einberufung der Gesellschafterversammlung erfolgt durch die Geschäftsführer gemäß § 49 Abs. 1 GmbHG. Entscheidungen werden zumeist in der Gesellschafterversammlung durch Beschluss gefasst. Beschlüsse können auch schriftlich gefasst werden, wenn zuvor das Einverständnis gegeben wurde, § 48 Abs. 2 GmbHG. Jede 50 € des Nominalwerts eines Geschäftsanteils gewähren eine Stimme unabhängig davon, ob die Einlageleistungen bereits voll erbracht sind, § 47 Abs. 2 GmbHG. In § 46 GmbHG zählt das Gesetz die wichtigsten Zuständigkeiten der Gesellschafterversammlung auf. Die Zuständigkeit kann und wird oft in großem Umfang durch Regelung im Gesellschaftsvertrag auf andere Stellen übertragen. Folgende Bereiche sind der Gesellschafterversammlung aber **zwingend** zugewiesen und **können nicht übertragen** werden:[1225]

- Änderungen des Gesellschaftsvertrags, § 53 Abs. 1 GmbHG
- Einforderung von Nachschüssen, § 26 GmbHG

[1220] *Heinrichs* in: Palandt, § 31 Rn 2.
[1221] *Grunewald*, GesellRecht, S. 337.
[1222] BGH NJW **1974**, 1089; BGH NJW **2001**, 235, 239.
[1223] *Fischer* in: Hdb. GmbH, § 4 Rn 1.
[1224] *Kraft/Kreutz*, S. 381.
[1225] *Eisenhardt*, GesellRecht, Rn 713.

- Bestellung des Abschlussprüfers (bei Prüfpflichtigkeit der GmbH), § 318 Abs. 1 HGB
- Erhebung der Ausschlussklage gegen einen Gesellschafter, § 34 GmbHG (str.)
- Auflösung und Fortsetzung der GmbH, § 60 Abs. 1 Nr. 2 GmbHG
- Bestellung und Abberufung von anderen Personen zu Liquidatoren als die Geschäftsführer oder die im Gesellschaftsvertrag bestimmten Personen, § 66 GmbHG
- Umwandlung, Verschmelzung, Spaltung und Vermögensübertragung, §§ 233, 13 Abs. 1, 125, 176 UmwG

Vorschriften über die Nichtigkeit oder die Anfechtbarkeit von Gesellschafterbeschlüssen enthält das GmbHG nicht, womit aktienrechtliche Vorschriften entsprechend anwendbar sind.[1226]

3. Aufsichtsrat

733 Die Einsetzung eines Aufsichtsrates ist in einigen Fällen gesetzlich zwingend vorgeschrieben: bei der GmbH mit in der Regel mehr als 1000 Arbeitnehmern und Tätigkeit im Montanbereich (MontanMitbestG 1951); bei der GmbH mit in der Regel mehr als 2000 Arbeitnehmern nach dem MitbestG 1976; bei der GmbH mit mehr als 500 Arbeitnehmern nach § 77 BetrVG 1952. Die Bildung eines Aufsichtsrats erfolgt ansonsten freiwillig auf gesellschaftsvertraglicher Basis.[1227] Wenn ein Aufsichtsrat zu bilden ist, hat er entsprechend der Stellung des Aufsichtsrats in der AG weitergehende Kompetenzen: Ihm steht dann das Recht zur Bestellung und Anstellung der Geschäftsführer zu.[1228] Die Rechte und Pflichten des Aufsichtsrats richten sich i.V.m. § 52 GmbHG nach dem AktG.

IV. Rechtsstellung der Gesellschafter

734 Die Mitgliedschaft wird **originär** durch die Übernahme einer Stammeinlage bei Gründung oder bei der Kapitalerhöhung mit der Eintragung erworben; sie wird zudem „abgeleitet" durch Gesamt- oder Einzelrechtsnachfolge erworben, §§ 15, 16 GmbHG. Vor der Eintragung der GmbH in das Handelsregister bestehen noch keine Geschäftsanteile, so dass ein Gesellschafterwechsel in der Vorgesellschaft nur durch eine Änderung des Gesellschaftsvertrages möglich ist.[1229]

Der Verlust der Mitgliedschaft tritt in folgenden Fällen ein:

- durch Veräußerung des Geschäftsanteils
- durch Ausschluss eines säumigen Gesellschafters (Kaduzierung), § 21 GmbHG
- durch Entziehung des Geschäftsanteils, § 34 GmbHG
- durch Aufgabe des Geschäftsanteils (Abandon) bei unbeschränkter Nachschusspflicht, § 27 Abs. 1 GmbHG

[1226] BGHZ **11**, 231, 240; **80**, 212; **101**, 113; **104**, 66; *Zöllner* in: Baumbach/Hueck, GmbHG Komm., Anh. § 47 Rn 2 ff.
[1227] *Grunewald*, GesellRecht, S. 343; *Kraft/Kreutz*, S. 382.
[1228] BGH ZIP **1997**, 978, 980; vgl. auch BGHZ **89**, 48 – Zuständigkeit des Aufsichtsrats für Abschluss und Kündigung des Anstellungsvertrages.
[1229] BGH Urteil vom 13.12.**2004**, Az.: II ZR 409/02.

- durch Beendigung der Gesellschaft

Rechte der Gesellschafter:

- Verwaltungsrechte, insbes. Stimm- und Teilnahmerecht an der Gesellschafterversammlung, §§ 47, 48 GmbHG
- Vermögensrechte, Anspruch auf Reingewinn, § 29 GmbHG und Anteil am Liquidationserlös, § 72 GmbHG
- Auskunfts- und Einsichtsrecht gemäß § 51a GmbHG

Pflichten der Gesellschafter:

- Leistung der versprochenen Einlage; Nachschusspflicht, wenn dies gemäß § 26 GmbHG vereinbart wurde.
- beliebige andere Pflichten, soweit laut Satzung vereinbart, vgl. § 3 Abs. 2 GmbHG
- Treuepflicht (aufgrund der personenbezogenen Mitgliedschaft), Grundsatz der gleichmäßigen Behandlung

V. Haftungssystematik

735 Um die Haftung der GmbH einordnen zu können, ist zwischen der Vorgründungsgesellschaft, der Vorgesellschaft und der GmbH nach Eintragung zu differenzieren.

1. Haftung vor Eintragung der GmbH

a) Haftung in der Vorgründungsgesellschaft

736 Die Vorgründungsgesellschaft ist ein vorbereitender Zusammenschluss der Gründer durch einen Vertrag mit dem Ziel der gemeinsamen Errichtung einer GmbH.[1230] Sie endet mit Unterzeichnung des notariellen Gesellschaftsvertrages. Hierbei handelt es sich in der Regel um eine BGB-Gesellschaft, es sei denn, es wird ein Handelsgewerbe nach § 1 Abs. 2 HGB betrieben. Dann handelt es sich um eine oHG.

In dem Zeitraum der Vorgründungsgesellschaft wird bei einer BGB-Außengesellschaft gemäß § 718 bzw. oHG gemäß § 124 HGB die Gesellschaft berechtigt und verpflichtet.[1231] Diese Gesellschaften haften daher auch mit ihrem Gesellschaftsvermögen. Die Gründergesellschafter haften den Gläubigern zudem entsprechend § 128 HGB bei einer inzwischen als rechtsfähig anerkannten Außen-BGB-Gesellschaft bzw. bei einer oHG gemäß § 128 HGB gesamtschuldnerisch und unmittelbar mit ihrem gesamten Privatvermögen.

Zu beachten ist allerdings, dass bei der BGB-Gesellschaft eine Haftungsbeschränkung auf das Gesellschaftsvermögen möglich ist.[1232] Hierzu bedarf es jedoch einer ausdrücklichen Vereinbarung mit dem Vertragspartner.

[1230] *Schwaiger* in: Hdb. GmbH, § 2 Rn 7; *Michalski* in: Michalski GmbHG, Bd. 1, § 11 Rn 2.
[1231] Die BGB-Außengesellschaft wird jetzt allgemein als rechtsfähig anerkannt, vgl. BGH BB **2001**, 374.
[1232] Vgl. Hierzu BGH NJW **1999**, 3483; *Ulmer* in: MüKo, § 714 Rn. 58 ff; *Michalski* in: Michalski GmbHG, Bd. 1, § 11 Rn 2.

Schwieriger sind die Haftungsverhältnisse zu beurteilen, wenn im Vorgründungsstadium keine BGB-Außengesellschaft auftritt. Hier kommt es dann darauf an, ob die Gründer im eigenen Namen oder im Namen der künftigen (Vor-) GmbH auftreten. Wenn die Gründer im Namen der noch nicht existierenden GmbH handeln, ohne deren Nichtexistenz offen zu legen, dann werden im Zweifel im Interesse des Rechtsverkehrs die Gesellschafter selbst verpflichtet.[1233]

Wichtig ist, dass eine **Handelndenhaftung** nach § 11 Abs. 2 GmbHG für den Zeitraum der Vorgründungsgesellschaft ausgeschlossen ist, da § 11 Abs. 2 GmbHG nur ab dem Zeitpunkt der Errichtung (Abschluss des wirksamen Gesellschaftsvertrages) der GmbH gilt.[1234]
Es besteht ferner **keine Haftungskontinuität** zwischen der Vorgründungs- und der Vorgesellschaft: Die Verbindlichkeiten der Vorgründungsgesellschaft gehen ohne eine entsprechende rechtsgeschäftliche Vereinbarung nicht auf die Vorgesellschaft oder die GmbH über.

b) Haftung in der Vorgesellschaft

737 Für den Zeitraum zwischen dem Abschluss des notariellen Gesellschaftsvertrages und der Eintragung der Gesellschaft in das Handelsregister (Erlangung der Rechtsfähigkeit) spricht man von einer **Vorgesellschaft**. Hierbei handelt es sich um eine Gesellschaft **sui generis**, die teilrechtsfähig ist i.S.d. oHG/KG.[1235] Die Vorgesellschaft unterscheidet sich somit von der Vorgründungsgesellschaft schon dadurch, dass sie den Abschluss des GmbH-Vertrages und damit den Beginn des gesetzlich vorgeschriebenen Gründungsverfahrens voraussetzt.[1236]

Mit Annahme der Teilrechtsfähigkeit wird folgerichtig auch eine Haftung der Vorgesellschaft angenommen. Haftungsmasse ist das den Gründungsgesellschaftern in ihrer gesamthänderischen Verbundenheit zustehende **Gesellschaftsvermögen**. Im Gründungsstadium ist dieses Vermögen aber oftmals noch nicht besonders gut ausgestattet, so dass es anderer Haftungssubjekte bedarf.

738 Nach früherer h.M. hafteten die Gesellschafter den Gläubigern persönlich bis zur Höhe ihrer noch nicht erbrachten Stammeinlage, sog. beschränkt persönliche Außenhaftung.[1237] Eine darüber hinausgehende persönliche Haftung wurde abgelehnt. Der BGH hat dann aber die Bedenken, die gegen eine derart beschränkte Haftung sprechen, aufgegriffen und die sog. **Verlustdeckungshaftung** entwickelt, die an die Vorbehalts- oder Unterbilanzhaftung nach der Eintragung anknüpft.[1238] Eine unmittelbare persönliche Inanspruchnahme der Gesellschafter durch die Gläubiger der Vorgesellschaft scheidet damit aus. An ihre Stelle tritt eine gesellschaftsinterne anteilige Verlustdeckungshaftung. **Die Gesellschafter haften der Vorgesellschaft gegenüber bis zur Eintragung in das Handelsregister anteilig in Höhe der nicht durch das Stammkapital gedeckten Verluste.**[1239]

[1233] *Michalski* in: Michalski GmbHG, Bd. 1, § 11 Rn 34; *K. Schmidt* in: Scholz GmbH Gesetz, § 1 Rn 17.
[1234] *Hueck/Fastrich* in: Baumbach/Hueck, GmbHG Komm., § 11 Rn 42.
[1235] *Michalski* in: Michalski GmbHG, Bd. 1, § 11 Rn 60.
[1236] *Schmidt-Leithoff* in: Rowedder/Schmidt-Leithoff, GmbHG Komm., § 11 Rn 7.
[1237] BGH **65**, 378; **72**, 45; **80**, 182; vgl. zur Entwicklung der Haftung auch *Hueck/Fastrich* in: Baumbach/Hueck, GmbHG Komm., § 11 Rn 22.
[1238] BGH **134**, 333 ff.
[1239] Dem zustimmend Flume, DB **1998**, 45 f.; *K. Schmidt*, ZIP **1997**, 671.

739 Ein weiteres Haftungssubjekt wird durch die **Handelndenhaftung** nach § 11 Abs. 2 GmbHG geschaffen. Nach dieser Vorschrift haften alle Personen, die **vor der Eintragung** für die Gesellschaft gehandelt haben, persönlich und solidarisch. Der Begriff des Handelnden ist allerdings eng auszulegen. Die Rechtssprechung fasst hierunter nur Personen, die entweder als oder zumindest wie Vertretungsorgane der Vorgesellschaft nach außen aufgetreten sind.[1240]

740 Mit der Eintragung der GmbH gehen die Schulden der Vor-GmbH **automatisch** auf die GmbH über. Damit **erlischt** die Haftung des Handelnden. Ist im Zeitpunkt der Eintragung das eingezahlte Kapital bereits aufgebraucht, so greift entsprechend § 9 GmbHG die **Differenzhaftung** (Vorbelastungshaftung, Unterbilanzhaftung) ein.[1241] Demnach schulden die Gesellschafter der GmbH den Betrag, der notwendig ist, um der GmbH den vollen Haftungsbetrag für den Zeitpunkt der Eintragung zur Verfügung zu stellen. Die Differenzhaftung ist **verschuldensunabhängig** (vgl. demgegenüber §§ 9, 9a und b GmbHG) und auf den Ausgleich sämtlicher bis zur Eintragung der Gesellschaft aufgelaufenen Vorbelastungen gerichtet.

2. Haftung nach Eintragung

741 Gemäß § 13 Abs. 2 GmbHG haftet die Gesellschaft mit ihrem Gesellschaftsvermögen für Verbindlichkeiten derselben, d.h. solchen, die **nach der Eintragung** entstanden sind. Die Gesellschaft haftet mit ihrem gesamten Gesellschaftsvermögen (nicht nur i.H.d. eingetragenen Stammkapitals, sondern mit dem Vermögen, welches weitaus höher sein kann), während die Gesellschafter von der Haftung freigestellt sind. Die Bezeichnung „Gesellschaft mit beschränkter Haftung" ist also irreführend und missverständlich. Eine Haftungsbeschränkung besteht nicht für die GmbH, sondern lediglich für die GmbH-Gesellschafter.

742 Eine Haftung nach § 11 Abs. 2 GmbHG ist mit dem Zeitpunkt der Eintragung ausgeschlossen. Eine sog. **Durchgriffshaftung** der Gesellschafter mit ihrem Privatvermögen kommt nur in speziellen Ausnahmefällen in Betracht.[1242] Eine persönliche Haftung des Gesellschafters ist z.B. anzunehmen, wenn der Gesellschafter auf die Zweckbindung des Gesellschaftsvermögens keine Rücksicht nimmt und der Gesellschaft Vermögenswerte entzieht, die sie zur Erfüllung ihrer Verbindlichkeiten benötigt (existenzvernichtender Eingriff).[1243] Eine Haftung gegenüber den Gesellschaftsgläubigern kommt auch in Betracht, wenn ein Gesellschafter der GmbH planmäßig deren Vermögen entzieht, um den Zugriff der Gesellschaftsgläubiger zu verhindern und auf diese Weise das von der Gesellschaft betriebene Unternehmen ohne Rücksicht auf die entstandenen Schulden fortführt.[1244]

VI. Kapitalerhaltung

743 Gemäß § 30 Abs. 1 GmbHG darf das zur Erhaltung des Stammkapitals erforderliche Vermögen der Gesellschaft nicht an die Gesellschafter ausgezahlt werden. Ferner muss die Liquidation nach erfolgter Auflösung der GmbH in einem geordneten Verfahren

---

[1240] BGH **47**, 25; **80**, 135.
[1241] Vgl. hierzu *Hueck/Fastrich* in: Baumbach/Hueck, GmbHG Komm., § 11 Rn 56.
[1242] Es gelten die gleichen Grundsätze wie bei der AG.
[1243] BGH Urteil vom 12.12.**2004**, Az.: II ZR 206/02.
[1244] BGH Urteil vom 20.09.**2004**, Az.: II ZR 302/02.

ablaufen.[1245] Willkürliche Zugriffe der Gesellschafter auf das verbleibende Vermögen, die ohne jede Rücksichtnahme auf die Bedienung der verbleibenden Verbindlichkeiten der Gesellschaft erfolgen, sind missbräuchlich und als solche nicht gestattet. Unrechtmäßige Auszahlungen können über § 31 GmbHG zurückgeführt werden. Nach § 43 Abs. 3 GmbHG gerät auch der Geschäftsführer in die Haftung, wenn Auszahlungen unter Verstoß gegen den Grundsatz der Kapitalerhaltung gemäß § 30 GmbHG vorgenommen werden.

744 Dieser Problematik hat der Gesetzgeber sich in den §§ 32a und 32b GmbHG gewidmet. Wenn das Stammkapital teilweise oder ganz aufgebraucht ist, dann ist der Gesellschafter verpflichtet, neues **Eigenkapital** zuzuführen. In der Praxis wird der Gesellschaft jedoch kein Eigenkapital zur Verfügung gestellt, sondern es wird ein Darlehen begeben. Hierbei handelt es sich dann um **Fremdkapital**, das zurück zu zahlen ist. Nach § 32a Abs. 1 GmbHG wird dieses Fremdkapital jedoch in Eigenkapital umqualifiziert, wenn die GmbH sich in einer Krise befindet oder sich eine solche anbahnt. Hierunter versteht man dann das sog. **Eigenkapitalersetzende Gesellschafterdarlehen**. Insgesamt hat der Gesetzgeber in diesem Bereich einen zweistufigen Schutz aufgebaut:

- **Umqualifizierung** darlehensweise gegebenen Fremdkapitals in Eigenkapital gemäß §§ 30, 32a GmbHG und das daran anknüpfende Auszahlungsverbot gemäß § 43 Abs. 3 GmbHG.
- Im Insolvenzfall findet § 39 Abs. 1 Nr. 5 InsO Anwendung. Hiernach werden in der Insolvenz Darlehen wie Eigenkapital der Gesellschaft behandelt. Für die Gesellschafter ergibt sich damit ein nachrangiges Rückforderungsrecht gegenüber den Insolvenzgläubigern.

Die von der Rechtsprechung entwickelten Grundsätze zum Eigenkapitalersatz gehen sogar soweit, dass ein eigenkapitalersetzendes Darlehen auch nach dem Ausscheiden des Gesellschafters dieser Bindung unterworfen bleibt.[1246] Wird z.B. im Rahmen der Gründung einer stillen Gesellschaft das eigenkapitalersetzende Darlehen in eine Einlage des stillen Gesellschafters umgewandelt, so ändert sich an der Bindung des eigenkapitalersetzenden Darlehens als Stammkapital nichts. Diese Bindung entfällt erst dann, wenn die Krise der Gesellschaft überwunden ist. Gleiches gilt beim Ausscheiden eines Gesellschafters, dessen Forderungen bei der Beendigung der Gesellschafterstellung eigenkapitalersetzenden Charakter angenommen hatten, wenn die Gesellschaft nach dem Ausscheiden Zahlungen auf die offenen Forderungen vornimmt.[1247]

VII. Beendigung der GmbH

745 Bei der GmbH ist ebenfalls zwischen der **Auflösung** und der **Beendigung** zu unterscheiden.[1248] Auflösung bedeutet Eintritt in das Liquidations- oder Abwicklungsstadium, nicht aber sofortige Beendigung.[1249] Die Auflösungsgründe sind in § 60 GmbHG genannt. Die Auflösung ist in das Handelsregister gemäß § 65 Abs. 1 S. 1 GmbHG einzutragen. Die GmbH bleibt nach der Auflösung als **Auflösungsgesellschaft** bestehen. Diese Gesellschaft wird dann der Liquidation unterworfen. Die Liquidation richtet sich

---

[1245] BGH GmbHR **2001**, 1036; **2002**, 902.
[1246] BGH Urteil vom 08.11.**2004**, Az.: II ZR 300/02.
[1247] BGH Urteil vom 15.11.**2004**, Az.: II ZR 299/02.
[1248] *Kraft/Kreutz*, S. 387.
[1249] *Eisenhardt*, GesellRecht, Rn 781.

nach den §§ 66 ff. GmbHG und wird grundsätzlich von den Geschäftsführern als Liquidatoren gemäß § 66 Abs. 1 GmbHG vorgenommen. Nach Verteilung des Vermögens (nach Ablauf des Sperrjahres, §§ 72, 73 GmbHG) ist die Gesellschaft im Handelsregister zu löschen gemäß § 74 Abs. 1 S. 2 GmbHG.

VIII. Einmanngründung - Besonderheiten

746 Nach § 1 GmbHG ist die Einmanngründung, bei der sich **alle Geschäftsanteile in einer Person** vereinen, erlaubt. Gesellschafter kann sowohl eine natürliche als auch eine juristische Person sein.

Beispiel: Rudi und Roland gründen eine GmbH. Unternehmensgegenstand ist eine Papierwarenhandlung. Nach vier Jahren überträgt Roland seine Geschäftsanteile auf Rudi. Mit der Übertragung wird die Mehrpersonen-GmbH zur Ein-Mann-GmbH; sie hat nur noch einen Gesellschafter. Wenn Rudi bei der Papierhandlung Scholz KG als Geschäftsführer der Ein-Mann-GmbH 60 Rollen Papier einkauft, so kommt der Kaufvertrag mit der Ein-Mann-GmbH und der Papierhandlung Scholz KG zustande, nicht aber zwischen Rudi und der Papierhandlung Scholz KG. Vertragspartner der Papierhandlung ist die GmbH, nicht Rudi.

747 Die Einmanngründung vollzieht sich nach denselben Regelungen wie die Gründung einer Mehrpersonen-GmbH.[1250] An die Stelle des Abschlusses eines Gesellschaftsvertrages tritt aber die **Errichtungserklärung** als einseitiges Rechtsgeschäft, das mit seiner notariellen Beurkundung wirksam wird.[1251] Eine Ein-Mann-GmbH kann aber auch nachträglich entstehen, wenn z.B. ein Gesellschafter die Anteile der anderen Gesellschafter erwirbt, die Anteile der übrigen Gesellschafter eingezogen werden, die übrigen Gesellschafter durch Kündigung ausscheiden, die anderen Gesellschafter durch Ausschlussklage ausgeschlossen werden oder die Gesellschaft die Anteile der übrigen Gesellschafter erwirbt. Während in der GmbH Beschlüsse **grundsätzlich formfrei** sind, muss der Gesellschafter einer Ein-Mann-GmbH die gefassten Beschlüsse umgehend protokollieren gemäß § 48 Abs. 3 GmbHG. Die Grundsätze des Verbots des Insichgeschäfts i.S.d. § 181 BGB gelten gemäß § 35 Abs. 4 GmbHG auch für die Ein-Mann-GmbH. Aus dieser ausdrücklichen Festlegung wird geschlossen, dass die Befreiung vom Verbot des Insichgeschäfts bei der Ein-Mann-GmbH nicht durch einfachen Gesellschafterbeschluss möglich ist, sondern dass die Befreiung im Gesellschaftsvertrag zugelassen werden muss.[1252] Gemäß § 7 Abs. 2 S. 3 GmbHG darf die Anmeldung der Ein-Mann-GmbH erst erfolgen, wenn die vorgeschriebenen Einzahlungen geleistet sind und für den übrigen Teil der Einlage eine Sicherung bestellt ist. Diese Sicherung ersetzt die bei Mehrpersonen-Gründungen bestehende gesamtschuldnerische Haftung der Mitgründer (Gläubigerschutz).[1253] Die Sicherung des noch nicht eingezahlten Stammkapitals kann z.B. in Form einer Bankbürgschaft, Stellung eines tauglichen Bürgen oder durch Hinterlegung von Geld und Wertpapieren etc. erfolgen.

[1250] Vgl. *Eisenhardt*, GesellRecht, Rn 755 ff.
[1251] *Kraft/Kreutz*, S. 369; bei *Hueck/Windbichler,* GesellRecht, § 35 Rn 32 als „Organisationsakt" bezeichnet.
[1252] *Zöllner* in: Baumbach/Hueck, GmbHG Komm., § 35 Rn 75.
[1253] Vgl. insgesamt *Hueck/Fastrich* in: Baumbach/Hueck, GmbHG Komm., § 7 Rn 7 ff.

L. Konzernrecht

I. Unternehmenskonzentration

748 Die meisten Unternehmen sind heute konzernverbunden. Es entstehen immer größere Unternehmensverbindungen mit immer mehr Gliedgesellschaften. Die zunehmende Globalisierung und Liberalisierung fördern zudem die Tendenz zur Unternehmenskonzentration. Ca. 90 % der deutschen Aktiengesellschaften, ca. 50 % der Gesellschaften mbH und weit mehr als die Hälfte der deutschen Personengesellschaften stehen in Konzernverbindungen.[1254] Ein spezielles Konzernregister gibt es jedoch nicht; auch erfolgt keine Eintragung der Konzernierungen in das Handelsregister. Die fortschreitende Unternehmenskonzentration entspricht den Bedürfnissen der Wirtschaft nach flexibler Ausgestaltung der Unternehmensträger. Die Unternehmenskonzentration soll zur Leistungssteigerung bei Großvorhaben und damit zur Förderung des technischen Fortschritts und des wirtschaftlichen Wachstums beitragen. Typische Erscheinungsform für einen Konzern ist die **Machtkonzentration** in der Spitzengesellschaft des Konzerns. Wenn Konzerne wie ein einheitliches Unternehmen geführt werden, entsteht eine Abhängigkeit der Tochterunternehmen, die zu einem Funktionsverlust ihrer Organe sowie zu einer Gefährdung von Minderheitsgesellschaftern und Gläubigern der abhängigen Gesellschaften führen kann.

749 Das Konzernrecht verfolgt aus diesem Grunde in seiner Zielsetzung zum einen den **Minderheitenschutz** der Aktionäre der abhängigen Gesellschaft und den **Schutz der Gläubiger** dieser Gesellschaft; es ist als **Schutzrecht** konzipiert.[1255] Zum anderen wird das Konzernrecht heute allgemein auch als **Organisationsrecht**[1256] verstanden, das den Konzernen das „rechtliche Kleid" verleiht.

[1254] *Adams*, AG **1994**, 148 ff.; vgl. insgesamt zu den Beteiligungsverhältnissen in Deutschland: *Commerzbank*, Beteiligungsverhältnisse in Deutschland, Gesellschaften von A bis Z; vgl. auch *Hettlage*, AG **1981**, 92, 95 – wonach über drei Viertel aller deutschen Aktiengesellschaften konzernverbunden sind.

[1255] *Kropff*, ZGR **1984**, 112, 132; *Rittner*, ZGR **1990**, 203, 217; so auch schon in der Gesetzesbegründung – Begr. RegE. BT-Drs. IV/171, 1961/62, Bd. 76, 214.

[1256] *Hommelhoff*, Die Konzernleitungspflicht, 1, 34 f., 76 ff., 497 ff.; *Schneider*, BB **1981**, 249; *Timm*, AG **1980**, 172; *K. Schmidt*, GesellRecht, § 17 I Nr. 2 b).

II. Gesetzliche Konzeption

1. Tatbestand des verbundenen Unternehmens

750 Die §§ 15 - 22 AktG enthalten den **Allgemeinen Teil** des Konzernrechts, der aus zwei Teilen besteht. Während in den §§ 15 - 19 AktG die wichtigsten konzernrechtlichen Begriffe definiert werden, sog. **formelles Konzernrecht**, regeln die §§ 20 – 22 AktG, sog. **materielles Konzernrecht**, Mitteilungspflichten.

Sowohl das HGB (vgl. § 271 Abs. 2 HGB) als auch das AktG (vgl. §§ 15 ff. AktG) enthalten eine Begriffsbestimmung verbundener Unternehmen, die sich grundlegend voneinander unterscheiden.
In § 15 AktG regelt das Aktiengesetz den Begriff der verbundenen Unternehmen. Verbundene Unternehmen sind i.S.d. § 15 AktG alle rechtlich selbstständigen Unternehmen,
die im Verhältnis zueinander

- in Mehrheitsbesitz stehende und mit Mehrheit beteiligte Unternehmen (§ 16 AktG)
- abhängige und herrschende Unternehmen (§ 17 AktG)
- Konzernunternehmen (§ 18 AktG)
- wechselseitig beteiligte Unternehmen (§ 19 AktG)
- Vertragsteile eines Unternehmensvertrages (§§ 291, 292 AktG)

sind.

751 Für das Vorliegen verbundener Unternehmen nach dem AktG ist die Rechtsform unerheblich. Rechtsfolgen treten jedoch nur dann ein, wenn wenigstens ein Partner dieser Unternehmensverbindung eine **AG** oder eine **KGaA** ist. Verbundene Unternehmen nach dem HGB sind hingegen rechtsformspezifisch eingeengt. Die handelsrechtlichen Vorschriften verfolgen primär das Ziel der Offenlegung von Unternehmensverbindungen. Allgemein gefestigt ist inzwischen die Definition des **beteiligten Unternehmens** im Konzernrecht: Hiernach ist ein beteiligtes Unternehmen jeder Aktionär gleich welcher Rechtsform, der neben seiner Beteiligung an der Aktiengesellschaft noch anderweitige wirtschaftliche Interessenbindungen hat, die nach Art und Intensität die ernsthafte Besorgnis begründen, er könne deshalb seinen aus der Mitgliedschaft folgenden Einfluss zum Nachteil der Aktiengesellschaft geltend machen.[1257]

2. Abhängigkeitsbegriff, § 17 AktG

752 Einen der Schlüsselbegriffe des Konzernrechts bildet der Abhängigkeitsbegriff i.S.d. § 17 Abs. 1 AktG. Die wesentlichen Rechtsfolgen sind im Konzernrecht nicht an den Begriff des Konzerns, sondern an den Begriff der Abhängigkeit gebunden.[1258] Dies gilt für die konzernrechtlichen Schutzvorschriften der §§ 302 Abs. 2, 305 Abs. 2 Nr. 2, 311 ff. AktG wie auch für die Schutzvorschriften hinsichtlich der Umgebung des Konzerns §§ 56 Abs. 2 und 3, 71d S. 2, 100 Abs. 2 S. 1 Nr. 2 AktG.

[1257] BGHZ **80**, 69, 72; **135**, 107, 113 (VW); BAG **76**, 79, 83; BSG **75**, 82, 89; *Hüffer*, AktG, § 15 Rn 8; *Koppensteiner* in: KölnerKomm., § 15 Rn 19; *Emmerich/Sonnenschein/Habersack*, Konzernrecht, § 2 II Nr. 1; *Kraft/Kreutz*, S. 67; *Bayer* in: MünchKomm. AktG, § 15 Rn 13.

[1258] *Windbichler* in: Großkomm. AktG, § 17 Rn 3, 5; *Emmerich* in: Emmerich/Habersack, Aktienkonzernrecht, § 17 Rn 2.

§ 17 Abs. 1 AktG geht von einer **unmittelbaren** wie von einer **mittelbaren** Abhängigkeit aus. Nach § 17 Abs. 1 AktG liegt **Abhängigkeit** vor, wenn auf ein rechtlich selbstständiges Unternehmen ein beherrschender Einfluss unmittelbar oder mittelbar ausgeübt werden **kann**. Nach der heute vorherrschenden Meinung muss der beherrschende Einfluss gesellschaftsrechtlich vermittelt sein.[1259] Damit ist eine bloße tatsächliche Abhängigkeit in Form der wirtschaftlichen Abhängigkeit nicht ausreichend, um einen beherrschenden Einfluss anzunehmen.[1260] Es kommt nicht darauf an, ob der beherrschende Einfluss tatsächlich ausgeübt wird.[1261] Auf eine bestimmte Dauer der Einflussmöglichkeit kommt es ebenfalls nicht an.

Beachte: § 17 Abs. 1 AktG gibt hinsichtlich der Ausübung des unmittelbar oder mittelbar beherrschenden Einflusses **Ermessen** vor, vgl. Wortlaut „kann".

In § 17 Abs. 2 AktG hat der Gesetzgeber eine **widerlegbare** Abhängigkeitsvermutung verankert.[1262] Eine Mehrheitsbeteiligung i.S.d. § 16 Abs. 1 AktG führt nach § 17 Abs. 2 AktG im Zweifel zu der Annahme, dass eine Abhängigkeit besteht.

3. Konzerntatbestand, § 18 AktG

753 Der Konzerntatbestand nach § 18 AktG unterscheidet zwischen zwei Konzernarten: dem **Unterordnungs**- und dem **Gleichordnungskonzern**. In der Wirtschaftspraxis ist der Unterordnungskonzern die vorherrschende Konzernform.[1263] Nach § 18 Abs. 1 S. 1 2. HS AktG sind die in den Konzern integrierten Unternehmen Konzernunternehmen.

754 Gemäß § 18 Abs. 1 S. 1 AktG bilden ein herrschendes und ein oder mehrere abhängige Unternehmen einen Konzern, wenn sie unter **einheitlicher Leitung** des herrschenden Unternehmens stehen. Dieser Konzern wird als Unterordnungskonzern bezeichnet.[1264] Die gesetzliche Systematik des Unterordnungskonzerns baut auf zwei Komponenten auf: auf den **einzelnen Tatbeständen** der jeweiligen Konzernart und auf **gesetzlichen Vermutungen**. Der Unterordnungskonzern wird heute in drei Konzernarten untergliedert: in den Eingliederungs-, den Vertragskonzern und den faktischen Konzern. Der faktische Konzern untergliedert sich seinerseits wiederum in einen einfach faktischen und einen qualifiziert faktischen Konzern.[1265]

755 Für den Unterordnungskonzern[1266] ist das entscheidende Merkmal die „**Zusammenfassung unter einheitlicher Leitung**". Da der Begriff der einheitlichen Leitung nicht

---

[1259] BGHZ **90**, 381, 396; **121**, 137, 146; OLG Düsseldorf, AG **1994**, 36, 37 (Feldmühle-Nobel-Urteil); *Hüffer*, AktG, § 17 Rn 8; *Bayer* in: MünchKomm. AktG, § 17 Rn. 21.
[1260] BGHZ **90**, 381, 396.
[1261] *Koppensteiner* in: KölnerKomm., § 17 Rn 18/19; *Kraft/Kreutz*, S. 68.
[1262] *Emmerich* in: Emmerich/Habersack, Aktienkonzernrecht, § 17 Rn 33 ff.; *Kraft/Kreutz*, S. 68; anders noch die Begr. RegE. BT-Drs. IV/171, 1961/62, Bd. 76, 100, die für § 17 Abs. 2 AktG eine unwiderlegbare Vermutung vorsah.
[1263] Vgl. Begr. RegE. BT-Drs. IV/171, 1961/62, Bd. 76, 101.
[1264] *Windbichler* in: Großkomm. AktG, § 18 Rn 6; *Emmerich/Sonnenschein/Habersack*, § 4 III Nr. 1; *Clausen*, Verbundene Unternehmen, 123.
[1265] *Emmerich* in: Emmerich/Habersack, Aktienkonzernrecht, § 18 Rn 3 f. – auch nach der Bremer-Vulkan-Entscheidung des BGH ist am Rechtsinstitut des qualifiziert-faktischen Konzerns bei der AG festzuhalten; dies gilt jedoch nicht für die GmbH – für die GmbH ist dieses Rechtsinstitut aufzugeben; vgl. zudem *Windbichler* in: Großkomm. AktG, § 18 Rn 6; *Drygala*, GmbHR **2003**, 729 ff.
[1266] Ebenso für den Gleichordnungskonzern.

legal definiert ist, ist zweifelhaft, wann die Konzernunternehmen unter einheitlicher Leitung des herrschenden Unternehmens zusammengefasst sind.
Nach einem sehr **engen Konzernbegriff** wird für das Vorliegen einer einheitlichen Leitung unter dem Vorverständnis des Konzerns als wirtschaftlicher Einheit gefordert, dass die Konzernspitze für die **zentralen unternehmerischen Bereiche** eine einheitliche Planung aufstelle und diese bei den Konzernunternehmen ohne Rücksicht auf deren Selbstständigkeit durchsetze.[1267] Der Schwerpunkt liegt hier insbesondere auf dem Finanzwesen.[1268]

756 Nach der sog. **weiten Auslegung** des Begriffs der einheitlichen Leitung soll es hingegen bereits ausreichen, wenn für andere zentrale Unternehmensbereiche wie etwa Einkauf, Organisation, Personalwesen und Verkauf eine einheitliche Planung bestehe.[1269] Dieser weiten Auslegung folgt überwiegend die Rechtssprechung.[1270]
Bei der Zusammenfassung mehrerer Unternehmen unter einheitlicher Leitung des herrschenden Unternehmens, d.h. der Zusammenfassung zu einem Konzern, bleiben die einzelnen Unternehmen **rechtlich selbstständig**. Die abhängigen, unter der einheitlichen Leitung eines herrschenden Unternehmens stehenden Unternehmungen sind aber mehr oder weniger **wirtschaftlich unselbstständig**. Die Konzerne sind oft mehrfach gestuft. Grundmodell ist hierbei der dreistufige Aufbau: Mutter-, Tochter- und Enkelunternehmen.

III. Systematik der Konzernarten

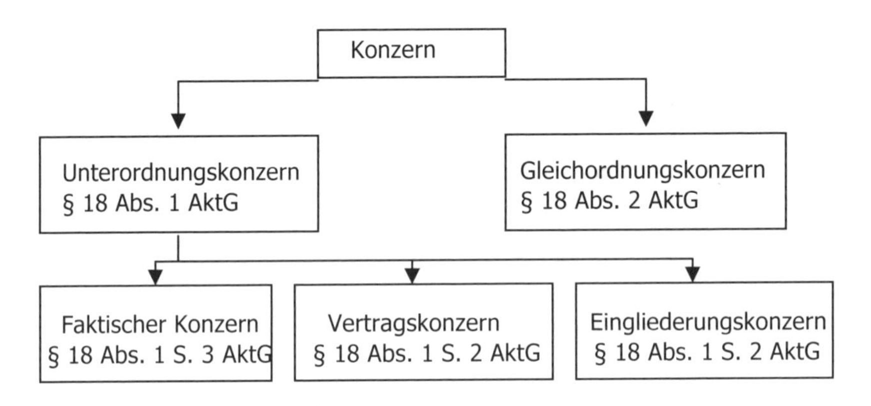

1267 *Rehbinder*, ZGR 1977, 581, 591 ff.; *Werner*, ZGR 1976, 447, 449 f.

1268 *Koppensteiner* in: KölnerKomm., § 18 Rn 20; *Löffler*, Abhängige Personengesellschaft, 17.

1269 *Emmerich/Sonnenschein/Habersack*, Konzernrecht, § 4 II Nr. 1 a); *Geßler* in: Geßler/Hefermehl/Eckardt/Kropff, AktG, § 18 Rn 30 ff.; *Würdinger*, Aktien- u. Konzernrecht, 296, -wobei ausdrücklich darauf hingewiesen wird, dass der bestimmende Einfluss auf die wesentlichen Bereiche planmäßig zu erfolgen hat.

1270 BAGE **22**, 390, 396; OLG Düsseldorf, AG **1979**, 318, 319. Wobei ausdrücklich auf die Aufteilung nach unternehmerischen Grundsatzbereichen wie Investitions-, Produktions-, Absatz- und Personalpolitik hingewiesen wird. - LG Stuttgart, AG **1989**, 445, 447. Das Vorliegen einer einheitlichen Leitung wird schon für den Fall bejaht, dass die Gesellschafterrechte so verteilt sind, dass über sie ein herrschender Einfluss sichergestellt werden kann. Vgl. LG Mainz, AG **1991**, 30, 31 – planmäßige Koordinierung wesentlicher Unternehmensinteressen.

1. Unterordnungskonzerne

a) Eingliederungskonzern

Gemäß § 18 Abs. 1 S. 2 AktG wird vermutet, dass bei einer Eingliederung das eingegliederte Unternehmen unter einheitlicher Leitung steht und somit gemäß § 18 Abs. 1 S. 1 AktG ein Unterordnungskonzern besteht. Das Wesensmerkmal der Eingliederung besteht darin, dass das eingegliederte Unternehmen **nicht seine rechtliche Selbstständigkeit verliert**, sondern als solches bestehen bleibt.[1271] Das einzugliedernde Unternehmen erhält aber mit Eingliederung den Status einer **Betriebsabteilung**.[1272] Die Eingliederung steht damit zwischen Fusion und Beherrschungsvertrag.[1273] **757**

Nach § 319 Abs. 1 S. 1 AktG setzt die Eingliederung **zwingend** voraus, dass die einzugliedernde Gesellschaft die Rechtsform einer **AG** bzw. **KGaA** besitzt. Dies gilt gemäß § 319 Abs. 1 S. 1 AktG ebenfalls für die **zukünftige Hauptgesellschaft**. Gemäß § 323 Abs. 1 S. 1 AktG ist die Hauptgesellschaft befugt, dem Vorstand der eingegliederten Gesellschaft hinsichtlich der Leitung der Gesellschaft Weisungen zu erteilen. Eine **Weisung** liegt vor, wenn sich das herrschende Unternehmen einem Weisungsadressaten gegenüber hinsichtlich eines für die Geschäftsführung der Gesellschaft relevanten Tuns oder Unterlassens dergestalt äußert, dass der Empfänger nach dem Inhalt verpflichtet ist, sich entsprechend zu verhalten.[1274] Gegenstand des Weisungsrechts ist die Leitung der eingegliederten Gesellschaft. Das Weisungsrecht der Hauptgesellschaft ist **unbeschränkt**. Die Konzentration der Leitungsmacht bei der herrschenden Gesellschaft verschafft dem Vorstand umfassende Einwirkungsmöglichkeiten auf die eingegliederte Gesellschaft ohne Rücksichtnahme auf mögliche Verluste derselben.

b) Vertragskonzern

Der Vertragskonzern wird begründet durch Abschluss eines Beherrschungsvertrages i.S.v. § 291 AktG. Der Beherrschungsvertrag ist ein **Grundlagenvertrag** i.S.d. § 83 AktG, über den die Hauptversammlung verbindlich entscheidet. Ist der andere Vertragsteil eine AG oder KGaA, so bedarf der Beherrschungsvertrag wegen seiner weitreichenden Wirkungen auch der Zustimmung seiner Hauptversammlung gemäß § 293 Abs. 2 AktG. **758**

Nach § 18 Abs. 1 S. 2 AktG ist mit dem Bestehen eines Beherrschungsvertrages die Vermutung verbunden, dass ein Konzern besteht. Dies gilt jedoch nicht für isoliert bestehende Gewinnabführungsverträge.[1275]
Nach § 291 AktG ist die Konzernspitze **rechtsformneutral**. Das **abhängige** Unternehmen **muss** gemäß § 291 AktG eine **AG** oder **KGaA** sein. Anerkannt ist heute allerdings, dass auch eine GmbH als abhängiges Unternehmen in Betracht kommt. Die Lösungen für die GmbH als abhängiges Unternehmen werden dann jeweils von Fall zu

---

1271 *Sonnenschein*, BB **1975**, 1088, 1089; *Koppensteiner* in: KölnerKomm., Vorb. § 319 Rn 2.
1272 *Grunewald* in: Geßler/Hefermehl/Eckardt/Kropff, AktG, § 319 Rn 2; *Semler*, Leitung und Überwachung, Rn 338.
1273 Begr. RegE. BT-Drs. IV/171, 1961/62, Bd. 76, 234/235. Es wird ausdrücklich auf die Abgrenzung zum Beherrschungsvertrag hingewiesen. - *K. Schmidt*, GesellRecht, § 30 III Nr. 1; *Hüffer*, AktG, § 319 Rn 2.
1274 *Koppensteiner* in: KölnerKomm., § 308 Rn 13.
1275 *Bayer* in: MünchKomm. AktG, § 18 Rn 45; *Koppensteiner* in: KölnerKomm., § 18 Rn 30; - ablehnend: *Windbichler* in: Großkomm. AktG, § 18 Rn 32 – hinsichtlich des Gewinnabführungsvertrags soll allerdings eine widerlegbare Vermutung bestehen.

Fall nach den §§ 291 ff. AktG analog entwickelt.[1276] Ebenfalls ist eine Personengesellschaft als abhängiges Unternehmen bereits von der Rechtsprechung und Teilen der Literatur anerkannt.[1277] Dies aber nur unter den Voraussetzungen, dass tatsächlich alle Gesellschafter dem Abschluss des Beherrschungsvertrages zugestimmt haben und das herrschende Unternehmen die Gesellschafter im Innenverhältnis von einer Haftung freistellt.[1278]

759 Bei einem Beherrschungsvertrag ist die Weisungsbefugnis nach §§ 291 Abs. 1 S. 1 i.V.m. 308 Abs. 1, 2 AktG gesetzlich garantiert. Durch den Beherrschungsvertrag unterstellt eine AG oder KGaA die Leitung ihrer Gesellschaft einem anderen Unternehmen, indem sie sich verpflichtet, den Weisungen des herrschenden Unternehmens zu folgen, wobei allerdings die Ausübung des Weisungsrechts im **Konzerninteresse** erfolgen muss gemäß § 308 Abs. 1 und 2 AktG. Die Besonderheit, die aus dem Weisungsrecht eines Beherrschungsvertrages resultiert, ist die Möglichkeit, für das abhängige Konzernunternehmen **nachteilige Weisungen** im Rahmen des § 308 Abs. 1 S. 2 AktG erteilen zu können. Gemäß § 308 Abs. 2 AktG besteht für das abhängige Unternehmen eine **Weisungsfolgepflicht**. Diese endet erst dann, wenn der Schädigung der Gesellschaft kein Konzernvorteil gegenübersteht.[1279]

c) Einfacher und qualifiziert faktischer Konzern

760 Eine weitere Ausgestaltungsmöglichkeit für den Unterordnungskonzern ist die des heute allgemein anerkannten faktischen Konzerns.[1280]
Als faktische Konzerne werden Konzerne bezeichnet, die nicht aufgrund einer Eingliederung oder eines Beherrschungsvertrages bestehen.[1281] Die Grundkonzeption für diesen als faktischen Konzern bezeichneten Unterordnungskonzern ist in § 18 Abs. 1 S. 3 und § 311 Abs. 1 AktG gesetzlich geregelt.

In § 18 Abs. 1 S. 3 AktG ist die Konzernvermutung normiert, nach der bei Abhängigkeit eines Unternehmens von einem anderen ein Konzern besteht. Für diese Vermutung ist die **Ausübung** der Möglichkeit **des beherrschenden Einflusses** in Form der Zusammenfassung unter einheitlicher Leitung **erforderlich** (anders als bei § 17 Abs. 1 AktG). Für die Anwendbarkeit der §§ 311 ff. AktG reicht allerdings das Bestehen einer **bloßen Abhängigkeit** der Konzerngesellschaft vom herrschenden Unternehmen i.S.d. § 17 AktG.[1282]

[1276] *Emmerich* in: Emmerich/Habersack, Aktienkonzernrecht, § 291 Rn 8. Einer Gesamtanalogie stehen die strukturellen Unterschiede zwischen AG und GmbH entgegen. Vgl. hierzu: *Emmerich/Sonnenschein/Habersack*, Konzernrecht, § 32 I Nr. 2; *Hüffer*, AktG, § 291 Rn 6 – richtungsweisend in der Rechtsprechung BGH **105**, 324 ff. (Autokran); ebenfalls: *Kraft/Kreutz*, S. 71.

[1277] BGH NJW **1980**, 231, 231, wobei in der Literatur umstritten ist, ob der BGH trotz des Wortlauts „Beherrschungsvertrag" einen solchen i.S.d. § 291 Abs. 1 AktG gemeint hat. Vgl. hierzu auch *Emmerich/Sonnenschein/Habersack*, § 32 I Nr. 2; *Ulmer* in: Ulmer, Probleme des Konzernrechts, 26, 48; *Kleindiek*, Strukturvielfalt, 77 ff; *Reuter*, AG **1986**, 130, 135/136.

[1278] *Emmerich/Sonnenschein/Habersack*, Konzernrecht, § 34 III Nr. 2; *Ulmer* in: Ulmer, ZHR Beiheft 62, **1989**, 26, 48.

[1279] *Koppensteiner* in: KölnerKomm., § 308 Rn 2; *Emmerich* in: Emmerich/Habersack, Aktienkonzernrecht, § 308 Rn 48; *Hüffer*, AktG, § 308 Rn 21.

[1280] *Hüffer*, AktG, § 311 Rn 6; *Emmerich/Sonnenschein*, Konzernrecht, 6. Aufl., § 19 VI; *Hommelhoff*, Konzernleitungspflicht, 109 ff.; *Reuter*, ZHR **1982**, 1, 11 f.

[1281] *Windbichler* in: Großkomm. AktG, § 18 Rn 34.

[1282] *Emmerich/Sonnenschein/Habersack*, Konzernrecht, § 24 V Nr. 1.

§ 311 Abs. 1 AktG ermöglicht lediglich die **Veranlassung** zu nachteiligen Rechtsgeschäften oder nachteiligen Maßnahmen durch Einflussnahme des herrschenden Unternehmens (im Gegensatz zum Eingliederung- und Vertragskonzern).[1283] Die Veranlassung darf aber nur unter der Maßgabe vorgenommen werden, dass die Nachteile ausgeglichen werden. Ausreichend für die Veranlassung ist **jede Art von Einflussnahme**. Die Einflussnahme kann in der Vorgabe von Richtlinien, Ratschlägen, Empfehlungen und anderen Formen bestehen, solange diese mitursächlich für das nachfolgende Verhalten der abhängigen Konzerngesellschaft sind. **761**
Die materiellen Voraussetzungen für das Vorliegen eines faktischen Konzerns ergeben sich aus § 311 AktG. Dieser setzt in Absatz 1 zunächst voraus, dass ein **Abhängigkeitsverhältnis** zwischen einer AG oder KGaA als abhängiger Gesellschaft und einem herrschenden Unternehmen besteht. Nach dem Wortlaut des Gesetzes muss es sich bei der abhängigen Gesellschaft um eine AG oder KGaA handeln. Die Rechtsform des herrschenden Unternehmens ist **rechtsformneutral**.[1284]

Im **qualifiziert faktischen** Konzern ist im Gegensatz zum **einfach faktischen** Konzern eine so breite Einflussnahme auf das abhängige Unternehmen gegeben, dass sich diese nicht mehr in Einzelmaßnahmen aufgliedern lässt.[1285] Damit besteht auch nicht die Möglichkeit, dass diese Maßnahmen einem Einzelausgleich nach § 311 Abs. 1 AktG zugänglich sind. Die umfangreiche Einflussnahme wie sie beim qualifiziert faktischen Konzern typisch ist, ist allgemein als rechtswidrig[1286] anerkannt und nur durch einen Beherrschungsvertrag zu legitimieren. Der Frage, wie die Haftung für eine derartige breite Einflussnahme auszugestalten ist, braucht hier nicht weiter nachgegangen werden.[1287] Mit der neuesten Rechtsprechung zum qualifiziert faktischen Konzern hat der BGH in der sog. **„Bremer Vulkan Entscheidung"**[1288] die Rechtsfigur des qualifiziert faktischen Konzerns **aufgegeben**.[1289] **762**

> **Beispiel:** - Abhängigkeit der VW-AG vom Land Niedersachsen
> Aktionär A verlangt vom zuständigen Registergericht, die Vorstandsmitglieder der VW-AG unter Androhung von Zwangsgeld zur Erstellung eines Abhängigkeitsberichts über die Beziehungen zum Land Niedersachsen als herrschendem Unternehmen zu verpflichten.
> Herrschendes Unternehmen im Sinne von § 17 AktG kann auch eine Körperschaft des öffentlichen Rechts und damit auch das Land Niedersachsen sein. Es hält zwar nur 20% der Aktien der VW-AG; wegen der geringen Aktionärspräsenz verfügte es aber schon damit über die Stimmenmehrheit in den letzten Hauptversammlungen der VW-AG. Die VW-AG hat daher als abhängiges Unternehmen über alle Rechtsgeschäfte mit dem Land als herrschendem Unternehmen und über alle Maßnahmen, die sie auf Veranlassung oder im Interesse des Landes vorgenommen hat, sowie über den Ausgleich

---

[1283] *Hüffer*, AktG, § 311 Rn 16; *Krieger* in: MünchHdb., Bd. 4, § 69 Rn 64.
[1284] *Krieger* in: MünchHdb., Bd. 4, § 69 Rn 58. In der Wirtschaftspraxis sind auch GmbH´s und Personengesellschaften als abhängige Konzernunternehmen in faktischen Konzernbeziehungen anzutreffen. Inwieweit die Regelungen der §§ 311 ff. AktG auf diese Verhältnisse anzuwenden sind, wird sehr unterschiedlich bewertet. Hinsichtlich einer GmbH als abhängiger Gesellschaft in einer faktischen Beziehung wird vielfach die analoge Anwendung der §§ 311 ff. AktG mit der Begründung abgelehnt, dass die rechtsformspezifischen Unterschiede zwischen AG und GmbH zu groß seien
[1285] *Emmerich/Sonnenschein/Habersack*, Konzernrecht, § 28 II Nr. 2.
[1286] *K. Schmidt*, *GesellRecht*, § 31 IV 4 a); *Krieger* in: MünchHdb., Bd. 4, § 68 Rn 128.
[1287] Vgl. *Hommelhoff*, ZGR **1994**, 395 ff.; *Emmerich/Sonnenschein/Habersack*, Konzernrecht, § 28 II Nr. 2.
[1288] BGHZ **149**, 10 ff.; BGH NZG **2002**, 38, 39.
[1289] *Hoffmann*, NZG **2002**, 68, 74; *Decher*, ZinsO **2002**, 113.

von Nachteilen zu berichten, § 312 AktG. Darauf kann auch ein Aktionär durch einen Antrag an das Registergericht hinwirken.

763 Zur Sicherung der abhängigen Gesellschaft, ihrer Gläubiger und der außenstehenden Aktionäre bestehen **Schutzvorschriften** für die abhängige Gesellschaft selbst:
Es besteht eine **Pflicht zum Ausgleich der Nachteile**, die durch Ausübung der Leitungsmacht verursacht worden sind, § 311 Abs. 1 AktG. Soweit ein derartiger Ausgleich nicht sofort erfolgt, besteht ein **Rechtsanspruch auf Ausgleich** spätestens am Ende des Geschäftsjahres, § 311 Abs. 2 AktG.
Das herrschende Unternehmen muss fortan einen **Konzernabschluss** und einen **Konzernlagebericht** aufstellen, um die nötige Publizität der neuen wirtschaftlichen Einheit zu gewährleisten. Zur Sicherung und Durchsetzung des Ausgleichsanspruchs hat der Vorstand einen Abhängigkeitsbericht zu erstatten (§ 312 AktG), der durch den Abschlussprüfer zu prüfen ist, § 313 AktG. Der Abhängigkeitsbericht und der Prüfungsbericht des Wirtschaftsprüfers sind auch noch durch den Aufsichtsrat zu prüfen, der darüber der Hauptversammlung einen Bericht zu erstatten hat, § 314 AktG.

Der Jahresabschluss einer Aktiengesellschaft ist nach § 256 Abs. 5 AktG nichtig, wenn bilanzielle Ansätze oder Bewertungen fehlerhaft sind. Fehlerhaft sind bilanzielle Ansätze oder Bewertungen auch dann, wenn Schadensersatzansprüche gegen die Muttergesellschaft, die durch unterbliebenen Nachteilsausgleich innerhalb des Geschäftsjahres entstanden (§ 317 AktG) und bei der Bilanzierung nicht berücksichtigt worden sind. Die Nichtigkeit des Jahresabschlusses erfasst nach § 139 BGB auch die Beschlussfassung über den Abhängigkeitsbericht.

2. Gleichordnungskonzern

764 Ein Gleichordnungskonzern entsteht, wenn sich mehrere Unternehmen ganz oder teilweise einheitlicher Leitungen unterstellen, ohne dass eines der beteiligten Unternehmen von einem der anderen abhängig wäre, vgl. § 18 Abs. 2 AktG. Sonderformen sind die Interessen- und Gewinngemeinschaften des § 292 Abs. 1 Nr. 1 AktG.

Die Koordinierung und damit die einheitliche Leitung erfolgt bei Gleichordnungskonzernen in erster Linie durch **personelle Verflechtungen** allein oder in Verbindung mit vertraglichen Absprachen oder mit der Schaffung von Gemeinschaftsorganen.[1290] Die einheitliche Leitung muss grundsätzlich die beteiligten Unternehmen in ihrer Gesamtheit erfassen, da ansonsten jedes Kartell als Gleichordnungskonzern zu behandeln wäre.[1291]

Nach allgemeiner Ansicht sind in Gleichordnungskonzernen nachteilige Weisungen des Leitungsorgans generell verboten.[1292] In entsprechender Anwendung der für den Unterordnungskonzern geltenden Regelungen besteht auch bei Gleichordnungskonzernen eine Verpflichtung zum **sofortigen Ausgleich** von Maßnahmen,[1293] die sich für das betreffende Konzernunternehmen nachteilig ausgewirkt haben. Bei einer Verletzung dieser Verpflichtung zum Nachteilsausgleich entstehen Schadensersatzansprüche.

[1290] Vgl. *Emmerich* in: Emmerich/Habersack, Aktienkonzernrecht, § 18 Rn 28 u. 30.
[1291] *Emmerich/Sonnenschein/Habersack*, Konzernrecht, § 4 IV Nr. a).
[1292] *Hommelhoff*, Konzernleitungspflicht, 389; *Emmerich/Sonnenschein/Habersack*, Konzernrecht, § 4 IV Nr. 4.
[1293] Vgl. *Emmerich/Sonnenschein/Habersack*, Konzernrecht, § 4 IV Nr. 4 – differenzierend, ob Maßnahme mit oder ohne Zustimmung der Gesellschafter erfolgte.

IV. Konzerninteresse

765 Das herrschende Unternehmen übt im Konzern eine einheitliche Leitung aus, § 18 Abs. 1 S. 1 i.V.m. S. 2 und 3 AktG. Zu dieser einheitlichen Leitung gehört ein einheitlicher unternehmerischer Plan, der zumeist auf die Gewinnmaximierung des Konzerns als Ganzes ausgerichtet ist. Dieser Plan richtet sich im Konzern **nach den Interessen des herrschenden Unternehmens** aus. Die Ausrichtung der Unternehmensplanung nach den Interessen der herrschenden Gesellschaft führt zwangsläufig zu einer **Interessenumkehr** in den abhängigen Konzerngesellschaften. Die Eigeninteressen der abhängigen Gesellschaft sind durch die Unternehmensleitung und -verwaltung durch die Organe des abhängigen Unternehmens in der Weise „umzukehren", dass nunmehr die Interessen der Muttergesellschaft die Eigeninteressen überlagern. Aus dieser „Interessenumkehr" ergibt sich ein **Interessenkonflikt**, denn die Eigeninteressen der abhängigen Gesellschaft bleiben bestehen und sind zudem gesetzlich geschützt. Sowohl im Vertrags- und Eingliederungskonzern als auch im faktischen Konzern bestehen mit den §§ 302, 311, 317, 324 Abs. 3 AktG Schutzvorschriften, die im Wesentlichen darauf angelegt sind, die Interessenverschiebung auszugleichen. Das Konzernrecht ist auch eine Antwort auf die Interessenverlagerung innerhalb des Konzerns.[1294]

V. Informationsrechte und -pflichten

766 Verbundene Unternehmen sind zu weitgehenden Informationen über Beteiligungsverhältnisse und damit über ihre Einflussmöglichkeiten verpflichtet, um die Anteilseigner und die Öffentlichkeit über die Beziehungen der Unternehmen zueinander zu unterrichten. Zweck ist damit die Offenlegung der Beteiligungsverhältnisse; Aktionäre, Gläubiger und Öffentlichkeit sollen über Konzernverbindungen unterrichtet werden.[1295] Unternehmen, denen mehr als 25% der Aktien einer AG gehören, haben dies der AG unverzüglich mitzuteilen, § 20 Abs. 1 AktG. Das Beteiligungsunternehmen hat das Bestehen der Beteiligung und den Namen des Aktienerwerbers in den Gesellschaftsblättern bekannt zu machen, § 20 Abs. 6 AktG. Vor diesen Mitteilungen können die nach § 20 Abs. 1 bzw. Abs. 4 AktG mitteilungspflichtigen Unternehmen keine Rechte aus den erworbenen Aktien geltend machen, § 20 Abs. 7 AktG (Beachte aber Einschränkung gem. § 20 Abs. 8 AktG für börsennotierte Gesellschaften). Wechselseitig beteiligte Unternehmen haben einander die Höhe ihrer Beteiligungen und jede Änderung schriftlich mitzuteilen, § 328 Abs. 4 AktG. Zur Verhinderung der rechtspolitisch unerwünschten **wechselseitigen Beteiligungen** können überdies Rechte daraus nur in beschränktem Umfang ausgeübt werden, § 328 Abs. 1 AktG.

767 Weitergehende Mitteilungspflichten bestehen nach § 21 Zweites Finanzmarktförderungsgesetz für Anteilseigner **börsennotierter Gesellschaften**. Wer durch Erwerb, Veräußerung oder auf sonstige Weise 5 %, 10 %, 25 %, 50 % oder 75 % der Stimmrechte an einer börsennotierten Gesellschaft mit Sitz im Inland erreicht, überschreitet oder unterschreitet, hat der Gesellschaft sowie dem Bundesaufsichtsamt für den Wertpapierhandel unverzüglich, spätestens innerhalb von sieben Kalendertagen, das Erreichen, Überschreiten oder Unterschreiten der genannten Schwellen sowie die Höhe seines Stimmrechtsanteils unter Angabe seiner Anschrift schriftlich mitzuteilen. Mit diesen auf europarechtlichen Vorgaben basierenden Mitteilungspflichten soll das Ver-

[1294] *Rehbinder*, ZGR **1977**, 581, 585; LG Essen, AG **1976**, 136; AG Köln, BB **1976**, 1041, 1042.
[1295] *Hüffer*, AktG, § 20 Rn 1.

trauen in die Funktionsfähigkeit des deutschen Finanzmarktes und damit die Attraktivität und Wettbewerbsfähigkeit des Finanzplatzes Deutschland gefördert werden.

Der Vorstand einer Aktiengesellschaft hat dem Aufsichtsrat auch über rechtliche und geschäftliche Beziehungen zu verbundenen Unternehmen und über geschäftliche Vorgänge bei diesen Unternehmen, die von erheblichem Einfluss auf die Lage der AG sind, Bericht zu erstatten, § 90 Abs. 1 S. 2, Abs. 3 S. 1 AktG. Im Jahresabschluss eines Unternehmens sind Forderungen und Verbindlichkeiten gegenüber verbundenen Unternehmen gesondert auszuweisen (Aktivseite § 266 Abs. 2 B. II, III HGB; Passivseite § 266 Abs. 3 C. Nr. 6 HGB).

Der Vorstand des Mutterunternehmens hat einen Konzernabschluss und einen Konzernlagebericht zu erstellen und diese zusammen mit dem Prüfungsbericht des Konzernabschlussprüfers seinem Aufsichtsrat vorzulegen, § 337 AktG. Der Vorstand einer abhängigen Aktiengesellschaft hat einen Abhängigkeitsbericht aufzustellen, § 312 Abs. 1 S. 1 AktG.

Die Regelungen über die Informationspflichten werden ergänzt durch den Auskunftsanspruch von Aktionären aus § 131 Abs. 1 S. 2 AktG, der sich auch auf die wirtschaftliche Lage der Konzerntöchter und damit auch auf diese selbst erstreckt. Aktionäre haben jedenfalls dann einen Informationsanspruch, wenn ihnen durch strukturändernde Maßnahmen bei abhängigen Gesellschaften, über die grundsätzlich von der Hauptversammlung der Konzernspitze zu entscheiden ist, nachhaltige Eingriffe in ihre Mitgliedschaftsrechte drohen. Die Entlastung von Vorstand und Aufsichtsrat einer Aktiengesellschaft sind rechtswidrig und anfechtbar, wenn diese Organe ihre Pflicht zur Erstattung eines Abhängigkeitsberichts verletzt haben (vgl. §§ 243 Abs. 1, 120 Abs. 3 S. 2, 312 Abs. 3 S. 3 AktG).

VI. Rechnungslegung im Konzern

768 Für Konzerne besteht unter der einheitlichen Leitung einer Kapitalgesellschaft als Muttergesellschaft eine handelsrechtliche Verpflichtung zur Aufstellung von Konzernabschlüssen und Konzerngeschäftsberichten, vgl. §§ 290 ff. HGB, da das für einzelne selbstständige Gesellschaften ausgestaltete Bilanzrecht bei Bestehen von Konzernbeziehungen zur Information der Aktionäre, der Gläubiger und der Öffentlichkeit unzureichend ist. In den Konzernabschlüssen und -geschäftsberichten ist die Vermögens-, Finanz- und Ertragslage so darzustellen, als ob die in den Konzernabschluss einbezogenen Unternehmen insgesamt **ein einziges Unternehmen** wären, § 297 Abs. 3 S. 1 HGB.

769 In den §§ 300 bis 307 HGB ist das Verfahren zur **Vollkonsolidierung** geregelt. Die einzelnen Konsolidierungsgrundsatze sind Verfahrensregeln, die der Zusammenfassung der Einzelabschlüsse in den Konzernabschluss dienen.[1296] Ziel ist hierbei, die einbezogenen Unternehmen so darzustellen, als seien sie **ein einheitliches** Unternehmen.[1297] Durch Kapitalkonsolidierung (§ 301 HGB), Schuldenkonsolidierung (§ 303 HGB) sowie Aufwands- und Ertragskonsolidierung (§ 305 HGB) ist der Jahresabschluss des Mutterunternehmens mit den Jahresabschlüssen der Tochterunternehmen zusammenzufas-

---

[1296] *Hüffer*, AktG, § 300 Rn 1; *Busse von Colbe* in: MünchKommHGB, § 300 Rn 1; *Kusterer* in: Heidelberger Komm., § 300 Rn 1.

[1297] Vgl. *Kusterer* in: Heidelberger Komm., § 300 Rn 1; *Hüffer*, AktG, § 300 Rn 1.

sen. Forderungen und Verbindlichkeiten zwischen den Konzernunternehmen sind nicht einzubeziehen (vgl. Grundsatz der Schuldenkonsolidierung gemäß § 303 HGB). An die Stelle der dem Mutterunternehmen gehörenden Anteile an den einbezogenen Tochterunternehmen treten die Vermögensgegenstände, Schulden, Rechnungsabgrenzungsposten, Bilanzierungshilfen und Sonderposten der Tochterunternehmen, soweit sie nach dem Recht des Mutterunternehmens bilanzierungsfähig sind, § 300 Abs. 1 HGB. Die **Kapitalkonsolidierung** dient der **Beseitigung der Doppelerfassung** des Vermögens der Tochterunternehmen in der Konzernbilanz durch den Wertansatz der dem Mutterunternehmen an den Tochterunternehmen gehörenden Anteile einerseits und der Vermögensgegenstände und Schulden der Tochterunternehmen andererseits[1298]; vgl. § 301 HGB.

VII. Wichtige konzernrechtliche Entscheidungen

770 Das Konzernrecht basiert zum Teil auch auf wesentlichen Entscheidungen des BGH. Die nachfolgenden Entscheidungen sind die wichtigsten mit konzernrechtlichen Bezügen. Hieraus leiten sich viele Fallgestaltungen ab.

- BGHZ **65**, 15: „ITT" – Minderheitenschutz im faktischen Konzern
- BGHZ **69**, 334: „VEBA/Gelsenberg" – Bundesrepublik als herrschendes Unternehmen; Nichtigkeitsklage gegen Eingliederungsbeschluss einer AG
- BGHZ **74**, 359: „WAZ" – Bekanntmachung von Unternehmenszusammenschlüssen
- BGHZ **80**, 69: „Süssen" - Unternehmereigenschaft i.S.d. § 17 AktG
- BGHZ **83**, 122: „Holzmüller" – Ausgliederung des gewinnträchtigsten Unternehmens (Zustimmung der Hauptversammlung)
- BGHZ **85**, 84: „ADAC" – eingetragener Verein und wirtschaftlicher Geschäftsbetrieb
- BGHZ **95**, 330: „Autokran" – Gläubigerschutz im qualifiziert faktischen Konzern
- BGHZ **105**, 324: „Supermarkt" - qualifiziert faktischer Konzern
- BGHZ **107**, 7: „Tiefbau" - Verlustausgleichshaftung im faktischen GmbH-Konzern
- BGHZ **115**, 187: „Video" – qualifiziert faktischer Konzern: Konzernhaftung des Alleingesellschafter-Geschäftsführers und Einzelkaufmanns; Verlustausgleichspflicht des Einmanngesellschafters; Zahlungsanspruch des Gläubigers gegen das ausgleichspflichtige Konzernunternehmen
- BGHZ **122**, 123: „TBB" – Haftung im faktischen GmbH-Konzern, Voraussetzungen der persönlichen Haftung des beherrschenden Unternehmensgesellschafters analog §§ 302, 303 AktG
- BGHZ **135**, 107: „VW" - Beteiligung der öffentlichen Hand – Anwendbarkeit des Konzernrechts, Unternehmensbegriff
- BGHZ **149**, 10: „Bremer Vulkan" - existenzvernichtender Eingriff im GmbH-Konzern

[1298] *Kusterer* in: Heidelberger Komm., § 301 Rn 1.

4. Kapitel: Grundzüge des Wertpapierrechts

A. Grundlagen des Wertpapierrechts

I. Bedeutung und Funktion der Urkunden im Zivilrecht

771 Unter dem Begriff des Wertpapierrechts fasst man die Rechtsverhältnisse zusammen, bei denen der Besitz der Urkunde das Schicksal des in ihr niedergelegten Rechts beherrscht.[1299]

Grundsätzlich gilt im Zivilrecht die Formfreiheit. Anders ist dies jedoch bei bestimmten Wertpapieren, wie Wechsel und Scheck. Hier kommt die Form als absolute Form, die sog. „Wirkform" vor.[1300] Aufgrund der Wirkform bestehen Wechsel und Scheck nur in der für sie vorgesehenen Form. Bei Fehlen der Form, liegt kein nichtiger Wechsel oder Scheck vor, sondern die Urkunde ist überhaupt kein Wechsel oder Scheck.

772 Urkunden haben im Rechtsverkehr zunächst eine **Beweisfunktion.**[1301] Sie sind im Zivilprozess ein Beweismittel, vgl. §§ 415 ff. ZPO. Die mit der Beurkundung verbundene Funktion einer Vermutung für Richtigkeit und Vollständigkeit kann auch eine materiellrechtliche Bedeutung entfalten. Die Urkunden haben in diesem Fall eine **Legitimationswirkung**[1302] (z.B. Quittung gem. § 370 BGB). Bei der Quittung ergibt sich zusätzlich eine **Befreiungswirkung** für den Schuldner, wenn er die Leistung an den Überbringer der Quittung erbringt. Eine Legitimationsfunktion kann sich auch für den Gläubiger in Form einer **Vermutungswirkung** ergeben. Diese ist gegeben, wenn die Urkunde über sein Recht für ihn nicht nur die Funktion eines Beweismittels erfüllt, sondern eine widerlegbare Vermutung für das Bestehen seiner Forderung begründet.[1303] Besteht über ein Recht eine Urkunde, so kann mit der Urkunde dessen Übertragung verbunden werden, um die Zirkulationsfähigkeit des Rechts zu erleichtern. Mithin haben Urkunden auch eine **Zirkulationsfunktion.**[1304]

773 Der Gesetzgeber ist neuerdings bestrebt, den beherrschenden Einfluss auf börsennotierte Kapitalgesellschaften zu reglementieren. Aus diesem Grunde regelt das am 01.01.2002 in Kraft getretene WpÜG[1305] die Veröffentlichungspflicht von Kauf- oder Tauschangeboten im Hinblick auf die Übertragung von Aktienpaketen, sofern hierdurch die grundsätzlichen Machtverhältnisse verschoben werden.[1306]

> **Beachte**: Die Grundsatzfragen einer Aktiengesellschaft werden auf der Hauptversammlung entschieden. Hier ist nur vertreten, wer anwesend ist, oder sich vertreten lässt. Da viele Aktionäre aufgrund geringer Aktienbestände wenig Einfluss auf der

[1299] *Hueck/Canaris*, S. 1ff.
[1300] Vgl. *Baumbach/Hefermehl* WPR Rn 3f.
[1301] Zur Beweiskraft vgl. *Hartmann* in: Baumbach/Lauterbach/Albers/Hartmann, § 416 Rn 5ff.
[1302] *Baumbach/Hefermehl* WPR Rn 78.
[1303] *Sprau* in: Palandt, Einf v § 793 Rn 3; *Zöllner*, § 2 II 1.
[1304] *Baumbach/Hefermehl* WPR Rn 9.
[1305] Gesetz zur Regelung von öffentlichen Angeboten zum Erwerb von Wertpapieren und von Unternehmensübernahmen, BGBl. I 2001, S. 3822ff.
[1306] *Zschocke*, DB **2002**, 79, 80.

Hauptversammlung haben und sich oft auch nicht vertreten lassen, kann ein Großaktionär erhebliche Macht auf die Aktiengesellschaft ausüben, denn jede Aktie gewährt grundsätzlich eine Stimme. Damit sind grundsätzlich Minderheitenrechte gefährdet. Über die so beeinflusste Geschäftspolitik kann sich auch der Aktienkurs nachteilig entwickeln.

II. Wirtschaftliche Bedeutung des Wertpapierrechts

Wirtschaftliche Hauptfunktionen der Wertpapiere:

- Kapitalaufbringung und Kapitalanlage (z.B. Aktien, Hypotheken)
- Kredit- und Zahlungsverkehr (Wechsel als kurzfristige Kreditbeschaffung; Scheck als Zahlungsmittel)
- Güterumlauf (Ladeschein, Lagerschein)

774 Durch die Rationalisierung im wirtschaftlichen Zusammenleben kam es zu einer Entfaltung des Wertpapiers. Heute erleidet das Wertpapier aufgrund moderner Datenverarbeitung einen erheblichen Funktionsverlust.[1307] Die Kapitalmarktpapiere, wie Pfandbriefe oder sonstige Inhaberschuldverschreibungen, Aktien und Investmentzertifikate, werden üblicherweise bei Wertpapiersammelbanken in Verwahrung gegeben. Im Allgemeinen handelt es sich hierbei um eine sog. Sammelverwahrung. Daraus folgt, dass das einzelne Wertpapier nicht mehr seinem Inhaber zugeordnet werden kann, sondern es entsteht für die bisherigen Eigentümer **Miteigentum nach Bruchteilen** an den zum Sammelbestand des Verwahrers gehörenden Wertpapiere derselben Art. Bei einer Übertragung des Papiers kommt es lediglich zu einer Umbuchung.[1308] Ferner ist in der Regel die Lieferung effektiver Stücke ausgeschlossen. Die Wertpapiere werden nicht mehr einzeln verbrieft sondern als **Globalurkunde**. Die Globalurkunde dient damit nur noch als „Denkbehelf", denn auch hier werden die Einzelübertragungen durch Umbuchungen vollzogen. Im Ergebnis wird ein Effektenverkehr mit unverbrieften Rechten zugelassen.[1309]

Dagegen wird im Güterverkehr noch häufig die Zirkulationsfunktion des Papiers genutzt. Auf diesem Wege wird z.B. die Ladung eines Öltankers auf seinem Weg von Abu Dhabi nach Rotterdam bis zu 30-mal übereignet.

III. Wertpapierbegriff

1. Wertpapierbegriff im Gesetz

775 Im Deutschen Recht gibt es keine Legaldefinition für das Wertpapier. Der Begriff wird vielmehr entsprechend dem jeweiligen Gesetzeszweck gebraucht.
Zur Konkretisierung des Wertpapierbegriffes im Sinne des § 381 HGB ist davon auszugehen, dass hier gängige Handelspapiere angesprochen sind, die eine hohe Umsatzfähigkeit besitzen.[1310] Erfasst werden die gängigen Wertpapiere des Kapitalmarktes, die

[1307] *Einsele*, S. 12ff., 211ff.
[1308] *Hueck/Canaris*, § 1 III 1 c.
[1309] *Zöllner* in: FS Raiser, S. 249, 255; *Hueck/Canaris*, § 1 III.
[1310] *Roth* in: Koller/Roth/Morck, § 381 Rn 1.

Aktien und Pfandbriefe, Wechsel und Scheck sowie Namenspapiere öffentlicher Anleihen; nicht dagegen Hypothekenbriefe und sonstige Rekta- oder Namenspapiere.

Enger ist der bankenrechtliche Wertpapierbegriff i.S.d. § 1 Abs. 1 S. 2 Nr. 4 KWG. Maßgebend ist hiernach, dass das Wertpapier der Kapitalanlage dient. Wechsel, Schecks, Namens- und Rektapapiere fallen im Allgemeinen nicht unter diesen Wertpapierbegriff.

2. Die Abstraktion des Wertpapiers

a) Enger Wertpapierbegriff

776 Nach der sog. **Verkörperungstheorie** wird das wesentliche Merkmal des Wertpapierbegriffs darin gesehen, dass mit der Verfügung über das Papier zugleich auch über das verbriefte Recht verfügt wird.[1311] Mit der Verfügung über das verbriefte Recht erfolgt die Verfügung über das Papier. Der Begriff des Wertpapiers wird nach der Verkörperungstheorie auf die Inhaber- und Orderpapiere begrenzt.[1312] Nicht erfasst werden Rekta- oder Namenspapiere, weil bei ihnen die Übertragung des Rechts nicht durch die Verkörperung in einer Urkunde modifiziert wird. Die Übertragung erfolgt lediglich durch eine Abtretung, §§ 398 ff. BGB. Den Unterschied zwischen Inhaber- / Orderpapieren und Rekta- / Namenspapieren kennzeichnet man wie folgt:

- **Bei den Inhaber- und Orderpapieren folgt das Recht aus dem Papier dem Recht am Papier.**
- **Bei Rekta- oder Namenspapieren folgt das Recht am Papier dem Recht aus dem Papier.**

b) Weiter Wertpapierbegriff

Nach diesem Begriff liegt das Wesen des Wertpapiers darin, dass zur Geltendmachung des verbrieften Rechts die **Innehabung der Urkunde** erforderlich ist.[1313] Damit entscheidet nicht die sachen- oder schuldrechtliche Form der Übertragung des Rechts, sondern die Innehabung der Urkunde zur Geltendmachung des verbrieften Rechts bildet die Grenze zwischen Urkunden mit und ohne Wertpapiercharakter.

> **Beachte**: Das entscheidende Merkmal des Wertpapierbegriffs wird nach heute herrschender Meinung ausschließlich in der **Bindung der Geltendmachung des Rechts an die Innehabung des Papiers** gesehen.

3. Wertpapierelemente

777

- Urkunde
- Zugehörigkeit des verbrieften Rechts zum Privatrecht
- Bindung der Rechtsausübung an die Papierinnehabung (keine Legitimationspapiere, z.B. Gepäckschein).

[1311] *Baumbach/Hefermehl* WPR Rn 10.
[1312] *Raiser*, ZHR 101 (1935) 61, 64.
[1313] *Baumbach/Hefermehl* WPR Rn 11.

IV. Bestimmung des Berechtigten im Wertpapier

1. Inhaberpapiere

a) Grundsätze

778 Inhaberpapiere sind solche Wertpapiere, die den jeweiligen Inhaber als berechtigt ausweisen, das in dem Papier verbriefte Recht geltend zu machen. Damit kann das verbriefte Recht nur von dem jeweiligen Inhaber geltend gemacht werden.
Zu den Inhaberpapieren gehören:

- die Schuldverschreibungen auf den Inhaber, § 793 BGB
- die Inhabergrund- und -rentenschuldbriefe, §§ 1195, 1199 BGB
- die Inhaberaktien, § 10 Abs. 1 AktG
- die Inhaberschecks, Art. 5 ScheckG.

779 Die Übertragung des im Inhaberpapier verkörperten Rechts erfolgt nach **sachenrechtlichen Grundsätzen.**[1314] Es gelten die **§§ 929 ff BGB**. Bei der Übertragung wird auf das Eigentum am Papier abgestellt. Gegenstand der sachenrechtlichen Übertragung ist somit das verkörperte Recht in Form des Papiers selbst. Diese Beurteilung ändert nichts an dem Ergebnis, dass für die Übertragung nicht die §§ 398, 413, sondern die §§ 929 – 931 BGB Anwendung finden.

Die Vermutung des § 1006 Abs. 1 S. 1 BGB gilt auch bei Inhaberpapieren, da der Besitz des Papiers den Anschein der Rechtszuständigkeit erzeugt.[1315]
Ein gutgläubiger Erwerb ist nach den §§ 932 – 934 BGB möglich. Ferner ist ein eventuelles Abhandenkommen des Papiers nach § 935 Abs. 2 BGB unbeachtlich, wenn es um den Rechtsübergang von Inhaberpapieren geht. Ein solches Papier kann keinen Schutz nach § 935 Abs. 1 BGB genießen, da aufgrund der besonderen Umlauffähigkeit des Papiers zum Schutz des Rechtsverkehrs jeder Inhaber als Berechtigter gilt. Die Verkehrsfähigkeit des Papiers erfordert diese Ausnahmeregelung.[1316] Der gute Glaube an die Verfügungsbefugnis wird im Hinblick auf die Verfügung bei Kaufleuten über § 366 HGB ergänzend geschützt. Eine Einschränkung des gutgläubigen Erwerbs besteht bei Kaufleuten, die Bankgeschäfte betreiben nach § 367 Abs. 1 HGB. Gemäß § 367 Abs. 1 S. 1 HGB können diese Kaufleute nicht gutgläubig Inhaberpapiere erwerben, sofern deren Abhandenkommen im Bundesanzeiger bekannt gemacht worden ist und seit dem Jahr der Bekanntmachung nicht mindestens ein weiteres Jahr verstrichen ist. Diese Regelung soll die Sorgfaltsanforderungen solcher Kaufleute, die Bankgeschäfte betreiben, konkretisieren.[1317]
Wer das Recht geltend macht, muss sich durch den Besitz des Inhaberpapiers ausweisen können. Bei Verlust des Besitzes hat der Berechtigte gegen den Besitzer einen Eigentumsherausgabeanspruch nach § 985 BGB. Da aber die Verkörperung des Rechts in einem Papier nicht bedeutet, dass das Recht mit dem Papiereigentum identisch ist, verliert der Rechtsinhaber mit dem Papier lediglich die Ausübungsmöglichkeit.

[1314] *Sprau* in: Palandt, § 793 Rn 9.
[1315] *Baumbach/Hefermehl* WPR Rn 37.
[1316] *Bassenge* in: Palandt, § 935 Rn 10.
[1317] *Koller* in: Koller/Roth/Morck, § 367 Rn 1.

b) Beweislast

Mit dem Papiereigentum ist das Gläubigerrecht verbunden. Es ergibt sich durch den Besitz der Urkunde eine materielle Berechtigung. Durch die Vermutungswirkung wird eine Beweislastregelung getroffen: **780**

- Nicht der durch den Besitz legitimierte Papierinhaber muss beweisen, dass er materiell berechtigt ist, sondern die Beweislast trifft den Schuldner. Die Vermutung kann nicht mit dem Abhandenkommen widerlegt werden, **§ 935 Abs. 2 BGB**.

Geht die Urkunde verloren oder wird sie vernichtet, so ist der Schuldner berechtigt, das Aufgebotsverfahren einzuleiten, um die Urkunde für kraftlos zu erklären.[1318]
Wie der Erwerber eines Inhaberpapiers sich auf die durch den Besitz vermittelte Legitimation verlassen kann, so darf auch der Schuldner ihr trauen. Deshalb bestimmt § 793 Abs. 1 S. 2 BGB für Inhaberschuldverschreibungen, dass der Aussteller auch durch die Leistung an einen nicht zur Verfügung berechtigten Inhaber befreit wird.

c) Einwendungsausschluss

Hinsichtlich der Geltendmachung des Rechts kann der Schuldner dem Zweiterwerber des Papiers nur begrenzt Einwendungen entgegenhalten.[1319] Der Aussteller kann dem Inhaber nur solche Einwendungen entgegensetzen, welche die Gültigkeit der Ausstellung betreffen oder sich aus der Urkunde ergeben oder dem Aussteller unmittelbar gegen den Inhaber zustehen, § 796 BGB. **781**

> **Beachte**: Aufgrund der Vermutung des § 1006 BGB, der Unbeachtlichkeit des Abhandenkommens nach § 935 Abs. 2 BGB und durch den Einwendungsausschluss wird die Umlauffähigkeit eines Wertpapiers gewährleistet.

2. Orderpapiere

a) Begriff der Orderpapiere

Orderpapiere sind solche Wertpapiere, die eine namentlich bezeichnete Person als berechtigt ausweisen, das im Papier verbriefte Recht geltend zu machen.[1320] Im Gegensatz zu den Rekta- oder Namenspapieren wird ihre Besonderheit aber dadurch geprägt, dass der Berechtigte durch einen Vermerk auf dem Papier festlegen kann, wer bei der Geltendmachung des verbrieften Rechts an seine Stelle tritt. **782**

Berechtigter aus dem Papier ist derjenige, der namentlich bezeichnet ist oder der durch die Order bestimmt ist: „Ich zahle an Herrn A oder dessen Order". Die Order erfolgt durch einen wertpapierrechtlichen **Skripturakt**. Diesen bezeichnet man als **Indossament.** Das Indossament erfolgt zumeist auf der Rückseite des Papiers (in dosso – auf dem Rücken, ital.). **783**

[1318] *Baumbach/Hefermehl* WPR Rn 11.
[1319] *Baumbach/Hefermehl* WPR Rn 42.
[1320] *Baumbach/Hefermehl* WPR Rn 51.

b) Arten des Orderpapiers

784 Geborene Orderpapiere:

- Wechsel
- Namensscheck
- Namensaktie

Diese Papiere werden auch ohne Orderklausel als Orderpapiere bezeichnet.[1321] Sie können auch dann durch ein Indossament übertragen werden, auch wenn sie nicht ausdrücklich an Order lauten (Art. 11 Abs. 1 WG, Art. 14 Abs. 1 ScheckG, § 68 Abs. 1 AktG).

Bei Wechsel und Scheck kann der Aussteller durch die Worte "nicht an Order" die Indossierung untersagen. Dadurch werden die geborenen Orderpapiere zu Rekta- oder Namenspapieren. Der Prototyp des geborenen Orderpapiers ist der Wechsel.

785 Gekorene Orderpapiere:

- die in § 363 HGB genannten Wertpapiere und
- die in § 808a BGB erwähnten Orderschuldverschreibungen.

Diese Papiere sind nur dann Orderpapiere, wenn sie eine positive Orderklausel aufweisen. Bei Fehlen handelt es sich lediglich um ein Rekta- oder Namenspapier.[1322]

c) Grundsätze

aa) Transportfunktion des Indossaments

786 Zur Geltendmachung des Rechts genügt nicht der Besitz. Der Besitzer muss als Berechtigter benannt sein, oder bei mehrfacher Indossierung durch eine ununterbrochene Reihe von Indossamenten legitimiert sein, vgl. Art. 16 Abs. 1 S. 1 WG.

Für die Bestimmung der materiell-rechtlichen Position ist das Indossament allein nicht ausreichend. Aus dem Rechtsgeschäft, das mit der Begebung des indossierten Orderpapiers verbunden ist, muss sich ergeben, ob ein Inhaberwechsel stattfindet, ein beschränktes Recht bestellt oder lediglich eine Vollmacht oder Ermächtigung erteilt wird. Die Übertragung des Papiers erfolgt nach sachenrechtlichen Grundsätzen, wobei dem Indossament eine besondere Funktion zukommt.[1323]

bb) Garantiefunktion des Indossaments

787 Beim Wechsel haftet der Indossant mangels eines entgegenstehenden Vermerks für die Annahme und die Zahlung gem. Art. 15 Abs. 1 WG; beim Scheck mangels eines entgegenstehenden Vermerks für die Zahlung gem. Art. 18 Abs. 1 ScheckG. Die Garantiefunktion besteht darin, dass der Indossant wie der Aussteller haftet.

[1321] *Baumbach/Hefermehl* WPR Rn 54.
[1322] *Baumbach/Hefermehl* WPR Rn 55.
[1323] *Baumbach/Hefermehl* WPR Rn 52.

cc) Indossament als Legitimationstatbestand

788 Die Übertragung des verbrieften Rechts erfolgt grundsätzlich durch Übereignung des indossierten Papiers. Eine Übereignung nach den §§ 929 ff BGB ist nicht ausreichend. Das Papier muss zusätzlich mit einem Indossament versehen werden, vgl. Art. 14 Abs. 1 WG. Der das Recht Übertragende (Indossant) muss ein Indossament zugunsten des Erwerbers (Indossatar) auf das Papier setzen und es unterschreiben. Der Indossatar muss vorher in der Urkunde als Berechtigter namentlich bezeichnet sein. Eine Ausnahme hierzu bildet das sog. **Blankoindossament.**

Bei den Orderpapieren ist mit der formellen Legitimation durch das Indossament eine Befreiungswirkung verbunden, vgl. Art. 40 Abs. 3 WG, Art. 35 ScheckG, § 365 Abs. 1 HGB.
Durch die Übertragungsform des Indossaments tritt wie bei den Inhaberpapieren ein **Einwendungsausschluss** ein. Der Schuldner kann dem Inhaber eines Orderpapiers keine Einwendungen entgegensetzen, die sich auf seine unmittelbaren Beziehungen zu dem Indossanten gründen, es sei denn, dass der Inhaber beim Erwerb des Wechsels bewusst zum Nachteil des Schuldners gehandelt hat, vgl. Art. 17 WG, Art. 22 ScheckG, § 364 Abs. 2 HGB.

Wird die einem Orderpapier zugrunde liegende Forderung nach §§ 398ff. BGB übertragen und kann das hierüber ausgestellte Orderpapier auch ohne Indossament (Blankoindossament) übertragen werden, so geht das Eigentum am Papier nach § 952 Abs. 2 BGB über.[1324]

> **Beachte**: Bei Orderpapieren ergibt sich die Legitimation i.d.R. aus einer ununterbrochenen Indossantenkette. Durch ein Blankoindossament wird aus dem Orderpapier faktisch ein Inhaberpapier.

3. Rekta- oder Namenspapiere

789 Sie bezeichnen eine namentlich genannte Person als Berechtigten, an den direkt – recta – zu leisten ist.
- Das Recht ist in diesem Fall aber nicht in der Urkunde verkörpert.

a) Arten der Rektapapiere

- Anweisung des bürgerlichen Rechts, §§ 783 ff. BGB,
- Hypothekenbrief, § 1116 BGB
- Die in § 808 BGB genannten Papiere (Sparbuch, Versicherungspolice, Depotschein)
- Grundschuldbrief, wenn er nicht auf den Inhaber ausgestellt wird, § 1195 BGB,
- Die in § 363 HGB genannten Papiere, wenn ihnen die positive Orderklausel fehlt.
- Wechsel und Scheck, wenn in ihnen die Übertragung durch Indossament ausgeschlossen wird, Art. 11 Abs. 2 WG, Art. 14 Abs. 2 ScheckG.

[1324] *Bassenge* in: Palandt, § 952 Rn 3.

b) Geltendmachung

790 Für den Inhaber eines Rektapapiers besteht kein Rechtsschein sachlicher Berechtigung aufgrund des Besitzes am Papier. Das Recht muss vielmehr erst nachgewiesen werden. Zur Geltendmachung des Rechts ist deshalb die Vorlage des Papiers sowie der Nachweis der Berechtigung erforderlich.

c) Übertragung

791 Bei Rektapapieren ist das Recht in der Urkunde nicht verkörpert, sondern es wird in ihr lediglich **verbrieft**.
Das verbriefte Recht kann nur in der Form der gewöhnlichen Abtretung gem. §§ 398, 413 übertragen werden.

792 Das Eigentum an der Urkunde ist aber ebenfalls wesentlicher Bestandteil des verbrieften Rechts. Es steht dem Rechtsinhaber zu. Auch hier gilt § 952 Abs. 2 BGB. Das Papiereigentum geht von Gesetzes wegen auf den Zessionar über.
Problematisch ist, ob für die Übertragung des Rechts außer der Abtretung noch die **Übergabe** erforderlich ist.[1325] Für die Anweisung (§ 792 Abs. 1 S. 3 BGB) sowie für den Hypotheken- und Grundschuldbrief (§ 1154 Abs. 1 S. 1 BGB) steht dies gesetzlich fest. Diese Anordnung kann aber nicht ohne weiteres verallgemeinert werden.

793 Eine Übergabe ist zusätzlich jedenfalls dann erforderlich, wenn ohne die Übergabe das Recht nicht ausgeübt werden kann. Das gilt allerdings nur, soweit der Rechtsverkehr den Urkunden den Charakter eines Übertragungssymbols zuweist. Bei einem Sparbuch ist dies z.B. nicht der Fall.[1326] Daher wird angenommen, dass die Übergabe des Papiers mangels einer entsprechenden Rechtsgrundlage für den Rechtsübergang nicht notwendig ist. Der Inhaber der Forderung wird nach § 952 Abs. 2 BGB Eigentümer des Papiers und kann es nach § 985 BGB herausfordern. Weiterhin gilt für den Zedenten § 402 BGB, wonach alle zum Beweis einer Forderung dienenden Urkunden herausverlangt werden können. Ferner verpflichtet § 402 BGB in der Regel nur zur Besitzübertragung.[1327]

794 Bei Rektapapieren ist ein gutgläubiger Erwerb grundsätzlich ausgeschlossen, da sie nach §§ 398ff. BGB übertragen werden.[1328] Ein Einwendungsausschluss findet ebenfalls nicht statt. Es gilt § 404 BGB.

- **Ausnahme:** Hypothek gem. § 1155 i.V.m. § 892 BGB.

> **Hinweis für die Fallbearbeitung:** Inhaberschuldverschreibung und Orderpapier werden i.d.R. nach §§ 929ff. BGB übertragen. Das im Namenspapier verbriefte Recht wird dagegen nach §§ 398ff. BGB abgetreten, wobei das Eigentum am Papier nach § 952 BGB übergeht.

[1325] Hierzu *Zöllner*, § 2 II 2; *Hueck/Canaris*, § 2 III 1.
[1326] *Sprau* in: Palandt, § 808 Rn 6.
[1327] *Heinrichs* in: Palandt, § 402 Rn 3.
[1328] *Baumbach/Hefermehl* WPR Rn 62.

d) Befreiungswirkung

795 Mit dem Rektapapier ist keine Befreiungswirkung verbunden. Der Schuldner handelt deshalb auf eigene Gefahr, wenn er an einen anderen als den in der Urkunde benannten Inhaber leistet.[1329]

Eine Ausnahme besteht für die in § 808 BGB genannten Urkunden. Mit ihnen ist eine Befreiungswirkung verbunden, wie sie sonst nur bei Inhaberpapieren vorhanden ist.[1330] Da der Schuldner nur gegen Aushändigung der Urkunde zur Leistung verpflichtet ist (§ 808 Abs. 2 BGB), handelt es sich um Wertpapiere, die in dieser Eigenschaft als Rektapapiere ausgestaltet sind. Sie sind aber zugleich Legitimationspapiere, die in dieser Funktion, d.h. in der Befreiungswirkung, die Qualität eines Inhaberpapiers haben.

- sog. **hinkende Inhaberpapiere** (qualifizierten Legitimationspapieren), z.B. Sparbuch[1331]

V. Grundverhältnis und verbrieftes Recht

796 Jede Wertpapierausstellung verfolgt einen bestimmten Zweck, der in Form einer Vertragsabrede besteht. Damit tritt das zugrunde liegende Rechtsverhältnis, das Kausalverhältnis in Erscheinung.

- **Abstraktes Wertpapier**

797 Mängel des Kausalgeschäfts berühren nicht die Wirksamkeit des Rechtserwerbs, sofern es sich um ein abstraktes Wertpapier, wie z.B. Wechsel oder Scheck handelt.[1332] Wird hingegen der Begebungsvertrag z.B. wegen arglistiger Täuschung angefochten, so liegt für den Erwerb des Wertpapiers kein Rechtsgrund vor. Damit kann das Papier nach § 812 BGB kondiziert werden.

- **Kausales Wertpapier**

798 Ein kausales Wertpapier ist hingegen das Sparbuch. Die Spar-Forderung besteht bereits und wird durch die Ausgabe der Urkunde konkretisiert.

VI. Begebungsvertrag

799 Will jemand eine Wertpapierverpflichtung begründen, so fragt es sich, ob dafür die **Kreation** der Wechselurkunde ausreicht, (sog. Kreationstheorie)[1333] oder ob noch ein Vertrag zwischen Geber und Nehmer hinzukommen muss, sog. Vertragstheorie.[1334] Dieser Vertrag wird dann als Begebungsvertrag bezeichnet.

1. Kreationstheorie

800 Nach dieser Theorie entsteht das verbriefte Recht allein durch Ausstellung des Papiers. Die Ausstellung des Papiers, der bloße Skripturakt, ist demnach eine einseitige, nicht empfangsbedürftige Willenserklärung, durch die das Recht zugunsten des späteren Papierinhabers entsteht. In den §§ 793, 794 BGB (Inhaberschuldverschreibung) ist der

---

[1329] *Baumbach/Hefermehl* WPR Rn 63.
[1330] *Sprau* in: Palandt, § 808 Rn 1.
[1331] BGHZ **28**, 368; BGH NJW **1998**, 1661.
[1332] *Baumbach/Hefermehl* WPR Rn 8.
[1333] RG **131**, 294.
[1334] *Hueck/Canaris*, § 3 I 2; *Zöllner*, § 6 V 4; BGH NJW **1973**, 283.

Gesetzgeber von der sog. Kreationstheorie ausgegangen, wobei heute allgemein angenommen wird, dass auch hier ein Begebungsvertrag hinzukommen muss.[1335]

> **Beachte die Konsequenzen der Kreationstheorie:**
>
> - Hat ein Minderjähriger z.B. einen Wechsel unterschrieben, so ist eine wirksame Genehmigung durch den gesetzlichen Vertreter nicht möglich, da ein einseitiges Rechtsgeschäft des Minderjährigen vorliegt, das nach § 111 BGB unheilbar nichtig ist.
> - Wird das Wertpapier dem Aussteller gestohlen oder verliert es der Aussteller, so haftet dieser dem Dieb oder dem Finder.
> - Bei Nichtigkeit oder wirksamer Anfechtung des Kreationsakts (Willenserklärung bei Schaffung) entsteht keine Wechselverpflichtung des Ausstellers.

Kritik:

- §§ 111, 180 BGB sind anwendbar, da die Schaffung ein einseitiges Rechtsgeschäft ist. Dies wirkt sich auf die Umlauffähigkeit aus.
- Es ist kein interessengerechtes Ergebnis, wenn der Dieb und der Finder, die nicht schutzwürdig sind, Inhaber der Forderung aus dem Wertpapier werden.
- Ist der Kreationsakt nichtig, so wird auch ein schutzwürdiger späterer Erwerber, der von dem Mangel des Kreationsaktes nichts ahnt, nicht geschützt. Er erwirbt keine Forderung. Hiermit wird die Umlauffähigkeit behindert.
- Eine Verpflichtung entsteht gemäß § 305 BGB grundsätzlich durch Vertrag. Nach der Kreationstheorie entsteht die Verpflichtung aber systemwidrig durch einseitige Willenserklärung.

2. Vertragstheorie

801 Nach der Vertragstheorie, die sich auf § 305 BGB stützt, entsteht das verbriefte Recht durch Skripturakt **und** Vertragsschluss zwischen Geber und Nehmer.

> **Beachte die Konsequenzen der Vertragstheorie:**
>
> - Die Verpflichtung eines Minderjährigen oder eines Vertreters ohne Vertretungsmacht kann vom gesetzlichen Vertreter oder vom Vertretenen genehmigt werden, §§ 108, 177 BGB.
> - Mangels Begebungsvertrags besteht keine Haftung gegenüber dem Dieb oder Finder
> - Ist der Begebungsvertrag von vornherein nichtig oder nach §§ 119, 123 BGB wirksam angefochten, entsteht keine Verpflichtung

[1335] *Sprau* in: Palandt, § 793 Rn 8.

Kritik:

- Es ist nicht sachgerecht, dass auch der Zweiterwerber, der in Bezug auf die Gültigkeit des früheren Begebungsvertrags gutgläubig ist, das Papier nicht erwirbt.
- Aus diesem Grunde ist auch die Vertragstheorie umlauffeindlich.

Die heute h. M. geht von der Vertragstheorie aus und kombiniert diese mit der Begebung als Element der Kreationstheorie. Es liegt demnach grundsätzlich ein mehrstufiger Entstehungstatbestand vor, bestehend aus Skripturakt und der vertraglichen Begebung.[1336] Die Vertragstheorie wird im Hinblick auf die vorgebrachten Kritikpunkte dahingehend ergänzt, dass für den Erwerb des Papiers ein zurechenbarer Rechtsschein gesetzt worden sein muss.[1337] Einem gutgläubigen Zweiterwerber gegenüber kann sich der Aussteller daher nicht auf das Fehlen eines Begebungsvertrag berufen.[1338]

Hinweis für die Fallbearbeitung: Gliederung für Wertpapieransprüche
I. Anspruchsgrundlage, z.B. Art. 28 Abs. 1 WG
II. Formgültigkeit
III. Sachliche Berechtigung
IV. Verpflichtung aus dem Papier

[1336] Vgl. BGH WM **2003**, 1945 (1947).
[1337] *Hueck/Canaris*, § 3 II; *Zöllner*, § 6 VI; *Brox* Rn 540.
[1338] BGH WM **2003**, 1945 (1948).

B. Die Wertpapiere im BGB

I. Die Anweisung

802 Die Anweisung kommt im praktischen Leben nur noch selten vor. Ihre Vorschriften haben aber Bedeutung, weil sie die Grundstruktur der im gezogenen Wechsel (und im Scheck) enthaltenen Anweisung aufzeigen.

Verhältnisse bei der Anweisung:

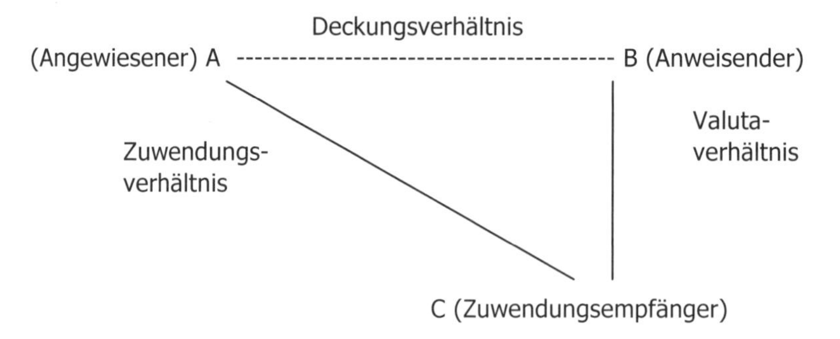

803 Die Anweisung bezweckt eine **Vermögenszuwendung** durch Leistung eines Dritten.[1339]
Das BGB regelt in §§ 783 ff. nur die Anweisung von Geld, Wertpapieren oder vertretbaren Sachen. Der Angewiesene kann sich durch Annahme, die durch einen schriftlichen Vermerk auf der Anweisung erfolgt, dem Anweisungsempfänger gegenüber zur Leistung verpflichten, § 784 BGB. Durch die bloße Ausstellung der Urkunde wird der Angewiesene allerdings nicht zur Annahme verpflichtet.[1340]

1. Rechtsnatur und Rechtswirkungen der Anweisung

804 Durch die Aushändigung der Urkunde wird ihr Empfänger ermächtigt, die Leistung bei dem Angewiesenen im eigenen Namen zu erheben. Der Angewiesene ist ermächtigt, für Rechnung des Anweisenden an den Anweisungsempfänger zu leisten, § 783 BGB.

- Charakter der Anweisung als **doppelte Ermächtigung.**

Die Besonderheit der Anweisung besteht darin, dass nach dem Zweck ihrer Ausstellung dem Angewiesenen die Möglichkeit eingeräumt wird, durch Annahme eine **abstrakte Verpflichtung** gegenüber dem Anweisungsempfänger zu begründen.[1341] Bei der Annahmeerklärung handelt es sich um ein Angebot auf den Abschluss eines Vertrages in Form eines abstrakten Schuldversprechens.[1342] Für die Annahmeerklärung des Anweisungsempfängers gilt § 151 BGB.[1343] Die Annahme ist ein selbstständiges Rechtsgeschäft. Sie ist insoweit abstrakt, als für ihre Wirksamkeit keine Rolle spielt, ob der

---

[1339] *Zöllner*, § 8 I.
[1340] *Sprau* in: Palandt, § 784 Rn 1.
[1341] *Baumbach/Hefermehl* WPR Rn 74.
[1342] *Sprau* in: Palandt, § 784 Rn 3.
[1343] *Hüffer* in: MüKo, § 784 Rn 2, 6.

Anweisende die Anweisung wirksam ausgestellt hat. Aufgrund der Abstraktheit der Anweisung wird die Wirksamkeit der Verpflichtung ferner nicht durch Mängel im Deckungsverhältnis oder im Valutaverhältnis beeinträchtigt.[1344]

805 Nimmt der Angewiesene die Anweisung gemäß § 784 Abs. 1 BGB an, so ist er dem Anweisungsempfänger gegenüber zur Leistung verpflichtet. Er kann dann nur solche Einwendungen entgegensetzen,

- welche die Gültigkeit der Annahme betreffen oder
- sich aus dem Inhalt der Anweisung oder dem Inhalt der Annahme ergeben oder
- dem Angewiesenen unmittelbar gegen den Empfänger zustehen,

§ 784 Abs. 1 BGB.

806 Nach § 785 BGB ist der Angewiesene nur gegen Aushändigung der Anweisung zur Leistung verpflichtet. Damit ist die Anweisung ein Wertpapier – sie gehört zu den Rekta- oder Namenspapieren.[1345]

2. Übertragung der Anweisung

807 Eine eigene Verbindlichkeit des Angewiesenen entsteht erst dann, wenn er durch schriftlichen Vermerk die Anweisung annimmt. Folgerichtig kann danach die Anweisung nicht mehr vom Anweisenden widerrufen werden, § 790 S. 1 BGB. Die damit begründete abstrakte Forderung kann gemäß § 792 Abs. 1 S. 1 BGB übertragen werden. Die Übertragung ist selbst dann möglich, wenn die Anweisung noch nicht angenommen worden ist. Sie bedarf der schriftlichen Form und der Aushändigung der Anweisung an den Dritten, § 792 Abs. 1 S. 2, 3. Die Aushändigung der Urkunde ist hier ausreichend, weil das Eigentum an der Urkunde bereits nach § 952 Abs. 2 BGB auf den Zessionar übergeht, da es bei der Übertragung der Anweisung um die Übertragung der Forderung gegen den Angewiesenen geht, die nach §§ 398ff. BGB vollzogen wird.[1346]

Wenn der Angewiesene die Anweisung nach der Übertragung dem Erwerber gegenüber annimmt, begründet er die abstrakte Verbindlichkeit gegenüber dem Erwerber und nicht gegenüber dem ursprünglichen Anweisungsempfänger. Gemäß § 792 Abs. 3 BGB können Einwendungen aus dem früheren Verhältnis gegenüber dem neuen Erwerber nicht geltend gemacht werden.

Bei Übertragung nach der Annahme der Anweisung gilt insoweit das allgemeine Zessionsrecht, so dass auch § 404 BGB eingreift, § 792 Abs. 3 S. 2 BGB. Der Angewiesene kann dem Zweiterwerber damit alle Einreden entgegenhalten, die bereits gegenüber dem Anweisungsempfänger begründet waren. Wird die Übertragung bereits vor der Annahme vorgenommen, so bestand gegenüber dem Anweisungsempfänger keine Verpflichtung, so dass der Angewiesene keine Einwendungen herleiten kann.[1347] Die nach § 784 BGB zulässigen Einwendungen gelten weiterhin.

[1344] *Sprau* in: Palandt, § 784 Rn 6.
[1345] *Hüffer* in: MüKo, § 785 Rn 1.
[1346] *Sprau* in: Palandt, § 792 Rn 1.
[1347] *Sprau* in: Palandt, § 792 Rn 3.

Hinweis für die Fallbearbeitung: Der Anweisungsempfänger hat aus § 784 Abs. 1 BGB ein Forderungsrecht - selbstständige Anspruchsgrundlage.

II. Die Inhaberschuldverschreibung

1. Begriff der Inhaberschuldverschreibung

808 Im BGB ist von den Inhaberpapieren nur die Inhaberschuldverschreibung geregelt, §§ 793 ff. BGB. Bei der Inhaberschuldverschreibung handelt es sich um die Verbriefung eines Forderungsrechts in einem Inhaberpapier. Die Errichtung der Urkunde hat konstitutive Bedeutung, denn sonst entsteht die Forderung nicht.[1348]

Gemäß § 793 Abs. 1 S. 1 BGB ist eine Inhaberschuldverschreibung eine Urkunde, in der ihr Aussteller dem Inhaber der Urkunde eine Leistung verspricht. Hierbei ist unerheblich, welcher Art die Leistung ist.[1349] In der Regel handelt es sich jedoch um eine Geldleistung.

- **Merke:** Verkörperung des Leistungsversprechens

Bei der Schuldverschreibung kann die Leistung unter Berufung auf den Vorlagezwang verweigert werden (Verkörperung der Forderung in der Urkunde), § 797 S. 1 BGB. Dagegen muss der Schuldner bei einem Schuldschein leisten (Quittung, § 371 S. 1 BGB), auch wenn der Gläubiger die Urkunde nicht mehr hat. Der Schuldner kann hier lediglich ein öffentliches Anerkenntnis verlangen. Hiernach ist die Schuld erloschen, § 371 S. 2 BGB.

Zur Wahrung der Schriftform ist keine eigenhändige Unterzeichnung durch den Aussteller erforderlich. Es genügen auch mechanisch vervielfältigte Unterschriften, § 793 Abs. 2 S. 2 BGB. Das entspricht den heutigen Bedürfnissen bei Massenemissionen von Inhaberschuldverschreibungen.

2. Bedeutung

809 Praktische Bedeutung hat die Inhaberschuldverschreibung fast nur als Kapitalmarktpapier.[1350] So sind die Anleihen des Bundes, der Länder sowie der Bahn und Post und die Pfandbriefe der Hypothekenbanken Inhaberschuldverschreibungen.

3. Entstehung und Übertragung

810 Die Verpflichtung aus der Inhaberschuldverschreibung entsteht nicht schon mit der Ausstellung der Urkunde, sondern erst mit ihrer Begebung an den ersten Nehmer (Kombination Vertragstheorie/Skripturakt).[1351] Nach § 794 Abs. 2 BGB beeinflusst es die Wirksamkeit einer Inhaberschuldverschreibung nicht, wenn die Urkunde ausgegeben wird, nachdem der Aussteller gestorben oder geschäftsunfähig geworden ist.

[1348] *Sprau* in: Palandt, § 793 Rn 1.
[1349] *Sprau* in: Palandt, § 793 Rn 2.
[1350] *Hüffer* in: MüKo, § 793 Rn 3.
[1351] *Sprau* in: Palandt, § 793 Rn 8; *Hueck/Canaris*, § 3 I 2; *Zöllner*, § 6 V 4; BGH NJW **1973**, 283.

Inhaberschuldverschreibungen werden wie bewegliche Sachen übertragen.[1352] Hiermit finden die §§ 929 ff. BGB Anwendung. Es gilt der Satz: Das Recht aus dem Papier folgt dem Recht am Papier. Zusätzlich gilt § 935 Abs. 2 BGB für den Gutglaubensschutz, so dass die Frage nach dem Abhandenkommen der Urkunde beim gutgläubigen Erwerb einer Inhaberschuldverschreibung entbehrlich ist.

4. Rechtswirkungen der Inhaberschuldverschreibung

a) Wertpapierwirkung

811 Der Inhaber kann von dem Aussteller die Leistung nach Maßgabe des in der Urkunde niedergelegten Versprechens verlangen. Die Verpflichtung zur Leistung besteht gemäß § 797 S. 1 BGB nur gegen Aushändigung der Schuldverschreibung.

> **Beachte**:
> - Die Vorlage des Papiers legitimiert also den Inhaber als Berechtigten. Er braucht sein Recht nicht nachzuweisen (Legitimationswirkung).
> - Nach § 797 S. 2 BGB erwirbt der Schuldner das Eigentum an der Urkunde, auch wenn der Inhaber zur Verfügung nicht berechtigt war.

b) Verfügungsberechtigung und Vermutungswirkung

812 Der Gläubiger des Ausstellers ist, wer Besitzer der Urkunde ist und zugleich die Verfügungsbefugnis über die Urkunde hat.[1353] Der Gläubiger ist damit notwendig Inhaber des Papiers. Es gilt ferner die Vermutungswirkung nach § 1006 BGB für den Besitzer der Urkunde.[1354] Ergänzt wird diese Regelung durch die Vermutung, dass der Besitzer der Urkunde zur Verfügung über die Forderung berechtigt ist, was sich aus § 793 Abs. 1 BGB ergibt.

c) Einwendungsausschluss

813 Gemäß § 796 BGB kann der Aussteller dem Inhaber nur solche Einwendungen entgegensetzen, welche die Gültigkeit der Ausstellung betreffen oder sich aus der Urkunde ergeben oder dem Aussteller unmittelbar gegen den Inhaber zustehen.

- Einwendungsausschluss

Unabhängig vom Wortlaut des § 796 BGB gelten hier die gleichen Regelungen wie beim Wechsel oder Scheck. Es ist nämlich nicht zu erklären, warum die Inhaberschuldverschreibung hinsichtlich der Einwendungen anders als der Inhaberscheck behandelt werden sollte.[1355]

d) Erfüllung

814 Bei der Leistung an den Berechtigten wird der Schuldner von seiner Leistungspflicht befreit, § 362 Abs. 1 BGB. Mit der Aushändigung der Inhaberschuldverschreibung an den Schuldner wird dieser Eigentümer der Urkunde, § 797 S. 2 BGB.

[1352] *Hüffer* in: MüKo, § 793 Rn 13ff.
[1353] *Hüffer* in: MüKo, § 793 Rn 12.
[1354] *Bassenge* in: Palandt, § 1006 Rn 2.
[1355] Vgl. *Hüffer* in: MüKo, § 796 Rn 7, 9, 13 f.

Nach § 793 Abs. 1 S. 2 BGB wird der Aussteller durch die Leistung an einen Nichtberechtigten frei. Die Befreiungswirkung tritt grundsätzlich nicht ein, wenn der Aussteller Kenntnis von der mangelnden Berechtigung des Inhabers hat, weil nur der redliche Geschäftsverkehr Schutz verdient.[1356] Hierbei steht grobfahrlässige Unkenntnis positiver Kenntnis gleich.[1357] Abzulehnen ist die Ansicht, dass eine befreiende Wirkung nur dann nicht eintreten soll, wenn der Aussteller die Nichtberechtigung des Inhabers unschwer beweisen kann.[1358] Diese Unstimmigkeiten relativieren sich jedoch, wenn die Anforderungen an die grobe Fahrlässigkeit so gefasst werden, dass der Aussteller immer dann von der Berechtigung des Inhabers ausgehen darf, wenn ihm keine entgegenstehenden Anhaltspunkte vorliegen.[1359] Weiterhin wird diskutiert, ob mit der h.M. die Gutgläubigkeit des Ausstellers neben Verfügungsbefugnis und Vertretungsmacht auch die Geschäftsfähigkeit des Inhabers umfassen muss[1360].

III. Nebenpapiere

1. Zinsscheine

815 Bei den Inhaberschuldverschreibungen, die eine verzinsliche Forderung verkörpern, besteht das Anleihestück aus der Haupturkunde, dem sog. Mantel, und einem sog. Bogen, der in Zinsscheinen, den sog. Coupons, eine bestimmte Zinsrate verbrieft. Der Zinsschein i.S. des § 803 Abs. 1 BGB ist damit ein selbstständiges Wertpapier in Form einer Inhaberschuldverschreibung, sofern die Anforderungen des § 793 BGB erfüllt werden.[1361] Für jeden Fälligkeitstermin kann ein Coupon abgeschnitten und eingelöst werden. Diese Zinsscheine werden unabhängig vom Hauptpapier übertragen.

- Zinsscheine sind Nebenpapiere der Inhaberschuldverschreibungen
- Zinsscheine können auf Namen ausgestellt werden (Rektapapier) oder zur Order bestellt werden (Orderpapier).

816 Durch die Verbriefung der Zinsscheinforderung ist diese gegenüber der Hauptforderung weitgehend verselbstständigt.[1362] Eine Abhängigkeit des Zinsscheins vom Hauptpapier besteht nur, wenn die Inhaberschuldverschreibung bei Fälligkeit zur Zahlung dem Aussteller vorgelegt wird. In diesem Fall darf der Aussteller bis zur Vorlage noch ausstehender Zinsscheine den der Zinsforderung entsprechenden Betrag von der Hauptforderung abziehen, § 803 Abs. 2 BGB

2. Renten- und Gewinnanteilscheine

817 Entsprechend anwendbar ist § 803 BGB auf Inhaberrentenscheine, die einen Anspruch auf Zahlung einer regelmäßig wiederkehrenden Geldsumme aus einem Grundstück verbriefen, vgl. § 1199 BGB.[1363]
Zu Mitgliedspapieren, also vor allem Aktien, werden Gewinnanteilscheine (Dividendenscheine) ausgegeben. Der Gewinnanteilschein des Aktionärs, der sein Recht auf die

[1356] *Sprau* in: Palandt, § 793 Rn 13.
[1357] *Hüffer* in: MüKo, § 793 Rn 24; *Hueck/Canaris*, § 24 III 3; *Zöllner*, § 27 I 3.
[1358] So aber *Steffen* in: RGRK, § 793 Rn 23.
[1359] *Hüffer* in: MüKo, § 793 Rn 24.
[1360] Gegen Geschäftsfähigkeit *Hueck/Canaris*, § 27 III 3.
[1361] *Sprau* in: Palandt, § 803 Rn 1.
[1362] *Hüffer* in: MüKo, § 803 Rn 4.
[1363] *Hüffer* in: MüKo, § 803 Rn 3.

festgestellte Dividende i.S. § 58 Abs. 4 AktG verkörpert, verbrieft Gewinnansprüche. § 803 BGB ist jedoch nicht analog anwendbar.[1364]

3. Talon (Erneuerungsschein)

818 Die Zinsscheine enthalten nur Coupons für eine bestimmte Anzahl von Jahren. Danach müsste das Hauptpapier vorgelegt werden, um neue Zinsscheine zu erhalten. Die Ausgabe von Erneuerungsscheinen erspart diese Vorlage. Da der Inhaber der Hauptkunde der Ausgabe nach §§ 805 BGB, 75 AktG widersprechen kann, genügt seine Innehabung nicht zur Geltendmachung des Anspruchs auf Lieferung neuer Zins-, Renten- oder Dividendenscheine. Der Talon ist deshalb kein Wertpapier, sondern **bloßes Legitimationspapier**.[1365]

IV. Das Sparbuch

819 Das Sparbuch gehört als Unterfall des Einlagengeschäfts zu den Bankgeschäften gemäß § 1 Abs. 1 Nr. 1 KWG.

1. Rektapapier

820 Ist über die Einlagenforderung ein Sparbuch ausgestellt, so lautet es im Allgemeinen auf den Namen des Kontoinhabers. § 808 BGB findet Anwendung. Das Sparbuch ist Wertpapier, weil der Schuldner nur gegen Vorlage der Urkunde zur Leistung verpflichtet ist (h.M.).[1366] Zum Teil wird angenommen, dass es sich bei dem Sparbuch um kein Wertpapier handele, weil es zivilrechtlich nicht als Vorlegungspapier ausgestaltet sei.[1367]

821 Die praktische Bedeutung der Qualifikation des Sparbuchs als Wertpapier ergibt sich dann, wenn der Sparer trotz Übertragung der Sparforderung und Übergabe des Sparbuches an einen Dritten Zahlungen des Kreditinstituts erlangt. Handelt es sich bei dem Sparbuch um ein Wertpapier, muss sich der Dritte die Zahlung des Kreditinstituts nicht entgegen halten lassen, weil § 407 BGB bei Wertpapieren keine Anwendung findet.[1368] Auf Wertpapiere muss nur durch Vorlage geleistet werden.

822 Für die Qualifikation des Sparbuchs als Wertpapier spricht hingegen, dass sich die Ausgestaltung nicht unbedingt aus § 808 BGB ergeben muss. Hierfür kann auf die Vereinbarung der Beteiligten abgestellt werden. Die Eigenschaft des Sparbuches als Rektapapier kann ferner durch das Klausel- und Satzungsrecht begründet werden, soweit es die Vorlegung der Urkunde zur Geltendmachung der Forderung verlangt.[1369]

823 Da das Sparbuch lediglich ein Rektapapier ist, kann es nur durch eine gewöhnliche Abtretung übertragen werden, §§ 398 ff. BGB. Das Eigentum am Sparbuch geht gemäß § 952 BGB von Gesetzes wegen auf den Gläubiger über.

[1364] *Hüffer* in: MüKo, § 803 Rn 3.
[1365] *Baumbach/Hefermehl*, WPR Rn 50.
[1366] *Sprau* in: Palandt, § 808 Rn 1.
[1367] *Kümpel* Rn 3.103 f.
[1368] *Heinrichs* in: Palandt, § 407 Rn 2.
[1369] Hüffer in: MüKo, § 808 Rn 24.

2. Erfüllung der Verbindlichkeit

824 Das Sparbuch (hinkendes Inhaberpapier) zählt zu den in § 808 BGB genannten Urkunden, und ist ein qualifiziertes Legitimationspapier.[1370] Qualifizierte Legitimationspapiere sind Wertpapiere, bei denen der Schuldner nur gegen Aushändigung oder Vorlage der Urkunde zur Leistung verpflichtet ist und an jeden Inhaber mit befreiender Wirkung leisten kann.

825 Die Besonderheit der in § 808 BGB genannten Urkunden besteht darin, dass sie zwar als Namens- oder Rektapapier ausgestellt sind, aber mit der Bestimmung ausgegeben werden, dass die in der Urkunde versprochene Leistung an jeden Inhaber bewirkt werden kann, § 808 Abs. 1 S. 1 BGB. Der Inhaber ist nach § 808 Abs. 1 S. 2 BGB nicht berechtigt, die Leistung zu verlangen. Gemäß § 808 Abs. 1 S. 1 BGB wird der Schuldner aber durch die Leistung an den Inhaber der Urkunde befreit.

Im Gegensatz zu den einfachen Legitimationspapieren (z.B. Garderobenmarke) kann bei den qualifizierten Legitimationspapieren das Recht nicht auf andere Weise als durch Vorlage des Papiers nachgewiesen werden.[1371] Im Gegensatz zu den Inhaberschuldverschreibungen, die Inhaberpapiere sind, ist bei den qualifizierten Legitimationspapieren der Inhaber nicht berechtigt, die Leistung zu verlangen, § 808 Abs. 1 S. 2 BGB. Da der Schuldner aber an den Inhaber des Papiers leisten darf, § 808 Abs. 1 S. 1 BGB, spricht man von „hinkenden" Inhaberpapieren.

826 Für die Geltendmachung der Forderung schafft das Sparbuch nur insoweit eine Legitimationswirkung, als eine Vermutung für die Berechtigung der in der Urkunde benannten Person besteht.[1372] Da das Sparbuch kein Inhaberpapier ist, besteht eine Vermutungswirkung gemäß § 1006 BGB nicht. Ebenso ist ein gutgläubiger Erwerb ausgeschlossen. Ferner besteht kein Einwendungsausschluss.

> **Beispiel**:
> **BHGZ 28, 368**: Die Mutter eröffnete auf den Namen ihrer zwölfjährigen Tochter ein Sparbuch. Nach zwei Jahren hob die nun vierzehnjährige Tochter von 3000 DM ohne Wissen der Eltern innerhalb von 2 Wochen insgesamt 2000 DM ab.

827 Gläubiger der Guthabensforderung war in diesem Fall die Mutter. Es lag kein Vertrag zugunsten Dritter vor, § 328 Abs. 1 BGB.
Gemäß § 808 Abs. 1 S. 1 BGB war die Bank befugt, an jeden, der sich durch den Besitz des Sparbuchs ausweist, ohne Rücksicht auf dessen Gläubigerrecht, Verfügungsbefugnis oder Vollmacht mit befreiender Wirkung zu leisten.

Der BGH nahm aber dennoch keine befreiende Wirkung der Zahlung an: Nach den Bankregelungen durfte damals nicht mehr als 1000 DM pro Monat abgehoben werden. Weiterhin war hier eine Kündigungsfrist von 12 Monaten vereinbart worden.

> **Hinweis für die Fallbearbeitung:** Die Legitimationswirkung des § 808 BGB kann nach dem BGH nicht weiter gehen, als es sich aus der vorgelegten Urkunde selbst ergibt.

[1370] BGHZ **28**, 368 (370); **46**, 198 (202); *Hüffer* in: MüKo, § 808 Rn 23; *Hueck/Canaris*, § 30 I 1; *Zöllner*, § 28 II.
[1371] OLG Hamm NJW **1985**, 1290.
[1372] *Sprau* in: Palandt, § 808 Rn 7.

Nach der höchstrichterlichen Rechtsprechung ist eine vorzeitige Auszahlung zwar möglich, aber nur aufgrund eines rechtswirksamen Abänderungsvertrages des ursprünglichen Sparvertrags.

> **Beachte**: Deshalb lässt der BGH in dieser Entscheidung auch offen, ob sich die Legitimationswirkung des § 808 BGB auf die Zahlung Minderjähriger erstreckt.

V. Sonstige Wertpapiere des bürgerlichen Rechts

1. Schuldschein – Quittung

828 Wer einem Dritten eine Quittung gibt, um die Forderung beim Schuldner einzuziehen, ermächtigt ihn, die Leistung zu empfangen, § 370 BGB. Eine Quittung selbst ist das Bekenntnis des Gläubigers, dass er die Leistung empfangen hat.[1373] Der Schuldschein soll den Beweis über den Bestand einer Forderung erleichtern oder eine Schuld begründen.[1374] Mit dem Übergang der Forderung geht auch das Papiereigentum auf den neuen Gläubiger über, § 952 Abs. 1 BGB.

Eine Wertpapierwirkung ist hiermit jedoch nicht verbunden. Es besteht lediglich der Anspruch des Schuldners auf Rückgabe des Schuldscheins nach § 371 S. 1 BGB.

2. Hypotheken-, Grundschuld- und Rentenschuldbrief

829 Im Sachenrecht gibt es Wertpapiere bei den Grundpfandrechten. Es handelt sich um den Hypotheken-, den Grundschuld- und den Rentenschuldbrief.
Sinn und Zweck des Hypothekenbriefs nach §§ 1116 f. BGB ist es, die Zirkulationsfähigkeit der Hypothek außerhalb des Grundbuch zu ermöglichen. Aufgrund der Akzessorietät kann die Hypothek nicht selbstständig übertragen werden, § 1153 Abs. 2 BGB. Für die Abtretung der Forderung ist an § 1154 BGB zu denken, der Schriftform und Übergabe des Hypothekenbriefs vorsieht.

830 Der Hypothekenbrief ist aufgrund § 1160 Abs. 1 BGB als Wertpapier anzusehen,[1375] da der Geltendmachung der Hypothek widersprochen werden kann, wenn der Gläubiger nicht den Brief vorlegt. Die Hypothek ist ein Rektapapier. Die Vermutungswirkung zugunsten des Gläubigers und entsprechend die Befreiungswirkung zugunsten des Eigentümers sind hier schwächer ausgestaltet als bei sonstigen Rektapapieren. Den öffentlichen Glauben genießt nämlich nur das Grundbuch und nicht der Hypothekenbrief, so dass die Eintragung im Grundbuch Vorrang genießt.

831 Der Grundschuldbrief ist wie die Hypothek ein Wertpapier,[1376] § 1160 BGB findet gemäß § 1192 Abs. 1 BGB Anwendung. § 1154 BGB findet aufgrund der fehlenden Akzessorietät zwischen Forderung und Grundschuld keine Anwendung. Im Gegensatz zur Hypothek kann eine Grundschuld in der Weise bestellt werden, dass der Grundschuldbrief auf den Inhaber ausgestellt wird, § 1195 S. 1 BGB. Der Grundschuldbrief ist in diesem Fall ein Inhaberpapier.

[1373] *Heinrichs* in: Palandt, § 368 Rn 2.
[1374] *Bassenge* in: Palandt, § 952 Rn 2.
[1375] *Bassenge* in: Palandt, § 1116 Rn 2.
[1376] *Bassenge* in: Palandt, § 1116 Rn 5, 2.

832 Eine Rentenschuld ist nach § 1199 Abs. 1 BGB eine Grundschuld, die in der Weise bestellt ist, dass in regelmäßig wiederkehrenden Terminen eine bestimmte Geldleistung aus dem Grundstück zu zahlen ist. Auch beim Rentenschuldbrief sind Gläubiger der Forderung und Inhaber des Papiers stets identisch, vgl. § 952 Abs. 1 S. 1, Abs. 2 BGB.

3. Legitimationspapiere

833 Legitimationspapiere sind Ausweispapiere, nach denen der Schuldner durch Leistung an den jeweiligen Inhaber frei werden kann, ohne dass er die sachliche Berechtigung des Gläubigers prüfen muss.[1377] Zu unterscheiden sind einfache und qualifizierte Legitimationspapiere.
Besteht der Sinn des Zeichens darin, dass es nicht den Umlauf erleichtern soll, sondern lediglich dazu dient, den Berechtigten auszuweisen, so haben derartige Papiere nur eine einfache Legitimationswirkung.

> **Beispiel**: Gepäckscheine, Garderobenmarken usw.

Diese Urkunden sind keine Wertpapiere, sondern die Legitimationswirkung besteht ausschließlich im Interesse des Schuldners. Die Papiere haben damit nur eine Befreiungswirkung.[1378]
Qualifizierte Legitimationspapiere haben dagegen Wertpapiercharakter.[1379] Der Schuldner ist hier nur gegen Vorlage des Papiers zur Leistung verpflichtet.

> **Beispiel**: Sparbuch

4. Inhaberzeichen

834 Die Besonderheit an Inhaberzeichen (kleine Inhaberpapiere) besteht darin, dass sie die verkörperte Forderung verkürzt oder symbolhaft wiedergeben.

> **Beispiel**: Marken, Theater-, Konzert- und sonstige Eintrittskarten, Bier- und Speisemarken.

Es handelt sich um Wertpapiere, wenn die Innehabung zur Geltendmachung der Forderung erforderlich ist.[1380]
Ihre Rechtsnatur als Wertpapier und das in ihnen verbriefte Recht muss daher aus den Umständen erschlossen werden, § 807 BGB. Für sie gelten die Hauptregeln der Inhaberpapiere entsprechend. Es bedarf jedoch keiner Unterschrift, denn § 793 Abs. 2 BGB gilt nicht, § 807 BGB.

[1377] *Baumbach/Hefermehl* WPR Rn 78.
[1378] *Baumbach/Hefermehl* WPR Rn 79.
[1379] *Baumbach/Hefermehl* WPR Rn 80.
[1380] *Hüffer* in: MüKo, § 807 Rn 2.

C. Wechselrecht

I. Begriff und Bedeutung des Wechsels

835 Der Wechsel ist ein historisches Wertpapier.[1381] Er ist in der Mitte des 12. Jahrhunderts in Oberitalien entstanden. Hintergrund der Einführung des Wechsels war die Vielfältigkeit an umlaufenden Währungen innerhalb der Handelsregionen. Ursprünglich existierte der Wechsel als sog. domizilisierter Eigenwechsel. D.h. wer in einer anderen Stadt, in der eine andere Währung galt, eine Zahlung leisten musste, zahlte den geschuldeten Betrag bei einem Geldwechsler an seinem Heimatort ein. Hierfür erhielt er einen Wechselbrief. In diesem versprach der Geldwechsler, den Betrag in der Währung des Zahlungsortes auszuzahlen. Im 14. Jahrhundert entwickelte sich die Tratte als besondere Form des Wechsels heraus. Die Auszahlung des Betrages durch den Geldwechsler war hiermit nicht mehr erforderlich. Der Geldwechsler beauftragte einen Geschäftsfreund mit der Auszahlung des Betrages am Zahlungsort gegen Vorlage der Urkunde. Die gegenseitigen Forderungen der Geldwechsler wurden in regelmäßigen Abständen auf Wechselmessen abgerechnet.

Der Wechsel ist eine Urkunde, die in einer bestimmten Form ausgestellt, ausdrücklich als Wechsel bezeichnet sein muss und in der die Zahlung einer bestimmten Geldsumme versprochen wird.

1. Grundform: Gezogener Wechsel (Tratte)

836 Beim gezogenen Wechsel verspricht nicht der Aussteller die Zahlung einer Geldsumme, sondern er weist einen anderen zur Zahlung an, vgl. Art. 1 WG.

Beispiel: Der Wechsel lautet: „Gegen diesen Wechsel zahlen Sie an ...".

Grundform des gezogenen Wechsels ist die **bürgerlich-rechtliche Anweisung** gemäß §§ 783 ff. BGB.[1382]

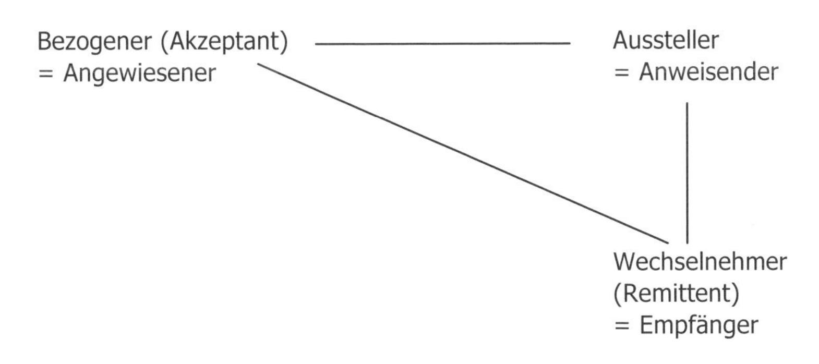

[1381] *Baumbach/Hefermehl* WG Rn 1ff.
[1382] *Hüffer* in: MüKo, § 783 Rn 27.

2. Sonderformen

837 Art. 3 WG regelt Sonderformen des Wechsels. Abweichend von Art. 1 WG ist auch ein Zwei-Personen-Verhältnis zulässig.
Nach Art. 2 Abs. 1 WG kann der Wechsel auch an eigene Order des Ausstellers lauten.

> **Beispiel**: Der Wechsel lautet: „... an eigene Order..."

Der Vorteil für den Aussteller liegt darin, dass die Person des ersten Erwerbers zunächst offen gelassen wird.[1383] Der Aussteller ist bei Annahme des Wechsels selbst Gläubiger. Ferner haftet der Aussteller wechselmäßig, selbst wenn sein Indossament gefälscht worden ist.[1384]

838 Der Wechsel kann gemäß Art. 3 Abs. 2 WG auch auf den Aussteller selbst gezogen werden (trassiert eigener Wechsel). Hierbei gibt der Aussteller das Zahlungsversprechen selbst gegenüber dem Remittenten ab. Diese Form wird oft von Unternehmen mit Zweigniederlassungen gewählt.[1385] Die Zweigniederlassung zieht den Wechsel auf die Hauptniederlassung und gibt diesen weiter. Der Wechselinhaber kann dann die Einlösung von der Hauptniederlassung verlangen. Allerdings muss die Personengleichheit von Aussteller und Bezogenem eindeutig aus dem Wechsel hervorgehen.[1386]

Zulässig ist ferner nach Art. 3 Abs. 3 WG der sog. Kommissionswechsel. Hiernach darf der Aussteller den Wechsel auf Rechnung eines Dritten ziehen.

> **Beispiel**: Der Wechsel lautet: „Gegen diesen Wechsel zahlen Sie für Rechnung des ...(Kommittent)"

Hiermit wird z.B. vom Verkäufer ein Warenwechsel ausgestellt, bei dem der Käufer nicht Bezogener ist.[1387] Der Verkäufer erreicht damit eine gewisse Sicherheit, wenn – wie im Regelfall üblich – eine Bank als Bezogener eintritt.

3. Wirtschaftliche Bedeutung

839 Der Wechsel hat eine vielfache Bedeutung im Wirtschaftsverkehr,[1388] auch wenn er heute nicht mehr so häufig genutzt wird.

a) Warenwechsel

840 Fabrikant A liefert dem Händler B Waren im Wert von 2000 EUR; die Zahlung soll erst in drei Monaten erfolgen. Der Verkäufer (A) stellt den Wechsel aus. Der Käufer (B) akzeptiert ihn. Der Warenwechsel ist zumeist an die eigene Order des Ausstellers gestellt, so dass der Verkäufer zusätzlich eine Wechselforderung gegen den Käufer erhält. Während der Laufzeit des Wechsels kann der Verkäufer nicht aufgrund der Kaufpreisforderung vom Käufer Zahlung verlangen, da in der Entgegennahme des akzep-

---

[1383] *Baumbach/Hefermehl*, Art. 3 WG Rn 1.
[1384] RG HRR **28**, 449
[1385] *Bülow*, WG/SchG, Art. 3 WG Rn 4.
[1386] RG JW **1927**, 1251.
[1387] *Richardi*, S. 135.
[1388] *Baumbach/Hefermehl*, Einl WG Rn 59ff.

tierten Wechsels gleichzeitig ein Einverständnis zur Stundung der fälligen Kaufpreisforderung liegt.[1389]

b) Kredit- oder Finanzwechsel:

841 Dieser Wechsel dient ausschließlich der Kreditbeschaffung. Der Fabrikant A lässt sich von seiner Bank einen Kredit in Höhe von 100.000 EUR einräumen, und zwar in der Weise, dass er bei Geldbedarf auf die Bank Wechsel zieht, welche die Bank bis zu einem Gesamtbetrag von 100.000 EUR einlöst. Der Nachteil für die akzeptierende Bank besteht darin, dass die Rediskontierung, also der Weiterverkauf des Wechsels zu Refinanzierungszwecken, durch die Bank an die Bundesbank ausgeschlossen ist, § 19 Abs. 1 Nr. 1 BBankG. Die Motivationslage einer Bank, einen solchen Wechsel einzulösen, kann daher sittenwidrig sein. Die Begebung eines solchen Wechsels kann man aber nicht allein deswegen als Sittenwidrig i.S. § 138 BGB ansehen, weil sie ausschließlich zu Kreditzwecken erfolgt.[1390]

c) Gefälligkeitsakzept

842 Der Wechsel wird aus Gefälligkeit akzeptiert, wobei häufig stillschweigend davon ausgegangen wird, dass der Aussteller die Einlösungssumme bei Verfall selbst bereitstellt. Aufgrund der Abstraktheit der Wechselforderung ist der Gefälligkeitswechsel nicht mangels Forderung ungültig.

Sofern der aus Gefälligkeit Unterschreibende kreditwürdig ist, kann der Gefälligkeitswechsel auch nicht als sittenwidrig angesehen werden.[1391]

d) Schatzwechsel

843 Der Schatzwechsel kommt in der Form des Eigenwechsels für kurzfristigen Finanzbedarf des Staates vor.[1392]

> **Beachte**: Grundsätzlich sind bei der Ausgabe eines Wechsels drei Personen beteiligt:
> 1) Aussteller
> 2) Bezogener bzw. ab Annahme Akzeptant
> 3) erster Nehmer bzw. Remittent
>
> Hierbei muss es sich jedoch nicht notwendig um unterschiedliche Personen handeln.

4. Grundsatz der Wechselstrenge

844 Das Wechselrecht wird durch den Grundsatz der Wechselstrenge gekennzeichnet.[1393] Man unterscheidet die **formelle** und die **materielle** Wechselstrenge. Unter formeller Wechselstrenge versteht man die Einhaltung sämtlicher Formerfordernisse nach Art. 1, 2 WG. Hinzu kommen die Einhaltung der Fristen sowie die Vornahme bestimmter Rechtshandlungen, wie z.B. Vorlegung des Wechsels und Protesterhebung.[1394] Mit der materiellen Wechselstrenge ist gemeint, dass die Wechselverbindlichkeit sich nach

---

[1389] *Baumbach/Hefermehl*, Einl WG Rn 60.
[1390] BGH NJW **1980**, 931.
[1391] OLG Frankfurt WM **1968**, 1187.
[1392] *Baumbach/Hefermehl*, v. Art. 75 Rn 3.
[1393] *Baumbach/Hefermehl*, Einl WG Rn 12ff.
[1394] *Baumbach/Hefermehl*, Einl WG Rn 13.

dem Inhalt der Wechselurkunde bestimmt. Umstände, die außerhalb der Urkunde liegen, dürfen nicht herangezogen werden.[1395]

II. Das Haftungssystem beim Wechsel

1. Haftung des Bezogenen

845 Gemäß Art. 28 WG wird der Bezogene durch die Annahme verpflichtet, den Wechsel bei Verfall zu bezahlen. Die schriftliche Ausstellung des Wechsels führt nicht zu einer Verpflichtung des Bezogenen. Der Bezogene kann nicht verhindern, dass jemand einen Wechsel auf seine Person zieht. Erst durch sein Akzept wird der Bezogene i.S.d. Art. 28 WG verpflichtet. Mit der Annahme (Akzept) wird der Bezogene als Akzeptant Hauptschuldner der Verbindlichkeit.

2. Ausstellerhaftung

846 Nach Art. 9 WG haftet der Aussteller für die Annahme und die Zahlung des Wechsels. Bei Annahme des Wechsels durch den Bezogenen und Zahlung tritt noch keine Ausstellerhaftung ein. Der Aussteller haftet als Rückgriffsschuldner. Wird die Annahme verweigert und erfolgt eine Protesterhebung, kann der Wechselinhaber gegen den Aussteller Rückgriff nehmen, Art. 43 Abs. 2 Nr. 1, 44 Abs. 1 WG. Die Haftung erstreckt sich gemäß Art. 48 WG auf die Wechselsumme, Zinsen, Protestkosten und andere Auslagen sowie für eine Provision nach Art. 48 WG. Hat der Bezogene den Wechsel akzeptiert und bezahlt er den Wechsel nicht, kann der Wechselinhaber nach Protesterhebung mangels Zahlung ebenfalls gegen den Aussteller Rückgriff nehmen, Art. 43 Abs. 1, 44, 48 WG. Löst der Aussteller als Rückgriffsschuldner den Wechsel ein, kann er seinerseits gegen den Akzeptanten vorgehen, Art. 47 Abs. 3, 28 Abs. 2 WG.

3. Haftung des Indossanten

847 Der Indossant haftet für die Annahme und die Zahlung des Wechsels gemäß Art. 15 Abs. 1 WG.
Jeder Indossant haftet gegenüber dem, an den er den Wechsel weiter überträgt (indossiert). Er haftet damit seinem Nachfolger dafür, dass eine Annahme und Einlösung des Wechsels erfolgt. Da jeder neue Indossatar seinerseits befugt ist, als Indossant den Wechsel an einen anderen Indossatar zu übertragen, haftet jeder Indossant der gesamten Übertragungskette nicht nur seinem unmittelbaren Nachmann, sondern allen weiteren Nachmännern in der gleichen Art und Weise.[1396]

Dem jeweiligen Wechselinhaber haftet die gesamte Kette der vor ihm auf den Wechsel Stehenden (Akzeptant, Aussteller, Indossant) auf die Wechselsumme, Zinsen, Kosten usw., Art. 48 WG. Die Beteiligten haften hier als Gesamtschuldner, Art. 47 Abs. 1 WG.

4. Wechselbürge

848 Zu den Wechselschuldnern gehört auch der Wechselbürge, Art. 32 Abs. 1 WG.
Die Wechselbürgschaft soll den Wechsel sicherer machen. Tatsächlich erzeugt die Angabe eines Bürgen eher den Verdacht der Zahlungsschwäche. Deshalb tritt die Wechselbürgschaft heute vermehrt in den Hintergrund und wird durch ein Garantiein-

[1395] *Baumbach/Hefermehl*, Einl WG Rn 14.
[1396] *Bülow*, WG/SchG, Art. 15 WG Rn 1.

dossament ersetzt.[1397] Garantieindossamente sind als „selbstständige" Garantieindossamente anerkannt, die keine Übertragungswirkung haben, sondern nur durch die Unterschrift den Wechsel wertvoller machen.

849 Durch die Wechselbürgschaft kann die Zahlung der Wechselsumme ganz oder teilweise gesichert werden, Art. 30 Abs. 1 WG. Die Wechselbürgschaft ist strikt von der bürgerlich-rechtlichen Bürgschaft nach §§ 765 ff. BGB zu unterscheiden. Es besteht keine Akzessorietät hinsichtlich der Wechselforderung.[1398] Die §§ 768, 771 BGB gelten in diesem Zusammenhang nicht. Eine Akzessorietät besteht nur insoweit, als die Wechselbürgschaft von der Formgültigkeit, nicht aber von der materiellen Gültigkeit der Hauptverbindlichkeit abhängt.[1399]

850 Die Bürgschaftserklärung wird auf den Wechsel oder auf einen Anhang gesetzt, Art. 31 Abs. 1 WG. Nach Art. 31 Abs. 3 WG gilt die bloße Unterschrift auf der Vorderseite des Wechsels als Bürgschaftserklärung, soweit es sich nicht um die Unterschrift des Bezogenen handelt. Hierbei handelt es sich um eine unwiderlegliche Vermutung.[1400]
Der Wechselbürge haftet in der gleichen Weise wie derjenige, für den er sich verbürgt hat, Art. 32 Abs. 1 WG. Es wird eine selbstständige Verpflichtung neben der Verpflichtung des Dritten, für den die Bürgschaft geleistet wird, begründet. Nach Art. 32 Abs. 3 WG erwirbt der Wechselbürge, der den Wechsel bezahlt, die Rechte aus dem Wechsel gegen denjenigen, für den er sich verbürgt hat und gegen alle, die diesem wechselmäßig haften.

Hinweis für die Fallbearbeitung: Anspruchsgrundlagen in wechselrechtlichen Fällen sind:
primär: Art. 28 WG - Akzeptant
sekundär: Art. 9 WG - Ausstellerhaftung
Art. 15 WG - Indossantenhaftung
Art. 32 WG - Haftung des Wechselbürgen

III. Formerfordernisse des Wechsels

851 Es besteht keine Wechselverbindlichkeit, wenn die Wechselform nicht eingehalten worden ist.

1. Wechselklausel

852 Die Urkunde muss die Bezeichnung als Wechsel im Text der Urkunde enthalten. Dies muss in der Sprache erfolgen, in der die Urkunde ausgestellt worden ist, Art. 1 Nr. 1 WG. Die Bezeichnung muss in den Text der Urkunde aufgenommen sein. Mit dieser Klausel soll eine Warnfunktion verbunden werden.[1401]

2. Unbedingte Zahlungsklausel

853 Notwendiger Formbestandteil ist die „unbedingte Anweisung", eine bestimmte Geldsumme zu zahlen, Art. 1 Nr. 2 WG. Die Wechselschuld ist also stets Geldsummenschuld. Die Geldsumme muss bestimmt sein. Es dürfen keine Wertsicherungsklauseln

---

[1397] *Bülow*, WG/SchG, Art. 15 WG Rn 7ff.
[1398] BGHZ **30**, 108; **35**, 19.
[1399] *Baumbach/Hefermehl*, Art. 30 WG Rn 1.
[1400] *Baumbach/Hefermehl*, Art. 31 WG Rn 7.
[1401] Vgl. *Bülow*, WG/SchG, Art. 1 WG Rn 4ff.

aufgenommen werden.[1402] Soll die Geldschuld verzinst werden, so muss die Zinssumme in die Hauptsumme einbezogen werden.[1403] Eine Ausnahme hiervon gibt es beim Sichtwechsel, Art. 5 Abs. 1 S. 1, Abs. 2 WG). Bei jedem anderen Wechsel gilt der Zinsvermerk als nicht geschrieben, Art. 5 Abs. 1 S. 2 WG.

Die Anweisung muss unbedingt sein. Durch die Bedingungsfeindlichkeit wird gesichert, dass keine Verknüpfung der Wechselschuld mit dem Grundgeschäft erfolgen kann. Die Beifügung einer Bedingung macht den Wechsel formungültig.[1404]

3. Name des Bezogenen

854 Der Wechsel muss den Namen des Bezogenen enthalten, Art. 1 Nr. 3 WG. Üblicherweise wird der Bezogene links unten auf dem Wechselformular aufgeführt. Wird kein Bezogener genannt, dann ist der Wechsel formungültig. Es ist aber nicht notwendig, dass es den Bezogenen tatsächlich gibt. Es genügt, dass es ihn geben kann. Wechsel, die auf nichtexistente Personen gezogen werden, sind trotzdem wirksam.[1405] Hintergrund hierfür ist, dass die Umlauffähigkeit des Papiers erschwert wird, wenn Erkundigungen über den Bezogenen eingeholt werden müssten. Ferner muss der Bezogene den Wechsel nicht akzeptieren, so dass im Zweifel die Aussteller- und Indossantenhaftung eingreift. Das Akzept hingegen muss von einer existenten und mit dem Bezogenen identischen Person stammen.[1406]

855 Der Aussteller kann sich ferner selbst als Bezogenen angeben, Art. 3 Abs. 2 WG. Dabei handelt es sich nicht um einen Solawechsel („Ich zahle"), sondern um einen gezogenen Wechsel, da ein Bezogener genannt wird, selbst wenn er mit dem Aussteller identisch ist, sog. trassiert eigener Wechsel.

4. Unterschrift des Ausstellers

856 Notwendig ist, dass der Wechsel vom Aussteller unterschrieben ist. Es genügt nicht, dass die Unterschrift sich im Text befindet. Die Unterschrift muss handschriftlich erfolgen, sie braucht aber nicht persönlich vorgenommen zu werden. Ausreichend ist die Unterschrift eines Vertreters. Für die Formgültigkeit des Wechsels ist es nicht erforderlich, dass eine Vertretungsmacht besteht, Art. 8 WG. Der wirkliche Name spielt für die Formgültigkeit keine Rolle. Eine Unterschrift unter fremdem Namen ist zulässig.[1407]

5. Wechselnehmer

857 Der Wechsel muss den Namen dessen enthalten, an den oder an dessen Order gezahlt werden soll (Wechselnehmer / Remittent), vgl. Art. 1 Nr. 6 WG; Art. 75 Nr.5 WG. Auch hier braucht der Wechselnehmer als solcher nicht wirklich zu existieren.[1408]

Der Aussteller kann auch selbst als Wechselnehmer angeben, den Wechsel also an die eigene Order stellen, Art. 3 Abs. 1 WG. Bei einem solchen Wechsel an eigene Order („Zahlen Sie an eigene Order", „Zahlen Sie an mich selbst") sind also Aussteller und

---

[1402] *Bülow*, WG/SchG, Art. 1 WG Rn 13.
[1403] *Bülow*, WG/SchG, Art. 1 WG Rn 14.
[1404] Vgl. OLG Hamm NJW-RR **1992**, 499.
[1405] *Bülow*, WG/SchG, Art. 1 WG Rn 16.
[1406] *Bülow*, WG/SchG, Art. 1 WG Rn 16.
[1407] *Bülow*, WG/SchG, Art. 1 WG Rn 43.
[1408] *Bülow*, WG/SchG, Art. 1 WG Rn 30.

Remittent identisch. Von dieser Möglichkeit wird ein Aussteller dann Gebrauch machen, wenn er noch nicht weiß, an wen er den Wechsel übertragen will. Der Aussteller kann dann später als Remittent den Wechsel an einen anderen indossieren.

6. Zahlungszeit und Zahlungsort

858 Durch die Angabe der Zahlungszeit wird der Verfall des Wechsels bestimmt. Der Inhaber des Wechsels ist nicht verpflichtet, die Zahlung vor Verfall anzunehmen, Art. 40 Abs. 1 WG. Der Wechselinhaber hat den Wechsel am Zahlungstag oder an einem der beiden folgenden Werktage dem Bezogenen vorzulegen, Art. 38 Abs. 1 WG.

Fehlt die Angabe der Zahlungszeit, so liegt nach Art. 2 Abs. 2 WG ein Sichtwechsel vor. Damit ist die Angabe der Zahlungszeit entbehrlich.
Es bestehen vier Möglichkeiten für die Bestimmung der Verfallszeit, Art. 33 WG:

a) Sichtwechsel

859 Der Sichtwechsel wird bei Vorlage fällig, Art. 34 WG. Diese Form wird nur selten gewählt.

b) Nachsichtwechsel

860 Nach Art. 35 Abs. 1 WG kann für die Fälligkeit auch eine bestimmte Zeit nach Vorlage des Wechsels bestimmt werden, z.B. „fällig acht Tage nach Sicht".

c) Dato- oder Fristwechsel

861 Die Verfallzeit kann weiterhin dadurch bestimmt werden, dass der Wechsel auf eine bestimmte Zeit nach der Ausstellung gezogen wird, z.B. „von heute drei Wochen". Als Auslegungsregel für gängige Zeitraumbezeichnungen gilt Art. 36 WG.

d) Tagwechsel

862 Die Angabe ist hier auf einen bestimmten Tag präzisiert. Als Auslegungshilfe dient Art. 36 Abs. 3 WG.
Die Angabe des Zahlungsorts ist grundsätzlich notwendig. Diese Angabe ist aber ersetzbar; denn mangels einer besonderer Bezeichnung gilt der bei dem Namen des Bezogenen angegebene Ort als Zahlungsort und zugleich als dessen Wohnort, Art. 2 Abs. 3 WG. Ist auch bei dem Namen des Bezogenen kein Ort angegeben, so ist der Wechsel formungültig. Der Zahlungsort hat auch eine prozessuale Bedeutung: Hiernach richtet sich der besondere Gerichtsstand für den Wechselprozess, § 603 ZPO.

7. Angaben über Tag und Ort der Ausstellung

863 Der Wechsel hat schließlich die Angabe des Tages und des Ortes der Ausstellung zu enthalten, Art. 1 Nr. 7 WG. Fehlt die Angabe des Ausstellungstages, ist der Wechsel nichtig.
Fehlt die Angabe des Ausstellungsorts, gilt der beim Namen des Ausstellers angegebene Ort als Ausstellungsort, so dass der Wechsel formgültig ist, Art. 2 Abs. 4 WG. Bei Fehlen selbst dieser Angabe, ist der Wechsel unwirksam.

8. Rechtsfolgen eines Formverstoßes

864 Bei Fehlen einer der in Art. 1 WG aufgezählten Erfordernisse ist der Wechsel grundsätzlich nichtig, vgl. Art. 2 Abs. 1 WG. Eine Auslegung des Parteiwillens bezüglich der Formerfordernisse ist aufgrund der Umlauffähigkeit des Wechsels nicht möglich. Möglicherweise kann der formungültige Wechsel aber in eine bürgerlich-rechtliche Anweisung umgedeutet werden gemäß § 140 BGB.[1409]

IV. Begründung der Wechselverpflichtung

865 Die Ausstellung eines Wechsels und die Begründung einer Wechselverbindlichkeit setzt Wechselfähigkeit voraus.

1. Wechselfähigkeit

866 Die Wechselfähigkeit ist an die Rechtsfähigkeit gebunden.[1410] Damit ist jede natürliche und juristische Person wechselfähig. Die Wechselfähigkeit beschränkt sich indes nicht auf Rechtspersonen. Wechselfähig sind vielmehr auch oHG und KG, §§ 124 Abs. 1, 161 Abs. 2 HGB.[1411] Der BGH hat nunmehr auch der BGB-Gesellschaft die Wechselrechtsfähigkeit zuerkannt.[1412] Die BGB-Gesellschaft kann damit sowohl Wechselschuldnerin als auch Wechselgläubigerin sein.

Für den Wechselaussteller ist allerdings nicht nur die Wechselrechtsfähigkeit entscheidend, vielmehr muss auch eine Wechselgeschäftsfähigkeit bestehen.[1413]
Die Wechselgeschäftsfähigkeit ist die Fähigkeit, Rechte und Pflichten aus einem Wechsel durch eigene Handlungen zu erwerben. Sie entspricht der Geschäftsfähigkeit i.S.d. §§ 104 ff. BGB. Wer geschäftsunfähig ist, kann keinen Wechsel ausstellen, übertragen oder akzeptieren.

Art. 91 WG regelt in diesem Zusammenhang nur die Anwendbarkeit des nationalen Rechts auf die passive Wechselrechtsfähigkeit.[1414] Für die aktive Wechselrechtsfähigkeit gilt internationales Privatrecht, Art. 7 EGBGB.

2. Stellvertretung und Wechselerklärung

867 Ein Vertreter verpflichtet durch seine Unterschrift den Vertretenen, wenn er erkennbar für den Vertretenen handelt und dazu Vollmacht hat. Zweckmäßig wird der Vertreter mit seinem Namen zeichnen und dabei den Namen des Vertretenen angeben. Der Vertreter kann auch nur den Namen des Vertretenen auf den Wechsel setzen oder nur mit seinem eigenen Namen zeichnen. Im letzteren Falle muss das Vertretungsverhältnis aus dem Text des Wechsels ersichtlich sein, sonst haftet der Vertreter selbst aus dem Wechsel.[1415]
Eine Rechtsscheinhaftung tritt auch nicht ein, es sei denn, dass besondere Umstände eine andere Beurteilung rechtfertigen. Vielmehr kommt § 177 BGB zum tragen. Die Wirksamkeit hängt von der Genehmigung ab.

[1409] *Baumbach/Hefermehl*, Art. 2 WG Rn 9.
[1410] *Baumbach/Hefermehl*, Einl WG Rn 18ff.
[1411] BGH NJW **1973**, 2198, 2199.
[1412] BGH NJW **1997**, 2754, 2755.
[1413] *Baumbach/Hefermehl*, Einl WG Rn 22f.
[1414] Vgl. dazu *Baumbach/Hefermehl*, Art. 91 WG Rn 1.
[1415] *Baumbach/Hefermehl*, Art. 1 WG Rn 15.

Wer als Vertreter ohne Vertretungsmacht einen Wechsel unterzeichnet, haftet, wie Art. 8 WG anordnet, selbst wechselmäßig. Dies gilt unabhängig davon, ob er den Mangel der Vertretungsmacht kannte oder nicht kannte.[1416] Im Wechselrecht gibt es also keine Beschränkung auf den Vertrauensschaden, vgl. § 179 Abs. 2 BGB. Das Gesetz behandelt den Vertreter ohne Vertretungsmacht so, als ob er im eigenen Namen seine Unterschrift (als Aussteller, Akzeptant oder Indossant) auf den Wechsel gesetzt hätte. Der Vertreter haftet auch dann wechselmäßig, wenn er seine Vertretungsmacht überschritten hat, Art. 8 S. 2 WG.

868 Auf Seiten des Geschäftspartners schadet nur positive Kenntnis von der fehlenden Vertretungsmacht.[1417] Fahrlässige Nichtkenntnis reicht - im Gegensatz zu § 179 Abs. 3 S. 1 BGB - nicht aus.
War der Vertreter ohne Vertretungsmacht geschäftsunfähig oder beschränkt geschäftsfähig, geht sein Schutz dem des Wechselinhabers vor. Dem Vertreter fehlt schon die Wechselgeschäftsfähigkeit.[1418]

Hinweis für die Fallbearbeitung: Der Vertreter haftet bei Verletzung des Offenkundigkeitsprinzips sowie in sonstigen Fällen mangelhafter Vertretung wie ein Wechselbeteiligter.

3. Der Blankowechsel

869 Der **Blankowechsel** ist ein bei der Begebung unvollständiger Wechsel, der vereinbarungsgemäß vervollständigt werden darf.[1419] Er ist rechtlich zulässig, was sich aus Art. 10 WG ergibt.
Die Unvollständigkeit des Wechsel ist in diesem speziellem Fall gewollt. Es genügt die Blankounterschrift des Ausstellers, des Akzeptanten oder des Indossanten.

870 Mit der Begebung des unvollständigen Wechsels vom Geber an den Nehmer wird zwischen diesen vereinbart, dass der Nehmer zur Ausfüllung des Wechsels befugt ist. Die Ausfüllungsbefugnis ist nicht mit dem dinglichen, sondern mit dem schuldrechtlichen Begebungsvertrag verbunden. Aus diesem Grunde ist die Ausfüllungsbefugnis ein Gestaltungsrecht, das im schuldrechtlichen Begebungsvertrag eingeräumt wird. Ein Widerruf der Ausfüllungsbefugnis ist dagegen i.d.R. nicht möglich, da dies der Umlauffähigkeit schadet.[1420]

871 Der Nehmer ist seinerseits wiederum befugt, den Blankowechsel nebst Ausfüllungsbefugnis einem anderen zu übertragen.[1421]
Folgen des Blankowechsels:

- Durch Ausfüllung wird der Blankowechsel rückwirkend auf den Zeitpunkt der Begebung zum Vollwechsel, so dass der Blankettgeber wechselrechtlich haftet.
- Wird der Wechsel später abredewidrig ausgefüllt, so ergibt sich die Haftung aus Art. 10 WG.

[1416] *Baumbach/Hefermehl*, Art. 8 WG Rn 5.
[1417] BGH WM **1959**, 179, 181; **1981**, 375.
[1418] *Baumbach/Hefermehl*, Art. 8 WG Rn 5.
[1419] *Bülow*, WG/SchG, Art. 10 WG Rn 1ff.
[1420] BGH NJW 1969, 2050; *Bülow*, WG/SchG, Art. 10 WG Rn 8.
[1421] *Bülow*, WG/SchG, Art. 10 WG Rn 12.

- Der Zeichner haftet aufgrund des durch seine Unterschrift gesetzten Rechtsscheins nur einem gutgläubigen Erwerber, der nichtsahnend auf diesen vertraut.

4. Die Rechtsposition des Ausstellers

872 Maßgeblich dafür, ob der Bezogene gegenüber dem Aussteller die Leistung zu erbringen hat, ist das zwischen ihnen bestehende Rechtsverhältnis, das sog. **Deckungsverhältnis**. Nach ihm richtet sich, ob der Bezogene die Leistung für Rechnung des Ausstellers oder eines Dritten erbringt.

873 Beim gezogenen Wechsel erhält der Wechselnehmer den Wechsel nicht schon durch den Skripturakt der Ausstellung, sondern erst durch die Begebung des Ausstellers des Wechsels. Die Begebung ist kein tatsächlicher Akt, der zur Ausstellung hinzutreten muss, damit das Wechselrecht geltend gemacht werden kann. Die Begebung ist vielmehr ein dinglicher Vertrag, durch den das Wechseleigentum übertragen wird.
Nach Art. 9 Abs. 1 WG haftet der Aussteller für die Annahme und die Zahlung des Wechsels. Der Aussteller ist aber nicht der primäre Wechselschuldner.

874 Der Tatbestand, der die Haftung des Ausstellers begründet, liegt in der Ausstellung des Wechsels und die willentliche Entäußerung des Papiers.[1422] Auf die willentliche Verpflichtung des Ausstellers, wechselrechtlich haften zu wollen, kommt es nicht an. Insofern handelt es sich um einen willensunabhängigen Haftungsgrund. Der Aussteller haftet nämlich auch dann, wenn er ausdrücklich erklärt, nicht haften zu wollen. Er kann lediglich die Haftung für die Annahme ausschließen. Jeder Vermerk, durch den er die Haftung für die Zahlung ausschließt, gilt dagegen als nicht geschrieben, Art. 9 Abs. 2 WG. Trotzdem ist die Haftung des Ausstellers nicht mit dem rechtsgeschäftlichen Akt der Begebung verbunden. Wenn er fehlt oder rechtsunwirksam ist, kann der Wechsel zwar nach Art. 16 Abs. 2 WG gutgläubig erworben werden, die Ausstellerhaftung tritt aber nur ein, wenn der in der Ausstellung des Wechsels liegende Rechtsscheintatbestand dem Aussteller zugerechnet werden kann. Ferner ist eine Anfechtung wegen Täuschung oder Drohung immer nur gegenüber dem ersten Wechselnehmer möglich.[1423]

> **Beachte**: Die Ausstellerhaftung entsteht durch den **Skripturakt** und den **Begebungsvertrag**. Sie kann sich auch aus Art. 10 WG (Rechtsschein) ergeben.

V. Übertragung des Wechsels

1. Der Wechselerwerb und sein Rechtsgrund

875 Vor seiner Annahme durch den Bezogenen entsteht ein gezogener Wechsel nicht schon durch die Ausstellung, sondern erst durch Übertragung an den Wechselnehmer. Damit erwirbt der Wechselnehmer das im Wechsel verbriefte Anwartschaftsrecht originär durch den Begebungsvertrag und die Übergabe der Wechselurkunde nach sachenrechtlichen Grundsätzen.[1424] Das Indossament allein ist zur Übertragung des Papiers nicht ausreichend.
Nimmt der Bezogene den Wechsel an, bevor der Aussteller ihn weiterbegeben hat, so wird der Bezogene durch die Annahme verpflichtet, den Wechsel bei Verfall zu bezah-

[1422] *Bülow*, WG/SchG, Art. 9 WG Rn 5.
[1423] *Bülow*, WG/SchG, Art. 9 WG Rn 5.
[1424] *Baumbach/Hefermehl*, Einl WG Rn 31ff, 51.

len, Art. 28 Abs. 1 WG. Durch die Annahme entsteht die Wechselforderung; sie beruht auf dem Vertrag mit dem Aussteller. Der Wechselnehmer erwirbt in diesem Fall die Wechselforderung durch den Begebungsvertrag und die Übergabe der Wechselurkunde.

876 Die Wechselforderung entsteht unabhängig von den Gründen, die der Begebung, der Übertragung oder der Annahme zugrunde liegen. Hierfür ist das Grundverhältnis maßgebend, auf dem die Wechselbegebung basiert (Zuwendungs- oder Valutaverhältnis).
Der Remittent hat also zwei Ansprüche. Zunächst kann er aus dem Wechsel gegen den Bezogenen hervorgehen und weiterhin aus dem zwischen ihm und dem Wechselgeber bestehenden Grundverhältnis.

2. Abstraktheit des Wechsels

877 Da die Wechselhingabe auf einem selbstständigen Rechtsgeschäft beruht, wird sie in ihrer Rechtswirksamkeit grundsätzlich nicht durch Mängel des Kausalgeschäfts berührt. Die Wechselforderung ist eine vom zugrunde liegenden Kausalgeschäft losgelöste**, abstrakte Forderung**.[1425] Bei dem **Abstraktionsgrundsatz** geht es um die rechtliche Trennung der Wechselforderung von den kausalen Geschäften. Hierdurch soll die Wechselforderung von den Mängeln des kausalen Geschäfts unabhängig gemacht werden. Auf diese Weise soll der Sicherheit im Rechtsverkehr gedient werden. Diese Wirkung ist die notwendige Grundlage für die Umlauffähigkeit des Papiers.

Die Bedeutung der Abstraktheit des Wechsels zeigt sich insbesondere dann, wenn das Rechtsgeschäft im Deckungsverhältnis unwirksam ist.
Besteht das Deckungsverhältnis (Grundverhältnis) zwischen Aussteller und dem Remittenten nicht mehr, kann der Remittent die Wechselforderung trotzdem geltend machen.

878 Jedoch ist der Remittent in diesem Fall um die Wechselforderung ungerechtfertigt bereichert, so dass der Wechselschuldner gegenüber der Wechselforderung die Bereicherungseinrede erheben kann, § 821 BGB.[1426] Für den ersten Nehmer des Wechsels (Remittent) gilt einschränkend, dass dieser aus dem Wechsel nicht mehr Rechte herleiten darf, als ihm nach dem Grundgeschäft zustehen.[1427]

879 Wenn der Zweiterwerber die Wechselforderung gegen den Wechselschuldner geltend macht und das der Wechselbegebung zugrunde liegende Kausalverhältnis nichtig ist, so geht den Zweiterwerber dieses Kausalverhältnis nichts an. Deshalb kann der Wechselschuldner dem Zweiterwerber gegenüber den Mangel des Kausalverhältnisses grundsätzlich nicht geltend machen. Der Zweiterwerber ist nur dann nicht schutzwürdig, wenn er beim Erwerb des Wechsels bewusst zum Nachteil des Wechselschuldners gehandelt hat, Art. 17 WG.

Erbringt der Wechselgeber mit der Hingabe des Wechsels dem Wechselgläubiger eine andere als die geschuldete Leistung (z.B. Kaufpreiszahlung), so erlischt diese nur dann, wenn der Wechselgläubiger den Wechsel anstatt Erfüllung annimmt (Leistung an Erfüllung Statt, § 364 Abs. 1 BGB). Dies ist beim Wechsel aber nicht der Regelfall.

[1425] So schon RGZ **160**, 338.
[1426] *Baumbach/Hefermehl*, Einl WG Rn 10.
[1427] BGH NJW **1986**, 1872, 1873; **1983**, 1059; **1972**, 251.

Vielmehr soll bei der Übernahme der neuen Verbindlichkeit (Wechselverbindlichkeit) das Schuldverhältnis mit etwaigen Sicherheiten im Zweifel bestehen bleiben. Es handelt sich damit nur um eine Leistung erfüllungshalber, § 364 Abs. 2 BGB. Die Hingabe des Wechsels ist nur ein Zahlungsversuch und damit noch keine Zahlung.[1428]

880 Trotz der rechtlichen Trennung zwischen Wechselforderung und Grundforderung ist der Gläubiger verpflichtet, zuerst Befriedigung aus dem Wechsel zu suchen. Die zwischen den ursprünglichen Parteien vereinbarte Zweckabrede, nach welcher der Wechsel begeben worden ist, kann eine kausale Verbindung zum Grundverhältnis herstellen. Hiernach kehrt sich durch die Ausgabe des Wechsels nur die Beweislast zugunsten des Gläubigers aus dem Grundverhältnis um.[1429]

Hinweis für die Fallbearbeitung: Im Verhältnis Aussteller und erster Nehmer wird die Abstraktheit des Wechsels durchbrochen. Der erste Nehmer soll aus dem Wechsel nicht mehr Rechte in Anspruch nehmen können, als ihm tatsächlich zustehen.

3. Grundformen der Übertragung

881 Die Übertragung des Wechsels kann auf unterschiedlichen Wegen erfolgen. Zunächst ist eine rein zivilrechtliche Übereignung des Papiers nach §§ 929ff. BGB möglich. Diese Übereignung kann zusätzlich mittels eines Indossaments erfolgen.[1430] Dies ist eine besondere wechselrechtliche Form, welche die Indossantenhaftung nach Art. 15 Abs. 1 WG auslöst. Sind in dem Wechsel die Worte „nicht an Order" aufgenommen, so ist eine Übertragung durch Indossament ausgeschlossen. Hierbei handelt es sich dann um einen Rektawechsel.

882 Der Rektawechsel wird durch Abtretung des in ihm verbrieften Rechts übertragen, §§ 398 ff. BGB, Art. 11 Abs. 2 WG. Zur Abtretung ist neben dem Vertrag die Übergabe des Wechsels erforderlich. Das Eigentum an der Wechselurkunde ist wesentlicher Bestandteil des Gläubigerrechts. Es kann also nicht gesondert übertragen werden, sondern geht von Gesetzes wegen auf den Zessionar über, § 952 Abs. 2 BGB. Allerdings gilt § 404 BGB, so dass es nicht zu einem wechselrechtlichen Einwendungsausschluss kommt. Diese Möglichkeit besteht auch bei den Orderwechseln.[1431]

Beachte: Bei einem Orderwechsel (Regelfall) bestehen drei Übertragungsmöglichkeiten:
- durch §§ 929ff. BGB mit Indossament, Art. 11 Abs. 1 WG
- durch §§ 929ff. BGB
- durch Abtretung der Wechselforderung nach §§ 398ff., 952 BGB mit den gewöhnlichen Wirkungen[1432]

Die wechselrechtlichen Besonderheiten treten aber nur bei der Übertragung durch Indossament ein.[1433]

[1428] Vgl. *Heinrichs* in: Palandt, § 364 Rn 6.
[1429] *Baumbach/Hefermehl*, Einl WG Rn 38.
[1430] *Baumbach/Hefermehl*, Art. 11 WG Rn 1.
[1431] BGH NJW **1958**, 302; WM **1977**, 839, 840.
[1432] *Bülow*, WG/SchG, Art. 11 WG Rn 2.
[1433] *Baumbach/Hefermehl*, Art. 11 WG Rn 2.

VI. Das Indossament

Die wechselmäßige Übertragung setzt ein Indossament und einen Begebungsvertrag voraus. **883**

1. Form

Das Indossament ist der schriftliche, meist auf der Rückseite des Wechsel befindliche Vermerk des Indossanten (Übertragender), dass ein anderer die Rechte aus dem Wechsel haben soll. **884**
Das Indossament muss vom Indossanten unterschrieben werden, Art. 13 Abs. 1 S. 1, 2 WG. Es kann auch auf der Vorderseite des Wechsels stehen, muss in diesem Fall aber deutlich erkennbar sein.
Aus der Erklärung muss sich ergeben, dass damit die Rechte auf einen anderen übertragen werden sollen.[1434]

- Indossant muss der Berechtigte sein (regelmäßig Remittent oder letzter Indossatar)
- Indossatar (Wechselempfänger) kann jede Person sein.

Unzulässig sind das bedingte Indossament und das Teilindossament, Art. 12 WG.

2. Wirkung

Ein Indossament hat drei Wirkungen: **885**

- Legitimationsfunktion, Art. 16 I 1 WG - Wer den Wechsel in den Händen hält und seine Berechtigung durch eine ununterbrochene Indossantenkette nachweisen kann, gilt als rechtmäßiger Inhaber
- Transportfunktion, Art. 14 Abs. 1, 16 Abs. 2 WG - Übertragung des Papiers mit der Möglichkeit des gutgläubigen Erwerbs
- Garantiefunktion, Art. 15 Abs. 1 WG - Haftung gegenüber Nachmännern für Annahme und Zahlung

3. Arten

a) Blankoindossament

Hiermit lässt der Aussteller oder Indossatar offen, an wen er das Papier übertragen will.[1435] **886**

b) Vollmachtsindossament

Das offene Vollmachts- oder Prokuraindossament ist ein Indossament, in dem der Indossatar als Bevollmächtigter bezeichnet ist („Wert zur Einziehung", „zum Inkasso", „in Prokura"), Art. 18 Abs. 1 WG. Der Indossatar ist berechtigt, alle Rechte aus dem Wechsel geltend zu machen. Er wird aber nicht Eigentümer des Wechsels, nicht Inhaber der Forderung und unterliegt auch nicht der Indossantenhaftung.[1436] **887**

[1434] *Bülow*, WG/SchG, Art. 11 WG Rn 2.
[1435] Vgl. *Bülow*, WG/SchG, Art. 1 WG Rn 31.
[1436] *Baumbach/Hefermehl*, Art. 18 Rn 2.

- Der Indossatar kann den Wechsel nur durch ein weiteres Vollmachtsindossament und nicht durch ein Vollindossament übertragen, Art. 18 Abs. 1 WG.
- Der Wechselschuldner kann dem Vollmachtsindossatar nur solche Einwendungen entgegensetzen, die ihm gegen den (vertretenen) Indossanten zustehen, Art. 18 Abs. 2 WG.
- Das Vollmachtindossament hat keine Garantiefunktion.

c) Pfandindossament

aa) Offenes Pfandindossament

888 Das offene Pfandindossament ist ein Indossament, dem eine Pfandklausel beigefügt ist („Wert zur Sicherheit", „Wert zum Pfande"), Art. 19 WG. Der Indossatar erwirbt durch Einigung und Übergabe des mit einem Pfandindossament versehenen Wechsels (§ 1292 BGB) ein Pfandrecht am Wechsel und an der Wechselforderung. Das Pfandrecht berechtigt den Indossatar, alle Rechte aus dem Wechsel geltend zu machen. Der Pfandindossatar ist nicht Eigentümer des Wechsels. Daher kann er das Eigentum nicht auf einen anderen übertragen. Sein Indossament hat nur die Wirkung eines Vollmachtsindossaments, Art. 19 Abs. 2 WG.

bb) Verdecktes Pfandindossament

889 Das verdeckte Pfandindossament ist ein Indossament, das die Verpfändung nicht erkennen lässt, weil es nach außen als Vollindossament erscheint.[1437] Eine Verpfändung desselben ist nicht erkennbar. Nach § 1292 BGB ist dies zulässig, da die Bestellung eines Pfandrechts nur die dingliche Einigung, §§ 1273, 1205 BGB, sowie die Übergabe der Pfandsache an den Pfandgläubiger voraussetzt.

d) Nachindossament

890 Das Nachindossament ist ein Indossament, das nach dem Protest mangels Zahlung oder nach Ablauf der Protestfrist auf den Wechsel gesetzt wird, Art. 20 Abs. 1 S. 2 WG. Ein solcher Wechsel ist nicht mehr für den Umlauf bestimmt. Es bedarf daher keiner Legitimation-, Transport- und Garantiefunktion. Das Nachindossament hat die Wirkungen einer gewöhnlichen Abtretung, Art. 20 Abs. 1 S. 2 WG.

> **Hinweis für die Fallbearbeitung:** Die besonderen Rechtswirkungen der wechselmäßigen Übertragung treten nicht bei der Zession und Übergabe bzw. Übereignung des Papiers ein. Sie werden nur durch das Indossament ausgelöst.

[1437] *Bülow*, WG/SchG, Art. 19 WG Rn 10.

VII. Legitimation des Wechselinhabers und Erwerb vom Nichtberechtigten

1. Formelle Legitimation

891 Nach Art. 16 Abs. 1 WG gilt als rechtmäßiger Inhaber, wer den Wechsel in den Händen hat und sein Recht durch eine ununterbrochene Reihe von Indossamenten nachweist.
Für die Geltendmachung der Rechte aus einem Wechsel ergibt sich die widerlegliche Rechtsvermutung, dass der Inhaber des Wechsels Wechselgläubiger ist.[1438] Die Vermutungswirkung erfasst zudem auch die Verfügungsbefugnis.

Für den Schuldner ergibt sich aus der formellen Legitimation eine Befreiungswirkung (Beachte aber Art. 40 Abs. 3 WG als Einschränkung – Arglist und grobe Fahrlässigkeit). Die Formelle Legitimation bildet die Grundlage für den gutgläubigen Erwerb.[1439]

2. Gutgläubiger Erwerb vom Nichtberechtigten

892 Der gutgläubige Erwerb eines Wechsels ist in Art. 16 Abs. 2 WG geregelt.
Voraussetzungen für den gutgläubigen Erwerb sind:

- Der Wechsel muss durch ein Indossament übertragen worden sein. Eine Abtretung ist nicht ausreichend (Besitz des Indossataren).
- Der neuer Inhaber muss sein Recht nach Art. 16 I WG nachweisen. Der Veräußerer muss formell aufgrund einer ununterbrochenen Reihe von Indossamenten legitimiert sein.
- Der Begebungsvertrag zwischen Indossant und Indossatar muss wirksam sein.
- Dem Erwerber dürfen keine Bösgläubigkeit und keine grobe Fahrlässigkeit bei Erwerb des Wechsels angelastet werden können.

893 Art. 16 Abs. 2 WG schützt nicht nur den Glauben an das fehlende Wechseleigentum, sondern ebenso wie § 366 HGB auch den guten Glauben an die Verfügungsbefugnis.[1440] Umstritten ist, ob auch der gute Glaube an die Geschäftsfähigkeit geschützt ist. Gegen den Gutglaubensschutz im Hinblick auf die Geschäftsfähigkeit spricht, dass die Geschäftsfähigkeit nicht auf der formellen Legitimation des Wechselinhabers beruht.[1441] Im Interesse der Umlauffähigkeit des Papiers ist dagegen anzunehmen, dass sich der Gutglaubensschutz auch auf die Geschäftsfähigkeit bezieht, wobei ausgeschlossen ist, dass ein Geschäftsunfähiger wechselrechtlich haftet.[1442]

894 Das Abhandenkommen des Wechsels i. S. Art. 16 Abs. 2 WG wird abweichend von § 935 Abs. 1 BGB definiert. Ein Wechsel ist nicht nur bei unfreiwilligem Besitzverlust abhanden gekommen, sondern wenn er ohne rechtswirksamen Begebungsvertrag in fremde Hände gelangt ist.[1443] Diese Voraussetzung ist auch erfüllt, wenn ein Bege-

---

[1438] *Baumbach/Hefermehl*, Art. 16 Rn 2.
[1439] Vgl. dazu *Bülow*, WG/SchG, Art. 16 WG Rn 17ff.
[1440] BGH NJW **1951**, 402.
[1441] *Hueck/Canaris*, § 11 V 2 d; *Zöllner*, § 14 VI 1 c bb (5); *Richardi*, S 163.
[1442] BGH NJW 1951, 402; BGH WM 1968, 4; *Brox* Rn 568; *Baumbach/Hefermehl*, Art. 16 WG Rn 10.
[1443] Vgl. BGHZ 26, 268, 272; BGH NJW 1992, 316.

bungsvertrag aufgrund Willensmangels angefochten wird und damit gemäß § 142 Abs. 1 BGB ex tunc nichtig ist.

Beachte die Besonderheiten des gutgläubigen Erwerbs beim Wechsel
- Erweiterung gegenüber den §§ 932ff. BGB
- besondere Regelung des Abhandenkommens

VIII. Annahme des Wechsels

1. Vorlegung zur Annahme

a) Allgemeines

895 Die Annahme des Wechsels (Akzept) ist die Erklärung des Bezogenen, durch die er sich zur Bezahlung des Wechsels bei Verfall wechselrechtlich verpflichtet, Art. 28 Abs. 1 WG.
Durch die Annahme wird der Bezogene zum Akzeptanten und damit zum primären Wechselschuldner.

- Für die Entstehung der Wechselforderung kommen zwei mögliche Zeitpunkte in Betracht: Die wechselrechtliche Verpflichtung kommt erst durch die Begebung, d.h. durch den Vertrag zwischen den Bezogenen und dem Wechselinhaber zustande oder aber mit der Unterschrift des Aussteller, wenn der Wechsel bereits vor Weitergabe an den Wechselnehmer angenommen wurde.

Grundsätzlich kann jeder Wechsel zur Annahme vorgelegt werden. Es wird jedoch nur der Sichtwechsel zur Zahlung vorgelegt, Art. 34 Abs. 1 S. 1 WG.

Hinweis für die Fallbearbeitung: Art. 28 Abs. 1 WG ist die Anspruchsgrundlage für die Wechselforderung des Inhabers gegen den Primärschuldner;
Voraussetzungen:
1) Wechsel muss formell gültig sein, Art. 1, 2 WG
2) Wechsel muss fällig sein, Art. 33 WG
3) Wechselakzept, Art. 25, 26 WG
4) Vorlage gegenüber Akzeptanten, Art. 38 WG
5) Formelle Legitimation des Vorlegers, Art. 16 Abs. 1 WG
6) Materielle Legitimation des Vorlegers; hierfür liegt Rechtsschein vor, wenn 5) erfüllt ist.

b) Voraussetzungen der Annahme

896 Gemäß Art. 25 Abs. 1 WG bedarf das Akzept der Schriftform. Erforderlich ist eine eigenhändige Unterschrift. Die bloße Unterschrift auf der Vorderseite ist ausreichend. Wird sie auf der Rückseite erklärt, muss „angenommen" oder eine gleichbedeutende Zusatzformulierung gewählt werden.[1444] Der Akzeptant muss mit dem auf dem Wechsel angegebenen Bezogenen identisch sein.[1445] Eine sachliche Identität ist ausreichend. Unterschreibt ein Dritter, so haftet dieser nicht als Annehmer des Wechsels.[1446] In Betracht kommt aber eine Wechselbürgschaft, vgl. Art. 31, Abs. 3, 4 WG. Grundsätzlich ist weiterhin ein Begebungsvertrag notwendig.

[1444] *Baumbach/Hefermehl*, Art. 25 Rn 1.
[1445] *Baumbach/Hefermehl*, Art. 25 Rn 2.
[1446] OLG Frankfurt, BB 1975, 1364.

2. Rechtsfolgen der Annahme

897 Durch die Annahme wird der Bezogene verpflichtet, den Wechsel bei Verfall zu bezahlen, Art. 28 Abs. 1 WG. Erst durch sie entsteht die Wechselforderung. Er wird Hauptschuldner.
Verweigert der Bezogene die Annahme, haftet er nicht aus dem Wechsel.[1447] Der Wechselinhaber kann nach **Protest** mangels Annahme gegen seine Vormänner als Rückgriffsschuldner vorgehen, Art. 43 Abs. 1, Abs. 2 Nr. 1 WG, sofern die Haftung für die Annahme nicht ausgeschlossen worden ist, Art. 9 Abs. 2, 15 Abs. 1WG. Gemäß Art. 29 WG ist ein Widerruf der Annahme möglich. Mit Art. 29 WG wird eine Vermutungsregel aufgestellt: Als Verweigerung der Annahme gilt es, wenn der Bezogene bis zur Rückgabe des Wechsels seine auf den Wechsel gesetzte Annahmeerklärung streicht und damit die Annahme widerruft. Die Rückgabe setzt eine willentliche Entäußerung aus dem Machtbereich des Akzeptanten voraus, so dass selbst beim Abhandenkommen des Papiers noch ein Streichen des Akzepts möglich ist, sofern nicht bereits ein Dritter den Wechsel gutgläubig erworben hat.[1448]

IX. Erfüllung durch Zahlung des Wechsels

1. Zahlung an den Berechtigten

898 Bei **Verfall** (Fälligkeit) ist der Wechsel zu zahlen. Der Wechselinhaber kann jedoch schon vor Verfall Rückgriff nehmen, wenn die Annahme ganz oder teilweise verweigert worden ist oder wenn die Voraussetzungen für einen Regress mangels Sicherheit gegeben sind, Art. 43 Abs. 2 WG.

Bei Zahlung der geforderten Summe an den Wechselinhaber tritt Erfüllung hinsichtlich der Wechselforderung i.S.d. § 362 Abs. 1 BGB ein. Hierzu muss der Wechselinhaber den Wechsel zur Zahlung vorlegen. Der Bezogene kann vom Inhaber die Aushändigung des quittierten Wechsels verlangen, Art. 39 Abs. 1 WG. Die Vorlegung zur Zahlung ist stets notwendig, denn der Wechsel ist ein Einlösungspapier.

Der Inhaber des Wechsels ist nicht verpflichtet, die Zahlung vor Verfall anzunehmen, Art. 40 Abs. 1 WG. Bei Annahme führt die Zahlung wie bei Verfall zum Erlöschen der Wechselverbindlichkeit.[1449] Bei Zahlung der ganzen Wechselsumme geht das Eigentum an der Wechselurkunde auf den Bezogenen über. Für den Eigentumserwerb gilt § 952 BGB entsprechend.[1450] Der Zahlung stehen Aufrechnung, Hinterlegung und Erlass gleich.

2. Zahlung an einen Nichtberechtigten

899 Gemäß Art. 40 Abs. 2 WG handelt der Bezogene auf eigene Gefahr, wenn er vor Verfall zahlt. Der Bezogene wird also nur dann von seiner Verpflichtung frei, wenn er an den materiell Berechtigten zahlt. Sein guter Glaube nützt bei Leistung an einen Nichtberechtigten nichts.[1451]

[1447] *Bülow*, WG/SchG, Art. 28 WG Rn 3.
[1448] *Bülow*, WG/SchG, Art. 29 WG Rn 2.
[1449] *Baumbach/Hefermehl*, Art. 40 Rn 1.
[1450] *Zöllner*, § 7 I.
[1451] *Baumbach/Hefermehl*, Art. 40 Rn 2.

900 Wird der Wechsel bei Verfall vorgelegt, so gerät der Bezogene unter Zwang, die Verbindlichkeit einzulösen. Dies ist eine sehr unsichere Lage für den Wechselschuldner. Dem will § 40 Abs. 3 WG Abhilfe schaffen. Mit § 40 Abs. 3 WG wird für die Zahlung eine Befreiungswirkung verbunden. Der Schuldner wird bei Zahlung an einen Nichtberechtigten, der formell legitimiert ist, frei, wenn ihm nicht Arglist oder Fahrlässigkeit zur Last fällt, Art. 40 Abs. 3 WG. Im Hinblick auf Art. 16 Abs. 1 WG gilt dies auch für die Verfügungsbefugnis. Die Befreiungswirkung tritt auch bei Zahlung an einen Geschäftsunfähigen oder in seiner Geschäftsfähigkeit Beschränkten ein (h.M.).[1452] Die formelle Legitimation bezieht sich zwar nicht auf die Geschäftsfähigkeit, jedoch besteht die gleiche „Zwangslage", die hinter der Anwendung des Art. 40 WG steht. Deshalb findet Art. 40 Abs. 3 WG Anwendung.

X. Der Wechselrückgriff

901 Der Rückgriff (Regress) ist die Inanspruchnahme der Vormänner des Wechselinhabers durch den Inhaber des Wechsels, Art. 43 Abs. 1 WG.

1. Voraussetzungen

a) Notleidender Wechsel

902 Das Vorliegen eines Not leidenden Wechsels ist eine materielle Voraussetzung. Nach Art. 43 WG sind folgende Fälle zu unterscheiden:

- Gänzliche oder teilweise Nichtzahlung durch den Bezogenen bei Verfall des Wechsels, Art. 43 Abs. 1WG. Dieser Fall setzt die rechtzeitige Vorlegung des Wechsels am richtigen Ort voraus. Rechtzeitig ist die Vorlage zur Zahlung, wenn sie frühestens am Zahlungstag und spätestens am zweiten Werktag nach dem Zahlungstag erfolgt, Art. 38 Abs. 1 WG.
- Gänzliche oder teilweise Nichtannahme des Wechsels, Art. 43 Abs. 2 Nr. 1 WG.
- Mangelnde Sicherheit des Bezogenen, Art. 43 Abs. 2 Nr. 2 WG.
- Mangelnde Sicherheit des Ausstellers bei einem nicht akzeptablen Wechsel, Art. 43 Abs. 2 Nr. 3 WG.

b) Protesterhebung, Art. 44 WG

903 Protest ist die vergebliche Aufforderung zur Vornahme bestimmter wechselrechtlicher Handlungen und ihre rechtsförmliche Feststellung durch eine öffentliche Urkunde (Protesturkunde, vgl. auch Art. 79ff WG).[1453] Der rechtzeitige Protest ist eine notwendige formelle Voraussetzung des Rückgriffs. Der Protest begründet das Rückgriffsrecht. Die Protestfrist ist eine Ausschlussfrist. Unterbleibt rechtzeitiger Protest mangels Zahlung bei Verfall, so gehen die Rückgriffsansprüche verloren.

904 Eine fristgemäße Protesterhebung ist in folgenden Fällen erforderlich:

- Bei Verweigerung der Annahme: Protest innerhalb der Frist, die für die Vorlegung zur Annahme gilt.

[1452] *Baumbach/Hefermehl*, Art. 40 Rn 7.
[1453] *Bülow*, WG/SchG, Art. 44 WG Rn 1.

- Bei Verweigerung der Zahlung: Nach Art. 44 Abs. 3 WG muss der Protest an einem der beiden auf den Zahlungstag folgenden Werktage erfolgen.
- Bei Zahlungseinstellung des Bezogenen oder fruchtloser Zwangsvollstreckung in sein Vermögen muss der Wechsel dem Bezogenen gleichgültig, ob er angenommen hat oder nicht, zur Zahlung vorgelegt und Protest erhoben werden, Art. 44 Abs. 5 WG.
- Bei Eröffnung des Insolvenzverfahrens, Art. 44 VI WG und bei Protesterlass, Art. 46 WG (Vermeidung von Protestkosten) muss ein Protest ausnahmsweise nicht erhoben werden.

2. Erstrückgriff

905 Sind die Voraussetzungen erfüllt, kann der Inhaber des Wechsels Rückgriff nehmen, sog. Inhaberrückgriff oder Erstrückgriff.
Rückgriffsschuldner sind alle Indossanten, der Aussteller sowie die anderen Wechselverpflichteten (Erbe, Wechselbürge).[1454] Die Rückgriffsschuldner haften als Gesamtschuldner gemäß Art. 47 Abs. 1 WG. Der Wechselinhaber kann von den Verpflichteten nach Art. 48 Abs. 1 WG verlangen:

- Die Wechselsumme
- Die Zinsen seit dem Verfalltag, vgl. Art. 48 Abs. 1 Nr. 2 WG
- Die Kosten des Protestes, der Nachrichten sowie anderer Auslagen
- Die Vergütung (Provision für die Mehrarbeit des Inhabers,[1455] höchstens 1/3% der Wechselsumme)

906 Aufgrund des Charakters der Protestfrist als Ausschlussfrist verliert der Wechselinhaber alle Rückgriffsansprüche, wenn er die Fristen zur Vorlegung oder zur Protesterhebung versäumt oder wenn der Protest nicht in der gehörigen Form erhoben wird, Art. 53 WG.
Der Anspruch gegen den Akzeptanten, welcher Hauptschuldner aus dem Wechsel und kein Rückgriffsschuldner ist, bleibt davon jedoch unberührt.

3. Ersatzrückgriff

907 Bei Einlösung des Wechsel durch den Rückgriffsschuldner hat dieser auch seinerseits Rückgriffsansprüche, Art. 47 Abs. 3 WG (Ersatzrückgriff). Mit der Einlösung erlangt der Einlöser die Rechtsstellung, die er früher hatte.
Rückgriffsschuldner sind alle Vormänner des Einlösers als Gesamtschuldner. Der Einlöser kann Zug um Zug gegen Zahlung die Aushändigung des Wechsels mit der Protesturkunde und einer quittierten Rechnung verlangen, Art. 50 Abs. 1 WG.

Jedem Rückgriffsschuldner wird ein Einlösungsrecht eingeräumt. Hierdurch soll verhindert werden, dass die Regresssumme immer höher wird. Es besteht eine Benachrichtigungspflicht für den Wechselinhaber nach Art. 45 WG.

[1454] *Bülow*, WG/SchG, Art. 43 WG Rn 8.
[1455] *Baumbach/Hefermehl*, Art. 48 WG Rn 6.

XI. Ehreneintritt

908 Der Ehreneintritt findet sozusagen „im Notfall" statt. D.h. wenn Annahme oder Zahlung verweigert werden bzw. gefährdet sind, Art. 43, 56, 59 Abs. 1 WG. Der Ehreneintritt (Intervention) hat heute kaum noch Bedeutung. In früheren Zeiten erfuhren die Wechselbeteiligten häufig wegen der schlechteren Nachrichtenverbindungen nicht oder zu spät davon, dass ein Wechsel auf fremden Plätzen in Not geraten war.[1456] Um einen „Ehrverlust" zu verhindern, kann jemand als Honorant intervenieren und durch Ehrenannahme oder Ehrenzahlung die Ehre des von ihm beehrten Wechselbeteiligten schützen.

Man unterscheidet zwischen Ehrenannahme und -zahlung:

- Die Ehrenannahme ist in allen Fällen zulässig, in denen der Inhaber vor Verfall Rückgriff nehmen kann, also bei Verweigerung der Annahme, Art. 56 Abs. 1 WG.
- Die Ehrenzahlung ist in allen Fällen zulässig, in denen der Inhaber bei Verfall oder vor Verfall Rückgriff nehmen kann, Art. 59 Abs. 1 WG. Sie kann nicht zurückgewiesen werden. Erfolgt eine Zurückweisung, so verliert der Inhaber den Rückgriff gegen diejenigen, die frei geworden wären, Art. 61 WG.

XII. Der wechselrechtliche Einwendungsausschluss

1. Einwendungsausschluss und Abstraktheit des Wechsels

909 Bei einer gewöhnlichen Forderungsabtretung kann der Schuldner nach § 404 BGB dem Gläubiger alle Einwendungen entgegenhalten, die ihm gegen den bisherigen Gläubiger zustanden. Bei den Verkehrspapieren will man deren Umlauffähigkeit sichern und dazu das Vertrauen des Erwerbers auf den sich aus dem Wortlaut des Papiers ergebenden Rechtsschein schützen.

Die Wechselzeichnung ist eine selbstständige Verpflichtung. Aus welchem Grunde diese Verpflichtung eingegangen wird, hat für den Bestand der Wechselforderung keine Bedeutung. Die Gültigkeit einer Wechselforderung besteht unabhängig davon, ob die Wechselverbindlichkeit aufgrund eines Rechtsverhältnisses erfolgt ist oder nicht.

- **Abstraktheit der Wechselverbindlichkeit**[1457]

910 Die Abstraktheit bedeutet, dass die Wechselverbindlichkeit von der Kausalverpflichtung unabhängig ist.
Anders als bei der Forderungsabtretung (§ 404 BGB) ist eine Geltendmachung von Einwendungen im Wechselrecht nur unter bestimmten Voraussetzungen möglich. Der Einwendungsausschluss, der sich aus der Abstraktheit ergibt, tritt erst ein, wenn der Wechsel in wechselrechtlicher Form auf einen anderen übertragen wird.

Ohne dass dies einer besonderen Begründung bedarf, ist es selbstverständlich, dass persönliche Einwendungen, die der Wechselschuldner gegenüber einem Wechselgläubiger hat, ihm entgegengesetzt werden können.[1458] Problematisch ist deshalb nur, ob persönliche Einwendungen, die der Wechselschuldner gegenüber einem früheren

---

[1456] *Richardi*, S. 195.
[1457] *Baumbach/Hefermehl*, Einl WG Rn 10.
[1458] BH NJW **1986**, 1872, 1873; **1983**, 1059; **1972**, 251.

Wechselgläubiger hatte, auch noch seinem Rechtsnachfolger entgegengehalten werden können. Aus Art. 17 WG ergibt sich, dass Einwendungen gegen frühere Inhaber der den Aussteller grundsätzlich ausgeschlossen sind. Solche Einwendungen können nur dann gegen den Inhaber vorgebracht werden, wenn dieser bei Erwerb des Wechsels bewusst zum Nachteil des Schuldners gehandelt hat.
Der Wechselschuldner kann jedem Wechselnehmer zusätzlich solche Einwendungen entgegensetzen, welche

- die Gültigkeit der Annahme betreffen - sofern Geschäftsunfähigkeit,[1459] fehlende Vertretungsmacht,[1460] Fälschung[1461] oder unmittelbarer Zwang[1462] vorliegen,
- sich aus dem Inhalt des Wechsels bzw. der Annahme ergeben[1463] oder
- dem Wechselschuldner unmittelbar gegen den Wechselnehmer zustehen.

2. Einteilung der Einwendungen

a) Urkundliche Einwendungen

911 Mit den urkundlichen Einwendungen sind die Einwendungen gemeint, die sich aus dem Inhalt der Urkunde ergeben.

- Einwand des Formmangels, Art. 1 WG
- Einwand der fehlenden Formallegitimation, Art. 16 Abs. 1 WG
- Ausschluss der Haftung des Ausstellers für die Annahme, Art. 9 Abs. 2 WG
- Ausschluss der Haftung eines Indossanten, Art. 15 Abs. 1 WG
- Festlegung eines Indossierungsverbots, Art. 15 Abs. 2 WG
- Einwand einer auf dem Wechsel vermerkten Teilzahlung, Art. 39 WG
- Einwand der Präjudizierung beim Rückgriff, Art. 53 WG
- Einrede der Verjährung, Art. 70 WG
- Diese Einwendungen können auch gegenüber dem neuen Wechselgläubiger geltend gemacht werden. Ferner ergeben sich diese Einwendungen unmittelbar aus der Urkunde und können deshalb nicht präkludiert werden.

b) Gültigkeitseinwendungen

912 Unter Gültigkeitseinwendungen fallen die Einwendungen, welche die wechselmäßige Verpflichtung betreffen und nicht aus der Urkunde hervorgehen. Sie richten sich allein gegen die wechselmäßige Haftung des Schuldners, grundsätzlich aber nicht gegen den Erwerb des Wechsels durch einen Dritten.[1464]

1459 *Baumbach/Hefermehl*, Art. 17 WG Rn 34,
1460 BGH WM **1991**, 1909.
1461 *Hueck/Canaris*, § 9 II 3 b.
1462 BGH WM **1975**, 1002.
1463 *Baumbach/Hefermehl*, Art. 17 WG Rn 27.
1464 *Baumbach/Hefermehl*, Art. 17 WG Rn 31.

Gegenüber dem Ersterwerber sind Gültigkeitseinwendungen immer erheblich. Aufgrund der Verkehrsfähigkeit des Wechsels ist es problematisch, sämtliche Einwendungen gegen den Wechsel gegenüber dem Zweiterwerber zuzulassen.

913 Grundsätzlich gilt, dass Gültigkeitseinwendungen des Wechselschuldners dann gegenüber einem Zweiterwerber unerheblich sind, wenn der Schuldner für seine Wechselverpflichtung einen zurechenbaren Rechtsschein gesetzt hat und der Zweiterwerber diesbezüglich gutgläubig war.[1465] Die Gutgläubigkeit ist entsprechend Art. 10 WG und Art. 16 Abs. 2 WG gegeben, wenn der Zweiterwerber die Einwendung des Schuldners nicht kannte bzw. ihm beim Erwerb keine grobe Fahrlässigkeit vorzuwerfen ist.

Zu den Gültigkeitseinwendungen gehören:

- Einwand der Geschäftsunfähigkeit oder beschränkten Geschäftsfähigkeit - beachtlich
- Einwand mangelnder Vertretungsmacht, Art. 8 WG - beachtlich für „Geschäftsherren"
- Einwand der Fälschung, Art. 69 WG - beachtlich für Vormänner
- Einwand der abredewidrigen Ausfüllung des Wechsels, Art. 10 WG - grds. unbeachtlich
- Der Einwand des Fehlens oder der Nichtigkeit des Begebungsvertrags (nicht formgerechtes Schenkungsversprechen, Verstoß gegen die guten Sitten § 138 BGB, fehlerhafte Willenserklärung bzgl. des Skripturakts) - beachtlich
- Einwand der vis absoluta: Abgabe der Wechselerklärung unter körperlichem Zwang - beachtlich

c) Persönliche Einwendungen

914 Persönliche Einwendungen gründen sich auf die unmittelbaren Beziehungen zwischen einem Wechselschuldner zu einem bestimmten Wechselinhaber, vgl. Art. 17 WG. Sie unterscheiden sich von den urkundlichen Einwendungen und den Gültigkeitseinwendungen dadurch, dass sie aus dem Kausalgeschäft oder einer besonderen wechselrechtlichen Vereinbarung zwischen Schuldner und Gläubiger folgen.

Folgende Einwendungen können deshalb nicht gegenüber dem Wechselgläubiger geltend gemacht werden:

- Einwendungen aus dem Grundverhältnis (Kausalverhältnis) – z.B. §§ 273, 320, §§ 812 Abs. 2, 821 BGB.
- Einwendungen, die auf einer besonderen wechselrechtlichen Vereinbarung beruhen (Stundungsabrede, die nicht auf dem Wechsel vermerkt ist).
- Einwand der Tilgung der Schuld durch Zahlung, Aufrechnung, Erlass oder Vergleich.

915 Der Wechselschuldner kann in bestimmten Ausnahmefällen die persönlichen Einwendungen auch dem Zweiterwerber des Wechsels entgegenhalten. Das ist der Fall, wenn

---

[1465] *Baumbach/Hefermehl*, Art. 17 WG Rn 9.

der spätere Erwerber des Wechsels bewusst zum Nachteil des Schuldners gehandelt hat, Art. 17 HS 2 WG.

Hinweis für die Fallbearbeitung: Bei der Prüfung einer Einwendung ist zu beachten, in welchem Verhältnis sie geltend gemacht wird.

XIII. Wechselverjährung und -bereicherung

916 Die Ansprüche aus einem Wechsel gegen den Annehmer verjähren in drei Jahren vom Verfalltag, Art. 70 Abs. 1 WG.
Die Ansprüche aus Rückgriffshaftung verjähren nach Art. 70 Abs. 2 WG in einem Jahr. Gemäß Art. 70 Abs. 3 WG verjähren die Ansprüche eines Indossanten gegen andere Indossanten und gegen den Aussteller in sechs Monaten.

917 Durch die Verjährungseinrede büßt der Wechselinhaber praktisch die Wechselrechte ein. Hält er die Ausschlussfristen für die Vorlage des Wechsels und die Protesterhebung nicht ein, verliert er die Rückgriffsansprüche. Damit erleidet der Wechselinhaber einen Schaden, den der Gesetzgeber dann für unbillig erachtet, wenn der Annehmer oder Aussteller im Zusammenhang mit der Wechselbegebung einen Vorteil erlangt hat und dadurch bereichert ist (z.B. Bezogener hat Deckung erhalten, braucht aber infolge Verjährung nicht mehr zu zahlen).

918 Für diese Fallkonstellation gibt es einen speziellen wechselrechtlichen Bereicherungsanspruch, Art. 89 WG. Der Begriff des „Schadens" in Art. 89 WG ist bereicherungsrechtlich zu bestimmen. Der Schaden liegt nämlich darin, dass der Inhaber seinen Wechsel durch Verjährung oder Präjudizierung eingebüßt hat und deshalb der Aussteller oder Akzeptant bereichert ist.[1466] Die Bereicherung besteht nach h. M. „in dem Wert dessen, was der Aussteller oder Akzeptant mehr für den Wechsel erhalten als ausgegeben hat".[1467] Nach h.M. finden die §§ 818 ff. BGB keine Anwendung.[1468] Die Einrede der Entreicherung nach § 818 Abs. 3 BGB soll nach M.M. entsprechende Anwendung finden,[1469] obwohl eine Entreicherung kaum zu begründen ist. Der Bereicherungsschuldner müsste nachweisen können, dass er durch das Ausbuchen der Verbindlichkeit Luxusaufwendungen hatte.[1470] Der Wechselbereicherungsanspruch ist stets auf die Zahlung einer Geldsumme gerichtet (Geldschuld). Der Anspruch verjährt gemäß Art. 89 Abs. 1 S. 2 WG in drei Jahren nach dem Erlöschen der wechselmäßigen Verbindlichkeit.

Beispielsfall – abredewidrig ausgefüllter Wechsel:
A steht in ständiger Geschäftsverbindung mit B, der bei Ihm laufend Ware bezieht. A sorgt sich um seine monatlich höher werdenden Außenstände bei B und verlangt als Sicherheit ein Akzept von C, der Hausbank des B. B erhält von C ein Blankoakzept. Er dar dieses jedoch höchstens über eine Summe von € 100.000 ausfüllen. B füllt das Akzept auf € 150.000 aus, weil seine Verbindlichkeiten gegenüber A unerwartet stark gestiegen sind. B indossiert sodann das Akzept an A, der bei Fälligkeit von C Zahlung

---

[1466] *Bülow*, WG/SchG, Art. 89 WG Rn 5.
[1467] *Baumbach/Hefermehl*, Art. 89 WG Rn 6.
[1468] BGHZ **3**, 238, 243
[1469] *Canaris* WM **1977**, 36, *Zöllner*, § 22 II 2.
[1470] *Bülow*, WG/SchG, Art. 89 WG Rn 13.

verlangt. C lehnt die Zahlung ab, weil der Wechsel wegen abredewidriger Ausfüllung gefälscht sei und daher von C keine Zahlung verlangt werden könne. Weiterhin habe A keine offenen Forderungen gegenüber B über € 150.000, weil B auf Grund einer Kick-Back-Vereinbarung mit einer Gegenforderung in Höhe von € 25.000 aufgerechnet habe.

Lösungshinweise:
Anspruchsgrundlage ist Art. 28 Abs. 1 WG. Zur **Formgültigkeit** des Wechsels vergleiche Art. 1, 2 WG. Die Begebung eines Blankoakzepts steht der Formgültigkeit nicht entgegen, da alle formellen Anforderungen erst zum Zeitpunkt der Vorlage des Wechsels zur Geltendmachung der Wechselforderung erfüllt sein müssen. Auf die Reihenfolge der Ausfüllung kommt es nicht an. Die **sachliche Berechtigung** des A liegt vor, wenn er den Wechsel wirksam erworben hat. A hat den Wechsel durch Indossament erworben, Art. 11 Abs. 1, 14 Abs. 1 WG. Durch das Indossament werden alle Rechte aus dem Wechsel übertragen. Hiermit wird indes nur der Skripturakt beschrieben. Hinzukommen müssen noch der Begebungsvertrag und die Übergabe des Papiers. Fraglich ist in diesem Zusammenhang, ob der Wechsel im Sinne Art. 16 Abs. 2 WG abhanden gekommen ist, weil B ihn nur bis € 100.000 ausfüllen durfte und daher kein Begebungsvertrag vorlag, der die Ausfüllung des Wechsel über € 150.000 gestattete. A war jedoch nicht bösgläubig im Sinne Art. 16 Abs. 2 WG, so dass er den Wechsel wirksam erworben hat. Eine **Wechselverpflichtung** des Bezogenen C liegt nach Art. 28 Abs. 1 WG aufgrund der Annahme des Wechsels vor, wenn keine Einwendungen entgegenstehen. Der Einwand der Verfälschung nach Art. 69 WG ist unbegründet. Er setzt die Verfälschung eines vollständigen Wechsels voraus. Hier ist der Wechsel erst durch die Eintragung der Wechselsumme entstanden. Auch eine Fälschung des Wechsels nach Art. 7 WG liegt nicht vor, weil C dem B das Recht zur Vervollständigung des Wechsels eingeräumt hatte. Weiterhin ist auch die Einrede der abredewidrigen Ausfüllung erfolglos. C hat einen Rechtsschein gesetzt und A war gutgläubig, Art. 10 WG. Im Ergebnis bleibt auch der Einwand der nicht bestehenden Forderung ohne Erfolg. C kann A die Aufrechnung des B nicht entgegenhalten, weil die Bereicherungslage nur zwischen A und B besteht. Es handelt sich um eine Einwendung aus dem Valutaverhältnis. Fraglich ist, ob C gegen A eine Bereicherungseinrede zusteht. Aufgrund der Abstraktheit des Wechsels kommt eine Bereicherungseinrede des C gegen A nur in Betracht, wenn eine Bereicherungslage im Verhältnis zwischen C und A besteht. A hat nicht zum Nachteil des C gehandelt, als er den Wechsel erworben hat, Art. 17 WG. A hat daher im Verhältnis zu C nichts ohne rechtlichen Grund erlangt. Streitig ist, ob der rechtsgrundlose Erwerb dem unentgeltlichen Erwerb gleichgestellt werden kann, vgl. § 816 Abs. 1 S. 2 BGB. Im Wechselrecht ist eine analoge Anwendung von § 816 Abs. 1 S. 2 BGB abzulehnen, weil mit Art. 17 WG eine Sonderregelung besteht. Im Ergebnis muss C € 150.000 zahlen.

D. Scheckrecht

I. Begriff und wirtschaftliche Bedeutung des Schecks

919 Der Scheck ist eine Urkunde, die in einer bestimmten Form zur Zahlung einer Geldsumme anweist. Seinen Ursprung hat der Scheck – wie auch der Wechsel – in Italien.[1471] Bereits im 14. Jahrhundert beglichen Kaufleute ihre Verbindlichkeiten durch die Ausstellung einer Geldanweisung auf ein Guthaben bei einem Geldverwahrer. Die Grundform ist daher auch hier die Anweisung.[1472] Der Scheck kann im Gegensatz zum Wechsel nicht angenommen werden, Art. 4 ScheckG. Zudem ist der Bezogene in der Regel eine Bank, bei welcher der Aussteller ein Guthaben hat, Art. 3 S. 1 ScheckG.

920 Der Scheck ist ein Wertpapier, denn die Geltendmachung des in ihm verkörperten Rechts hängt davon ab, dass der Scheck ausgehändigt werden kann, Art. 34 ScheckG. Der Scheck ist wie der Wechsel ein geborenes Orderpapier. Er ist ausschließlich ein Mittel des bargeldlosen Zahlungsverkehrs. Der Scheck dient anders als der Wechsel nicht der Kreditschöpfung. Die Eignung des Schecks für den Zahlungsverkehr ist durch das Akzeptverbot beeinträchtigt. Dieses Hindernis ist mit der Einführung der Scheckkarte, mit der die Banken in bestimmten Fällen eine Zahlungsgarantie übernehmen, überwunden.[1473]

II. Ausstellung und Form des Schecks

921 Der Scheck muss wie der Wechsel bestimmte Formerfordernisse erfüllen, um gültig zu sein.

1. Formerfordernisse für den Scheck

922 Die Urkunde muss die **Bezeichnung als Scheck** (Scheckklausel) im Text der Urkunde enthalten, Art. 1 Nr. 1 ScheckG.
Ferner ist auch die **unbedingte Anweisung** ein Formbestandteil, Art. 1 Nr. 2 ScheckG.

- Formulierung: „Gegen diesen Scheck zahlen Sie..."

923 Die Anweisung muss unbedingt sein und darf daher nicht von einer Gegenleistung abhängen sein.[1474] Eine Besonderheit besteht darin, dass der Aussteller sowie jeder Inhaber eines Schecks durch den quer über die Vorderseite gesetzten Vermerk „nur zur Verrechnung" untersagen kann, dass der Scheck bar bezahlt wird, Art. 39 Abs. 1 ScheckG. Der Bezogene darf in diesem Fall den Scheck nur zur Gutschrift auf dem Konto einlösen.

Notwendig ist die Angabe dessen, der zahlen soll, Art. 1 Nr. 3 ScheckG. Fehlt diese Angabe, besteht kein formgültiger Scheck, Art. 2 Abs. 1 ScheckG. Gemäß Art. 3 Abs. 1 ScheckG darf Bezogener nur eine Bank sein (passive Scheckfähigkeit). Nach Art. 3 Abs. 1 S. 2 ScheckG führt eine Nichtbeachtung dieser Regelung aber nicht zur Ungül-

---

[1471] *Baumbach/Hefermehl*, Einl SchG Rn 1.
[1472] BGHZ **74**, 352, 357.
[1473] *Kümpel* Rn 4.850ff.
[1474] OLG Hamm NJW-RR **1992**, 499.

tigkeit der Scheckurkunde, weil es sich nur um eine Soll-Vorschrift handelt.[1475] Der Scheck kann nicht auf den Aussteller selbst gezogen werden. Ein sog. trassiert eigener Scheck ist gemäß Art. 6 Abs. 3 ScheckG unzulässig.

924 Der Scheck braucht keinen Zahlungsempfänger zu benennen. Ist kein Zahlungsempfänger benannt, dann gilt der Scheck als zahlbar an den jeweiligen Inhaber, Art. 5 Abs. 3 ScheckG. Der Scheck kann aber nach Art. 6 Abs. 1 ScheckG an die eigene Order ausgestellt werden.

925 Bestandteil des Schecks ist gemäß Art. 1 Nr. 4 ScheckG die Angabe des Zahlungsortes, nicht aber die der Zahlungszeit. Der Scheck ist bei Sicht zahlbar, Art. 28 ScheckG. Ist eine Zeitangabe vorhanden, gilt sie nach Art. 28 Abs. 1 S. 2 ScheckG als nicht geschrieben. Die Angabe des Zahlungsortes ist keine notwendige Angabe für die Formgültigkeit. Sie ist ersetzbar gemäß Art. 2 Abs. 2 ScheckG und sogar nach Art. 2 Abs. 3 ScheckG entbehrlich. Mangels irgendeiner Angabe ist der Scheck an dem Ort zahlbar, an dem der Bezogene seine Hauptniederlassung hat.

926 Ferner muss der Scheck eine Angabe über den Ausstellungstag enthalten, Art. 1 Nr. 5 ScheckG. Die Angabe des Ausstellungsortes braucht dagegen nicht ausdrücklich im Scheck enthalten zu sein, wenn sich beim Namen des Ausstellers die Angabe eines Ortes befindet, Art. 2 Abs. 4 ScheckG. Fehlt eine konstitutive Formvorschrift, so gilt eine Urkunde nicht als Scheck, Art. 2 Abs. 1 ScheckG.

Notwendig ist aber die Unterschrift des Ausstellers, Art. 1 Nr. 6 ScheckG (notwendiger Skripturakt für die Scheckhaftung des Ausstellers nach Art. 12 ScheckG).

927 Durch die Anerkennung der Scheckfähigkeit der BGB-Gesellschaft[1476] ist ein Scheck formgültig, wenn er von dem geschäftsführenden Gesellschafter mit einem auf die BGB-Gesellschaft hindeutenden Vertretungszusatz gezeichnet ist. Für den Schecknehmer besteht allerdings der Nachteil, dass er die nach § 128 HGB analog für die Scheckverbindlichkeit der BGB-Gesellschaft mithaftenden Gesellschafter ermitteln muss, sofern die BGB-Gesellschaft die Scheckverbindlichkeit nicht einlöst.[1477]

Sind erforderliche Merkmale nicht vorhanden, so kann der Scheck grundsätzlich gemäß § 140 BGB umgedeutet werden, sofern dies dem hypothetischen Parteiwillen entspricht.[1478] Eine Umdeutung in eine bürgerlich-rechtliche bzw. kaufmännische Anweisung ist jedoch nicht denkbar, da diese Institute nicht die Haftung des Anweisenden berücksichtigen.[1479] Bei der Umdeutung in ein abstraktes Schuldanerkenntnis würde nicht ausreichend berücksichtigt, dass der Bezogene in erster Linie Zahlung leisten soll und nicht der Scheckaussteller.[1480] Aus diesen Gründen sieht man im Verhältnis Aussteller und Kreditinstitut die Anweisung zwar als bestehend an. Man nimmt aber im Verhältnis zum Inhaber des Schecks an, dass dieser als ermächtigt gilt, die Leistung bei dem Bezogenen einzufordern.[1481] Hieraus entsteht aber keine Einlösungspflicht für

---

[1475] *Baumbach/Hefermehl*, Art. 3 SchG Rn 1.
[1476] BGH NJW **1997**, 2754.
[1477] *Köndgen*, NJW **2004**, 1288 (1295).
[1478] BGH WM **1955**, 1324; **1970**, 1023.
[1479] *Bülow*, WG/SchG, Art. 2 ScheckG Rn 3.
[1480] *Bülow*, WG/SchG, Art. 2 ScheckG Rn 3.
[1481] OLG Düsseldorf WM **1973**, 403, 404; MDR **1994**, 459.

den Bezogenen, vgl. Art. 4 S. 2 WG. Ferner ist auch ein Indossament sowie eine Scheckbürgschaft des Bezogenen nichtig, Art. 15 Abs. 3, 25 Abs. 2 WG.

Beachte: Der Inhaber eines Schecks hat keinen wertpapierrechtlichen Anspruch gegen die bezogene Bank.

2. Haftung des Ausstellers

928 Der Scheck ist ausschließlich als **Zahlungsanweisung** gestaltet. Die bezogene Bank kann also nicht mit einer Annahme eine Scheckverbindlichkeit begründen, Art. 4 ScheckG. Hintergrund des Akzeptverbots ist die Verhinderung der banknotenähnlichen Wirkung von Schecks.[1482] Es gibt damit keinen primären Scheckanspruch, sondern nur einen Rückgriffsanspruch, der in Art. 40 ScheckG geregelt ist.[1483]

Der Inhaber eines Schecks kann gemäß Art. 12 S. 1 ScheckG Rückgriff gegen den Aussteller nehmen. Er haftet für die Zahlung des Schecks. Nach Art. 12 S. 2 ScheckG gilt jeder Vermerk, der diese Haftung ausschließt, als nicht geschrieben.
Für einen Vertreter ohne Vertretungsmacht gilt, dass er selbst aus dem Scheck haftet, Art. 11 ScheckG.

III. Übertragung des Schecks

929 Der Scheck entsteht ebenfalls nicht schon durch Übertragung an den Schecknehmer. Dieser erwirbt das im Scheck verbriefte **Anwartschaftsrecht** originär durch den Begebungsvertrag und die Übergabe der Scheckurkunde.[1484] Für die Übertragung eines Schecks kommt es darauf an, ob es sich um einen Rekta-, Inhaber- oder Orderscheck handelt, Art. 14 ScheckG.

930 Nur Orderschecks können durch ein Indossament übertragen werden. Für Inhalt und Form des Indossaments gelten gleiche Voraussetzungen wie für den Wechsel, Art. 15, 16 ScheckG.

931 Wie beim Wechsel kann das Indossament in der Form eines Blankoindossaments bestehen, Art. 15 Abs. 4 ScheckG. Der Indossant haftet mangels eines entgegenstehenden Vermerks für die Zahlung, Art. 18 Abs. 1 ScheckG, d.h. der Inhaber kann auch gegen ihn Rückgriff nehmen, wenn der Bezogene den Scheck nicht einlöst, Art. 40 ScheckG. Auch hier besteht die Möglichkeit, die Haftung durch ein Indossierungsverbot zu beschränken, Art. 18 Abs. 2 ScheckG.

Beim Orderscheck ergibt sich aus Art. 19 ScheckG eine formelle Legitimation entsprechend Art. 16 WG. Order- und Inhaberschecks können gutgläubig erworben werden, Art. 21 ScheckG.

Zu beachten ist, dass auch für den Inhaberscheck nur Art. 21 ScheckG gilt und nicht die §§ 932 ff. BGB. § 935 Abs. 2 BGB findet aufgrund der Inhaberpapiereigenschaft aber Anwendung. Der Grund für die Anwendung des Art. 21 ScheckG auf den Inhaber-

[1482] *Baumbach/Hefermehl*, Art. 4 SchG Rn 1.
[1483] Vgl. *Baumbach/Hefermehl*, Art. 12 SchG Rn 1.
[1484] *Baumbach/Hefermehl*, Einl SchG Rn 16.

scheck liegt in der Reichweite des Gutglaubenserwerbs: Es wird auch der gute Glaube an die fehlende Verfügungsbefugnis oder fehlende Vertretungsmacht geschützt.[1485]

IV. Einlösung des Schecks

932 Der Scheck ist gemäß Art. 28 Abs. 1 S. 1 ScheckG bei Sicht zahlbar. Hierbei besteht allerdings keine Einlösungspflicht der bezogenen Bank. Bei Einlösung des Schecks bei der Bank, wird dem einreichenden Inhaber der Geldbetrag entweder in bar ausgezahlt oder, wenn er ein Konto bei der Bank unterhält, gutgeschrieben.
Nach Art. 34 Abs. 1 ScheckG kann die Bank vom einreichenden Inhaber gegen Zahlung die Aushändigung des quittierten Schecks verlangen.
Löst ein Nichtberechtigter den Scheck ein, dann tritt bei einem Orderwechsel trotzdem eine Befreiungswirkung ein, wenn der Scheckinhaber i.S.d. Art. 19 ScheckG formell legitimiert ist. Die Befreiungswirkung ist aber entsprechend § 40 Abs. 3 WG zu bestimmen. Zu beachten ist in diesem Zusammenhang Art. 35 ScheckG, der bestimmt, dass der Bezogene, der einen durch Indossament übertragbaren Scheck einlöst, verpflichtet ist, die Ordnungsmäßigkeit der Reihe der Indossamente, nicht aber die Unterschriften der Indossanten zu prüfen. Das Fälschungsrisiko bei der Einlösung des Schecks trägt das Kreditinstitut selbst.[1486]

933 Beim Scheck besteht lediglich eine Rückgriffshaftung, da eine Annahme in Form eines Akzeptes nicht erfolgt, Art. 4 ScheckG. Zu den Rückgriffsschuldnern gehören der Aussteller wie auch der Indossant (weiterhin der Scheckbürge, Art. 25-27 ScheckG).
Alle Scheckverpflichteten haften dem Inhaber als Gesamtschuldner, Art. 44 Abs. 1, 2 ScheckG.
Der Einwendungsausschluss ist wie beim Wechsel geregelt. Wird der Scheck nicht rechtzeitig vorgelegt, verliert der Inhaber den Rückgriff, Art. 29 ScheckG.

> **Beachte**: Der Scheck verbrieft damit lediglich einen **scheckrechtlichen Rückgriffsanspruch bei Nichteinlösung** des Schecks gegenüber dem
> - Aussteller, Art. 12 ScheckG,
> - Indossanten, Art. 18, 30 ScheckG,
> - Scheckbürgen, Art. 27 ScheckG

V. Scheckkarte

934 Durch das Akzeptverbot wird die Funktion des Schecks als Zahlungsmittel beeinträchtigt. Der Schecknehmer geht das Risiko ein, dass die Bank den Scheck nicht einlöst, weil er nicht gedeckt ist. Aus diesem Grunde wurden die Scheck- und Kreditkarten eingeführt, mit der die Bank in bestimmten Fällen eine Zahlungsgarantie übernimmt. Das Kartensystem ist in allen westeuropäischen Ländern anerkannt.

Bei der Scheckkarte liegt zwischen Kunde und Bank eine Abrede zugrunde, dass bei allen Zahlungen in einem bestimmten Verfügungsrahmen, die mittels des POS-Verfahrens[1487] ausgelöst werden, eine Zahlungsgarantie übernommen wird. Damit übernimmt die Bank eine Einlösungsverpflichtung, die ihre Grundlage im Deckungsver-

---

[1485] BGHZ 26, 268, 272; BGH NJW **1951**, 402.
[1486] BGH NJW **2001**, 2629, 2630.
[1487] Point-of-Sale-Verfahren; der Kunde legitimiert sich mittels Eingabe seiner PIN über das Kartenlesegerät des Händlers. Die Zahlungsfreigabe erfolgt, nachdem Legitimation und Bonität des Kunden geprüft worden sind.

hältnis zum Scheckaussteller hat. Die Abwicklung bei der Kreditkartenzahlung ist analog ausgestaltet.[1488]

935 Probleme ergeben sich im Hinblick auf die Zahlungsverpflichtung der Bank auch gegenüber dem kartenakzeptierenden Händler.
Bank und Inhaber der Karte schließen einen Vertrag zugunsten Dritter, § 328 BGB. Dagegen spricht aber, dass die Höhe der Forderung des Dritten noch gar nicht feststeht und dass die Bank nach § 334 BGB dem kartenakzeptierenden Händler alle Einwendungen aus dem Rechtsverhältnis zu ihrem Aussteller entgegenhalten kann.
Eine Außenhaftung der Bank ließe sich ferner begründen, wenn man in der Aushändigung der Scheckkarte an den Kontoinhaber die Erteilung einer **Verpflichtungsermächtigung** sieht. Mit der h.M. ist eine Verpflichtungsermächtigung indes abzulehnen, da dieses Rechtsinstitut dem Deutschen Recht fremd ist und die Regelungen zur Stellvertretung unterläuft.[1489]

936 Vorzugswürdig erscheint eine Konstruktion, wonach der Karteninhaber zugleich als **Stellvertreter der Bank** tätig ist.[1490] Problematisch ist aber, dass der Karteninhaber nicht im fremden Namen, sondern vielmehr im eigenen Namen handeln will. Hiergegen lässt sich aber vorbringen, dass jedenfalls die Zahlungsgarantie im Namen des Kreditinstituts ausgesprochen wird.
Ferner ist in der vorgestellten Verfahrensweise keine Umgehung des Akzeptverbotes nach Art. 4 ScheckG zu sehen, da die Zahlungsgarantie der Bank aufgrund einer separaten bürgerlich rechtlichen Verpflichtung übernommen wird.[1491]

[1488] Eine Zahlungsgarantie wird hier jedoch ohne Prüfung der Bonität übernommen. Ausreichend ist die Legitimation über die Unterschrift.
[1489] BGHZ **34**, 122, 125; **114**, 96, 100.
[1490] OLG Hamm NJW **1972**, 298, 299; OLG Düsseldorf WM **1975**, 504, 507 u. **1984**, 489, 491; OLG Nürnberg NJW **1978**, 2513, 2514.
[1491] BGHZ **64**, 81.

E. Kaufmännische Orderpapiere

I. Grundsätze

937 Zu den kaufmännischen Orderpapieren zählen die in § 363 HGB aufgezählten Wertpapiere:

- Kaufmännische Anweisung, § 363 Abs. 1 S. 1 HGB
- Kaufmännischer Verpflichtungsschein, § 363 Abs. 1 S. 2 HGB
- Konnossement
- Ladeschein, § 440 HGB
- Lagerschein, § 475 c HGB
- Transportversicherungspolice, § 129 VVG

Diese Wertpapiere erhalten die Qualität eines Orderpapiers nur dann, wenn sie an Order lauten, also eine positive Orderklausel enthalten.
Die kaufmännischen Orderpapiere sind damit bei positiver Orderklausel **gekorene Orderpapiere**.

938 Da trotz der Orderklausel nicht die Rechtswirkungen eines Orderpapiers eintreten, wenn die gesetzlichen Voraussetzungen nicht erfüllt sind, zieht § 363 HGB der Möglichkeit, Orderpapiere privatautonom zu schaffen, eine Grenze: Es besteht **ein numerus clausus der Orderpapiere**. Die gesetzlichen Orderpapiere sind in den §§ 364, 365 HGB geregelt. Soweit bei den Papieren nur der Name genannt wird, handelt es sich um Rektapapiere. Erst, wenn eine positive Orderklausel gegeben ist, besteht die Möglichkeit eines Indossaments. Dem Indossament fehlt hier jedoch die Garantiefunktion.

Die formelle Legitimation des Besitzers und die mit ihr verbundenen Rechtswirkungen treten gemäß § 365 HGB i.V.m. Art. 16, 40 Abs. 3 WG ebenfalls ein. Der Einwendungsausschluss wird aber nach § 364 Abs. 2 HGB gesondert geregelt.

II. Kaufmännische Papiere im Einzelnen

1. Kaufmännische Anweisung und Verpflichtung

939 Die kaufmännische Anweisung bildet einen Sonderfall der bürgerlich-rechtlichen Anweisung (§§ 783 ff. BGB). Bei der kaufmännischen Anweisung handelt es sich gemäß § 363 Abs. 1 S. 1 HGB um eine Anweisung, die auf einen Kaufmann über die Leistung von Geld, Wertpapieren oder anderen vertretbaren Sachen ausgestellt ist, ohne dass hiermit die Leistung von einer Gegenleistung abhängig gemacht wird. Die §§ 783 ff. BGB finden auf die kaufmännische Anweisung Anwendung.[1492] Der einzige Unterschied besteht darin, dass die kaufmännische Anweisung unter den Voraussetzungen des § 363 Abs. 1 S. 1 HGB als **Orderpapier** ausgestellt werden kann. Nach der grundsätzlichen Konzeption handelt es sich bei der kaufmännischen Anweisung um ein **Rekta-**

[1492] *Richardi*, S. 235.

papier. Während bei der kaufmännischen Anweisung, wie auch beim gezogenen Wechsel, die Verpflichtung erst durch die Annahme der Anweisung begründet wird, enthält der hiervon zu unterscheidende kaufmännische Verpflichtungsschein eine eigene Verpflichtung des Ausstellers (vgl. Eigenwechsel). Es ist jedoch nicht Voraussetzung, dass eine abstrakte Verbindlichkeit in Form eines abstrakten Schuldversprechens geschaffen wird.

2. Wertpapiere im handelsrechtlichen Transportrecht

940 Die Besonderheit der in § 363 Abs. 2 HGB genannten Wertpapiere des Transportrechts besteht darin, dass es sich um **kausale Wertpapiere** handelt. Gegenstand der Verbriefung ist nicht eine bestimmte Leistung, die bereits aus der Urkunde heraus verstanden werden kann, sondern eine Leistung, deren Inhalt durch den zugrunde liegenden Vertragstypus – das Frachtgeschäft, das Lagergeschäft und das Transportversicherungsgeschäft – bestimmt wird.[1493]

a) Konnossement und Ladeschein

941 Das Konnossement gehört zum Seetransportrecht. Es enthält **ein Anerkenntnis des Verfrachters** über die Annahme der im Seeverkehr zu transportierenden Güter und verbrieft zugleich den Anspruch des Papierinhabers auf Auslieferung, §§ 642 ff., 648 HGB.

942 Der Ladeschein ist das entsprechende Wertpapier für den Anspruch gegen den Frachtführer bei Transporten zu Land. Er wird über die Verpflichtung zur Auslieferung des Gutes ausgestellt, § 444 HGB.
Auch der Ladeschein verbrieft ein Herausgabeversprechen, das sich an den Empfänger des Gutes richtet (h.M.).[1494] Der Anspruch aus dem Ladeschein, bzw. Konnossement ist deshalb grundsätzlich vom Inhalt und Bestand des Frachtvertrages unabhängig.
Ladeschein und Konnossement sind nach ihrem Inhalt **schuldrechtliche Wertpa**piere, weil sie einen Herausgabeanspruch verbriefen. Sie entfalten darüber hinaus eine **Traditionswirkung** und sind insoweit zugleich sachenrechtliche Wertpapiere. Zur Übertragung und Verpfändung der auf dem Transport befindlichen Waren ersetzt die Übergabe des Wertpapiers die Übergabe des Gutes selbst.

b) Lagerschein

943 Mit Ausstellung eines Lagerscheins verpflichtet sich der Lagerhalter, die eingelagerte Ware an den legitimierten Inhaber herauszugeben, § 475c Abs. 1 HGB.
Sobald das Gut ordnungsgemäß eingelagert ist, wird ein Lager-Empfangsschein, ein Namenslagerschein, ein Inhaberlagerschein oder ein durch Indossament übertragbarer Lagerschein an Order ausgestellt.

- Der Lager-Empfangsschein ist kein Wertpapier, sondern lediglich ein Legitimationspapier.
- Der Namenslagerschein ist ein **Rektapapier**.
- Der Inhaberlagerschein gehört zu den Inhaberschuldverschreibungen.
- Der Lagerschein an Order ist ein **Orderpapier**.

[1493] *Richardi*, S. 236ff.
[1494] BGHZ **33**, 367.

944 Im Gegensatz zum Frachtgeschäft soll das eingelagerte Gut nicht einem Dritten abgeliefert werden, sondern es wird nach Ablauf der bedungenen Lagerzeit dem Einlagerer selbst zurückgegeben. Wird der Lagerschein als Rektapapier ausgestellt, so begründet er im Zweifel keinen selbstständigen vom Lagervertrag unabhängigen Auslieferungsanspruch. Der Lagerschein hat deshalb im Gegensatz zu Konnossement und Ladeschein keine Traditionswirkung. Diese Wirkung ist gemäß § 475 g HGB dem Orderlagerschein vorbehalten.

III. Traditionswirkung

945 Durch die Traditionswirkung eines Papiers erreicht man eine Förderung des Handelsverkehrs. Traditionspapiere verleihen dem Inhaber des Papiers das Recht, die Herausgabe des im Papier bezeichneten Gutes zu verlangen. Die Übertragung des Papiers an einen Dritten bewirkt ferner die Übergabe des im Papier verbrieften Gutes. Um durch die Übertragung des **Traditionspapiers** einen dinglichen Rechtsübergang am verbrieften Gut ohne Übergabe des Gutes herbeizuführen, ist zusätzlich noch eine dingliche Einigung erforderlich.

Die Übergabe des Wertpapiers hat demnach für den Eigentumserwerb und die Verpfändung dieselben Wirkungen wie die Übergabe des Gutes.

Umstritten ist die Einordnung der Traditionswirkung:[1495]

- Nach der relativen Theorie sollen für Eigentumserwerb und Verpfändung ausschließlich die Vorschriften des BGB gelten. Die Übergabe des Traditionspapiers setzt voraus, dass mit ihr zugleich der Herausgabeanspruch abgetreten wird.
- Nach der absoluten Theorie ist dagegen der Erwerb von Eigentum und Pfandrecht an Waren durch Vermittlung eines Traditionspapiers eine selbstständige Erwerbsform, die neben die im BGB geregelten Formen des Erwerbs von Sachenrechten tritt. Demzufolge sind die §§ 931, 934, 1205 Abs. 2 BGB unanwendbar. Es kommt nicht darauf an, ob der Verfügende selbst noch mittelbarer Besitzer ist.
- Nach der Repräsentationstheorie ist der Erwerb durch Übergabe eines Traditionspapiers nur ein Anwendungsfall der bürgerlich-rechtlichen Regelung.

946 Übereinstimmung besteht insofern, als die §§ 931, 934, 1205 BGB keine Anwendung finden. Die Traditionswirkung ersetzt als solche die Übergabe. Im Gegensatz zur absoluten Theorie ist aber nach der Repräsentationstheorie notwendig, dass der Papierberechtigte noch mittelbaren Besitz an den eingelagerten oder auf dem Transport befindlichen Waren hat.

[1495] Vgl. hierzu *Richardi*, S. 240f.

5. Kapitel: Grundzüge des Steuerrechts

A. Prinzipien der Besteuerung

947 Der Staat will mit der Erhebung von Steuern Erträge erwirtschaften.[1496] Steuern sind die **Hauptfinanzquelle** des Staates. Daneben beeinflussen Steuern aber auch die Art und Weise der wirtschaftlichen Betätigung aller Steuerzahler. Steuern werden damit zu einem vielfältig einsetzbaren Instrument. Man kann daher bei der Steuererhebung **ertragswirtschaftliche Zwecke** oder auch eine **Lenkungsfunktion** in den Vordergrund stellen. Hierbei lassen sich ökonomische und rechtliche Prinzipien unterscheiden.

I. Ökonomische Prinzipien

948 Nach Adam Smith („Der Wohlstand der Nationen", 1776) muss ein ökonomisch richtiges und daher gerechtes Steuersystem auf vier Prinzipien beruhen:[1497]

- Steuergleichheit
- Bestimmtheit
- Bequemlichkeit
- Effizienz

1. Verteilungsprinzipien

Der steuerrechtliche Diskurs hat im Laufe der Zeit das Äquivalenzprinzip und das Leistungsfähigkeitsprinzip als in erster Linie maßgebliche Kriterien herausgebildet.[1498]

a) Äquivalenzprinzip

949 Nach dem Äquivalenzprinzip sollen sich die steuerlichen Lasten danach richten, welchen Nutzen der Steuerpflichtige aus den öffentlichen Leistungen zieht. Grundlage dieses Gedankens ist also, dass der Marktmechanismus auf das Verhältnis Staat - Bürger zu übertragen ist.[1499] *Will ich viel vom Staat, muss ich hohe Steuern zahlen, will ich wenig vom Staat, muss ich nur geringe Steuern zahlen.*

Hierbei ergeben sich vielfältige Probleme. Zunächst müsste ermittelt werden, was die Bürger überhaupt vom Staat wollen, wie ihnen die Staatsleistungen zugute kommen und was dies überhaupt wert ist.[1500]
Für Staatsleistungen gibt es keinen Markt, so dass es von vornherein Bewertungsprobleme gibt. Ferner kann das Äquivalenzprinzip auch zu Ungerechtigkeiten führen, wenn es im Bereich der Sozialleistungen angewendet wird. Sollen die Bürger hohe Steuern bezahlen, die mehr Sozialleistungen als andere Bürger in Anspruch nehmen

---

[1496] *Birk* Rn 25.
[1497] *Smith*, S. 703f.
[1498] *Birk* Rn 28.
[1499] *Haller*, S. 16ff.
[1500] *Birk* Rn 31f.

müssen, so wird die staatliche Unterstützung aufgezehrt. Das Äquivalenzprinzip kann also nur dort Bedeutung haben, wo es sozialverträglich erscheint. Man könnte beispielsweise im Bereich der Leistungsverwaltung die Höhe der zu tragenden Lasten von dem Ausmaß der Inanspruchnahme abhängig machen (Bsp. Inanspruchnahme staatlicher Einrichtungen). Hierbei werden dann aber keine Steuern erhoben, sondern Gebühren verlangt.

b) Leistungsfähigkeitsprinzip

950 Das Leistungsfähigkeitsprinzip besagt, dass jeder nach seiner Zahlungsfähigkeit (im untechnischen Sinne) besteuert werden soll.[1501] Die Verteilung steuerlicher Lasten hat sich danach den Einkommens- und Vermögensverhältnissen anzupassen.

Mit diesem Prinzip sind viele Streitfragen verbunden. Fraglich ist beispielsweise, wie die banale Aussage, dass derjenige, der mehr hat auch mehr abgeben soll, zu konkretisieren ist. Hierbei ist schon umstritten, was Leistungsfähigkeit heißt. Soll man diese als **Ist-Leistungsfähigkeit** oder als **Soll-Leistungsfähigkeit** definieren? Dahinter steht die Frage, ob man auch prinzipiell leistungsfähige Bürger besteuern kann, die, aus welchen Gründen auch immer, tatsächlich nicht leistungsfähig sind, weil sie bewusst keine Einkünfte erzielen wollen. Weiterhin ist fraglich ob Leistungsfähigkeit nur die Verfügungsmöglichkeit über wirtschaftliche Mittel (also Geld) heißt, oder ob man zugrunde legen muss, wie die Mittel erworben worden sind. Hierbei könnte man fragen, ob derjenige, der 10 Stunden im Monat arbeitet und 5000 EUR verdient gleichviel Steuern zahlen muss, wie derjenige, der 100 Stunden im Monat arbeitet und ebenfalls 5000 EUR verdient. Sind diese Personen dann gleich oder unterschiedlich leistungsfähig?

951 Nach Haller soll die Leistungsfähigkeit nach dem Grad der Bedürfnisbefriedigung der zu besteuernden Bürger bestimmt werden.[1502] Die von dem Einzelnen zu entrichtenden Steuern sollen so bemessen sein, dass bei jedem die Bedürfnisbefriedigung in gleichem Maße eingeschränkt wird. Das Potential der Bedürfnisbefriedigung wird hierbei aber nicht nur durch das Einkommen bestimmt. Hierzu soll auch die zur Verfügung stehende Freizeit zählen. Diese ist aber kaum zu bewerten. Ferner ist fraglich, wie man workaholics besteuern soll.

952 Die Unterschiedlichkeit der Besteuerung soll sich daran messen, dass die durch die Besteuerung bewirkten Einbußen relativ gleich schwer wiegen.[1503] Hierzu wurde beispielsweise die **Grenznutzentheorie** entwickelt, welche besagt, dass mit steigendem Einkommen zwar der Nutzen zunimmt, doch die Höhe des Nutzenzuwachses fällt.

Zunächst müssen halt die Grundbedürfnisse befriedigt werden, während die Dinge, die mit wachsenden Einkommen zusätzlich erworben werden, als immer unwichtiger einzuordnen sind. Auch diese Theorie gilt nicht unbestritten. So ist beispielsweise noch nicht erklärt worden, ob die Folge dieser Erkenntnis eine progressiv, degressiv oder linear steigende Steuerbelastung zur Folge haben muss.[1504]

[1501] *Birk* Rn 33.
[1502] *Haller*, S. 42.
[1503] *Neumark*, S. 135.
[1504] *Schmidt*, Die Steuerprogression, S. 17ff.; *Reding/Müller*, S. 61ff.

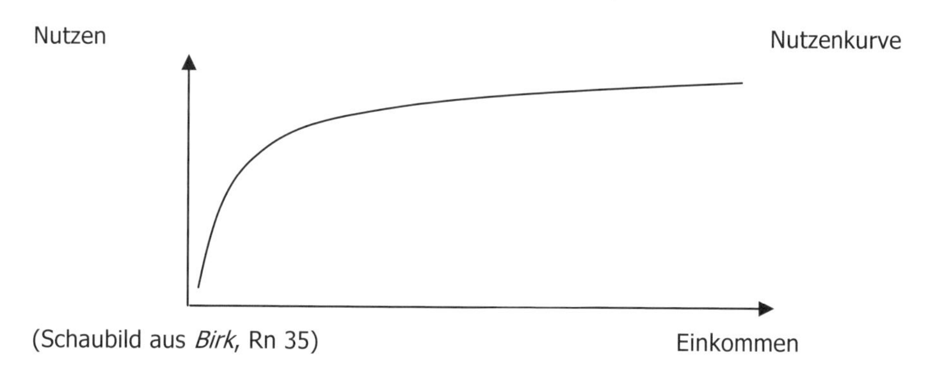

(Schaubild aus *Birk*, Rn 35)

2. Gestaltungsprinzipien

953 Steuern entfalten nicht nur eine Belastungswirkung, sondern auch eine **Gestaltungswirkung**. Dieser gestaltende Einfluss (z.B. auf Preise) ist Gegenstand der **Theorie von der optimalen Besteuerung**. Diese fragt danach, wie steuerlich bedingte Nutzungseinbußen bei den Besteuerten minimiert werden können.[1505]

Heute werden gerade die Gestaltungsprinzipien definiert, um gesellschafts- oder staatspolitische Ziele zu erreichen.

> **Beispiel**: Güterverteilung, Wirtschaftswachstum, Umweltpolitik

Hiermit soll auch gerade im Bereich der Öko-Steuern eine Lenkungsfunktion wahrgenommen werden.

3. Effizienzprinzipien

954 Die Steuererhebung muss ökonomisch effizient sein. Hat der Staat durch die Erhebung der Steuer gleich hohe oder gar höhere Kosten, so lohnt sich die Erhebung der Steuer nicht. Untersuchungen zur Vermögensteuer haben beispielsweise ergeben, dass für den Vollzug der Steuer 32 % der Einnahmen aufgewendet werden müssten.[1506] Die Erhebung der Tabaksteuer kostet hingegen nur 0,2 % der Einnahmen.[1507]

955 Ferner sind auch die Kosten Dritter zu berücksichtigen. Die Arbeitgeber sind beispielsweise zur Abführung der Lohnsteuer und der Umsatzsteuer eingeschaltet worden, wodurch zusätzliche Kosten verursacht werden. Ein solches Vorgehen muss als grundrechtsverkürzende Maßnahme dem Grundsatz der Verhältnismäßigkeit genügen.
Aktuell wird diskutiert, ob und inwiefern Kreditinstitute dazu verpflichtet werden können, den zuständigen Finanzämtern Mitteilungen über steuererhebliche Vorgänge mitteilen zu müssen.[1508]

[1505] *Reding/Müller*, S. 251ff.
[1506] *Schelle*, S. 47.
[1507] *Neumark/Schmidt*, S. 151.
[1508] *Ehrhardt-Rauch/Rauch*, DStR **2002**, 57, 61.

II. Rechtliche Prinzipien

956 Steuergesetze sind Teil der Rechtsordnung und müssen daher mit dieser vereinbar sein. Als oberstes tragendes rechtliches Prinzip steht die **Belastungsgleichheit**.[1509] Ferner haben Steuern auch oft eine Lenkungsfunktion, was grundsätzlich zulässig ist, da nach § 3 Abs. 1 S. 1 AO die Erzielung von Einnahmen auch Nebenzweck sein kann.[1510] Hat der Lenkungszweck eine eingreifende Wirkung, so bedarf sie einer am Zweck ihrer Erhebung auszurichtenden Rechtfertigung. Ferner können aber auch lenkungsteuerliche Begünstigungen **Gleichheitsprobleme** aufwerfen.

> **Beispiel**: im Einkommensteuerrecht und der Altbausanierung Ost; bei höheren Steuersätzen wirken sich Sonderabschreibungsmöglichkeiten nominell unterschiedlich stark aus, denn wer ein hohes zu versteuerndes Einkommen und damit einen hohen Steuersatz hat, bekommt eine absolut höhere steuerliche Förderung.

957 Insgesamt muss die steuerliche Lenkungsfunktion zwecktauglich sein, was der Fall ist, wenn die Vorschrift geeignet ist, die verfassungsrechtlich bedeutsame Zielsetzung des Gesetzgebers zu erreichen.[1511]

> **Beispiel**: Herstellung des gesamtwirtschaftlichen Gleichgewichts, Art. 109 Abs. 2 GG; Herstellung gleichwertiger Lebensverhältnisse, Art. 72 Abs. 2 GG

958 Weiterhin gilt der Grundsatz der Gesetzmäßigkeit der Besteuerung.[1512] Eingriffe sind daher nur zulässig, wenn und soweit sie auf einer gesetzlichen Grundlage beruhen. Das Steuergesetz muss mithin ausreichend bestimmt sein und darf nicht gegen höherrangiges Recht verstoßen. Speziell bei Steuergesetzen hat der Gesetzgeber das Prinzip der eigentumsschonenden Besteuerung zu beachten.[1513]

[1509] *Lang* in: Tipke/Lang, § 4 Rn 13, 81ff..
[1510] BVerfGE **36**, 66, 70f.; **84**, 239 274.
[1511] *Birk* Rn 172.
[1512] *Birk* Rn 143.
[1513] BVerfGE **93**, 121, 165.

B. Das Steuersystem

I. Steuersystem und Steuertatbestand

Die BRD ist ein Steuerstaat, da sie ihre Aufgaben durch Steuern finanziert.[1514] Die Steuererhebung ist am Prinzip der **Lastengerechtigkeit** zu orientieren, wonach grundsätzlich jeder nach seiner wirtschaftlichen Leistungsfähigkeit zu den öffentlichen Lasten beitragen soll. Die wirtschaftliche Leistungsfähigkeit kann sich aber notwendig nur im Einkommenszuwachs, Vermögensbestand oder in der Einkommensverwendung messbar ausdrücken. Die Steuern lassen sich daher in diese drei Hauptgruppen einteilen. **959**

1. Steuern auf Hinzuerwerb

Hiermit wird die wirtschaftliche Leistungsfähigkeit des Steuerpflichtigen abgeschöpft, welche dieser am Markt erzielt.[1515] Hinzu kommen Steuern auf Erbschaft und Schenkung, also nicht am Markt erzielten Hinzuerwerb. **960**

a) Einkommen- und Körperschaftsteuer

Die Einkommensteuer (von natürlichen Personen zu entrichten) und die Körperschaftsteuer (von juristischen Personen zu entrichten) erfassen das Einkommen bzw. den Gewinn der juristischen Person. Die Lohnsteuer und die Kapitalertragsteuer sind nur Erhebungsformen der Einkommensteuer. Auch der Solidaritäts-Zuschlag ist keine selbstständige Steuerart, denn er wird als Zuschlag auf die Einkommen- und Körperschaftsteuer erhoben. **961**

b) Gewerbeertragsteuer

Diese Steuer belastet die Erträge gewerblicher Unternehmen ohne Rücksicht auf die persönlichen Verhältnisse des Steuerpflichtigen. Man sprich daher auch von einer Real- oder Objektsteuer (Gegensatz: Personalsteuer), da als Besteuerungsgrundlage der Gewinn, welcher um spezielle Hinzurechnungen und Kürzungen nach §§ 8, 9 GewStG zu bereinigen ist, herangezogen wird. **962**

c) Erbschaft- und Schenkungsteuer

Diese Steuern könnte man auch kurzsichtig als Steuern aus dem Vermögensbestand qualifizieren. Tatsächlich wird hier indes der Transfer des Vermögens besteuert, womit es sich auch hierbei um Steuern auf den Hinzuerwerb handelt. **963**

2. Steuern auf Vermögen

Mit diesen Steuern will man die potentielle Ertragskraft des Steuerschuldners erfassen. Man kann diese Steuern daher auch als „Soll-Ertragsteuern" erfassen.[1516] **964**

[1514] *Kirchhof* in: Isensee/Kirchhof, § 88 Rn 45ff.
[1515] *Birk* Rn 81.
[1516] *Birk* Rn 85.

a) Vermögensteuer

965 Die Bemessungsgrundlage der Vermögensteuer ist das gesamte Vermögen. Aufgrund der bundesverfassungsgerichtlichen Entscheidung wird die Vermögensteuer seit dem 31.12.1996 nicht mehr erhoben. Hier hat das BVerfG entschieden, dass zum Einheitswert angesetzte Grundstücke und Wertpapiervermögen ungerechtfertigt ungleich belastet werden, also Art. 3 Abs. 1 GG verletzt ist.[1517]
Aufgrund der finanziellen Probleme öffentlicher Haushalte wird aktuell die Wiedereinführung der Vermögensteuer diskutiert.

b) Grundsteuer

966 Die Grundsteuer soll grundsätzlich aus dem erwirtschafteten Ertrag des Grundstücks aufgebracht werden. Hierbei ist aber nicht auf den tatsächlich erwirtschaften Ertrag, sondern auf einen fiktiven Betrag, den sog. Soll-Ertrag abzustellen.[1518] Aus diesem Grunde wird keine Grundsteuer erhoben, solange ein Gemeingebrauch vorliegt, wie es z.B. bei öffentlichen Straßen und Plätzen der Fall ist.[1519]

3. Steuern auf die Einkommens- und Vermögensverwendung

967 Unter die sog. Einkommensverwendungsteuern fallen die Verbrauchs- und Aufwandsteuern sowie die Verkehrsteuern. Das ausschlaggebende Merkmal hierbei ist der Konsum in Form eines äußerlich erkennbaren Zustandes, für den Mittel verwendet werden.[1520]

a) Verbrauchsteuern

968 Bei den Verbrauchsteuern wird nicht an sich der Verbrauch, sondern ein vorgelagerter Akt besteuert. Verkehrsteuern werden daher in der Regel beim Hersteller, Händler und nicht beim Endverbraucher erhoben.[1521] Mit dem Kauf erwirbt der Endverbraucher den Gegenstand, welcher in sein Vermögen übergeht. Der eigentliche „Verbrauch" des Gegenstandes wird hierbei nicht mehr besteuert.

Beispiele: Umsatzsteuer, Tabaksteuer, Mineralölsteuer, Zölle.

aa) Umsatzsteuer

969 Die Umsatzsteuer besteht seit 1918. Die auf Popitz zurückgehende Allphasenbruttobesteuerung bewirkte, dass auf jeder Umsatzstufen die Umsatzsteuer erhoben wurde.[1522] Hierbei kumulierten sich die Beträge also. Dies führte zu einer so großen Benachteiligung der kleinen Einzelhändler, die nur über viele Umsatzstufen Ware zum Weiterverkauf erhalten, dass vom Bundesverfassungsgericht ein Verstoß gegen den allgemeinen Gleichheitssatz nach Art. 3 Abs. 1 GG angenommen wurde.[1523] Die heute

---

[1517] BVerfGE **93**, 121ff.; BVerfG, NJW **1998**, 1854.
[1518] *Seer* in: Tipke/Lang, § 13 Rn 201; *Lang* in: Tipke/Lang, § 4 Rn 100.
[1519] Oberste Finanzbehörden der Länder DStR **2002**, 499: Keine Befreiung bei gebührenpflichtigen öffentlichen Parkplätzen.
[1520] *Birk* Rn 88.
[1521] *Förster*, S 74ff.; BVerfGE **98**, 106, 123f.
[1522] *Popitz*, S. 5ff.
[1523] BVerfGE **21**, 12.

bekannte Form der Umsatzsteuer wird auf Grundlage der Allphasennettobesteuerung seit dem 01.01.1968 erhoben.[1524]

970 Die Umsatzsteuer belastet damit den gesamten privaten und öffentlichen Verbrauch. Die Einordnung der Umsatzsteuer als Verbrauchsteuer ist strittig, da sie an einen Akt des Rechtsverkehrs (Verkauf im technischen Sinne) anknüpft und daher auch als Verkehrsteuer qualifiziert werden kann. Diese Anknüpfung ist aber technisch so ausgestaltet, dass die Steuer nur den Endverbraucher belastet (Vorsteuerabzug des Weiterverkäufers). Diese Belastungswirkung rechtfertigt es daher, die Umsatzsteuer als Verbrauchsteuer zu bezeichnen.[1525]

bb) Besondere Verbrauchsteuern

971 Die besonderen Verbrauchsteuern sind die Mineralölsteuer, Steuern auf alkoholische Getränke, auf Tabakwaren und Kaffee. Sie stehen teilweise dem Bund und den Ländern zu, Art. 106 GG. Daneben gibt es Verbrauchsteuern, die der Gemeinde zustehen, Art. 106 Abs. 6 S. 1 GG.

> **Beispiel**: Wird in einer Veräußerungskette ein Wirtschaftsgut vom Hersteller an einen Großhändler, von diesem an einen Einzelhändler und durch diesen schließlich an einen Endabnehmer verkauft, so zahlt im Ergebnis nur der Endabnehmer die Umsatzsteuer. Der Einzelhändler muss die Steuer abführen. Hierbei kann er jedoch dass, was er selbst an Umsatzsteuer an den Großhändler gezahlt hat, abziehen. Dies gilt für jede Umsatzstufe (Allphasennettobesteuerung).

cc) Zölle

972 Nach § 3 Abs. 1 S. 2 AO sind Zölle als Steuern anzusehen. Man erhebt diese bei einer Warenbewegung über die Zollgrenze.[1526] Die Zölle knüpfen damit ähnlich wie die Verbrauchsteuern an den Übergang in den freien Verkehr an. Die Zölle haben damit eine ergänzende Funktion, da importierte Gegenstände, welche bei inländischer Herstellung der Umsatzsteuer unterlägen, sonst nicht verbrauchsteuerlich erfasst würden. Damit dienen Zölle nicht nur der Einnahmeerzielung, sondern in erster Linie wirtschaftspolitischen Zwecken. Der inländische Markt soll auf diesem Wege geschützt werden.
Mit der Zollunion, vgl. Art. 9 ff. EG-Vertrag, sind Zölle jedenfalls innerhalb der Europäischen Union bedeutungslos geworden.

b) Aufwandsteuern

973 Aufwandsteuern belasten den Einsatz finanzieller Mittel für die Aufrechterhaltung eines tatsächlichen oder rechtlichen Zustandes.[1527] Die einzige bundesweite Aufwandsteuer, die derzeit geregelt ist, ist die Kfz-Steuer. Diese ist bundesgesetzlich geregelt, steht aber den Ländern zu, Art. 106 Abs. 2 S. 3 GG. Teilweise sieht man die Kfz-Steuer auch unzutreffend als Verkehr- oder Verbrauchsteuern an.[1528]
Daneben gibt es zahlreiche gemeindliche Aufwandsteuern, wie die Hundesteuer oder die Zweitwohnungsteuer.

[1524] *Birk* Rn 1275
[1525] *Reiß* in: Tipke/Lang, § 14 Rn 1.
[1526] BVerfGE **8**, 260, 269.
[1527] *Birk* Rn 93.
[1528] Z.B. *Förster*, S. 124.

c) Verkehrsteuern

974 Die Verkehrsteuern unterscheiden sich von den Verbrauchsteuern dadurch, dass sie nicht an einen tatsächlichen Vorgang, sondern an einen Akt des Rechtsverkehrs anknüpfen und den Aufwand treffen wollen, der bei Abschluss des Rechtsgeschäfts entsteht und eine bestimmte Leistungsfähigkeit des Steuerpflichtigen indiziert. Hierzu gehören die Grunderwerbsteuer und die Versicherungsteuer (Ausnahme: Lebensversicherung, vgl. § 4 Nr. 5 VersStG).

4. Aufbau des Steuertatbestandes

975 Der Steuertatbestand umschreibt den **Lebenssachverhalt**, welcher der Besteuerung zugrunde liegt, § 38 AO. Er muss daher notwendig Regelungen über das Steuersubjekt, das Steuerobjekt und den Steuersatz enthalten.

a) Steuersubjekt

976 Steuersubjekt ist, wer **Steuerschuldner** ist. Hiermit ist jeder gemeint, der eine Steuer schuldet. Dies ist beispielsweise für die Einkommensteuer jeder der in § 1 EStG genannten. Der Begriff des Steuerpflichtigen ist nach § 33 Abs. 1 AO weiter definiert und wird laienhaft oft mit dem Begriff des Steuersubjekts verwechselt. Hierunter fallen alle, die tatsächlich die Zahlung der Steuer leisten müssen. Angesprochen ist damit auch der Arbeitgeber, der für seine Arbeitnehmer die einbehaltene Lohnsteuer abführen muss.

b) Steuerobjekt

977 Als Steuerobjekt bezeichnet man den **Gegenstand**, welcher der Besteuerung unterliegt. Damit geht es um die Frage, was steuerpflichtig ist. Bei der Einkommensteuer ist dies z.B. das Einkommen (genauer: das zu versteuernde Einkommen als Bemessungsgrundlage). Das sog. konkrete Steuerobjekt wird in der Praxis durch eine Vielzahl von Subsumtionsschritten ermittelt (Einkommensteuererklärung und Festsetzung).

c) Steuersatz

978 Der Steuersatz ist die Rechengröße, welche auf die Bemessungsgrundlage angewendet wird und damit als Rechtsfolge des Steuertatbestandes die Steuerschuld ergibt. Er wird als Prozentsatz festgelegt (linear oder progressiv steigend bei der Einkommensteuer).

II. Verfassungsrechtliche Grundlagen der Besteuerung

979 Das Grundgesetz definiert den Begriff „Steuer" nicht. Neben den Steuern gibt es Gebühren, Beitrage und Sonderabgaben (Abgaben), welche nicht auf Art. 105 GG, sondern auf allgemeine Sachkompetenzen gestützt werden.

1. Steuerbegriff

980 Otto Mayer definierte Steuern als „eine Geldzahlung, welche dem Unterthanen durch die Finanzgewalt nach einem allgemeinen Maßstabe auferlegt ist".[1529] Auf dieser Basis definiert § 1 Reichsabgabenordnung Steuern als „einmalige oder laufende Geldleis-

---

[1529] *Mayer*, S. 386.

tungen, die nicht eine Gegenleistung für eine besondere Leistung darstellen und von einem öffentlich-rechtlichen Gemeinwesen zur Erzielung von Einkünften allen auferlegt werden, bei denen der Tatbestand zutrifft, an den das Gesetz die Leistungspflicht knüpft". Diese Definition wurde in § 3 Abs. 1 S. 1 AO übernommen, wobei in HS 2 eine Erweiterung eingeführt wurde. Hiernach kann die Einnahmeerzielung auch Nebenzweck der Steuer sein. Damit wurde der Begriff der sog. Lenkungsteuer geprägt.

a) Merkmale

aa) Einmalige oder laufende Geldleistung

981 Steuern können nur in Geldleistungen und nicht in Sachleistungen bestehen. Hierbei ist natürlich nicht die Zahlung der Steuer per Scheck oder Überweisung ausgeschlossen, §224 Abs. 2 AO.

bb) Keine Gegenleistung für besondere Leistung

982 Wenn für die Geldzahlung eine individuell zurechenbare Leistung des öffentlich-rechtlichen Gemeinwesens erbracht wird, handelt es sich nicht um Steuern, sondern um eine Vorzugslast (Beitrag oder Gebühr).

cc) Auferlegt vom öffentlich-rechtlichen Gemeinwesen

983 Dieses Merkmal soll freiwillige Leistungen oder Leistungen aufgrund eines Vertrages aus dem Steuerbegriff ausscheiden. Der Rechtsgrund für die Leistungspflicht muss daher von einem öffentlich-rechtlichen Gemeinwesen dem Verpflichteten ohne Rücksicht auf dessen Willen auferlegt werden.[1530] Hiermit ist auch klar, dass Steuern nur hoheitlich auferlegt werden können.

dd) Einnahmeerzielung

984 Der Zweck der Steuer muss in der Einnahmeerzielung bestehen. Die Einnahmen müssen endgültig erzielt werden und dürfen daher nicht etwa zur Rückzahlung vorgesehen sein.[1531] Die Einnahmeerzielung kann aber auch Nebenzweck sein. Hiermit kann man eine Unterscheidung in **Fiskalzwecknormen** und **Lenkungsnormen** vornehmen.[1532] Bei den Fiskalnormen steht die Einnahmeerzielung im Vordergrund. Die Lenkungsnormen verfolgen in erster Linie wirtschafts- oder gesellschaftspolitische Zwecke.

ee) Tatbestands-Merkmal

985 Dieses zusätzlich genannte Merkmal in § 3 Abs. 1 AO ist nicht Bestandteil des Steuerbegriffs. Die Vorschrift stellt hiermit nur klar, dass der Grundsatz der Tatbestandsmäßigkeit und der Gleichmäßigkeit zu beachten ist.[1533]

b) Abgrenzung zu Vorzugslasten

986 Um Vorzugslasten, zu denen im Wesentlichen Gebühren und Beiträge zählen, handelt es sich immer dann, wenn für die Geldleistung eine besondere, dem Abgabenpflichti-

---

[1530] RFHE **47**, 161, 162.
[1531] BVerfGE **67**, 256, 281.
[1532] *Lang* in: Tipke/Lang, § 4 Rn 20ff.
[1533] *Schwarz* in: Schwarz, AO, § 3 Rn 6.

gen individuell zurechenbare Leistung des öffentlich-rechtlichen Gemeinwesens erbracht wird.[1534]

aa) Gebühren

987 Gebühren sind nach der Definition der Kommunalabgabengesetze der Länder Geldleistungen, die als Gegenleistung für eine besondere Leistung - Amtshandlung oder sonstige Tätigkeit - der Verwaltung (sog. Verwaltungsgebühren) oder für die Inanspruchnahme öffentlicher Einrichtungen und Anlagen (sog. Benutzungsgebühren) erhoben werden. Die Gebührenpflicht knüpft folglich an die gezogene individuelle Nutzung an. Die Höhe der Gebühr hat sich an dem Kostendeckungsprinzip zu orientieren, wobei strittig ist, ob man hier auch den Gesichtspunkt der individuellen Leistungsfähigkeit berücksichtigen darf. Eine solche Regelung soll mit dem Sozialstaatsprinzip jedenfalls dann vereinbar sein, wenn die aufgrund ihres höheren Einkommens stärker belasteten Empfänger einer Leistung nicht über ihren Vorteil hinaus belastet werden, den sie durch Inanspruchnahme der Leistung erhalten.[1535] Demgegenüber darf von solchen Empfängern, die ein geringeres Einkommen haben, eine geringere Gebühr verlangt werden. Die Differenz aus den so entstehenden Gebührenausfällen muss dann aus allgemeinen Haushaltsmitteln gedeckt werden.[1536]

bb) Beiträge

988 Beiträge sind dagegen Leistungen, die dem Ersatz des Aufwandes für die Herstellung, Anschaffung und Erweiterung öffentlicher Einrichtungen und Anlagen dienen. Beiträge werden damit für die Möglichkeit der individuellen Nutzung erhoben.[1537]

c) Abgrenzung zu Sonderabgaben

989 Sonderabgaben sind Geldleistungen, denen keine zurechenbare Gegenleistung gegenübersteht, die aber nicht von der Gesamtheit der Steuerbürger, sondern nur von bestimmten Gruppen für die Finanzierung besonderer Aufgaben erhoben wird.[1538]

> **Beispiele**: Kohlepfennig,[1539] Feuerwehrabgabe[1540]

Nach verfassungsgerichtlicher Rechtsprechung sind zwei Gruppen von Sonderabgaben zu unterscheiden. Es gibt Sonderabgaben, die einen Finanzierungszweck als Haupt- oder Nebenzweck verfolgen und daneben Sonderabgaben, die nur eine Lenkungsfunktion verfolgen.[1541]

Ausgleichsfinanzierungsabgaben sollen Belastungen und Vorteile innerhalb eines Erwerbs- oder Wirtschaftszweiges ausgleichen. Der Kohlepfennig wurde beispielsweise erhoben, um die Kohlekraftwerke, welche durch die vermeintlich billig produzierende Atomindustrie stark gefährdet wurde, zu unterstützen.

1534 *Birk* Rn 108.
1535 BVerfGE **97**, 332, 346.
1536 *Kirchhof*, Jura **1983**, 505, 512.
1537 *Birk* Rn 109.
1538 *Weber*, S. 82, 88.
1539 BVerfGE **91**, 186ff.
1540 BVerfGE **92**, 91ff.
1541 BVerfGE **67**, 256, 275ff.

Mit den Lenkungsabgaben sollen bestimmte Verhaltensweisen provoziert werden. So soll die Schwerbehindertenabgabe[1542] Betriebe dazu anhalten, auch behinderte Arbeitnehmer einzustellen. Ein Betrieb, der sich entsprechend verhält, wird von der Abgabepflicht befreit.

Die Gesetzgebungskompetenz für die Sonderabgaben kann sich nicht aus Art. 105 GG ergeben, denn dieser enthält eine abschließende Regelung. Sie fließt daher aus den Art. 73 ff. GG.[1543] Der Bund kann seine Gesetzgebungskompetenz in erster Linie auf das Recht der Wirtschaft stützen, Art. 74 Abs. 1 Nr. 11 GG.

990 Die besondere Nähe zur Steuer verbietet es, Sonderabgaben als Gemeinlast auszugestalten und zur Erzielung von Einnahmen für den allgemeinen Finanzbedarf zu verwenden.[1544] Der Gesetzgeber darf nur auf einen bestimmten Sachbereich gestaltend einwirken, für welche nach den Art. 73 ff. GG die Gesetzgebungskompetenz vorliegen muss. Das BVerfG hat folgende Kriterien entwickelt:[1545]

- Die mit der Sonderabgabe belastete Gruppe muss homogen, also von der Allgemeinheit abgrenzbar sein.
- Die belastete Gruppe muss dem mit der Erhebung verfolgten Zweck evident näher stehen als jede andere Gruppe oder die Allgemeinheit der Steuerzahler
- Die Erhebung der Sonderabgabe muss gruppennützig sein und im Interesse der Gruppe der Abgabenpflichtigen verwendet werden, wobei es ausreichend ist, wenn der Ertrag den Pflichtigen nur mittelbar zugute kommt.

2. Steuergesetzgebungshoheit

991 Art. 105 GG ist lex specialis gegenüber den Art. 73 ff. GG. Eine Unterscheidung zwischen ausschließlicher und konkurrierender Gesetzgebungskompetenz des Bundes sowie der Gesetzgebungskompetenz der Länder wird aber auch hier vorgenommen.[1546]

a) Ausschließliche Bundeskompetenz

992 Zölle und Finanzmonopole regelt nach Art. 105 Abs. 1 GG nur der Bund. Nach Art. 71 GG kann aber eine ausdrückliche Ermächtigung an die Länder erfolgen.
Das Zollrecht hat im Wege der europäischen Integration für das nationale Steuerrecht an Bedeutung verloren und ist heute fast ausschließlich europäisches Recht.[1547] Der EG stehen ferner auch die Erträge aus der Erhebung von Zöllen zu.[1548]
Finanzmonopole sind öffentliche Monopole in der Herstellung oder dem Vertrieb von Waren zur Erzielung von Einnahmen.

Beispiel: Branntweinmonopol[1549]

[1542] BVerfGE **57**, 139ff.
[1543] BVerfGE **55**, 274, 297.
[1544] BVerfGE **21**, 186, 201ff.
[1545] BVerfGE **92**, 91, 120; **82**, 159, 180.
[1546] *Birk* Rn 115.
[1547] Vgl. *Witte/Prieß*, Einf. Rn 1ff.
[1548] Art. 2 Abs. 1 des Beschlusses des Rates über das System der eigenen Mittel der Gemeinschaft, ABl. Nr. L 185/24.
[1549] Gesetz v. 08.04.1922, RGBl. I 1922, S. 335, 405 i.d.F. v. 22.12.1981, BGBl. I 1981, S. 1676.

b) Konkurrierende Bundeskompetenz

993 Der Bund hat für die übrigen Steuern nach Art. 105 Abs. 2 GG die konkurrierende Gesetzgebungskompetenz, wenn ihm die Erträge ganz oder teilweise zustehen, oder die Voraussetzungen des Art. 72 Abs. 2 GG vorliegen. Dies ist daher der Fall, wenn Art. 106 GG dem Bund ganz oder zum Teil die Erträge aus der Steuer zuweist oder ein Bedürfnis nach bundesgesetzlicher Regelung besteht. Soweit die Steuer ganz den Ländern zusteht, kann daher durch Art. 72 Abs. 2 GG gleichwohl eine Bundeszuständigkeit bestehen. Das Prinzip der Gleichmäßigkeit der Besteuerung führt jedoch im Regelfall dazu, dass eine bundesgesetzliche Regelung erforderlich ist.[1550] Abweichend vom Wortlaut des Art. 105 Abs. 2 GG handelt es sich aber um eine ausschließliche Gesetzgebungskompetenz des Bundes, wenn dem Bund zumindest zum Teil der Ertrag zusteht, denn in diesen Fällen kann der Bundesgesetzgeber nicht vom Landesgesetzgeber abhängig sein, womit kein Bedürfnis nach einer bundesgesetzlichen Regelung i. S. Art. 72 Abs. 2 GG bestehen muss.[1551]
Damit hat der Bund im Ergebnis eine umfassende Befugnis zur Steuergesetzgebung.

994 Die Frage, ob die Befugnis der Länder nach Art. 105 Abs. 2 GG gesperrt ist oder nicht, richtet sich nach dem Merkmal der Gleichartigkeit der Steuer.[1552] Eine Landessteuer ist der Bundessteuer gleichartig, wenn die steuerbegründenden Tatbestände, also insbesondere der Steuergegenstand und der Besteuerungsmaßstab übereinstimmen und die gleiche Quelle wirtschaftlicher Leistungsfähigkeit beansprucht wird.[1553] Bei der Beurteilung der Gleichartigkeit ist es nicht zweckmäßig, auf die Quelle der wirtschaftlichen Leistungsfähigkeit abzustellen, da an sich nur Einkommen und Vermögen als anzapfbare Quellen in Betracht kommen.[1554] Der Bund genießt damit eine starke Vorherrschaft hinsichtlich der Gesetzgebungskompetenz. Dies wird in Art. 105 Abs. 3 GG dadurch gemildert, dass Steuergesetze, die Steuererträge zum Gegenstand haben, welche ganz oder zum Teil den Ländern oder Gemeinden zustehen, zustimmungsbedürftig sind. Damit werden die Länderinteressen hinreichend berücksichtigt.

c) Ausschließliche Landeskompetenz

995 Eine ausschließliche Länderkompetenz ist in Art. 105 Abs. 2 a GG geregelt. Diese bezieht sich auf örtliche Verbrauch- und Aufwandsteuern, die nicht bundesgesetzlich geregelten Steuern gleichartig sind. Die Steuer ist örtlich, wenn an der örtlichen Belegenheit der Sache angeknüpft wird und sich die Belastungs- und Gestaltungswirkung auf den örtlichen Bereich beschränkt.[1555] Die Frage, wann keine Gleichartigkeit besteht, ist im Einzelfall schwierig abzugrenzen. Als Ausgangspunkt kann man jedenfalls davon ausgehen, dass mit dem Vorliegen eines örtlich beschränkten Wirkungskreises einer Steuer noch nicht die Gleichartigkeit mit einer bundesgesetzlich geregelten Steuer verneint werden kann.[1556] Die Gleichartigkeit im Sinne Art. 105 Abs. 2a GG wird enger als in Art. 105 Art. 2 GG definiert. Hiermit kommt Art. 105 Abs. 2a GG eine Garantiefunktion hinsichtlich der historisch gewachsenen Verbrauch- und Aufwandsteuern

---

[1550] *Birk* Rn 119.
[1551] *Vogel* in: Isensee/Kirchhof, § 87 Rn 39.
[1552] *Küssner*, S. 82ff.
[1553] BVerfGE **7**, 244, 269; **16**, 64, 75f.; **49**, 343, 355; **65**, 325, 351; **98**, 106, 124f.
[1554] *Birk* Rn 120.
[1555] BVerfGE **16**, 306, 326ff.; **98**, 106, 124.
[1556] *Küssner*, S. 274.

zu,[1557] denn die Vorschrift ist nur auf nach Einführung der Vorschrift umgesetzte Steuern anwendbar.[1558]

d) Gemeindliches Steuersatzungsrecht

996 Nach Art. 28 Abs. 2 GG hat die Gemeinde das Recht der kommunalen Selbstverwaltung. Diese umfasst nach Art. 28 Abs. 3 S. 3 GG auch die Eigenverantwortlichkeit in finanziellen Angelegenheiten. Art. 105 GG ist aber eine abschließende Regelung, womit die Gemeinden keine Befugnis zur Erschließung eigener Steuerquellen haben.
Die Länder haben allerdings in den Kommunalabgabegesetzen ihr Gesetzgebungsrecht nach Art. 105 Abs. 2 a GG den Kommunen übertragen.

3. Steuerertragshoheit

997 Die Art. 106, 107 GG regeln neben der Gesetzgebungskompetenz (mit Art. 105 GG) auch die Verteilung der Steuererträge. Dies bezeichnet man als Finanzausgleich.

a) Verantwortung für Ausgaben

998 Die bundesstaatliche Verfassung erfordert eine Trennung der Zuständigkeiten von Bund und Ländern. Bund und Länder haben daher auch die Ausgaben im Rahmen ihrer Zuständigkeit grundsätzlich allein zu tragen, Art. 104 a Abs. 1 GG (sog. Konnexitätsprinzip[1559]). Hiervon gibt es allerdings zahlreiche Ausnahmen. So sind beispielsweise Bundesunterstützungen für teure gemeindliche Aufgaben denkbar, Art. 104 a Abs. 4 GG. Ferner gibt es nach Art. 91a, 91b GG Gemeinschaftsaufgaben, die durch Bund und Länder zu finanzieren sind.

b) Bundesstaatlicher Finanzausgleich

999 Der Finanzausgleich ist abschließend in Art. 106, 107 GG geregelt. Das Ziel dieser Regelung ist, den Beteiligten in Hinblick auf ihre Aufgaben, eine angemessene Finanzausstattung zu verschaffen.[1560] Art. 106 GG weist den Ertrag bestimmter Steuern dem Bund, den Ländern oder den Gemeinden und dem Bund und den Ländern gemeinsam zu (primärer vertikaler Finanzausgleich). Der Vorschrift liegen damit zwei Verteilungssysteme zugrunde.

Auf der **ersten Stufe** des Ausgleichs werden alle Erträge verteilt, die ausschließlich dem Bund, ausschließlich den Ländern oder ausschließlich den Gemeinden zustehen (Trennsystem).
Nachdem diese Erträge verteilt sind, werden auf der **zweiten Stufe** die Steuererträge verteilt, die dem Bund und den Ländern gemeinsam zustehen (Verbundsystem). Dies sind betragsmäßig die größten Anteile am Steueraufkommen. Hierzu zählt die Einkommen-, die Körperschaft- und die Umsatzsteuer.

Auf der **dritten Stufe** werden die der Ländergesamtheit zustehenden Steuereinnahmen auf der Grundlage des Art. 107 GG auf die einzelnen Bundesländer verteilt (primärer horizontaler Finanzausgleich).

[1557] *Birk* Rn 123.
[1558] BVerfGE **44**, 216, 226; **98**, 106, 124f.
[1559] BVerfGE **26**. 338, 390.
[1560] BVerfGE **72**, 330, 383.

Nach dieser Ertragszuweisung wird auf der **vierten Stufe** gemäß Art. 107 Abs. 2 GG eine begrenzte Ertragsumverteilung unter den Ländern durchgeführt, um die unterschiedliche Finanzkraft der Länder auszugleichen (sekundärer horizontaler Finanzausgleich oder auch Länderfinanzausgleich[1561]). Die vierte Stufe ist aktuell stark umstritten, da die „Geber-Länder" Bayern und Baden-Württemberg die Zahlungen als zu hoch empfinden. Nach deren Ansicht stehen „Geber-Länder" wirtschaftlich schlechter dar als „Nehmer-Länder", da es sich für die „Nehmer-Länder" nicht lohne, eigene Anstrengungen zu unternehmen, um die Einnahmen zu steigern, weil die Einnahmesteigerung zu weniger Ausgleichszahlung führe und somit absolut keine zusätzlichen Mittel böte.

c) Die Kommune im Finanzausgleich

1000 Die Gemeinden gehören zum innerstaatlichen Organisationsbereich der Länder, die für Regelungen über das kommunale Verfassungsrecht zuständig sind. Neben den Erträgen, welche den Gemeinden direkt zugewiesen sind, haben die Länder den Finanzbedarf der Gemeinden im kommunalen Finanzausgleich zu regeln, Art. 106 Abs. 7 GG.

4. Steuerverwaltungshoheit

1001 Die Steuerverwaltungshoheit bestimmt sich nach Art. 108 GG und weist entsprechend den Art. 30, 83 GG den Ländern die primäre Verwaltungszuständigkeit zu.

III. Verfassungsrechtliche Grenzen der Besteuerungsgewalt

1002 Der Staat ist einerseits auf Steuern angewiesen, um seine Aufgaben zu erfüllen, da er eine freie Wirtschaft garantiert und selbst nicht erwerbswirtschaftlich tätig wird.[1562] Andererseits beeinträchtigt der Staat durch die Erhebung von Steuern die private Finanzkraft. Die Grenzen dieser staatlichen Betätigung liegen daher im Rechtsstaatsprinzip und in den Grundrechten (insbesondere Art. 14 Abs. 1, 12 Abs. 1, 3 Abs. 1 GG).

1. Rechtsstaatliche Grenzen

a) Grundsatz der Gesetzmäßigkeit der Besteuerung

1003 Steuergesetze können in bestimmte Grundrechte eingreifen (z.B. Art. 14 GG). Selbst wenn dies nicht der Fall ist, ergibt sich nach dem Bundesverfassungsgericht der Grundsatz der Gesetzmäßigkeit der Besteuerung jedenfalls aus Art. 2 Abs. 1 GG.[1563] Hieraus ergibt sich, dass Steuern nur vorbehaltlich einer gesetzlichen Regelung und aufgrund einer gesetzlichen Regelung erhoben werden können. Art. 20 Abs. 3 GG gilt daher.[1564]

b) Bestimmtheitsgrundsatz

1004 Steuertatbestände müssen nach Inhalt, Zweck und Ausmaß bestimmt sein.[1565] Dies ist erforderlich, damit die Betroffenen die Tragweite des staatlichen Eingriffs konkret erkennen können, um sich auf die Belastung einzustellen.[1566] Danach müssten an sich zahlreiche Bestimmungen im Einkommensteuergesetz verfassungswidrig sein.

[1561] *Häde*, S. 217ff.
[1562] *Kirchhof* in: Isensee/Kirchhof, § 88 Rn 45ff.
[1563] BVerfGE **87**, 153, 169.
[1564] *Walz / Fischer*, JuS **2003**, 237 (239).
[1565] BVerfGE **13**, 153, 160.
[1566] *Birk* Rn 145.

Beispiel: Was sind ähnliche Berufe nach § 18 Abs. 1 S. 2 EStG?

Das Bundesverfassungsgericht hat in diesem Zusammenhang entschieden, dass es ausreicht, wenn die Finanzverwaltung auftauchende Zweifelsfragen mit Hilfe anerkannter Auslegungsmethoden beseitigen kann.[1567]

c) Rückwirkungsverbot

Steuergesetze wirken oft auf vergangene Zeiträume zurück. So kann es sein, dass im aktuellen Jahr die Voraussetzungen für die Einkommensteuer per 01.01. geändert werden. Grundsätzlich gilt im Steuerrecht das Rückwirkungsverbot. Hierbei ist aber zwischen der **tatbestandlichen Rückanknüpfung** (unechte Rückwirkung) und der **Rückbewirkung von Rechtsfolgen** (echte Rückwirkung) zu unterscheiden. **1005**

Eine echte Rückwirkung[1568] liegt vor, wenn die Norm sich auf einen abgeschlossenen Sachverhalt bezieht, z.B. Einkommensteuer 1995. Um eine unechte Rückwirkung[1569] handelt es sich immer dann, wenn der Lebenssachverhalt noch nicht abgeschlossen ist, z.B. Einkommensteuer für den laufenden Veranlagungszeitraum.
Eine echte Rückwirkung ist grundsätzlich unzulässig und kann nur ausnahmsweise gerechtfertigt werden, wenn zwingende Gründe des Gemeinwohls oder ein nicht mehr vorhandenes schutzwürdiges Vertrauen des Einzelnen vorliegt.[1570] Dies ist beispielsweise bei einer unklaren und verworrenen Rechtslage der Fall.

Eine unechte Rückwirkung ist dagegen regelmäßig zulässig, soweit der Eingriff nach den allgemeinen Grundsätzen gerechtfertigt ist. Grundsätzlich hat in diesen Fällen das Wohl der Allgemeinheit Vorrang vor dem Vertrauensschutz aller durch die unechte Rückwirkung betroffenen Steuerzahler.[1571]

2. Grundrechtliche Grenzen

Eine weitere Begrenzung steuerrechtlicher Eingriffe wird durch die Grundrechte erzielt. Die Freiheitsrechte dienen der Abwehr steuerrechtlicher Eingriffe. Durch die Gleichheitsrechte stellt man eine gleichmäßige Besteuerung sicher **1006**

a) Allgemeiner Gleichheitssatz

Nach Art. 3 Abs. 1 GG soll wesentlich Gleiches und wesentlich Ungleiches unter dem Gebot der Gleichbehandlung (bzw. Ungleichbehandlung) stehen.[1572] **1007**

aa) Leistungsfähigkeitsprinzip

Gleichheit im Steuerrecht heißt unterschiedliche Belastung je nach individueller wirtschaftlicher Leistungsfähigkeit.[1573] Im Einkommensteuerrecht wird die Leistungsfähigkeit durch das Nettoprinzip konkretisiert. Die Ist-Leistungsfähigkeit wird ermittelt, **1008**

[1567] BVerfGE **21**, 209, 215.
[1568] BVerfGE **72**, 200, 241.
[1569] BVerfGE **72**, 200, 242.
[1570] BVerfGE **72**, 200, 258.
[1571] BVerfGE **97**, 67, 79.
[1572] *Birk/Barth* in: Hübschmann/Hepp/Spitaler, § 4 AO Rn 439f.
[1573] *Kruse* in: Tipke/Kruse, AO, § 3 Rn 43.

indem man vom erzielten Rohgewinn die erwerbs- und existenzsichernden beruflichen Aufwendungen abzieht (objektives Nettoprinzip).
Der Staat kann aber nur am wirtschaftlichen Erfolg des Einzelnen teilhaben, wenn dieser noch verfügbar ist.[1574] Daher sind noch persönliche Aufwendungen zu berücksichtigen, die der Einzelne für seine Erwerbs- oder Existenzsicherung privat tätigt, soweit dies gesetzlich bestimmt ist, wie z.B. Sonderausgaben und außergewöhnliche Belastungen (subjektives Nettoprinzip). Auf die tatsächliche Verfügbarkeit kommt es mithin nicht an.

bb) Vertikale und horizontale Steuergerechtigkeit

1009 Aus dem Prinzip der Besteuerung lassen sich in gleichheitsrechtlicher Hinsicht zwei Aussagen treffen:[1575]

- Zunächst ist Gleichheit im Verhältnis zwischen den Steuerpflichtigen unterschiedlicher Leistungsfähigkeit herzustellen (vertikale Steuergerechtigkeit, steigende Steuersätze)
- und weiterhin sind die Steuerpflichtigen gleicher Leistungsfähigkeit gleich zu behandeln (horizontale Steuergerechtigkeit, gleiche Steuersätze).

b) Verfassungsrechtliche Wertentscheidungen

1010 Die Konkretisierung des Besteuerungsprinzip nach der Leistungsfähigkeit nimmt der Gesetzgeber vor. Der normative Gehalt dieses Prinzips wird daher wesentlich durch die Grundrechte bestimmt.

aa) Berücksichtigung des Existenzminimums

1011 Die Entscheidung über die Lastenverteilung hat sich an den **Wertentscheidungen des GG** zu orientieren. Aus Art. 1 Abs. 1 und dem Sozialstaatsprinzip (Art. 20 Abs. 1 GG) folgt, dass der Staat mittellosen Bürgern durch Sozialleistungen eine Grundexistenz zu sichern hat.[1576] Es ist daher systemfremd, wenn der Staat dem Bürger Mittel entzieht, die er ihm als Sozialhilfe zurückgewähren müsste. Aus diesem Grunde muss das Existenzminimum steuerfrei bleiben. Dieses Argument greift aber nicht, wenn man durch die Steuerbelastung nicht unter das Existenzminimum gerät.

bb) Förderung von Ehe und Familie

1012 Nach Art. 6 Abs. 1 GG stehen Ehe und Familie unter dem besonderen Schutz des Staates. Für diese dürfen also keine steuerlichen Nachteile zu Nicht-Verheirateten oder Nicht-Familien entstehen.[1577] Der Familienunterhalt ist daher steuerlich zu berücksichtigen (z.B. Kinderfreibeträge).

cc) Eigentumsgarantie

1013 Ferner begrenzt auch die Eigentumsgarantie nach Art. 14 Abs. 1 GG die steuerrechtlichen Eingriffsmöglichkeiten. Art. 14 Abs. 1 GG schützt dabei aber nicht vor der Auferlegung von Geldleistungspflichten, weil diese kein bestimmtes Eigentumsobjekt be-

---

[1574] *Birk* Rn 154.
[1575] BVerfGE **82**, 60, 89.
[1576] BVerfGE **82**, 60ff.; **99**, 216, 233; **99**, 246, 259; *Wendt* FS Tipke, S. 47, 51.
[1577] BVerfGE **99**, 216, 232.

lasten.[1578] Etwas anderes gilt aber, wenn die Geldleistungspflichten so groß werden, dass sie die Vermögensverhältnisse des Steuerpflichtigen so grundlegend belasten, dass der Belastung eine erdrosselnde Wirkung zukommt, die dem Zugriff auf das Eigentumsobjekt gleichkommt (Bsp. Gewerbebetrieb muss geschlossen werden).[1579] Die steuerliche Obergrenze liegt nach der Rechtsprechung hier bei einer hälftigen Teilung,[1580] also 50%. In neueren Entscheidungen wird darauf abgestellt, dass Art. 14 Abs. 1 GG nur vor konfiskatorischen Steuerzugriffen schützt,[1581] da die Literatur zutreffend gegen die ältere Rechtsprechung vorgebracht hat, dass Art. 14 Abs. 1 GG nicht bestimmte Eigentumspositionen vor einer Steuer schützt, die zur Zahlung eines Geldbetrages verpflichtet, welcher aus beliebigen Einnahmequellen aufgebracht werden kann.

IV. Rechtswissenschaftliche Methodik im Steuerrecht

1014 Die Anwendung der rechtswissenschaftlichen Methodik wird im Rahmen des Besteuerungsverfahrens regelmäßig im **Festsetzungsverfahren** relevant. In diesem Verfahrensstadium werden die aus dem vorgelagerten Ermittlungsverfahren gewonnenen Erkenntnisse steuerlich gewürdigt, welche der Steuerpflichtige durch die Abgabe seiner Steuererklärung offen gelegt hat. Dem Festsetzungsverfahren ist das **Erhebungsverfahren** nachgelagert. In diesem Verfahrenstadium werden die Zahlungsmodalitäten bewertet (§ 220 AO Fälligkeit; § 226 AO Aufrechnung). Weiterhin schließen sich ggf. das Vollstreckungs- und Rechtsbehelfsverfahren an.

Die Rechtsfolgen steuerrechtlicher Vorschriften werden in erster Linie nach dem allgemeinen Auslegungskanon ermittelt. Hierbei sind sowohl bei der teleologischen als auch bei der anlogen Auslegung Besonderheiten zu beachten.

1. Teleologische Auslegung

1015 Im Rahmen der teleologischen Auslegung ist insbesondere auf die wirtschaftliche Betrachtungsweise einzugehen.[1582] Ziel dieser Auslegungsmethode ist es, wirtschaftliche gleichwertige Sachverhalte gleich zu behandeln, selbst wenn sie zivilrechtlich unterschiedlich beurteilt werden müssen, wenn es durch den Sinn und Zweck der Vorschrift geboten ist.

Die wirtschaftliche Betrachtungsweise wird anhand folgender Vorschriften deutlich:

- § 39 AO: Auch der Treugeber oder der Sicherungsgeber kann steuerrechtlich als Eigentümer angesehen werden
- § 41 AO soweit sich nichts anderes aus dem Steuertatbestand ergibt, ist die Unwirksamkeit eines Rechtsgeschäfts unbeachtlich. Liegt ein Scheingeschäft vor, so gilt steuerlich das verdeckte Geschäft
- § 40 AO zivilrechtliche gesetzliche Verbote oder Sittenverstöße sind steuerlich nicht beachtlich

---

[1578] BVerfGE **81**, 108, 122; **95**, 267, 300; **96**, 375, 397.
[1579] BVerfGE **78**, 232, 243; **95**, 267, 300.
[1580] BVerfGE **93**, 121, 138.
[1581] BVerfGE **95**, 267, 300.
[1582] *Eibelshäuser* DStR 2002, 1426 (1426ff.).

- § 42 durch missbräuchliche Gestaltungsmöglichkeiten des Zivilrechts kann der Steuertatbestand nicht umgangen werden

Beispiel: A kauft von B ein Grundstück. Die Parteien sind sich einig, dass das Grundstück € 250.000 kosten soll. Im notariellen Kaufvertrag wird ein Kaufpreis in Höhe von € 100.000 beurkundet, damit A weniger Grunderwerbsteuer zahlen muss.
Nach § 1 Abs. 1 Nr. 1 Grunderwerbsteuergesetz soll der Kaufvertrag oder ein anderes Rechtsgeschäft, welches einen Anspruch auf Übereignung begründet, den Steuertatbestand erfüllen. Hier ist das beurkundete Geschäft nach § 117 Abs. 1 BGB nichtig, weil die Willenserklärungen zum Abschluss eines Kaufvertrages zu € 100.000 nur zum Schein abgegeben worden sind. Das verdeckte Geschäft ist hingegen aufgrund eines Formmangels nichtig, weil es nicht beurkundet worden ist, §§ 125 S. 1, 117 Abs. 2, 311 b Abs. 1 S. 1 BGB. Gleichwohl wollen die Parteien, dass das Grundstück zu € 250.000 verkauft wird, wodurch ein entsprechender Ansatz für die Gewerbesteuer aus wirtschaftlichen Gründen gerechtfertigt ist, § 40 Abs. 2 S. 2 AO.

Beachte: Im Steuerrecht gilt das Zivilrecht nur eingeschränkt – wirtschaftliche Betrachtungsweise.

2. Analogie

1016 Umstritten ist, ob eine analoge Anwendung **zum Nachteil des Steuerschuldners** im Steuerrecht zulässig ist. Das Verbot einer analogen Anwendung zum Nachteil des Steuerschuldners kann man gleichwohl unter Bezugnahme auf das Rechtsstaatsprinzip, das Gesetzmäßigkeitsprinzip und das Prinzip der Rechtssicherheit stützen.[1583] Die Annahe einer unzulässigen Analogie kann hingegen der gleichartigen Besteuerung vergleichbarer Sachverhalten entgegenstehen. Sachgerecht dürfte eine vermittelnde Lösung sein, nach der die steuerliche Rückwirkung einer Analogiebildung zu beachten ist (vgl. o. III. 1. c)).

[1583] *Lang* in: Tipke/Lang, § 4 Rn 188ff.

Sachverzeichnis